Fair
Reasonable
Non-Discriminatory
FRAND

第一卷

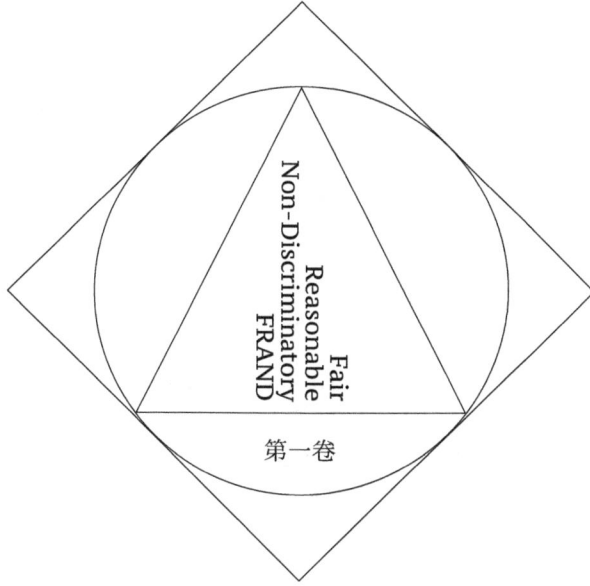

FRAND 案例精选

马一德

—主编—

科学出版社
北京

内 容 简 介

公平、合理、无歧视（FRAND）原则相关问题是标准必要专利许可费/禁令相关诉讼的重中之重，并且近年正成为业内研究的热点。无论侧重点在学理还是司法实践层面，FRAND问题的研究框架理应建立在充分了解其渊源、演化进程以及最新动态的基础上。国外司法界在此领域已经有大量案例，其公开文书无疑是研究者了解各国FRAND司法实践的绝佳信息来源。

本书是从世界范围内精选的标准必要专利相关代表性案例，并将其全部相关内容译为中文加以汇编，其中收录的文书除涉及许可费率计算、禁令救济规则等问题的法院判决书和裁定书等之外，还包括一些准司法机构/行政机构（如美国国际贸易委员会、美国贸易代表处）关于这些问题的决定和意见。

本书可供研究FRAND问题或从事标准必要专利诉讼/许可等相关工作的学者、律师、法官以及企业法务人员参考。

图书在版编目（CIP）数据

FRAND案例精选. 第一卷 / 马一德主编 . —北京：科学出版社，2018.3
ISBN 978-7-03-056763-5

I. ①F… II. ①马… III. ①专利权法–案例–汇编–世界 IV. ①D913.05

中国版本图书馆CIP数据核字（2018）第046990号

责任编辑：李 敏 / 责任校对：彭 涛
责任印制：徐晓晨 / 封面设计：林海波

科 学 出 版 社 出版
北京东黄城根北街16号
邮政编码：100717
http://www.sciencep.com
北京建宏印刷有限公司 印刷
科学出版社发行 各地新华书店经销

*

2018年3月第 一 版 开本：787×1092 1/16
2019年3月第二次印刷 印张：23 3/4
字数：700 000

定价：288.00元
（如有印装质量问题，我社负责调换）

基 金 项 目

中央马克思主义理论研究和建设工程重大项目

兼

国家社会科学基金重大项目

项目批准号：2016MZD022

项目单位：中南财经政法大学

项目负责人：马一德
（中南财经政法大学知识产权研究中心教授）

本书编译者

主　　　编　马一德
编委会成员　侯　广　张　健　李　越　徐满霞　杨克菲　崔国振
顾问组成员　(按汉语拼音排序)
　　　　　　陈秋怡　邸万奎　侯　宇　胡　琪　李春旭　彭久云
　　　　　　任新鑫　邵亚丽　孙　喜　谢冠斌　姚冠扬　张　祥
　　　　　　赵碧洋
译校组成员　(按汉语拼音排序)
　　　　　　安之斐　曹妍妍　曹　瑜　陈红红　陈金林　陈凌云
　　　　　　董　芳　冯思龙　龚泉洲　郝庭基　侯鉴玻　贾洪菠
　　　　　　金玉洁　李　纯　李　琳　李　萌　李璆峰　厉彦冰
　　　　　　梁栋国　刘劭君　刘自钦　柳岸青　孟　婧　乔兴军
　　　　　　曲凌刚　屠煜丽　王　娟　王　丽　王晓燕　魏立舟
　　　　　　肖晓丽　于小宁　袁　靓　张浩然　张建锋　张　婧
　　　　　　张姝贝　张一博　郑　鹏　郑　毅

前言
FOREWORD

2016年9月，我作为中国司法代表团成员，先后访问德国杜塞尔多夫高等法院、英国高等法院、美国联邦巡回上诉法院，了解发达国家的知识产权制度，学习和借鉴其知识产权审判经验。其中，标准必要专利案件审判给我留下了深刻的印象，在杜塞尔多夫高等法院学习了华为诉中兴等经典案例。对标准必要专利，我有三点感受：第一，重要性。标准必要专利许可的达成关乎技术更迭、产业创新进程，成为企业参与市场竞争的兵家必争之地。第二，复杂性。关于标准必要专利组合价值的确定、计费依据，涉及法律、技术、财会各种因素；关于标准必要专利的许可谈判规则，涉及侵权、合同、反垄断各个方面。第三，不成熟性。案件裁判规则和经验缺失，在全球范围内标准必要专利禁令之诉、许可费之诉等裁判规则均尚未成熟，鲜有可资借鉴的案例，业界、司法界、学术界对此莫衷一是。这一知识产权的新生事物不仅已在国外引起重大关切，在国内知识产权审判中亦蓄势待发。

深圳市中院审理的华为诉美国交互数字公司标准必要专利许可费、反垄断两案受到了全球知识产权界的高度关注，《最高人民法院关于审理侵犯专利权纠纷案件应用法律若干问题的解释（二)》率先对此制定成文规则，但整体对于标准必要专利问题仍处于摸索之中。

中国是制造业大国、科技大国，我认为，大量的标准必要专利诉讼将在中国发生，从眼下的华为诉三星案件、高通诉苹果案件、西电捷通诉索尼案件可见一斑。中国法院有望以此为契机，成为全球知识产权审判的高地。我们有必要熟悉标准必要专利的全球审判规则经验，并在此基础上主导规则创制，为这一全球性问题的解决提供中国经验和中国方案。特别值得指出的是，标准必要专利审判是知识产权审判中最前沿和具有代表性的领域，其裁判规则的成熟，对于国内知识产权审判中损害赔偿、许可、反垄断等疑难问题的审理和规则完善将起到很好的示范作用，对于确定知识产权的商业价值、促进知识产权的商业化运作起到实质性推动作用，并以点带面进而盘活当前整个知识产权发展的局面。

两年来，我一直希望能系统、全面地整理当前标准必要专利的全球审判规则、行业惯例、公共政策和各家学说，为完善当前制度、与国际水平接轨做一点实事。为此，我申请到了中央马克思主义理论研究和建设工程重大项目兼国家社科基金重大项目"知识产权保护与创新发展研究"（2016MZD022），支持我完成这一心愿。经各方奔走，邀请到了一批在标准必要专利领域有丰富经验的国内外学者和司法从业者组成了项目团队，在全世界范围内选取整理相关案例、文献、公共政策，围绕禁令救济、许可费率计算、反垄断规则等知识产权审判中的热点和难点问题展开论述，编纂了"标准必要专利研究丛书"。希望这些案例、学说的分享能够跨越地域的局限，帮助我们厘清公平、合理、无歧视（FRAND）原则下的复杂事实和法律问题，为法律共同体研究标准必要专利问题提供参考。

感谢刘春田教授在项目启动时给予我的强大支持，鼓励我将这一想法付诸实施；感谢 Randall Rader 法官给予我的全球化视野和专业指导；感谢吴汉东教授一直以来对我的包容和支持；感谢项目组成员不离不弃地坚持和付出，使本书最终得以出版。

书中错误与疏漏之处，欢迎读者指正。

马一德

2018 年 2 月 20 日

目录
CONTENTS

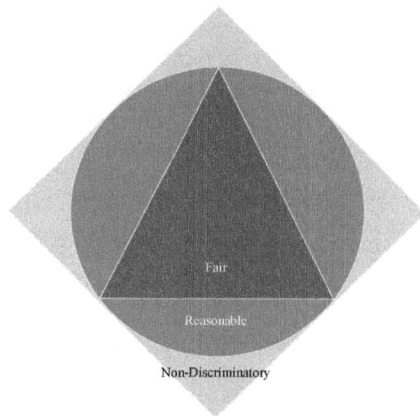

Apple v. Motorola

主题词

费率的确定，可比协议，增量价值，专利价值，标准化价值，组合价值，假设性谈判，禁令救济，专利劫持，反向劫持，eBay 四要素，公共利益

案件概要

苹果公司（Apple Inc.）和 NeXT 软件公司（NeXT Software, Inc.）（以下统称"Apple"）于 2010 年 10 月 29 日向美国威斯康星西区地区法院提起了诉讼，指控摩托罗拉公司（Motorola, Inc.）和摩托罗拉移动公司（Motorola Mobility, Inc.）（以下统称"Motorola"）侵犯了其三项专利。Motorola 提起反诉，指控 Apple 侵犯了其六项专利，其中包括一项标准必要专利（SEP）。随后，Apple 修改诉状，指控 Motorola 侵犯其另外 12 项专利。双方还向法院提出了不侵权和专利无效的确认判决，并寻求禁令救济。本案此后移交到美国伊利诺伊北区联邦地区法院，法官 Posner 获派审理该案。

地区法院于 2012 年 6 月 22 日作出判决，针对 Motorola 所提出的涉及 '898 标准必要专利的损害赔偿请求，法官 Posner 指出，虽然 Motorola 主张非线性定价的许可费，但并未提供证据表明涉案专利的价值不低于专利组合中专利的平均价值，因此不予支持。此外，法官 Posner 还指出，在计算公平、合理、无歧视（FRAND）许可费率时，应将专利自身的价值与由于其被纳入标准所带来的价值区分开。然而，Motorola 并未就此提供证据，因此，其损害赔偿请求不予支持。

关于禁令救济，法官 Posner 指出，由于 Motorola 进行了 FRAND 许可承诺，因此，除非 Apple 公司拒绝支付符合 FRAND 要求的许可费，否则没有正当理由授予禁令救济。此外，法官 Posner 还援引 *eBay Inc. v. MercExchange*，*L. L. C.* 案，并指出，由于任何一方当事人都未能表明赔偿金无法提供充分的救济，因此均无权获得禁令。

上述判决作出之后，双方上诉至联邦巡回上诉法院，联邦巡回上诉法院于 2014 年 4 月 25 日作出二审判决。该判决指出，Motorola 的专家证人所提出的专利组合中的专利价值不等、因而其许可费也应不等的理论一定程度上是可靠的。然而，由于 Motorola 并未提供证据将该理论与案件事实相关联，联邦巡回上诉法院维持了地区法院对于该部分专家证人证言的排除。此外，地区法院不授予 Motorola 禁令救济的判决也被维持。联邦巡回上诉法院判决要点如下：

1）地区法院适用本身违法规则（per se rule），认为对于标准必要专利不能给予禁令救济，这一点是错误的，但是在本案中，由于 Motorola 未能证明其遭受不可恢复的损害且金钱不能弥补该损害，因此，维持地区法院不予禁令的判决。

2）在解决受 FRAND 承诺限制的专利和行业标准所带来的问题时，应基于 *eBay* 案所确立的框架进行考量，即考虑以下四个要素：（1）已遭受不可挽回之损害；（2）如金钱赔偿等依法可得之救济，不足以弥补此损害；（3）原被告间两难相权之下，衡平法救济正当合理；（4）永久禁令无损及公共利益之虞。

本案将 *eBay* 案所确立的适用禁令救济的四要素原则适用于受 FRAND 承诺限制的标准必要专利，其被后续案例广为沿用，具有里程碑意义。

文书信息

1）美国伊利诺伊北区联邦地区法院东分院意见书和法院令，2012 年 6 月 22 日。

2）美国联邦贸易委员会"法庭之友"意见书，2012 年 12 月 4 日。

3）美国联邦巡回上诉法院判决书，2014 年 4 月 25 日。

美国伊利诺伊北区联邦地区法院东分院意见书和法院令

案件号：11-cv-08540

当事人：原告　苹果公司和 NeXT 软件公司（原名"NeXT 计算机公司"）

被告　摩托罗拉公司和摩托罗拉移动公司

日　期：2012 年 6 月 22 日

巡回法官 Posner 被指派审理本案。在 16 日召开的 *Daubert* 听证后，我在 5 月 22 日的意见和法院令中，裁决对双方当事人的三位损害赔偿专家（一位 Apple 的专家，两位 Motorola 的专家）提出的证词不予采纳。参见 *Apple*，*Inc. v. Motorola*，*Inc.*，No. 1:11-cv-8540，2012WL 1959560（N. D. Ill. May 22，2012）；Fed. R. Evid. 702，703。该裁决引发双方当事人提出就对方的损害赔偿请求作出简易判决的动议，以及其后就对方的禁令请求作出简易判决的动议。这些提案促使我要求双方当事人就下述问题作出简述，即如果本案中的损害赔偿和禁令请求均落空，本案能否通过 Apple 主张的宣告式救济而继续。对于 Apple 修改后的、请求宣告式判决的诉状，Motorola 答复称本案中所请求的 Apple 专利每一项都是无效的。但是与 Apple 不同，Motorola 承认如果对于金钱或禁令救济的所有请求被驳回，Apple 的请求不能使得案件继续。

在进一步陈述以及 6 月 7 日的口头听证后，我初步认定应驳回本案。因此我取消了原定于 6 月 11 日开始的对法律责任的审理。我表示过随后将出具意见，从而明确地解决该问题。然而在 6 月 13 日，我批准了 Apple 在 6 月 7 日的听证会上提出的、就禁令救济举行进一步听证的请求。我表示过，我已经"决定批准 Apple 对…听证会的请求，在'该听证会上，各方当事人可以尝试满足 *eBay* 案的要素，并进行传统的禁令听证'……【在听证会上】如果发现另一方已经侵权则当事人可以对关于其一项或多项专利有权获得禁令救济进行辩论。如果希望的话，双方当事人可以在 6 月 18 日周一工作时间结束前提交陈述。双方当事人应准备说明是否可以由未来的合理许可费替代衡平法的禁令。关于禁令或其他衡平法救济的问题，双方应该指明现有案卷中的任何证据（因为补充所述案卷的时限已过）。如果 Motorola 意图就禁令性救济进行抗辩，他应当准备在禁令分析时对 FRAND 的适用作出说明"。

双方当事人提交了陈述和答复，听证会按期举行。对于在未就法律责任进行认定的情况下本案是否必须被驳回的问题，现在时机已经完全成熟，可以作出决定。我以损害赔偿请求开始，然后是在最近提交的文件和听证会中说明的衡平法问题，然后是宣告式救济。

1. 损 害 赔 偿

　　当双方提出简易判决动议时，我的预期是，在对法律责任的审理（一件为 Apple 的侵权主张，另一件为 Motorola 的侵权主张）之后，紧接着是对救济问题的审理（如果在法律责任的审理中支持了任何侵权主张）：对损害赔偿的陪审团审理以及对衡平法救济的法官审理。假定这些专利都被侵权的话，对救济问题的审理将涉及五项专利，四项 Apple 专利（'002 专利、'263 专利、'647 专利和 '949 专利）以及一项 Motorola 专利（'898 专利）。Apple 承认其损害赔偿专家证人 Brian W. Napper 提出的证词未获采纳使得其对 '002 和 '949 专利的侵权损害赔偿的请求无望得到支持，因而只留下 '263 专利和 '647 专利供我在评估 Motorola 提出的对于损害赔偿的简易判决的动议时考虑。

　　对于 '263 专利（实时专利），我在 *Daubert* 裁决中指出："Napper 先生在其专家报告中认为，为其（每部）智能手机增添一块替代 '263 专利发明所执行的功能的芯片将花费 Motorola 2900 万－3100 万美元。对【Napper 提出的证词的】禁止异议是…【他】从该方当事人的代理人而不是从无利害关系的来源获得了重要信息，即能够避免侵权的芯片的型号。本案中的代理人是 Nathaniel Polish、Apple 的主要技术专家"。2012 WL1959560，＊9。

　　Apple 想用 Polish 博士替换 Napper 作为其 '263 专利的损害赔偿专家，Polish 是一位计算机科学家，其作为关于法律责任的专家证人作证的能力没有被质疑过。Apple 所倚靠的 Polish 出具的那份专家报告（Polish 提交了超过一份的报告）的确说了 Motorola 本可以购买一款芯片（即一个计算机硬件），该芯片将使得 Motorola 能够执行与 '263 专利所执行的相同的功能而不侵权。但 Polish 并未指明该芯片，也没说标出它的价格，更不用说暗示他已经搜寻了 Motorola 全部（或至少很多、或一些、或者甚至几个）可能购买的芯片或者 Motorola 围绕 Apple 的专利可能发明的替代方法（简而言之，我将把所有以非侵权替代侵权发明的方法通称为"规避发明"）。该报告说的全部内容是"在没有 DSP【数字信号处理器】的情况下运行将更慢，并且 CPU 将实现短得多的电池寿命。因此，**可能的是，代替使用本方法，不同的解决方案将是购买额外的芯片以提供专用的音频和视频解码能力。**这种多芯片的解决方案将不需要目前在被诉产品中的 DSP 上运行的编解码器"（重点已标注）。

　　Napper 表示 Polish 在其报告中未提及的私人谈话中向他提到了该芯片的名字。这为时已晚，并且无论如何，仅仅存在能够替代 '263 专利的芯片不足以确定损害赔偿。专家的报告必须包含"该证人将表达的全部意见及**其基础和理由**的**完整**说明" Fed. R. Civ. P. 26

（a）（2）（B）（i）（重点已标注）。在 Polish 的报告中，对于身份不明的芯片可行的主张是没有依据的，更不用说关于该芯片是经济的、对于 '263 专利的替代的主张。

Apple 未请求我允许 Polish 对其报告进行补充。所需的补充也不在其报告中所披露的能力范围内。没有迹象表明他熟悉可能构成对 '263 专利的可行且经济的替代的芯片的范围。在确定损害赔偿的环节，适格的损害赔偿证人将是参与芯片采购或者在芯片选择上作为顾问提供意见的人；没有迹象表明 Polish 有这种经验。的确，他曾经被列为损害赔偿证人，但他在损害赔偿审理中的唯一作用是就与损害赔偿相关的技术问题即规避设计进行作证；并且，在他的专家报告中仅有的与规避设计相关的意见是其陈述存在一种芯片，也就是他后来告知 Napper 的芯片。

我在 Polish 的四份专家证人报告中发现的唯一实际上与损害赔偿有关的证词是以下陈述：Motorola 的 DSP 芯片（据称侵犯了 Apple 的 '263 专利）是一组芯片的一部分，该组芯片价值 14.05 美元。Polish 称，DSP 功能是该芯片组全部功能的主要部分，因此在被诉侵权产品中的 DSP 芯片的价值——如果该 DSP 芯片对 Apple 的 '263 专利造成侵权则可用于估算 Apple 有权收取的许可费的价值——应当是 14.05 美元的很大一部分）。但是 Polish 没有估计该部分，这迫使 Napper 在其报告中承认：由于"所诉产品中的 DSP 与其他功能集成在一起，并且没有单独出售或定价，我无法确定 14.05 美元中…与 DSP 功能相关的部分，尽管我理解那将是很大的一块。"Apple 未试图基于该芯片估算损害赔偿。

Apple 辩称：为了确立初步证明的案件，其只需表明从计算机硬件的角度看，存在一款 Motorola 本来可以替代 '263 专利的芯片，不论成本多高。Apple 辩称该款芯片的成本是对 Apple 的损害赔偿的足够准确的估计，从而将举证责任转移给 Motorola 来证明存在更便宜的芯片。这种举证责任的分配可能在以下情形中是合理的：Apple 提出的避免侵权的方式的那些替代方式仅存在于 Motorola 的认知内，并且对 Apple 而言即便使用所有现代的取证工具均难以获知。参见 *Campbell v. United States*，365 U. S. 85，96（1961）（"基于公平考虑的一般规则不会对诉讼当事人施加证实唯一地存在于其对手的认知内的事实的责任"）；参见 *McDonnell Douglas Corp. v. Green*，411 U. S. 792（1973）；*Ybarra v. Spangard*，154 P. 2d 687（Cal. 1944）；*Duncan v. Duckworth*，644 F. 2d 653，656（7th Cir. 1981）。然而，上述情形未被 Apple 提出，即使提出也不可信。双方当事人——均为领先的蜂窝电话制造商——能够平等地获取关于用于这种装置的计算机硬件的信息。

除了法律诉讼的一方的不平等获取的情况（在现代取证的情况下，至少在对立双方在资源和经验上都大致相同时鲜有发生，正如 Apple 和 Motorola 那样）以外，希望获得简易判决的原告必须提供足够的证据以形成初步案件，即提供足够证据以使得在被告未提供相反证据时，事实审理者有充分理由作出有利于原告的认定。参见 *Reeves v. Sanderson*

Plumbing Products，*Inc.*，530 U. S. 133，142-43（2000）；*Texas Department of Community Affairs v. Burdine*，450 U. S. 248，252-55（1981）。即便 Motorola 未提供与其他芯片有关的证据，仅仅是存在某一种可替代被控侵权的发明的芯片这一事实无法使得事实审理者能够推断出：该芯片的成本与 Motorola 通过（被诉的）侵权行为而避免的成本近似，从而与他为了使用 Apple 的专利芯片的许可而可能不得不支付给 Apple 的许可费近似。

在 6 月 7 日的听证会上，Apple 的律师表示——关于要求专利权人"找到或者能够说明那是绝对的成本最低的最优规避设计，因此它是损害赔偿的最佳度量"——"我没听说过法律有这样的要求"。的确如此，但是 Apple 仍然必须说明其暗示 Motorola 本可以购买的芯片是在商业上合理的规避设计。正如我在听证会上提到的（恐怕不是非常清楚），"Apple 无须说明 Polish 指出的芯片正是最优的规避设计。很明显，对【原告】施加多少举证责任是有限制的。【如果】Polish 说……这是一个标准的东西，这是其他人都在使用的，可能完全够了，但是——当然，那不在他的报告中，并且我不认为一个计算机科学家真的是……在损害赔偿上需要的唯一专家。你需要在公司财务部分或销售部分、市场、采购【部分】参与更深入的专家。"

我也同意 Apple 的律师接下来的观点："我们认为在法律上，只要你的专家提出一项可审理的、**恰当的损害赔偿计算**，即如果其本身被提交给陪审团则将能够作为**适当的证据成立**，则足以满足在那时由该方当事人承担的举证责任。"（重点已标注）对于"能够作为适当的证据成立"，我认为律师意思不是该证据可采纳（这是显而易见的），而是该证据确立了初步证明的案件。Polish 关于芯片的证词没有确立初步证明的案件，它包含了猜测。那样是不够的。

现在我将评述 '647 专利，该 Apple 的专利名称为"结构检测和链接"。这一术语指的是手机能够识别文本中例如手机号、网页地址以及日期的样式，然后向用户呈现可能响应的菜单，比如呼叫电话号码或者创建日历记录。我拒绝了 Napper 试图使用名为"剪切板管家"的 iPhone 应用的销售额来估算 '647 专利执行的功能的价值。理性的 iPhone 用户不会有意为了其结构检测和链接能力而购买剪切板管家，因为 iPhone 自带的此类功能已经超越了剪切板管家的结构检测和链接的方法。

Apple 诉称还存在可替代的依据，以估算被控的侵权行为的赔偿金，即 Napper 关于在不侵权的情况下复制 '647 专利执行的功能的费用提供的证词（在 *Daubert* 听证时我未被请求排除该证词）。这一估算意图使得 Napper 提出的赔偿金数额（基于被我拒绝的剪切板管家的赔偿金数额）看上去是保守的，其基于国际贸易委员会认定另一手机制造商 HTC 的手机对 '647 专利构成侵权并威胁将禁止其进口到美国后，HTC 对 '647 专利进行规避设计所需的时间。参见 *In re Certain Personal Data & Mobile Communications Devices & Related*

Software, *Inv.*, No. 337-TA-710 （2011. 12. 19），http://info. usitc. gov/ouii/public/337inv. nsf/RemOrd/710/ \$File/337-ta-710. pdf （2012. 6. 22 访问）。被禁止使用专利的侵权者必须停止销售侵权产品直至其消除侵权为止，比如通过规避发明。因此，必须规避发明的成本（包括损失的销售额）是估算合理许可费的一种方法。

Apple 基于 HTC 先例的赔偿金估算是一种事后的想法，在 Napper 的报告中仅占据两页，并且对以下信息只字未提：HTC 公司的情况、HTC 手机的信息、或 HTC 响应于国际贸易委员会的排除禁令而投入修改其手机的工程资源，其中国际贸易委员会的排除禁令允许 HTC 在证明已成功对 '647 专利进行了规避设计前再进口侵权手机 4 个月。Napper 的报告也没有提到，国际贸易委员会对专利权利要求的解释与我对相同权利要求的解释不同。因此，尽管在 6 月 7 日的听证会上，Apple 律师就 HTC "面对的正是同一专利" 的说法在字面上是正确的，但由于权利要求解释不同，并且这意味着规避发明涉及的成本可能不同，因此一个负责任的专家证词应当对这一问题进行说明，但 Napper 的报告忽略了这一问题，因此该论述具有误导性。

Apple 在最后一刻抗辩，即便无法测算赔偿金，**任何**侵权行为都将造成损害，因此应当予以判决。这其中涉及违约和侵权之间的区别。违约本身是错误的，因此即使违约的受害方（合同的另一方）未能证明其由于违约而受到损害，也有权得到判决和名义上赔偿金的象征性裁决。参见 *MindGames*，*Inc. v. Western Publishing Co.*，218 F. 3d 652，654 （7th Cir. 2000）；E. Allan Farnsworth，《合同法》第 12.8 节，第 784 页 （1999 年，第 3 版）。相反地，有损害才会有侵权，在没有损害的情况下，过失、轻率或其他侵权行为不是救济的依据，其中行为是指引起导致侵权的损害的行为。参见 *Chang v. Baxter Healthcare Corp.*，599F. 3d 728，733–34 （7th Cir. 2010）；W. PageKeeton 等，*Prosser & Keeton on the Law of Torts*，第 30 节，第 164–65 页 （1984 年，第 5 版）；参见 *Restatement （Second） of Torts*，第 899 节，评论 c （1977）。

如同对于绝大多数一般性法律一样，对于上述原则也存在例外，即便没有损害结果，对土地的蓄意侵入也构成可诉侵权。参见 *Restatement （Second） of Torts*，同上，第 163 节。这一例外的原因是阻止入侵者通过占有获得所有权。参见 *Chang v. Baxter Healthcare Corp.*，参考同上，599 *F. 3d* 733。"无害" 侵入之诉与产权归属之诉类似，虽然后者是**对物之诉**，因此一旦成功建立，物品的所有权是对世的，而不是仅仅对抗单个的侵入者。

更本质地，排他是所有权赋予的基本权利，并且不限于引起明显损害的侵权（如同一般侵权那样）。试想如果有一伙人在你前院的草坪上野餐，你必须证明他野餐后没有打扫干净或者坐在了你最喜欢的野餐点，才能向法院申请禁令，会是多么荒唐。

专利也是财产，通过起诉涉嫌侵权者来建立专利的效力和范围的诉讼与 "无害侵入"

的诉讼是类似的，参见 *Lindemann Maschinenfabrik GmbH v. American Hoist & Derrick Co.*，895 F. 2d 1403，1406（Fed. Cir. 1990），因此，即使未能证明损害也应得到名义赔偿金。参见 *Dobson v. Dornan*，118 U. S. 10，17（1886）；*Nike*，*Inc. v. Wal-Mart Stores*，*Inc.*，138 F. 3d 1437，1441（Fed. Cir. 1998）。名义赔偿金在其他类型的案件中也有裁决，比如在违反正当程序的案件中，即使没有显示有实际损害。如 *Farrar v. Hobby*，506 U. S. 103，112（1992）。至于为什么要有名义赔偿金是另一个问题，对于这个问题我怀疑存在令人满意的答案。名义赔偿金"可比早期法律体系的遗留部分略好，在早期法律体系中，在 *Webb v. Portland Mfg. Co.*，29 Fed. Cases 506，507（Cir. Ct. Me. 1838）（Story，J. ）中，此观点被表述为'根据我的最早期阅读，我认为在判例法的那些要素中该观点被搁置，即当存在违法行为时，应当给予赔偿金以救济；每次受到伤害本质上都会引入法律意义上的损害赔偿；如没有证明其他损害发生，受损害一方有权获得名义赔偿金的裁定'，这一表述确有道理，并不是在循环论述"，参见 *Habitat Education Center v. United States Forest Service*，607 F. 3d 453，460（7th Cir. 2010）。

然而，且不谈其他类型的案件中的判决名义赔偿金的适当性，我强烈怀疑（尽管 *Morrow v. Microsoft Corp.*，499 F. 3d 1332，1339（Fed. Cir. 2007）中存在相反的暗示）专利权人不能以名义赔偿金**起诉**，至少在联邦法院应该是不可行的，原因在于联邦法院采用最高法院中对《宪法》第三条中的术语"案件"和"争议"的解释。如果不存在实际发生的或可预期的有形损失，则联邦法院不享有对主题的管辖权。在 *Farrar v. Hobby*（参见同上）中，原告诉求为 1700 万美元，但由于未能证明实际损失，因此判定了名义赔偿金。原告的诉讼请求并不包含名义赔偿金。事实上任何理性的人都不会这么做。

名义赔偿金并不是对名义损害的补偿。名义赔偿金是对尽管可能侵犯了权利但没有产生损害的错误的象征性承认。你不能走进联邦法院，然后说你与 X 订有合同并且 X 违约，尽管你并未遭受任何侵权损害（事实上由于你以更高的价格重新订立合同还因此有所收益），但你对 X 的行为非常生气，因此要求得到 1 美元的判决，以把它钉在墙上。同样地，Apple 不能要求联邦法院审理这样的案件，即案件的唯一结果是 1 美元的判决，而这也不是 Apple 想要的。当 Motorola 请求简易判决，主张 Apple 不能证明来自其诉称侵权的专利的任何数额的损害时，对此 Apple 的答辩，并不是证明其应获得名义赔偿金；而是主张 Motorola 认为 Apple 不能证明实质损失是错误的。

但我必须考虑美国法典第 35 编第 284 条（35 U. S. C. § 284）可能的影响，专利法在相关部分规定"当作出有利于请求人的裁决时，**法庭应该判予请求人足以补偿其所受侵权的赔偿金**，**无论如何不得少于**侵权者使用该项发明的**合理的许可费**，以及法院所确定的利息和花费。"（重点已标注）可以想到，这应当被理解为如果证明了侵权，即便没有任何证据证明损害，专利权人仍有权获得合理的许可费；并且可推测该法院判定的许可费并不是名义许可费。本案中双方当事人均未寻求这一救济，即未证明损害时应判定的实质许可费。但是，为了完整性，即使不考虑对于联邦法院审判权的宪法限制，我也希望消除任何认为此类救济（即对不存在可见损害的实质"补偿性"赔偿金）是适当的想法。

合理的许可费是在侵权之诉的损害赔偿阶段判定的赔偿的形式之一，尽管如我们将看到的，它通常作为一种衡平救济，用来代替禁令，其被应用以防止专利权人将来受到损害。传统的赔偿和许可费之间的区别在于，事实上许可费是恢复原状的一种形式，即将侵权者所得利润或者与之相当的、侵权者未经授权使用专利发明所节省的成本移转给专利权人。尽管联邦巡回法院在 *Dow Chemical Co. v. Mee Industries，Inc.*，341 F. 3d 1370，1382（Fed. Cir. 2003）中提到"当证明了侵权时推定赔偿金"，但其很快补充到"但是地区法院对于判定一定数额赔偿金的义务'并不意味着对于合理许可费未能提供证据或证据不足的专利权人可通过法庭判定的金额不'合理'来成功上诉而违反第284节'"。

该引述来自 *Lindemann Maschinenfabrik GmbH v. American Hoist & Derrick Co.*，参见同上，895 F. 2d，1407，从该判决意见可知："未能提交证据支持其主张的一方不能以一审法院未发现支持其诉请的事实为由提出上诉，"，引自 *Railroad Dynamics，Inc. v. A. Stucki Co.*，727F. 2d 1506，1519（Fed. Cir. 1984）。Lindemann 案引用 *Devex Corp. v. General Motors Corp.*，667 F. 2d 347，363（3d Cir. 1981）基于其他理由进行了确认，461 U. S. 648（1983），其"确认对于缺少证据的零赔偿金判定"，并对此表示"该法条【35 U. S. C. § 284】要求判以合理的许可费，但若主张这一要求即便在不存在任何证据使得法院可得到合理许可费的情况下仍然存在，则超越了该法条可能的含义。"即便是名义赔偿金也不能判定。

在 *eBay Inc. v. MercExchange，L. L. C.*，547 U. S. 388，391-92（2006）中，联邦最高法院制止了任何仅凭侵权的证据就足以获得救济性判决的暗示（当时 *Dow* 案假设如果证明侵权，则"有义务判定一定数额的赔偿金"）。此外，关于许可费的计算，*Dow* 案本身指示地区法院许可费的数额不应是凭空变戏法产生的，而是应该"仔细地考虑所谓的 *Georgia-Pacific* 要素，并判决案卷的证据可支持的合理许可费。"参见同上 341F. 3d，1382（引用省略）；还参见 *Lucent Technologies，Inc. v. Gateway，Inc.*，580 F. 3d 1301（Fed. Cir. 2009）；*Parental Guide of Texas，Inc. v. Thomson，Inc.*，446 F. 3d 1265，1270（Fed. Cir. 2006）。

因此，让我们来看一下这些要素（参见 *Georgia-Pacific Corp. v. United States Plywood Corp.* 318 F. Supp. 1116，1120（S. D. N. Y. 1970））的具体内容。

总体上，与确定专利许可的合理许可费有关的证据事实可以从重要判例的概览中得到一个全面的清单。以下列出似乎与本问题最为相关的一些要素，已在细节上作必要调整：

1. 专利权人对涉案专利的许可曾收取的许可费，证明或试图证明既定的许可费。

2. 被许可人为使用与涉案专利相类似的其他发明所支付的费率。

3. 许可的性质和范围（比如是独占许可还是非独占许可，有无许可的地域限制或产品销售对象限制）。

4. 许可人通过不许可他人使用其发明或者设置特殊的许可条件来维持其专利垄断所制定的政策和营销安排。

5. 许可人与被许可人的商业关系，比如他们是否为同一地区、同一产业链上的竞争者，抑或他们分别是技术的开发者与推广者。

6. 被许可人因销售专利产品而对促进自身其他产品销售所产生的影响，该项发明带动许可人销售其他非专利产品的既有价值，以及这种衍生销售或者附随销售的程度。

7. 专利权的有效期限和专利许可的期限。

8. 专利产品既有的获利能力，其商业成功，以及其当前的市场普及率。

9. 与已使用以产生类似结果的旧模式或设备（如果有的话）相比，专利财产的用途和优势。

10. 专利发明的性质、许可人拥有的和生产的专利商业实施的特征，以及给使用这项发明的人所带来的利益。

11. 侵权者对涉案发明的使用程度，以及可证实的使用该发明所带来利益的任何证据。

12. 在特定行业或可比行业中，使用该发明或类似发明通常可获得的那部分产品利润或售价。

13. 在所实现利润中应当归因于该发明的利润比例，区别于应归因非专利因素、制造方法、商业风险或本案侵权者增加重要特征或者改进所带来的利润比例。

14. 具有资质的专家的证词意见。

15. 假设许可人（比如专利权人）与被许可人（例如本侵权者）合理地、自愿地尝试达成协议，这种情形下双方会（在侵权开始时）达成的许可费数额。也就是说，一个审慎的被许可人，出于商业目的，希望获取某项专利使用许可从而生产和销售包含该专利发明的特定产品，愿意支付并能赚取合理利润的许可费数额，并且该数额可被一个希望授予使用许可的审慎的专利权人所接受。

这是一个相当复杂的列表，第二句话中的"一些要素"尤其意味深长——还可能有多少额外的要素潜伏在某处？法官或者陪审团真的能够平衡 15 个甚至更多的要素并且得出类似于客观评价的东西吗？我们不需要尝试回答这些问题。Apple 并未提供 *Georgia-Pacific* 要素支持其损害赔偿主张的可接受的证据。

被寻求损害赔偿的其余专利是 Motorola 的 '898 专利，该专利是用于使得能够进行蜂窝电话和蜂窝塔（在该专利中被称为 "蜂窝基站"）之间的通信的专利组合的一部分。'898 专利和 '559 专利（Motorola 的专利，对于该专利，我批准了 Apple 对于不侵权的简易判决的动议）均被 Motorola 声明为 "标准必要" 专利。这些是蜂窝电话制造者**必须**采用以实现通过指定的电信网络的专利，对于这些专利，专利权人（Motorola），承诺依据公平、合理、无歧视（缩写为 "FRAND"，或者有时也记为 "RAND"——词语 "公平" 对 "合理" 和 "无歧视" 不增加额外含义）条款许可给任何人，正如标准制定组织所要求的，作为认定其专利技术为符合标准的必要专利的条件。

我于 6 月 5 日作出的简易判决，其中认定 Apple 公司没有侵犯 Motorola 的 '559 专利，可能看起来与以下主张不一致，即受通用移动电信系统（UMTS）管理的 Apple 的 3G（"第三代"）移动设备必须使用针对该标准被声明为必要的专利，比如 '559 专利。但这当中并没有不一致之处。Motorola 的标准必要专利（包括本案中仍然待决的 '898 专利）仅仅**被声称**为标准必要。欧洲电信标准协会（ETST）收集由声称拥有对于符合 UMTS 而言必要的专利的公司进行的声明，但该协会并未确定这些专利是否真的是必要的。参见 ETSI IPR Database FAQ，www. etsi. org/website/aboutetsi/iprsinetsi/IPRdb_FAQ. aspx（2012 年 6 月 22 日访问）；*Apple Inc. v. Samsung Electronics Inc.*，No. 11-cv-01846，2012 WL 1672493（N. D. Cal. May 14，2012）。Apple 表明，虽然其蜂窝电话产生 3G UMTS 所要求的前导码序列（Motorola '559 专利保护的对象），但他们并没有按照 '559 专利要求保护的方式来这么做，因此 '559 专利不是必要的。

在其对于 '898 专利的主要损害赔偿证人 Carla S. Mulhern 由于我的 *Daubert* 裁决而被排除后，Motorola 退而倚靠另一位未被排除的专家损害赔偿证人 Charles R. Donohoe。Donohoe 先生有资格就标准必要专利的许可发表意见，但他的八页的声明（他未按照第 26 条的要求提交正式报告，参见 Fed. R. Civ. P. 26（a）（2）（B）；*Meyers v. National R. R. Passenger Corp.*，619 F. 3d 729，734（7th Cir. 2010）；*Gay v. Stonebridge Life Ins. Co.*，660 F. 3d 58，62（1st Cir. 2011））中最重要的是，如果 Apple 想就 Motorola 的标准必要专利组合中的任何专利获得许可，许可费将超过该专利所占专利组合的百分比与整个专利组合的价值的乘积。假设该专利组合包含 100 件专利，并且将向被许可了全部 100 件的某公司要求 7 亿美元的合理许可费。1 件专利是该 100 件专利的 1%，而 7 亿美元的 1% 为 700 万美元。但是，根据 Donohoe 先生的声明，如果单件专利进行许可而非作为包括整个专利组合的打包交易的一部分，则该单件专利的许可费将"高达"整个专利组合的许可费的 40%–50%——最高可达 3.5 亿美元。

该"高达"有很多依据。在一个包含 100 件专利、累积价值为 7 亿美元许可费的专利组合中，即使对于使用其中一个专利的许可费是 1400 万美元在数学上也是不成比例的（Donohoe 的表述为"非线性"），因为 1400 万美元与 7 亿美元的比例是 2% 而非 1%（1 件专利与 100 件专利的比例）。那么如何选择正确的非线性许可费呢？Donohoe 的陈述没有回答这个基本的问题，也无任何迹象表明任何其他证人能够回答这个问题。在宣誓证词中，Donohoe 试图撤回其"高达"的表述，表示专利组合中单一专利的许可费"应当**至少**为全部费率的 40%–50% 是我的经验之谈"（重点已标注）——仍然是一个开放区间，尽管现在成了一个向上的范围。他没有提供改变想法的理由，也没有任何对非线性许可费函数形式的估计，总而言之，他对（单一专利许可费）在整个专利组合的合理许可费中"至少占 40%–50%"的估计没有任何依据。他还补充到，他对包含 '898 专利在内的专利组合一无所知，他给出的 40–50 个百分点的估计是对一般的通信标准必要专利的论断。

看起来似乎 Motorola 至少可以主张线性的价格——对应我给出的假设中整个专利组合价值的 1% 的示例。但 Motorola 没有提出这一替代主张，而是选择了孤注一掷。此外，如果适当的许可费是非线性的，Motorola 需要提供证据表明 '898 专利**不低于**专利组合中的专利的平均价值，否则其许可费将比专利组合价值对应线性比例的部分还要低。Motorola 对此未给出任何证据。

"孤注一掷"是 Motorola 损害赔偿主张中不得不提的特点。Motorola 主张其有权获得不低于（侵权产品销售额的）2.25% 作为包含 '898 专利在内的专利组合的许可费。尽管本案中仅剩下这一件专利属于该专利组合，Motorola 主张其仍有权获得等于（或者"高达"、"至少"——似乎 Motorola 尚未确定）2.25% 许可费的 40%–50% 的赔偿金，也就是对 '898 专利造成侵权的 Apple 产品的销售额的 0.9%–1.125%。

在 6 月 7 日的听证会上，Motorola 的律师表示其会在之后的诉讼中证明 Apple 同样侵犯了该专利组合中的其他专利，因此 Motorola 将证明其有权获得全部销售额的 2.25%。用他的话说："Apple 通过销售其具有无线网络连接功能的手机，侵犯了 Motorola 拥有的**全部**标准必要专利【该陈述发生在我就 Motorola 的 '559 专利的涉嫌侵权作出有利于 Apple 的简易判决之前】。由于现实原因，我们无法在一起案件中就 100 件专利或者 75 件专利集中起诉。目前还有其他案件在审理当中，在国际贸易委员会也有很多案件处在不同的审理阶段。但所有案件的最终结果都将是 Apple 向 Motorola 支付谈判可得的标准必要专利的许可费。我们可以说这个比例是 2.25%，**但我现在无法向你证明该数字是正确的**"（重点已标注）。而且现在再证明也为时已晚。

还存在另一个驳回 Motorola 损害赔偿主张的决定性理由。计算 FRAND 许可费的适当方法的起始点应当是，在专利发明被作为满足行业标准的必要技术之前，被许可人获得该专利使用许可的原来成本。该成本将用于衡量该专利作为专利本身拥有的价值。一旦一项专利具有标准必要性，专利权人的议价能力将显著提升，因为一个潜在的被许可人没有其他替代渠道获得该专利的许可，只能任由专利权人摆布。Motorola 未就 FRAND 要求的有效性提出质疑，该要求的目的是区分专利本身的价值与专利被指定为标准必要专利后产生的额外价值，比如专利劫持价值，将专利权人对许可费的要价限制在专利本身的价值范围内。参见 *Broadcom Corp. v. Qualcomm Inc.*，501 F. 3d 297，313 – 14（3d Cir. 2007）；Daniel G. Swanson 和 William J. Baumol，*Reasonable and Nondiscriminatory（RAND）Royalties，Standards Selection，and Control of Market Power*，73 Antitrust L. J. 1，7 – 11（2005）。Motorola 未提供任何证据证明其对合理许可费的估算符合前述要求。

因此双方当事人的损害赔偿主张均不能得到支持。但专利权人还可以就侵权寻求禁令性救济，并且双方当事人在本案均提出这一请求，我在前文就 Apple 的这一请求已予提及。

2. 禁 令 救 济

就 Motorola 的禁令请求，由于 FRAND 要求的存在，我认为仅当 Apple 拒绝支付符合 FRAND 要求的许可费时，才有正当理由禁止 Apple 侵犯 '898 专利。通过承诺以 FRAND 条款许可其专利，Motorola 已承诺对任何愿意支付 FRAND 许可费的主体许可 '898 专利，因此隐含地承认许可费是对许可使用该专利的足够补偿。他怎能出尔反尔？既然 Motorola 主张 Apple 若想要生产具有 UMTS 通信功能的手机（不具备所述功能不能被称为**手机**）**就必须**使用该专利，那么怎么能允许 Motorola 禁止 Apple 使用该专利呢？

联邦贸易委员会（FTC）近期发布了一项政策声明，间接指出对于受 FRAND 原则指导的专利的侵权，禁令救济确实是不可用的。参见于 2012 年 6 月 6 日提交的"第三方联邦贸易委员会关于公共利益的声明"中的 *In re Certain Wireless Communication Devices，Portable Music & Data Processing Devices，Computers & Components Thereof*，Inv. No. 337-TA-745，www. ftc. gov/os/2012/06/1206ftcwirelesscom. pdf（2012. 6. 22 访问）。这是在国际贸易委员会的排除令的背景下说明的，但其逻辑包括了禁止销售侵权产品的任何请求。联邦贸易委员会表示其"解释了在涉及标准必要专利的争议中，禁令救济的潜在经济影响和竞争影响。"参见同上，第 2 页。联邦贸易委员会接着指出：

在进口禁令的威胁下发生的许可费谈判可能显著地倾向专利权人一方，在某种程度上与 RAND 承诺相违背。高昂的转换成本加上进口禁令的威胁可能使得专利权人不顾其 RAND 承诺而要求不合理的许可条款，这不是因为该专利是有价值的而是因为实施者受到约束必须执行这一标准。由于进口禁令是基于覆盖了复杂的多部件产品的小部件的专利，因此，专利技术的价值与发明获得奖励之间的不平衡可能尤为突出。这样一来，进口禁令的威胁可能使得受 RAND 约束的标准必要专利的持有人将许可费率体现为专利劫持而非该专利相对于其替代品的价值。

参见同上，第 3-4 页。另见（除了 *Broadcom* 案和 Swanson 和 Baumol 的文章外）Douglas Lichtman, *Understanding the RAND Commitment*, 47 Houstno L. Rev. 1023, 1039-43 (2010) 和 Mark A. Lemley, *Intellectual Property Rights and Standard-Setting Organizations*, 90 Cal. L. Rev. 1889, 1916 (2002)。

Motorola 主张，在 Apple 拒绝支付 Motorola 最初提出的 2.25% 的许可费后，Apple 拒绝与之谈判，使得禁令救济理所应当；Motorola 诉称，既然 Apple 选择拒绝事前获得使用许可，那么 Apple 应当失去 FRAND 避风港的保护。然而 Apple 拒绝就专利许可进行谈判（假设 Apple 确实拒绝了——双方当事人就为何谈判破裂各执一词，我无须对此作出评判）并不能作为抗辨 Motorola 请求 FRAND 许可费的理由。如果 Apple 拒绝支付 2.25% 的许可费，其将承担被法院判以支付相等或更高许可费率的风险，但这与 Motorola 不必再遵守 FRAND 义务并不是同一件事情。Motorola 同意按照 FRAND 条款对其标准必要专利进行许可，作为将其专利定为标准必要专利的**交换条件**。参见前文提到的联邦贸易委员会关于公共利益的声明，参见同上，第 2 页。Motorola 在许可谈判中并未主张以潜在被许可人作出反要约作为达成协议的条件。

Motorola 进一步诉称，如果丧失禁令救济的可能性，它将无法从 Apple 得到合理的许可费。假设合理的 FRAND 许可费最高为 1000 万美元。如果 Motorola 就此索要这样的许可费，Apple 明知诉讼费用高昂也会选择拒绝该要约，然后 Motorola 可能接受一个稍低的价格。当然诉讼对 Apple 来说同样需要支出费用，这可能使得其愿意支付 1000 万美元的许可费而不是继续斗争。但对 Motorola 的主张更深层的反对理由是"美国规则"的存在，该规则规定除了个别例外情形，诉讼中的胜诉方仍需承担其诉讼成本而不能将其转由败诉方承担。虽然没有禁令威胁作为支持，双方就有可能以低于原告正当寻求的损害赔偿达成和解，但"美国规则"不会仅仅因为这一点就将损害赔偿视为不充分的救济。不能因为原告需要禁令来给被告施压，使其在关于损害赔偿主张的协商中接受与没有这种压力的情况相比更有利于原告的条款，就能在违约之诉中获得禁令。

对 Motorola 的禁令救济请求的另一反对理由对 Apple 的类似请求同样适用，即无论是一般意义上还是在专利侵权的案件中，对禁令的批准都不是认定侵权后必然产生或预设的结果，事实上美国最高法院已经明确，用于在专利案件中决定是否批准这样的禁令的标准适用一般衡平原则。参见 *eBay Inc. v. MercExchange，L. L. C.*，参见同上，547 U. S.，391–392 和 *Ecolab，Inc. v. FMC Corp.*，569 F. 3d 1335，1351–52（Fed. Cir. 2009）。这意味着，除了个别例外情况，金钱救济作为替代措施一定是不充分的。"一方所获的损害赔偿不充分通常是禁令救济的前提条件。"参见 *Hoard v. Reddy*，175 F. 3d 531，533（7th Cir. 1999）和 *Walgreen Co. v. Sara Creek Property Co.*，966 F. 2d 273，274（7th Cir. 1992）。"由于原告不能计算其遭受的损失，其寻求禁令的请求通常都会获得支持。"参见 *Pelletier v. Stuart-James Co.*，863 F. 2d 1550，1558 n. 15（11th Cir. 1989）。如果证明了 '898 专利的侵权成立，那么 FRAND 许可费将向 Motorola 提供其有权获得的全部救济，并且因此 Motorola 无权获得禁令。

事实上任何一方当事人都无权获得禁令，因为他们均未证明损害赔偿无法提供充分的救济。的确，双方当事人均未提供关于损害赔偿的充分证据证明支持简易判决，但这并非由于无法在合理确定的范围内计算出损害赔偿，从而导致损害赔偿是不充分的救济手段；而是由于双方都不能提供充足的证据证明存在可审理的争议。他们本来可以得到充分的法律救济，但却不能提供初步证据证明通过这种救济他们可以获得的损害赔偿。这就是常见的举证不能。

正如我已经提及的，专利案件的金钱赔偿要么通过专利权人的损失来确定，要么通过侵权人通过侵权所获得的价值来确定。使用侵权人所获得的价值这一替代方法的（法理）基础是，假设侵权人协商取得许可而不是侵权，该价值将会转化为支付给专利权人的许可费，丧失这笔许可费相应地就构成专利权人的损失。"早期，在专利权人不能证明自己的损失或者侵权人获利的情况下，通常以未经授权进行使用的市场价值计算（丧失利益）的返还，并以此作为对专利侵权的救济手段（虽然在专利侵权的背景下，这样一项裁决一直被称为'损害赔偿'，但更确切地这是一种不当得利的返还）。与计算侵权人的利润不同，通过使用价值计算赔偿金的方式被保留在现行的《专利法案》中。"参见 *Restatement（Third）of Restitution and Unjust Enrichment* 第 42 节，评论 c 和评论 f（2011）；另参见 George E. Palmer，*The Law of Restitution*（1978，第 93–94 页）第 2.7 节，以及 Roger D. Blair 和 Thomas F. Cotter，*An Economic Analysis of Damages Rules in Intellectual Property Law*，39 William & Mary L. Rev. 1585，1650（1998）。

损害赔偿不充分的常见原因是可收回性的问题，但本案不存在这种情况。双方当事人都是财力雄厚的公司，并且他们均未否认，可在可容忍的准确程度内估算出对专利侵权的损害赔偿。相反地，双方当事人都不仅坚持损害赔偿是可计算的，并且坚称其已经计算出了结果。本案的问题不在于无法计算损害赔偿，而是在于到庭审前、取证阶段结束之时，双方显然都没有给出可靠的计算结果。

　　Apple 诉称，Motorola 将 Apple 的专利技术的可取之处融入自身的设备中，既没有为使用专利支付许可费，也没有花费成本研发规避发明，而是直接将 Apple 发明中想要的特点放到自己的设备中，从而从专利侵权中获利。Apple 从未主张，Motorola 通过侵权所获得的利润是无法量化的。尽管 Apple 资源雄厚，律师能力出众，但其未能以最低限度可接受的方式确定上述利润的具体数额，其背后的原因可能是庭审准备工作的失误（即使最优秀的律师也会如此），也可能是人多误事（本案中 Apple 由三家律师事务所代理），或者是该侵权行为并未使 Apple 丧失任何利润（后面我再讨论这个不符合直觉的观点）。

　　Apple 还主张 Motorola 通过专利侵权侵占了其市场份额（即使 Apple 的市场份额有所增长，事实也的确是一直在增长，但该主张的情况仍有可能发生，假定作为其竞争者的 Motorola 的市场份额增长更快），并且抢占了其潜在用户，因此 Apple 请求法院通过禁令限制 Motorola 的产品进入市场以此保护 Apple 的用户群。但是对此救济，Apple 并没有给出依据。

　　首先，正如案卷所显示的，由于研发涉案专利的规避技术并不困难，授予禁令并不能避免上述损失。研发 '647 专利（结构检测和链接）的规避技术的成本和研发 '002 专利（无法拦截的任务栏）的规避技术的成本相似，都只需重新编程 Motorola 智能手机，就可以至少规避专利权利要求中的一个要素（如果权利要求中至少有一个要素（元件）不存在于涉嫌侵权的设备中，则对该权利要求的侵权不成立。参见 *Catalina Marketing Int'l*, *Inc. v. Coolsavings. com*，289 F. 3d 801，812（Fed. Cir. 2002）和 *Lemelson v. United States*，752 F. 2d 1538，1551（Fed. Cir. 1985））。基于我对 '647 专利权利要求的理解，Motorola 可以简单地通过设置一些代码来执行每一特定程序中的结构检测和链接，而不是为所有程序设置通用代码来规避该专利。因为如果没有通用代码就不存在专利权利要求所涵盖的 "分析服务器"。同样，Motorola 可以通过设置偶尔拦截任务栏的程序来规避 '002 专利。至于 '263 专利（实时专利），不存在有关规避该专利权利要求的成本的证据，并且所有记录显示其成本可能很小。我于 5 月 22 号给出的意见中最终指出，Motorola 可以很容易并且成本低廉地规避 '949 专利中的手势权利要求。

　　由于规避技术很容易实现，所以假如 Apple 无法通过禁令将 Motorola 逐出市场，那么 Apple 由于侵权行为所遭受的唯一损失是以研发规避技术所需的最低成本封顶的许可费。因为 Motorola（通过许可或规避技术）的智能手机都会具有同样的功能，因此不管有或没有禁令，Apple 所主张的市场份额的流失都会发生，无法证明损害赔偿不充分。

　　因此，尽管在某些案例中，由于难以量化商誉和市场份额的损失，可能会支持禁令救济，但是本案中禁令无论如何都无法防止上述损失（对于过去的损失未寻求损害赔偿）。

不出所料，Apple 没有证据表明损失市场份额或客户商誉，也没有预期在将来会存在这种损失的依据。Apple 的智能手机和 Motorola 的智能手机之间的价格差异表明，这两类产品的市场并没有完全重叠，因此，Motorola 的智能手机中在侵权方面的微小改进并不会给 iPhone 的销售带来显著的影响。尽管专利本身（至少某些专利）具有巨大价值，但基于我和 Crabb 法官进行的权利要求解释以及我作出的部分简易判决，本案中只有少数原始专利权利要求仍与本案相关；而侵犯这少部分专利并不会给过去、现在以及将来带来重大损害。由于各种原因，信息技术领域的专利除了防御外，其价值并不大。参见 Alan Devlin, *Systemic Bias in Patent Law*，61 De-Paul L. Rev. 57，77–80，2011，及其引用的文献。

本案不批准禁令救济的一个有关理由，是涉嫌侵权人因禁令所产生的负担可能与其侵权所获利益及侵权的受害者所遭受的损害并不相称，从而该措施可能会变成专利权人的意外之财，并构成对侵权人的惩罚而非对其导致损害的赔偿。不仅没有证据表明 Motorola 获益或 Apple 受损（即使有的话 Apple 也应该举证确定其数额），而且禁令可能迫使 Motorola 将其盈利产品撤出市场，直至从产品中消除侵权特征（复杂设备中绝大多数特征并未涉嫌侵权，侵权特征仅是微小的一部分），或者规避侵权特征。

关于禁令对侵权人的潜在损害这一问题，似乎暗示如果 Motorola 不侵犯 Apple 的专利的话（假设它的确侵权了，毫无疑问这非常明显），作为耗费巨资开发规避技术的替代办法，它将不得不向 Apple 支付高额的许可费。这种暗示可能看起来与我的认定不符，即 Apple 未能证明 Motorola 通过侵权获得大量利润；因为如果侵权并没有获得大量利润，那么被允许继续使用侵权专利的许可费也不会很高。但是该观点忽略了智能手机市场（Apple 和 Motorola 销售的高端智能手机）从 3 年前 Motorola 被控侵权行为开始时就已经迅速发展。仅仅去年，智能手机的销售额就增长了将近三分之二。因此，现在授予禁令对 Motorola 造成的损害远远超过了倘若 Motorola 在侵权行为开始时请求许可则 Apple 原本会收取的许可费。

Apple 本可以请求法院令 Motorola 支付合理许可费来继续使用 Apple 的专利所覆盖的发明，以此取代禁售 Motorola 产品的禁令。这样的法院令将会对 Apple 实施强制许可，以换取其持续收取许可费（联邦巡回法院倾向于使用"持续许可费"的说法，参见 *Paice LLC v. Toyota Motor Corp.*，504 F. 3d 1293，1313 n. 13（Fed. Cir. 2007））。这是一个可以替代对侵权行为授予禁令的衡平赔偿。参见 *Bard Peripheral Vascular*，*Inc. v. W. L. Gore & Associates*，*Inc.* 670 F. 3d 1171，1192（Fed. Cir. 2012），该案由于其他原因部分被撤销，2012 WL 2149764（Fed. Cir. June 14，2012）（与常见的金钱救济和衡平救济的二分法不同，衡平赔偿通常都是金钱的，比如 *McReynolds v. Merrill Lynch*，672 F. 3d 482，483（7th Cir. 2012）和 *Hoelzer v. City of Stamford*，972 F. 2d 495，498（2rd Cir. 1992））。

附带持续许可费的强制许可在类似本案的案件中可能会是一个较好的救济方式，因为在这些案件中专利权人因为侵权所遭受的损害，与侵权人和社会公众因禁令所遭受的损害常常不相称。在 *eBay Inc. v. MercExchange*，L. L. C.，参见同上，547 U. S.，396–397 中，Kennedy 法官的协同意见中也强调了这个因素，他指出"当专利发明只占公司所生产的产品的一小部分且禁令威胁只是为了在谈判中充分不当筹码时，法定损害赔偿足以弥补侵权损害，禁令不符合公共利益"。他描述的情况与本案相符，三位法官认同该观点，没有法官表示反对。

持续许可费通常是第一次侵权时的合理许可费。如果侵权发生在 1999 年，正如 *Shatterproof Glass Corp. v. Libbey-Owens Ford Co.*，758 F. 2d 613，628（Fed. Cir. 1985）一样，许可费将是侵权产品的销售价格的一定比例，并且只要被许可人继续销售该产品，许可费将一直以该标准持续。被我排除的 Motorola 的损害赔偿专家 Mulhern 女士认为，Apple 应该为使用 '898 专利支付 2.98 亿美元。这不是永久许可费，而只是 Apple 从涉嫌侵权之日开始直到现在，通过销售侵害 '898 专利的产品所获得收入的 2.25%，乘以 Donohoe 所称的 40%–50%（实际上，由于他提出的范围为"高达 40%–50%"，下限并非 40% 而是 0）的一个比例（我们并不能准确得出比例为多少）所得到的结果。持续的合理许可费应该是所估计的、Apple 的侵权产品的将来销量乘以相同的比例。Motorola 未能证明这一比例是适当的，这使得 Motorola 失去了计算持续许可费的基础，因为它也未能提出针对上述提议的方法的替代方案。

Apple 的损害赔偿论证包括试图计算截至审判日期的合理许可费，也就是 Motorola 就过去侵权所亏欠的金额。如果 Apple 能够证明其损害赔偿数额（并且确立对其专利的侵权责任），这些损害赔偿（也就是过去的合理许可费）原本可以成为确定将来每笔销售需要支付的合理许可费的基础，以代替禁令。所述合理许可费也就是指将来支付的每单元许可费，或有时也称为"分期许可费"。损害赔偿的用意是使得专利权人恢复到倘若其专利未曾被侵犯则他原本应处于的状态；如果专利没有被侵犯，专利许可费将会基于现在和将来允许实施专利的价值进行估算。分期许可费的另一种替代方案是表示预期将来许可费的现值的总许可费，类似于侵权案件中针对将来收入损失裁决的一次性损害赔偿。

损害赔偿的裁决，可能会给 Apple 带来损害赔偿金，形式可以是 Motorola 过往通过侵权所获利益的返还，以及 Motorola 将来使用专利发明所应支付的合理许可费的现值。尽管支付将来许可费的裁决听起来像是衡平法令（强制禁令）并且正如我们先前提到的，也的确可能如此，但联邦巡回法院在 *Telcordia Technologies，Inc. v. Cisco Systems*（612 F. 3d 1365，1378–79（Fed. Cir. 2010））中指出其可以是陪审团对损害赔偿认定的一部分。如果将过去的损害赔偿和将来的损害赔偿一起计算为总额支付或作为非衡平分期许可费裁决，就不再需要裁决衡平救济。

我注意到 *Amado v. Microsoft Corp.* , 517 F. 3d 1353, 1361–62 （Fed. Cir. 2008） 的判决意见认为，可追溯的合理许可费（"过去的"损害赔偿）数额应低于预期的许可费（"将来的"），因为在后一种情况下——侵权已经由法院确定而非仅仅由专利权人提出主张——双方更加确信设备真的侵犯了有效专利。另参见 *Bard Peripheral Vascular, Inc. v. W. L. Gore & Associates, Inc.* , 670 F. 3d, 1193。这与以下观点是相符的，即将来许可费是禁令的替代方案，因此不是真正的损害赔偿，也并非真的基于双方过去本可能协商的结果而得出。这很合理，但是本案中（目前调查取证已结束）并没有证据使我可以计算出必要的调整额，以确定分期许可费或者总许可费。

尽管双方都请求禁令救济，但双方均没有提出专家证人对这类救济作证，包括禁令以及当禁令被驳回时在合理许可费下的强制许可作为衡平替代方案。双方也没有表明其损害赔偿专家中的任何一位对许可费有任何意见，除了 Dennis Carlton 教授，他合理地质疑了 Motorola 声称有权获得实质上构成标准必要专利的劫持许可费的请求。

损害赔偿专家的报告仅提供了用于计算过去许可费的合理基础，但未对计算将来的许可费这样做，即便两者是不同的费率。专利案件中的损害赔偿专家应该会估算过去的损害赔偿以及分期许可费，但是本案中的专家证人都没有这样做。

但是这些都不是最关键的，因为 Apple 在 6 月 18 日提交的、针对我 6 月 13 日的法院令的答辩状中主张，其无法计算出预期许可费（无论是分期许可费还是总额许可费），因为该计算依赖于我排除的专家证据。相反，Apple 认为其有权获得禁令，因为针对 Motorola 持续性侵权导致的将来损失，其没有获得充分的救济。

一个原因是，专利权人的禁令请求不能因为其自身导致的错误而被支持，例如其资助的损害赔偿专家准备的报告明显不充分。这毋庸置疑，但还有一点是，专利权人就因侵权所遭受的过往损失而请求并甚至获得损害赔偿的事实并不会使其无法获得禁令救济。参见 *Acumed LLC v. Stryker Corp.* , 551 F. 3d 1323, 1328 （Fed. Cir. 2008）。专利权人可能只能确定已经发生的损害的一小部分，同样也只能确定如果侵权继续时，会产生小部分的将来损害。然后，专利权人就完全有权获得禁令，以及针对过去侵权的（仅部分适当的）损害赔偿。

Apple 试图效仿 *i4i Ltd. Partnership v. Microsoft Corp.* , 598 F. 3d 831, 862 （Fed. Cir. 2010） 中的原告，以消费者信誉及市场份额的损失为禁令正名，该案的法院认为 "小公司在使用其专利，因为被告侵权行为使得其只遭受了市场份额、品牌认同和用户好感度的损失。这种损失通常可能常常无法估价，特别是当侵权行为显著地改变相关市场时，就如本案中发生的情况一样"。Apple 不是小公司，它的市场资本超过了 Google 和

Microsoft 的总和。Apple 主张在本案中其因 Motorola 对专利权利要求的持续侵权行为而遭受市场占有率、品牌认同和用户好感度的损害，但这纯属揣测。并且，直到一星期前，Apple 也没有在本诉讼中提出其所声称的从涉嫌侵权已经遭受和即将遭受的损失"不能估价"。

在 Apple 最近的书面和口头陈述中，Apple 试图将本案转变为 Apple 与 Motorola 之间的人气竞争，我在庭前会议中已经告诉其法律团队我不会放任这在侵权责任审判中发生。Apple 希望我允许将关于 iPhone 是一件如何了不起的产品的媒体报道列为本案证据。我已表示我不会允许这样做，因为从本案的案卷来看，iPhone（包括 Apple 相关产品，主要是平板电脑）的质量以及消费者对它的看法与那些我已经裁定构成可审理侵权案件的几条专利权利要求没有任何关系。Apple 的"感觉良好"理论并不表示**这些**权利要求的侵权（如果的确构成侵权）降低了 Apple 的销量或市场份额，或者损害了顾客对其产品的好感度。典型如 Apple 在其 6 月 18 日的答辩状中提到的"一项 Apple 的调查显示，观看 YouTube 流媒体视频是美国消费者使用 iPad 的十大计划活动之一"。本诉讼案中涉及的 '263 专利并不是针对流媒体视频垄断的请求！

Apple 抱怨 Motorola 手机全盘抄袭 iPhone 整机。但是因 Motorola 希望销售与 iPhone 竞争的产品造成的损害与专利侵权所造成的损害相互独立，并且前者是完全合法的。

由于有这些充分的理由质疑 Apple 可能从持续侵权中遭受的损害，参见 *Lucent Technologies，Inc. v. Gateway，Inc.*，参见同上，580 F. 3d，1333，在没有证据可供将禁令的成本和益处与具有合理许可费（分期（持续）许可费）的强制许可的、替代的衡平救济的成本和益处进行比较的情况下，即使对签发禁令进行考虑也是不适当的。如同前面提到的，Apple 宣称其无法估算代替禁令的许可费，这不是因为这样的估算本身不可行，而是因为我没有采纳 Napper 先生作为不可或缺的损害赔偿证人所提供的证词。就像 *Telcordia* 案所判决和假设的那样，虽然这种许可费或许是损害赔偿救济的一部分（作为法律上的救济而非衡平救济），但是它当然可以作为禁令的替代衡平救济。*eBay* 案确立了是否在专利案件中发布禁令需要考虑的要素，这种可能性与其中的"双方利弊得失平衡"要素密切相关。547 U. S.，391。

Apple 试图通过弱化禁令对 Motorola 的成本来规避许可费作为禁令的替代方案的问题。它表示不反对将禁令的生效时间延后三个月，以允许 Motorola 在此期间尝试研发规避 Apple 专利的发明。如果 Motorola 在此期间成功地规避发明，也就是在不侵权的前提下复制了 Apple 的专利的功能，则禁令对 Motorola 的成本不会超过 Motorola 一开始就选择进行规避发明的研发而非侵权所需的支出。

Apple 声称定制的禁令可以避免给 Motorola 带来过重负担，在这一点上我并未被说服。Apple 忽略了以下的可能性：不构成侵权的规避技术在三个月内无法完成研发、安装或测试（因此 Motorola 可能回到法院请求修改禁令）；Motorola 重新安排生产线生产重新设计的设备的成本相当高，并构成三个月内完成规避技术的另一延迟原因；Motorola 可能需要销毁（如果重新装配不可行的话）其库存以及经销商库存的智能机，并且由于采用规避技术使得智能机成本增加以致于无法以有竞争力的价格出售；还有一个可能是最坏的结果，那就是 Apple 起诉 Motorola，主张其重新设计的手机仍然侵犯其专利，正如其目前在国际贸易委员会就 HTC 对 '647 专利的规避设计发起的挑战一样。

同时被忽略的还有禁令可能给消费者带来的损害，因为特定产品被禁售，消费者无法购买到其偏好的产品，以及给司法带来的负担和当事人执行禁令所承受的负担，这些是在我需要考虑的由 eBay 案确立的决定是否给出禁令救济（547 U. S.，391）的另一要素"公共利益"的框架下。除了迫使其竞争对手浪费时间和金钱找到新的方式实现所声称侵权的方式中实现的功能，从而干扰其竞争对手，推迟的禁令原则上不会给 Apple 带来任何利益，而持续许可费可以给 Apple 带来可观的收入，然而，为了给对手施加成本和诉讼负担，Apple 仍选择放弃这笔收入。上述事实表明，存在 Apple 获得禁令的目的是为了干扰其重大竞争对手的风险，一旦法院发布禁令，需要进行特别严密的监督。

鉴于对 Motorola 以及联邦司法所造成的潜在负担，在不了解以合理许可费进行强制许可的较低成本是否能够合理平衡双方的利弊得失之前，我不能做出禁令救济。我再次强调，没有证据表明，如果 Motorola 侵犯了涉案专利的权利要求，一定会给 Apple 带来重大损害。关于 '002 专利，Apple 主张 Motorola 通过阻止其智能手机的通知窗口的部分拦截，从而侵犯其专利。没有证据表明，偶尔出现部分拦截会明显地降低 Motorola 的智能手机对消费者的价值而且似乎也不可能如此。Apple 直到去年才在其设备上安装了通知窗口。关于 '949 专利，Apple 主张 Motorola 通过使购买 Motorola 智能手机的用户使用预装的 Kindle 阅读器通过点击而非滑动手指来翻页，（实际上更像是翻页而不是点击）从而侵犯其专利。关于 '263 专利，也就是实时应用程序界面专利，Apple 主张 Motorola 侵权使用该专利以避免在"实时通信"中（比如电影）发生故障，但是 Apple 没有证明该方法，相比不侵权和替代方案、实时应用软件或硬件，可以为用户提供更好的体验，或者增加用户对于 iPhone 的需求。关于 '647 专利（结构检测和链接），也不能证明可以使消费者获益。

关于这些看起来轻微的侵权行为使 Apple 的市场份额和商誉遭受损失的观点并不足以使人信服，在证据中几乎没有任何支持，因此不能证明 Apple 从禁令中获得的利益会超过 Motorola 的损失。一项给被告造成的损害大于原告所获得的利益的禁令，会降低社会净福利。这是 eBay 案确立的专利案件中的禁令救济标准中的"双方利弊得失平衡"要素所带来的启示。

同时我必须牢记一项基本原则，那就是只有当法定救济不充分，即损害赔偿不能提供充分的救济时，才可以使用禁令救济。如 *Stickle v. Heublein，Inc.*，716 F. 2d 1550，1563（Fed. Cir. 1983）已经指出的（尽管这一点太过明显以致于不需要引证），当损害赔偿或者衡平的替代方案比如分期许可费能够提供充分的救济时，专利权人不能获得禁令救济（以此类推，也不能替代禁令获得持续许可费）。一般情况下，基于过往销售的损害赔偿救济加上分期许可费应当足以为专利权人带来充分的补偿，因而排除禁令救济。

Apple 本可以寻求这样的救济，但它并没有这样做。其请求禁令救济的基础是其声称将来的损失不能以金钱救济的形式量化，比如消费者好感度和市场占有率的损失。事实上这些损失都是一般损害赔偿的内容。但是在本案中假设它们无法被量化。如同我解释过的，由于存在避免侵权的可行做法，所以禁令同样无法阻止这些损失，这些做法包括：拿掉一些无足轻重的功能（比如 '002 专利中阻止应用程序（有时虽然不是完全）拦截消息提醒窗口的功能，或者 '949 专利中使得在 Kindle 应用中可以通过点击而非滑动翻页的功能）；或者采取规避技术，比如采取规避 '263 专利的技术，由于 Napper 专家的报告不充分，我无法确定该规避是否造价昂贵；或者通过重新编程 Motorola 的智能手机，以避免至少一项权利要求的限制，从而规避 '647 专利——比如针对每个特定的应用简单地创建执行结构检测和链接的编码的副本，而不是对所有应用采用通用的编码模块，因为如果没有通用编码，则不存在该专利权利要求中所需要的"分析**服务器**"。

由于未能提出最低限度的、适当的损害赔偿论证，Apple 不能主张作为将来分期支付的许可费及过去时段内许可费形式的损害赔偿无法提供充分的救济。Apple 反复将消费者好感度和市场占有率的损失强调为获得禁令的理由，但是这些损失不仅没有确实的证据证明，并且考虑到专利权利要求的特点，也不是禁令能够避免的损失。Apple 就禁令救济的论证不满足 *eBay* 案确立的标准，诸如无法弥补的损失、双方利弊得失平衡以及对公共利益的影响。

证据开示的截止日期为 2012 年 4 月 23 日，专家报告的截止日期为 3 月 20 日，专家报告的补充意见则延续到 4 月末。专家和其他证人都已进行宣誓作证。双方当事人均未提出受到 Crabb 法官（在本案指定由我审理之前的主审法官）或我的不当催促。双方都为其在如此紧张的时间压力下向客户提供优质服务的能力感到自豪，他们确实应该感到如此，因为换作不够老练和资源不够丰富的律所和客户可能会完全崩溃。对救济问题的裁决不存在任何疑问或草率。双方当事人有充分的机会提交所有与救济的简易裁判程序密切相关的证据。Apple 在 6 月 18 日提交的答辩状中表示其提供的证据对救济的证据完整性听证会同样适用，没有表达希望或声称有权提交额外证据。结果是，尽管双方已尽最大努力，他们并无证据对抗就损害赔偿和禁令救济请求作出的简易判决。

3. 宣告式救济

双方当事人均请求宣告式判决，请求宣告对方专利无效并且不存在侵权行为。如我在本意见开头所提到的，Motorola 承认一旦损害赔偿和禁令救济落空，则不存在请求宣告式救济的基础。然而 Apple 提到（或提过，因为它可能已经撤回了宣告式救济的请求），在经历了大规模且成本高昂的庭前审理阶段（在原定正式审理开庭时间 4 天前，6 月 7 日的听证会上 Apple 提出这一主张）之后，放弃本案正式审理是一种资源浪费。的确，如果 Motorola 继续销售其产品，包括那些在本案中被诉侵犯 Apple 的专利的产品，将构成新的侵权行为，Apple 可以提起与本案类似的新的诉讼，尽管一些或许多主张或争论可能受到间接禁止反言的抗辩。但是正如 Motorola 指出的那样，如果原告未能确立救济裁决的基础，则即便可以预期双方之间将来可能还会发生诉讼继续他们的争执，被告仍有权获得不影响实体权利的（without prejudice）驳回本案的判决。"实际争议不能建立在担心将来产品可能引发诉讼的基础上。"参见 *Amana Refrigeration*，*Inc. v. Quadlux*，*Inc.*，172 F. 3d 852，855–56（Fed. Cir. 1999）和 *ATA Airlines*，*Inc. v. Federal Express Corp.*，665 F. 3d 882，896（7th Cir. 2011）。

一方当事人只有在其本身或对方当事人可以就禁令或金钱救济提起联邦诉讼时，才能提出宣告式救济的请求。参见 *Franchise Tax Board v. Construction Laborers Vacation Trust*，463 U. S. 1，19 and n. 19（1983）和 *Skelly Oil Co. v. Phillips Petroleum Co.*，339 U. S. 667，671–74（1950）。拒绝承保范围的保险公司可以请求宣告式判决，因为被保险人有权以拒绝承保违反保险合同为由起诉保险公司。被诉侵犯专利权的公司可以请求不侵权的宣告式判决来对抗专利权人，因为专利权人可以以侵权为由起诉前者。但是如本案一样，当法院认定双方当事人均无权获得针对对方的金钱或禁令救济时，对任何一方有利的宣告式判决均不会为胜诉方带来实质利益。因此，联邦法院对这一事项无管辖权。参见 *Jordan v. Sosa*，654 F. 3d 1012，1026–27（10th Cir. 2011）和 *Hickman v. State of Missouri*，144 F. 3d 1141，1142（8th Cir. 1998）。

无论如何，对是否发布宣告式判决，法官有自由裁量权，参见 28 U. S. C § 2201（a）（法院"可以"——而非"应当"——作出宣告式判决），另参见 *MedImmune*，*Inc. v. Genentech*，*Inc.*，549 U. S. 118，136（2007）和 *Wilton v. Seven Falls Co.*，515 U. S. 277，286–89（1995）。Apple 也承认，"不存在权威的判例阻止（法官）在本案中［就是否作出宣告式判决］行使自由裁量权"，即便本案中我有权作出宣告式判决，我也不会这么做，因为作出这样的判决没有任何实际效果。

4. 驳回起诉的形式

现在只剩下考虑驳回本案的判决的适当形式（实际上是两个驳回，因为两个诉讼请求——Apple 的和 Motorola 的——出于司法效率的考虑而被合并）。本案可能看起来没有意义，因为双方都不能从进一步的程序中获得任何利益。但事实并非如此。他们在本案中的确无法从进一步的程序中获益，但他们可以就该驳回判决本身上诉。即便没有计划进行上诉，本案也不会失去意义，因为本案被驳回的原因在于关于侵权责任或救济问题的举证不能。对于失去意义案件的驳回通常（尽管存在例外情形，比如被告自愿中止其被诉的不法行为，或者案件可以重复发生且发生周期短于诉讼期）是不影响实体权利的。参见美国联邦民事诉讼程序规则第 41（b）条，以及 *University of Pittsburgh v. Varian Medical Systems, Inc.*，569 F. 3d 1328, 1332 - 33（Fed. Cir. 2009）和 *Brereton v. Bountiful City Corp.*，434 F. 3d 1213, 1216-17（10th Cir. 2006）。当在不影响实体权利的情况下驳回起诉时，使得该驳回不具有既判力，被驳回一方仍可（同样存在例外）重新起诉。参见 *In re IFC Credit Corp.*，663 F. 3d 315, 320（7th Cir. 2011）和 *Robinson v. Sherrod*，631 F. 3d 839, 843（7th Cir. 2011）。以未能举证证明损害赔偿为由驳回起诉却允许原告重新起诉从而获得第二次证明损害赔偿的机会，显然是荒唐的。因此本案将在影响实体权利的情况下驳回起诉，关于这一结果的单独的法院令将于今日作出。

美国联邦贸易委员会"法庭之友"意见书

案件号：11-cv-08540

当事人：原告—上诉人　苹果公司和 NEXT 软件公司

被告—交叉上诉人　摩托罗拉公司和摩托罗拉移动公司

日　　期：2012 年 12 月 4 日

1. 法庭之友的利益

联邦贸易委员会是一个独立的联邦机构，负责执行反垄断法，促进市场高效运行，以及保护消费者权益。参见 15 U. S. C. § § 41 及其以下条款。在将竞争政策的专业知识应用于专利系统以提高消费者权益并促进创新的方面，联邦贸易委员会拥有丰富的经验。[①]联邦贸易委员会处理针对工业标准必要专利技术侵权的禁令救济对竞争的影响，以及其他问题。[②]在提交本法庭之友意见陈述之时，委员会寻求确保本案中的任何裁决均将与作为对标准必要专利侵权的救济措施的禁令相关的竞争政策问题考虑在内。[③]

[①]　联邦贸易委员会，*The Evolving IP Marketplace*：*Aligning Patent Notice and Remedies with Competition*（2011 年 3 月）("2011 联邦贸易委员会 IP Report")，可通过 http://www. ftc. gov/os/2011/03/110307patentreport. pdf 查阅；也可参见美国司法部和联邦贸易委员会，*Antitrust Enforcement and Intellectual Property Rights*：*Promoting Innovation and Competition*（2007 年 4 月）("2007 联邦贸易委员会/DOJ IP Report")，可通过 http://www. ftc. gov/reports/innovation/P040101 Promoting Innovationand Competitionrpt0704. pdf 查阅；联邦贸易委员会，*To Promote Innovation*：*The Proper Balance of Competition and Patent Law and Policy*（2003 年 10 月），可通过 http://www. ftc. gov/os/2003/10/innovationrpt. pdf 查阅；美国司法部 & 联邦贸易委员会，*Antitrust Guidelines for the Licensing of Intellectual Property*（1995），可通过 http://www. ftc. gov/bc/0558. pdf 查阅。

[②]　参见 2011 联邦贸易委员会 IP Report 第 234–35 页；2007 联邦贸易委员会/DOJ IP Report 35 n. 11；第三方美国联盟贸易委员会有关公共利益的声明，*In re Certain Gaming and Entertainment Consoles*，*Related Software*，*and Components Thereof*，ITC，Inv. No. 337-TA-752（2012 年 6 月 6 日），可通过 http://www. ftc. gov/os/2012/06/1206ftcgamingconsole. pdf 查阅；联邦贸易委员会向美国参议院委员会准备的有关 "Oversight of the Impact on Competition of Exclusion Orders to Enforce Standard-Essential Patents" 的司法声明，2012 年 7 月 11 日，可通过 http://www. ftc. gov/os/testimony/120711standardpatents. pdf 查阅。

[③]　Rosch 委员协同本意见陈述中所提交的意见。他认为，如果专利持有人已经就标准必要专利作出 FRAND 承诺，则即使其认为其已经履行 FRAND 义务，签发禁令救济也是不恰当的。在他看来，就其本质而言，FRAND 承诺似乎是对许可作出的承诺；这样的话，寻求禁令救济则与 FRAND 承诺相矛盾。因此，Rosch 委员发表意见称，如果法院认定一方或其上家已经就一个标准必要专利作出 FRAND 承诺，则必须否决针对该专利的禁令。依据他的观点，唯一的例外情况是当被许可方拒绝遵守联邦地区法院的判决、或其他一些对 FRAND 条款作出定义的中立仲裁者的决定时。

2. 简　介

这些上诉案涉及 Apple 和 Motorola 相互主张的、与用于手机和平板电脑中的技术相关的专利侵权。在依据部分简易判决驳回了多项专利主张之后，地区法院驳回了所有剩余的主张（涉及 Apple 的四项专利以及 Motorola 的一项"标准必要"专利），其驳回理由如下：在侵权的假设下，Apple 和 Motorola 均未提供充分的证据以证明其损失，或其有权获得禁令救济或其他救济。参见 2012 年 6 月 22 日的法庭意见和法院令（救济意见）。

联邦贸易委员会提交本意见陈述旨在讨论地区法院将 *eBay Inc. v. MercExchange*，*L. L. C*，547 U. S. 388（2006）应用于裁决 Motorola 提出的针对其标准必要专利侵权授予禁令救济的诉求。[①] 具体而言，本意见陈述解释了地区法院在确定 Motorola 无权获得禁令时恰当地运用了 *eBay* 案，其中 Motorola 已承诺将其专利许可给有意愿接受公平、合理、无歧视条款的任何一方，因此，其"以未明示的方式承认，许可费是对许可使用该专利的足够补偿。"（救济意见第 18–19 页）。更一般地，本意见陈述提出了以下问题：如何将 *eBay* 案中的多种要素应用于缓解专利劫持问题，即，使用禁令救济作为"谈判中的不当筹码"以获取超过专利技术实际价值的赔偿。参见 *eBay* 案，547 U. S. 396，（Kennedy，J.，协同意见）；*Apple Inc. v. Samsung Elecs. Co.*，695 F. 3d 1370，1375（Fed. Cir. 2012）（表明当"专利权人试图将专利杠杆化，以获得超过专利权的创造性贡献和价值的竞争收益时"，禁令是不适用的）。在标准制定的背景下，使用某个标准无法避免地涉及侵权、亦或是需要获得数量众多的（有时甚至是上千个）标准必要专利许可，整个行业可能受限于此，因而专利劫持的问题尤为严峻。

3. 论　证

Ⅰ. 在评估是否应发放禁令时，避免专利劫持是一项重要的考量

信息技术和电信行业的企业常通过由标准制定组织引导的非强制性的标准制定来解决互操作性问题。通过提高竞争力、创新性、产品质量以及增加产品选择，互操作性标准可为消费者创造巨大的价值。然而，将专利技术并入标准中也可能会扭曲竞争，因为在标准

[①] 本意见陈述中，联邦贸易委员会假设地区法院的事实认定是正确的。虽然地区法院的意见中提出了有关非标准必要专利侵权救济的其他问题，其对于竞争和创新而言可能具有重要意义，但我们在此不提及这些问题。

被采用后，标准必要专利所有人能够以较高的许可费率和其他有利条款进行谈判，而在标准采用之前他们是无法令人信服地提出这样的要求的，这就是"专利劫持"。参见 Joseph Farrell 等，*Standard Setting，Patents and Hold-Up*，74 Antitrust L. J. 603（2007）；*2007 FTC/DOJ IP Report* 35 n. 11，37–40；*Broadcom Corp. v. Qualcomm Inc.*，501 F. 3d 297，310–14（3d Cir. 2007）。

专利劫持的可能性来源于，由标准制定过程导致的曾经相互竞争的技术的相对成本的变化。在采用一个标准之前，多项可替代技术为了被纳入标准而竞争。标准制定组织成员通常同意依据 RAND 条款来许可使用其标准必要专利，以此作为其专利被纳入标准的让步条件。一旦标准被采用，实施者就开始进行与该标准捆绑的投资。这样一来，除非行业内所有或大部分其他参与者以相互兼容的方式同意，否则脱离标准是不可行的；且所有这些参与者可能都面临着因用不同的技术取代初始设计所带来的巨额转换成本，基于以上原因，整个行业可能被锁定于某个标准中。这种情况使得标准必要专利所有者可以基于从标准化技术转换带来的成本和延迟而非发明价值来要求并获得许可费。

劫持以及劫持的威胁会因提高其他行业参与者的成本和不确定性而阻碍创新，所述行业参与者也包括从事创造性活动的人员。专利制度的基石在于发明价值与其带来的回报之间的关联，专利劫持破坏了这种关联，因而扭曲投资、并危害到消费者。劫持的危害在于，其可能会降低标准制定的价值，导致企业更少地依赖标准制定过程，并剥夺消费者本应从标准制定中获得的、促进竞争的实质利益。

RAND 承诺降低专利劫持的风险，鼓励对标准的投资。在作出 RAND 承诺之后，专利权人和实施者一般会就许可费进行协商，在无法达成一致的情况下，他们可能会寻求司法途径来确定合理的许可费率。然而，在禁令威胁之下进行的许可费谈判可能以一种与 RAND 承诺相冲突的方式明显地有利于专利权人。尽管专利权人作出了 RAND 承诺，但高额的转换成本加上禁令的威胁可能使得专利权人可以获得不合理的许可条款，因为实施者不得不实施该标准。当禁令是针对复杂的多组件产品的次要组件的专利时，例如信息技术行业的标准必要专利案件中经常出现的情况，专利技术价值和专利权人得到的回报之间的不平衡性可能更为严峻。

在这些情况下，禁令的威胁可能使受 RAND 承诺约束的标准必要专利持有人收取的许可费率反映实施者用于实施标准的投资，而不是专利技术的竞争价值，这可能会提高消费者的购买价格，同时破坏标准制定过程。参见 *Apple，Inc. v. Motorola Mobility，Inc.*，2012 WL 5416941，*15（W. D. Wisc. Oct. 29，2012）（"从政策和经济角度而言，在大多数情况下，对于已向标准制定组织作出许可承诺的被声明为必要的专利的所有人而言，不应向其授予会妨碍实施者实施其专利的禁令或排除令")。①

Ⅱ. 在驳回 Motorola 的禁令救济请求时，地区法院适当地应用了 eBay 诸要素

eBay 案向法院提供了一个减轻专利劫持风险的框架。裁决 eBay 案的法庭坚持依据美国专利法 547 第 391 页将已确立的衡平原则应用于永久禁令中，否决了有利于禁令的任何绝对规则；参见 35 U. S. C. § 283（地区法院"可以依据衡平原则颁发禁令"）。法院列出了专利权人必须满足以获得禁令的四条衡平要素：

> 欲获禁令，原告须当证明：（1）其已遭受不可挽回之损害；（2）如金钱赔偿等依法可得之救济，不足以弥补此损害；（3）原被告间两难相权之下，衡平法救济正当合理；及（4）永久禁令无损及公共利益之虞。

参见 547 U. S.，391。②

地区法院认为，eBay 案中的前两个要素反对针对 Apple 的禁令救济，因为 Motorola 已向 ETSI 承诺，将其涉诉的 '898 专利"依据 FRAND 条款许可给任何人，正如标准制定组织所要求的，作为认定其专利技术为符合标准的必要专利的条件"，因此，Motorola 不能证明其遭受了不可挽回的损害或者金钱救济（持续许可费）不足以弥补该损害③（救济意见第 15 页）。法院得出结论，"如果证明了 '898 专利的侵权成立，那么 FRAND 许可费将向 Motorola 提供其有权获得的全部救济，并且因此 Motorola 无权获得禁令。"（参见同上，第 21 页）。

---

① 如果某个专利仅涵盖多组件产品的次要特征，则禁令可能在标准制定的背景之外也会引起专利劫持。如果在产品研发阶段很容易对某个专利进行规避设计（因此其价值也相对较低），但如果在实施者已经为具有该侵权特征的产品的生产和推广方面做了不可逆的投资之后再进行规避则需要花费高昂的成本，则专利持有人可能会利用禁令获得远高于其技术的竞争价值的补偿。参见 Mark A. Lemley 和 Carl Shapiro，*Patent Holdup and Royalty Stacking*，85 Tex. L. Rev. 1991，1993（2007）；*2011 联邦贸易委员会 IP Report*，225–27。

② eBay 案的衡平分析使得法院可以"将禁令的成本和益处、与持续许可费的替代的衡平法救济的成本和益处进行比较。"救济意见第 31 页；参见 *ActiveVideo Networks*，*Inc. v. Verizon Commc'ns.*，*Inc.*，694 F. 3d 1312（Fed. Cir. 2012）（在持续许可费足以补偿专利权人时，地区法院滥用了其自由裁量权）；参见 Mark A. Lemley，*The Ongoing Confusion Over Ongoing Royalties*，76 Mo. L. Rev. 695（2011）。具体地，法院可能考虑持续许可费可能不足以赔偿专利权人的程度（由于持续许可费无法涵盖由侵权造成的所有损失），以及禁令可能过度补偿专利权人的程度（由于专利劫持）。参见 *2011 联邦贸易委员会 IP Report* 第 141 页（"为使专利制度与竞争政策保持一致，应该以对专利权人的补偿与发明的经济价值保持一致的方式来评估补偿性损害赔偿和禁令，这是至关重要的"）。

③ 该法庭已指出，"不可挽回的损害与依据法律适当的救济问题紧密联系在一起。"参见 *ActiveVideo Networks* 案，694 F. 3d，1337。根据 eBay 案，无法推定不可挽回的损害。参见 *Robert Bosch LLC v. Pylon Mfg. Corp.*，659 F. 3d，1142，1149（Fed. Cir. 2011）。

地区法院是正确的。① 正如法院所指出的，FRAND 承诺意味着专利权人"隐含地承认许可费是对许可使用该专利的足够补偿"（救济意见第 18 – 19 页）；参见 Herbert Hovenkamp，*Competition in Information Technologies：Standards-Essential Patents，Non-Practicing Entities and FRAND Bidding* 14 （2012 年 11 月），可通过 http://ssrn.com/abstract = 2154203 查阅（"涉案专利已受 FRAND 条款约束，这一事实表明专利权人的合理预期是获得 FRAND 许可费，而非使用排他权"）；Suzanne Michel，*Bargaining for RAND Royalties in the Shadow of Patent Remedies Law*，77 Antitrust L. J. 889，908 （2011）（作为对广泛许可意图的表达，事前的 RAND 承诺提供了有力的证据，证明了禁令的驳回和持续许可费将不会对专利权人造成不可挽回的损害）。类似地，法官 Robart 近期驳回了 Motorola 针对其受 RAND 条款约束的专利的禁令救济的主张，认定各方通过诉讼订立的 RAND 许可 "将依法充分救济 Motorola"，阻止 Motorola 在诉讼中确立 *eBay* 案所要求的不可挽回的损害以及救济不足。批准 Microsoft 驳回 Motorola 禁令救济主张的动议，第 12–15 页，*Microsoft Corp. v. Motorola Inc.*，No. C10-1823-JLR （W. D. Wash. Nov. 30，2012）。

本庭认为，广泛许可的做法（包括向被告进行许可的要约）有力地阻碍了对不可挽回的损害的认定。参见 *ActiveVideo Networks*，694 F. 3d，1339 （禁令的撤销："鉴于包括 ActiveVideo 过去对该技术的许可，以及其寻求 Verizon 作为被许可方在内的书面证据，从事实调查的角度看 ActiveVideo 不可能会因 Verizon 的许可费支付而造成不可挽回的损害"）；同样参见 *MercExchange*，*L. L. C. v. eBay*，*Inc.*，500 F. Supp. 2d，556，570 – 71 （E. D. Va. 2007）（专利权人 "自由许可其专利的意愿……使得不再需要衡平救济，因为其证明了 *MercExchange* 对于放弃自己的权利以换取金钱的意愿"）；*Advanced Cardiovascular Sys.*，*Inc. v. Medtronic Vascular*，*Inc.*，579 F. Supp. 2d，554，560 （D. Del. 2008）（当专利权人愿意向竞争对手授予许可时，"金钱损害赔偿通常是充分的"）。

毋庸置疑，基于 FRAND 条款向**所有**参与者授予许可的承诺应足以证明，合理的许可费足够针对任何愿意且能够遵循这些条款的具体实施者造成的侵权对专利权人进行补偿。参见 *Hynix Semiconductor Inc. v. Rambus Inc.*，609 F. Supp. 2d，951，986 （N. D. Cal. 2009）（专利权人对许可的历史实践说明 "其主要关心的是对使用其专利技术的金钱补偿"，在此情况下，驳回了对标准必要专利的禁令，所述标准必要专利甚至并没有作出 FRAND 承诺）；*Telcordia Techs.*，*Inc. v. Cisco Systems*，*Inc.*，592 F. Supp. 2d 727，748 & n. 10 （D. Del.

---

① 地区法院意识到，如果 Apple 拒绝支付符合 FRAND 要求的许可费，则应依据 *eBay* 案批准禁令。救济意见第 18 页。更普遍地，在侵权者不能或不愿意支付持续许可费时，给专利权人带来的损害可能无法通过损害赔偿金补偿。参见 *New York City v. Pine*，185 U. S.，93，108 （1902）（如果被告未支付损害赔偿金，则法院可命令颁发禁令）。然而，地区法院显然已判定 Apple 公司并非是不愿支付费用并放弃其 FRAND 许可权利的被许可方。救济意见，第 20 页。

2009）；参见同上，在相关部分提供，612 F. 3d，1365（Fed. Cir. 2010）。[1]

在标准必要专利的情况下，其他 *eBay* 要素（两难权衡和公共利益）也可能对禁令救济产生不利影响。"标准必要专利的侵权人如果在不遵守某项标准的情况下无法有效地参与市场竞争，则其可能因禁令而面临重大损失。不计代价的专利规避设计并不可行"。参见联邦贸易委员会 2011 *IP Report*，234；*Hynix* 案，609 F. Supp. 2d，984–85（对标准必要专利的禁令将严重破坏侵权者的业务）。当被问及下述问题时地区法院意识到了这一损失："既然 Motorola 声称 Apple 若想要生产具有 UMTS 通信功能的手机（不具备所述功能不能被称为手机）就必须使用该发明，那么怎么能允许 Motorola 禁止 Apple 使用该发明呢?"（救济意见第 19 页）参见 2012 年 5 月 22 日的意见陈述和法庭令，第 45 页（解释了禁令将阻止 Apple 出售在 AT&T 网络上运行的 iPhone 手机）。

在促进创新和保护消费者方面，公共利益也在很大程度上反对禁令。诚然，消费者的利益会因不能获得某种热销产品的直接影响而受到损害。[2] 但是从长期来看，消费者也会遭受损失，因为禁令将会降低 Apple 创新的回报，继而影响拥有相同标准下的其他必要专利，或者是 Apple 产品上使用的其他专利的专利权人的利益，因为他们可收取的许可费更少了。[3] 参见 Lemley & Shapiro，同上，第 2010 – 17 页；Michael W. Carroll，*Patent Injunctions and the Problem of Uniformity of Cost*，13 Mich. Telecomm. Tech. L. Rev.，421，437（2007）（从专利制度的角度看，支持小部件专利权人的禁令请求可能是拆东墙补西墙）。不应允许负有 RAND 义务的标准必要专利所有者通过禁令救济侵吞众多其他创新者对所述标准建立或贡献的价值。[4]

鉴于 Motorola 寻求禁令并非旨在将 Apple 的产品排除出市场，而是要促成与 Apple 的

① Motorola 承认，"涉案专利曾多次被作为专利组合的一部分授权给无线行业的很多公司。" Motorola 申请有关 Apple 主张专利侵权赔偿的简易判决的动议，4n. 1（第 982 号文档，于 2012 年 6 月 1 日提交）。

② 在主张不能颁布对 Apple 有利的禁令时，Motorola 指出，"任何针对 Motorola 的禁令均将对手机市场的竞争造成危害"。Motorola 的动议以及支持其排除禁令救济的简易判决动议的备忘录，2n. 1（第 974 号文档，于 2012. 5. 30 提交）（省略了引用和内部引号）。相同的逻辑看起来似乎适用于任何针对 Apple 的禁令。

③ '898 专利被声明为对 UMTS 而言为必要专利，所述标准是某些手机运营商（诸如 AT&T）使用的 3G 标准，其能使手机和基站之间进行通信。参见救济意见第 14 页；*Apple, Inc. v. Motorola Mobility, Inc.*，2012 WL 3289835，*5–6（W. D. Wisc. Aug. 10, 2012）。Motorola 的专利只是 UMTS 中 2000 多个必要专利中的一个。参见 Knut Blind 等，*Study on the Interplay Between Standards and Intellectual Property Rights*（*IPRs*），32，36（2011. 4），可通过 *http://ec. europa. eu/enterprise/policies/european-standards/files/standards_policy/ipr-workshop/ipr_study_final_report_en. pdf* 查阅（计算清除了重复项）。

④ 几十家公司拥有对于 UMTS 而言被声明为必要的专利。参见 Eric Stasik，*Royalty Rates and Licensing Strategies for Essential Patents on LTE（4G）Telecommunications Standards*，les Nouvelles，2010 年 9 月，第 114，117 页（拥有 UMTS 声明的 57 家公司）；Blind，参见同上，第 45 页（拥有超过 50 项 UMTS 标准必要专利的 9 家公司）。此外，诸如 iPhone 之类的智能手机包含了诸多其他标准，每项标准均涉及数百个其他标准必要专利。参见 Stasik，参见同上，第 117 页；Blind，参见同上，第 36 页。

谈判以便通过协商得到理想的许可费，该理由并不支持对有接受许可意愿的被许可人实施禁令。相反，使用这类杠杆在本质上是专利劫持。地区法院正确地注意到：

> 虽然没有禁令威胁作为支持，双方就有可能以低于原告正当寻求的损害赔偿达成和解，但不会仅仅因为这一点就将损害赔偿视为不充分的救济。不能因为原告需要禁令来给被告施压，使其在关于损害赔偿主张的协商中接受与没有这种压力相比更有利于原告的条款，就能在违约之诉中获得禁令。

参见救济意见，第 20-21 页；*Foster v. Am. Mach. & Foundry Co.*，492 F. 2d，1317，1324（2d Cir. 1974）（禁令"不应被专利权人利用，而成为其增强谈判立场的武器"）。

正如协同法官在 *eBay* 案中所解释的，禁令不应被用作"收取过高的费用的议价工具"或"谈判中的不当筹码"。参见 547 U. S.，396（Kennedy，J.，协同意见）；*Hoe v. Boston Daily Adver. Corp.*，14 F.，914，915（Cir. Ct. D. Mass. 1883）（当禁令对于原告来说，除了对谈判施压之外没有任何其他好处时，驳回禁令请求）；*Hynix* 案，609 F. Supp. 2d 983 n. 29（"当专利权人寻求禁令时，比起防止不可挽回的损害，其动机更多地是为了在与侵权者谈判时取得惩罚措施或筹码时"，驳回禁令请求）；*MercExchange* 案，500 F. Supp. 2d，582（"利用衡平裁决作为谈判筹码，这表明该方不配得到衡平裁决，并且其真正想要的只是金钱，因此，在一审时，金钱赔偿被认定为充分的补偿"）；*Ricoh Co. v. Quanta Computer，Inc.*，2010 WL 1607908，*4（W. D. Wisc. 2010）（"当禁令的唯一目的是增强专利权人在谈判中的筹码，以获取更高的许可费时"，驳回禁令请求）。

4. 结　论

由于专利劫持使专利权人获得的回报并非基于其技术的竞争价值，而是基于一旦禁令颁布侵权人将为转换到非侵权替代技术所支出的成本，因此，专利劫持会损害竞争、创新和消费者。*eBay* 案使法院能够将这些重要的竞争和创新政策考虑在内。通常，如本案中，当专利权人向标准制定组织作出 FRAND 承诺时，考量不可挽回损害、两难权衡和公共利益的结果必然会阻止签发禁令。

美国联邦巡回上诉法院判决书

案件号：11-cv-08540

当事人：原告–上诉人　苹果公司和 NEXT 软件公司

被告–交叉上诉人　摩托罗拉公司和摩托罗拉移动公司

日　　期：2014 年 4 月 25 日

1. 巡回法官雷纳（Reyna）主笔的法庭意见

原告苹果公司（Apple Inc.）和 NeXT 软件公司（NeXT Software，Inc.）（以下统称"Apple"）于 2010 年 10 月 29 日在美国威斯康星西区联邦地区法院对被告摩托罗拉公司（Motorola，Inc.）和摩托罗拉移动公司（Motorola Mobility，Inc.）（以下统称"Motorola"）起诉，主张三项专利侵权。Motorola 反诉，主张其拥有的六件专利。Apple 修改起诉状以包括额外的 12 件专利。双方还寻求不侵权和无效的宣告式判决。

在威斯康星西区联邦地区法院开始权利要求解释之后，本案移交到美国伊利诺伊北区联邦地区法院，法官 Posner 被指派负责该案。伊利诺伊北区联邦地区法院完成了权利要求解释。基于其权利要求解释裁决，法院作出有关某些权利要求不侵权的简易判决，并且排除双方就剩余权利要求的绝大多数损害赔偿专家证据。鉴于被认为可采纳的专家证据不足，法庭作出任何一方都无权获得损害赔偿或禁令的简易判决。除了认定侵权以外，地区法院在庭审前以影响实体权利的形式驳回了所有诉讼请求。

在上诉中仅六项专利存在争议：Apple 的美国专利 7479949、6343263、5946647，Motorola 的美国专利 6359898、6175559、5319712。双方就地区法院的权利要求解释、证据可采纳性、损害赔偿和禁令裁决进行辩论。正如下文详述，除 Apple 的 '949 专利的权利要求解释之外，我们维持地区法院的权利要求解释裁决。除少数例外，撤销地区法院关于排除 Apple 和 Motorola 递交的损害赔偿证据的裁决。我们还撤销地区法院作出的针对 Apple 专利侵权的无损害赔偿的简易判决。基于我们撤销地区法院作出的 '949 专利的权利要求解释，我们撤销地区法院有关 Apple 请求禁令的简易判决。维持地区法院针对受 FRAND 承诺约束的 '898 专利的侵权 Motorola 无权获得禁令的裁决。我们依次处理这些问题以及所有相关事宜。

【编者注：此处内容与本书主题无关，故略去】。

损害赔偿专家证据的可采纳性

为准备审理仍处于争议的专利侵权主张，各方递交了支持其损害赔偿计算的专家证词。双方质询了对方专家证据的可采纳性。地区法院举行了 *Daubert* 听证，其中专家作证并且各方进行有关可采纳性的口头辩论。随后，地区法院排除了双方几乎所有有关侵权损害赔偿的专家证据。并非所有这些裁决都需要我们处理。在上诉时，Apple 辩称其提交的有关 '949 和 '263 专利的损害赔偿专家证词是可采纳的。Motorola 辩称其提交的有关 '898 专利的损害赔偿专家证词是可采纳的。因为地区法院排除各方的专家证据的裁决错误，所以我们撤销上述裁决。

专家证词采纳的法律框架是由联邦证据法连同 *Daubert v. Merrell Dow Pharm*，509 U. S. 579（1993）及其后续判例（progeny）来规范的。参见联邦证据规则 702，703。在 *Daubert* 案中，法院确立了采纳专家证词的适当标准，并且强调重点"必须仅针对原理和方法，而非这两者产生的结论"。参见 509 U. S. '595。在 *Kumho Tire Co. v. Carmichael*，526 U. S. 137（1999）中，法院澄清地区法院的"把关控制义务"适用于所有专家证词。参见 526 U. S. '147。随后，"针对 *Daubert* 案以及适用的案例（包括 *Kumho Tire* 案，*Micro Chem.*，*Inc. v. Lextron*，*Inc.*），对第 720 条规则进行了修订"。317 F. 3d 1387，1391（Fed. Cir. 2003）。

第 702 条规则规定：

因知识、技能、经验、培训或教育而有资格作为专家的证人可以以意见或其他形式作证，前提是：

1（a）该专家的科学、技术或其他专业知识将有助于事实审判者理解证据或确定争议事实；

2（b）证词基于充分的事实或数据；

3（c）证词是可靠原理和方法的产物；

4（d）该专家已将该原理和方法可靠地应用于案件的事实。

联邦证据规则第 702 条规则。

第 703 条规则规定：

专家可以基于其在案件中得知的或个人观察到的事实或数据给出意见。如果特定领域中的专家可以合理地依据这些种类的事实或数据以形成有关议题的意见，则该事实或者数据不需要具有可采纳性来使该意见被采纳。但是如果事实或者数据不可接受，则只有在法院确定其在帮助陪审团评价意见方面的可能价值大大超过其引起偏见的效果的情况下，意见提出者才可以将其披露给陪审团。

联邦证据规则第 703 条规则。

依据这些规则和在先判例，如果证据是基于不可靠的原理或方法或法律上不充分的事实和数据，则作为把关者的地区法院法官可以拒绝采纳该证据。参见，例如，*Smith v. Ford Motor Co.*，215 F. 3d 713，718（7th Cir. 2000）（"我们强调法院的把关功能将重点放在专家的方法的审查上"）；*Daubert*，509 U. S.，595（"当然，重点必须仅针对原理和方法，而非这两者产生的结论。"）；*i4i Ltd. Partnership v. Microsoft Corp.*，598 F. 3d 831，854（Fed. Cir. 2010）（认为 "*Daubert* 案和第 702 条规则是对抗不可靠或不相关意见的保障，不是正确性的保证"）（适用 Fifth Circuit law）；*Walker v. Soo Line R. Co.*，208 F. 3d 581，587（7th Cir. 2000）（"关键点在于 Pliskin 博士采用了适合的方法来确定 Walker 先生在事件之前的 IQ。"）。

法官必须审慎，以便不致于逾越其把关的角色和权衡事实、评估结论的正确性、利用其自认为最优的方法或判断可信度，包括一个专家相对于另一个专家的可信度。这些任务是仅为事实调查人预留的。参见，例如，*Smith* 案，215 F. 3d，718（"专家分析的事实基础的有效性和专家基于该分析的结论的正确性是事实的审判者要确定的事实问题"）；*Stolling sv. Ryobi Techs.*，725 F. 3d 753，766（7th Cir. 2013）（"专家可以基于有效且恰当适用的方法提供专家证词，并且结论仍要接受质疑。陪审团的角色是权衡各方质疑"）。正如 *Stollings* 案中第七巡回法庭所注解的那样，"仍必须让陪审团扮演决定专家证词的权重和可信度的仲裁者的关键角色"，725 F. 3d，765；又参见 *Lees v. Carthage Coll.*，714 F. 3d 516，526（7th Cir. 2013）。

法官的把关角色限于排除基于不可靠的原理和方法的证词，这在专利损害赔偿的场景中尤其不可或缺。本法庭认识到应由 "陪审团" 决定哪些事实与计算合理的许可费是最相关或可靠的。参见 *i4i* 案，598 F. 3d，856（"当方法是合理的且所依据的证据与所审理的案件充分地相关时，有关相关性或准确性程度（高于其最小阈值）的争议可能涉及证词的权重，但是不会涉及其可采纳性"）；又参见 *Micro Chemical*，317 F. 3d，1392。

本庭还认识到评估 "合理许可费" 不是一门精确的科学。因此，案卷可以支持 "合理" 许可费的范围，而非单一数值。同样地，评估合理许可费可能不止一种可靠的方法。参见，例如，*In re Innovatio IP Ventures*，*LLC Patent Litig.*，MDL 2303，2013 WL 5593609，*30-*40（N. D. Ill. Oct. 3，2013）（对各方所提出的评估争议专利的不同方法进行详细评估）。例如，一方可能使用具有充分可比性的许可协议的许可费率，基于市场中可比较的特征对被侵权特征估价，或通过比较被控产品与非侵权替代产品来评估由侵权特征带来的获益价值。所有的方法各有利弊，并且视具体事实而定，一种方法或所有方法可以在单一案件中产生可采纳证词。各方在单一案件中选择不同的可靠方法是常见的，并且当他们选择不同的方法时，相对优点和缺点在审理时可能暴露，或在质证过程中被攻击。一种方法可能更好地说明许可费评估的一个方面，这不会导致其他方法是不可采纳的。例如，为与争议权利要求相似的技术支付过的实际许可费**本身**可以构成可用的、非侵权的替代方案。另一方面，分析比较相同的非侵权替代品与权利要求，可以更**直接**地计算此费用。其中一种方法可能更精确地计算得到合理许可费的事实并不会导致其他方法不可采纳。

我们在此法律框架内审查地区法院的损害赔偿规则。为此，我们将联邦第七巡回法院的规则应用于可采纳性的问题。参见，例如，*Ethicon，Inc. v. U. S. Surgical Corp.*，135 F. 3d 1456，1465（Fed. Cir. 1998）。联邦第七巡回法院重新审查地区法院是否适用了适合的法律框架；但是在此框架下从滥用自由裁量权来审查采纳或排除专家证词的裁决。参见 *United States v. Parra*，402 F. 3d 752，758（7th Cir. 2005）（援引 *United States v. Allen*，269 F. 3d 842，845（7th Cir. 2001））。

【编者注：此处内容与本书主题无关，故略去】。

Motorola 的 '898 专利

地区法院排除了 Motorola 提出的关于 '898 专利侵权损害赔偿的所有证词，并且由此准许 Apple 有关 Motorola 无权获得侵权损害赔偿的简易判决的动议。我们维持排除 Motorola 的专利许可专家 Charles Donohoe 的证词的裁决。但是，由于 Motorola 的可比许可的分析使用了"可靠的原理和方法"，并且 Motorola 将其可靠地适用于充分的事实和数据来评估 '898 专利的整体价值，因此地区法院在排除 Motorola 提出的专家证词的其余部分存在错误。因此，我们撤销地区法院排除 Motorola 的损害赔偿专家证词其余部分的裁决，并且撤销其作出的简易判决。

Motorola 的损害赔偿专家是 Carla S. Mulhern。Mulhern 提出的证词分析了 Motorola 与除 Apple 外的美国"所有主要"手机制造商之间的许可协议。虽然每个协议的条款有所不同，但是所有的协议都覆盖了 Motorola 的整个标准必要专利组合（数百个专利），'898 专利是其中非常小的一部分。一些许可是交叉许可，其中 Motorola 获得了第三方标准必要专利的许可。这些许可中每一个许可的许可费基础是手机的售价。根据 Mulhern 的说法，这些许可显示 Motorola 先前针对其整个标准必要专利组合的许可收取约 2.25% 的许可费率。Mulhern 还审查了覆盖 Apple 与第三方之间的"蜂窝通信技术"的标准必要专利组合的许可。这些许可典型地包括交叉许可协议。在这些协议中 Apple 的许可费在相似范围内。

因为 Apple 未被指控侵犯 Motorola 的标准必要专利组合中的所有专利，所以 Mulhern 尝试将 '898 专利的价值从该专利组合的总价值分离出来。Mulhern 认识到标准必要专利组合中的每个专利可能具有不同的价值，例如，这基于该专利相对于整体的标准或技术的重要性而定。确切地说，Mulhern 认为经济学研究显示，专利价值呈现偏差性，大多数专利价值很小或没有价值，很少的专利具有重大价值。Mulhern 还提到，在假设性谈判过程中，被许可方期望针对少数专利许可付较少的费用，而不是对整个标准必要专利组合的许可进行付费。Mulhern 基于 Motorola 技术专家的专家报告得出结论，'898 专利代表了重大的创新，并且"在 Motorola 的整个专利组合中具有不成比例的巨大价值"。

因为为了使用标准就需要所有必要专利的许可，Mulhern 认为对大标准必要专利组合中的一个专利进行许可不是典型业界惯例。根据 Mulhern 的观点，在"现实世界"中，标准必要专利仅以大组合形式进行许可。Mulhern 引用了在专利许可业界富有经验的其他专家提出的证词来支持该主张。尽管存在行业惯例，Mulhern 认为"假设性谈判的构想将迫使 Motorola 仅许可其标准必要专利的一个子集"。根据 Mulhern 的观点，此类许可将获得专利组合费率中的"非线性"份额，这是因为其迫使 Motorola 仅能低效地一次进行数个专利的许可。换言之，从专利组合中许可的头几个专利将比随后的专利的许可率更高。

基于此推理，Mulhern 认为前几个专利通常占整个专利组合费率的 40% – 50%。Mulhern 依据如下证词支持此 40% – 50% 的估算：Motorola 的另一位许可专家 Charles Donohoe 提出的证词；Motorola 许可总监的陈述；前 Ericsson 许可总监的陈述；以及她对"IBM 公司在 20 世纪 80 年代和 90 年代初期的众所周知的专利许可策略"的认知。根据 Mulhern 的观点，IBM 公司按净销售价格的 1% 的许可费率对其专利组合（合计超过 10 000 个专利）中的单个专利进行许可。每个后续专利将花费额外的 1%，最多许可第 5 个专利。超过 5 个专利，或 5% 的许可费，费率不再增加。基于此分析，Mulhern 作为估计值得出结论，'898 专利的价值为 Motorola 的标准必要专利组合费率的 40% – 50%。

作为一个替代的且更保守的估计，Mulhern 认为，'898 专利代表 Motorola 的专利组合中"真正必要的"专利的 5%。此估计并不依赖于 Mulhern 的"非线性"估值原理，而是基于线性的"修正的专利计数方法"。依据此方法，Mulhern 得出结论，Apple 应当愿意为 '898 专利许可支付整个标准必要专利组合费率的 5%。

Mulhern 还认为 Apple 可以通过仅在不使用 GMS/UTMS 网络的 Verizon 网络上使用 iPhone 来规避侵权。Mulhern 首先认为 '898 专利对于 GMS/UTMS 移动网络必不可少，因此 Apple 没有许可则无法使用这些网络，然后提出在假设性谈判时 Apple 的规避设计成本。Mulhern 概述了 Verizon 选项的不可行性，包括我们拒绝在此引述的机密细节。至此为止，Mulhern 没有具体估计 Apple 实行 Verizon 电话替代 AT&T 电话的成本。

地区法院假定 Motorola 提出的许可费率满足其 FRAND 许可义务，但是仍然排除了 Mulhern 提出的所有证词，这是因为她"面对 Apple 公司……未能考虑可行的替代方案的范围"。具体讲，地区法院得出结论：Mulhern "未分析" Apple 与 Verizon 签订合约的可能性，使得她的方法不可靠。地区法院似乎关心的是 Mulhern 未能具体评估与 Verizon 签订合约以取代 AT&T 的成本。参见 *Apple*, Inc., 2012 WL 1959560, ＊11（Mulhern 未提供证据证明 Apple 与 Verizon 签订合约取代 AT&T 的成本更高达到 347 亿美元）。有关 Donohoe 提出的证词，地区法院认为他的声明未提供用于选择正确的非线性许可费率的任何基础。此外，Donohoe "承认对于关于包含 '898 专利的专利组合一无所知；其 40% –50% 的数字是通常关于标准必要通信专利组合的陈述。"

我们认同地区法院的以下观点：Donohoe 的证词不足以支持损害赔偿的裁决。实际上，地区法院已对排除 Donohoe 的证词本属理所应当，这是因为他未能将 40% –50% 的费率与该专利对标准必要专利组合的技术贡献建立联系，导致其固有地不可靠。我们一贯地解释，损害赔偿的证明必须审慎地与其声称的发明本身相联系。参见 *ResQNet.com, Inc. v. Lansa, Inc.*, 594 F. 3d 860, 869（Fed. Cir. 2010）；*Riles v. Shell Exploration & Prod. Co.*, 298 F. 3d 1302, 1312（Fed. Cir. 2002）（排除专利权人的损害赔偿模型，因为专家 "完全没有将其提出的许可费与专利的方法的价值相关联"）。这里，在 Donohoe 承认他对争议的标准必要专利组合一无所知且甚至没有尝试将 40% –50% 的费率与 '898 专利的所声称的发明相联系的情况下，他的证词未与本案的事实相联系是毋庸置疑的。[①]

当依据 Donohoe 提出的证词来主张给定专利组合中的头几个专利通常占整个专利组合的费率的 40% –50% 时，Mulhern 将 Donohoe 的证词并入她自己的证词中。Donohoe 证词的实质内容不会因为其被 Mulhern 采纳而不是由自己阐述而变得更可靠。我们认为，Donohoe 和 Mulhern 所依据的一般性原理，即在实践中较大专利组合中的第一个专利可以比同一个专利组合中后续的专利得到更大的许可费，本质上并非是不可靠的。如果适当地与所主张的发明相联系，则基于此原理的证词是可采纳的。但是，本案中，在可能可靠的原理未与案件事实相联系的情况下，专家的证词是不可采纳的。参见，例如，*Kumho* 案，526 U. S.，154–55。出于这些原因，我们认同地区法院排除 Mulhern 证词中基于 Donohoe 陈述的部分。

我们不认同地区法院关于 Mulhern 证词中的其余部分的裁决。虽然 Mulhern 未直接估计 Apple 选择 Verizon 替代 AT&T 的成本，但是 Mulhern "考虑" 和 "分析" 了 Apple 克服与 Verizon 签约的困难以及在不同网络上发布的 iPhone 的可能性。虽然地区法院可能不认同 Mulhern 的结论，即与 Verizon 签订合约不可取也不现实，因此此选项无须具体估值，

---

① 实际上，正如 Apple 指出的，Motorola 在简易判决使 '559 专利退出本案时未调整其 40% –50% 的费率，从而进一步说明该费率从未与争议的特定专利相联系。参见 Apple 答复 Br. 38–39。

但是这是 Apple 可以在审理时通过交叉质证和递交其自己的专家证据来解决的问题。参见，例如，*Walker* 案，208 F. 3d，589-90；*Gayton* 案，593 F. 3d，616。一方可以在选择证明损害的方法上有倾向性，但是这并不会导致其专家的损害赔偿证词不可采纳。法律也不要求专利权人必须评估每个潜在的非侵权替代方案才能使其损害赔偿证词可采纳。

地区法院未认识到 Mulhern 确实构建了在计算专利损害赔偿时通常依据的成本估算——对该技术许可的成本。参见，例如，*Riles* 案，298 F. 3d，1313；*Studieng-esellschaft Kohle，m. b. H. v. Dart Indus.*，862 F. 2d 1564，1568（Fed. Cir. 1988）（"在评估合理许可费时应考虑到专利权人的惯常许可方式"）。正如我们多次判决指出，使用充分可比较的许可是估算专利价值的普遍可靠的方法。参见，例如，*ActiveVideo Networks，Inc. v. Verizon Commc'ns，Inc.*，694 F. 3d 1312，1333（Fed. Cir. 2012）；*Lucent Techs.，Inc. v. Gateway，Inc.*，580 F. 3d 1301，1325（Fed. Cir. 2009）（"第二个 *Georgia-Pacific* 要素是'被许可人为诉争专利的可比专利所支付的费率'"）（援引 *Georgia-Pacific. Corp. v. U. S. Plywood Corp.*，318 F. Supp. 1116，1120（S. D. N. Y. 1970））；*Maxwell v. J. Baker，Inc.*，86 F. 3d 1098，1110（Fed. Cir. 1996）（"此费率得到 Maxwell 公司与其他被许可人按每双鞋 0. 10 美元的许可费率达成协议的证据的支持"）；*Nickson Indus.，Inc. v. Rol Mfg. Co.*，847 F. 2d 795，798（Fed. Cir. 1988）（"在存在已有许可费的情况下，这往往是'合理'许可费的最佳度量方法"）。

此方法通常是可靠的，这是因为情况类似的一方支付的许可费本身考虑到在假设性谈判时的市场条件，包括多个难以估值的因素，诸如可用的不侵权替代方案的成本。参见 *LaserDynamics，Inc. v. Quanta Computer，Inc.*，694 F. 3d 51，79（Fed. Cir. 2012）（"因为实际许可最清晰地反映专利技术在市场上的经济价值，对证明合理许可费而言，涉案专利技术的真实许可协议具有高度相关性"）例如，在本案中，Motorola 的其他被许可人可以选择仅发布 Verizon 网络制式的电话。因此，假定整个许可情况在事实上是可比的，这些达成许可协议的许可费率必定会考虑到不侵权替代方案的成本。

这里，这些许可是否充分可比较，以致于 Motorola 的计算结果是否构成合理的许可费，影响的是证据的份量，而非其可采纳性。参见 *ActiveVideo* 案，694 F. 3d，1333。Mulhern 的可比较许可的分析使用了"可靠的原理和方法"，并且可靠地将它们适用于案卷中充分的事实和数据以便计算 '898 专利的整体价值，包括不侵权替代方案的成本。参见联邦证据规则第 702 条规则。借助 Apple 的交叉质证和专家证词，陪审团能够基于他们对 Mulhern 的可信度、事实分析和结论的判断来对她的证词赋予适合的重要性。

总之，除了依据 Donohoe 陈述的证词以外，我们撤销地区法院对 Mulhern 提出的证词的排除。因此，我们撤销地区法院作出的有关侵权损害赔偿的简易判决。

简易判决

在地区法院排除了大部分损害赔偿专家证词之后，双方提出动议，要求法院作出关于损害赔偿和禁令救济的简易判决。由于排除了双方的损害赔偿证据，法庭认为双方均无权获得任何损害赔偿或禁令，并支持该动议。正如上文提及的，基于我们撤销地区法院作出的可采纳性方面的判决，我们撤销该地区法院关于 Apple '949 和 '263 专利以及 Motorola '898 专利的损害赔偿的简易判决。剩余的简易判决是，地区法院关于 Apple 无权获得 '647 专利侵权的任何损害赔偿以及双方均无权获得禁令的简易判决。正如下文讨论，我们撤销地区法院作出的关于 Apple 无权获得 '647 专利侵权的任何损害赔偿的裁决、撤销 Apple 无权获得禁令的裁决，以及维持 Motorola 无权获得禁令的裁决。

"如果诉讼文件（pleading）、证词、对质词的答辩及记录在案的自认连同宣誓陈述证明（如果有的话）显示对事实没有实质性争议点，同时显示动议一方有权获得作为法律问题的判决"，则简易判决是适合的。参见联邦民事诉讼程序 56（c）。我们依据地区巡回法审查了地区法院作出的简易判决，该地区巡回法是联邦第七巡回法院的巡回法。参见，例如，*MicroStrategy*，*Inc. v. Bus. Objects*，*S. A.*，429 F. 3d 1344，1349（Fed. Cir. 2005）。联邦第七巡回法院重新审查简易判决。参见，例如，*Feliberty v. Kemper Corp.*，98 F. 3d 274，276（7th Cir. 1996）（"当我们重新审查地区法院作出的简易判决时，我们根据地区法院所采用的同一标准来考虑案卷"）。

Motorola 有关禁令的请求

Apple 提出动议，请求关于 Motorola 无权获得 '898 专利侵权的禁令的简易判决。关于是否应颁发禁令问题，我们审查地区法院是否滥用其自由裁量权，参见 *Lab. Corp. of Am. Holdings v. Chiron Corp.*，384 F. 3d 1326，1331（Fed. Cir. 2004），同时我们重新（de novo）审查地区法院关于简易判决的裁决，参见 *Feliberty* 案，98 F. 3d，276。最高法院在 *eBay Inc. v. MercExchange*，*L. L. C.* 中阐述地区法院在颁发永久禁令之前应考虑的因素，陈述 "原告须当证明：（1）其已遭受不可挽回之损害；（2）如金钱赔偿等依法可得之救济，不足以弥补此损害；（3）原被告间两难相权之下，衡平法救济正当合理；（4）永久禁令无损及公共利益之虞。" 参见 547 U. S. 388，391（2006）。

'898 专利是标准必要专利，因此 Motorola 同意依据公平、合理和无歧视许可（"FRAND"）条款对其进行许可。地区法院批准 Apple 的动议，认为：

> 考虑 FRAND 原则，我认为仅当 Apple 拒绝支付满足 FRAND 要求的许可费时，才有正当理由禁止 Apple 侵犯 '898 专利。通过承诺以 FRAND 条款许可其专利，

Motorola 承诺向愿意支付 FRAND 许可费的任何人进行许可，并且隐含地承认许可费是对许可使用该专利的足够补偿。他怎能出尔反尔？既然 Motorola 声称 Apple 若想要生产具有 UMTS 通信功能的手机（不具备所述功能不能被称为手机）就必须使用该发明，那么怎么能允许 Motorola 禁止 Apple 使用该发明呢？

参见 *Apple，Inc.* 案，869 F. Supp. 2d，913–14。

地区法院在裁判对标准必要专利不可颁发禁令时适用了"当然违法原则（per se rule）"，这是错误的。虽然 Motorola 的 FRAND 承诺与其是否有权获得禁令确然相关，但是我们看不到任何理由来创造单独规则或分析框架来解决负有 FRAND 承诺的专利的禁令（某些法律之友希望如此）。正如本院后续裁决所解释的，最高法院在 *eBay* 案中提出的框架为解决 FRAND 承诺专利和行业标准的独特方面提供了普遍性的充分支持和灵活性。参见 547 U. S.，391–94。作出 FRAND 承诺的专利权人可能难以证明无法挽回的损害。另外，在侵权方单方面拒绝 FRAND 许可费或不合理地拖延谈判达到相同效果的情况下，可以证明禁令合理。参见，例如，美国司法部和美国专利商标局，*Policy Statement on Remedies for Standard-Essential Patents Subject to Voluntary F/RAND Commitments*，7 – 8（Jan. 8，2013）。有必要澄清，这不意味着被控侵权人拒绝接受任何许可要约就证明发出禁令一定合理。例如，提供的许可可能不是基于 FRAND 条款。此外，公共利益鼓励参与标准制定组织，但是也应确保标准必要专利不被过分高估。虽然这些是重要的关注点，但是地区法院完全可以在依据 *eBay* 案原则判断是否要发出禁令时考虑这些事实问题。

根据上述原则，我们认同地区法院的结论：Motorola 无权获得 '898 专利侵权的禁令。Motorola 的 FRAND 承诺已催生许多涵盖 '898 专利的专利许可协议，强有力地说明金钱赔偿足够补偿 Motorola 的侵权损失。类似地，Motorola 未证明 Apple 的侵权导致其无法挽回的损害。考虑到大量业界参与者（包括竞争对手）已经在使用 '898 专利要求保护的系统，Motorola 未提供任何证据证明增加一个用户会产生此类损害。同样地，Motorola 同意只要愿意支付 FRAND 许可费，不介意增加多少市场参与者。Motorola 辩称 Apple 拒绝接受其最初许可要约并终止协商。但是，案卷显示谈判一直在进行中，并且例如没有证据显示 Apple 单方面拒绝达成协议。因此，我们维持地区法院关于 Motorola 无权为侵犯 '898 专利而获得禁令的简易判决。

部分维持、部分撤销、部分驳回并且发回重审。

费用

各方应承担各自的费用。

2. 首席法官雷德（Rader）的部分反对意见

除了维持地区法院驳回 Motorola 的禁令请求外，我整体上赞同法庭的意见。据我看来，关于 Apple 是否是非善意被许可人并且其持续侵权行为已经导致了无法挽回的损害，相关的在案证据已经足以支持其构成实质性的事实争议。鉴于被行业标准采用的专利的独特且具有强事实性的情况，我认为地区法院不恰当地批准了简易判决。因此，在此观点上，我部分反对。

最初，被标准采用的专利无疑因为被采用而赢得价值。这种增值使得独立于标准化来评估该技术更为复杂。同理，标准化决定也可以简单地反映和证明该专利实现的技术进步的固有价值。分解这些价值组成（核心在于确定假想被许可人是否"无意愿"许可以及因此导致的不可挽回的损害和其他禁令因素）需要对复杂的事实进行高强度的经济分析。总之，从理论上开始，此问题不可能以简易判决的形式予以解决。

在引述禁令的法律原则时，法庭准确地陈述了各种质询。这些原则不能推导出支持或禁止任何场合下的专利禁令的当然违法规则，更不必说标准化技术具有高度复杂性。法庭认为在标准场景下专利所有人"可能难以证明无法挽回的损害……【但是】在侵权方单方面拒绝 FRAND 许可费或不合理地拖延谈判达到相同效果的情况下，可以证明禁令合理。"多数意见第 72 页（援引美国司法部和美国专利商标局，*Policy Statement on Remedies for Standard- Essential Patents Subject to Voluntary F/RAND Commitments*，7 – 8（Jan. 8, 2013））。

市场分析人员无疑将观察到"专利反向劫持"（即无意愿标准必要专利被许可人寻求规避基于对现有技术做出贡献的技术进步的价值的许可）与"专利劫持"（即标准必要专利所有人仅基于由标准化贡献的价值要求不正当的许可费）具有相同的可能性和破坏性。这些相同的有关"专利劫持"和"专利反向劫持"的复杂事实问题与禁令请求高度相关。总之，将"专利劫持"和"专利反向劫持"区分需要对价值来源——发明进步或标准化——进行一些事实分析。

本案案卷给出了 Apple 可能是专利反向劫持者的证据。参见，例如，*Apple Inc. v. Motorola Inc.*，869 F. Supp. 2d 901，914（N. D. Ill. 2012）；Appellees' Br. 64 – 65，72–73；Appellees' Reply Br. 26–27；J. A. 118884–86。该证据本身构成重要事实争议点。

更重要的是，地区法院未将发明贡献导致的价值与标准化导致的价值进行区分。未关注到这一或许是决定性的问题，一审法庭处于无地图漂流（adrift without a map）状态，更不用提指南针或 GPS 系统。实际上，没有关键的质询，地区法院不可能恰当地适用其

本应适用的 *eBay* 案规则。

　　相比运用恰当的禁令分析，地区法院实际上认定 Motorola 的 FRAND 承诺对是否签发禁令的问题是决定性的："Motorola 承诺向愿意支付 FRAND 许可费的任何人进行许可，并且隐含地承认许可费是对许可使用该专利的足够补偿。他怎能出尔反尔？"参见 *Apple* 案，869 F. Supp. 2d，914。相反，因为 Motorola 承诺提供 FRAND 许可，就必须回答如下问题：什么是"公平"和"合理"的许可费？如果 Motorola 的许可费要约公平且合理，则 Apple 可能在"拒绝 FRAND 许可费或不合理地拖延谈判"。参见多数意见 72。总之，地区法院无法回避它未解决的问题：Motorola 的 FRAND 要约真的 FRAND 吗？

　　再者，地区法院承认有关 Apple 是否愿意接受 '898 专利的许可的证据存在冲突："Apple 拒绝就专利许可进行谈判（假设 Apple 确实拒绝了——双方当事人就为何谈判破裂各执一词，我无须对此作出判断）不能作为抗辩 Motorola 请求 FRAND 许可费的理由"。参见 *Apple* 案，869 F. Supp. 2d，914。但是，这个情况已经充分记录在案，而本法院现在也已经认识到在这种情形下禁令是正当的。

　　我认为，法庭本应允许 Motorola 去证明 Apple 是无意愿被许可人，这将对其禁令请求提供强支持。法庭认为"案卷反映谈判一直在进行中，"多数意见 72-73；但是，正如地区法院承认的，Motorola 还主张，多年来，Apple 拒绝谈判，同时侵犯 '898 专利，参见，例如，上诉人陈述意见 64-65，72-73；上诉人答复意见 26-27。Motorola 本应有机会证明其宣称的 Apple 没有接受许可或者谈判的意愿、以证明金钱损害赔偿不足以弥补损害且其遭受到不可挽回的损害的证据。地区法院拒绝查明适用 eBay 案原则所需的事实。由此，应该将该案件发还重审以查清事实。出于这些原因，我恭敬地部分反对。

3. 巡回法官普罗斯特（Prost）的部分协同以及部分反对意见

　　针对这里讨论的多个问题，我赞同多数意见。但是，对于 '949 专利中"启发式"权利要求术语的适合解释，我恭敬地反对。此外，我反对撤销地区法院有关 Apple 请求禁令的简易判决的多数判决，我认为应维持该判决。对其他几个问题，虽然我最终和多数意见达成相同结果，但不认同其说理过程，所以我单独书面解释我的观点。

　　【编者注：此处内容与本书主题无关，故略去】。

Ⅳ. Motorola 有关 '898 专利的禁令救济的请求

　　我赞同多数意见有关 Motorola 无权获得 '898 专利侵权的禁令的判决。参见多数意见第 71-73 页。但是，我单独著文说明我不同意多数意见的以下观点：如果被诉侵权方拒绝进行许可谈判，则在确认侵权事实后颁发禁令是合理的。

首先，我认同多数意见，无须创建绝对的规则，即专利权人永远不能针对已作出FRAND承诺的专利获得禁令。[①] 出处参见同上，第71-72页。相反，FRAND承诺应该仅作为一个因素纳入 *eBay* 框架的考量。而且，我认同，*eBay* 要素的直接应用不一定意味着禁令救济不可适用于负有 FRAND 承诺的专利。但是，我对于禁令适用的条件持不同意见。

Motorola 辩称——而且多数意见赞同——在被控侵权方"单方面拒绝 FRAND 许可费或不合理地拖延谈判以达到相同效果"时，禁令是适当的。参见同上。Motorola 公司坚称在没有禁令威慑下，侵权方没有动机进行许可协商，因为专利侵权诉讼的最坏情况是它需要支付早先本应为许可支付的金额。

我不认同，对拒绝达成许可协议的被诉侵权方适用禁令是正当的原因若干。首先，如Apple 指出的，被控侵权方在同意为该专利支付专利许可费用之前完全有权质疑 FRAND承诺的专利的有效性，因此不应因不积极协商而必然受到处罚。其次，有许多原因使得被控侵权方可能更愿意为 FRAND 许可付费，而非承受大量诉讼，包括诉讼费用、如果判定恶意侵权可能支付三倍的损害赔偿或律师费，以及事实调查人可能判定金额高于 FRAND费率的损害赔偿的风险。实际上，如 Motorola 自己指出的，我们先前已确认，如果"补偿侵权"是必需的，则一审法庭可能判定高于合理许可费的损害赔偿。参见 *Stickle v. Heublein*，*Inc.*，716 F. 2d 1550，1563（Fed. Cir. 1983）。因此，如果一审法庭确信侵权方先前有恶意协商，则法庭有权增加造成专利权人任何损害的损害赔偿，作为此行为的后果。

但无论如何，这些考量均不改变金钱损害赔偿可能足够补偿 FRAND 专利权人所受损害的事实。因此，我看不到任何理由，为什么一方在许可协商时的诉讼前行为会影响适用禁令救济。

相反，在金钱损害赔偿虽然能够补偿专利权人所受损害，但是专利权人无法收到其有权获得的损害赔偿的情况下，禁令可能是适合的。例如，如果被控侵权方无力履行判决，则损害赔偿判定可能是不充分的补救。或者，如果在被发现侵犯有效 FRAND 专利之后，被告拒绝支付法庭指令的损害赔偿裁决，则法庭可以证明包括禁令作为制裁裁决一部分是合理的。

---

①　重要的是，我要指出，地区法院没有适用禁令对于标准必要专利不可用的本身违法规则。相反，法官 Posner明确地提出，如果 Apple 公司已"拒绝支付满足 FRAND 要求的许可费"，则禁令救济可能是适合的。参见 J. A. 140。因此，多数方无须提出地区法院在适用这种绝对规则的情况下出错。参见多数意见71。

但无论如何，这些情况在本案中均不存在，并且我认同地区法院：依据这些事实，Motorola 无法证明不可挽回的损害或损害赔偿不足。因此我会维持地区法院拒绝 Motorola 就 '898 专利的禁令救济请求。

4. 结　　论

出于上述原因，我部分协同和部分反对。

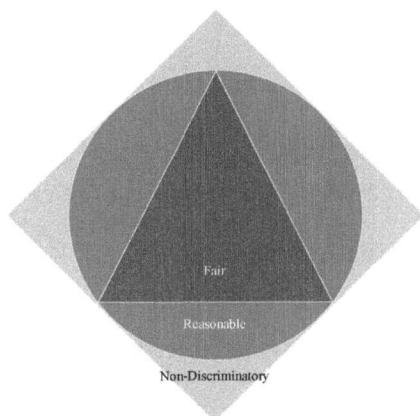

Microsoft v. Motorola

主题词

许可费基础，最小可销售专利实施单元，费率的确定，可比协议，许可费堆叠，分摊原则，增量价值，专利价值，标准化价值，事前评估，组合价值，假设性谈判，禁令救济，专利劫持，eBay 四要素，公共利益，司法礼让

案件概要

微软公司（Microsoft Corp.，以下称"Microsoft"）于 2010 年 11 月 9 日向美国华盛顿西区联邦地区法院提起诉讼，指控摩托罗拉公司（Motorola, Inc.）和摩托罗拉移动公司（Motorola Mobility Inc.）及通用仪器公司（General Instrument Corp.）（以下统称"Motorola"）在两份要约书中均违反了其合理无歧视性原则义务。

关于费率，地区法院于 2013 年 4 月 25 日作出判决，判决要点如下：

1）援引 *Georgia-Pacific Corp. v. United States Plywood Corp.* 一案，根据该案所确立的用于计算专利损害赔偿的 15 要素，提出为受 FRAND 承诺限制的标准必要专利确定 FRAND 费率的框架。

2）在确定 FRAND 许可费率时，考虑专利对于标准的重要性以及专利对于产品的重要性。

3）采用 Motorola 所提出的假设性双边谈判的方式，以专利池费率为参考，以最小可销售专利实施单元为费率基础，确定 FRAND 许可费率。

随后，美国联邦第九巡回上诉法院维持了该判决。

本案首次修改 *Georgia-Pacific* 案 15 要素以适用于受 FRAND 承诺限制的标准必要专利，其被后续案例广为沿用，具有里程碑意义。

关于禁令，地区法院于 2012 年 5 月 14 日作出裁定，批准 Microsoft 关于寻求临时禁诉令的动议，禁止 Motorola 执行其在德国诉讼中可能获得的与涉案欧洲专利有关的禁令救济，要点如下：

1）地区法院审理的合同之诉对于德国审理的专利之诉是决定性的。

2）德国的专利之诉会导致判决不一致。

3）该禁诉令对于礼让的影响是可以容忍的。

此后，地区法院于 2012 年 11 月 29 日作出决定，批准 Microsoft 关于驳回 Motorola 请求禁令救济的动议，要点如下：

1）FRAND 承诺构成第三方受益人的可履行的合同。

2）针对受 FRAND 承诺限制的标准必要专利的禁令救济，应考虑 *eBay* 案所确立的四要素。Motorola 未能证明其遭受不可恢复的损害且金钱损害赔偿不足以弥补该损害。

美国联邦第九巡回上诉法院于 2012 年 9 月 28 日维持了地区法院关于禁诉令的裁定，并于 2015 年 7 月 30 日作出二审判决，维持了地区法院的判决。

本案将 *eBay* 案所确立的适用禁令救济的四要素原则适用于受 FRAND 承诺限制的标准必要专利，而且，针对 Motorola 德国之诉签发禁诉令，具有深远意义。

文书信息

1）美国华盛顿西区联邦地区法院法院令一，2012 年 5 月 14 日。

2）美国联邦第九巡回上诉法院判决意见书，2012 年 9 月 28 日。

3）美国华盛顿西区联邦地区法院法院令二，2012 年 11 月 29 日。

4）美国华盛顿西区联邦地区法院判决书，2013 年 4 月 25 日。

5）美国联邦第九巡回上诉法院判决意见书，2015 年 7 月 30 日。

美国华盛顿西区联邦地区法院法院令一

案件号：10-cv-01823-JLR

当事人：原告　微软公司；被告　摩托罗拉公司等

　　　　原告　摩托罗拉移动公司等；被告　微软公司

日　　期：2012 年 5 月 14 日

I. 引　　言

原告微软公司（Microsoft Corporation，以下称"Microsoft"）向本院提出寻求颁发临时限制令和临时禁令的动议（以下称"Microsoft 动议"）后，本院受理此案①（动议（第209 号文档））。2012 年 4 月 11 日，本院听取了律师的口头陈述，并考虑了所有提交的诉状，包括：（1）原告 Microsoft 寻求临时限制令和临时禁令的动议（动议（第 209 号文档）），以及所有证据和附件；（2）被告摩托罗拉公司（Motorola, Inc.），摩托罗拉移动公司（Motorola Mobility, Inc.）和通用仪器公司（General Instrument Corporation）（以下统称"Motorola"）的异议答辩状（答辩状（第 248 号文档）），以及所有证据和附件；（3）Microsoft 的答复书（答复书（第 257 号文档））。经充分考虑，本院批准了 Microsoft寻求临时禁令的动议②。

II. 背　　景

A. 标准制定组织 IEEE 和 ITU

Microsoft 和 Motorola 均是电气与电子工程师协会（IEEE）和国际电信联盟（ITU）的成员。IEEE 和 ITU 为国际标准制定组织，两者皆非此次纠纷的当事人。通过允许各公

---

①　尽管本案双方当事人均提出确认诉求，但由于（如本文所述）Microsoft 提交起诉状发起本案，就本法院令而言，法院将 Microsoft 称为"原告"。

②　2012 年 4 月 12 日，法院批准了 Microsoft 寻求临时限制令的动议（TRO 法院令（第 261 号文档））。法院于2012 年 4 月 12 日所作命令，仅限于禁止 Motorola 执行其就 Microsoft 动议中的争议专利可能从德国法院获得的任何禁令救济（参见同上，第 2 页）。临时限制令有效期到 2012 年 5 月 7 日为止（参见同上，第 3 页）。2012 年 5 月 7 日，法院将临时限制令延期，直到法院对 Microsoft 同时提出的临时禁令动议作出裁决为止（2012 年 5 月 7 日庭审笔录（第 315号文档），第 106 页）。

司就共同的技术标准达成一致，以便所有符合标准的产品可以一起协作，标准制定组织在技术市场中发挥重要作用。标准通过增加产量来降低成本，并且通过消除想要从一家制造商制造的产品转向另一家制造商的产品的消费者所面临的"转换成本"，增进价格竞争。

标准的一个难题在于，为实施标准可能必须使用专利技术。如果某项专利要求保护的技术被标准组织采用，这种专利就称为"必要专利"。就此而言，Motorola 拥有的众多专利，是 IEEE 和 ITU 制定的特定标准中"必要"的专利（参见 2010 年 10 月 21 日 Motorola 要约函（第 79-5 号文档）），2010 年 10 月 29 日 Motorola 要约函（第 79-6 号文档））。为降低必要专利所有人滥用市场支配力的可能性，包括 IEEE 和 ITU 在内的许多标准制定组织采用了与必要专利的披露和许可相关的规则。这些政策常常要求或鼓励标准制定组织的成员确定对提案标准来说必要的专利，并同意在 RAND 条款下向任何申请许可的人许可他们的必要专利。这些规则有助于确保标准不会使得必要专利所有人能敲诈竞争对手或阻止其进入市场。

B. Motorola 向 IEEE 和 ITU 的声明

本案涉及两个标准——IEEE 802.11 无线局域网（以下称"WLAN"）标准（以下称"802.11 标准"）和 ITU H.264 高级视频编码技术标准（以下称"H.264 标准"）[①]（参见起诉状（第 1 号文档），修订后的起诉状（第 53 号文档））。IEEE 的标准制定过程受其知识产权政策（以下称"IEEE 政策"）的约束（见 IEEE 政策（第 79-1 号文档））。IEEE 政策规定，"IEEE 标准可以以包括使用必要专利权利要求的方式起草"（参见同上，第 18 页（第 6.2 节））。IEEE 政策将术语"必要专利权利要求"定义为已授权专利（或待决的专利申请）的一项或多项权利要求，"其对【提议的】IEEE 标准的规范性条款中的强制或非强制部分的合规实施是必需的"（参见同上）。如果"必要专利权利要求"被纳入 IEEE 标准，则 IEEE 要求专利持有人要么声明其不知道与 IEEE 标准有关的任何专利，要么向 IEEE 提交保证书（参见同上）。任何此类保证书必须包括：（1）权利放弃声明，即声明专利权人不会就"必要专利权利要求"行使其专利权，或（2）：

> 声明在明确不涉及任何不公平歧视的合理条款和条件下，给予全球范围内、数量不受限制的申请人对于标准的合规实施的免费许可或基于合理费率的许可……

---

① ITU 与另外两个标准制定组织——国际标准化组织和国际电工委员会，共同开发了 H.264 标准（参见 Partial S. J. 法院令（第 188 号文档），第 3 页）。

（参见同上）。

Motorola 已就 802. 11 标准向 IEEE 提交了大量保证书，声明其"将"或"准备"在 RAND 条款下，对于其 802. 11 标准必要专利授予许可（参见 IEEE 保证书（第 79-2 号文档））。Motorola 对 IEEE 的典型的保证书中有以下相关部分：

> 专利权人将【准备】以无歧视为基础，根据合理的条款和条件，给予全球范围内、数量不受限制的申请人基于合理费率的许可，使其能够遵守【提议的】IEEE 标准。

（参见同上）。

与 IEEE 一样，对于实施标准所"必要"的专利，ITU 也针对其持有人制定了政策（以下称"ITU 政策"）（参见 ITU 政策（第 79-3 号文档））。此类专利持有人必须向 ITU 提交一份"专利陈述和许可声明"，声明他们是否（1）将在 RAND 基础上免费授予许可；（2）将在 RAND 条款下授予许可；或（3）不愿意给予上述两种许可方式（参见同上，第 9-12 页）。Motorola 已向 ITU 提交大量声明，声称对于其在 H. 264 标准中的必要专利，他们将在 RAND 条款下授予许可（参见 ITU 声明（第 79-4 号文档））。Motorola 向 ITU 提交的典型的声明中有以下相关陈述：

> 专利持有人将以无歧视为基础，根据合理的条款和条件，向全球范围内、数量不受限制的申请人授予许可，使其能够使用对于制造、使用和/或销售符合上述 ITU-T｜ISO/IEC 国际标准的产品来说必要的专利技术①。

（例如，参见同上，第 2 页）。

本庭裁定，Motorola 向 IEEE 提供的保证书和 Motorola 向 ITU 所作的声明，在 Motorola 与各个标准制定组织之间创立了可强制执行的合同（Partial S. J. 法院令，第 10 页）。此外，作为 IEEE 和 ITU 的成员以及 H. 264 标准和 802. 11 标准的预期使用者，Microsoft 被认定为该合同的第三方受益人。（参见同上）。

C. 本案诉讼

i. Microsoft 的合同违约主张

2010 年 10 月 21 日，Motorola 向 Microsoft 致函（以下称"10 月 21 日函件"），其中相关部分如下：

---

① 向 ITU 所作的声明还指出，许可谈判留待当事人考虑且在 ITU-T｜ISO/IEC 外进行（ITU 声明，第 2 页）。

本函旨在确认，Motorola 提出向 Microsoft 授予其含有可能是或成为 IEEE 802.11 标准的合规实施所必要的权利要求（定义见 IEEE 细则第 6.1 节）的专利和专利申请的组合在世界范围内的非排他性许可……Motorola 根据 RAND 许可上述专利，包括每一 802.11 合规产品 2.25% 的合理费率，并且 Microsoft 就其拥有的 802.11 标准必要专利进行回授许可。按照 Motorola 的标准条款，许可费的计算依据为最终产品（例如，每一 Xbox 360 产品）的价格，而不是组成软件（例如 Windows Mobile 软件）。

（2010 年 10 月 21 日要约函，第 2 页）。而后，2010 年 10 月 29 日，Motorola 又发送了一封类似的函件（"10 月 29 日函件"），与 H.264 相关专利有关，其中声称：

Motorola 根据合理、无歧视条款许可其专利，包括每一 H.264 合规产品的 2.25% 的合理许可费，Microsoft 就其 H.264 标准必要专利进行回授许可，并且 Motorola 遵循就已批准的 H.264 标准 JVT 所作的承诺。按照 Motorola 的标准条款，许可费的计算依据是最终产品（例如，每一 Xbox 360 产品、每一 PC/便携式电脑、每一智能手机等）的价格，而不是组成软件（例如，Xbox 360 系统软件、Windows 7 软件、Windows Phone 7 软件等）。

（2010 年 10 月 29 日要约函，第 2 页）。Motorola 在 10 月 29 日的函件上附上了一份拟向 Microsoft 授予许可的非穷尽专利清单（参见同上）。

Microsoft 于 2010 年 11 月 9 日提交了发起本诉讼的起诉状，后于 2011 年 2 月 23 日提交了修改后的起诉状（起诉状；修改后的起诉状）。Microsoft 声称，10 月 21 日函件和 10 月 29 日函件寻求不合理的许可费率，从而违反了 Motorola 对 IEEE 和 ITU 作出的在 RAND 条款下授予许可的义务（修订后的起诉状，第 21、22 页）。Microsoft 宣称 Motorola 违反合同和禁止反言原则[①]（参见同上）。在请求救济的过程中，Microsoft 还寻求确认其有权获得 Motorola（通过保证书）向 IEEE、（通过声明）向 ITU 作出承诺的所有专利的基于 RAND 条款的许可（参见同上，第 25 段，G，H（救济请求））。

作为回应，Motorola 作出积极抗辩（affirmative defense）和反诉（参见 Motorola 答辩状（第 68 号文档））。Motorola 的反诉与本案 Microsoft 寻求临时禁令的动议有关，Motorola 请求如下宣告式判决：（1）Motorola 未违反任何 RAND 义务；（2）Microsoft 拒绝接受和/或拒绝 Motorola 的 RAND 义务所产生的利益，因此，Microsoft 无权取得与

---

① Microsoft 对于 Motorola 的诉讼，还包括对于弃权判决和宣告式判决的请求，但法院 2011 年 6 月 1 日下达的法院令否决了这两项请求，仅保留了关于合同违约和禁止反言的请求（第 66 号文档，第 12 页）。

H. 264 和 802. 11 标准有关的 Motorola 专利的许可（参见同上，第 61–75 段（反诉状））。

ii. 当事人的专利侵权主张

2011 年 6 月 1 日，在第 C10–1823JLR 号案件中，本庭将 Microsoft 于 2010 年 11 月 9 日提起的诉讼与 Motorola 在威斯康星西区联邦地区法院提起、随后作为 C11-0343JLR 号案移转至本区的诉讼合并，其中在 Motorola 提起的诉讼中，Motorola 诉称 Microsoft 侵犯了 Motorola 拥有的第 7310374、7310375 和 7310376 号美国专利（以下称"Motorola 专利"）（法院令（第 66 号文档，第 12 页）（合并诉讼）；Motorola 起诉状（第 C11-0343JLR 号案，第 29 号文档）第 14–40 段（Motorola 的专利侵权请求））。Motorola 专利涉及 H. 264 视频压缩技术（参见 Motorola 起诉状，第 17、26、35 段）。Microsoft 答复并且进行了积极抗辩，并就 Microsoft 拥有的第 6339780 和 7411582 号美国专利（以下称"Microsoft 专利"）的专利侵权提出了反诉①（C11-0343JLR，第 37 号文档第 11–20 段）。相应地，Motorola 对 Microsoft 的反诉作出答复，提出 14 项积极抗辩，并提起宣告式判决的反诉，请求宣告 Motorola 未侵犯 Microsoft 专利，且 Microsoft 专利无效②（第 67 号文档第 9–20 段（反诉状））。

D. 德国诉讼

2011 年 7 月 6 日，在 Microsoft 向本庭提交最初的起诉状后 6 个月左右，被告 General Instrument Corporation 在德国提起单独的诉讼（以下称"德国诉讼"），称原告 Microsoft 侵犯了 Motorola 拥有的两项欧洲专利——第 0615384 和 0538667 号欧洲专利（以下称"欧洲专利"）③（Chrocziel 声明（第 212 号文档）第 2 页第 4 段；Grosch 声明（第 249 号文档）第 6 页第 14 段）。在德国诉讼中，General Instrument Corporation 还寻求禁令救济，要求禁止 Microsoft 在德国销售侵犯两项欧洲专利的解码器装置和计算机软件（Grosch 声明第 6 页第 14 段）。两项欧洲专利均是 H. 264 标准的必要专利（参见同上，第 6 页第 15 段）。而且，Motorola 曾向 ITU 声明，其将基于 RAND 条款向全球范围内的所有申请人授予这两

---

① Microsoft 的答辩还包括违反合同和禁止反言，这与 Microsoft 于 2010 年 11 月 9 日提交的起诉状的主张实质上（如果并非完全）相同（比较第 C11-0343JLR 号案，第 37 号文档第 102–116 段与第 53 号文档第 80–94 段）。

② Motorola 的答辩状中还包括宣告式判决请求，即宣告：（1）Motorola 履行了其 RAND 义务；（2）Microsoft 拒绝接受与 Motorola 的 RAND 声明相关的任何利益（第 67 号文档第 21–90 段（反诉状））。这两项反诉与 Microsoft 于 2010 年 11 月 9 日提交的起诉状所提起的诉讼中 Motorola 阐明的反诉（比较第 67 号文档第 21–90 段，与第 68 号文档第 61–75 段）实质上（如果并非完全）相同，且寻求相同的救济。

③ 在该德国诉讼中，原告 General Instrument（本案被告）隶属于 Motorola 集团（Grosch 声明第 6 页第 14 段）。德国诉讼的被告为 Microsoft（本案原告）、微软德国有限公司（Microsoft Deutschland GmbH）和微软爱尔兰运营有限公司（Microsoft Ireland Operations Ltd. ）（参见同上）。

项欧洲专利的许可（参见 2010 年 10 月 29 日 Motorola 要约函，第 19、21 页）。

此外，在 Motorola 于 10 月 29 日提出的按 2.25％ 的费率向 Microsoft 授予 Motorola 所有必要专利的许可的函件中，Motorola 向 Microsoft 提供了一张专利清单，而上述两项欧洲专利正在这张清单之中（参见同上，第 2、19、21 页）。

E. Microsoft 寻求临时禁令的动议

德国诉讼在曼海姆法院提起，该法院表示将于 2012 年 4 月 17 日就被告 General Instrument Corporation 的专利侵权诉求和禁令救济请求作出判决（Chrocziel 声明第 5-6 页第 21 段；Grosch 声明第 9 页第 25 段）。2012 年 3 月 28 日，Microsoft 向本院提出动议，请求临时限制令和临时禁令（参见动议）。Microsoft 的动议寻求针对 Motorola 的禁诉令，要求限制和禁止 Motorola 执行其在德国诉讼中可能取得的任何禁令救济。

2012 年 4 月 11 日，在审阅双方当事人提交的书面文件和举行口头辩论后，本庭认为禁诉令合理，批准了 Microsoft 寻求临时限制令的动议，即禁止 Motorola 执行其在德国诉讼中可能获得的与声明的欧洲必要专利相关的任何禁令救济（TRO，第 2 页）。此外，本庭要求 Microsoft 提供 1 亿美元的保证金作为担保，用于赔偿由于本庭的限制令可能给 Motorola 造成的任何损失（参见同上）。本庭的临时限制令的有效期到 2012 年 5 月 7 日为止，但在 2012 年 5 月 7 日双方当事人参加的听证中，本庭又将临时限制令延期（参见同上，第 3 页；2012 年 5 月 7 日庭审笔录，第 106 页）。

III. 讨 论

本院现在考虑 Microsoft 寻求临时禁诉令的动议。Microsoft 寻求禁诉令的动议，仅关于禁止 Motorola 执行在德国诉讼中就争议所涉的欧洲专利可能获得的任何禁令救济。如前所述，欧洲专利是 H.264 标准的必要专利，但不是 802.11 标准的必要专利。因此，在德国法院的分析中，仅关注 Motorola 对 ITU 所作的、有关它的 H.264 标准的必要专利的声明，以及 Motorola 于 10 月 29 日发出的就涉及 H.264 标准的 Motorola 专利组合向 Microsoft 进行许可的要约。

A. 法律标准

为获得临时禁令救济，申请人通常必须证明：（1）申请人很可能在案件的实体问题上获胜；（2）如果不进行临时救济，申请人很有可能遭受无法弥补的损害；（3）公平的权衡倾向于申请人一方；（4）禁令符合公共利益。参见 *Winter v. Natural Res. Defense Council*,

Inc., 555 U. S. 7, 20（2008）。第九巡回法院由此推论：如果"案件的实体问题存有重大疑问"，且难处的权衡强烈地向利于申请人方倾斜，只要申请人同时证明，正如 *Winter* 案所要求的，禁令符合公共利益且无法弥补的损害很可能发生，则临时禁令是适当的。参见 *Alliance for the Wild Rockies v. Cottrell*，622 F. 3d 1045，1052（9th Cir. 2010）。在复杂的法律问题需要进一步的审查或审议的情况下，这种方法允许维持现状。

当寻求的禁诉令将阻止一方当事人在外国法院提起类似诉讼时，标准有所不同。为获取禁诉令，申请人无须证明在诉求的实体问题上的胜诉可能性。相反，仅需要证明禁诉令的特定因素对申请人有利。参见 *E. & J. Gallo Winery v. Andina Licores S. A.*，446 F. 3d 984，991（9th Cir. 2006）。这些因素包括：（1）案件当事人和问题是否相同，以及前一诉讼是否对要禁止的诉讼是决定性的；（2）外国诉讼是否阻碍签发禁令的管辖法院的政策①；（3）对司法礼让的影响是否可以容忍。参见 *Applied Med. Distribution Corp. v. Surgical Co. BV*，587 F. 3d 909，913（9th Cir. 2009）（引用 *Gallo* 案，446 F. 3d，991，994）。②

为了对 Microsoft 的禁诉令动议作出正确决定，本庭首先分析禁诉令的三个因素，而后考虑临时禁令的三个因素（参见本页脚注②对 *Winter* 案临时禁令因素适用性的讨论）。

B. 禁诉令因素

i. 美国诉讼对德国诉讼的影响

"案件当事人和问题是否相同，以及前一诉讼是否对要禁止的诉讼是决定性的"，这是禁诉令分析中的基本问题。*Applied Med. Distribution* 案，587 F. 3d，918；*Gallo* 案，446 F. 3d，991。

a. 美国诉讼与德国诉讼的当事人是否相同

禁诉令并不要求当事人完全相同。相反，只要证明当事人以利益相符的方式存在关联

---

① *Gallo* 案法院表示，证明第二个因素这一步可以用 *In re Unterweser Reederei Gmbh* 案，428 F. 2d 888，896（5th Cir, 1970）和通过全席重审维持，446 F. 2d 907（1971）中的其他三个基本原理中的任何一个所替代。参见 *Gallo* 案，446 F. 3d，990，991。也就是说，证明外国诉讼阻碍签发禁令的管辖法院的政策，可以替换为证明外国诉讼属于滥诉或具有压迫性、或证明外国诉讼威胁法院对物或准对物管辖权或证明该诉讼损害其他衡平考量。参见同上（引用 *Seattle Totems Hockey Club*，*Inc. v. NHL*，652 F. 2d 852，855（9th Cir. 1981））。

② 从第九巡回法院的判例法中，尚不清楚三个禁诉令因素能否替代 *Winter* 案中的全部四个临时禁令因素，或者前者是否仅替代证明在构成诉求的实体问题上的胜诉可能性的要求。参见 *Gallo* 案，446 F. 3d，991（"为获取禁诉令，【申请人】无须证明在诉求的实体问题上的胜诉可能性。……相反，【申请人】仅需要证明特定于禁诉令的因素对申请人有利"）。从字面上解读 *Gallo* 案发现，要取得禁诉令可能仍然需要证明无法弥补的损害、公平的权衡以及公共利益。但 *Applied Medical Distribution* 案中，法院未提到任何 *Winter* 因素，暗示事实并非如此。第三巡回法院明确支持替代全部四个 *Winter* 因素。参见 *Stonington Partners*，*Inc. v. Lernout & Hauspie Speech Products N. V.*，310 F. 3d 118，128 – 29（3d Cir. 2002）。为确保周全，本院将分析禁诉令的三个因素，以及三个可能需要满足的临时禁令因素。

就足够了。例如，参见 *Int'l Equity Invs. , Inc. v. Opportunity Equity Partners Ltd.* ，441 F. Supp. 2d 552，562（S. D. N. Y. 2006）。

本案中，双方当事人承认，就禁诉令而言，两案当事人是相同的（2012 年 4 月 11 日庭审笔录（第 276 号文档），第 21 页）。事实上，本案中 Microsoft 为原告，Motorola、Motorola Mobility Inc. 和 General Instrument Corporation 为被告；而在德国诉讼中，Motorola 的关联公司 General Instrument Corporation 为原告，而 Microsoft 及其在欧洲的两家关联公司为被告。因此，本庭认定本案与德国诉讼中的当事人是相同的。

b. 美国诉讼与德国诉讼中的问题是否相同

只有在国内诉讼能够解决外国诉讼中的所有问题时，禁诉令才是适当的。参见 *Applied Med. Distribution* 案，587 F. 3d，915。本案的情况正是如此，两起诉讼的当事人相同，"问题是否相同"和"国内诉讼对外国诉讼是否是决定性的"这两个问题合二为一。参见同上。（考虑到"如果一起诉讼对另一起诉讼是决定性的，则问题基本相同"）。问题无须严格相同，而是应调查国内诉讼的问题是否对外国诉讼的问题是决定性的（参见同上）。

总体而言，Microsoft 在本案中希望本庭就 Motorola 对 ITU 作出的在 RAND 条款下许可 H. 264 标准必要专利的承诺，对 Motorola 和 Microsoft 的职责和义务作出裁判（见修订后的起诉状）。具体来说，Microsoft 要求本庭裁决，Motorola 向 ITU 作出的声明在 Motorola 与 ITU 之间形成了具有约束力且可强制执行的合同，据此，Motorola 承诺向全球范围内的所有申请人授予其 H. 264 标准必要专利的 RAND 许可。此外，Microsoft 要求本院确认它是该合同的第三方受益人，并且有权获取在全球范围内的、RAND 条款下的 Motorola 的 H. 264 标准必要专利的许可。本庭已经判决，Motorola 向 ITU 作出的声明订立了可强制执行的合同，要求 Motorola 在 RAND 条款下许可其 H. 264 标准必要专利，同时，Microsoft 为该合同的第三方受益人（Partial S. J. 命令，第 10 页）。

作出上述裁判后，本庭接下来需要裁决：（1）Microsoft 提起这起诉讼，是否否认了取得 Motorola 的 H. 264 标准必要专利的 RAND 许可的权利；（2）若 Microsoft 并未否认取得许可的权利，则 Motorola 于 10 月 29 日的函件是否对 Motorola 的 H. 264 标准必要专利的许可寻求了不合理的高许可费，并因而违反了 Motorola 在 RAND 条款下授予许可的义务。双方当事人已就这些相关问题提出简易判决的交叉动议，本庭于 2012 年 5 月 7 日就这两项动议听取了口头陈述（参见第 231、236、313 号文档）。

此外，Microsoft 提出一项寻求简易判决的单独的动议，请求本庭驳回 Motorola 就其 10 月 21 日和 10 月 29 日的函件中向 Microsoft 提出要约的任何 802. 11 和 H. 264 标准必要专利提出的禁令请求①（参见 Partial S. J. 关于禁令救济的动议（第 152 号文档））。在这项动议中，Microsoft 辩称禁令救济不当，原因有：（1）Motorola 于 10 月 21 日和 10 月 29 日的函件寻求为 802.11 和 H. 264 标准相关的 Motorola 专利的全球性许可的货币支付，表明金钱救济足以作为禁令的替代补救；（2）Microsoft 寻求获得对于 Motorola 的专利的许可，并且有权作为第三方受益人获得 RAND 许可，最终双方将要么通过谈判要么通过法院确定的条款，达成 RAND 许可协议②（参见同上）。因为德国之诉涉及的欧洲专利被包括在 Motorola 于 10 月 29 日发出的关于其 H. 264 标准必要专利全球许可的要约函件之中，而且由于 Motorola 与 ITU 达成了合同，向全球所有申请人以 RAND 条款许可其欧洲专利，因此在这项动议中，Microsoft 正式地向本院指出该问题，即禁令救济是否是对侵犯 Motorola 的 H. 264 标准必要专利（包括欧洲专利）的适当救济。

最后，本庭需要裁判 Motorola 向 Microsoft 提供其标准必要专利的许可所必须遵守的 RAND 条款和条件。因此，在本庭认定 Microsoft 没有否认就 Motorola 的标准必要专利取得 RAND 许可的权利，并且双方当事人在此许可的 RAND 条款上仍然无法达成一致的前提下，本庭将进行审判来确定 RAND 条款，包括 RAND 许可费率的裁判。审判日期定为 2012 年 11 月 19 日。

因此，在本案结案时，本庭将裁判：（1）Microsoft 是否有权就 Motorola 的标准必要专利（包括欧洲专利）取得全球性 RAND 许可；（2）Microsoft 是否否认了取得此等许可的权利；（3）Motorola 是否可以就其标准必要专利寻求针对 Microsoft 的禁令救济；（4）若 Microsoft 有权取得此等许可，则应按怎样的 RAND 条款取得许可。

根据本案问题，本庭认为，对于德国法院是否可以对于欧洲专利的侵权针对 Microsoft 签发禁令，本案是决定性的。就欧洲专利给予禁令救济，正是本庭要解决的争议。在这里，本庭强调，2012 年 4 月 11 日的临时限制令仅限于禁止 Motorola 执行其可能在德国诉讼中就欧洲专利获得的禁令救济。重要的是，临时限制令没有禁止 Motorola 继续进行德国诉讼及获得金钱赔偿（或任何其他非禁令救济），也没有禁止其在德国的进一步的诉讼行动。因此，本庭的限制令仅限于其直接审理的问题——是否准许禁令救济。由此，本庭认为，为确定禁止 Motorola 执行其在德国诉讼中可能获得的禁令救济的禁诉令是否适当，仅就此而言，本案对德国诉讼是决定性的。

---

① 法院在 2012 年 5 月 7 日听取了 Microsoft 动议的口头陈述（第 313 号文档）。

② 尽管 Microsoft 在起诉状中没有明确指出其寻求 Motorola 标准必要专利的许可（参见修订后的起诉状），但在其最近向法院提交的文件中，Microsoft 明确指出，准备并且有意愿在 RAND 条款下取得此等专利许可（参见 Partial S. J. 关于禁令救济的动议，第 5 页（"无可辩驳的证据是，本案中 Microsoft 正寻求获得 RAND 条款下的许可"））。

ii. 阻碍签发禁令的管辖法院的政策

"要确定禁诉令是否适当，第二步是确定继续进行外国诉讼是否会阻碍签发禁令的管辖法院的政策。"参见 *Applied Med. Distribution* 案，587 F. 3d，918（省略内部引号）。众多法院已经发现，法院策略避免了判决不一致、择地行诉、进行重复诉讼和滥诉，由此充分满足第二步。参见同上，见第 918 页。

本庭认为，这一因素支持颁发禁诉令。首先，由于本庭与德国法院均要在禁令救济问题上作出判决，本庭担心判决不一致。事实上，本庭可能认定 Motorola 不得就其标准必要专利——包括欧洲专利——寻求针对 Microsoft 的禁令救济；与之相反，德国法院可能批准 Motorola 为相同的欧洲专利在德国诉讼中寻求的禁令救济①。其次，本庭认为，提起德国诉讼的时机引起了择地行诉、重复诉讼且滥诉的担忧。在本案中，Microsoft 于 2010 年11 月提交最初的起诉状，使本院的管辖成立，以裁判 Motorola 就其所有标准必要专利——包括两项欧洲专利——向 ITU 和 IEEE 所作承诺产生的全球性权利和义务。直到2011 年 6 月，在 Microsoft 起诉后 6 个月左右，Motorola 才提起德国诉讼，寻求对宣称的Microsoft 侵犯其欧洲专利的禁令救济。本庭对于择地行诉、重复诉讼和滥诉的担忧，因为以下事实而加重：Motorola 向 ITU 的承诺大约涉及 Motorola 拥有的 100 件专利，但Motorola 赶在本庭裁判前述问题前，仅针对其中两项（欧洲专利）专利提起德国诉讼并且在德国寻求禁令救济。

总之，Motorola 的诉讼阻碍本庭妥善地作出判决的能力。如果不签发禁诉令，将会削弱本案的完整性。

iii. 对司法礼让的影响是否可以容忍

"要确定禁诉令是否适当，第三步是确定对司法礼让的影响是否可以容忍。"参见*Applied Med. Distribution* 案，587 F. 3d，919。"根据司法礼让原则，美国或任何国家可以选择在多大程度上尊重外国的司法裁决"和"对外国判决表示礼让，既不是绝对的义务，也不是单纯的礼遇和善意"。参见 *Asvesta v. Petroutsas*，580 F. 3d 1000，1010 – 11（9th Cir. 2009）（省略内部引用和引文）。第九巡回法院意识到禁诉令可能涉及司法礼让问题，因此主张谨慎签发禁诉令。参见 *Gallo* 案，446 F. 3d，989。

虽然本庭敏锐地认识到司法礼让的重要性，但考虑到本案的问题和事实，禁诉令不会

---

① 事实上，本庭认为，在 2012 年 5 月 2 日，德国法院发出最终法院令，在专利侵权的问题上倾向于 Motorola，并且批准 Motorola 禁令救济（2012 年 5 月 7 日庭审笔录，第 43 页）。

对司法礼让产生不可忍受的影响。重要的是，由于 Motorola 之后向外国法院起诉裁判的问题已经在先将由本庭进行裁判，本庭对司法礼让的担忧有所减轻。如前所述，Microsoft 于 2010 年 11 月在本庭提起诉讼，直指 Microsoft 是否有权取得 Motorola 的标准必要专利——包括欧洲专利——许可的问题。然后，在 6 个多月后，Motorola 就有关欧洲专利的相同问题，提起德国诉讼，否认了本庭审理在先提起的诉讼的机会。参见 *Laker Airways Ltd. v. Sabena Belgian World Airlines*，731 F. 2d 909，939（D. C. Cir. 1984）。

禁诉令的范围仅限于禁止 Motorola 执行其可能在德国诉讼中就欧洲专利获得的禁令救济，这进一步减轻了本院对司法礼让的担忧。因此，禁诉令涉及的司法礼让仅仅在将维护本庭就该重复纠纷进行裁判的能力置于禁令救济的适当性之上的必要范围内。此外，对重复的问题作出裁决后，本庭将解除禁诉令，并且双方当事人将遵守本院对双方当事人就 Motorola 与 ITU 关于其标准必要专利达成的合同中的权利和义务作出的裁判。

最后，本庭认为，本庭有充足的理由对本案诉求进行审理。本案是由一家美国公司（Microsoft）针对另一家美国公司（Motorola）提起的。本案核心是 10 月 21 日和 10 月 29 日的函件，由 Motorola 从其位于伊利诺伊州利伯蒂维尔的办事处向 Microsoft 位于华盛顿州雷德蒙德的办事处致函，Microsoft 指称上述两封函件违反了 Motorola 对 IEEE 和 ITU 作出的承诺，即向全球范围的所有申请人授予 Motorola 的本国或外国的所有专利的 RAND 条款下的许可。因此，本庭完全能够对这些问题作出裁决。相反，本案不存在国际问题，不牵涉外国政府。参见 *Applied Med. Distribution* 案，587 F. 3d，921（认为"若没有产生国际公法问题，诉讼不牵涉外国政府，并且诉讼仅涉及合同而产生的私人纠纷，禁诉令不会对司法礼让造成不可容忍的影响，相反，在这种情况下，允许外国诉讼继续进行将会严重损害国际司法礼让"）（省略国际引证）。

因此，根据上述情况，本庭认为，禁诉令的三个因素倾向于批准禁诉令。作出这一认定后，本庭接下来考虑 *Winter* 案临时禁令的三个因素。

C. 临时禁令因素

为获得临时禁令救济，申请人通常必须证明：（1）申请人很可能在案件的实体问题上获胜；（2）如果不进行临时救济，申请人很有可能遭受无法弥补的损害；（3）公平的权衡倾向于申请人一方；（4）禁令符合公共利益。参见 *Winter v. Natural Resources Defense Council*，*Inc.*，555 U. S. 7，20（2008）。如 53 页脚注②所述，第一个因素——申请人很可能在案件的实体问题上获胜——显然已被禁诉令因素替代了。因此，本庭审查了临时禁诉令的其余三个因素，如下所示。

i. 无法弥补的损害

在德国诉讼中，Motorola 寻求禁令救济，禁止利用 H. 264 标准的 Microsoft 产品（动议，第 14 页；Grosch 声明，第 6 页第 15 段）。具体而言，Microsoft 声称，其 Xbox 游戏主机和 Windows 7、Internet Explorer 9、Windows Media Player 12 等软件产品将被迫退出德国市场（动议，第 14 页；Grosch 声明，第 6 页第 15 段）。为说明德国禁令对 Xbox 产品的不利影响，Microsoft 提交了负责 Microsoft Xbox 的全球营销战略的 Josh Hutto 的书面陈述（Hutto 声明（第 216 号文档））。Hutto 先生解释称，Xbox 退出德国市场将会导致 Microsoft 损失销售额，减缓最近的发展势头，以及损失市场份额（参见同上，第 2 页第 7 段）。Hutto 先生进一步说明，要重新夺回丧失的市场份额十分困难，原因在于：（1）零售店的货架空间往往难以重新获得；（2）兼容 Microsoft 的 Xbox 游戏主机的第三方游戏发行商或制造商将会被迫停止为 Xbox 生产，转而支持其他游戏主机制造商，比如任天堂（Nintendo）或索尼（Sony）（参见同上，第 3 页第 8、9 页）。因此，Hutto 先生认为，Xbox 的品牌忠诚度和品牌亲和力均将被削弱（参见同上，第 4 页第 13 段）。

关于德国禁令对与 H. 264 技术相关的 Microsoft 的软件产品（如 Windows）的不利影响，Microsoft 提交了 Microsoft 批量许可计划高级总监 Marcelo Prieto 的书面陈述，此人负责管理 Microsoft 的全球批量许可协议组合（Prieto 声明（第 214 号文档），第 1-2 页第 2 段）。Prieto 先生解释说，Microsoft 的软件许可协议常常涉及寻求大规模许可且设有德国办事处的跨国公司（参见同上，第 2 页第 5 段和第 4 页第 14 段）。德国禁令将会迫使 Microsoft 改变与这些跨国公司的业务关系，只能向德国以外的办事处提供软件许可，并且停止支持德国国内的办事处（参见同上，第 3-4 页第 13 段）。对希望在所有公司办事处营建统一的信息技术环境的跨国公司而言，这样的安排是不合需要的（参见同上，第 4 页第 14 段）。Microsoft 表示，此安排将会损害关于 Microsoft 提供成功的跨国操作的广泛的信息技术解决方案的声誉（动议，第 15 页）。

根据提交的证据，本庭认为，Microsoft 已经证明了禁止在德国销售 Microsoft 软件和 Microsoft Xbox 的德国禁令将会导致无法弥补的损害。Microsoft 向本庭提供了有说服力的证据证明其将失去难以重新夺回的市场份额，并且商业信誉将受损。参见 *Conceptus, Inc. v. Hologic, Inc.*，No. C 09-02280 WHA，2012 WL 44064，*2（N. D. Cal. Jan. 9, 2012）（损失市场份额、客户以及无法获得潜在客户，证明存在无法弥补的损害）；参见 *Rent- a-Center, Inc. v. Canyon Television & Appliance Rental, Inc.*，944 F. 2d 597，603（9th Cir. 1991）（声誉或商誉受损，因为难以被量化，构成无法弥补的损害）。因此，这一因素倾向于批准临时禁令，进而支持禁诉令①。

ii. 公平的权衡

本庭认为，公平的权衡倾向于支持批准禁诉令。若 Microsoft 被禁止在德国销售包括 H. 264 技术的产品，本庭认为 Microsoft 将面临两种选择。第一种是，停止在德国销售 Xbox 和软件产品，由此遭受上述损害（前述 § III. C. i）。第二种是，试图就 Motorola 的 H. 264 标准必要专利进行许可谈判，但在谈判桌上禁令的威胁对于 Microsoft 挥之不去。显然，谈判一方（Microsoft）必须达成协议或者停止在德国的销售，这从根本上使其处于劣势。此外，如果禁令救济在之后被认为的确不当，而此种谈判所得到的任一许可协议并非可以轻而易举地撤销。因此，本庭认为，若不颁布禁诉令，不论 Microsoft 作何选择都将面临重大损失。

与此相反，禁诉令对 Motorola 几乎没有损害。即便签发禁诉令，本庭也并非认为 Motorola 将不会在日后获得禁令救济，而仅仅是必须等到本庭有机会审理有关问题为止。与此同时，本庭已要求 Microsoft 缴纳 1 亿美元的保证金，用于在禁诉令被推翻或取消的情况下赔偿 Motorola 的损失。此外，由于 Motorola 在 10 月 21 日和 29 日的函件中，为其标准必要专利许可寻求金钱许可费支付，因此 Motorola 以未明示的方式承认，他可以通过金钱损害赔偿得到充分补偿。因此，本庭认为，两难的权衡倾向于 Microsoft 一方，并且倾向于批准禁诉令。

iii. 公共利益

本庭认为，签发禁诉令，并且允许 Microsoft 不被中断地继续其商业运作，直到本庭有机会就禁令救济的问题作出裁决，符合公共利益。这一认定符合公共利益，原因在于：（1）由美国法院妥善解决争议，而非交给外国法院；（2）确保所有申请人均可在 RAND 条款下取得标准必要专利；（3）使依赖 Microsoft 的信息技术服务的 Microsoft 客户可以不被中断地开展业务。因此，本庭认为，公共利益这一因素倾向于批准禁诉令。

IV. 结　论

根据上述情况，本庭批准 Microsoft 寻求临时禁诉令的动议（第 209（密封的动议）

---

① 此外，在这一点上，Microsoft 遭受无法弥补的伤害并非臆测。事实上，如前所述，本庭认为，德国诉讼已于 2012 年 5 月 2 日结案，支持 Motorola 认定侵权成立，并签发禁令（2012 年 5 月 7 日庭审笔录，第 43 页）。

号文档、第 210（已修订的动议）号文档），并将本庭 2012 年 4 月 11 日发布的临时限制令（第 261 号文档）更改为临时禁诉令。本临时禁诉令保持有效，直至本庭能够确定禁令救济是否为 Motorola 所寻求的指控 Microsoft 侵犯 Motorola 的标准必要专利的适当的救济为止。

美国联邦第九巡回上诉法院判决意见书一

案件号：10-cv-01823-JLR

当事人：原告–被上诉人　微软公司

　　　　被告–上诉人　摩托罗拉公司、摩托罗拉移动公司、通用仪器公司

日　期：2012 年 9 月 28 日

地区法官华莱士（Wallace）、托马斯（Thomas）和贝尔松（Berzon）审理。

Berzon 法官执笔判决意见书：

在本中间上诉中，摩托罗拉公司（以下称"Motorola"）针对联邦地区法院签发的临时禁诉令进行上诉，该临时禁诉令暂时禁止 Motorola 执行其在德国获得的针对微软公司（以下称"Microsoft"）的专利禁令。本庭依据谨慎的滥用自由裁量权审查标准，对联邦地区法院签发的外国禁诉令进行了审查，并予以维持。

I. 背　景

涉案各方还有正在联邦地区法院审理的合同和专利诉讼。本意见中仅列举与本中间上诉最相关的事实和程序性历史。

A. 标准制定组织和知识产权法

联邦地区法院审理的案件涉及如何解释和执行专利持有人对于工业标准制定组织的承诺，这些组织制定技术规范以确保不同制造商制造的产品能够互相兼容。参见 Mark A. Lemley，*Intellectual Property Rights and Standard-Setting Organizations*，90 Calif. L. Rev. 1898（2002）。具体地，本案涉及 ITU 制定的 H. 264 视频编码标准和 IEEE 制定的 802. 11 无线局域网标准。本上诉主要涉及 H. 264 标准。

标准为技术消费者提供了诸多便利，不仅包括互操作性，还有降低产品成本和促进价格竞争。参见 *Apple，Inc. v. Motorola Mobility，Inc.*，2011 WL 7324582，（W. D. Wis. June 7，2011）。标准的陷阱在于，"为了实施标准，可能有必要使用专利技术。"参见同上。因此，标准有赋予标准必要专利持有人不适当的市场支配力的危险。理论上，一旦某一标准获得广泛接受度，以至于要在某一特定市场上竞争就必须合规，任何标准必要专利的持有人就能够从合规产品和服务的供应商那里收取不合理的高额许可费。这一问题就是"专利劫持"的一种

形式。参见 Mark A. Lemley，*Ten Things to Do About Patent Holdup of Standards*（*And One Not To*），48 B. C. L. Rev. 149（2007）。

为了减轻专利劫持的威胁，许多标准制定组织要求持有标准必要专利知识产权的成员同意基于"合理、无歧视"（或称为"RAND"）条款将这些专利许可给所有寻求许可者。参见 Lemley，*Intellectual Property Rights*，90 Calif. L. Rev. 1902，1906。以 ITU 为例，其制定的 H. 264 标准在本上诉中也有涉及。ITU 的共同专利政策（以下称"ITU 政策"）规定："对于一项在【标准】中被全部或部分包含的专利，必须使所有人都能在没有不适当约束条件的情况下使用。"声明为 ITU 标准必要专利的持有人都必须向 ITU 提交一份声明书，表明其是否愿意"与其他各方基于合理、无歧视的条款和条件协商许可事宜。"如果"专利持有人不愿意遵守"与所有许可寻求人协商专利许可事宜的要求，那么该标准"将不应包含依赖于该专利的规定"。

按照这些程序性要求，Motorola 向 ITU 提交了大量声明，表明其愿意在 RAND 条款的基础上授予 H. 264 必要专利的许可。一份典型的这种声明陈述如下：

专利持有人将给予全球范围内数量不受限制的申请人基于合理、无歧视的许可，许可其使用对于生产、使用和/或销售实施上述 ITU-T 标准（Recommendation）| ISO（国际标准化组织）/IEC（国际电工委员会）国际标准的产品必需的专利。[①]

ITU 政策并没有具体说明如何确定 RAND 条款，或法庭该如何裁定 RAND 承诺下专利持有人和潜在被许可人之间的纠纷。与之相反，ITU 政策包含了以下免责声明：

【标准】是由技术专家而不是专利专家起草的，因此，这些专家可能不一定很熟悉关于例如专利权等知识产权的复杂的国际法律状况……

……专利相关事务（许可、许可费等）的具体安排留待当事人处理，因为这些安排可能因案件而异。

ITU 政策还否认了该组织在协商许可或者"解决专利纠纷"方面的作用，声明"和过去一样，这些事务应该留给当事人解决"。最后，专利持有人用于提交许可声明的 ITU 表格包括了以下提醒："该声明不代表实际授予许可"。

法院和评论者们在应当如何解决 RAND 许可纠纷（如果真的发生的话）这一问题上有分歧。与之相关的是，一些评论者建议，由于 RAND 许可承诺之故，对于标准必要专利侵权，禁令救济并非合适的救济方式。参见 Lemley，*Ten Things*，48 B. C. L. Rev. 167

---

① ITU 政策文件使用术语"Recommendation"而不是"Standard"。ISO/IEC 指"国际标准化组织"和"国际电工委员会"，他们和 ITU 共同开发了 H. 264 标准。

（"否定【禁令】救济是防止专利劫持的最有力的方式【...】"）。被指派到美国伊利诺伊北区联邦地区法院的 Posner 法官最近在对另一起涉及 Motorola 持有的标准必要专利且 Motorola 对该专利作出了 RAND 承诺的案件中认定：

> 除非 Apple 拒绝支付符合 FRAND 要求的许可费，否则法院没有正当理由禁止 Apple 公司【此案的原告】侵犯【涉诉专利】。[①] 通过承诺基于 FRAND 条款来许可该专利，Motorola 承诺对任何愿意支付 FRAND 许可费的人许可【该专利】，因而以未明示的方式承认了许可费是对许可使用该专利的充分补偿。

参见 *Apple*，*Inc. v. Motorola*，*Inc.*，F. Supp. 2d，2012 WL 2376664（N. D. ILL. June 22，2012），第 12 页（Posner，J.）。更一般地，Kennedy 法官建议，在"专利发明只是公司要生产的产品的小组件，并且禁令的威胁仅仅被用作谈判中的不当筹码"的案件中，针对专利侵权的禁令"可能不符合公共利益"。参见 *eBay Inc. v. MercExchange*，*L. L. C.*，547 U. S. 388，396-97（2006）（Kennedy，J.，协同意见）。

B. 美国合同诉讼

2010 年 10 月，Motorola 向 Microsoft 发出两封信函，提出向对方许可其持有的一些标准必要专利的要约。其中和本上诉相关的是在 2010 年 10 月 29 日发出的关于 H. 264 标准的信函。该信函提议"基于最终产品（例如，每个 Xbox 360 产品、每台 PC/笔记本电脑、每部智能手机等）的价格，而不是基于组件软件（例如，Xbox 360 系统软件、Windows 7 软件、Windows Phone 7 软件等）"，对每一件合规的产品收取"每件 2.25%"的许可费，同时 Microsoft 就其标准必要专利进行"回授许可"。信函在结尾处指出："Motorola 的这一要约的有效期为 20 天。请确认 Microsoft 是否接受该要约。"

随信附录的是 Motorola 声明其持有、对于 H. 264 标准必要，以及将"被包含在"目前要约的"许可"中的美国和国际专利的"非穷尽清单"。该清单不仅包括美国专利，还包括许多在美国境外司法管辖区域（包括澳大利亚、加拿大、中国、欧洲专利公约[②]、法国、德国、英国、爱尔兰、日本、韩国、墨西哥、荷兰、挪威、韩国、瑞典等）内授权或提交的专利或专利申请。其中包括德国专利 EP 0538667（"'667 专利"）和 EP 0615384（以

[①] 一些法院和评论者使用法律上等同的缩写"FRAND"来代替 RAND，其表示"公平、合理、无歧视"。

[②] 欧洲专利公约允许申请人向欧洲专利局（EPO）提交专利申请，并指定专利要进入的缔约国。如果欧洲专利局授予一项欧洲专利，该授权不是产生一个跨国专利，而是在每个指定国内都产生一个独立的、可在该指定国范围内执行的专利，"除非公约另有规定"，这些专利具有"和由这些国家授权的国家专利一样的效果并受到一样的条件约束。"参见欧洲专利公约第 2 条，1973 年 10 月 5 日。例如，对于侵权的诉求，必须依据各国的专利法在各国内各自进行诉讼。参见同上，第 64 条第（3）项。

下称 "'384 专利") 以及美国专利 7310374(以下称 "'374 专利")、7310375(以下称 "'375 专利") 和 7310376(以下称 "'376 专利")①。

2010 年 11 月 9 日,基于华盛顿州合同法,Microsoft 在华盛顿西区联邦地区法院提起了针对 Motorola 的违约之诉。② Microsoft 的归责理由是,Motorola 所提议的许可费条款不合理,因此,Motorola 的信函违反了其对 IEEE 和 ITU 的 RAND 合同义务,而 Microsoft 是该合同的第三方受益人。次日,Motorola 在威斯康星西区联邦地区法院对 Microsoft 提起专利诉讼,指控其侵犯 Motorola 持有的美国 '374 专利、'375 专利和 '376 专利。威斯康星西区联邦地区法院将该专利案件转给华盛顿西区联邦地区法院。2011 年 6 月,华盛顿西区联邦地区法院裁定 Motorola 的专利侵权之诉不是 Microsoft 的合同之诉的强制性反诉。不过,依据司法经济原则,该法院合并审理了这两起案件。

2012 年 2 月,联邦地区法院就 Microsoft 的合同之诉作出部分简易判决,判决指出:

(1) Motorola 与 IEEE 和 ITU 之间构成了具有约束力的合同义务,承诺基于 RAND 条款和条件来许可其声明的必要专利;(2) Microsoft 是 Motorola 对 IEEE 和 ITU 承诺的第三方受益人。

联邦地区法院指出,在 2012 年 2 月早些时候的情况会议上,"Motorola 公开表示,其并没有质疑上述与 IEEE 和 ITU 之间具有约束力的合同义务,并且承认 Microsoft 是这些承诺的第三方受益人。"③

联邦地区法院驳回了 Microsoft 对简易判决的动议,该动议要求确认 Motorola 是否必须在其初始要约信函中就要提供 RAND 条款(或者按照 Motorola 的立场,是否只有最终许可必须是 RAND 的),以及 Motorola 关于许可其 H.264 和 802.11 标准必要专利的要约信函是否违反了 Motorola 的 RAND 义务。这两个问题被安排在 2012 年 11 月由法官审理。

---

① 前缀 "EP" 表示这些是欧洲专利。

② 2011 年 2 月 23 日 Microsoft 修改的起诉状是目前使用的起诉状。

③ 情况会议的文字记录的相关部分记录如下:

法庭:那句话的第一部分也是准确的吗?即你们与 IEEE 和 ITU 之间形成了有约束力的合同承诺,并使这些承诺受到 RAND 程序的约束?

【律师】:是的,法官。真正的问题在于所述保证是什么。该保证是我们将 Motorola 同意以 RAND 条款许可那些标准专利。

法庭:我问的是——我认为你刚才同意了我的观点。我不是问你做了还是没做,我刚才问你的是,那是不是你应该做的。我认为答案为 "是"。

【律师】:是的。是这样的,以 RAND 条款授予许可。

法庭:Microsoft 请法庭确认的第二点是,我引用一下:"Microsoft 是 Motorola 对标准制定组织的承诺的第三方受益人。"还是让我们先不管所用的准确的术语,而是作为概念性问题进行提问。我认为这一点也没有争议【律师】,我的理解对吗?

【法庭】:法官,是的,我们同意 Microsoft 完全可以要求成为该保证的第三方受益人。

C. 德国专利诉讼

2011 年 7 月，在上述国内诉讼发生几个月后，Motorola 在曼海姆地区法院起诉 Microsoft，指控其侵犯德国 '667 和 '384 专利①。在德国诉讼中，除其他救济外，Motorola 还寻求禁止 Microsoft 在德国销售被控侵权产品的禁令，这些产品包括 Microsoft Xbox 游戏系统和某些 Microsoft Windows 软件。

2012 年 5 月 2 日，曼海姆地区法院作出了裁决。第一，法院认为 Microsoft 没有获得使用 Motorola 专利的许可。第二，法院否决了关于 Motorola 对 ITU 的 RAND 承诺构成了 Microsoft 可强制执行的合同的争辩，因为德国法律不承认第三方合同权利。最后，德国法院认定，Microsoft 已经侵犯了 '667 和 '384 专利，并且禁止 Microsoft "在德国境内许诺、销售、使用、进口或持有……涉案解码器装置（特别是 Xbox360）"；禁止 Microsoft "在德国境内许诺和/或提供涉案计算机软件（特别是 Windows 7 和/或 Internet Explorer 9）"；禁止 Microsoft "在德国境内许诺和/或提供涉案计算机软件（特别是 Windows Media Player 12）。" 德国法院否决了关于将 RAND 承诺作为 "放弃主张禁令救济" 的争辩②。

德国禁令不是自动生效的。根据 Motorola 向联邦地区法院提交的一份基于德国法律的专家声明，为了执行德国专利禁令，Motorola 必须提供担保，如侵权裁决在上诉后被撤销，该担保应足够支付对 Microsoft 造成的潜在损害赔偿。此后，Microsoft 可以向德国上诉法院提交一份关于中止禁令的动议，在 "如果存在上诉成功的合理可能性，以及在上诉未决期间执行将造成重大损害" 的情况下，该动议 "将被法庭同意。"

据同一位专家所述，在德国最高法院发布引入橙皮书规则（the Orange Book procedure）的意见之后，Microsoft 可以通过遵循德国法律中的该规则，来避免在上诉未决期间执行禁令。遵循该规则，Microsoft 必须给出与 Motorola "无条件订立许可协议的要约"。Microsoft 可以在其要约中包含关于专利费率的具体提议或经过德国司法审查的条款，"根据该条款，专利持有人应合理地自由裁量合适的许可费率。"

D. 禁诉令

当各方都在等待德国法院的决定时，Microsoft 要求 Motorola（通过其律师之间的电子邮件往来）"同意在 Robart 法官作出关于 RAND 问题的裁决之前不会寻求执行德国禁令"，

---

① 德国诉讼中的原告为通用仪器公司，即本案中的被告，以及 Motorola 集团的子公司。德国诉讼中的被告为 Microsoft 公司，即本案中的原告，以及 Microsoft 德国有限公司和 Microsoft 爱尔兰运营公司。

② 我们引自当事人提交给联邦地区法院的德国法院命令的初步翻译。虽然每方都提交了自己的译文，但译文之间没有实质性的区别。该引用来自于 Microsoft 提供的译文。

并针对可能给 Motorola 造成的任何损失"提出交付 3 亿美元的担保金"。由于上述协议没有达成，Microsoft 表示，其将要求联邦地区法院禁止 Motorola 执行可能得到的任何德国禁令。对此，Motorola 的回应是，"其对于 Microsoft 将要求美国联邦地区法院对德国救济的合理性作出裁决感到惊讶"，特别是在可使用橙皮书规则的情况下。

2012 年 3 月 28 日，Microsoft 请求联邦地区法院作出临时限制令（TRO）和临时禁诉令以禁止 Motorola 执行其可能获得的任何德国禁令救济。2012 年 4 月 12 日，经过关于动议的口头陈述后，联邦地区法院批准了 Microsoft 请求签发临时限制令的动议，同时要求 Microsoft 提供 1 亿美元的担保金，作为可能给 Motorola 造成的任何损失的担保。此后，曼海姆地区法院于 5 月 2 日作出了裁决。

2012 年 5 月 14 日，联邦地区法院将临时限制令更改为本中间上诉中涉及的临时禁诉令。该临时禁诉令禁止 Motorola "执行其在德国诉讼中可能获得的与涉案欧洲专利有关的任何禁令救济，"并且"直到【联邦地区法院】能够确定，针对 Microsoft 被控侵犯 Motorola 的标准必要专利权，Motorola 所寻求的禁令救济是否是适当救济途径之前，应保持该临时禁诉令有效。"

联邦地区法院对于为何会签发禁诉令的理由解释如下。首先，联邦地区法院认定，其审理的未决合同之诉对于德国的专利之诉是决定性的，"因为 Motorola 于 10 月 29 日向 Microsoft 发出的信函提出了关于 Motorola H.264 标准必要专利的全球许可，其中，包含了在德国专利之诉中涉及的欧洲专利，还因为 Motorola 和 ITU 订立了合同，将向全球范围内的所有申请人基于 RAND 条款来许可其欧洲专利。"其次，联邦地区法院认为，德国诉讼引起其"对于不一致判决的担忧"，而且"Motorola 提起德国诉讼的时机引起其对于择地诉讼、重复诉讼和滥诉问题的担忧，"尤其是，Motorola 向 ITU 作出的承诺涉及了 Motorola 持有的大约 100 项专利，但是 Motorola 在德国提起的诉讼却仅仅涉及其中的两项……且 Motorola 在【联邦地区法院】对具体问题作出裁决之前，就在德国法院寻求禁令救济。"总之"，联邦地区法院得出结论，"Motorola 在德国的诉讼已经阻碍了【联邦地区法院】对涉案问题——即在 RAND 背景下的禁令救济的适当性——进行适当的裁决的能力"。

最后，联邦地区法院解释，因为德国之诉是在美国之诉之后提起的，所以该禁诉令"对司法礼让的影响是可容忍的"，参见 *Applied Med. Distrib. Corp. v. Surgical Co.*，587 F.3d 909，919（9th Cir. 2009）（省略内部引号和引用）。"该禁诉令的范围限于禁止 Motorola 执行其在德国之诉中可能获得的任何禁令救济，"但其不会影响 Motorola 针对 Microsoft 继续主张其德国专利权；而且，由于双方都是美国公司，且合同之诉中涉案事实均发生在美国，因此"【联邦地区法院】有充足的理由对诉讼主张进行审理"。

2012 年 5 月 16 日，Motorola 就临时禁诉令及时向本庭提交了上诉通知书。

Ⅱ. 管 辖 权

"不是所有涉及专利法相关诉讼主张的案件都在联邦巡回法院的管辖权内"。参见 *Holmes Group*, *Inc. v. Vornado Air Circulation Sys.*, *Inc.*, 535 U. S. 826, 834（2002）。根据 28 U. S. C. §1295、28 U. S. C. §1292（c）（1），联邦巡回法院只有在对案件的最终上诉有管辖权时，才对其中间上诉有管辖权。Microsoft 的起诉状具有合同的性质，根据 28 U. S. C. §1332，联邦地区法院对其具有跨州管辖权。因此，依据 28 U. S. C. §1292（a）（1），本庭对本中间上诉具有管辖权。

Ⅲ. 审 查 标 准

本庭对联邦地区法院的国外禁诉令是否滥用了自由裁量权进行审查。参见 *Applied Med.*, 587 F. 3d, 913。本庭对联邦地区法院关于禁诉令的事实性认定是否有明显错误以及其法律解释进行审查。参见同上。"当联邦地区法院适用法律错误时，就是滥用自由裁量权"。参见同上。

对滥用自由裁量权的审查应高度尊重联邦地区法院。参见 *United States v. Hinkson*, 585 F. 3d 1247, 1261-62（9th Cir. 2009）（全席法官审理）。根据该审查标准，"在不存在适用法律错误的情况下"，本庭必须"支持联邦地区法院作出的属于可接受的结论的宽泛范畴的裁决"。参见 *Grant v. City of Long Beach*, 315 F. 3d 1081, 1091（9th Cir. 2002），由 334 F. 3d 795 修改（9th Cir. 2003）（法院令）。"只有当"本庭"确信所审查的决定超出当时情况下的合理正当性范围时"，才能撤销联邦地区法院的裁决。参见 *Harman v. Apfel*, 211 F. 3d 1172, 1175（9th Cir. 2000）。

Ⅳ. 分 析

"'对案件当事人拥有管辖权的联邦地区法院有权禁止他们在国外法院进行诉讼，但是这一权力应谨慎使用'"。参见 *E. & J. Gallo Winery v. Andina Licores S. A.*, 446 F. 3d 984, 989（9th Cir. 2006）（引自 *Seattle Totems Hockey Club*, *Inc. v. Nat'l Hockey League*, 652 F. 2d 852, 855（9th Cir. 1981））。

本庭在 *Gallo* 案，446 F. 3d 984 中对外国禁诉令的评价框架进行了阐释，并且在 *Applied Medical* 案，587 F. 3d 909 中对该框架进行了详细说明。这些案例共同构成了"三部调查法"

（a three-part inquiry）用以评估这种禁诉令的适当性。第一，确定国内和国外诉讼的"当事人和问题是否相同"，"以及前一诉讼是否对拟禁止的诉讼是决定性的"。参见 *Gallo* 案，446 F. 3d，991（省略引用）。第二，确定是否可以适用至少一项所谓的"*Unterweser* 要素"。参见同上。第三，评估禁诉令"对司法礼让的影响是否是可以容忍的"。参见同上。

上述 *Unerweser* 要素是一系列可以正当化外国禁诉令的考量要素组成的"或"集，由联邦第五巡回上诉法院在 *In re Unterweser Reederei GMBH*，428 F. 2d 888，896（5th Cir. 1970）中首次作出解释，在复审中维持 446 F. 2d 907（5th Cir. 1971）（全席审理）（引用法官判词），以其他理由改为 *M/S Bremen v. Zapata Off-Shore Co.*，407 U. S. 1（1972）），且在 *Seattle Totems* 案，652 F. 2d，855 中被本庭作为指导性意见使用。全部 *Unterweser* 要素的清单如下：

> 该国外诉讼【是否】……（1）阻碍签发禁诉令的管辖法院的政策；（2）属于滥诉或具有压迫性；（3）威胁签发禁诉令的法院的对物权或准物管辖权；或者（4）该诉讼损害其他衡平考量。

参见 *Gallo* 案，446 F. 3d，990（引用自 *Seattle Totems*，652 F. 2d，855）"[①]。

在决定是否签发 Microsoft 提请的禁诉令时，联邦地区法院适用了 *Gallo* 三步分析框架，并且因此"确定了用于决定其审理的纠纷的正确法律标准"。参见 *Hinkson* 案，585 F. 3d，1251。根据滥用自由裁量权的审查标准，我们接下来考虑，在适用该框架时，"联邦地区法院在查明事实以及将这些事实适用于正确的法律标准时是否是不合逻辑的、不合情理的或者得不到根据本案事实得出的推论的支持"。参见同上。

A. 两件诉讼中的当事人和问题相同

外国禁诉令的首要考量是国内诉讼和国外诉讼中的"当事人和问题是否相同"，"以及前一诉讼是否对拟禁止的诉讼是决定性的"。参见 *Gallo* 案，446 F. 3d，911（引用省略）；*accord Quaak v. Klynveld Peat Marwick Goerdeler Bedrijfsrevisoren*，361 F. 3d 11，18（1st Cir. 2004）（"当然，第一个问题是平行诉讼是否涉及同样的当事人和问题"）参见 *Paramedics Electromedicina Comercial, Ltda. v. GE Med. Sys. Info. Tech., Inc.*，369 F. 3d

---

① 在 *Applied Medical* 案中，我们将 *Gallo* 步骤的第二步狭义地描述为询问"外国诉讼是否将'阻碍签发禁诉令的管辖法院的政策'"，参见587 F. 3d，913（引自 *Gallo* 案，446 F. 3d，991）；换句话说，我们仅仅参考 *Unterweser* 要素的第一步。但是没有迹象表明 *Applied Medica* 案这样做限缩了 *Gallo* 问题。确切地说，在 *Gallo* 案和 *Applied Medica* 案中，这种关注是有意义的，因为涉案的合同包括管辖法院选择条款，而且每个案件中禁诉令的具体理由是保护执行管辖法院选择条款的强有力的美国公共政策。而且，*Gallo* 案本身表明，*Unterweser* 要素列表是用"或者"连接的，并且"任何 *Unterweser* 要素"——而不是仅仅第一个要素——都可以使外国禁诉令正当化。参见446 F. 3d 第991 页（着重显示）。

645，652（2d Cir. 2004）。

在提出涉及包含法院管辖条款的合同的 *Applied Medical* 案中，考虑这一首要问题时，我们对该问题作如下阐释：

> 问题是否相同以及前一诉讼是否对拟禁止的诉讼具有决定性是相互关联的要求；即，如果国内诉讼能够解决国外诉讼中的所有问题，并且国外诉讼的所有问题均落入管辖法院选择条款，则问题是"相同的"。

参见 587 F. 3d，915。尽管本案所涉合同并未包括管辖法院选择条款，但是 *Applied Medical* 案启发我们将重点放在作为开端的问题相似性调查这一有用特征上。我们不是从技术或形式的层面来问"问题是否相同"，而是从"国外诉讼中的所有问题……可以在国内诉讼中得以解决"这样的层面来提出这个问题。参见同上。这些问题不一定要"在言辞上完全相同，"因为"不同国家法律的语言表现形式不同是在所难免的"。参见同上。

本案中，各方对美国和德国诉讼中的当事人相同这一点没有争议。对于问题是否相同，即在德国专利诉讼中的所有问题是否可以在美国合同之诉中得以解决，Motorola 争辩称，美国之诉不能解决德国之诉，因为专利法有独特的地域性，并且专利没有域外效力。

诚然，如果联邦地区法院作出的禁诉令是基于期待美国专利诉求可以解决德国专利诉求，就弄错了。参见 *Stein Assocs.*，*Inc. v. Heat & Control*，*Inc.*，748 F. 2d 653，658（Fed. Cir. 1984））（维持关于执行对应美国涉诉专利的英国专利权的外国禁诉令的否决，认为"国内诉讼的结果不能解决英国诉讼"，因为"只有适用英国法律的英国法院可以确定英国专利的有效性和侵权行为"）；*Canadian Filters（Harwich）Ltd. v. Lear-Siegler*，*Inc.*，412 F. 2d 577，579（1st Cir. 1969）（撤销加拿大专利诉讼的禁诉令，并认定在"外国诉讼标的物是单独的、独立的外国专利权时"，不存在司法礼让的例外可以使国外禁诉令的适用正当化）；对比 *Sperry Rand Corp. v. Sunbeam Corp.*，285 F. 2d 542，544-45（7th Cir. 1961））（驳回地区法院可以禁止德国商标诉讼的争辩）。

但是，联邦地区法院并没有基于平行专利诉讼未决而签发禁诉令。取而代之，联邦地区法院裁决 Microsoft 的华盛顿州合同诉求可以解决德国专利诉求。具体地，地区法院认定，未决的国内合同诉讼可以解决德国专利诉讼中的问题，"因为在 Motorola 于 10 月 29 日发出的提出关于 Motorola H. 264 标准必要专利的全球许可的要约的信函中包含了在德国专利之诉中涉及的欧洲专利，还因为 Motorola 和 ITU 订立了合同，将向全球范围内所有申请人基于 RAND 条款来许可其欧洲专利"。

本案中，专利诉讼之上又"盖上了"合同之诉，这使得本案与 *Medtronic*，*Inc. v. Catalyst Research Corp.*，518 F. Supp. 946（D. Minn. 1981）相似。在 *Medtronic* 案中，如本案一样，联邦

地区法院禁止一方执行外国专利侵权之诉中的禁令救济；但是和本案不同的是，*Medtronic* 案中当时尚未有国外法院签发禁令。*Medtronic* 案中，联邦地区法院恰当地评论道："案件的问题是专利权时，国外禁诉令的标的并非专利。"参见同上，第 955 页（引自 *Western Elec. Co. , Inc. v. Milgo Elec. Corp.* , 450 F. Supp. 835, 838（S. D. Fla. 1978））。但是，地区法院认为，当美国法院面对的确切问题并非专利权本身，而是"各方之间的"不行使专利权的"合同"时，则法院可以针对国外专利权的行使来签发禁诉令。参见同上。换言之，一方是基于美国法院关于合同的解释，而"不是基于美国法院关于专利有效性和侵权的认定来寻求禁止【另一方】向外国法院【起诉】"。参见同上。

　　通常，在类似本案的案子中，我们根本不会评估实体问题上的胜诉可能性，因为当临时禁诉令同时又是外国禁诉令时，传统的临时禁诉令测试的胜诉可能性的要素被 *Gallo* 测试所替代。参见 *Gallo* 案，446 F. 3d，990（"在传统的临时禁诉令测试适用的情况下，我们仅仅需要解决【禁诉令寻求者】是否已注明在实体问题上的显著的胜诉可能性。然而，本案中的实体是关于【禁诉令寻求者】是否已证明对于禁诉令来说特定的因素倾向于本案签发禁诉令"（在原文中的修改））。因此，在本案中，对合同纠纷的实体情况的粗略的试探性评估与临时的禁诉令调查具有本质联系：如果我们认定，联邦地区法院将 RAND 承诺解释为可由 Microsoft 强制履行的合同在法律上有根本性的错误，则我们必须认定，联邦地区法院关于美国合同之诉可以解决德国专利之诉的裁决构成了自由裁量权的滥用。但是，本案中，即使 Motorola 不同意 Microsoft 对合同条款的解释，Motorola 对其 RAND 承诺创设了 Microsoft 可作为第三方受益人要求强制履行的合同并无异议。

　　我们强调，我们不会（事实上，也不可能）裁决联邦地区法院的部分简易判决或者其关于其将就 RAND 费率作出裁定的决定是否适当——如果上诉法院要审查这些决定，他将必须在最终上诉而非中间上诉中这么做。但是我们的确认为：联邦地区法院的以下裁决不存在法律上的错误，即 Motorola 向 ITU 作出的 RAND 声明创设了 Microsoft 能够作为第三方受益人要求强制履行的合同（Motorola 也认可这一点）；而且该合同在某种程度上决定了 Motorola 可以采取何种方式执行其 ITU 标准必要专利权（包括德国诉讼中的涉案专利）。Motorola 在向 ITU 作出的声明中承诺"在全球范围内以无歧视合理条款和条件向数量不受限制的申请人授予许可以使用"实施 ITU 标准的"必要专利"。这一表述承认了在哪些或者多少申请人可以获得许可（"数量不受限制的申请人"）或者将包括哪些国家的专利（"全球"、"必要专利"）方面并没有设定限制。因此，至少可以争辩，这种全面承诺中隐含了以下保证：专利持有人将不会采取例如寻求禁令这样的措施来阻止潜在使用者使用其专利，而是会提供与其作出的承诺相一致的许可。参见 *Apple* 案，2012 WL 2376664，12。

特别是，合同的内容表明，除美国专利之外，其还包括了 Motorola 持有的世界范围内的所有标准必要专利。当美国法院强制执行该合同时，其并没有强制执行德国专利法，其执行的是当事人之间的合同私法。尽管专利本身不具有域外效力，但是没有理由否定，一方当事人在可由美国法院强制执行的合同中可以自愿地同意对其依据外国专利法享有的权利（或其依据外国法享有的任何其他权利）做出保留或限制。相比较而言，当合同一方同意管辖法院选择条款，其便放弃了其只能在其他法院才能获得的关于合同解释的法定权利或有利规则的任何利益。这是当事人的选择，并且"有令人信服的原因证明，为什么自由协商确立的私法国际协议在没有受到欺诈影响、不正当影响或乘人之危影响时应具有完全的效力。"参见 *M/S Bremen* 案，407 U. S.，12–13。

本案中，没有管辖法院选择条款，而是适用更宽泛的原则，即法院应为自由订立的合同协议赋予效力。Motorola 向 ITU 承诺在全球范围内向所有申请人许可其标准必要专利。作为交换，Motorola 获得将其专利纳入标准之中的利益。Motorola 本可以以 ITU 在制定标准时规避其专利为代价而拒绝该承诺，但是其选择了不这样做。

总之，不论联邦地区法院最终是否会裁定 Motorola 违反了其与 ITU 之间的合同（他可能违反了，或者可能未违反），但很显然的是，存在一个 Microsoft 可以要求强制履行的合同，并且该合同不仅包括美国专利，还包括德国之诉涉及的专利。此外，即便 Motorola 没有违反其合同，则无论如何 RAND 费率都是要根据 ITU 标准确定的，而且可以争辩针对侵权的禁令救济与其许可承诺不一致。按照 ITU 政策，许可协议本身并不是许可，这不会影响该结论的得出。问题的关键是该许可承诺是如何被强制执行的，而不是承诺本身是否是许可。

Motorola 坚持认为，不宜由联邦地区法院确定预期的 RAND 费率（或与 RAND 费率一致的以往费率），至少在专利权人和潜在被许可人的善意谈判没有就费率达成一致之前如此。我们当下不判断其是非。参见 *Apple* 案，2012 WL 2376664，11（Posner，J.）（建议地区法院在确定 RAND 费率时"从以下问题开始：就在专利发明被声明为符合行业标准的必要专利之前，被许可人本来将以怎样的成本获得该专利执行的功能的许可"）；参见同上，第 12 页（"作为这些专利被声明为标准必要专利的交换条件，Motorola 同意以 FRAND 条款许可其标准必要专利。Motorola 没有主张针对潜在被许可人的附条件协议，即以潜在被许可人在许可谈判中提供反要约作为条件"（省略引用））。无论确立 RAND 许可费率的适当方法是什么，依据最终确定的费率就过去使用专利行为支付许可费以及确定未来的费率——而不是在确定该费率时禁止销售的禁令——很可能是与对 ITU 标准必要专利使用者授予许可这一合同承诺相一致的唯一救济途径。

综上，我们认为，地区法院在认定以下事项的时候没有滥用自由裁量权，即 Microsoft

的基于合同的主张——包括其关于 RAND 承诺排除禁令救济的主张——如果得到支持，则将注定 Motorola 强制执行其在德国获得的禁令救济的正当性是否成立。

B. 至少两项 *Unterweser* 要素适用

Gallo 框架的第二步是考量"国外诉讼是否会'阻碍签发禁令的管辖法院的政策'"参见 *Applied Med.* 案，587 F. 3d，913（引自 Gallo 案，446 F. 3d，991），或者是否可以适用其他任何 *Unterweser* 要素。

在解释签发禁诉令的理由时，联邦地区法院作出了足以确立至少两项 *Unterweser* 要素的认定：国外诉讼属于"'滥诉或者具有压迫性的'"，以及国外诉讼"损害了……'衡平考量'"。参见 *Gallo* 案，446 F. 3d，990（引自 *Seattle Totem* 案，652 F. 2d，855）比较，参见同上，第 989 页（"法院从双方衡平的权力中获得签发禁诉令的能力"）。基于与双方当事人的互动，联邦地区法院认定 "Motorola 在德国提起诉讼的时机引起了其对于择地诉讼、重复诉讼、滥诉问题的担心"，尤其是因为 "Motorola 向 ITU 作出的承诺涉及大约100 件 Motorola 持有的专利，但 Motorola 提起的德国诉讼仅涉及其中的两件，……并且在本法院就确切的问题（即就侵犯标准必要专利签发禁令救济的适当性）作出裁决之前在德国寻求禁令救济"。换言之，在联邦地区法院看来，Motorola 在德国提起的诉讼"属于滥诉或对 Microsoft 有压迫性"，而且，该诉讼对联邦地区法院在没有外部压力的情况下就其审理的案件予以公正的判决的能力产生了影响。其中，该外部压力会迫使 Microsoft 在诉讼结束之前达成"劫持性"的和解协议，这种行为干扰了"衡平考量"。

Motorola 辩称，德国之诉不能被视为滥诉，因为德国之诉的裁决有利于 Motorola。然而，即便德国诉讼有一些价值，但仍属于"滥诉（vexatious）"，该词被定义为"没有合理或可信的原因或理由，骚扰性的，烦人的。"参见 *Black's Law Dictionary* 1701（第 9 版，2009 年）。在根据华盛顿州合同法审理关于 Motorola 对于其专利组合——包括两项德国专利——应承担的义务的诉讼过程中，Motorola 为了直接强制执行这两项专利权，在德国提起了单独的诉讼。联邦地区法院将 Motorola 的这一举动解释为其设计的程序策略，目的在于以将 Microsoft 产品排除在重要的欧洲市场外的禁令作为威胁来骚扰 Microsoft，并且因此干扰了联邦地区法院就其已经要审理的合同问题作出裁决的能力。尽管联邦地区法院对于 Motorola 的诉讼裁决的解释可能不是唯一可能的解释，但是这一解释并非"不合逻辑、不可信或者不能得到从案件事实记录中得出的推论的支持"。参见 *Hinkson* 案，585 F. 3d，1251。因此，我们不能认定联邦地区法院在 *Gallo* 分析框架的这一阶段中滥用了自由裁量权。

C. 禁诉令对司法礼让的影响是可以容忍的

最后，我们评估禁诉令"对司法礼让的影响是否是可以容忍的"这一问题。参见 *Gallo* 案，446 F. 3d，991。

Gallo 案中的具体表达是指导性的。*Gallo* 案不要求我们精确地量化计算禁诉令对司法礼让的干扰，而仅仅要求我们评价该干扰是否到了不能容忍的程度。这种灵活的、基于具体事实和背景的调查，既符合对自由裁量权滥用的审查通常所要求的尊重联邦地区法院的态度，也与抗拒准确衡量的司法礼让问题相一致。毕竟，正如许多法院都承认的，司法礼让是"一个复杂而难以捉摸的概念。"参见 *Laker Airways Ltd. v. Sabena*，*Belgian World Airlines*，731 F. 2d 909，937（D. C. Cir. 1984）（引自 *Gallo* 案，446 F. 3d，995）；还参见 *Quaak* 案，361 F. 3d，18("司法礼让是一个难以捉摸的概念")。司法礼让，"一方面，既不是关于绝对义务的问题；另一方面，也不只是礼貌和善意的问题。"参见 *Hillton v. Guyot*，159 U. S. 113，163-64（1895）。

然而，本庭审理的案件以及来自其他巡回上诉法院的指导性案例确实为如何在禁诉令的背景下进行司法礼让调查提供了客观的指导要素。例如，与涉及国际公法或政府诉讼当事人的纠纷相比，在私人合同纠纷中，司法礼让不太可能受到威胁。参见 *Gallo* 案，446 F. 3d，994；*Applied Med.* 案，587 F. 3d，921。一个极端是，当双方当事人提前作出在特定的法院以诉讼解决纠纷的合同承诺时，通过禁止在其他法院提起诉讼来支持这一承诺不太可能涉及司法礼让问题。参见 *Applied Med.* 案，587 F. 3d，921。另一个极端是，如果（假如说）国务院向法院表示"签发禁诉令真的会破坏（无论程度多小）美国的外交关系"，参见 *Allendale Mut Ins. Co.* v. *Bull Data Sys.*，*Inc.*，10 F. 3d 425，431（7th Cir. 1993）（Posner, J.），那么司法礼让想必会对权衡禁诉令产生很大影响。在这两个极端之间，法院必须运用其自由裁量权来评估在具体情况下司法礼让是否以及在多大程度上会受到禁诉令的冲击。取决于具体情况，对于司法礼让问题的认定，国内和国外诉讼提出的顺序虽然不是决定性的，但可能是与之相关的。对比 *Applied Med.* 案，587 F. 3d，921（如果"在后提起"的国外诉讼"引起【一方当事人】试图规避联邦地区法院的正当权利的担忧"，则禁止国外诉讼将不是"不可容忍地影响司法礼让"），参见 *Gallo* 案，446 F. 3d，994（当双方当事人之间有管辖法院选择条款时，"一方当事人在不同的法院首先提起诉讼完全不会涉及司法礼让的问题"）。

禁诉令的范围是与司法礼让调查相关的另一考量因素。在本庭认为是"对禁诉令有重大影响的案例"的 *Laker Airways* 案中，哥伦比亚特区联邦巡回上诉法院解释："司法礼让要求，禁诉令的范围不应当比避免禁诉令所针对的损害所必需的范围更宽。"参见 *Laker*

Airways 案，731 F. 2d，933 n. 81。联邦第二巡回上诉法院在 *Ibeto Petrochemical Indus. Ltd. v. M/T Beffen*，475 F. 3d 56（2d Cir. 2007）中的意见为这种理论提供了有用的说明。在该案中，收货方声称从新泽西州船运至尼日利亚的石油被污染了，并在尼日利亚法院起诉承运人，随后要求在伦敦进行仲裁，紧接着又在美国联邦地区法院针对承运人提起另一诉讼。参见同上，第 59 页。美国联邦地区法院认定，当事人之间有关于在伦敦仲裁任何纠纷的可强制执行的合同协议，据此强制双方进行仲裁，并将美国诉讼中止，直到仲裁完成，并且永久性地禁止尼日利亚的诉讼。参见同上，第 60-61 页。联邦第二巡回上诉法院裁定，禁诉令是适当的，但是联邦地区法院作出的宽泛的、看起来是永久性的禁诉令的措辞"太笼统"。参见同上，第 65 页。联邦第二巡回上诉法院指出"国际司法礼让以及互惠的原则要求法院在签发国外禁诉令时小心行事"，将该案发回联邦地区法院重审，并指示：将禁诉令进一步限定为"具体针对本案当事人"并且有时间限制的命令。

将上述规则适用至本案中，我们无法认定，联邦地区法院签发外国禁诉令的裁定滥用了自由裁量权。实际上，本案属于两个美国公司之间基于华盛顿州合同法而产生的私人纠纷，并没有产生任何"国际公法问题。"参见 *Gallo* 案，446 F. 3d，994。Motorola 是在 Microsoft 在美国提起诉讼之后才在德国起诉的。此外，本案禁诉令"并没有超过必要的范围"，参见 *Laker Airways* 案，731 F. 2d，933 n. 81；也没有完全禁止 Motorola 继续进行针对 Microsoft 的德国专利诉求，而仅仅禁止 Motorola 以提供保证金来强制履行其在德国获得的禁令。甚至一旦联邦地区法院对合同纠纷作出裁定，该禁诉令就会无效。

Motorola 辩称，禁诉令不可容忍受地违反了国际礼让，这是因为，其德国专利诉讼根据德国法律有其自身价值，这可以由德国曼海姆地区法院作出的有利于 Motorola 的裁决和针对 Microsoft 产品的禁售令来证明，而且还因为，与一些美国联邦法院和评论者不同，德国法院没有将 RAND 承诺解释为创设了可以由第三方要求强制执行的合同或者排除禁令救济。如果 Motorola 关于两件德国专利对于实施 H. 264 工业标准是必要的这一主张是正确的，那么毫无意外，德国法院将认定 Microsoft 在其 H. 264 合标产品中使用了这两件专利。

德国法院和美国法院从该认定中得到的法律结论可能不同。但是，这不过是不同法域对同一问题作出了不同判断，不会产生不能容忍的司法礼让问题。如果情况是这样的，那么实质上将永远不会有国外禁诉令：当两个法域有不同的法律规定时，任何时候都必须允许在不同法域进行平行诉讼，而事实是两个法域常常总是有不同的法律规定。

在这一点上，即使本案不涉及管辖法院选择条款，本庭的管辖法院选择案例也是具有指导性的。在那些案件中，我们已经强调，为"强制执行"私人当事人之间签订的"合同"而签发的禁诉令不"违反司法礼让规则"，即便在没有该合同时，一方也可能会基于另一国家的法律而享有不同的程序或实体的优势。参见 *Gallo* 案，446 F. 3d，994；还参见，例如，*Paramedics* 案，369 F. 3d，649-55（该巴西诉讼是在美国法院已裁决当事人之间的纠纷受到仲裁协议的约束并强制仲裁之后提起的，即使当事人争辩巴西的诉讼主张了"巴西法律所特有的侵权诉求"因而不受仲裁约束，法院依然支持了针对巴西诉讼的禁诉令）。

在任何情况下，我们从来没有建议过禁诉令的正当性应该取决于外国诉讼在相应外国法律下的实体问题。在 *Applied Medical* 案中，外国禁诉令针对的当事人进行了类似的争辩：根据国际礼让，不能禁止其比利时诉讼，因为该诉讼是基于"善意"而启动的，"并且是基于现行的比利时法"。参见 587 F. 3d，921。我们否定了该争辩。事实上，在 *Gallo* 案中，我们建议，可以特别签发禁诉令以阻止一方当事人进行"潜在具有欺诈性的"外国诉讼。参见 446 F. 3d，993。但是"我们在 *Gallo* 案中说明，不一定需要证明这种极端事实才能认定禁诉令将不会对司法礼让产生不可容忍的影响"。参见 *Applied Medical* 案，587 F. 3d，921（*Gallo* 案分析）。

Motorola 进一步强烈要求必须撤销禁诉令，因为其使得 Motorola 不能在唯一可强制执行其德国专利权的法院来行使其专利权。这一说法夸大了禁诉令的范围，禁诉令没有阻碍 Motorola 自由地继续其针对 Microsoft 的德国专利诉讼，以主张其可能有权获得的损害赔偿或其他非禁令救济。确实，基于联邦地区法院诉讼的结果，Motorola 最终仍然可能可以执行其在德国诉讼中获得的禁令。Motorola 在 2010 年 10 月 29 日的信函中向 Microsoft 提出许可其德国专利，并确认这些专利是包括在其 RAND 合同协议中的。如果 Motorola 要质疑联邦地区法院对该协议的解释，则将不得不在本案完结后在最终上诉中再提出该质疑。同时，我们认为，联邦地区法院为了使其能够达成上述最终解决方案而作出的有限制性的禁诉令没有不可容忍地侵犯德国的主权。

无论有多么难以把握，司法礼让都不应被轻视。签发域外禁诉令不应成为惯例。但庭审笔录显示，联邦地区法院全面深入地考虑了国际司法礼让的重要性，并且在此前提下，结合本案特有的情况，裁定禁诉令是正当的。在对该裁定进行了滥用自由裁量权的审查之后，我们认为，联邦地区法院的裁定未出现错误的法律适用或明显错误的事实认定。"至多说，其中存在相互竞争的司法礼让考量，所以完全不能认为"联邦地区法院的临时禁诉令"将会对司法礼让造成不可容忍的影响。"参见 *Applied Med.* 案，587 F. 3d，921。

V. 结　论

考虑到本案特有的情况，联邦地区法院颁发的具有严格针对性的临时禁诉令不构成对自由量裁权的滥用。本庭予以维持。

美国华盛顿西区联邦地区法院法院令二

案件号：10-cv-01823-JLR

当事人：原告 微软公司；被告 摩托罗拉公司等

原告 摩托罗拉移动公司等；被告 微软公司

日　期：2012 年 11 月 29 日

I. 简　介

本案是针对原告微软公司（Microsoft corporation，以下称"Microsoft"）提出的部分简易判决动议进行的审理，该动议请求驳回被告摩托罗拉公司（Motorola, INC.）、摩托罗拉移动公司（Motorola Mobility, INC.）与通用仪器公司（General Instrument corporation）（以下统称"Motorola"）因 Motorola 所持受到 RAND 承诺约束的 H.264 标准必要专利被侵权而寻求的禁令救济（动议（第 139 号文档（已密封），141（已修订）））[①]。在考虑了 Microsoft 提出的动议、Motorola 所作答辩（答辩（第 143 号文档））、Microsoft 所作答辩答复（答辩答复（第 152 号文档））、所有情况简介的附件与适用法律并于 2012 年 5 月 7 日听审了口头陈述之后，法院准许 Microsoft 提出的动议（第 139 号文档）。

II. 背　景

A. IEEE 以及 ITU 为标准制定组织

Microsoft 和 Motorola 均为 IEEE 以及 ITU 的成员。IEEE 以及 ITU 是国际标准制定组织，两者均不是当前纠纷的当事方。通过允许各公司就共同技术标准达成一致，从而让所有合规产品都能共同工作，标准制定组织在技术市场中扮演着重要角色。标准通过增加产品生产规模降低了成本，并且通过消除希望从一家公司生产的产品转向另一家公司生产的产品的消费者的"转换成本"来促进价格竞争。

"标准"的一项复杂之处在于，其实施可能有赖于使用专利技术。如果一项专利要求保

[①] 虽然这一诉讼中的双方在本案中都提出了正面主张，但是由于 Microsoft 提交了启动当前诉讼的起诉状，因此，在本法院令中，本庭将 Microsoft 称为"原告"。

护由标准制定组织所选择的技术，那么该项专利就被称为"必要专利"。本案中，Motorola 拥有大量对于 IEEE 以及 ITU 制定的某些标准而言"必要"的专利（参见 2010 年 10 月 21 日 Motorola 要约函（第 79–5 号文档）；2010 年 10 月 29 日 Motorola 要约函（第 79–6 号文档）（参见附件列表））。为减少必要专利所有者滥用市场支配力的可能性，包括 IEEE 以及 ITU 在内的许多标准制定组织都已采纳了有关必要专利披露和许可的规则。这些政策通常要求或鼓励标准制定组织的成员确定对于提议标准必要的专利，并同意根据 RAND 条款，将其必要专利许可给许可请求的任何人。这些规则有助于确保标准不会帮助必要专利拥有者勒索其竞争对手或阻止他们进入市场。

B. Motorola 对 IEEE 和 ITU 的声明

本诉讼涉及两项标准——IEEE 802.11 无线局域网（WLAN）标准（802.11 标准）以及 ITU H.264 高级视频编码技术标准（H.264 标准）[①]。（主要参见起诉状（第 1 号文档）；修改后的起诉状（第 53 号文档））。IEEE 的标准制定过程受其知识产权政策（以下称"IEEE 政策"）的约束（主要参见 IEEE 政策（第 79–1 号文档））。IEEE 政策规定："可以以包括使用必要专利权利要求的方式起草 IEEE 标准"。（参见同上，第 18 页（第 6.2 节））。IEEE 政策将"必要专利权利要求"定义为：已公告专利（或未决专利申请）中的"对于合规实施【提议的】IEEE 标准的规范性条款的强制性或可选部分所必要的……"一项或多项权利要求（参见同上）。

如果 IEEE 知晓 IEEE 标准或提议的 IEEE 标准可能要求使用必要专利权利要求，则 IEEE 要求专利持有人或声明其不知晓任何与 IEEE 标准有关的专利，或向 IEEE 提供保证书。（参见同上）该保证书内容必须包括：（1）放弃权利声明，大意是专利持有人不会基于"必要专利权利要求"执行其专利权；或（2）

> 声明：全球范围内的数量不受限制的申请人将可以在没有任何补偿或在合理费率情况下，以明显不存在任何不公平歧视的合理条款和条件获得合规实施标准的许可……

（参见同上）。如果 IEEE 不能取得保证书，它会将必要专利交给 IEEE 专利委员会解决（参见同上）。

Motorola 已经向 IEEE 提交了诸多与 802.11 标准有关的保证书，陈述 Motorola "将"或"准备"以 RAND 条款授予对于 802.11 标准必要的专利的许可（主要参见

---

① ITU 与另外两个标准制定组织——国际标准化组织与国际电工技术委员会——共同制定了 H.264 标准（部分简易判决法院令（第 188 号文档）第 3 页）。

IEEE 保证书（第 79-2 号文档））。Motorola 向 IEEE 提交的一份典型的保证书的相关部分提到：

为了符合【提议的】IEEE 标准，专利持有人将【或准备】以合理条款和条件基于无歧视原则以合理费率授予全球范围内数量不受限制的申请人许可。

（主要参见同上）。此类保证书一旦向 IEEE 提交并被接受，就不可撤销，并且自标准批准日起生效，直到标准撤销日为止（IEEE 政策第 19 页）。

和 IEEE 一样，ITU 也制定了与实施标准"必要"的专利的持有人有关的政策（以下称"ITU 政策"）（参见 ITU 政策（第 79-3 号文档））。此类专利持有人必须向 ITU 提交一份"专利陈述和许可声明"，声明他们是否：（1）将基于 RAND 授予免费许可；（2）将根据 RAND 条款授予许可；或者（3）不愿意遵守上述两种选项中的任一种（参见同上，第 9-12 页）。如果专利持有人不愿意遵守上述两个选项中的任何一项，则 ITU 标准将不包括依赖于该专利的规定（参见同上，第 9 页）。

Motorola 已经向 ITU 提交了诸多份声明，称 Motorola 将根据 RAND 条款为其 H.264 标准必要专利授予许可（主要参见 ITU 声明（第 79-4 号文档））。Motorola 向 ITU 提交的典型声明的相关内容：

专利持有人将根据无歧视原则以及合理的条款和条件许可全球范围内数量不受限制的申请人使用为了生产、使用和/或销售实施上述 ITU-T 标准 | ISO（国际标准化组织）/IEC（国际电工委员会）国际标准的产品所必需的专利。[①]

（例如参见同上第 2 页）。

C. Motorola 向 Microsoft 提供的要约函

2010 年 10 月 21 日，Motorola 向 Microsoft 发送了一封信函（"10 月 21 日信函"），相关内容：

这封信函是为了确认 Motorola 向 Microsoft 提供其专利和未决申请组合的全球非独占许可的要约，其中该专利和未决申请组合包含可能是或者会成为合规实施 IEEE 802.11 标准的必要专利权利要求（如 IEEE 章程第 6.1 节所定义的）的权利要求……Motorola 提出根据合理、无歧视条款和条件授予专利许可的要约，包括针对每件 802.11 合规产品收取每单元 2.25% 的合理许可费，同时回授许可 Microsoft 的 802.11 标准必要专利。

---

① 给 ITU 的声明还提到，"许可的协商将留给有关各方解决，并在 ITU-T | ISO/IEC 以外进行"（ITU 声明第 2 页）。

按照 Motorola 的标准条款，根据最终产品（例如，每件 Xbox 360 产品）而不是组件软件（例如，Windows Mobile 软件）的价格来计算许可费。

（2010 年 10 月 21 日要约函第 2 页）。然后在 2010 年 10 月 29 日，Motorola 发送了一封关于 H. 264 相关专利的类似信函（"10 月 29 日信函"），内容：

> Motorola 有意根据无歧视原则以及合理的条款和条件授予专利许可，包括针对每件符合 H. 264 标准的产品收取每单元 2. 25% 的合理许可费，同时回授许可 Microsoft 的 H. 264 专利，并遵守 Motorola 对联合视频工作组（JVT）作出的与获批的 H. 264 推荐标准相关的任何承诺。按照 Motorola 的标准条款，根据最终产品（例如，每件 Xbox 360 产品、每台个人电脑/笔记本电脑、每部智能手机等）而不是组件软件（例如，Xbox 360 系统软件、Windows 7 软件、Windows 7 手机软件等）的价格来计算许可费。

（2010 年 10 月 29 日要约函第 2 页）。Motorola 在 10 月 29 日信中附上了一份向 Microsoft 提供许可的专利的非穷尽清单（参见同上）。

Microsoft 在 2010 年 11 月 9 日提交了起诉状，启动了本诉讼，并在 2011 年 2 月 23 日提交了一份修改后的起诉状（起诉状，修改后的起诉状）。Microsoft 主张 10 月 21 日和 10 月 29 日信函是在要求不合理的许可费率，因此违反了 Motorola 对 IEEE 以及 ITU 的基于 RAND 条款授予许可的义务（修改后的起诉状第 21、22 页）。Microsoft 声称 Motorola 违反了合同约定与"禁止反言"原则[①]（参见同上）。Microsoft 在其救济请求中尤其寻求：（1）关于 Microsoft 有权从 Motorola 获得所有受 Motorola（通过保证书）对 IEEE 和（通过声明）对 ITU 所做承诺约束的专利的 RAND 许可的声明；（2）对受这些承诺约束的 Motorola 专利的 RAND 许可费率进行司法会计鉴定（参见同上，第 25 页（救济请求））。

在答辩中，Motorola 作出了积极抗辩并提起反诉（参见 Motorola 答辩状（第 68 号文档））。Motorola 的反诉尤其寻求宣告式判决：（1）Motorola 没有违背任何 RAND 义务；（2）Microsoft 否认和/或拒绝了对 Motorola 的 RAND 义务的受益权，因此 Microsoft 无权获得 Motorola 与 H. 264 和 802. 11 标准相关专利的许可（参见同上，第 61–75 段（反诉））。

此外，2012 年 11 月 10 日，Motorola 在威斯康星西区联邦地区法院起诉 Microsoft，声称 Microsoft Windows 7 操作系统侵犯了与 H. 264 标准有关的三项专利——第 7310374 号、第 7310375 号以及第 7310376 号美国专利（以下统称"Motorola 主张专利"）（Motorola 起

---

① Microsoft 对 Motorola 的诉讼还包括了弃权和宣告式判决的诉讼请求，但法院在 2011 年 6 月 1 日作出的裁定驳回了上述两项诉讼请求，只留下了违约和违反禁止反言原则这两项诉讼请求（第 66 号文档第 12 页）。

诉状（C11-0343JLR，第 1 号文档））。Motorola 所主张专利中的每项专利都包含在 Motorola 在 10 月 29 日信函中向 Microsoft 提供的 H. 264 标准必要专利组合内（2010 年 10 月 29 日要约函第 4-5 页）。根据其专利侵权指控，Motorola 寻求针对 Microsoft 涉嫌侵权行为的禁令救济，所述行为包括制造、使用、许诺出售、销售和/或进口 Windows 7 操作系统或诱导他人侵犯 Motorola 主张专利（Motorola 起诉状第 16、23、30 段）。威斯康星西区联邦地区法院的诉讼在 2011 年 2 月 18 日被移送至华盛顿西区联邦地区法院（移送令（第 44 号文档）），并在 2011 年 6 月 1 日与 Microsoft 启动的诉讼合并审理（合并审理法院令（第 66 号文档））。

D. 法院的在先裁定

在 2012 年 2 月 27 日法院令中，法院裁定 Motorola 向 IEEE 提供的保证书以及 Motorola 向 ITU 所作的声明在 Motorola 和各标准制定组织之间订立了旨在以 RAND 条款许可其必要专利的可强制执行合同（2012 年 2 月 27 日法院令（第 188 号文档）第 10 页）。此外，法院认定，作为 IEEE 和 ITU 的成员以及 H. 264 标准与 802. 11 标准的潜在使用者，Microsoft 是该合同的第三方受益人（参见同上）。

在 2012 年 2 月 27 日法院令之后，各方都请求了简易判决。Microsoft 请求的简易判决是，Motorola 在 10 月 21 日和 10 月 29 信函中以 Microsoft 的最终产品价格的 2.25% 作为报价（在 Microsoft 看来此报价明显不合理）来许可其标准必要专利，这违反了其基于 RAND 条款许可其标准必要专利的协议（Microsoft 简易判决动议（第 236 号文档））。Motorola 请求的简易判决是，Microsoft 在既没有首先申请也没有协商 Motorola 标准必要专利许可的情况下，就直接启动该诉讼，已放弃了其作为 RAND 许可的第三方受益人的权利（Motorola 简易判决动议（第 231 号文档））。

在针对各方动议的 2012 年 6 月 6 日法院令中，法院再次审查了 Motorola 和 Microsoft 两者源自 Motorola 向 ITU 以及 IEEE 所作的关于其标准必要专利的声明的责任。在这一法院令中，法院重申其结论：Motorola 对 IEEE 以及 ITU 所作的声明的确构成以 RAND 条款许可其必要专利的具有约束力的协议（2012 年 6 月 6 日法院令（第 335 号文档）第 13 页）。法院还重申其决定，即 Microsoft 是这些协议的第三方受益人，并有权获得 Motorola 的标准必要专利的 RAND 许可[①]（参见同上，第 14 页）。针对 Microsoft 的简易判决动议，

[①]　在该法院的 2012 年 6 月 6 日令之后，第九巡回上诉法院对 Motorola 的中间上诉发表了意见，该中间上诉针对的是法院对 Motorola 强制执行德国禁令所颁布的禁令令，该德国禁令涉及 Microsoft 对 Motorola 的两项标准必要专利的侵权行为。参见 *Microsoft Corp. v. Motorola*, *Inc.*, 696 F. 3d 872（9th Cir. 2012）。第九巡回上诉法院认为，"地区法院的下述结论不存在法律上的错误：Motorola 向 ITU 所作的 RAND 声明创设了一个可由 Microsoft 作为第三方受益人执行的合同（Motorola 对此予以承认），而且这份合同在某种程度上决定了 Motorola 可采取何种行动来强制执行其 ITU 标准必要专利（包括德国诉讼中的涉案专利）。"参见同上，第 884 页。

法院认为，尽管 Motorola 与 IEEE 以及 ITU 的协议要求其标准必要专利的初步报价应该是善意的，但关于 Motorola 的 10 月 21 日和 10 月 29 日信函是否符合其善意义务存在事实问题（参见同上，第 21–28 页）。法院进一步解释，在陪审团能够决定 Motorola 对其标准必要专利的报价是否违反其善意义务之前，法院需要确定正确的 RAND 许可费率，以供比较（参见同上，第 25 页）。因此，法院驳回了 Microsoft 的动议（参见同上，第 28 页）。法院也驳回了 Motorola 的简易判决动议，并且认为，申请专利许可以及为专利许可进行谈判并不是 Motorola 基于 RAND 条款授予许可这一义务的先决条件（参见同上，第 16–21 页）。

在其 6 月 6 日法院令之后，法院结合各方的意见，采用分两部分的方式来裁定 Microsoft 的违约之诉。首先，法院将在 2012 年 11 月 13 日的法官审判中，确定 Motorola 标准必要专利组合的 RAND 专利许可费率及范围；其次，以该确定结果为指导，陪审团将听审 Microsoft 的违约之诉[①]。

在 11 月 13 日的庭审之前，针对"Microsoft 请求法院确认"Motorola 标准必要专利的许可协议，Motorola 提交了一份简易判决动议（Motorola 动议（第 362 号文档））。换言之，Motorola 寻求的简易判决是，Microsoft 不能以 Motorola 与 Microsoft 之间关于 Motorola H. 264 标准和 802.11 标准必要专利组合的许可协议的形式从法院获得救济。在 2012 年 10 月 10 日法院令中，法院驳回了 Motorola 的动议，理由是："此前认定 Microsoft 没有放弃或撤回【其获得 RAND 许可的权利】……Motorola 必须就其标准必要专利授予 Microsoft RAND 许可"（2012 年 10 月 10 日法院令（第 465 号文档）第 14 页）。法院进一步解释说，因为 Motorola 必须授予 Microsoft RAND 许可，因此法院不能"从 Microsoft 可能获得的救济中排除法院已认定 Microsoft 享有权利的许可协议"（参见同上，第 17 页）。在认定 Motorola 必须授予 Microsoft RAND 许可的同时，法院根据事实驳回了 Motorola 关于 Microsoft 已放弃其获得 RAND 许可的权利的反诉。

从 2012 年 11 月 13 日至 21 日，法院举行了持续数周的庭审，以确定 Motorola H. 264 标准和 802.11 标准必要专利组合的适当 RAND 费率和范围。在庭审过程中，除了其他方面之外，法院审理了关于 Motorola 专利组合对各标准的重要性以及 Motorola 专利组合对 Microsoft 的 Xbox 和 Windows 产品的重要性的证据[②]。目前法院已经受理了这一案件，并

---

① 双方同意法官审判对于裁定 RAND 专利许可费率和范围是适合的。然而，对于违约问题，Motorola 寻求陪审团审判（2012 年 7 月 9 日庭审（第 359 号文档）第 5 页）。

② 对 2012 年 10 月 10 日的法院令至关重要的一点就是 Microsoft 的关于其相信它需要许可并且已准备好且愿意基于 RAND 条款接受 Motorola 的必要专利许可的陈述（例如答辩答复（"无可辩驳的证据是 Microsoft 正在本诉讼中寻求基于 RAND 条款的许可"））。如前所述，法院将在整个诉讼过程中约束 Microsoft 遵守其陈述（参见 2012 年 6 月 6 日法院令第 20 页，n. 7）。

将发布裁定 Motorola 相关专利的 RAND 费率与范围的书面命令。

Ⅲ. 讨 论

在目前法院审理的动议中，Microsoft 寻求驳回 Motorola 因其主张专利遭受侵权而提出的禁令救济请求。由于 Motorola 无法证明不可挽回的损害或金钱赔偿是不够的，因此法院认可 Microsoft 关于禁令救济在本案中不恰当的主张，并同意 Microsoft 的动议。

A. 禁令救济

地区法院 "可以基于法院认为合理的条款，根据衡平法原则颁发禁令，以阻止侵害专利保护的任何权利的行为。"参见 35 U. S. C. §283。"根据已确立的衡平法原则，在法院准许禁令救济之前，寻求永久禁令的原告必须满足四要素测试的要求。"参见 *eBay Inc. v. MercExchange*, *L. L. C.*，547 U. S. 388，391（2006）。欲获禁令，原告须当证明：（1）其已遭受不可挽回之损害；（2）如金钱赔偿等依法可得之救济，不足以弥补此损害；（3）原被告间两难相权之下，衡平法救济正当合理；（4）永久禁令无损及公共利益之虞。参见同上。

i. 不可挽回的损害

当除非通过禁令救济否则损害将无法弥补时，该损害是不可挽回的。参见 *Metro-Goldwyn-Mayer Studio*, *Inc. v. Grokster*, *Ltd.*，518 F. Supp. 2d 1197，1210（C. D. Cal. 2007）。由于经济损失可以通过之后的损害赔偿来弥补，所以传统上不认为其是不可挽回的。正如最高法院所解释的："最终会恢复的暂时收入损失通常不会构成不可挽回的损害……在普通诉讼中今后能够获得足够补偿或其他纠正性救济这一可能性，严重地削弱了不可挽回之损害的主张。"参见 *Sampson v. Murray*，415 U. S. 61，90（1974）。

在诉讼的本阶段，并且根据法院的在先裁决，法院认定 Motorola 无法证明不可挽回的损害。本案中，法院此前曾裁定，Microsoft 是 Motorola 对 ITU（以及 IEEE）的承诺的第三方受益人，因此 Microsoft 有权得到关于 Motorola 的 H. 264（和 802. 11）标准必要专利的 RAND 许可协议。Motorola 主张的涉案专利是 H. 264 标准的标准必要专利，并包含在 Motorola 的 H. 264 标准必要专利组合内。因此，Microsoft 有权基于 RAND 条款获得 Motorola 主张的专利的许可。由于 Microsoft 已承诺就 Motorola 的全部 H. 264 标准必要专利组合接受基于 RAND 条款的许可，并且诉讼仍在继续确定这一许可的细节。因此，目前很清楚的一点是，在未来的某个时候（通过双方协议或法院裁判），Motorola 主张的专利的许可协议将成为现实①。由于 Microsoft 将根据任何许可协议支付从诉讼时效内的侵权时刻起算的专利许可费，所以针对 Microsoft 使用 Motorola 的 H. 264 标准必要专利组合以包含 Motorola 主张的专利的行为，该许可协议将构成对 Motorola 的救济。因此，Motorola 不能证明自身已受到不可挽回的损害②。

ii. 法律上的充分救济

由于类似原因，Motorola 不能证明其除了禁令救济以外，没有其他充分的救济。正如法院所解释的，对 Motorola 的救济是关于包括 Motorola 主张的专利的 H. 264 标准必要专利组合的 RAND 许可协议。这一救济将完全弥补 Motorola 因 Microsoft 使用 Motorola 的任何或全部 H. 264 标准必要专利所受到的损害。

虽然法院意识到禁令救济常常伴随着专利侵权的认定，但这并不是一个简单的专利侵权诉讼。在 2012 年 11 月 13 日的庭审听证之后，很明确的一点是，从 Motorola 承诺基于 RAND 条款许可其 H. 264 标准必要专利组合时开始，Motorola 就有义务向所有 H. 264 标准的实施人（包括 Microsoft）授予 RAND 许可。Motorola 向 Microsoft 授予这种 RAND 许可的义务远远早于该诉讼开始之前，这意味着，在该诉讼的整个期间，问题不在于 Microsoft 与 Motorola 之间是否将设立许可协议，而是该许可协议将在何时以及何种条款下创设。因此，由于 Motorola 一直被要求授予 Microsoft 关于其 H. 264 标准必要专利的 RAND 许可，所以从逻辑上来说，即将达成的许可协议将从法律上给予 Motorola 充分救济。

总而言之，Motorola 无法证明自身遭受了不可挽回的损害或者法律上可以获得的救济不足以弥补 Motorola 的损害。因此，法院不必分析永久性禁令救济标准的其他要素。参见 *eBay* 案 547 U. S. 391；*Hadel v. Willis Roof Consulting, Inc.*，2008 WL 4372783，*3（D. Nev. 2008.9.23）。因此，法院同意 Microsoft 的驳回 Motorola 在本诉讼中的禁令救济请求的动议。这一驳回是不影响实体权利的。法院有关 Motorola 主张的专利不能获得禁令救济的决定是基于具体情况和本诉讼中的裁定作出的。将来如果这些情况改变以使得禁令救济具有正当性，则 Motorola 届时可以寻求禁令救济。

---

① 如前所述，法院最近举行了一场庭审，以确定 Motorola 的 H. 264 与 802. 11 标准必要专利组合的 RAND 费率。

② Motorola 的以下争辩未能说服法院，即由于强制许可协议将鼓励其他人侵犯 Motorola 的标准必要专利，所以 Motorola 的商誉和名誉已经或将遭受不可挽回的损害（答辩状第 19 页）。事实并非如此。法院此前的裁定已明确，Microsoft 作为 H. 264 标准的实施人，必须接受 Motorola 标准必要专利的 RAND 许可。事实上，Microsoft 或者其他任何实施人都不能随意侵犯 Motorola 的标准必要专利，而且如果这种情况发生，本法院关于禁令救济的裁定可能会有所不同。然而，Motorola 的 RAND 承诺的本质使得 Motorola 具有向任何及所有 H. 264 标准实施人授予 RAND 许可的义务。正如法院所解释的，在标准必要专利持有人与实施人在 RAND 许可谈判期间陷入僵局时，法院可能是裁定专利权人和 RAND 承诺的第三方受益人的权利的唯一场所。当然，用于行使权利的诉讼成本容易计算，不能构成不可挽回的损害。

B. 禁诉令

在这场诉讼的早些时候，法院发布了一项禁诉令，禁止 Motorola 强制执行其可能通过同样涉及 Motorola 和 Microsoft 的单独的德国诉讼获得的任何禁令救济（参见 2012 年 5 月 14 日法院令（第 318 号文档））。由 Motorola 于 2012 年 7 月 6 日启动的德国诉讼涉及 Motorola 在欧洲拥有的两项专利——第 0615384 号以及第 0538667 号欧洲专利（下称"欧洲专利"）（参见同上，第 9 页）。与本案情况类似，在德国的诉讼中，Motorola 主张 Microsoft 侵犯了 Motorola 的欧洲专利，并寻求禁令救济（参见同上）。和本诉讼中的 Motorola 主张的专利一样，欧洲专利被声明为对于 H. 264 标准是必要的，受到对 ITU 的 RAND 承诺的约束，并包含在 10 月 29 日信函中的提供给 Microsoft 的专利清单中（参见同上，第 9–10 页）。

在发布禁诉令时，法院解释说，其在这次诉讼中面临的问题对于 Motorola 能否强制执行针对 H. 264 标准所必要的欧洲专利的专利侵权行为的禁令有决定性作用（参见同上，第 17 页）。换言之，包含了 Motorola 的所有 H. 264 必要专利的司法确定的 RAND 许可必然要处理 Motorola 在德国的基于 Motorola 的 H. 264 标准必要专利的禁令请求（参见同上）。为了尽量减小对司法礼让产生的影响，法院限制了禁诉令的范围和持续时间。禁诉令范围限于 Motorola 在德国强制执行禁令，但不涉及关于德国诉讼的进一步诉讼或接受非禁令形式的损害赔偿。

关于持续时间，法院表示，在裁定禁令救济的适当性之后将撤销禁诉令（参见同上，第 20、25 页）。现在时机已经到了。驳回 Motorola 有关其主张专利的禁令救济请求的法院裁定逻辑上延伸到 Motorola 的所有 H. 264 标准必要专利。这是因为，本案中的 RAND 诉讼不仅涉及 Motorola 主张的专利，还涉及 Motorola 在全球范围内的所有 H. 264 标准必要专利。法院驳回针对 Motorola 主张的专利的禁令救济的依据确实没有具体到这些专利，但是事实上，本案诉讼的进展已经表明，针对 Motorola 的所有 H. 264 标准必要专利都将达成许可协议[①]。

因此，法院令不仅驳回了针对 Motorola 主张的专利的禁令救济，也驳回了针对 Motorola 包括德国诉讼所涉欧洲专利在内的所有 H. 264 标准必要专利组合的禁令救济。简而言之，在本法院令中驳回禁令救济取代了法院此前禁止 Motorola 强制执行德国诉讼中的禁令的禁诉令。此时，已经有机会裁定本案中对于德国诉讼中的禁令救济的适当性起决定性作用的问题，故法院如所承诺那样终止禁诉令。

---

① 同样地，在 Microsoft 和 Motorola 之间显然将达成针对 Motorola 的 802. 11 标准必要专利的许可协议。因此，法院决定的结果也将禁止就 Motorola 拥有的任何 802. 11 标准必要专利对 Microsoft 主张禁令。

Ⅳ. 结　论

基于前述内容，法院同意 Microsoft 提出的部分简易判决动议，无偏见地驳回 Motorola 针对主张的专利侵权提起的禁令救济请求（第 139 号文档（已密封），第 141 号文档（已修订））。此外，法院在此终止与德国诉讼有关的禁诉令（第 318 号文档）。由于本法院令禁止 Motorola 就其拥有的 H. 264 和 802. 11 标准必要专利组合对 Microsoft 主张禁令救济，因此，认为禁诉令不再有必要。

美国华盛顿西区联邦地区法院判决书二

案件号：10-cv-01823-JLR

当事人：原告 微软公司；被告 摩托罗拉公司等

原告 摩托罗拉移动公司等；被告 微软公司

日 期：2013 年 4 月 25 日

本案系微软公司（Microsoft Corporation，以下称"Microsoft"）与摩托罗拉公司（Motorola，Inc.）、摩托罗拉移动公司（Motorola Mobility，Inc.）以及通用仪器公司（General Instrument Corporation）（以下统称"Motorola"）之间的合同违约案。Microsoft 声称，Motorola 有义务按合理、无歧视（RAND）费率向 Microsoft 许可专利，而 Motorola 在两份要约函中均违反了其 RAND 义务（总体参见已修改的起诉状（第 53 号文档））。Microsoft 于 2010 年 11 月以违反合同约定为由，将 Motorola 诉至本庭（参见同上）。

在本案的当前阶段，Microsoft 和 Motorola 试图解释 Motorola 的 RAND 许可义务的含义。[①] 在对 RAND 的含义没有清晰理解的情况下，将很难或不可能确定：Motorola 是否违反了基于 RAND 条款许可其专利的义务。双方就 RAND 的定义存在实质上的分歧。因此，为了解决此争议焦点，本庭于 2012 年 11 月 13 日至 20 日进行了法官审判，目的是确定对于 Motorola 专利的 RAND 许可费率以及 RAND 许可费范围。

本事实认定和审理结论代表本庭以及当事人为计算 RAND 费率以及范围所做出的最大努力。为了建立这些事实认定和审理结论的背景，本庭将简要概述 Motorola 的 RAND 义务的细节、本案引起争议的专利，以及 Microsoft 和 Motorola 之间争议焦点的本质。

Motorola 的 RAND 承诺源自于其以及 Microsoft 分别与两个国际标准制定组织 IEEE 和 ITU 之间的关系。这些组织创建了技术产品的设计和制造标准。通过容许公司在共同的技术协议上达成一致而使符合标准的产品能够协同工作的方式，此两组织和其他标准制定组织都在技术市场上扮演着重要角色。

本案的争议标准涉及统称为"WiFi"的无线通信以及视频编码技术。具体来说，本案涉及两个标准：称为"802.11 标准"的 IEEE 无线局域网（以下称"WLAN"）标准和称

---

① 此事件有着复杂的诉讼历史，涉及了若干项专利侵权诉讼请求，以及与 Microsoft 的合同违约主张有关的诉讼请求及其反诉。法院于 2012 年 2 月 27 日作出的判令中阐述了更完整的本案的诉讼历史（参见 2012 年 2 月 27 日的判令（第 188 号文档））。

为"H. 264 标准"的 ITU[①] 高级视频编码技术标准。

这两个标准都包含专利技术。因此，若某公司想实施这些标准，则该公司需要使用被一项或多项专利涵盖的技术。对该标准而言必要的专利（必要的原因在于，必须实施这些专利以达到标准）被称为标准必要专利。标准必要专利的存在是当今技术标准界中的普遍问题。为了解决这一问题，标准制定组织已经制定了解决方案。为了让公司更方便地实施他们的标准，标准制定组织要求标准必要专利的持有者作出承诺，按 RAND 条款向标准用户许可专利。Motorola 拥有 802. 11 和 H. 264 标准的标准必要专利，并承诺按 RAND 条款许可这些专利。

Microsoft 声称，Motorola 在 802. 11 和 H. 264 标准必要专利的许可谈判中，提出了不合理的要约，因而违反了其 RAND 义务。2010 年 10 月 21 日，Motorola 向 Microsoft 发出了一份要约函，许可 Motorola 的 802. 11 标准必要专利。Motorola 开出的其专利的许可费率是其自认为符合 RAND 费率的最终产品价格的 2. 25%：

> 本函确认：Motorola 有意将下列专利的全球性非独占使用权许可给 Microsoft：Motorola 的专利以及未决申请的专利组合，该专利组合的权利要求可能是或者成为 802. 11 标准的合规实施所必要的专利的权利要求（定义解释依照 IEEE 章程第 6. 1 条）……Motorola 将根据合理、无歧视条款和条件许可此等专利，包括对每件 802. 11 的合规产品收取每单元 2. 25% 的合理许可费，条件是取得 Microsoft 的 802. 11 必要专利的反向许可。按照 Motorola 的格式条款，该许可费是根据最终产品（例如，每件 Xbox 360 产品）而不是组件软件（例如，Windows Mobile 软件）的价格计算的。

（2010 年 10 月 21 日要约函（第 79-5 号文档），第 2 页）。2010 年 10 月 29 日，Motorola 发出类似要约函，有意按类似的条款许可其 H. 264 标准必要专利。该函同样提出收取最终产品价格 2. 25% 的许可费率：

> Motorola 有意根据合理、无歧视条款和条件许可专利，包括对每件 H. 264 的合规产品收取每单元 2. 25% 的合理许可费，条件为：取得 Microsoft 的 H. 264 专利的反向许可，以及 Motorola 就获批的 H. 264 建议对 JVT 作出的承诺。根据 Motorola 的格式条款，该许可费是根据最终产品的价格（例如，每件 Xbox 360 产品、每台个人计算机/笔记本电脑、每台智能手机等）而不是组件软件（例如，Xbox 360 系统软件、Windows 7 软件、Windows Phone 7 软件等）计算的。

（2010 年 10 月 29 日要约函（第 79-6 号文档），第 2 页。）

---

① 如下所述，ITU 与其他两个标准制定组织——国际标准化组织和国际电工委员会共同制定了 H. 264 标准。

11 天后，2010 年 11 月 9 日，Microsoft 就 Motorola 的这两封要约函提起违约诉讼，声称这些要约函违反了 Motorola 对 IEEE 和 ITU 的承诺。本庭在之前的一份判令中裁定：这些 RAND 承诺已经构成 Motorola 与各标准制定组织之间的可执行合同（2012 年 2 月 27 日判令（第 188 号文档））。本庭还裁定，作为标准用户的 Microsoft 可以作为第三方受益人来执行这些合同（参见同上）。在之前的另一份判令中，本庭将 Motorola 对 ITU 和 IEEE 的承诺解释：要求 Motorola 以善意的方式，对许可其标准必要专利提出初始要约（2012 年 6 月 6 日判令（第 335 号文档），第 25 页）。但是，本庭也裁定，只要最终达成 RAND 许可，最初的要约可不必按 RAND 条款开出（参见同上，另参见 2012 年 10 月 10 日判令（第 465 号文档））。

要确定 Motorola 的公开报价是否具有善意，事实认定者必须能够将他们与合理的 RAND 许可费率以及合理的 RAND 许可费范围（因为 RAND 费率可能不止一个）进行比较。但是，正如本庭在 2012 年 10 月 10 日的裁决中指出的，RAND 许可费率是一个备受争议、事实敏感的问题，必须要进行事实认定（2012 年 10 月 10 日判令，第 22 页）。因此，本庭组织了法官审判以确定：（1）针对 Motorola 的标准必要专利的 RAND 许可费范围；（2）针对 Motorola 的标准必要专利的特定 RAND 许可费率。此举的目的是让后续审判中的事实认定者确定：Motorola 的要约函是否违反了自身以善意的方式要约许可其专利的 RAND 义务。

在 2012 年 11 月 13 日至 20 日法官审判期间，本庭听取了以下 18 位证人的证词：John DeVaan 先生、Garrett Glanz 先生、Kevin M. Murphy 博士、Gary Sullivan 博士、Jennifer Ochs 女士、Leonard Del Castillo 先生、Jerry Gibson 博士、Timothy Simcoe 博士、Matthew Lynde 博士、Ajay Luthra 博士、Timothy J. Drabik 博士、Michael Orchard 博士、TimArthur Williams 博士、Richard Schmalensee 博士、Ramairtham Sukumar 博士、Michael J. Dansky 先生、Kirk Dailey 先生和 Charles R. Donohoe 先生。

除非本文另有说明，本庭采信上述的每一位证人的证词。通常，本庭认为这些证人证词之间不存在冲突。若存在冲突，本庭将利用法律、论理和逻辑来解决，力图确定 Motorola 802.11 和 H.264 标准必要专利的合理许可费率和范围。

在本事实认定和审理结论中，本庭根据当事人双方在庭审时提供的证据，阐明确定 RAND 许可费率和范围的方法。本庭继而运用这一方法来确定 Microsoft 和 Motorola 之间就 Motorola 802.11 和 H.264 标准必要专利专利组合的 RAND 许可费率和范围。本庭的方法必然取决于这一诉讼的情况，即这是一起标准必要专利持有者与标准用户之间就合理的许可费率的争议。本庭认识到，围绕负有 RAND 义务的专利的实际谈判的复杂程度可能不仅在于确定许可费率的价格。但是，这一诉讼仅限于向本庭呈递的诉状和证据范围内，因此，本庭也同样只能限于确定：在 RAND 义务下，Motorola 的标准必要专利专利组合的合理许可费率① （参见已修改的起诉状（第 53 号文档）；Motorola 的答辩状（第 68 号文档））。

本庭的分析分为六个部分。第一，本庭介绍各当事人及其相互关系。第二，本庭提供各标准、标准制定组织和 RAND 承诺的背景。第三，本庭制定评估 RAND 条款的框架。具体来说，法庭采纳了已修正的 *Georgia-Pacific* 要素来重建当事人之间的假想谈判。参见 *Georgia-Pacific Corp. v. United States Plywood Corp.*，318 F. Supp. 1116（S. D. N. Y. 1970）。重要的是，本庭认定，在假想谈判中，当事人将通过考量涉案标准必要专利对标准的重要性以及标准和标准必要专利对所涉产品的重要性来确定 RAND 许可费率。这些考量均是本庭分析的核心。第四，在建立了评估 RAND 条款的框架后，本庭介绍 H. 264 标准和 Motorola 的 H. 264 标准必要专利，依次分析各项专利，并提出该专利组合对 H. 264 标准以及 Microsoft 使用标准的产品的相对重要性。第五，本庭介绍 802. 11 标准和 Motorola 的 802. 11 标准必要专利，并使用相同的框架分析各个 802. 11 专利。第六，本庭运用所有上述信息以及双方建议的可比协议，确定 Motorola 的标准必要专利的适当的 RAND 许可费率。根据这一分析，本庭设定的许可费率和范围如下：

- Motorola 的 H. 264 标准必要专利专利组合的 RAND 许可费率为每单元（每部产品）0. 555 美分；Motorola 的 H. 264 标准必要专利专利组合的 RAND 许可费范围上限为每单元 16. 389 美分，下限为每单元 0. 555 美分。此费率和范围适用于 Microsoft Windows 和 Xbox 产品。对于使用 H. 264 标准的所有其他 Microsoft 产品，许可费率将是范围下限，即 0. 555 美分。

- Motorola 802. 11 标准必要专利专利组合的 RAND 许可费率为每单元 3. 471 美分；Motorola 802. 11 标准必要专利专利组合的 RAND 许可费范围的上限为每单元 19. 5 美分，下限为每单元 0. 8 美分。此费率和范围适用于 Microsoft Xbox 产品。对于使用 802. 11 标准的所有其他 Microsoft 产品，许可费率将为范围下限，即每单元 0. 8 美分。

---

① 关于这起诉讼的范围，Motorola 在庭审中引出了有关 Microsoft 所拥有的专利价值的证据。但是，本案的起诉书并不涉及 Microsoft 专利的价值，因为尚无有关指控：Microsoft 未按照合理条款许可其标准必要专利而违反其 RAND 义务。事实上，起诉状中的指控仅仅针对 Motorola 的许可行为（参见已修改的起诉状（第 53 号文档）；Motorola 的答辩状（第 68 号文档））。只要 Motorola 试图将 Microsoft 的专利价值扯入本案以确定 Motorola 专利的价值，就超出了本诉讼的范围。因此，如下所述，与 Microsoft 拥有的专利相关的分析并非与其技术价值相关联，而是用以和专利池作类比，继而确定 Motorola 的 802. 11 和 H. 264 的标准必要专利专利组合的合理费率。

根据《联邦民事诉讼法》第 52(a)条，以下为本庭的事实认定和审理结论。[①]

事实认定和审理结论

I. 当　事　人

1. Microsoft 是一家华盛顿州的公司，其主要营业地点为华盛顿州雷德蒙德（2012 年 10 月 24 日的审前判令（第 493 号文档），第 2 页）。

2. 摩托罗拉公司（Motorola, Inc.）已将其公司名称改为摩托罗拉解决方案公司（Motorola Solutions, Inc., 以下称 "Motorola Solutions"）。Motorola Solutions 是一家特拉华州的公司，其主要营业地点为伊利诺伊州绍姆堡（2012 年 10 月 24 日的审前判令，第 3 页）。

3. Motorola, Inc. 于 2007 年收购的 Symbol Technologies 公司（以下称 "Symbol"）现已成为 Motorola Solutions 的全资子公司（2012 年 11 月 20 日庭审笔录（第 635 号文档（已密封）、第 636 号文档（已修订）），第 58–59 页（Dailey 证词））。

4. 摩托罗拉移动有限责任公司（Motorola Mobility, LLC, 以下称 "Motorola Mobility"）是一家特拉华州的有限责任公司，其主要营业地点为伊利诺伊州利维尔维尔。Motorola Mobility 的前利益相关人是 Motorola Mobility, Inc.（以下称 "MMI"），该公司是一家特拉华州公司，其主要营业地点为伊利诺伊州的利维尔维尔（2012 年 10 月 24 日的审前判令，第 3 页）。

5. MMI 是 Motorola, Inc. 的间接全资子公司，直到 2011 年 1 月 4 日从 Motorola, Inc. 剥离。MMI 公司于 2012 年 5 月 22 日被谷歌公司（Google, Inc., 以下称 "Google"）收购。Motorola Mobility 是 MMI 公司的利益继承人，也是 Google 的全资子公司（2012 年 10 月 24 日的审前判令，第 3 页）。

6. 通用仪器公司（General Instrument Corporation, 以下称 "General Instrument"）是一家特拉华州公司，其主要营业地点为宾夕法尼亚州霍舍姆。General Instrument 曾经是

[①] 本庭之所以没有具体标注事实认定或结论的段落，是因为这些标注不是必需的。事实认定以及审理结论的性质决定了它们是易见的。参见 *Tri-Tron Int'l, v. A. A. Velto*, 525 F. 2d 432, 435–36（9th Cir. 1975）（"我们真实看待事实认定或审理结论，无论地区法院给它们注上何种标识……如果所认定的事实能允许我们清楚地了解一审法院的裁决依据，那么无论其形式或安排如何，这些事实已经足够立足"）（引用省略）；*In re Bubble Up Delaware, Inc.* 案，684 F. 2d 1259, 1262（9th Cir. 1982）（"法院所标记的 '事实认定' 如果事实上是审理结论，那么这样的标示并不能说明它们就是事实认定"）。

MMI 公司的全资子公司，现在是 Motorola Mobility 的直接全资子公司，同时也是 Google 的间接全资子公司（2012 年 10 月 24 日的审前判令，第 3 页）。

7. Motorola, Inc.、Motorola Solutions、Symbol、MMI、Motorola Mobility 和 General Instrument 在本判决中统称为"Motorola"。

8. 根据 28 U. S. C § 1332，本庭对该争议具有对事管辖权，因为这是不同州的公民之间的诉讼，且诉讼标的金额超过了 7.5 万美元。

9. 根据 28 U. S. C §§ 1391(a) 款，本地区为适格的管辖地。

II. 标准和标准制定组织

A. 背景

10. 标准制定组织属于自愿性的会员组织，其成员可参与包括电信和信息技术标准的行业标准的制定（例如参阅 2012 年 11 月 16 日庭审笔录（第 631 号文档），第 15 页第 15-20 行（Simcoe 证词））。

11. 标准制定组织"通过容许公司在共同的技术标准上达成一致而使合规的产品能够协同工作，在技术市场上扮演着重要角色"（2012 年 6 月 6 日判令（第 335 号文档），第 3 页）。

12. 标准通过增加产量来降低成本，通过减少转换成本来提高价格竞争力，该转换成本产生于消费者从甲制造商生产的产品转而选择乙制造商生产的产品（2012 年 6 月 6 日判令，第 3 页）。

13. 标准制定组织旨在促进其标准的广泛采纳，因为标准的互联互通性取决于实施的广泛度（2012 年 11 月 16 日庭审笔录，第 15 页第 15-20 行（Simcoe 证词）；2012 年 11 月 19 日庭审笔录（第 632 号文档），第 136 页第 25 行-第 137 页第 3 行（Schmalensee 证词））。

14. 标准制定组织也旨在发展标准，从而吸纳技术以使得标准对于实施者更有吸引力，同时向实施者保证了一个可行的价格，以促进广泛的实施[①]（2012 年 11 月 13 日庭审笔录（第 629 号文档）第 167 页（Murphy 证词）；2012 年 11 月 19 日庭审笔录，第 137 页第 4-8 行（Schmalensee 证词））。

15. 标准制定过程中，独立于从专利许可中获得的潜在许可费收益，行业从业者通过

---

① 根据本判决，标准实施者指的是实施全部或部分标准的人。

使其技术纳入标准中而享有重大潜在利益，这些非收入利益可包括：对参与者产品需求量的增加、对所贡献技术的熟悉程度使得开发交付周期缩短带来的优势、改善与使用该标准的专有产品的兼容性（2012 年 11 月 16 日庭审笔录，第 39-40 页（Simcoe 证词））。

16. 本案涉及两个标准：802.11 标准和 H.264 标准。802.11 标准是 IEEE 数年来开发出来的无线通信标准（例如参见 2012 年 11 月 15 日庭审笔录（第 633 号文档（已密封）、第 634 号文档（已修订）），第 91 页第 10-12 行、第 92 页第 14 行-第 93 页第 11 行（Gibson 证词））。两个不同的组织，即 ISO/IEC 以及 ITU，共同开发了与视频压缩有关的 H.264 标准（例如参见 2012 年 11 月 13 日庭审笔录，第 210 页第 24 行-第 211 页第 21 行、第 213 页第 7 行-第 214 页第 1 行、第 214 页第 11-12 行（Sullivan 证词））。

B. 标准中的专利技术

17. 制定行业标准的工程师通常不清楚使用他们考虑的技术是否会涉及一项或多项专利（2012 年 11 月 16 日庭审笔录，第 17 页第 5-8 行（Simcoe 证词））。

18. 例如，开发 H.264 视频压缩标准的 JVT 的联合主席 Gary Sullivan 在标准制定工作过程中，未对任何特定专利进行分析（2012 年 11 月 14 日庭审笔录（第 630 号文档）第 44 页第 4-21 行（Sullivan 证词））。

19. 同样，JVT 的另一位联合主席 Ajay Luthra 也没有向其他参与者提供有关 Motorola 专利的信息（2012 年 11 月 19 日庭审笔录，第 22 页第 6-12 行（Luthra 证词））。

20. 纳入行业标准的许多技术都没有获得专利（2012 年 11 月 16 日庭审笔录，第 17 页第 9-12 行（Simcoe 证词））。

21. 例如，H.264 标准的许多核心创新都是由挪威电信集团（Telenor）实现的，该集团并没有获得其所贡献的技术的专利，并且在没有专利许可限制的情况下使得标准的所有实施者都可以使用其技术贡献（2012 年 11 月 13 日庭审笔录，第 215 页第 12-18 行（Sullivan 证词）；2012 年 11 月 14 日庭审笔录，第 114 页第 21 行-第 115 页第 5 行（Orchard 证词））。

22. 同样，部分 802.11 标准基于长期以来公司、政府机构和学术机构的为公众所共享的研发（2012 年 11 月 15 日庭审笔录，第 96 页第 16-24 行（Gibson 证词））。

23. 但是，通常使用标准时确实会用到专利技术（例如参见第 1152 号证据（其中列出了 2400 多项被确定为 H.264 标准必要专利）；2012 年 11 月 16 日庭审笔录，第 108 页第 21 行-第 109 页第 9 行（Lynde 证词）（其中指出可能有上千项 802.11 标准必要专利））。

C. 标准制定组织的知识产权政策和 RAND 承诺

24. 根据标准制定组织的措辞，如果一项专利对执行标准的选择性或强制性规定而言是必需的，则该专利为"必要的"（2012 年 11 月 16 日庭审笔录，第 17 页第 18 行–25 行（Simcoe 证词）；第 1568 号证据，MS-MOTO_1823_00004073096（IEEE-SA 标准委员会章程））。

25. 正如本庭此前认定的：

> 为了降低【标准】必要专利的持有者滥用市场力量的可能性，包括 IEEE 和 ITU 在内的许多标准制定组织制定了与必要专利的披露和许可有关的规定。这些政策通常要求或鼓励标准制定组织的成员标识出对拟议标准必要的专利，并且同意按 RAND 条款将其必要专利许可给任何请求许可的一方。这些规定有助于确保必要专利的持有者不会敲诈竞争对手或者不会阻止竞争对手进入市场。

（2012 年 6 月 6 日判令，第 3–4 页；另参见第 1414 号证据，第 28 页、第 36–37 页（描述了标准制定组织知识产权政策的基本要件）；2012 年 11 月 16 日庭审笔录，第 19 页第 3–24 行、第 21 页第 24 行–第 23 页第 7 行（Simcoe 证词）（参见同上）；第 1575 号证据（《ITU-T/ITU-R/ISO/IEC 通用专利政策实施指南》）和第 1568 号证据（《IEEE-SA 标准委员会章程》）。

i. ITU/ISO/IEC 的专利政策

26. ITU 和 ISO/IEC 拥有一项通用专利政策（以下称"ITU/ISO/IEC 通用专利政策"），该政策建立了关于涵盖各标准制定组织的"建议"和"可交付成果"专利的"实践守则"（第 1575 号证据，MOTM_WASH1823_0602815）。该 ITU/ISO/IEC 通用专利政策规定，"建议"和"可交付成果"是由技术（而非专利）专家制定的，他们可能"不太熟悉诸如专利的知识产权的复杂的国际法律情况"（参见同上）。

27. "建议"和"可交付成果"的目标是"确保技术和系统在世界范围内的兼容性"（第 1575 号证据，MOTM_WASH1823_0602815）。为了实现这一目标，"建议"和"可交付成果"必须人人可接触到。为此，ITU/ISO/IEC 通用专利政策的"唯一目标"是确保"建议和可交付成果中部分或全部体现的专利必须没有不合理限制地为所有人可用"（参见同上，MOTM_WASH1823_0602815）。

28. ITU 和 ISO/IEC 也发布了自己的"ITU-T/ITU-R/ISO/IEC 通用专利政策实施指南"（以下称"通用专利政策实施指南"）（第 1575 号证据，MOTM_WASH1823_0602808–14）通用专利政策实施指南鼓励专利权人在标准制定过程中"尽早"披露潜在必要专利（参见同上，MOTM_WASH1823_0602808）。

29. 一旦专利持有人披露了一项潜在的必要专利，或总括披露其一项或多项专利对于拟议标准可能是必要的，ITU 则将要求该专利持有者通过填写一份格式化知识产权（IPR）披露表作出许可承诺。ITU 将此等保证称为"专利陈述和许可声明"（参见第 2838 号和 2839 号证据）。实际上，此等保证通常被称为"保证书"，或缩写成"LOA"。

30. ITU 在 LOA 中给专利持有人提供了三个选择：（1）专利持有人可以承诺许可其必要专利而不收取任何许可费；（2）专利持有人可以承诺按 RAND 条款和条件许可其必要专利；或（3）专利权人可拒绝作出任何许可承诺（第 1575 号证据，MOTM_WASH1823_0602815、MOTM_WASH1823_0602818）。

31. 如果声明的必要专利的持有者拒绝作出基于 RAND 或免费的许可承诺，则根据 ISO/IEC/ITU 的政策，获批的标准中"不得包括基于该专利的技术"（第 1575 号证据，MOTM_WASH1823_0602815）。

32. 关于标准必要专利的许可安排，ITU/ISO/IEC 通用专利政策规定，"由专利（许可、许可费等）带来的详细安排交由许可双方决定，因为这些安排可能因个案而不同"（第 1575 号证据，MOTM_WASH1823_0602815）。此外，ITU/ISO/IEC 通用专利政策及其许可声明表进一步规定"谈判交由各方在【ITU】以外的地方进行"（参见同上，MOTM_WASH1823_0602815、MOTM_WASH1823_0602818）。

33. 愿意作出许可承诺的专利持有人可以选择以"互惠"为条件作出承诺（第 1555 号证据，MOTM_WASH 823_0602818）。LOA 中进一步指出，"此处'互惠'一词指：只有在预期被许可人承诺免费或以合理的条款和条件许可为其实施上述文件必要的专利或者必要专利的权利要求时，专利持有人才需要许可该预期被许可人"（参见第 2838 号证据，MOTM_WASH1823_0000036；另参见同上，MOTM_WASH1823_0000040,046,053,057,061）。

34. 根据 ISO/IEC/ITU 的政策，当专利持有人选择基于互惠原则作出许可承诺时，"只有在预期被许可人承诺免费或以合理的条款和条件许可其为实施上述文件必要的专利或者必要专利的权利要求时，专利持有人才需要许可该预期被许可人"（第 1575 号证据，MOTM_WASH1823_0602818）。

35. Motorola Mobility、其前身及其全资子公司 General Instrument 向 ITU 提交了与 H.264 标准的开发有关的若干知识产权披露（第 2838 号证据）。

36. Motorola 的所有 LOA 中均显示，它将以互惠为条件，"在全球范围内无歧视性地以合理的条件和条款将专利许可给数量不限的申请人"[①]（第 2838 号证据，MOTM_WASH1823_0000036,039,046,053,057,061；2012 年 11 月 20 日庭审笔录，第 33 页第 21 行-第 34 页第 12 行（Dailey 证词））。

---

① 尽管不是所有 Motorola 的 LOA 中都包含了原话，但都包含了这个意思。

ii. IEEE 的知识产权政策

37. IEEE 标准协会（IEEE-SA）建立与 WLAN 相关的 802.11 标准，这是本案涉及的第二个标准。

38. IEEE 的知识产权政策记载于 IEEE-SA 标准委员会章程和 IEEE 标准操作手册中（以下称"IEEE IPR 政策"）（2012 年 11 月 16 日庭审笔录，第 27 页第 22 行–第 28 页第 9 行（Simcoe 证词）；第 1568 号证据，MS-MOTO_1823_00004073082；第 1130 号证据，MS-MOTO_1823_00005246469）。

39. IEEE-SA 标准委员会章程中规定，IEEE 标准可以包括"必要专利的权利要求"，其被定义："当在（拟定的）IEEE 标准获批时并不存在商业上和技术上不侵权的替代方案时，对该（拟定的）标准的规范性条款的强制性或者选择性的部分的合规实施必然会使用的任何专利权利要求"（第 1568 号证据，MS-MOTO_1823_00004073097（第 6.2 条））。

40. IEEE-SA 标准委员会章程中指出，"（如果）IEEE 收到（拟定的）IEEE 标准可能需要使用到潜在必要专利的权利要求的通知时，IEEE 应要求专利权人或专利申请人填写 IEEE 标准委员会审批过的保证书，从而做出许可保证"（第 1568 号证据，MS-MOTO_1823_000040730976（第 6.2 条））。本保证书为 IEEE 版本的 LOA。

41. IEEE 的 LOA 允许作出声明的必要专利的持有人提供"（一份）一般免责声明，即声明提交者无条件地不会对任何现有或将来的必要专利的权利要求行使权利"；或"（一份）陈述，即陈述将在全球范围内免费或按合理费率、以不存在任何明显的不公平歧视的合理条款和条件，向无限制数量的申请人授予合规实施标准的许可"（第 1568 号证据，MS-MOTO_1823_000040730977（第 6.2 条））。后一种选项构成了 IEEE 的"必要专利权利要求"或标准必要专利的 RAND 承诺。

42. IEEE 的保证书允许但不要求披露可能或即将成为对于所涉及的标准必要的特定专利或专利申请（2012 年 11 月 16 日庭审笔录，第 19 页第 3 行、第 24 页（Simcoe 证词）；2012 年 11 月 16 日庭审笔录，第 108 页第 21 行–第 109 页第 4 行（Lynde 证词））。

43. 标准必要专利持有人出具的、承诺许可特定标准中的未指定的专利或未决申请的 IEEE LOA 被称为"总披露"（2012 年 11 月 16 日庭审笔录，第 19 页第 21–24 行（Simcoe 证词）；2012 年 11 月 16 日庭审笔录，第 108 页第 21 行–第 109 页第 4 行（Lynde 证词））。

44. Motorola 和 Symbol Technologies 针对 802.11 标准，向 IEEE 提交过许多总 LOA（第 1407 号和第 2839 号证据）。在保证书中，Motorola 和 Symbol 同意：无歧视地按合理的条款和条件在全球范围内授予其对 802.11 标准必要的专利的许可（2012 年 11 月 20 日庭审笔录，第 32 页第 19–23 行（Dailey 证词））。

45. IEEE-SA 标准委员会章程中规定，"提交保证书并（不）默示授予许可"（第 1568 号证据，MS-MOTO_l823_00004073098）。该章程进一步指出，"IEEE 不负责……确定提交的保证书（如果有的话）中或者任何的许可合同中的任何许可条件或条款是否为合理或无歧视的"（参见同上）。

46. Symbol 和 Motorola 分别在 1993 年和 1994 年提交了其首个关于承诺许可其对于 802.11 标准必要的专利的总 LOA（第 1407 号证据（Symbol 于 1993 年 11 月 8 日提交的保证书）；第 2839 号证据，MOTM_WASH1823_0000004（Motorola 于 1994 年 3 月 1 日提交的保证书））。

47. 在 Motorola 和 Symbol 最初对 802.11 标准作出 RAND 承诺时，IEEE 操作手册规定，"在提交任何标准草案之前，专利持有人应向 IEEE 标准委员会所属的专利委员会提交一份许可草案，以确保相关技术将按名义竞争成本提供给所有试图依照采纳的 IEEE 标准来使用该技术的用户"（第 1130 号证据，MS-MOTO_l823_00005246490（第 6.3.2 条）（着重强调））。

48. 以名义竞争成本进行许可的要求，是 Motorola 和 Symbol 首次承诺以 RAND 条款许可其 802.11 标准必要专利时，作出的 RAND 承诺的一部分（2012 年 11 月 16 日庭审笔录，第 28 页第 10-第 30 页第 9 行（Simcoe 证词））。

iii. ITU 和 IEEE 对何为 RAND 保持沉默

49. ITU 和 IEEE 的知识产权政策聚焦于技术问题，而未对 RAND 的许可条款和条件作出任何描述、解释或管理规定（参见第 2838 号证据，MOTM_WASH1823_0000036）。

50. ITU 和 IEEE 拒绝对 RAND 的条款和条件作出定义。此外，这些组织也未尝试确定：何为合理的许可费率，或者在其他有关各方之间的任何许可协议中，何为合理或无歧视性的条款和条件（2012 年 11 月 16 日庭审笔录，第 47 页第 12-16 行、第 49 页第 9-14 行、第 62 页第 19-22 行、第 73 页第 22-25 行（Simcoe 证词）；第 3010 号证据，第 8 页）。

D. RAND 承诺的目的

51. RAND 承诺的目的是鼓励标准的广泛采用（2012 年 11 月 13 日庭审笔录，第 147 页第 19-21 行（Murphy 证词））。

52. 当标准被广泛使用时，标准必要专利的持有人获得可以要求比他们的特定专利技术的价值更多的回报的实质性影响力。即使在原始标准被采用时存在与该技术同样好的替代方案可用时，情况也是如此。在标准得到广泛实施后，转而选择这些替代方案，要么不再可行，要么需要极高的成本（2012 年 11 月 13 日庭审笔录，第 140 页第 2-23 行、第 141 页第 18-23 行（Murphy 证词）；第 1414 号证据，28036）。

53. 如果实施标准会导致专利侵权，则该专利对此标准而言是"必要的"，就算该专利的可接受的替代方案本可被写入标准也是如此（2012 年 11 月 16 日庭审笔录，第 18 页第 9-21 行（Simcoe 证词）；2012 年 11 月 13 日庭审笔录，第 199 页第 11 行-第 200 页第 15 行（Murphy 证词））。

54. 即使一项专利只出现于标准的可选部分，标准制定组织仍将该专利定义为必要专利（2012 年 11 月 16 日庭审笔录，第 18 页第 1-6 行（Simcoe 证词））。

55. 标准必要专利的持有人要求获得超过其专利技术本身的价值，并试图捕获标准本身的价值的能力被称为专利"劫持"（2012 年 11 月 13 日庭审笔录，第 140 页第 2-23 行、第 141 页第 18-23 行（Murphy 证词）；第 1414 号证据，28036；另参见 2012 年 11 月 19 日庭审笔录，第 166 页第 24 行-第 167 页第 22 行（Schmalensee 证词）（解释了"劫持本质"是：事前竞争限制了专利持有人因其专利的所获，而事后标准中的技术将不会面临竞争）。

56. 标准得到越来越广泛的实施，且企业进行了沉没成本投资，如果被迫放弃实施该标准或者该标准已被变更，则该投资成本将无法收回，专利劫持的威胁将随之而增加（2012 年 11 月 13 日庭审笔录，第 143 页第 1-18 行（Murphy 证词）；2012 年 11 月 16 日庭审笔录，第 86 页第 20 行-第 87 页第 2 行（Lynde 证词））。

57. 专利劫持可能威胁到有价值的标准的传播，并破坏标准的制定过程（第 1414 号证据，28036；2012 年 11 月 13 日庭审笔录，第 144 页第 25 行-第 145 页第 11 行、第 147 页第 22 行-第 148 页第 13 行（Murphy 证词））。

58. 除了会损害被强制支付较高许可费的公司外，专利劫持也会因为超额成本转嫁到消费者身上从而损害他们的利益（第 1414 号证据，28036；2012 年 11 月 13 日庭审笔录，第 144 页第 25 行-第 145 页第 6 行；第 147 页第 22 行-第 148 页第 13 行（Murphy 证词））。

59. 某一个标准必要专利持有人的劫持行为，也会损害其他持有与同一标准有关的标准必要专利的公司，因为该行为损害了该标准的进一步采用，并限制了其他持有人凭借其技术获得适当许可费的能力（2012 年 11 月 13 日庭审笔录，第 144 页第 25 行-第 145 页第 11 行（Murphy 证词））。

60. 实际上，Motorola 的专家 Richard Schmalensee 博士承认，"RAND 承诺及其整个运作方式的存在，就是用来解决专利劫持的问题"（2012 年 11 月 19 日庭审笔录，第 142 页第 13-16 行、第 157 页第 20-23 行（Schmalensee 证词））。

61. 同样地，联邦贸易委员会（FTC）也表示，"标准制定组织试图阻止专利劫持而使用的最常见的机制就是 RAND 承诺"（第 1414 号证据，28037）。

62. 类似 H. 264 和 802. 11 标准这样的复杂行业标准，可能需要使用到数十个专利权人持有的成百上千个标准必要专利（第 1150-54 号证据（其中列出了已声称或被确定为对于 H. 264 标准必要的专利以及作出了总披露的专利持有人）；第 1156 号、第 1158-59 号、第 1164 号证据（其中列出了已声称或被确定为对于 802. 11 标准必要的专利以及作出了总披露的专利持有人）；2012 年 11 月 16 日庭审笔录，第 108 页第 21 行-第 109 页第 8 行（Lynde 证词）（与 802. 11 标准相关的标准必要专利的数量"通常被认为有数千个"））。

63. 高科技产品可以符合数十甚至数百种不同的标准。例如，典型的个人计算机实施了多达 90 种不同的正式标准和超过 100 种的非正式交互操作性标准（2012 年 11 月 16 日庭审笔录，第 128 页第 2-10 行（Lynde 证词））。

64. 在标准拥有许多标准必要专利以及产品符合多个标准的背景下，利用后采纳的影响力来攫取过高许可费的风险因潜在许可人的数量而加剧，并会导致削弱标准的累积许可费支付（2012 年 11 月 13 日庭审笔录，第 141 页第 24 行-第 142 页第 22 行；第 145 页第 12 行-第 146 页第 14 行（Murphy 证词）；2012 年 11 月 16 日庭审笔录，第 127 页第 23 行-第 128 页第 10 行（Lynde 证词））。

65. 向多个不同标准必要专利持有人支付过高许可费的现象被称为"许可费堆叠"（2012 年 11 月 13 日庭审笔录，第 141 页第 24 行-第 142 页第 22 行（Murphy 证词））。

66. RAND 的承诺还解决许可费堆叠问题，以及确保与某一标准有关的累积许可费是合理的（2012 年 11 月 13 日庭审笔录，第 146 页第 15 行-第 147 页第 2 行（Murphy 证词）；2012 年 11 月 16 日庭审笔录，第 15 页第 14 行-第 16 页第 7 行（Simcoe 证词））。

67. 事实上，Motorola 在 2006 年向 ETSI 提交的一份文件（与 Nokia（诺基亚）和 Ericssson（爱立信）联合提交）中强调了标准环境下许可费堆叠的风险（第 1031 号证据，MOTM_WASH1823_0420998（"累积许可费被认为是不确定的且通常太高，甚至可能高到无法支付"）；2012 年 11 月 16 日庭审笔录，第 25 页第 16-24 行（Simcoe 证词））。在向 ETSI 提交的文件中，Motorola 引述了一个通俗易懂的目标，即 RAND 承诺可解释为：要求专利持有人"按照客观商业上合理的条款授予许可，同时应考虑整体的许可情况，包括从所有其他相关专利持有人处，获得最终产品技术的所有必要的许可的成本"（第 1031 号证据，MOTM_WASH1823_0420999；2012 年 11 月 16 日庭审笔录，第 25 页第 25 行-第 26 页第 22 行（Simcoe 证词））（这与 Motorola 向 ETSI 提交的文件中的声明互为一致）。

68. 在同一份提交文件中，Motorola 还解释了一个通俗易懂的比例原则，即"根据

FRAND 作出的补偿①，必须反映出专利所有权人在所有必要专利中的持有比例。这不仅仅是一个数字等式，而是在合理的范围内，补偿必须要反映出贡献的情况"（第 1031 号证据，MOTM_WASH1823_0420999；2012 年 11 月 16 日庭审笔录，第 25 页第 25 行–第 26 行第 22 行（Simcoe 证词））（这与 Motorola 向 ETSI 提交的文件中的声明互为一致）。

69. Motorola 试图"在专利诉讼中，向法官释放信号，表明他们可以而且应该考虑某一给定标准的总体累积许可费成本，而不仅仅是评估某一特定许可人开出的条款在字面上是否公平、合理"（第 1031 号证据，MOTM_WASH1823_042999；2012 年 11 月 16 日庭审笔录，第 76 页第 2–10 行（Simcoe 证词））（这与 Motorola 向 ETSI 提交的文件中的声明互为一致）。

III. 评估 RAND 条款的经济指标

A. 基本原则

70. RAND 许可费的设定水准应与标准制定组织的宗旨相一致：促进其标准得到普遍采用（2012 年 11 月 13 日庭审笔录，第 139 页第 17 行–第 140 页第 1 行、第 203 页第 14–18 行（Murphy 证词））。

71. 在关于某个许可费是否 RAND 的问题存在争议的情况下，用于确定 RAND 许可费的合适方法应认识到并设法降低 RAND 承诺意图避免的专利劫持风险（2012 年 11 月 16 日庭审笔录，第 15 页第 14 行–第 16 页第 7 行；第 44 页第 10–13 行、第 71 页 14–25 行（Simcoe 证词）；2012 年 11 月 13 日庭审笔录，第 144 页第 11–24 行、第 203 页第 14–18 行（Murphy 证词））。

72. 同样，如果其他标准必要专利持有人对标准实施者主张许可费，将导致累积许可费的收取，考虑到这种情况，确定 RAND 许可费的合适方法应当解决许可费堆叠的风险（2012 年 11 月 16 日庭审笔录，第 15 页第 14 行–第 16 页第 7 行、第 44 页第 10–13 行（Simcoe 证词）；2012 年 11 月 13 日庭审笔录，第 203 页第 14–19 行（Murphy 证词））。

73. 同时，设定 RAND 许可费时应认识到，标准制定组织会纳入的是旨在创造有价值标准的技术（2012 年 11 月 19 日庭审笔录，第 136 页第 24 行–第 137 页第 8 行（Schmalensee 证词））。为了推动创造有价值的标准，RAND 承诺必须保证：有价值的知识

---

① FRAND 代表公平、合理、无歧视，与 RAND 含义相同（2012 年 11 月 16 日庭审笔录，第 53 页（Simcoe 证词）（FRAND 和 RAND 可互换使用））。

产权的持有人将获得该产权带来的合理许可费（参见同上）。

74. 从经济的角度来看，RAND 承诺应被理解为：将专利持有人获得的合理许可费限制在其专利技术本身的经济价值上，排除将专利技术纳入标准带来的价值（2012 年 11 月 13 日庭审笔录，第 151 页第 19 行–第 153 页第 21 行（Murphy 证词））。Motorola 的专家 Schmalensee 博士同意，如果一家公司作出了 RAND 承诺，那么只允许该公司获得"关于（专利）财产价值的某些不明确的回报，但没有资格获得因为其专利成为标准的一部分而带来的增值"（2012 年 11 月 19 日庭审笔录，第 168 页第 21 行–第 169 页第 8 行（Schmalensee 证词））。

B. Microsoft 的方法

75. Microsoft 辩称：专利技术的经济价值的计算方法是，除去因被纳入标准所带来的经济价值，然后与其他能被纳入标准的替代方案相比较而得出一个增量价值。这个方法着眼在标准被采用与实施之前的阶段（也就是事前阶段）（2012 年 11 月 13 日庭审笔录，第 199 页第 9 行–第 200 页第 15 行（Murphy 证词））。

76. 虽然 Microsoft 的方法存在几个缺陷，但是事前检验专利技术对标准的增值贡献，有助于在出现 RAND 许可费争议的情况下，确定 RAND 费率。

77. Microsoft 方法的一个缺点是缺乏实用性。不论是 IEEE 或者是 ITU 都没有具体说明必须用增量价值方法来认定 RAND 条款（2012 年 11 月 16 日庭审笔录，第 63 页第 10–12 行（Simcoe 证词））。此外，在标准制定过程中，不论是 IEEE 或者是 ITU 都没有要求事前披露 RAND 条款。事实上，明确的多边事前谈判是不可能在包括 IEEE 在内的许多标准制定组织的主持下进行的（参见同上，第 67 页第 11 行–第 68 页第 1 行）。

78. 很有可能地，标准制定组织仍然普遍担心，转向采取事前政策会造成反垄断问题（2012 年 11 月 16 日庭审笔录，第 68 页第 2–10 行（Simcoe 证词））。Microsoft 的标准专家 Simcoe 博士写道，"大多数标准制定组织均禁止就许可条款开展任何潜在讨论——一般因为担心会出现反垄断诉讼"（第 3118 号证据，第 6 页）。Simcoe 博士认为，出于对反垄断的担忧，标准制定组织不愿开展事前多边谈判（2012 年 11 月 16 日庭审笔录，第 68 页第 2–10 行（Simcoe 证词））。Simcoe 博士作证说，在标准制定组织中，"有一些谈话提到避免对 RAND 作出（一个）明确定义的原因是：对反垄断的担忧"（参见同上，第 62 页第 16–18 行）。

79. Microsoft 方法的另一个缺点在于法庭执行的不可行性。在实践中，将专利价值与其对标准的增值贡献联系起来的方法是很难实施的（第 293 号证据，第 676 页）。具有多专利的标准的增量价值计算"变得非常复杂，因为当你把一个专利从一个标准中拿掉，再把另一个专利放进去时，会产生其他变化，标准的表现是多维的，不同的人关注不同的方面"（2012 年 11 月 19 日庭审笔录，第 168 页第 3–9 行（Schmalensee 证词））。

80. 但是，承诺 RAND 义务的标准必要专利的合理许可费率必须对专利技术本身进行估值，这必然要考虑专利对标准的重要性和贡献度。如果该专利技术的替代方案可以为标准提供相同或相似的技术贡献，那么该专利技术提供的实际价值就是其增值贡献（2012 年 11 月 13 日庭审笔录，第 152–153 页（Murphy 证词））。因此，确定 RAND 许可费的一个考虑因素是：专利技术与可被标准制定组织写入标准的替代方案之间的比较。

81. Murphy 博士采用一个例子来解释这种增量价值计算方法：

是的，是这个目标。但它不仅是目标——就像生活中的大多数事情一样，做比说难。最理想的做法是坐下来说：好的，Kevin，你贡献了这项技术。Bob 也有替代技术，我们可以用他的而不是你的。你的方法比他的方法有一些增量价值，这就是你带来的价值，由于我们可以用他的而不是你的，所以你的净贡献值就是这个价值。这就是你应得的一个合理的许可费。这是理想的做法。但这并不总是一件容易做的事。

（2012 年 11 月 13 日庭审笔录，第 153 页第 1–11 行（Murphy 证词））。

82. 同样地，Schmalensee 博士写道，"FRAND 许可必须考虑两个关键因素：（1）专利发明对标准的贡献；（2）任何替代技术的存在和普遍竞争水平"（第 293 号证据，第 675 页；另参见 2012 年 11 月 19 日庭审笔录，第 177 页第 20 行–第 178 页第 5 行（Schmalensee 证词））。Schmalensee 博士同样承认，如果关于 RAND 许可费出现了争议，"在标准的早期制定阶段考虑过其他方案的背景下，各方可以提起诉讼，以寻求其知识产权为该标准带来的贡献的相对价值。如果标准中的一个组件在标准落实之前存在多种替代方案，那么通过得当的估量，其增值贡献值可能接近或等于零"（第 293 号证据，第 705–706页（着重强调）；2012 年 11 月 19 日庭审笔录，第 165 页第 23 行–第 166 页第 6 行（Schmalensee 证词））。

C. Motorola 的方法

83. Motorola 确定 RAND 条款和条件的方法为：模拟在 RAND 义务下的假想双边谈判（2012 年 11 月 19 日庭审笔录，第 149 页第 14–17 行（Schmalensee 证词））。正如本判决解释和修正的那样，本庭总体同意 Motorola 的计算方法。

84. 假想双边谈判的方法可在现实中找到支持。事实上，根据呈堂的证据，RAND 许可协议的订立，通常是通过标准必要专利持有者和实施者之间的双边谈判来完成的（2012 年 11 月 19 日庭审笔录，第 149 页第 18 行–第 150 页第 3 行（Schmalensee 证词））。由于实践中会开展双边谈判，所以现实中可以找到此类实践中出现的谈判结果的证据，继而可以使用到模拟假想谈判中（参见同上）。

85. 通常，标准必要专利持有者和潜在的被许可人通过善意的双边谈判来确定 RAND 条款，这些谈判独立于 ITU 和 IEEE 的活动（例如参见第 2838 号证据，MOTM_ WASH1823_ 0000036,039,046,053；第 2970 号证据，第 14 页；2012 年 11 月 16 日庭审笔录，第 137 页第 3 行-第 138 页第 18 行（Lynde 证词）；另参见 2012 年 11 月 13 日庭审笔录，第 181 页第 12– 15 行（Murphy 证词）；2012 年 11 月 19 日庭审笔录，第 142 页第 17–21 行；第 149 页第 18– 22 行（Schmalensee 证词）；2012 年 11 月 20 日庭审笔录，第 45 页第 23 行-第 46 页第 3 行（Dailey 证词））。Microsoft 专家同意，在标准制定组织采用标准之后，双方可以通过私下双边谈判确定 RAND 许可事宜（2012 年 11 月 16 日庭审笔录，第 65 页第 15 行-第 66 页第 2 行（Simcoe 证词）；2012 年 11 月 13 日庭审笔录，第 181 页第 12–15 行（Murphy 证词）；2012 年 11 月 16 日庭审笔录，第 138 页第 7–18 行（Lynde 证词））。

86. 事实上，Microsoft 关于 RAND 承诺的声明中表明，在现实中，的确开展过双边谈判。2011 年 6 月 14 日，在 Microsoft 提出诉讼的 7 个月后，Microsoft 公司副总裁兼副总法律顾问 David Heiner 和 Microsoft 标准策略与政策总经理 Amy Marasco 代表 Microsoft，向联邦贸易委员会提交了一封信函（第 2970 号证据），以回应联邦贸易委员会于 2011 年 5 月 13 日提出的、关于标准化工作中"专利劫持"的标准制定问题的意见征求和公告。该信函包括以下声明：

　　a. "基于 RAND 的知识产权政策提供了一个灵活的框架，帮助实现专利许可的定制双边谈判，通常这些专利许可不仅限于与标准相关的必要专利权利要求"（第 2970 号证据，第 3 页）。

　　b. "RAND 是能经受时间考验的有效的许可承诺方式。和其他"理性"标准一样，它并不强制规定具体的许可条款，但它展现了能够适应各种情况的灵活性。如上所述，各公司就是否启动许可讨论作出决定，如果是，除与最终标准有关的必要权利要求之外，他们还要决定还有哪些因素要被纳入考虑范围内。与标准相关的专利许可谈判，通常与任何一般的专利许可讨论没有区别，它也需要对所有条款和条件进行权衡"（第 2970 号证据，第 12 页）。

87. 假想双边谈判方法在庭审中也能得到支持。关于在专利侵权诉讼中在 *Georgia-Pacific* 框架下通过假想双边谈判来设计对合理许可费的调查，各法院有着长期的经验。参见 *Georgia-Pacific Corp. v. United States Plywood Corp.*，318 F. Supp. 1116（S. D. N. Y. 1970）（2012 年 11 月 19 日庭审笔录，第 149 页第 18 行-第 150 页第 3 行（Schmalensee 证词）；第

293 号证据，第 675、679、680–82 页）。

88. 事实上，联邦巡回上诉法院，即专门负责专利问题的上诉法院，一贯以来都认可 *Georgia-Pacific* 的方法。参见 *LaserDynamics，Inc. v. Quanta Computer，Inc.*，694 F. 3d 51，60 n. 2（Fed. Cir. 2012）（"本庭已批准使用 *Georgia-Pacific* 要素来构建合理的许可费调查。这些要素是基于对争议焦点的假想谈判的事实来适当进行合理许可费的计算"（引用 *Uniloc USA，Inc. v. Microsoft Corp.*，632 F. 3d 1292，1317（Fed. Cir. 2011））。

89. 此外，其他法庭也讨论过 *Georgia-Pacific* 框架适用于确定 RAND 背景下的合理许可费。参见 *Broadcom Corp. v. Qualcomm Inc.*，501 F. 3d 297，314–15 n. 8（3d Cir. 2007）（"许可费的合理性体现在法庭惯常使用的、在 *Georgia-Pacific* 中确立的 15 要素测试法……而且有些法庭已经在（RAND）背景下使用了该测试法"）。

90. 正如 Anne Layne-Farrar、A. Jorge Padilla 和 Richard Scbmalensee 于 2007 年在 Antitrust Law Journal 发表的一篇名为 "*Pricing Patents for Licensing in Standard Setting Organizations：Making Sense of FRAND Commitments*" 的文章中写的，"法庭评估某种行为是否符合标准制定组织成员的 FRAND 承诺，（一种）做法是延伸 *Georgia-Pacific* 要素——这是指导美国专利侵权案件中如何确定合理许可费的重要案件"（第 293 号证据，第 673 页）。他们补充说，"（*Georgia-Pacific*）大部分要素在标准制定背景下可直接适用于 FRAND 评估"（第 293 号证据，第 681 页）。在使用假想双边谈判法时，各法院应修改 *Georgia-Pacific* 框架，以便将 RAND 义务考虑在内（2012 年 11 月 19 日庭审笔录，第 150 页第 4–10 行（Schmalensee 证词））。

91. 最后，在针对何为适当的 RAND 许可费率有争议的背景下，针对 RAND 义务下的假想双边谈判的司法模拟，在逻辑上可以达成双方都认为合理的许可费率。

92. 但是，RAND 义务下的假想谈判必须不同于各法院之前在专利侵权诉讼中进行的典型 *Georgia-Pacific* 分析。原因至少有两个。首先，标准必要专利的持有者有义务按 RAND 条款许可其专利，而未作出 RAND 承诺的专利持有者对其专利具有垄断权，并可以选择不许可。其次，假想谈判几乎肯定不会凭空发生。标准的实施者清楚，他必须从多个而不是仅仅一个标准必要专利持有人处获得许可，才能履行其许可义务和全面实施相关标准。

93. 关于方法论，有一个问题需要回答：在这样的假想谈判中，标准必要专利持有者和标准实施者需要考虑哪些因素？

D. 假想谈判

在本节中，本庭列出了标准必要专利持有者和标准实施者在假想谈判期间将考虑的要素，这些要素决定了针对受 RAND 承诺约束的专利要支付的合理许可费。

94. 合理许可费的概念起源于专利侵权认定后的损害赔偿。35 U. S. C §284 规定，"在请求人主张的事实得以认定后，法庭应裁决请求人获得足够补偿到侵权行为的赔偿金，但该赔偿金不得少于侵权人使用被侵权发明所应付的**合理许可费**以及法庭认定的利息和成本。" 参见 35 U. S. C §284（着重强调）。

95. 纽约南区联邦地区法院曾对 *Georgia-Pacific* 318 F. Supp. 1116 一案发表意见且该意见常常被引用，其罗列出了在专利侵权诉讼的损害赔偿的背景下，计算合理许可费应考虑的 15 项要素：

1. 针对涉案专利专利权人收取过的许可费，证明或倾向于证明既定许可费。

2. 被许可人对于与涉案专利可比的其他专利曾支付的许可费率。

3. 许可的性质以及许可范围。

4. 许可人为维护其专利垄断性而既定的政策和市场营销计划，其手段可以是不许可他人使用该项发明或通过在维护其专利垄断地位的特殊条件下授予许可。

5. 许可人与被许可人之间的商业关系，比如：是否为同一地域的同一行业的竞争对手，或者是否为发明者与推广者之间的关系。

6. 销售专利产品对促销被许可人其他产品产生的效果；该发明对于发明人的现有价值是否促进了发明人的非专利项目销售的增加；以及此类衍生品或搭售的范围。

7. 专利权期限和许可期限。

8. 专利产品的既定获利、商业上的成就、受顾客欢迎的程度。

9. 专利产品相对于具有类似效果的旧式模式或设备（如有）的效用和优点。

10. 专利发明的性质；许可人拥有和生产该发明的商业实施的特征如何；以及为使用该发明的用户带来的好处。

11. 侵权者利用该发明的程度；以及任何关于使用价值的证据。

12. 在某一产业或其类似产业中，使用该发明或类似发明通常可以获得的那部分利润或售价。

13. 该发明所贡献的部分的可获得的利润，其应与非专利要素部分、制造过程、商业风险或侵权者添附的重要特征或者改进区分开来。

14. 适格的专家证人的证词和观点。

15. 许可人和被许可人在合理且自愿的情况下尝试达成协议时（从侵权之日起算）所合意达成的金额。

参见 318 F. Supp.，第 1119–1120 页。

96. *Georgia-Pacific* 要素被广泛接受。参见 *Minks v. Polaris Indus.*，*Inc.*，546 F. 3d 1364，1372（Fed. Cir. 2008）（"假想谈判中的许可费通常是通过评估诸如在 *Georgia-Pacific Corp. v. United States Plywood Corp.*，318 F. Supp. 1116，1120（S. D. N. Y. 1970）中提出的要素来确定"）。

97. *Georgia-Pacific* 案件及其要素常常被引用，作为通过假想谈判确定合理许可费的指导原则，也被称为"双方自愿许可法"。该方法试图确定，倘若在侵权开始之前，当事人通过成功谈判达成一致的许可费。假想谈判尽可能重建事前的许可谈判情景和描述所达成的协议。参见 *Lucent Techs.*，*Inc.*，*v. Gateway*，*Inc.*，580 F. 3d 1301，1324-25（Fed. Cir. 2009）；*Unisplay S. A. v. Am. Elec. Sign Co.*，*Inc.* (69 F. 3d 512，517 n. 7（Fed. Cir. 1995）。

98. 各法院有广泛的裁量权来决定与特定案件有关的 *Georgia-Pacific* 要素。参见 *Minco*，*Inc. v. Combustion Eng'g*，*Inc.*，95 F. 3d 1109，1119-20（Fed. Cir. 1996）（仅采用 *Georgia-Pacific* 的几个要素来判处合理许可费为侵权者总销售额的 20%）。

99. 必须要兼顾 RAND 承诺的目的来调整 *Georgia-Pacific* 要素。具体来说，本庭认定，必须修改以下的 *Georgia-Pacific* 要素。

100. 要素 1 检验的是，针对涉案专利的许可专利权人获得的许可费，该费用证明或倾向于证明某一既定许可费。在 RAND 背景下，给定的专利的许可费必须与 RAND 许可情况相当。换句话说，为了证明一项标准必要专利的既定许可费率，则必须在 RAND 义务或可比较的谈判下来协商专利过往的许可费率。因此，双方明确了解 RAND 义务的许可协议以及下文所讨论的专利池是与标准必要专利的假想谈判有关的。

101. 要素 4 考虑的是，许可人为维护其专利垄断性而既定的政策和市场营销计划，其手段可以是不许可他人使用该项发明或通过在维护其专利垄断地位的特殊条件下授予许可。这个要素在 RAND 背景下是不适用的，因为许可人已经承诺按照 RAND 条款进行许可，因此不存在拒绝许可以维持专利垄断的情况。事实上，正如法庭在本案中所认定的那样，RAND 承诺要求标准必要专利持有人按 RAND 条款向标准的所有实施者授予许可（2012 年 10 月 10 日判决，（第 465 号文档），第 14 页）。

102. 要素 5 检验了许可人与被许可人之间的商业关系，比如是否为在同一地域的同一领域的竞争对手，或者是否是发明者与推广者之间的关系。与要素 4 相似，这个要素不适用于 RAND 的情况。这是因为专利权人已经承诺按 RAND 条款进行许可，因此将不得在许可协议上歧视其竞争对手。相反，如解释，专利持有者有义务以合理的条款许可所有实施者。

103. 要素 6 和要素 8 检验的是专利发明对许可人和被许可人的销售的重要性以及对衍生和搭售销售的重要性。尽管这两个因素都与 RAND 背景下的合理许可费相关，但重要的是将这两个因素的分析集中在专利技术本身的价值上，区分开专利技术被纳入标准所产生的价值（2012 年 11 月 13 日庭审笔录，第 151 页第 19 行–第 153 页第 21 行（Murphy 证词））。

104. 关于要素 6 和 8，合理的许可费不会考虑因标准本身的存在而产生的对被许可人的价值，而是考虑专利对标准的技术能力的贡献以及这些相关技术能力对标准实施者和实施者产品的贡献（2012 年 11 月 13 日庭审笔录，第 144 页第 12–17 行（Murphy 证词））。这是因为除了专利技术对标准的任何贡献外，约定的标准本身还具有重大价值，而 RAND 承诺的存在就是要求标准必要专利持有人不能提出超过他们所做贡献的要求（参见同上，第 151 页第 21 行–第 152 页第 23 行（其中描述了 RAND 承诺如何将合理许可费限制在专利的贡献值，而不是标准本身的价值））。

105. 要素 7 检验专利的有效期限和许可协议的期限。在受 RAND 承诺约束的专利的合理许可费存在争议的情况下，关于要素 7 的分析可大大简化，原因是许可的期限可等于专利的期限。在许多情况下，该要素对于 RAND 承诺下的合理许可费的判断几乎没有影响。

106. 要素 9 考虑的是专利产品相对于具有类似效果的旧式模式或设备（如有）的效用和优势。通过这个要素，双方在 RAND 承诺下的假想谈判中，将考虑本可能替代专利技术而被写入标准的替代方案。该要素聚焦于标准被采纳和实施前的时期（即事前）（2012 年 11 月 13 日庭审笔录，第 199 页第 9 行–第 200 页第 15 行（Murphy 证词））。因此，通过要素 9，可以部分实现 Microsoft 确定 RAND 许可费率的增量方法。

107. 要素 10 通常涉及专利发明的特征，以及给该发明使用者带来的好处。同样，要素 11 检验的是侵权者对发明的使用程度和使用该发明给侵权者带来的价值。在 RAND 背景下，这两个要素都将假想谈判集中在专利对标准技术能力的贡献以及相关技术能力对标准实施者和实施者产品的贡献上。然而，同样，在这样的分析中，重要的是将专利技术与其被纳入标准所带来的价值分离开来。但是，涉及专利对持有者和实施者的益处和价值的证据，与该专利对标准的某些能力的贡献以及标准能力对实施者的贡献相关。

108. 要素 12 指出，"在某一产业或其类似产业中，使用该发明或类似发明通常可以获得的那部分利润或售价"。参见 *Georgia-Pacific* 案，318 F. Supp, 1120。该要素必须从涉及 RAND 承诺的商业实践的角度来看待。换句话说，商业行业中常见的非 RAND 承诺专利的许可费不能构成比较的基础。相反，要素 12 必须关注的是作出 RAND 承诺的专利的商业许可惯例。

109. 要素 13 检验的是该发明所贡献的部分的可获得的利润，其应与非专利要素部分、制造过程、商业风险或侵权者添附的重要特征或者改进区分开来。与许多其他因素一样，在 RAND 背景下，重要的是考虑专利技术对标准的贡献而不是专利被纳入标准后所产生的价值，因为后者会不恰当地将标准本身的价值归于标准必要专利持有者。将标准本身的任何价值归功于标准必要专利持有者将构成劫持价值，且违背 RAND 承诺的目的（2012年 11 月 13 日庭审笔录，第 152 页第 14–23 行（Murphy 证词））。

110. 要素 15 考虑的是专利权人和被许可人在合理且自愿的情况下尝试达成许可协议时（从侵权之日起算）所可能达成的金额。标准必要专利持有者和实施者在尽力达成许可协议时将要考虑 RAND 承诺及其目的。为了达成协议，标准必要专利持有者有义务按 RAND 条款许可其标准必要专利，且必须通过杜绝劫持和堆叠等行为，遵守 RAND 承诺的目的——推动标准的广泛采用。

111. 关于劫持，双方将根据专利技术对标准能力的贡献以及标准的这些能力继而对实施者和实施者产品的贡献，按 RAND 承诺检验合理的许可费率。因此，对标准非常重要的、具有核心作用的专利收取的许可费率将比不那么重要的专利高。然而，重要的是，因为"必要"专利指的是实施标准的选择性或强制性规定所必需的专利，所以某一个标准必要专利可能会对给定标准的选择性部分做出重大贡献，但如果实施者不使用该部分，那么该标准必要专利对实施者则可能没有什么价值。

112. 关于堆叠问题，力图达成协议的各方将考虑与标准和标准实施者的产品相关的整体许可环境。换句话说，RAND 谈判不会凭空进行。各方将考虑其他标准必要专利持有人以及这些专利持有人基于专利对标准和实施者产品的重要性而可能从实施者那里寻求到的许可费率。

113. 最后，按 RAND 承诺寻求合理许可费率的合理各方将要考虑：为了鼓励创造有价值的标准，RAND 承诺必须保证有价值的知识产权的持有者可获得该产权的合理许可费。

根据上述用于确定 RAND 许可费率的框架，本庭对 Motorola 的 802.11 和 H.264 标准必要专利组织了一场假想谈判。首先，本庭审查了 Motorola 的 H.264 和 802.11 专利组合，以确定每个专利组合对其各自标准以及对 Microsoft 产品的重要性。其次，本庭根据某些 Microsoft 产品，为 Motorola 的 H.264 和 802.11 专利组合确定了许可费率和范围。在确定许可费率和范围时，本庭考虑了可能的可比许可协议和专利池，它们可以为 Motorola 的专利组合提供关于合理许可费率的指导。本庭还根据 RAND 承诺背后的原则来认定适当的许可费率和范围。

IV. H. 264 标准

Motorola 拥有 H.264 标准所必要的专利组合。为了确定 Motorola H.264 标准必要专利组合的合理许可费，法庭提供了 H. 264 标准的背景知识，然后检验了 Motorola 专利组合对 H. 264 标准以及使用该标准的 Microsoft 产品的重要性。

A. 关于视频处理的背景

114. 视频压缩是将视频转换为压缩视频的过程，与原始未压缩视频相比，压缩后的视频需要的数据存储量降低了（2012 年 11 月 14 日庭审笔录，第 101 页（Orchard 证词））。

115. 视频压缩很重要，因为现代数字视频，特别是高清视频，需要大量的数据存储（参见同上）。

116. 通过编码将原始的未压缩视频转换成较小的文件或流文件，从而需要更少的存储容量和较少的传输带宽（参见同上）。通过解码可将编码后的较小文件转回近似于原始未压缩视频的视频文件（参见同上）。

117. 编码工具是在编码或解码过程中使用的各种工具（参见同上，第 101－102 页）。视频压缩标准通常定义了许多不同的编码工具，不同的工具用于不同的目的（参见同上，第 102 页）。每个工具对视频的压缩仅做出小部分的贡献（参见同上，第 101－102 页）。编码工具共同构成了聚合的压缩级别，该级别随标准的不同而不同（参见同上）。

B. 隔行和逐行视频

118. 隔行视频是一项压缩技术，开发于 1940 年左右（2012 年 11 月 13 日庭审笔录，第 214 页（Sullivan 证词）；2012 年 11 月 14 日庭审笔录，第 104 页（Orchard 证词））。隔行视频的目的是：通过每次只发送一半的图像，减少电视广播信号发送的数据量（2012 年 11 月 13 日庭审笔录，第 37 页（DeVaan 证词））。现代数字技术的视频压缩效率要高于隔行视频技术（2012 年 11 月 13 日庭审笔录，第 214 页（Sullivan 证词）；2012 年 11 月 14 日庭审笔录，第 102、105 页（Orchard 证词））。

119. 隔行视频压缩分别捕获包含视频的图像的偶数和奇数行（2012 年 11 月 14 日庭审笔录，第 102 页（Orchard 证词）；2012 年 11 月 13 日庭审笔录，第 37 页（DeVaan 证词））。奇数行统称为一个场，偶数行是另一个场。两个连续的场（一个奇数场和相应的偶数场）构成了整个图像，称为帧（2012 年 11 月 14 日庭审笔录，第 103 页（Orchard 证词））。在显示模拟电视广播的老式隔行电视机中，如果图像不同的一半（偶数和奇数行之间的交替）快速连续显示，而不是整个图像以更慢的速度反复显示，那么图像的运动会变得更顺畅（参见同上，第 104 页）。

120. 现代平板电视和电脑显示器不使用隔行视频。相反，它们会快速地显示整个图像，而与电视图像的存储或传输速度无关（2012 年 11 月 14 日庭审笔录，第 104 页

（Orchard 证词））。这称为逐行视频（参见同上）。逐行视频是整个图像的序列，比如用静物摄影机拍摄的图像。每个图像（或帧）包含所有的行，而不只是其中的一半（参见同上，第 102 页）。

121. 隔行视频可以转换为逐行视频，特别是如果它最终要在逐行屏幕上显示出来时（2012 年 11 月 14 日庭审笔录，第 103 页（Orchard 证词）），这个过程被称为去隔行（2012 年 11 月 14 日庭审笔录，第 48 页（Sullivan 证词））。很少有将逐行视频（如有）转换为隔行视频（对比 2012 年 11 月 14 日庭审笔录，第 103 页（Orchard 证词）与 2012 年 11 月 19 日庭审笔录，第 43 页（Drabik 证词）（证词中表示，隔行格式用于表示"逐行分段帧"格式的逐行视频））。

122. 法庭的证据权重表明，当今世界上隔行视频内容越来越少见（参见 2012 年 11 月 14 日庭审笔录，第 102–104 页（Orchard 证词））。

C. 隔行视频压缩

123. 隔行编码工具提高了隔行材料的编码效率（2012 年 11 月 14 日庭审笔录，第 103、105 页（Orchard 证词））。在 1991 年和 1992 年为 MPEG-2 开发了用于编码隔行材料的工具，该工具被纳入 1995 年发布的早期视频编码标准 MPEG-2 中（参见同上，第 105 页；第 1479 号证据）。用于编码隔行材料的工具也已经被纳入其他标准中，比如比 H.264 更早的 MPEG-4（2012 年 11 月 14 日庭审笔录，第 48–49 页（Sullivan 证词））。

124. 自适应帧/场编码可以选择将特定的隔行材料编码为一个帧还是两个分开的场（2012 年 11 月 14 日庭审笔录，第 118 页（Orchard 证词））。帧编码可以一起处理图像的连续行（参见同上，第 103 页）。场编码可以将奇数行和偶数行分开，各自单独处理。

125. 自适应帧/场编码有两种类型：图像自适帧/场编码（PICAFF 或 PAFF）和宏块自适应帧/场编码（MBAFF）（2012 年 11 月 14 日庭审笔录，第 27–28 页（Sullivan 证词））。Motorola 没有发明 PICAFF 或 MBAFF，也没有对 PICAFF 或 MBAFF 做出重大贡献（参见同上，第 12–13 页；2012 年 11 月 19 日庭审笔录，第 53 页（Drabik 证词））。

126. PICAFF 在整个图像的字段和帧编码之间选择，使得图像被完全编码为帧或两个分开的场（2012 年 11 月 14 日庭审笔录，第 119 页（Orchard 证词））。PICAFF 不用于逐行视频（参见同上，第 103、106 页；第 424 号证据，MOTM_WASH1823_0336712（其中描述了 PICAFF 被用作隔行编码的工具））。

127. MBAFF 在每个宏块的场编码和帧编码之间选择，从而将宏块编码为帧或两个分开的场（2012 年 11 月 14 日庭审笔录，第 119 页（Orchard 证词））。MBAFF 不用于逐行视频（参见同上，第 120 页；第 424 号证据，MOTM_WASH1823_0336712（其中描述了

MBAFF 被用作隔行编码的工具))。

128. 在 H.264 标准的开发过程中，Motorola 提出更改 MBAFF，即同时对两个宏块进行场或帧编码之间的选择，而不是单独地针对每个宏块（2012 年 11 月 14 日庭审笔录，第 120 页（Orchard 证词））。为了区分两种类型的 MBAFF、MPEG-2 标准中的 MBAFF 被称为单宏块 MBAFF，而 Motorola 的提议被称为配对宏块 MBAFF。配对宏块 MBAFF 被采纳为 H.264 标准的一部分（参见同上）。

D. H.264 标准的背景

i. H.264 标准的概述和开发

129. H.264 标准是视频编码标准，也称为 MPEG-4 第 10 部分或 AVC（高级视频编码）（第 421 号证据；第 424 号证据，第 560 页）。H.264 标准的第一版于 2003 年 5 月被采纳（第 610 号证据）。

130. H.264 标准的三个核心特征是编码（如上所述）、预测和变换/量化（2012 年 11 月 19 日庭审笔录，第 26 页第 23 行–第 27 页第 4 行（Drabik 证词）；2012 年 11 月 14 日庭审笔录，第 31 页第 21 行–第 32 页第 14 行（Sullivan 证词）；2012 年 11 月 14 日庭审笔录，第 109 页第 10–15 行（Orchard 证词）（预测、变换和量化是 "H.264 标准的核心视频编码组件"）；第 424 号证据，第 566–571 页；第 574 号证据，第 136–38 页；第 421 号证据，第 4（0.6.2）、24–25（6.3）、26（6.4.2）、129–181 页）。

131. 预测的基本思想是消除图像之间的冗余，以减少需要传输或存储的比特数。预测分为两种类型：帧内预测和帧间预测。在帧内预测中，从相同图像帧内的相邻图像样本的空间外推产生预测。在帧间预测中，使用来自称为参考图像的不同图像的块来预测块。帧间预测是执行运动补偿的一种方式，即利用代表移动物体的视频流的连续图像之间的高相关性（第 424 号证据，第 568–570 页；第 574 号证据，第 137–138 页；第 421 号证据，第 4（0.6.3）页）。

132. 变换的基本思想是将像素值转换为频率系数。频率系数比像素值更容易压缩。量化的基本思想是减少表示每个系数所需的比特数。在对频率系数进行量化后，接着开始扫描。在编码期间，扫描过程中会对两维位置中的频率系数进行扫描，并将它们重新定位在一维中以开展下一个编码步骤（第 424 号证据，第 570–571 页；第 574 号证据，第 138–139 页；第 421 号证据，第 4（0.6）页）。

133. 目前，H.264 是使用最广泛的视频编码格式（第 2515 号证据，MOTM_WASH1823_0608878（"在过去四个季度中，H.264 格式从所有视频的 31% 上升到 66%，使其成为迄今为止最大的格式"）；第 2747 号证据，MOTM_WASH1823_0610702，704；2012 年 11 月 20 日庭审笔录，第 15 页第 16 行－第 16 页第 23 行、第 17 页第 15 行－第 18 页第 2 行（Dansky 证词））。

134. ISO/IEC 和 ITU 这两个标准制定组织联合开发了 H.264 标准（2012 年 11 月 13 日庭审笔录，第 208-209 页（Sullivan 证词））。ISO/IEC 的 MPEG（运动图像专家组）视频分组和 ITU 的 VCEG（视频编码专家组）分组开发出了视频压缩标准（参见同上，第 208 页）。VCEG 承担了 H.264 标准的早期开发工作（参见同上，第 210-213 页）。作为 H.264 标准开发的一部分，MPEG 视频分组和 VCEG 创建了 JVT，这是最终完成 H.264 视频标准的联合组织（参见同上，第 208-209 页）。

ii. 开发时间表

135. 1998 年 1 月至 2001 年 8 月期间，VCEG 编制了 H.264 标准的草案（2012 年 11 月 13 日庭审笔录，第 211 页（Sullivan 证词））。

136. 截至 2001 年春，VCEG 估计其草案的压缩与之前的标准相比提高了约 50%（2012 年 11 月 13 日庭审笔录，第 212-16 页（Sullivan 证词））。换句话说，平均而言，VCEG 的草案标准只需要一半的比特就能压缩出与以前的标准相同质量的视频（参见同上）。但是，实际能实现的压缩会随着视频序列的不同而不同（参见第 424 号证据，MOTM_WASH1823_0336720）。

137. 但是，在 2001 年春，VCEG 并没有检测隔行视频标准的表现。相反，所估计的 50% 的压缩改进是基于比标准定义还低的分辨率的视频序列（2012 年 11 月 14 日庭审笔录，第 28 页（Sullivan 证词）；第 424 号证据，MOTM_WASH1823_0336721（"请注意：图 18 不代表隔行视频的性能"））。截至 2001 年夏，VCEG 的设计中尚未包括专门用于编码隔行视频的工具（2012 年 11 月 13 日庭审笔录，第 214 页（Sullivan 证词））。

138. 2001 年 1 月，MPEG 征求关于先进压缩技术的提案（2012 年 11 月 13 日庭审笔录，第 213 页（Sullivan 证词））。2001 年 7 月，VCEG 将其设计草案提交给 MPEG 进行评估，并提出与 MPEG 合作完成标准草案（参见同上，第 213 页）。在检验过 VCEG 的提案后，MPEG 采纳了它，并同意与 VCEG 一起将其确定为一项新标准（参见同上，第 213-214 页）。2001 年 12 月，VCEG 和 MPEG 正式创建了 JVT（参见同上）。

139. JVT 成立后，共经历了六个新版本的标准。MPEG 和 VCEG 一直合作开展测试开发工作，期间其他实体也做出了贡献（第 424 号证据，MOTM_WASH1823_0336720）。

140. 2003 年 5 月，JVT 完成了第一版的 H.264 标准（2012 年 11 月 13 日庭审笔录，第 214 页（Sullivan 证词））。和 2001 年 7 月 VCEG 提交的草案标准一样，比较之前的标准压缩平均改进了约50%（参见同上，第215页；2012年11月14日庭审笔录，第9–10页（Sullivan证词））。

141. 最终的版本也没有对隔行视频标准的性能进行检验（2012年11月14日庭审笔录，第28页（Sullivan证词）；第424号证据，MOTM_WASH1823_0336721（"请注意：图18不代表隔行视频的性能"））。相反，所估计的最终版本中50%的压缩改进是基于比标准定义还低的分辨率的视频序列（2012年11月14日庭审笔录，第28页（Sullivan证词）；第424号证据，MOTM_WASH1823_0336721（"请注意：图18不代表隔行视频的性能"））。

142. 最后的 H.264 标准包含隔行编码工具，其中包括 Motorola 提出的配对宏块 MBAFF（2012年11月14日庭审笔录，第119–20页（Orchard证词））。

iii. H.264 标准的配置组合和级别

143. H.264 标准描述了用于实现各种压缩技术的格式。由于有多种技术可以使用，所以该标准将这些压缩技术组合成"配置组合"（第574号证据，第140页）。这些配置组合中包括基础配置组合、主配置组合、高级配置组合和扩展配置组合（参见同上）。该标准还定义了从1到5.1的各个"级别"，用于限制如何使用配置组合所允许的压缩技术（参见同上；第610号证据，第209页）。要符合 H.264 标准需要同时参考适当的配置组合和级别（第610号证据，第204页）。

144. 下图来自"Marpe"的论文，其提供关于 H.264 配置组合的示意图：

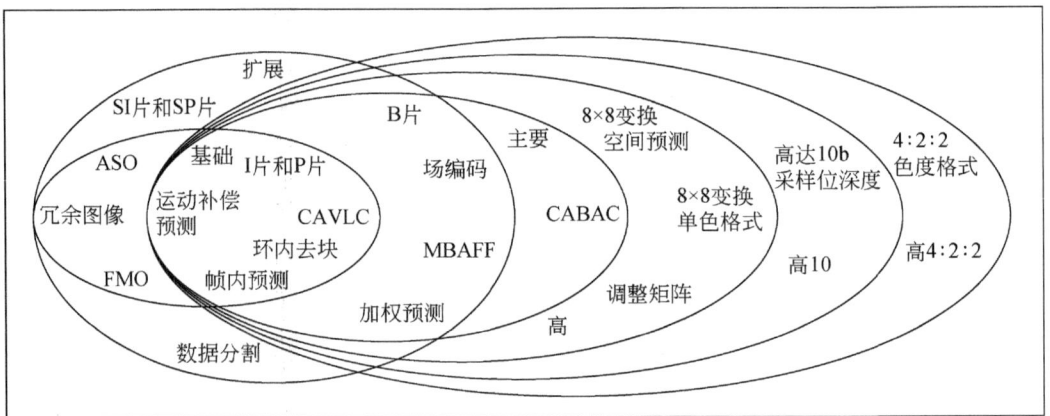

第574号证据，Marpe等，*The H.264/MPEG4 Advanced Video Coding Standard and its Applications*, IEEE Communications Magazine, 2006年8月（"Marpe"），第140页（MOTM_WASH 1823_0394434）

（第574号证据，第140页；2012年11月19日庭审笔录，第36页第20行–第37页第4行（Drabik证词））。

145. 要符合 H. 264 标准的特定配置组合和级别, H. 264 视频解码器必须能够对在该级别的限制内使用该配置组合允许的任何压缩技术所编码的任何视频进行解压 (第 610 号证据, 第 204 页; 第 574 号证据, 第 140 页)。

146. H. 264 不需要编码器来实施任何特定的压缩技术, 即便与编码器相适应的配置组合和级别允许使用该技术也是如此 (第 610 号证据, 第 201 页 (H. 264 标准规定 "不需要通过编码器来使用配置组合支持的任何特定的特征子集"); 第 574 号证据, 第 140 页)。相反, 如果编码器产生的视频能被符合某一配置组合和级别的解码器解码, 那么可以说该编码器符合 H. 264 标准的特定配置组合和级别 (第 574 号证据, 第 140 页)。

147. 限制性基础配置组合 (在 "Marpe" 一文中表示为 "基础" 配置组合内的圆圈) 是 "必须由任何 H. 264 解码器支持" 的一系列特征 (2012 年 11 月 19 日庭审笔录, 第 36 页第 23-24 行 (Drabik 证词); 第 574 号证据, 第 140 页)。基础配置组合是限制性基础配置组合的超集, 它增添了三个传输效率附加工具 (第 574 号证据, 第 140 页)。"'基础'是指技术的有限功能版本, 例如它不支持高清视频"(2012 年 11 月 13 日庭审笔录, 第 77 页第 1-3 页 (Glanz 证词))。

148. 基础配置组合禁止使用隔行编码工具 (第 574 号证据, 第 140 页; 2012 年 11 月 14 日庭审笔录, 第 19-20 页 (Sullivan 证词))。

149. 主要配置组合和高级配置组合 (在 "Marpe" 一文中均有图示) 提供了附加的编码工具, 包括场编码、MBAFF 和 PAFF (2012 年 11 月 19 日庭审笔录, 第 36 页第 25 行-第 37 页第 4 行 (Drabik 证词); 第 574 号证据, 第 140 页)。

150. 主要和高级配置组合通常用于标清 (SD) 和高清 (HD) 视频 (2012 年 11 月 19 日庭审笔录, 第 36 页第 25 行-第 37 页第 4 行 (Drabik 证词); 2012 年 11 月 16 日庭审笔录, 第 193 页第 21-23 行 (Luthra 证词); 第 574 号证据, 第 141 行 ("典型的 SD 和 HD 消费类应用中, 高配置组合……已经超越了主配置组合作为了 H. 264/MPEG4-AVC 的预期应用"); 第 3399 号证据, MOTM_WASH1823_0612357 (主要配置组合的 "设计重点是压缩编码效率能力")(原文着重强调); 第 2739 号证据, 第 17 页; 第 3345 号证据, 第 7 页 ("主要配置组合是指 H. 264 除了灵活宏块排序 (FMO) 以外的所有功能逐行或隔行视频以广播市场为目标")。

151. 无论配置组合如何, 2.1 以下及 4.1 以上的级别单独禁止使用隔行编码工具。在 2.1-4.1 级别, 主要和高级配置组合允许使用隔行编码工具 (2012 年 11 月 19 日庭审笔录, 第 37 页 (Drabik 证词))。因此, 符合主要或高级配置组合第 2.1-4.1 级别的解码器必须支持隔行编码 (第 421 号证据 (H. 264 标准, 2010 年 3 月), 第 299 页 (表 A-4, 其中显示 2.1-4.1 级别未定义的 "frame_mbs_only_flag"); 2012 年 11 月 14 日庭审笔录, 第

19 页第 24 行-第 20 页第 1 行、第 20 页第 8-10 行（Sullivan 证词）；2012 年 11 月 19 日庭审笔录，第 37 页第 6-9 行（Drabik 证词））。

152. 如果希望利用 2.1-4.1 级别内只有主要和高级配置组合允许的、而其他配置组合和级别不允许的任何技术，则必须使用具有隔行编码功能的解码器，无论该功能是否曾被使用过（第 574 号证据，第 1 页）。

153. 例如，Google 的 YouTube 就指定高级配置组合，以便能利用高级配置组合允许、而基础配置组合所不允许的 "CABAC" 和 "B 帧" 压缩技术，它还规定不可对视频进行隔行扫描。因此，解码 YouTube H.264 视频的 H.264 合规解码器必须具有解码隔行视频的功能，即使该功能不会被使用（第 592 号证据，第 1 页）。

iv. 与 H.264 标准有关的知识产权

154. H.264 标准是在提交超过 2300 个文档的基础上，由来自大约 170 个实体的提案形成的（2012 年 11 月 14 日庭审笔录，第 108 页（Orchard 证词））。H.264 是一项庞大而技术复杂的标准，其目标是提供比之前的视频标准改进明显的压缩（第 610 号证据；2012 年 11 月 13 日庭审笔录，第 211 页（Sullivan 证词））。

155. H.264 标准的最大技术贡献者是 Telenor Group，它是该标准中许多核心创新的贡献者，并且它在 1999 年 8 月提交的议案后来构成了设计初稿的基础（2012 年 11 月 13 日庭审笔录，第 215 页（Sullivan 证词）；2012 年 11 月 14 日庭审笔录，第 115 页（Orchard 证词））。Telenor 决定不对自己的贡献申请专利，并已将该决定告知 JVT（2012 年 11 月 14 日庭审笔录，第 52 页（Sullivan 证词）；2012 年 11 月 14 日庭审笔录，第 115 页（Orchard 证词））。

156. 除了 Telenor 对标准的贡献外，全球至少有 2500 个专利对 H.264 标准是必要的（2012 年 11 月 14 日庭审笔录，第 110-113 页（Orchard 证词））。在这 2500 项专利中，超过 360 项是美国专利（参见第 1544 号证据）。

157. 大约 33 家美国公司宣布了其声称为必要的 H.264 专利。所有这些专利均作出了 RAND 承诺。另有 19 家公司向 ITU 提交了 "总" LOA，对专利作出 RAND 承诺（参见第 1544 号证据）。

v. Motorola 对 H.264 标准开发的贡献

158. Motorola 没有为 VCEG 设计的 H.264 草案（MPEG 于 2001 年 7 月进行了评估）做出贡献（2012 年 11 月 19 日庭审笔录，第 22 页（Luthra 证词））。

159. 但是，Motorola 对 VCEG 在 2001 年中期的工作感兴趣（2012 年 11 月 13 日庭审

笔录，第 215 页（Sullivan 证词）；第 420 号证据，第 1 页；2012 年 11 月 19 日庭审笔录，第 21 页（Luthra 证词））。2001 年 12 月，当 MPEG 和 VCEG 开始合作后，Motorola 在 JVT 的第一次会议上提出了初步建议（2012 年 11 月 13 日庭审笔录，第 216 页（Sullivan 证词））。此外，Motorola 的员工 Ajay Luthra 博士开始担任 JVT 的联合主席之一①（第 424 号证据，MOTM_WASH1823_0336722）。

160. 在 Motorola 开始参与 H.264 标准开发之前，许多其他公司和研究机构已经为 VCEG 的 H.264 草案开发做出了贡献，正是这些努力才最终产生了 H.264 标准（第 420 号证据，第 1 页）。这些实体使 H.264 标准的创新成为可能，其中包括 Telenor、Nokia、Fraunhofer Heinrich Hertz Institute 等（2012 年 11 月 13 日庭审笔录，第 215 页（Sullivan 证词））。

161. JVT 采用了 Motorola 对 H.264 标准做出的与隔行视频有关的贡献（2012 年 11 月 14 日庭审笔录，第 109 页（Orchard 证词）；2012 年 11 月 14 日庭审笔录，第 12 页（Sullivan 证词）；2012 年 11 月 19 日庭审笔录，第 50-51 页（Drabik 证词））。JVT 创立之后，Motorola 提交了 25 项提案，其中 18 项涉及隔行视频，里面的 7 项涉及小波编码（2012 年 11 月 14 日庭审笔录，第 108-09 页（Orchard 证词））。JVT 没有将 Motorola 关于小波编码的贡献采纳入 H.264 标准（参见同上）。但是，JVT 确实采用了 Motorola 关于隔行视频的贡献，包括 PICAFF 和 MBAFF（参见同上，第 119-20 页）。

162. 因此，Motorola 在 H.264 开发中的作用几乎完全涉及隔行视频（2012 年 11 月 14 日庭审笔录，第 12 页（Sullivan 证词）；2012 年 11 月 14 日庭审笔录，第 12、109 页（Orchard 证词）；第 420 号证据，第 1 页）。

E. Motorola 的专利

163. Motorola 有 16 项美国专利以及这些专利的许多国外对应专利，对于 H.264 标准的实践都是必要的。这 16 项专利分为 6 个专利"族"（见下表）（2012 年 11 月 19 日庭审笔录，第 25 页第 18-19 行（Drabik 证词））。

专利族	美国专利
（1）Krause 专利族	5235419（第 270 号证据）
（2）Wu 专利族	5376968（第 283 号证据）

---

① 法院不能确定 Luthra 博士是在 H.264 标准开发的哪个阶段加入的。Luthra 博士似乎是在 JVT 创立之时或之后不久加入的（2012 年 11 月 13 日庭审笔录，第 215 页（Sullivan 证词））。

续表

专利族	美国专利
（3）Eifrig 专利族	6005980（第 268 号证据）
（4）MBAFF 专利族	6980596（第 271 号证据）
	7310374（第 272 号证据）
	7310375（第 273 号证据）
	7310376（第 274 号证据）
	7310377（第 275 号证据）
	7421025（第 276 号证据）
	7477690（第 277 号证据）
	7817718（第 278 号证据）
（5）PAFF 专利族	7769087（第 281 号证据）
	7660353（第 280 号证据）
	7839931（第 282 号证据）
（6）Scan 专利族	7162094（第 266 号证据）
	6987888（第 265 号证据）

164. Motorola H. 264 必要专利的六个专利族涉及：（1）预测；（2）自适应帧/场编码；（3）变换/量化。Krause、Wu 和 Eifrig 专利族是针对预测的。MBAFF 和 PAFF 专利族是针对自适应帧/场编码的。Scan 专利族是针对变换/量化的。

i. Krause 专利族

165. Krause 专利族由美国专利 5235419（'419 专利）和外国专利 2079862（CA）、EP0538667（GB、GE、FR）、2875117（JP）和 264507（KR）组成（第 270 号证据；第 2 号证据，第 17 页；2012 年 11 月 19 日庭审笔录，第 26 页第 3-19 行（Drabik 证词））。

166. '419 专利公开了使用多个运动补偿器的自适应视频压缩，以更有效地编码发生复杂运动的视频数据（参见第 270 号证据（'419 专利），摘要部分及图 1）。

167. Krause 专利族在基础、主要和高级配置组合上均对 H. 264 标准"必要"（2012 年 11 月 19 日庭审笔录，第 26 页第 3-19 行、第 36 页第 18 行-第 37 页第 17 行（Drabik 证词））。

168. 对标准的重要性。Krause 专利族对于 H. 264 标准具有技术价值，因为它是针对预测的核心特征。它允许视频编码器自适应地使用能令视频数据实现最大压缩的块大小，从而更有效地编码视频（2012 年 11 月 19 日庭审笔录，第 27 页第 22 行-第 28 页第 17 行（Drabik 证词））。同样，它允许视频解码器取出指示编码器块大小的码字，然后使用该码字来恢复运动矢量（参见同上）。

169. Motorola 提供了 Timothy Drabik 博士的无争议的意见证据，即 H. 264 标准至少使用了 '419 专利的至少一项权利要求（2012 年 11 月 19 日庭审笔录，第 26 页第 3–19 行（Drabik 证词））。法庭认可了这一证词，但提出警告：法庭没有对 '419 专利的权利要求中所述的任一术语进行解释。因此，Drabik 博士的最终意见需要假设：法庭将解释权利要求术语，使其涵盖 Drabik 博士在分析中使用的类似范围。参见 *Markman v. Westview Instruments，Inc.*，517 U. S. 370，372（1996）（由法庭单独承担解释专利要求的责任）；*Cybor Corp. v. FAS Tech.，Inc.*，138 F. 3d 1448，1456（Fed. Cir. 1998）（确定法庭将纯粹依法律解释权利要求）。

170. Motorola 提出的无可争议的证据表明，'419 专利贡献了 H. 264 所报告的编码增益的50%（仅用于逐行扫描序列）（2012 年 11 月 16 日庭审笔录，第 192 页第 25 行–第 193页第 16 行（Luthra 证词）；第 424 号证据，第 574–575 页）。

171. '419 专利已于 2011 年 10 月到期，当时距离 Motorola 向 Microsoft 对许可其H. 264 标准必要专利发出的要约函已过去约一年（2012 年 11 月 14 日庭审笔录，第 133 页（Orchard 证词）；2012 年 11 月 19 日庭审笔录，第 56–57 页（Drabik 证词）；第 270 号证据）。在庭审期间，Microsoft 没有提供足够的证据表明，尽管 '419 专利的历史相对较长，但它已经失去对 H. 264 标准的重要意义。

172. Microsoft 声称，JVT 可以采用 '419 专利的替代方案，包括第 1477、633、462 和632 号证据中描述的块或子块的类似运动补偿方法（2012 年 11 月 14 日庭审笔录，第 135页（Orchard 证词））。然而，除了专家的武断证词之外，Microsoft 并没有提供关于这些替代方案如何完全取代 '419 专利或者如何影响 H. 264 标准的相关方面的细节。此外，法庭根据证据认定，Motorola 通过其专家 Drabik 博士提供了足够的证据和解释，说明了为什么Krause 专利族在功能上优于 Microsoft 提出的任何替代方案（参见 2012 年 11 月 19 日庭审笔录，第 25、44–45 页（Drabik 证词））。

173. 法庭审查了 '419 专利的说明书，认定它只披露了"装置加功能（means-plus-function）"元件的具体的硬件实施（2012 年 11 月 14 日庭审笔录，第 134–135 页（Orchard证词））。根据 Microsoft 专家 Michael Orchard 博士介绍，在提交 '419 专利申请时，普通技术人员不了解 '419 专利披露了软件结构（参见同上）。虽然 Motorola 的专家 Drabik 博士证实'419 专利的说明书使用了"算法"一词，但 Motorola 没有确定说明书中披露的实际软件算法，且法庭也没有找到相关内容。参见 *Aristocrat Techs. Austl. PtyLtd. v. Int'l Game Tech.*，521 F. 3d 1328，1333（Fed. Cir. 2008）（"在装置加功能的专利要求中，'所披露的结构是被编程为执行算法的计算机或微处理器，所披露的结构不是通用计算机，而是被编程为执行所披露算法的专用计算机'"（引用 *WMS Gaming*，*Inc. v. Int'l Game Tech.*，184 F. 3d 1339，1349（1999）））；（参见 2012 年 11 月 19 日庭审笔录，第 41 页（Drabik 证词））。因此，Motorola 没有提供证据表明，'419 专利的说明书中披露了与"装置加功能"的权利要求限制相对应的软件结构或算法（或者所披露的硬件结构将被普通技术人员视为等同于软件结构或算法）。因此，'419 专利对标准有贡献，但其贡献仅限于通过硬件来实施该标准。

ii. Wu 专利族

174. Wu 专利族包括美国专利 5376968（'968 专利）和外国对应专利 663671（AU）、2118668（CA）、EP0615384（FR、GE、GB、IRE、NETH、ES、SWED）、2945268（JP）、187606（MX）、311960（NOR）、244827（KR）和 NI-084114（TAI）（第 283 号证据；第 2 号证据，第 19 页；2012 年 11 月 19 日庭审笔录，第 26 页第 3-19 行（Drabik 证词））。

175. '968 专利披露了一种能够通过多种压缩模式提供自适应视频压缩，从而进行视频数据的压缩的系统（第 283 号证据（'968 专利），摘要及图 1；2012 年 11 月 19 日庭审笔录，第 29 页第 3-13 行（Drabik 证词））。具体来说，该专利披露了可以在整个块上进行压缩或用码表示该块应该分成子块（2012 年 11 月 14 日庭审笔录，第 138 页（Orchard 证词））。

176. Wu 专利族的专利在基础、主要和高级配置组合上对 H. 264 标准是必要的（2012 年 11 月 19 日庭审笔录，第 26 页第 3-19 行、第 36 页第 18 行-第 37 页第 17 行（Drabik 证词））。

177. 对标准的重要性。Wu 专利族对 H. 264 标准具有技术价值，因为它针对 H. 264 的核心预测功能。Wu 专利族的专利提供了灵活的自适应选择压缩模式，从而提高编码效率（2012 年 11 月 19 日庭审笔录，第 29 页第 3-13 行（Drabik 证词））。同样，Wu 专利族的专利允许视频解码器取回开销数据，从而了解编码器使用的压缩模式并可以执行与该压缩模式对应的适当解压缩操作（参见同上）。

178. 在审判中，Motorola 提供了 Timothy Drabik 博士的无争议的意见证据，即 '968 专利中至少有一项权利要求涵盖 H. 264 标准采用的自适应压缩（2012 年 11 月 19 日庭审笔录，第 26 页第 3-19 行（Drabik 证词））。和 '419 专利一样，法庭认可了这一证词，但提出警告：法庭没有对 '968 专利的权利要求中所述的任何术语进行解释。因此，Drabik 博士的最终意见需要假设：法庭将解释权利要求术语，使其涵盖 Drabik 博士在分析中使用的类似范围。

179. Motorola 提出无可争议的证据表明，'968 专利贡献了 H. 264 所报告的编码增益的50%（仅用于逐行扫描序列）（2012 年 11 月 16 日庭审笔录，第 192 页第 25 行–第 193 页第 11 行（Luthra 证词）；第 424 号证据，第 574–575 页）。

180. '968 专利已于 2013 年 3 月 11 日到期，当时距离 Motorola 向 Microsoft 发出许可其 H.264 标准必要专利的要约函已过去约两年半（2012 年 11 月 14 日庭审笔录，第 138 页（Orchard 证词）；第 283 号证据）。和 '419 专利的证据提交情况一样，在庭审期间，Microsoft 没有提供足够的证据表明，尽管 '968 专利的历史相对较长，但它已经失去对 H.264 标准的重要意义。

181. 关于 '968 专利，Microsoft 声称，JVT 可以采用替代方案。Microsoft 建议的替代方案见第 462、632、633 和 1477 号证据（2012 年 11 月 14 日庭审笔录，第 135 页（Orchard 证词））。然而，除了专家的武断证词之外，Microsoft 并没有提供关于这些替代方案如何完全取代 '968 专利或者如何影响 H.264 标准的相关方面的细节（2012 年 11 月 14 日庭审笔录，第 138–139 页（Orchard 证词）（其中仅提出了 Microsoft 的替代方案可实践或等同于 '968 专利，但没有提供任何解释））。此外，法庭根据证据认定，Motorola 通过其专家 Drabik 博士提供了足够的证据和解释，说明了为什么 Wu 专利族在功能上优于 Microsoft 提出的任何替代方案（2012 年 11 月 19 日庭审笔录，第 45–46 页（Drabik 证词））。

182. 正如 Microsoft 所指出的那样，Drabik 博士分析称 '968 专利的权利要求涵盖了 H.264 标准所述的自适应压缩，并且包含了"装置加功能"限制（第 283 号证据；2012 年 11 月 14 日庭审笔录，第 139 页（Orchard 证词））。法庭审查了 '968 专利的说明书，认定它只披露了与"装置加功能"的主体相对应的特定硬件实现（第 283 号证据；2012 年 11 月 14 日庭审笔录，第 134–135 页（Orchard 证词））。根据 Microsoft 专家 Orchard 博士介绍，在提交 '968 专利申请时，普通技术人员不了解 '968 专利披露了软件结构（2012 年 11 月 14 日庭审笔录，第 138 页（Orchard 证词））。同样地，Motorola 仅提供专家 Drabik 博士的证词，称 '968 专利说明书中使用了"算法"一词，但是没有证据表明 '968 专利的说明书中披露了一种与"装置加功能"的权利要求限定相对应的实际软件结构或算法（或者所披露的硬件结构将被普通技术人员视为等同于软件结构或算法）。

183. 与 '419 专利不同的是，'968 专利包含一项权利要求，即权利要求 16，这不包括"装置加功能"的限制。因此，从表面上来说，权利要求 16 并不局限于 '968 专利说明书中披露的硬件结构。然而，Motorola 并没有提供证据证明 '968 专利之中的权利要求 16 涵盖 H.264 标准技术。尽管如此，'968 专利被声明为对于 H.264 标准必要的。因此，就这一权利要求进行谈判的各方，可能会认为该项专利适用于 H.264 标准的硬件和软件实施方式。

184. 因此，'968 专利对 H. 264 标准的编码和预测效率有所贡献。这将会成为假想谈判各方争论的焦点，即专利所做贡献是仅与软件实施方式有关，还是与软硬件实施方式两者有关。

iii. Eifrig 专利族

185. Eifrig 专利族包含美国专利 6005980 （'980 专利） 以及其外国对应专利 2230567 （CA）、2702769 （CA） 和 245861 （MX）（第 268 号证据；第 2 号证据，第 1 页；2012 年 11 月 19 日庭审笔录，第 26 页第 3–19 行 （Drabik 证词））。

186. '980 专利针对基于某一块的三个相邻块（左侧（A）、顶部（B） 和右上方（C）） 的运动矢量，得出该块的预测运动矢量（PMV），所述三个相邻块中至少有一个场编码块 （2012 年 11 月 19 日庭审笔录，第 30 页第 6–16 行 （Drabik 证词）；2012 年 11 月 16 日庭审笔录，第 200 页第 15 行–第 201 页第 10 行 （Luthra 证词））。

187. 对于主要和高配置组合等级 2.1–4.1，Eifrig 专利族被声明为 H. 264 标准 "必要" 的 （2012 年 11 月 19 日庭审笔录，第 26 页第 3–12 行、第 37 页 6–9 行和第 37 页第 14–19 行 （Drabik 证词））。

188. 对标准的重要性。Eifrig 专利族对 H. 264 标准具有技术价值，因为它针对 H. 264 的核心预测功能。相较于其他的运动矢量预测的块选择，它可以改进编码增益 （2012 年 11 月 19 日庭审笔录，第 30 页第 4–23 行 （Drabik 证词）；2012 年 11 月 16 日庭审笔录，第 200 页第 21 行–第 202 页第 11 行 （Luthra 证词））。

189. 在审判中，Motorola 提供了 Luthra 博士的无争议的意见证据，即 '980 专利中至少有一项权利要求涵盖 H. 264 标准所述的得到 PMV （2012 年 11 月 16 日庭审笔录，第 200 页第 15 行–第 202 页第 11 行 （Luthra 证词））。和 '419 专利以及 '968 专利一样，法庭认可了这一证词，但提出警告：法庭没有对 '980 专利的权利要求中所述的术语进行解释。因此，Luthra 博士的最终意见需要假设：法庭将解释权利要求术语，使其涵盖 Luthra 博士在其分析中使用的类似范围。

190. 在 H. 264 标准开发期间，Motorola 向 JVT 提出了一种基于相邻块来计算块的 PMV 的技术，其中块是经过帧或场编码的 （第 423 号证据 （VCEG-O37） 第 8 页；2012 年 11 月 16 日庭审笔录，第 199 页第 10 行–第 200 页第 14 行 （Luthra 证词））。

191. Motorola 的 '980 专利披露了 Motorola 的 PMV 发明：它基于左侧、顶部和右上相邻块的运动矢量计算当前块的 PMV，三个相邻块中的一个块处于场模式 （第 268 号证据；2012 年 11 月 16 日庭审笔录，第 200 页第 15 行–第 201 页第 7 行 （Luthra 证词））。

192. JVT 将 Motorola 的 PMV 发明纳入了 H. 264 标准 （例如参见第 610 号证据

（H. 264 标准，2003 年 4 月），第 21 页（图 6-9）；第 421 号证据（H. 264 标准，2010 年 3 月），第 31 页（图 6-14）；2012 年 11 月 16 日庭审笔录，第 200 页第 15 行–第 201 页第 24 行（Luthra 证词））。

193. Microsoft 和 Motorola 关于 '980 专利仅涉及隔行视频（Microsoft 的观点）还是同时涉及隔行视频和逐行视频（Motorola 的观点）存在分歧。为了支持自己的观点，Motorola 认为，'980 专利涉及场编码和混合帧/场编码，而混合帧/场编码适用于逐行视频（参见 2012 年 11 月 19 日庭审笔录，第 54–55 页（Drabik 证词）（声称 '980 专利涉及逐行或隔行视频））。

194. 根据 Motorola 专家 Drabik 博士的说法，'980 专利的限制是其中一个块必须进行场编码（2012 年 11 月 19 日庭审笔录，第 54 页（Drabik 证词））。呈堂证据表明，场编码是仅适用于隔行视频的工具（2012 年 11 月 14 日庭审笔录，第 105 页（Orchard 证词）（声称逐行视频的场编码将是一个错误）；第 424 号证据（描述用于隔行编码的自适应帧/场编码工具））。实际上，Drabik 博士在证词中说，'980 专利被用于隔行视频（2012 年 11 月 19 日庭审笔录，第 55 页（Drabik 证词））。因此，法庭认定 '980 专利仅适用于隔行视频，或至少与其他的逐行视频编码工具相比它的效率较低。[①]

195. 此外，Microsoft 提出了令人信服的证据，证明 '980 专利披露了使用与之前的技术用于逐行视频的相同的三个块进行运动预测（2012 年 11 月 14 日庭审笔录，第 130–131 页（Orchard 证词））。特别是 1996 年 5 月后出台的 H. 263 标准草案表明，与在 '980 专利中相同的三个块可用于运动预测（参见同上，第 132 页；第 611 号证据）。因此，法庭认定，普通技术人员可以直观地将已知可用于逐行视频的相同的块用于隔行视频（2012 年 11 月 19 日庭审笔录，第 56 页（Drabik 证词）；2012 年 11 月 14 日庭审笔录，第 131 页（Orchard 证词））。

196. 因此，即使 '980 专利同时涉及隔行和逐行视频，但正如 Motorola 所言，'980 专利所披露的改进将不适用于逐行视频。因此，法庭认定，与 H. 264 标准开发之前已有的技术相比，'980 专利带来的技术进步微不足道。

---

① 在庭审期间，Drabik 博士证明，可以通过调用隔行编码工具来解码逐行视频内容，且这样做可能有好处（2012 年 11 月 19 日庭审笔录，第 63–64 页（Drabik 证词））。但是，Drabik 博士没有指出任何实际出现的这种情况。尽管法庭并不反对隔行编码工具可用于解码逐行视频内容，但从庭审笔录来看，这种做法至少是非常罕见而且不是有利的。

iv. MBAFF 专利族

197. MBAFF 专利族包括美国专利 6980596（'596 专利）、7310374（'374 专利）、7310375（'375 专利）、7310376（'376 专利）、7310377（'377 专利）、7421025（'025 专利）、7477690（'690 专利）和 7817718（'718 专利），以及外国对应专利 2468087（CA）、10182726.9（EP）、10182629.5（EP）、10182686.5（EP）、10182624.6（EP）、10182654.3（EP）、2804054.1（EP）、2009-244955（JP）、2008-234061（JP）、244982（MX）、20042544（NOR）和 10-2004-7007762（KR）（第 271–278 号证据；第 2 号证据，第 2–17 页；2012 年 11 月 19 日庭审笔录，第 26 页第 3–19 行（Drabik 证词））。

198. '596 专利涉及对一对宏块的 AFF 编码（第 271 号证据（'596 专利），第 7 页第 32 行–第 8 页第 6 行，图 7）。这被称为 H.264 标准中的宏块自适应帧/场（MBAFF）编码（例如参见第 421 号证据（H.264 标准，2010 年 3 月），第 13、29 页）。如前所述，出于本判决之目的，为了区分两种类型的 MBAFF，H.264 标准之前的 MBAFF 技术被称为单宏块 MBAFF（2012 年 11 月 14 日庭审笔录，第 120 页（Orchard 证词）），而 '596 专利披露的技术被称为配对宏块 MBAFF（2012 年 11 月 14 日庭审笔录，第 120 页（Orchard 证词））。

199. '374、'375、'376、'377、'025、'690 和 '718 专利涉及基础配对宏块 MBAFF 技术与已经开发的其他预测技术的结合，这些预测技术例如包括帧内预测、帧间预测、宏块跳跃和双向预测（第 272 号证据（'374 专利），第 9 页第 9 行–第 14 页第 36 行（帧间预测）；第 273 号证据（'375 专利）第 9 页第 11–17 行、第 14 页第 41 行–第 17 页第 2 行（帧内预测）；第 274 号证据（'376 专利），第 8 页第 3–20 行（水平或垂直扫描路径）；第 275 号证据（'377 专利），第 9 页第 11 行–第 16 页第 63 行（帧内预测和帧间预测）；第 276 号证据（'025 专利），第 7 页第 18 行–第 8 页第 36 行（尺寸为一对宏块的倍数的较小部分）；第 277 号证据（'690 专利），第 12 页第 38–65 行、第 13 页第 58 行–第 14 页第 13 行（宏块跳跃）；第 278 证据（'718 专利）第 12 页第 56 行–第 13 页第 47 行（双向预测））。

200. Motorola 的 MBAFF 专利 ——'374、'375、'376、'377、'025、'690 和 '718 专利以及 '590 专利——都源于相同的初始专利申请，且具有相同的说明书（2012 年 11 月 14 日庭审笔录，第 116 页（Orchard 证词）；第 271–278 号证据）。

201. MBAFF 专利族在 2.1–4.1 级别的主要和高级配置组合方面，对 H.264 标准是"必要"的（2012 年 11 月 19 日庭审笔录，第 26 页第 3–19 行、第 31 页第 22 行–第 32 页第 3 行、第 37 页第 6–19 行（Drabik 证词））。

202. 对于标准的重要性。MBAFF 专利族具有技术价值，因为它针对的是 H. 264 的核心特征——AFF 编码和预测。它通过使用宏块对来提供编码增益，该宏块对允许在帧和场模式下对所有七个块大小进行预测（2012 年 11 月 19 日庭审笔录，第 30 页第 24 行–第 32 页第 3 行（Drabik 证词）；第 424 号证据，第 566–568 页；第 574 号证据（Marpe 论文），第 136–137 页（其中将 MBAFF 描述为 H. 264 的"主要创新特征"）；2012 年 11 月 14 日庭审笔录，第 27 页第 23 行–第 28 页第 6 行、第 28 页第 22 行–第 29 页第 4 行、第 31 页第 21 行–第 32 页第 14 行（Sullivan 证词））。

203. 在庭审期间，Motorola 提交了来自 Luthra 博士和 Drabik 博士的无争议意见证据，他们称每个 MBAFF 专利的权利要求中至少有一项涵盖了 H. 264 标准所述的 MBAFF 和预测技术，该观点是无争议的（2012 年 11 月 19 日庭审笔录，第 26 页第 3–19 行（Drabik 证词）；2012 年 11 月 16 日庭审笔录，第 210 页第 4–11 行（Luthra 证词））。如前所述，法庭认可了这一证词，但提出警告：法庭没有对每个 MBAFF 专利的权利要求中所述的任何术语进行解释。因此，Luthra 博士和 Drabik 博士的最终意见需要假设：法庭将解释权利要求术语，使其涵盖 Luthra 博士和 Drabik 博士在其分析中使用的类似范围。

204. 但是，重要的是要明确 Motorola 没有发明 MBAFF（2012 年 11 月 14 日庭审笔录，第 12 页（Sullivan 证词））。在 Motorola 提交其 MBAFF 专利申请时，MBAFF 技术已经在之前的比如 MPEG-2 标准和 MPEG-4 标准的视频标准中被用来压缩视频（参见同上）。Microsoft 提供的证据表明，在功能和性能方面，H. 264 中的 MBAFF 与 MPEG-2 中的 MBAFF 基本相同（参见同上，第 50、56–57、59 页）。而 Motorola 的 MBAFF 专利族涉及的是配对 MBAFF，其贡献取决于配对 MBAFF 对于 H. 264 标准的重要性。

205. Motorola 的配对宏块 MBAFF 发明所实现的编码增益，已被记录在 Motorola 和第三方在 H. 264 标准开发过程中向 JVT 提交的提案文件中。2002 年 1 月，JVT 在瑞士日内瓦召开会议时，Motorola 提交了关于 MBAFF 的第一份提案，以"超级 MB"的名义讨论配对宏块 MBAFF（第 2209 号证据（JVT-B106），第 3 页（"超级 MB"的介绍如下：输入帧被分成由 2 个 16×16 的 MB 组成的超级 MB，如图 4 所示。32×16 的超级 MB 可以被编码为两个 16×16 的帧 MB，或一个 16×16 的顶场 MB 和一个 16×16 的底场 MB。对于帧编码，超级 MB 被编码为两个帧 MB，并且每个 MB 可以进一步分为七种模式中的一个（图 2）。对于场编码，超级 MB 首先被分割成一个顶场 MB 和一个底场 MB，如图 5 所示。顶场或底场 MB 可以进一步分为七种块模式（模式 1a-7a）之一，如图 5 所示。七种模式中的块大小可以是 16×16、16×8、8×16、8×8、8×4、4×8 和 4×4——与帧 MB 一样（图 2））；2012 年 11 月 16 日庭审笔录，第 205 页第 1 行–第 207 页第 12 行（Luthra 证词））。

206. 在 JVT 的日内瓦会议上，Motorola 公布了其配对宏块 MBAFF 发明的测试结果。

Motorola 提交的 JVT-B106 提案的图 11 显示，"与图像 AFF 相比，MB 配对的 AFF 改进了 20%"（第 2209 号证据，第 10 页；2012 年 11 月 16 日庭审笔录，第 205 页第 1 行–第 206 页第 22 行（Luthra 证词））。在 JVT-B106 中，Motorola 将 MBAFF 与 PAFF 进行了比较，因为它"通常要与当前的标准情况相比"（2012 年 11 月 16 日庭审笔录，第 206 页第 23 行–第 207 页第 5 行、第 197 页第 25 行–第 198 页第 13 行（Luthra 证词）（"一般来说，基准指的就是该阶段的当前标准状态"，因为"标准的（一个）关键目标是提高编码效率。委员会决定是否采纳一项提案的一个关键标准是该提案能否提高编码效率。这就是为什么我们一般要考虑标准的当前状态，这样我们才可以发现，某个给定提案是否相较而言能改进编码效率"））。

207. Luthra 博士作证说，"当（Motorola）介绍自己的 MB 配对 AFF 提案时，委员会非常喜欢，并且热情地接受了"（2012 年 11 月 16 日庭审笔录，第 207 页第 6 – 12 行（Luthra 证词））。JVT 的结论是，Motorola 的 MBAFF 提案"对混合运动类型的图片序列有很好的潜力"（第 2216 号证据，第 28 页）。

208. 2002 年 5 月，在 JVT 于弗吉尼亚州费尔法克斯召开的会议上，Motorola 再次在 JVT-C139 中提案中提供了额外的配对宏块 MBAFF 测试结果。与 B106 结果一致，这些测试结果表明，相比于标准草案中的 PAFF 技术，该提案的编码效率改进了高达 18%："MB/图像级自适应编码展现了最佳性能（比特率比 WD2r8［6］中的现有技术改进了高达约 18%）"（第 674 号证据（JVT-C139），第 1 页；2012 年 11 月 16 日庭审笔录，第 207 页第 20 行–第 208 页第 12 行（Luthra 证词）；另参见第 424 号证据，第 568 页（"在标准开发期间，据报告，在'移动日历''MPEG-4 世界新闻'等 ITU-R 601 分辨率序列上，相比于 PAFF，MBAFF 将比特率降低在 14%–16% 的范围内"））。

209. 在 Motorola 上交提案之后，第三方视频编码专家验证了 Motorola 配对宏块 MBAFF 发明实现的效率增益，并建议将 MBAFF 纳入 H.264 标准。Sony 指出，"我们认为这个功能（MBAFF）对于使用 JVT 编码技术开发 SDTV/HDTV 应用而言很重要。该贡献为 MB 级场/帧自适应编码提供了支持信息。我们建议采纳该提案"（第 2274 号证据（JVT-D081），第 1 页；2012 年 11 月 16 日庭审笔录，第 208 页第 13 行–第 209 页第 11 行（Luthra 证词））。VideoTele 称，"我们的模拟结果证明，宏块级的帧/场自适应编码是 JVT 标准中的一项有用技术，在测试的两个序列上可以降低 11%–18% 的比特率"（第 2227 号证据（JVT-E067），第 4 页；2012 年 11 月 16 日庭审笔录，第 209 页第 12 行–210 页第 3 行（Luthra 证词））。

210. JVT 将 Motorola 提议的配对宏块 MBAFF 技术运用到 H.264 标准之中（参见例如第 610 号证据（H.264 标准，2003 年 3 月），第 16 页；第 421 号证据（H.264 标准，2010

年3月)，第25页；2012年11月16日庭审笔录，第210页第4-8行（Luthra证词））。

211. 尽管前面的证据表明，Motorola 的配对宏块 MBAFF 技术为 H.264 标准提供了先进技术，但 Microsoft 声称，配对宏块 MBAFF 的替代方案是在 MPEG-2 之中使用单个宏块 MBAFF（2012年11月14日庭审笔录，第120-121页（Orchard 证词）；第782、785号证据）。

212. 此外，正如 Microsoft 正确指出，Motorola 没有提供任何证据表明配对宏块 MBAFF 性能胜过单个宏块 MBAFF（2012年11月14日庭审笔录，第121页（Orchard 证词）；2012年11月14日庭审笔录，第51-52页（Sullivan 证词））。相反，正如上面所示，在 H.264 开发过程中，Motorola 为 JVT 提供了测试结果，将使用配对宏块 MBAFF 与没有适应性的帧/场技术或 PICAFF 进行对比。

213. 与单个宏块 MBAFF 和配对宏块 MBAFF 之间的对比相关的唯一证据表明，单个宏块 MBAFF 效率与配对宏块 MBAFF 效率一致。第423号证据报告指出，Motorola 将单个宏块 MBAFF 与 PICAFF 进行对比（2012年11月16日庭审笔录，第202页（Luthra 证词）），但第2209号证据报告指出，Motorola 是将配对宏块 MBAFF 与 PICAFF 进行对比（参见同上，第205页）。这些证据中的图表说明 MBAFF 类型的效率增益超过 PICAFF（参见同上，第206页）。在这两组测试中都使用了一段"移动（IP）"视频（第423号证据，第16页；第2209号证据，第9页）。

214. 在第423号证据之中，质量为31dB的单个宏块 MBAFF 比特率大约为2804千字节/秒；而相同码片和质量的 PICAFF 比特率大约为2569千字节/秒（第423号证据，第16页（图19））。因此，单个宏块 MBAFF 比 PICAFF 的效率增益大约超出9.1%：(2804-2569)/2569（第423号证据，第16页）。

215. 在第2209号证据之中，32dB的"移动（IP）"配对宏块 MBAFF 的比特率大约为4400千字节/秒，而相同码片和质量的 PICAFF 比特率大约为4175千字节/秒（第2209号证据，第9页（图10））。因此，配对宏块 MBAFF 比 PICAFF 的效率增益仅大约超出5.3%：(4400-4175)/4175（第2209号证据，第9页）。在配对宏块 MBAFF 与单个宏块 MBAFF 没有直接对比的情况下，这些结果最低确定程度地表明 Motorola 采用的配对宏块方法，实际上不如单个宏块 MBAFF 方法。

216. 尽管如此，本庭认为 Motorola 采用的配对宏块 MBAFF 发明仍旧具有内在价值，有两点原因：第一，简单逻辑表明 Motorola 采用的配对宏块 MBAFF 优于单个宏块 MBAFF，因为配对宏块 MBAFF 在可能的宏块编码选项方面提供了更大的灵活性。第二，虽然 JVT 充分意识到单个宏块 MBAFF 在 MPEG-2 之中的运用，但却选择将配对宏块 MBAFF 运用到 H.264 标准之中。

217. 因此，本庭基于呈堂证据认定，配对宏块 MBAFF 对于 H.264 标准具有技术价值。单个宏块 MBAFF 的替代方案减少了这一技术价值。本庭在上文认定这种 MBAFF 技术只用于隔行视频之中，而不是用于隔行视频与逐行视频两者之中，这种认定也削弱了技术价值（参见上文第 127 段；2012 年 11 月 14 日庭审笔录，第 120 页（Orchard 证词）；第 424 号证据，MOTM_WASH1823_0336712（将 MBAFF 描述为一种用于隔行编码的工具））。在这种情况下，假想谈判中的各方将考虑 Motorola 的 MBAFF 专利的重要性。

218. 最后，Motorola 全部 MBAFF 专利族——'374、'375、'376、'377、'025、'690、'718 以及 '590 专利——相当于一项发明即配对宏块 MBAFF，应用于纳入 H.264 标准的各种编码工具之中。这些工具包括帧内预测、帧间预测、宏块跳跃和双向预测。事实上，Motorola 所有 MBAFF 专利均源自同一项初始专利申请并具备相同的说明书（2012 年 11 月 14 日庭审笔录，第 116 页（Orchard 证词）；第 271-278 号证据）。法庭认定，双方在假想谈判之中，将在意识到该专利族累加在一起只能提供一项核心创新功能的前提下，对 Motorola 的 MBAFF 专利族进行估值。

v. PAFF 专利族

219. PAFF 专利族包括美国专利 7769087（'087 专利）、7660353（'353 专利）、7839931 号（'931 专利）以及外国对应专利 2468086（CA）、200910254137.9（CN）、200910254136.4（CN）、200910254135.X（CN）、ZL02827402.4（CN）、200910254134.5（CN）、10182595.8（EP）、10182605.5（EP）、10182643.6（EP）、10183042（EP）、2804044.2（EP）、2003-548552（JP）、MX/a/2008/001309（MX）、MX/a/2008/001308（MX）、MX/a/2008/001311（MX）、MX/a/2008/001312（MX）、253886（MX）、20042543（NOR）、10-2010-7006173（KR）以及 10-2004-7007734（KR）（第 280-282 号证据；第 2 号证据，第 20-23 页；2012 年 11 月 19 日庭审笔录，第 26 页第 3-19 行（Drabik 证词））。

220. 这些专利具有相同说明书，并且源自于同一个原始专利申请（参见 2012 年 11 月 14 日庭审笔录，第 116 页（Orchard 证词）；第 280-282 号证据）。

221. '087 专利是根据逐一图像决定是否在帧模式或场模式之中对双向预测图像进行编码。这项专利用于含有两个运动矢量的图像之中，这两个运动矢量均可以指向正向或反向（均可以指向在先或在后图像/场）（第 281 号证据（'087 专利），摘要、图 11）。

222. '353 专利是根据逐一图像决定是否在帧模式或场模式之中对双向预测图像进行编码。这项专利用于含有两个运动矢量的图像之中，第二个运动矢量编码为第一个运动矢量的偏移量（第 280 号证据（'353 专利），摘要及图 11）。

223. '931 专利是根据逐一图像决定是否在帧模式或场模式之中进行图像编码。这项专利用于参考图像的索引（第 282 号证据（'931 专利），摘要及图 11）。

224. 在主要和高配置组合等级 2.1-4.1，PAFF 专利族是 H.264 标准"必要"的（2012 年 11 月 19 日庭审笔录，第 26 页第 3-19 行、第 31 页第 22 行-第 32 页第 22 行、第 37 页第 6-19 行（Drabik 证词））。

225. 对标准的重要性。由于 PAFF 专利族指向 H.264 标准的核心特征——编码和预测，因此 PAFF 专利族具有技术价值。PAFF 专利族通过将 PAFF 运用到"双向预测"图像（含有两个运动矢量的图像）之中，具备以往 PAFF 方法不具备的灵活性，以此提供编码增益（2012 年 11 月 19 日庭审笔录，第 32 页第 7-22 行（Drabik 证词）；2012 年 11 月 16 日庭审笔录，第 210 页第 12 行-第 212 页第 16 行（Luthra 证词））。

226. 在庭审期间，Motorola 提供的 Luthra 博士和 Drabik 博士的观点证据指出，每个 PAFF 专利的至少一个权利要求涵盖 H.264 标准所描述的 PAFF 技术，该观点未受争议（2012 年 11 月 19 日庭审笔录，第 26 页第 3-19 行（Drabik 证词）；2012 年 11 月 16 日庭审笔录，第 212 页第 17-22 行（Luthra 证词））。和之前一样，法庭认可了这一证词，但提出警告：法庭没有对每个 PAFF 专利的权利要求中所述的任何术语进行解释。因此，Luthra 博士和 Drabik 博士的最终意见需要假设：法庭将解释权利要求术语，使其涵盖 Luthra 博士和 Drabik 博士在其分析中使用的类似范围。

227. 在制定 H.264 标准期间，Motorola 向 JVT 提交关于其改进的 PAFF 发明的书面提案（第 654 号证据（JVT-B071），第 5 页（图 3）；2012 年 11 月 16 日庭审笔录，第 210 页第 12 行-第 212 页第 16 行（Luthra 证词））。

228. 相比标准草案之中的帧和场编码，Motorola 测试结果表明 PAFF 能将编码效率提高 20%-30%（第 654 号证据（JVT-B071），第 1 页（"（PAFF）确保超过帧和场编码的性能"）、第 5 页、图 23；2012 年 11 月 16 日庭审笔录，第 210 页第 12 行-第 212 页第 5 行（Luthra 证词）；第 424 号证据，第 567 页（"在制定 H.264/AVC 标准期间，有报告指出，对于比如'Canoa''Rugby'的 ITU-R 601 分辨率，比起仅仅帧编码模式，PAFF 编码在 16 将比特率减少 16%-20%"））。

229. Motorola 的 PAFF 发明能够选择两张未来的参考图像或两张过去的参考图像，而不是只局限于选择一张未来的参考图像和一张过去的参考图像，带来更多灵活性，因此该发明能进一步提高编码效率（2012 年 11 月 16 日庭审笔录，第 210 页第 12 行-第 212 页第 22 行（Luthra 证词）；2012 年 11 月 19 日庭审笔录，第 32 页第 4-22 行（Drabik 证词））。

230. JVT 接受了 Motorola 将 PAFF 技术运用到 H.264 标准之中的提议（2012 年 11 月 16 日庭审笔录，第 212 页第 17-19 行（Luthra 证词））。

231. Microsoft 认为由于单个宏块 MBAFF 属于一项可接受的替代方案，因此 Motorola

的 PAFF 专利对于 H.264 标准而言并不重要（2012 年 11 月 14 日庭审笔录，第 124 页（Orchard 证词））。

232. Microsoft 还认为 Motorola 的 PAFF 专利族对于 H.264 标准而言并不重要，这是由于 Motorola 的 PAFF 专利技术是在 1991–1992 年提议用于 MPEG-2 标准之中的，而且与先前标准中的 PAFF 专利相比，H.264 标准中的 PAFF 的类型或性能没有太大变化（参见同上，第 105 页和第 123 页；2012 年 11 月 14 日庭审笔录，第 13 页和第 50 页（Sullivan 证词））。

233. 然而，Microsoft 仅提供了武断的专家证词，表示与以前标准相比，H264 标准中的 PAFF 专利没有明显差别。此外，法庭根据呈堂证据认定，Motorola 通过其专家 Luthra 博士，提供了充分证据和解释，说明 PAFF 专利族的功能超越以往标准的功能的原因。例如，Luthra 博士作证说，MPEG-2 中已有的 PAFF 并没有披露 '087 专利的合适替代方案，这是由于其不允许 Motorola 的 PAFF 发明所提供的灵活度，即运动估计方法和运动矢量压缩方法的额外灵活度，因此效率较低（2012 年 11 月 16 日庭审笔录，第 211 页第 4 行–第 212 页第 16 行（Luthra 证词））。

234. 此外，Microsoft 认为在制定 H.264 标准期间，用于 MPEG-2 的单个宏块 MBAFF 也适用于 JVT，而且还可以作为 Motorola 的 PAFF 专利族的替代方案，不会导致性能下降（2012 年 11 月 14 日庭审笔录，第 124 页（Orchard 证词）；第 782、785 和 1479 号证据）。

235. Microsoft 声称，Motorola 自身测试结果表明，PAFF 性能不如单个宏块 MBAFF 性能（2012 年 11 月 14 日庭审笔录，第 124–125 页（Orchard 证词）；第 423 号证据，第 12–16 页）。根据呈堂证据，法庭不同意这种看法。根据 Motorola 的正确解释，Microsoft 所依据的测试结果（由 VCEG-O37 提供）与 Motorola 改进的 PAFF 专利族无关，这是由于该测试结果是根据较早标准中的 PAFF 得出，而非根据 Motorola 的改进的 PAFF 得出（2012 年 11 月 16 日庭审笔录，第 203 页第 7–18 行（Luthra 证词））。VCEG-O37 不包括采用双向预测图像得出的单个宏块自适应帧/场（AFF）测试结果，而双向预测图像是 Motorola 的 PAFF 专利的权利要求的一项要素（第 423 号证据，第 10–11 页（根据"I、P 和 B 结果"，VCEG-O37 指出："对 MB 和图像级别的模拟仍在进行中"））。

236. 此外，根据证据表明，Microsoft 并没有证明在 MPEG-2 之中使用的单个宏块 AFF 技术是一项具有可比性的替代方案。VCEG-N76 披露以往单个宏块 AFF 技术在场模式下只有五个块尺寸（不包括 16×16 和 8×16）（第 785 号证据，第 3 页）。用于 VCEG-N57r2 和 VCEG-N76 之中的单个宏块 AFF 编码，没有披露 Motorola 的 PAFF 发明的合适替代方案，这是由于块尺寸 16×16 和 8×16 在场模式下不适用于单个宏块，从而会导致压缩效率降低（第 785 号证据，第 3 页）。

237. 因此，本庭根据呈堂证据判定，Motorola 的 PAFF 专利族对于 H. 264 标准而言具有技术价值。然而，本庭在上面认定，这种 PAFF 技术只用于隔行视频之中，而不是用于隔行视频与逐行视频两者之中，本庭的这一认定削弱了该技术价值（参见上文第 126 段；2012 年 11 月 14 日庭审笔录，第 120 页（Orchard 证词）；第 424 号证据，MOTM_WASH1823_0336712（将 PAFF 视为用于隔行编码的一种工具））。参与假想谈判的各方会在这个背景下考虑 Motorola 的 PAFF 专利的重要性。

238. 最后，Motorola 全部 PAFF 专利族，即 '087、'931 以及 '353 专利，相当于一项发明，PAFF，应用于纳入 H. 264 标准的各种编码和预测工具之中。事实上，类似 Motorola 的 MBAFF 专利，Motorola 的 PAFF 专利均源自同一项初始专利申请并具备相同说明书。因此法庭认定，双方在假想谈判之中，将在意识到该专利族累加在一起只能提供一项核心创新功能的前提下，对 Motorola 的 PAFF 专利族进行估值。

vi. Scan 专利族

239. Motorola 的 Scan 专利族包括美国专利 7162094（'094 专利）和 6987888（'888 专利）（第 265–266 号证据；第 2 号证据，第 18 页；2012 年 11 月 19 日庭审笔录，第 26 页第 3–19 行（Drabik 证词））。Motorola 的 Scan 专利族具有相同说明书（2012 年 11 月 14 日庭审笔录，第 116 页（Orchard 证词）；第 265–266 号证据）。

240. '094 专利通过图 6 展现该发明的实施例，其对于 4×4 像素块的频率系数阵列提供一种更好的扫描模式（第 266 号证据（'094 专利），第 8 页第 42–54 行和第 9 页第 12–45 行，图 6）。

241. '888 专利通过图 9 展现该发明的实施例，这为 8×8 像素块的频率系数阵列提供一种更好的扫描模式（第 265 号证据（'888 专利），第 8 页第 44–54 行和第 11 页第 24 行–第 12 页第 35 行、图 9）。

242. 在主要和高配置组合等级 2.1–4.1，'094 专利是 H. 264 标准"必要"的（2012 年 11 月 19 日庭审笔录，第 26 页第 3–19 行和第 37 页第 6–19 行（Drabik 证词））。根据高配置组合等级 2.1–4.1，'888 专利是 H. 264 标准"必要"的（参见同上，第 26 页第 3–19 行和第 37 页第 6–19 行；2012 年 11 月 16 日庭审笔录，第 214 页第 18–25 行（Luthra 证词））。

243. 对于标准的重要性。由于 Scan 专利族是针对 H. 264 标准变换和量化的核心特征，因此具有技术价值（2012 年 11 月 19 日庭审笔录，第 32 页第 23 行–第 33 页第 18 行（Drabik 证词））。要求保护的 4×4 和 8×8 扫描模式能提高编码效率（参见同上，第 32 页第 23 行–第 33 页第 18 行；2012 年 11 月 16 日庭审笔录，第 213 页第 14 行–第 214 页第 11

行（Luthra 证词））。

244. 在庭审期间，Motorola 的 Luthra 博士和 Drabik 博士提出的无争议观点证据指出，'094 专利的至少一个权利要求涵盖 H.264 标准所描述的 4×4 场扫描技术，该观点未受争议（第 421 号证据（H.264 标准，2010 年 3 月），第 179-180 页（第 8.5.6 节、图 8-8(b)、表 8-13）；2012 年 11 月 19 日庭审笔录，第 26 页第 3-19 行（Drabik 证词）；2012 年 11 月 16 日庭审笔录，第 214 页第 12-25 行（Luthra 证词）；第 610 号证据（H.264 标准，2003 年 4 月），第 135 页）。同样，Motorola 的 Luthra 博士和 Drabik 博士提出的无争议观点证据也表明，'888 专利的至少一个权利要求涵盖 H.264 标准所描述的 8×8 场扫描技术，该观点未受争议（2012 年 11 月 19 日庭审笔录，第 26 页第 3-19 行（Drabik 证词）；2012 年 11 月 16 日庭审笔录，第 214 页第 18-25 行（Luthra 证词）；第 421 号证据（H.264 标准，2010 年 3 月），第 180-181 页（第 8.5.7 节、图 8-9(b)、表 8-14））。和之前一样，本庭也认同这一证词，但附加说明：Scan 专利族的每个专利的权利要求中所述的术语未经本庭解释。因此，Luthra 博士和 Drabik 博士的最终意见需要假设：本庭将解释权利要求术语，使其涵盖 Luthra 博士和 Drabik 博士在各自分析之中所采用的类似范围。

245. 在制定 H.264 标准期间，Motorola 向 JVT 提交关于 4×4 和 8×8 扫描模式的书面提案（第 675 号证据（JVT-C140）；2012 年 11 月 16 日庭审笔录，第 213 页第 2-19 行（Luthra 证词））。

246. 相比标准草案之中的锯齿状扫描，Motorola 测试结果表明，其扫描能将编码效率提高达 7%："使用交替扫描模式的初步结果显示，比特率节省了大约 7%"（第 675 号证据（JVT-C140），第 1 页；也参见 2012 年 11 月 16 日庭审笔录，第 213 页第 2-19 行（Luthra 证词））。

247. 来自 Samsung 和 Sony 的第三方视频编码专家验证，Motorola 提供的 4×4 扫描模式能改善效率增益，并建议将其纳入 H.264 标准之中。Samsung 和 Sony 指出，"使用具有 CVLC 的当前 JM2.1 编解码器进行计算机模拟，其结果表明平均可能减少的比特率（BDBR）会额外增加高达 8.64% 和 6.15 %"（第 2281 号证据（JVT-D073），第 5 页；也参见 2012 年 11 月 16 日庭审笔录，第 213 页第 20 行-第 214 页第 3 行（Luthra 证词））。Sony 指出，"模拟结果表明，采用经提议的方法，编码效率增益会提升达 3%"（第 710 号证据（JVT-E118），第 2 页；还参见 2012 年 11 月 16 日庭审笔录，第 214 页第 4-11 行（Luthra 证词））。

248. JVT 将 Motorola 提议的扫描模式纳入了 H.264 标准之中（2012 年 11 月 16 日庭审笔录，第 214 页第 12-25 行（Luthra 证词））。

249. Motorola 的 Scan 专利族是仅涉及隔行视频（Microsoft 立场），还是涉及隔行视频和逐行视频两者（Motorola 立场），对此 Microsoft 和 Motorola 观点不一致（2012 年 11 月 14 日庭审笔录，第 125 页（Orchard 证词（陈述 Microsoft 立场））；2012 年 11 月 19 日庭审笔录，第 32 页第 23 行–第 33 页第 18 行（Drabik 证词（陈述 Motorola 立场）））。

250. 在庭审期间，Drabik 博士证实，Motorola 的 Scan 专利族与任何场编码材料有关，不考虑初始采集的这些材料是逐行还是隔行（2012 年 11 月 19 日庭审笔录，第 33 页（Drabik 证词））。然而，在法庭上给出无可争议的证据是，场编码是一种仅适用于隔行视频的工具（2012 年 11 月 14 日庭审笔录，第 105 页（Orchard 证词）（声称对逐行视频场编码是一种错误）；第 424 号证据（描述自适应帧/场编码工具只用于隔行编码））。因此，法庭裁定 Scan 专利族只适用于隔行视频，或者与其他可用的编码逐行视频的工具相比，至少是一种效率极低的编码工具。

251. Microsoft 声称，对于 Motorola 专利的扫描路径，JVT 具有可以用于 H. 264 标准之中的替代方案。Sony 提出了自己的 4×4 交替扫描和 MPEG-2 8×8 交替扫描，用于 H. 264 的隔行视频之中（2012 年 11 月 14 日庭审笔录，第 126 页（Orchard 证词）（引用第 653 号证据）；第 653 号证据）。

252. Microsoft 还认为，对于 Motorola 的第 266 号证据的 4×4 扫描的正常和最佳替代方案，是 Sony 提出的用于 H. 264 标准的 4×4 扫描路径（2012 年 11 月 14 日庭审笔录，第 126 页和第 128 页（Orchard 证词）；第 653 号证据）。Microsoft 正确地指出，Motorola 没有直接将 Sony 提出的扫描路径和 Motorola 提出的扫描路径进行对比测试，但这两种单独的扫描结果显示，在隔行视频之中，该些性能要比锯齿形扫描路径略好一些（2012 年 11 月 14 日庭审笔录，第 127 页和第 128 页（Orchard 证词）；第 653、710 和 2281 号证据）。此外，Microsoft 正确地解释了（与锯齿形扫描路径相比）Sony 的扫描路径的平均性能要略好于 Motorola 扫描路径的平均性能（2012 年 11 月 14 日庭审笔录，第 127–130 页（Orchard 证词））。事实上，Motorola 的发明者向 JVT 报告说，他们的测试结果显示，他们的扫描性能与 Sony 扫描性能"一致"，他们最初认为他们抄袭了 Sony 扫描（第 675 号证据，第 2 页（"由于我们的数据与【第 653 号证据（Sony 提出的交替扫描提案）】所描述的 4×4 块大小一致，因此我们使用了相同的 4×4 交替扫描"））。

253. 针对 Motorola 的 8×8 扫描路径，Microsoft 声称最好的替代方案是 Sony 向 JVT 提出的 MPEG-2 8×8 交替扫描（2012 年 11 月 14 日庭审笔录，第 126 页（Orchard 证词）（引用第 653 号证据）；第 653 号证据）。Microsoft 再次正确地指出，Motorola 没有提供任何关于 Motorola 8×8 扫描路径与 MPEG-2 替代方案的对比测试结果。

254. 事实上，Motorola 在其庭审笔录中援引的文件显示，Motorola 的交替扫描路径价值并没有将 Motorola 的扫描路径与最佳替代方案相比较。取而代之的是，他们将 Motorola

的交替扫描的性能与在隔行视频之中进行的逐行锯齿形扫描路径进行了比较（2012 年 11 月 14 日庭审笔录，第 128-129 页（Orchard 证词）；第 2281 号证据；第 710 号证据）。已知逐行锯齿形扫描路径在隔行视频之中表现不佳（2012 年 11 月 14 日庭审笔录，第 128 页（Orchard 证词）；第 2227 和 2274 号证据）。

255. 在此，Motorola 提供的只不过是专家武断的证词，表明 Scan 专利族优于 Microsoft 所引用的替代方案的原因（2012 年 11 月 16 日庭审笔录，第 215 页第 1-14 行（Luthra 证词）（在没有解释的情况下声称，"这种扫描看起来比 Motorola 的扫描要复杂得多"））。在法庭上没有给出例如测试或逻辑解释的具体证据，以解释为什么建议的替代方案在没有降低性能的情况下不能被纳入 H.264 标准之中。尽管如此，但 JVT 还是采用了 Motorola 的 Scan 专利，因此本庭认同 JVT 的做法。

256. 基于前述，本庭判定 Motorola 的 Scan 专利因其具备标准的核心特征，对于 H.264 标准而言具备技术价值，但是可供选择的替代方案也可提供类似技术价值。因此，在假想谈判之中的各方将考虑 Motorola 扫描专利在这种情况下的重要性。此外，在假想谈判之中的各方将在此背景下考虑 Motorola 的扫描专利的重要性。此外，在假想谈判之中的各方将只检验 Motorola 涉及隔行视频的 Scan 专利。

F. Motorola 的 H.264 专利与 Microsoft 的产品

257. 本庭在 RAND 环境下修改了 *Georgia-Pacific* 分析，其中的要素 6、8、10 和 15 均要求法庭审查 Motorola 的 H.264 标准必要专利的重要性，不仅是针对 H.264 标准本身的重要性，也是针对 Microsoft 的产品的重要性。实际上，如果该专利没有涵盖实施者所使用的标准的一部分，那么该实施者则会认为标准必要专利许可没有多少价值。

258. 首先，虽然有明确的实施价值，使得例如 Microsoft 的实施者提供符合 H.264 标准的产品，但这个价值反映标准遵从性和互操作性的价值，而不是任何单项专利的价值（2012 年 11 月 13 日庭审笔录，第 34 页（DeVaan 证词）；2012 年 11 月 15 日庭审笔录，第 21 页（Del Castillo 证词））。根据 RAND 义务，本庭裁定在假想谈判之中，通情达理的当事方不会考虑由于专利技术纳入标准之中所带来的价值。相反，谈判方只会考虑专利技术的经济价值，其基于技术对标准的贡献以及对实施者对产品本身的贡献，而不包括与标准有关的价值（2012 年 11 月 13 日庭审笔录，第 151 页第 19 行-第 153 页第 21 行（Murphy 证词））。

259. 在庭审期间，Motorola 列举以下使用 H.264 标准的 Microsoft 产品：Windows、Xbox、Silverlight、Zune、Lync 和 Skype。根据在法庭上出具的证据，本庭将对每一种产品进行审查，以确定 Motorola 的 H.264 标准必要专利对于产品整体功能的重要性。

260. 然而在此之前，本庭已经裁定 16 项 Motorola 的 H. 264 标准必要专利中有 14 项只用于隔行视频之中，本庭还将探讨隔行视频对于 Microsoft 产品的重要性。然后，本庭将逐一产品地对比 Motorola 所有 16 项 标准必要专利相对于 Microsoft 产品的价值。

i. 隔行视频在市场中的重要性

261. 在这一章节中，本庭详述了在庭审中提交的、涉及隔行视频在市场中重要性的证据。本庭根据证据进行认定：尽管庭审中有充分的机会，但 Motorola 缺乏证据以表明，Microsoft 产品用户通常会遇到采用 H. 264 标准的隔行视频。本庭还认定，尽管隔行视频在市场上变得不那么流行，但 Motorola 证明，在编码工具中支持使用隔行视频对于 Microsoft 产品而言很重要。

262. 第一点，庭审证据表明，Microsoft 没有在它自己很多的产品之中支持使用 H. 264 隔行视频。举例说明，Microsoft 没有在 Xbox Live 服务、Silverlight、Zune、Lync 或 Skype 产品之中支持使用 H. 264 隔行视频（2012 年 11 月 15 日庭审笔录，第 20–21 页（Del Castillo 证词）；2012 年 11 月 14 日庭审笔录，第 150–151 页（Orchard 证词））。

263. Motorola 提供的证据表明，某些 AT&T U-verse 内容属于隔行视频，并且在安装特殊软件之后，能在 Xbox 接收到隔行视频。但该软件现已不再使用，且曾经只有 1 万–1.1 万名用户安装了这种特殊软件（2012 年 11 月 15 日庭审笔录，第 24 页和第 33 页（Del Castillo 证词））。出于比较目的，已经售出超过 3500 万件 Xbox 产品（参见同上，第 24 页）。

264. 第二点，主要内容供应商不经常采用隔行视频。举例说明，Motorola 母公司 Google 在其产品之中不支持使用 H. 264 隔行视频。尽管 Motorola 专家 Drabik 博士称，不知道 Google 不支持 YouTube 使用隔行编码的"市场原因"，但他证明"这可能与 Google 如何看待未来有关"（2012 年 11 月 19 日庭审笔录，第 65 页（Drabik 证词））。

265. 又例如，Google 的安卓操作系统也不支持使用 H. 264 隔行视频。相反的是，安卓操作系统采用 H. 264 基础配置组合（第 2115 号证据，参见 MOTM_WASH1823_ 0601853），其不允许使用隔行编码工具（第 574 号证据，参见 MS-MOTO_1823_ 00004052873（基础配置组合不包括场编码和自适应帧/场编码）；2012 年 11 月 14 日庭审笔录，第 19–20 页（Sullivan 证词））。

266. 类似地，Hulu 公司也不使用隔行视频内容（2012 年 11 月 14 日庭审笔录，第 147 页和第 149 页（Orchard 证词））。

267. 针对 H. 264 隔行视频，Motorola 专家 Michael Dansky 给出自己的观点，探讨第 2768、2249、2724 和 2342 号证据（2012 年 11 月 20 日庭审笔录，第 18–21 页（Dansky 证

词）)。然而，Dansky 先生引用的证据与 H.264 隔行视频无关。第 2768 号证据涉及
Windows Media 视频编解码器，而非 H.264（第 2728 号证据，第 1 页）。第 2249 号证据与
VC-1 编码解码器有关，而非 H.264（第 2249 号证据，第 1 页）。Dansky 在第 2724 号证据
中引用的 CNET 报告并没有提到隔行视频，反而提到"1080p"和"720p"，两者均与逐
行视频有关（第 2724 号证据，第 1 页）。第 2342 号证据与 HEVC 编码解码器有关，而非
H.264（第 2342 号证据，第 1 页）。

268. 此外，Motorola 专家提供的大部分证词和证据，不是关于 Motorola 的 H.264
标准必要专利所声称覆盖的技术的重要性，而是关于 H.264 标准总体上对 Microsoft 产
品的重要性。举例说明，Motorola 专家 Dansky 先生并没有探讨 Motorola 任何特定专利
（2012 年 11 月 19 日庭审笔录，第 206 页第 4 行–第 219 页第 23 行（Dansky 证词）；
2012 年 11 月 20 日庭审笔录，第 8 页第 16 行–第 23 页第 6 行（Dansky 证词））。相反，
Dansky 先生提出的相关证词只涉及 H.264 标准对于 Microsoft 产品的重要性（例如参见
2012 年 11 月 20 日庭审笔录，第 17 页第 15–22 行（Dansky 证词）（探讨"H.264 标准
已经成为一项标准，当前问题是，在产品售出之后，需要能够对 H.264 进行解码和编
码"）；2012 年 11 月 20 日庭审笔录，第 17 页第 23 行–第 18 页第 2 行（Dansky 证词）
（探讨 H.264 标准对于平板电脑和智能手机的重要性）；第 2724 号证据（探讨 H.264 视
频对于 Xbox 的重要性））。

269. 正如上述解释，Dansky 先生说明的方法反映出 Motorola 的一种不恰当尝试，即
抓住 H.264 标准本身的价值，而不是依据 Motorola 专利技术的实际经济价值的许可费
（2012 年 11 月 13 日庭审笔录，第 151–152 页（Murphy 证词）（"RAND 许可费必须反映出
专利技术自身的经济价值，而非归因于标准而产生的价值"）；2012 年 11 月 19 日庭审笔
录，第 168–169 页（Schmalensee 证词）（标准必要专利持有者"不能因属于标准的一部分
而享有增量价值"））。

270. 同样，Motorola 专家 Drabik 博士作证说，隔行编码工具可用于编码逐行视频，
但他从来没有解释过具体做法。他没有在专家报告中如此声明（2012 年 11 月 19 日庭审笔
录，第 57 页（Drabik 证词））。在庭审期间，他作证说他从本案件共事的 Motorola 员工那
里第一次听说隔行视频可与逐行视频共同使用（参见同上，第 57–58 页）。

271. Motorola 的一名员工向 Drabik 博士建议，隔行编码工具可与逐行视频共同使用，
但是这名员工并没有发现有任何人实际这样做，也没有向 Drabik 给出任何工程或科学出版
物，来探讨隔行编码工具可与逐行视频的共同使用（2012 年 11 月 19 日庭审笔录，第
58–60 页（Drabik 证词））。Drabik 博士没有发现 Microsoft 产品用于对使用场编码方法进行
压缩的逐行采集的内容进行解码（参见同上，第 60 页）。然而，即便 Drabik 博士的分析

真实，该分析也只是说明 Microsoft 产品采用了逐行编码工具，但却很难证明 Microsoft 产品对此类工具的普遍使用程度，也很难证明 Microsoft 认为此类工具对其产品整体功能而言具有重要性。

272. Drabik 博士还指出了他在互联网上找到的三种 H.264 隔行视频。然而本庭认定上述示例并不能证明 H.264 隔行视频在市场中的重要性（2012 年 11 月 19 日庭审笔录，第 61 页（Drabik 证词））。第一段视频是 Pirate Bay 网站上发现的盗版视频（2012 年 11 月 14 日庭审笔录，第 148 页（Orchard 证词））。另外两段视频是时长一至两秒的测试视频，用于研发视频软件。本庭发现这些视频不打算向 Microsoft 产品的普通用户展示，因此很难证明 H.264 隔行视频在市场上的普及度（参见同上，第 148 页）。

273. Drabik 博士还错误地指出实际上根本不属于 H.264 隔行视频的两段视频采样。第一段视频是美国全国广播公司（NBC）通过 YouTube 网站播出的奥运会报道（2012 年 11 月 14 日庭审笔录，第 148 页（Orchard 证词））。YouTube 网站不能使用隔行视频，因此这段视频属于逐行视频，而非隔行视频（参见同上，第 148 页）。第二段视频含有美国国家航空和航天局（NASA）的内容，可在 NASA 网站上看到。这些视频不是采用 H.264 标准进行压缩，因此不属于隔行视频（参见同上，第 148 页）。Drabik 博士不知晓互联网上关于 H.264 隔行视频的其他示例（2012 年 11 月 19 日庭审笔录，第 61–62 页（Drabik 证词））。

274. Motorola 提供的第 2342 号证据表明 H.264 隔行视频很常用。在本案件于 2012 年 11 月庭审之前的 4 个月，一名 Motorola 员工提交了第 2342 号证据，要求在 HEVC 标准之中添加隔行视频支持；第 2342 号证据与 H.264 标准无关。在第 2342 号证据中，电视节目供应商探讨在美国境内 MPEG-2 格式的广播，而非 H.264 标准（2012 年 11 月 14 日庭审笔录，第 153 页（Orchard 证词））。

275. 当 MPEG-2 视频重新压缩进 H.264，原来的隔行视频通常会转换成逐行视频（2012 年 11 月 13 日庭审笔录，第 214 页（Sullivan 证词）（说明 H.264 标准所采用的现代技术，其压缩效率高于隔行视频的压缩效率））。

276. 第 2342 号证据提供了 Drabik 博士错误引用的隔行视频示例：伦敦奥运会报道。当伦敦奥运会通过 H.264 进行报道时，采用的是逐行视频格式（2012 年 11 月 14 日庭审笔录，第 148 页（Orchard 证词））。

277. 在庭审期间，在第 2342 号证据列出的广播频道之中，H.264 通过 Xbox Live 进行的视频播放属于逐行视频（2012 年 11 月 15 日庭审笔录，第 31 页（Del Castillo 证词）（除了三种情况，Xbox Live 软件不允许第 2161 号证据列出的 55 家供应商（也包括第 2343 号证据列出的三家供应商）采用 H.264 隔行视频；两种例外情况是，法国和西班牙供应商运河公司（Canal）以及英国供应商 BSkyB 公司，即便没有软件限制，也有可能只提供逐行视频））。

278. 然而 Motorola 确实提供了证据，证明隔行视频对于 Microsoft 的重要性。举例说明，就在 2009 年，行业公司要求将隔行编码工具纳入 H.264 标准的立体高配置组合扩展之中，H.264 标准的第一项配置组合是为多视图编码而设计（第 3398 号证据，MOTM_WASH1823_0612350；2012 年 11 月 14 日庭审笔录，第 20 页第 11–17 行和第 22 页第 7–21 行（Sullivan 证词））。此外，Microsoft 的 Gary Sullivan 在一篇技术论文中报道指出，"在多视图高配置组合设计之中，一项关键限制因素是图像不能编码为单一场或采用宏块自适应帧/场编码"（第 3398 号证据，MOTM_WASH1823_0612350）。限制因素是指不能将图像编码成单一场，缺乏图像级帧/场自适应性（即 PICAFF 或 PAFF)(2012 年 11 月 14 日庭审笔录，第 21 页第 15 行–第 22 页第 6 行（Sullivan 证词））。

279. 因此本庭裁定：（1）隔行视频在市场上的普及度下降；（2）几乎没有证据表明 Microsoft 产品用户经常会遇到隔行视频；（3）Motorola 证明，在编码工具之中支持使用隔行视频对于 Microsoft 而言很重要，这可以让 Microsoft 产品无缝播放用户遇到的任何视频。

280. 本庭现在审查 Motorola 声称使用 Motorola 的 H.264 标准必要专利的每一种 Microsoft 产品。[①]

ii. Windows

281. Windows 是一种操作系统，"为硬件提供一种抽象化概念，并提供一种应用程序接口"，这样"第三方就可以编写运行在计算机上的程序"(2012 年 11 月 13 日庭审笔录，第 25–26 页（DeVaan 证词））。对于每个版本的 Windows，Microsoft 都添加了数以千计的特性，这些特性通常都是基于以往发布版本的功能进行构建（参见同上，第 28–29 页）。举例说明，在大量书籍之中均描述 Windows 7 的新特性（第 1408–1409 号证据）。视频编码和解码只是 Windows 软件的一小部分，除 H.264 之外，Windows 还支持许多其他视频压缩标准（2012 年 11 月 13 日庭审笔录，第 34 页（DeVaan 证词））。

282. Microsoft 首先支持将 H.264 运用到 Windows 和 Windows 7 之中，Windows 7 是在 2009 年 10 月发布的（2012 年 11 月 13 日庭审笔录，第 33 页（DeVaan 证词）；第 1409

---

① 在庭审期间，Motorola 和 Microsoft 引用除了本判令中列出的产品以外的 Microsoft 的产品，比如 Surface 平板电脑。然而双方都没有提供任何证据来证明这些其他产品的整体功能，这些证据对于法庭分析 Motorola 的标准必要专利对 Microsoft 产品的重要性而言很必要。因此对于证据不足的产品，法院拒绝提供分析或许可费率。

号证据，第 1 页）。Microsoft 选择在 Windows 7 之中采用 H. 264，因为其属于标准的一部分（2012 年 11 月 13 日庭审笔录，第 34 页（DeVaan 证词））。

283. Windows 无须解码 H. 264 隔行视频内容（2012 年 11 月 13 日庭审笔录，第 38 页（DeVaan 证词）；2012 年 11 月 14 日庭审笔录，第 146 页（Orchard 证词））。Windows 用户通常不会遇到 H. 264 隔行视频内容（2012 年 11 月 13 日庭审笔录，第 38 页（DeVaan 证词））。根据在庭审中提交的证据，绝大多数使用的 Windows 视频都来自于互联网网站，在这些网站中通常不会发现 H. 264 隔行视频（2012 年 11 月 14 日庭审笔录，第 147 页和第 149 页（Orchard 证词）；第 592 号证据）。

284. 在 Windows 操作环境下，Windows 产品不会执行大多数 H. 264 解码。许多计算机所包含的是执行任何必要 H. 264 解码的非 Microsoft 视频设备和软件，而不是内置式 Windows 解码器（2012 年 11 月 13 日庭审笔录，第 33–35 页（DeVaan 证词））。

285. 此类软件包括 VLC 媒体播放器和 Flash（2012 年 11 月 13 日庭审笔录，第 36 页（DeVaan 证词））。举例说明，当用户在 Windows 电脑上播放一段 Google 的 YouTube 网站上的视频时，几乎所有 H. 264 视频内容都是由非 Microsoft Flash 软件进行解码（2012 年 11 月 13 日庭审笔录，第 53 页（DeVaan 证词））。

286. Windows 是一款软件产品，因此缺乏 '419 专利的权利要求中的"装置加功能"元素所要求的硬件结构。此外，如上所解释，假想谈判各方将会争辩 '968 专利的权利要求是否涵盖像 Windows 这样的软件产品（2012 年 11 月 14 日庭审笔录，第 135 页和第 139 页（Orchard 证词））。

287. Windows 7 能播放非 H. 264 编码的 DVD，这些 DVD 替代地采用 MPEG-2 进行编码（2012 年 11 月 14 日庭审笔录，第 147 页（Orchard 证词））。美国广播电视节目采用 MPEG-2 而非 H. 264 进行编码（参见同上，第 153 页）。Windows 7 不能播放蓝光光盘（2012 年 11 月 19 日庭审笔录，第 67 页（Orchard 证词））。安装有蓝光光驱的 Windows 电脑必须包括一个第三方应用程序，用于解码蓝光光盘视频（2012 年 11 月 13 日庭审笔录，第 54 页（DeVaan 证词））。

288. Windows 不能接收卫星电视供应商提供的 H. 264 电视节目，也不能接收有线电视供应商提供的加密 H. 264 电视节目（2012 年 11 月 19 日庭审笔录，第 66–67 页（Orchard 证词））。

289. 本庭根据这一证据裁定，Motorola 的 H. 264 标准必要专利对于 Microsoft 的 Windows 产品整体功能而言重要性很小。Windows 首先，也是最重要的，是一个操作系统，允许用户操作各种应用程序。正如 Microsoft 在庭审中解释的那样，Windows 庞大的操作系统功能与任何视频播放完全无关。只有当 Microsoft Windows 用户选择播放隔行视频时，Windows 才会使用 Motorola 的 H.264 标准必要专利的功能，这也只是提供一部分必要编码工具用于观看隔行视频。此外，在不使用 Motorola 的 H.264 标准必要专利的情况下，仍然可以播放隔行视频，只不过播放速度可能会慢 5%-8%。

iii.　Xbox

290. Xbox 最大用途是玩单人游戏（2012 年 11 月 14 日庭审笔录，第 144-145 页（Orchard 证词））。Xbox 还可以通过 Xbox Live 服务来玩多人游戏（2012 年 11 月 15 日庭审笔录，第 11 页（Del Castillo 证词））。无论是玩单人游戏还是通过 Xbox Live 在线播放玩游戏，Xbox 游戏从不包含 H.264 视频内容（参见同上，第 19-20 页；2012 年 11 月 14 日庭审笔录，第 145 页（Orchard 证词））。

291. Xbox 还可通过 Xbox Live，从 Hulu 和 Netflix 等来源获取视频。Xbox Live 不支持隔行视频，而且许多第三方资源也不使用 H.264，但是使用一种不同的视频压缩标准，名为 VC-1（2012 年 11 月 15 日庭审笔录，第 20-21 页（Del Castillo 证词））。

292. Xbox 可用于播放租借或购买的 DVD，但这种 DVD 采用 MPEG-2 而非 H.264（2012 年 11 月 14 日庭审笔录，第 145 页（Orchard 证词）；2012 年 11 月 13 日庭审笔录，第 209-210 页（Sullivan 证词）；2012 年 11 月 15 日庭审笔录，第 22 页（Del Castillo 证词））。

293. Microsoft 最近在 Xbox 上添加了一个网络浏览器（第 3448 号证据，第 1 页）。如果 Xbox 用户遇到隔行视频，用户可采用该网络浏览器进行解码（第 3448 号证据，第 1 页）。

294. Microsoft 提交了一项没有争议的证据，证明 Xbox 使用的是软件解码器，并不包括 '419 专利的"装置加功能"权利要求所要求的硬件结构（2012 年 11 月 14 日庭审笔录，第 138-139 页（Orchard 证词））。此外，如上所解释，假想谈判之中各方将会争辩，'968 专利的权利要求是否涵盖例如 Xbox 的软件产品（参见同上，第 135-139 页）。

295. Motorola 提供的证据表明，Microsoft 一直在努力让 Xbox 成为一体化娱乐中心，能够播放电视节目与视频（2012 年 11 月 15 日庭审笔录，第 54 页第 7-13 行、第 56 页第 10-15 行（Del Castillo 证词）；2012 年 11 月 19 日庭审笔录，第 217 页第 10 行-第 218 页第 4 行（Dansky 证词）；第 2265、2688 和 2727 号证据）。

296. Microsoft 的 CEO Steve Ballmer 解释说，对于 Microsoft，"客厅非常重要，大量电子产品和服务是在客厅使用，因此 Xbox 非常重要"（第 2265 号证据，第 2 页；2012 年 11 月 15 日庭审笔录，第 54 页第 23 行-第 56 页第 1 行（Del Castillo 证词））。

297. 消费者对 Xbox 的影像消费持续增长。在 2012 年春季，"在美国，Xbox Live 在线服务用户花费更多时间用于视频和音乐消费，而不是多人游戏，这种情况还是头一回出现。在全球范围内，用于 Xbox Live 在线服务的时间比去年同期增长了 30%，其中包括游戏和娱乐，而视频消费则增长了 140%"（第 2265 号证据，第 2−3 页；2012 年 11 月 15 日庭审笔录，第 56 页第 2 行−第 57 页第 5 行（Del Castillo 证词））。

298. 【...】（2012 年 11 月 19 日庭审笔录，第 67 页（Orchard 证词）；2012 年 11 月 15 日庭审笔录，第 22 页（Del Castillo 证词）），【...】（2012 年 11 月 15 日庭审笔录，第 71 页第 24 行−第 72 页第 15 行（Del Castillo 证词）；2012 年 11 月 14 日庭审笔录，第 162 页第 3−8 行（Orchard 证词）；第 2353 号证据，第 9 页）。

299. 本庭根据这一证据裁定，Motorola 的 H.264 标准必要专利对 Microsoft 的 Xbox 产品整体功能而言重要性很小。尽管 Xbox 有播放视频的能力是很重要，但有证据表明，这种视频主要为逐行视频。Motorola 指出 Xbox Live 是这类视频的来源，但 Xbox Live 目前并不支持隔行视频，Xbox Live 以往提供的视频也是逐行视频（参见 11 月 15 日庭审笔录，第 31 页（Del Castillo 证词））。类似的是，Motorola 提供的证据表明，AT&T U-verse 内容属于隔行视频，并且在安装特殊软件之后，能在 Xbox 接收到隔行视频，但该软件现已不再使用，曾经在 3500 万名 Xbox 用户之中，只有 1 万−1.1 万名 Xbox 用户安装了这种特殊软件（参见同上，第 24 页）。

300. 【...】本庭还裁定，随着 Microsoft 尝试提供一款能够提供游戏、视频和音乐娱乐的一体化娱乐设备，视频功能对于 Microsoft 的 Xbox 产品的重要性正日益增强。

301. 然而法庭明确表示，Motorola 的标准必要专利所覆盖的隔行编码工具并不是用于隔行编码的专利发明，也不是 Xbox 的核心功能，即玩视频游戏。如同 Windows 一样，只有当 Xbox 用户选择播放隔行视频时，Xbox 才会使用 Motorola 的 H.264 标准必要专利的功能。基于上述分析，法庭裁定，假想谈判各方将考虑，当 Motorola 的 H.264 标准必要专利应用于 Xbox 时，Motorola 的 H.264 标准必要专利的重要性。

iv. 其他 Microsoft 产品

302. Windows Phone 7 和 7.5 不包括 H.264 解码器（2012 年 11 月 14 日庭审笔录，第 150 页（Orchard 证词））。Windows Phone 依靠第三方提供的硬件解码器（第 936 号证据，第 1−3 页）。

303. Windows 嵌入式系统是一个运行在嵌入式硬件上的操作系统，既不支持视频，也没有解码器（2012 年 11 月 14 日庭审笔录，第 151 页（Orchard 证词））。

304. Silverlight 是一个处理多媒体内容的框架，不支持隔行视频（2012 年 11 月 14 日庭审笔录，第 150 页（Orchard 证词））。

305. 现在已经停产的便携式媒体播放器 Zune，不支持隔行视频（2012 年 11 月 14 日庭审笔录，第 150 页（Orchard 证词））。

306. Lync 是一种聊天环境软件，不支持隔行视频（2012 年 11 月 14 日庭审笔录，第 150 页（Orchard 证词））。

307. Skype 是一种电话会议系统，不支持隔行视频（2012 年 11 月 14 日庭审笔录，第 150-151 页（Orchard 证词））。

V. 802. 11 标准

A. 制定 802. 11 标准

308. 802. 11 标准是一项无线通信标准，俗称"WiFi"（2012 年 11 月 15 日庭审笔录，第 48 页第 3-10 行（Del Castillo 证词））。802. 11 标准包括一套标准，其允许公司按一套无线局域网络规范构建产品。它是无线家庭网络的事实标准（2012 年 11 月 15 日庭审笔录，第 87-89 页（Gibson 证词））。

309. 无线通信是指在没有电线连接的点之间信息传输，通常使用无线电频率，例如 AM/FM 无线电、卫星通信和蓝牙（2012 年 11 月 15 日庭审笔录，第 86 页（Gibson 证词））。无线网络是使用无线电链路来将比如笔记本的设备与接入点连接的过程，这些设备也就是 802. 11 标准所说的"站"。当接入点连接到调制解调器时，该站就可以接入互联网（2012 年 11 月 15 日庭审笔录，第 87 页（Gibson 证词））。

310. 无线网络与蜂窝系统不同，各自设计用途也不同。举例说明，蜂窝系统在更长范围内为诸多移动用户提供到基站的连接；无线网络设计是实现低移动性和大约 100 英尺范围内的网络连接（2012 年 11 月 15 日庭审笔录，第 97 页（Gibson 证词））。

311. 在 20 世纪 70 年代，夏威夷大学研发了第一个无线分组无线电网络 ALOHAnet。ALOHAnet 与 ARPANET 连接，而 ARPANET 是 1972 年互联网的前身。为实现这一目标，ALOHAnet 使用了许多最终被 802. 11 标准采用的技术（2012 年 11 月 15 日庭审笔录，第 90-91 页（Gibson 证词））。

312. 美国联邦通信委员会（FCC）在 1985 年允许称之为 ISM 频带的未授权频带中的无线通信技术。这一决策开启了商业无线局域网的可能性（2012 年 11 月 15 日庭审笔录，第 90-91 页（Gibson 证词））。

313. 遵照 FCC 决策，1990 年，像 Zircom 和 NCR/AT&T 这样的公司开始研发专有无线局域网络产品，包括在 1991 年称之为 WaveLAN 的 NCR 和 AT&T 产品（2012 年 11 月 15 日庭审笔录，第 90-91 页（Gibson 证词））。这种专有解决方案非常昂贵，迫使用户从同一家厂商购买所有网络组件（参见同上，第92页）。

314. 为解决这一问题，IEEE 802. 11 委员会建立了 802. 11 工作组，以创建一项无线局域网络标准。ALOHAnet 和 WaveLAN 作为制定 802. 11 标准的蓝图。该系统使用了数据调制、载波、多址接入技术、差错控制编码和直接序列扩频技术，这些技术最终都纳入802. 11 标准之中（2012 年 11 月 15 日庭审笔录，第 91-92 页（Gibson 证词））。

315. 802. 11 工作组花了 7 年时间制定出 802. 11 标准初稿（2012 年 11 月 15 日庭审笔录，第 92-93 页（Gibson 证词））。

316. 工作组在 1997 年发布了其第一个标准 "IEEE 802. 11"（称为 "802. 11-1997"）（2012 年 11 月 15 日庭审笔录，第 92 页第 20 行-第 93 页第 11 行（Gibson 证词））。随后，工作组发布了对原始标准的修订，包括以下方面的修订：速度提升（802. 11a、802. 11b 和802. 11g）、安全性提升（802. 11i）、服务质量（QoS）提升（802. 11e）、业务量提升（802. 11n）以及其他领域提升（参见同上，第 92 页第 20 行-第 94 页第 14 行；第 520 号证据）。

317. 制定 802. 11 标准涉及诸多实体的参与：超过 1000 家公司参与了标准制定过程（2012 年 11 月 15 日庭审笔录，第 94-95 页（Gibson 证词）；第 514 号证据）。自成立以来，802. 11 工作组已经召开了 130 多场会议，并成立了 30 多个不同工作组对标准进行修订（2012 年 11 月 15 日庭审笔录，第 94-95 页（Gibson 证词））。

318. 目前 802. 11 标准庞大而复杂，当前版本长达 2793 页（第 386A 号证据）。

319. 一些后来的修订在某些领域取代了先前技术。例如在 2009 年，工作组批准了 "802. 11n" 协议，该协议带来更高业务量。尽管 802. 11n 修订要求合规设备与 802. 11b 和802. 11g 向后兼容，但该协议通常取代 802. 11a、802. 11b 和 802. 11g（2012 年 11 月 15 日庭审笔录，第 93-94 页、第 190 页第 3-12 行和第 192 页第 1-7 行（Gibson 证词））。

320. 802. 11 标准还有许多可选内容。一台设备可以不需要为了符合 802. 11 标准而实施标准的可选内容（2012 年 11 月 15 日庭审笔录，第 97-98 页（Gibson 证词））。

321. 制定 802. 11 标准主要是实施众所周知的技术而非创新。因此，802. 11 标准起草者可获得和/或采用的大多数技术都在公共领域，并且不包括专利（2012 年 11 月 15 日庭审笔录，第 154-155 页（Gibson 证词））。纳入 802. 11 标准的公共领域技术基于公司、政府机构和学术机构的长期研发历史。这些先前的技术包括了 802. 11 标准的核心元素，比如数据调制、差错控制编码、多址接入方式、直接序列扩频和正交频分多路复用等（2012年 11 月 15 日庭审笔录，第 96-97 页（Gibson 证词））。

322. 到 2005 年，802. 11 标准开始在家庭中使用，并且越来越受欢迎（2012 年 11 月15 日庭审笔录，第 43 页第 4 行-第 44 页第 2 行（Del Castillo 证词））。

323. 802.11 标准是目前最广泛使用和最普遍接受的无线通信标准，用于普通消费者和商业用途之中（2012 年 11 月 15 日庭审笔录，第 46 页第 4–19 行和第 77 页第 23 行–第 78 页第 14 行（Del Castillo 证词）；2012 年 11 月 15 日庭审笔录，第 89 页第 15–18 行（Gibson 证词））。大多数没有安装有线网络的家庭替代地使用 802.11 网络，这是因为 802.11 网络不需要用户在家里安装电缆（2012 年 11 月 15 日庭审笔录，第 78 页第 1–14 行（Del Castillo 证词））。例如，Xbox 用户可以通过无线方式将设备连接到网络之中（参见同上，第 24–25 页）。

B. 802.11 标准的不同部分的相对技术价值

324. 当考虑 802.11 标准的不同部分的相对技术重要性时，重要的是注意到，核心特征比高级及周边特征更重要（2012 年 11 月 19 日庭审笔录，第 71 页第 6–8 行，第 73 页第 9 行至第 74 页第 14 行（Williams 证词））。构建任何 802.11 合规设备都需要核心特征（参见同上，第 73 页第 9 行至第 80 页第 3 行）。高级特征是可以用于特定设备的技术（参见同上，第 74 页第 4–14 行，第 80 页第 2–19 行）。周边特征是用在尚未被证实、可能有或可能没有未来技术价值的技术领域中的特征（参见同上，第 102 页第 6–14 行）。

325. 对于标准可选部分必要的专利，其价值低于对于必需部分必要的专利的价值（2012 年 11 月 19 日庭审笔录，第 120 页（Williams 证词））。

326. 核心特征。802.11 通信网络的四项核心特征包括：（1）网络设置；（2）信道访问管理；（3）数据调制；（4）安全与加密（2012 年 11 月 19 日庭审笔录，第 84 页第 7 行至第 88 页第 19 行（Williams 证词））。

327. 在 802.11 之中能出现任何通信之前，用户必须通过网络设置过程建立网络连接（2012 年 11 月 19 日庭审笔录，第 85 页第 8 行–第 86 页第 2 行（Williams 证词））。

328. 一旦网络连接存在，网络的通信单元就必须在它们能够发送或接收信息之前进入通信信道（2012 年 11 月 19 日庭审笔录，第 86 页第 3–23 行（Williams 证词））。这是由 802.11 标准指定的信道接入过程完成的（参见同上）。

329. 此外，为了在信道上发送和接收信息，通信单元的接收器必须理解传输信息是怎样被格式化的，以便接收器能够解释从发送器接收到的消息。尤其有必要适当同步和调制两个通信单元之间的信号（2012 年 11 月 19 日庭审笔录，第 86 页第 24 行–第 87 页第 22 行（Williams 证词））。

330. 802.11 通信的另一项核心特征是安全性，这是必要的，因为无线通信可能被第三方窃听者拦截（2012 年 11 月 15 日庭审笔录，第 178 页第 22 行–第 179 页第 19 行（Gibson 证词）；2012 年 11 月 19 日庭审笔录，第 87 页第 23 行–第 88 页第 19 行（Williams

证词))。用户可以通过使用加密密钥对信息进行加密来确保安全传输（2012 年 11 月 19 日庭审笔录，第 88 页第 8-12 行（Williams 证词））。此外，对于用户来说，重要的是知道接收到的消息确实是由经授权的发送方发送的，而不是由伪装成发送方的入侵者发送的（2012 年 11 月 15 日庭审笔录，第 113 页第 6-9 行（Gibson 证词）；2012 年 11 月 19 日庭审笔录，第 84 页第 24 行-第 85 页第 1 行，第 87 页第 23 行-第 88 页第 19 行（Williams 证词））。这需要一个程序，使得接收者能够确认接收到的消息是由接收方期望从其获得消息的特定通信设备发送的（2012 年 11 月 15 日庭审笔录，第 113 页第 6-9 行（Gibson 证词）；2012 年 11 月 19 日庭审笔录，第 88 页第 13-19 行（Williams 证词））。

331. 高级特征。对于某些设备来说，802.11 的高级特征很重要，但不是对所有设备都重要（2012 年 11 月 19 日庭审笔录，第 80 页第 2-19 行（Williams 证词））。例如，电池驱动设备通常使用电源管理专利（参见同上，第 80 页第 12-19 行）。属于这一类别的其他特征目前不是 802.11 标准中的强制性特征，但是在今后的标准版本之中可能具有强制性（参见同上，第 80 页第 12-19 行）。

332. 周边特征。802.11 标准的一些特征是周边特征，并且是基于尚未被证实的技术。它们对标准的未来价值有待商榷（2012 年 11 月 15 日庭审笔录，第 102 页第 6-14 行（Williams 证词））。

C. 涵盖 802.11 标准的诸多专利

333. 如果一项专利的任一权利要求为必要的，那么该项专利被视为对 802.11 标准"必要"的专利（2012 年 11 月 19 日庭审笔录，第 71 页第 19 行-第 72 页第 14 行（Williams）；证据 5，第 14 页，第 6.1 节）。必要权利要求是指，"对于合规实施【提议的】IEEE 标准规范条款的强制部分或可选部分所必要的权利要求，当【提议的】IEEE 标准获得批准时没有商业和技术上可行的非侵权替代技术方案"（2012 年 11 月 19 日庭审笔录，第 71 页第 19 行-第 72 页第 14 行（Williams 证词）；证据 5，第 14 页，第 6.1 节）。

334. 没有一项正式程序来确定一项专利对于 802.11 标准是否是必要的（2012 年 11 月 15 日庭审笔录，第 98-99 页（Gibson 证词））。然而，公司可以在保证书中宣称他们拥有必要专利（2012 年 11 月 15 日庭审笔录，第 98-99 页（Gibson 证词））。

335. 自 1994 年以来，大约有 92 家公司已经在保证书中确认了超过 350 项专利和 30

项专利申请作为对 802.11 标准必要的专利或专利申请① （2012 年 11 月 15 日庭审笔录，第 99 页 （Gibson 证词）；证据 7，1592）。公司也可以向 IEEE 提供不确定具体专利的"总括性"保证书 （参见上文第 43 段）。如前所述，通过"总括性"保证书，标准必要专利持有人承诺许可某特定标准的未指定的专利或未决申请（参见同上）。目前，大约有 59 家公司已经针对 802.11 标准提交了这些总括性保证书，包括无线通信行业的领导者，如 Atheros、Broadcom、Qualcomm、ResearchinMotion 和 Intel② （证据 7，1592）。因此，根据 Lynde 博士的专家证言，在任何时候都可能存在成千上万项对 802.11 标准的必要专利 （参见 2012 年 11 月 16 日庭审笔录，第 108-109 页 （Lynde））。

336. Atheros 是签署了总括性保证书并拥有对 802.11 标准重要的专利的公司的范例 （2012 年 11 月 19 日庭审笔录，第 118-19 页 （Williams 证词））。

337. Marvell 也拥有颇具价值的 802.11 专利组合，并拥有几百项对 802.11 标准必要的公告专利。Marvell 的专利组合对于较新的标准 （比如 802.11n） 而言尤为重要 （2012 年 11 月 14 日庭审笔录，第 64 号 （Ochs 证词））。

D. Motorola 的 802.11 专利

338. 本庭现在确定 Motorola 的 802.11 标准必要专利对于 802.11 标准和 Microsoft 产品的重要性。在庭审笔录期间，Motorola 没有提供足够证据以证明其专利对于 802.11 标

---

① 在所提议的事实认定和法律结论之中，Microsoft 主张超过 100 家公司已经在保证书内确定了对 802.11 标准必要的专利。为支持这一主张，Microsoft 引用了 Gibson 博士的证词，并展示证据 7 和 1592 （Microsoft Pr. FC （第 621 号文档） 238 段）。Gibson 博士的确作证说证据 7 和 1592 表明超过 100 家公司已经确认了对 802.11 标准必要的专利，但这些证据并没有证明此事 （参见证据 7，1592）。相反，证据 1592 列出有 59 家公司已经向 IEEE 提交了"总括性"保证书。由于为 802.11 标准提供技术贡献的公司的数量关系到法庭为确定专利许可费所作的分析，因此法庭尝试查明 Microsoft 和 Gibson 博士是怎样从记录以及从记录的哪些部分得出超过 100 家公司已经确定了标准必要专利这一断言的。法庭认定在记录中没有这样的证据。事实上，Microsoft 的专家 Williams 博士和 Lynde 博士都声称，有 90-93 家公司已经提交了保证书 （2012 年 11 月 16 日庭审笔录，第 109 页 （Lynde 证词）；2012 年 11 月 13 日庭审笔录，第 175 页 （Williams 证词）（问："我相信您指出的其中一项证据表明大约有 90 名 802.11 专利的标准必要专利持有者？" 答："我不记得准确数字，但我认为是 93 名"））。

另外，重要的是注意到，专利会随着时间推移而到期，这意味着在任何时候都只有不到 350 项专利被确认为对 802.11 标准必要的专利。虽然 Gibson 博士在这一点上的证词模棱两可 （2012 年 11 月 15 日庭审笔录，第 99 页 （Gibson 证词）），正如在分析 Via Licensing 802.11 专利池的部分中所解释的，目前大约有 250 项专利被确认对 802.11 标准必要的专利 （参见下文第 567-68 段）。

② Microsoft 专家 Gibson 博士在本案中证实，有 94 家公司已经提交了"总括性"保证书，并指引法庭参考证据 1592 以支持这一断言 （2012 年 11 月 15 日庭审笔录，第 99-100 页 （Gibson 证词））。然而证据 1592 只列出了 59 家提交"总括性"保证书的公司 （证据 1592）。同样地，证据 1159 也只列出了 59 家提交"总括性"保证书的公司 （证据 1159）。此外，Microsoft 另一名专家 Lynde 博士证实，已有 59 家公司已经提交了"总括性"保证书 （2012 年 11 月 16 日庭审笔录，第 109 页 （Lynde 证词）（"因此，有 59 家【实体】有这些我能确认的总括性保证书"））。尽管花了大量时间进行查询，但法庭无法找到更多数量的公司以支持 Gibson 博士所说的数量，因此法庭在这个问题上不考虑 Gibson 博士的证词。

准的必要性。因此，本庭决定，即使假想谈判的双方会对 Motorola 的专利进行审查，以评估其对 802.11 标准和 Microsoft 产品的重要性，由于缺乏有关其关联性的证据，这些专利的价值也会被削弱。考虑到这一点，本庭评估了 Motorola 专利对于 802.11 标准和 Xbox——Motorola 宣称的使用其专利的唯一产品——的重要性。

i. Motorola 的必要专利

339. 在庭审笔录期间，Motorola 主张其 24 项专利对于 802.11 标准是必要的。它并没有分析其他专利的必要性（2012 年 11 月 15 日庭审笔录，第 102–05 页（Gibson 证词））。

340. 尽管 Motorola 声称其 24 项专利对于 802.11 标准是必要的，但 Motorola 没有提供任何独立分析来证实这一主张（主要参见 2012 年 11 月 19 日庭审笔录，第 67–134 页（Williams 证词））。换言之，Motorola 没有提供专家或事实证词来证明其标准必要专利的一项或多项权利要求事实上覆盖部分 802.11 标准（2012 年 11 月 19 日庭审笔录，第 76–77 页（Williams 证词）（承认权利要求对照表只是作为一项示例将 802.11 标准的某些部分与涉案的标准必要专利的权利要求中的元素相关联））。相反，Motorola 只提供了 802.11 标准的合标设备必然侵犯了涉案的标准必要专利这一推断性的专家意见证词（参见同上，第 78 页）。尽管法庭发现 Williams 博士的证词是推断性的，但法庭将最小程度地采信他的关于 Motorola 的标准必要专利实际上对于 802.11 标准是必要的主张。①

341. 在没能充分解释其标准必要专利中的任何一项与 802.11 标准之间为何相关的情况下，Motorola 依据了在其提议的事实认定与结论中的律师提出的意见。该意见认为每项标准必要专利均与 802.11 标准的对应内容相关（Motorola Pr. FC（第 618 号文档（已密封），第 624 号文档（已修订）第 264–365 段））。法庭认为律师的代理意见不足以证明 Motorola 所声称的 802.11 标准必要专利的任何一项实际上对于 802.11 标准是必要的。

342. 在没有更好的证据证明争议中的 Motorola 专利对于 802.11 标准是必要的情况下，假想谈判中的实施者会对 Motorola 专利持怀疑态度。然而，由于 Motorola 主张这些专利是必要的并且用于 Microsoft 产品之中，因此假想谈判的各方会坐到谈判桌上并审查这些专利对于 802.11 标准和 Microsoft 产品的重要性，但是它们的价值会因为缺乏更好的有关其

---

① Motorola 的专家在认定 Motorola 专利属于 802.11 标准必要专利之前，没有回顾任何专利文件历史，也没有明确任何术语的含义，而是假定每一项已分析专利的每一个术语只需要具备其平常和普通的意义即可，但是他并没有明确说明这种意义（2012 年 11 月 19 日庭审笔录，第 109 页（Williams 证词））。采用这种方法，Motorola 的专家确定了两项与本诉讼无关的专利——第 5319712 号和第 563622 号美国专利——属于标准必要专利，但是根据权利要求解释，这两项专利被司法确定为非标准必要专利（参见同上，第 107–09 页）。然而，Microsoft 专家并没有争论 Motorola 的 11 项标准必要专利属于 802.11 标准必要专利。相反地，为了进行分析，Microsoft 专家假定，根据 IEEE 对"必要"的定义，所有 Motorola 声明的必要专利的确属于 802.11 标准必要专利（证据 5，第 14 页，第 6.1 节）。

真实关联性的证据而被削弱。

343. 假想谈判各方也会通过审查标准发展时有争议专利是否存在可用替代技术方案来考虑 Motorola 专利相对于 802.11 标准的重要性。如果存在可用替代技术方案，专利对标准而言则不那么重要，并且将受到相应评估。

344. 本案中，双方争论在发展 802.11 标准时是否存在 Motorola 的 802.11 标准必要专利的技术上可行的替代技术方案。各方还争论采用这些替代技术方案是否会降低标准的性能（2012 年 11 月 15 日庭审笔录，第 114 - 15 页，第 118 - 44 页（Gibson 证词））。Microsoft 通过其专家 Gibson 博士主张，存在 Motorola 的 802.11 标准必要专利的技术上可行的替代技术方案。Motorola 通过其专家 Williams 博士表达了异议（比较 2012 年 11 月 15 日庭审笔录，第 121-28 页、第 130-35 页、第 138-39 页和第 141-43 页（Gibson 证词）和 2012 年 11 月 19 日庭审笔录，第 102-06 页（Williams 证词））。

345. 本庭已经仔细审查了庭审笔录证词的相关部分并认定，针对上述替代技术方案，Microsoft 和 Motorola 专家所持证词均是武断的（对比 2012 年 11 月 15 日庭审笔录，第 120-28 页、第 130-35 页、第 138-39 页、第 141-43 页（Gibson 证词）和 2012 年 11 月 19 日庭审笔录，第 102-06 页（Williams 证词））。尽管 Microsoft 专家 Gibson 博士列出了 Motorola 的 802.11 标准必要专利的替代技术方案，但他几乎没有给出任何解释来说明这些替代技术方案为何能够充分取代 Motorola 的标准必要专利而不降低标准的原因（参见例如 2012 年 11 月 15 日庭审笔录，第 120-28 页（Gibson 证词）（在没有进行解释的情况下声明："802.3 以太网标准从 1995 年开始已具有载波监听多路访问的版本，这已经被用作分布式协调功能（DCF）与增强型分布式信道访问（EDCA）的替代技术方案"））。对于 Motorola，其专家只是表示不相信替代技术方案是可接受的。Motorola 的专家也拒绝解释为什么 Microsoft 专家提出的 Motorola 的 24 项专利中的 23 项专利的替代技术方案是不可行的（2012 年 11 月 19 日庭审笔录，第 102 - 06 页（Williams 证词）（"我的结论是，Gibson 博士提出的替代技术方案没有一个属于可接受的 802.11 标准替代技术方案"））。对于其余专利，Motorola 的专家也只说明了 Microsoft 专家提出的四种替代技术方案中的两种（2012 年 11 月 19 日庭审笔录，第 104-06 页（Williams 证词）（证据 148 表明，只讨论了四种替代技术方案中的两种））。本庭只有这些相互矛盾的专家意见，有极少的证据或解释来解决这一矛盾。

346. 因此，本庭认定，双方都没有证明存在或缺乏 Motorola 的标准必要专利的可行替代技术方案。本庭因此推断：在假想谈判之中，双方根本不能就 Motorola 的标准必要专利技术对 802.11 标准所做的技术贡献达成一致。

ii. Motorola 认同只有 Microsoft Xbox 使用了其 802.11 标准必要专利

347. Motorola 只针对 Microsoft 的 Xbox 产品进行了专利分析，并没有提供任何证据表明其他产品（例如，Microsoft Surface）使用了这些专利（2012 年 11 月 19 日庭审笔录，第 71 页（Williams 证词））。

348. Xbox 是一款特殊用途的电脑：其主要功能是运行视频游戏（2012 年 11 月 15 日庭审笔录，第 8-9 页（Del Castillo 证词））。Xbox 360 最早于 2005 年推出（参见同上，第 13 页）。Xbox 包含光驱，用来装载和播放视频游戏，也可以用来观看 DVD 和听音频光盘（CD）（2012 年 11 月 15 日庭审笔录，第 8-9 页（Del Castillo 证词））。Microsoft 在 2010 年推出了包含 WiFi 功能的 Xbox 360（参见同上，第 15 页）。Xbox 360 采用了 Marvell 或 Atheros 制造的 WiFi 模块（参见同上，第 24、48-49 页）。Microsoft 没有制造任何用于 WiFi 连接必要的硬件（参见同上，第 25 页）。

349. 每个 Xbox 都有一个以太网端口，因此每一个 Xbox 都可以通过有线以太网连接到互联网，而不是通过无线连接（参见同上，第 25 页）。Xbox 可以连接到互联网，以便从 Xbox Live 服务中下载应用程序和游戏（参见同上，第 8-9 页）。一些应用程序允许媒体数据流式传输，比如 Netflix 应用程序（参见同上）。Xbox Live 允许用户在因特网上与其他人一起玩视频游戏或对战。该服务还允许客户进行金融交易，比如购买用于客户所玩游戏的额外物品（参见同上，第 11 页）。

350. 【...】（2012 年 11 月 15 日庭审笔录，第 61 页第 19 行-第 62 页第 1 行（Del Castillo 证词））【...】（参见同上，第 72 页第 19-21 行）（参见同上，第 74 页第 25 行-第 75 页第 5 行）。

iii. Xbox 没有使用 Motorola 的所有 802.11 标准必要专利

351. Motorola 主张 Xbox 只使用了 Motorola 声称属于 802.11 标准必要专利的 24 项专利中的 11 项（2012 年 11 月 15 日庭审笔录，第 102-03 页（Gibson 证词）；2012 年 11 月 19 日庭审笔录，第 107 页（Williams 证词）（"我认为肯定使用了 11 项"）；证据 148，151，156，157，161，164，169，170，171，177，180）。以下为 11 项美国专利：第 5142533 号（'533 专利）、第 5272724 号（'724 专利）、第 5329547 号（'547 专利）、第 5357571 号（'571 专利）、第 5467398 号（'398 专利）、第 5519730 号（'730 专利）、第 5689563 号（'563 专利）、第 5822359 号（'359 专利）、第 6069896 号（'896 专利）、第 6331972 号（'972 专利）、第 6473449 号（'449 专利）。没有证据显示 Xbox（或任何其他 Microsoft 产品）使用了 Motorola 声称属于 802.11 标准必要的其他 13 项专利（2012 年 11 月 15 日庭审笔录，第 102-

104页（Gibson 证词）；证据 100，101，154，160，166，179，181，183，383，2013，2014，2016，2019）。

352. 本庭推断，在假想谈判之中，尽管 Motorola 声称这 13 项专利对于 802.11 标准是"必要"的，但 Microsoft 不会就 Motorola 没有主张 Xbox 使用的这 13 项 Motorola 标准必要专利接受许可。由于 Motorola 承认 Microsoft 产品没有以任何方式使用这些专利，因此 Microsoft 不会向 Motorola 寻求许可。因此，本庭将仅仅分析 Motorola 声称用于 Microsoft 的 Xbox 之中的 11 项 Motorola 802.11 标准必要专利。

iv. Motorola 的 11 项标准必要专利对于标准和 Xbox 的重要性

353. 为提高效率，本庭在讨论标准必要专利对于 802.11 标准的相关技术贡献的同时，将分析每个标准必要专利对于 Xbox 的重要性。Motorola 认为 Xbox 使用了 11 项专利，涵盖五个技术领域。

802.11 技术领域	美国专利
（1）信道访问管理专利	5142533（证据 148）
（2）数据调制（a/g/n）专利	5272724（证据 151）
	5519730（证据 164）
（3）网络设置专利	6069896（证据 171）
	6331972（证据 177）
（4）数据调制（b/g）专利	5329547（证据 156）
	6473449（证据 180）
	5822359（证据 170）
（5）安全性专利	5357571（证据 157）
	5467398（证据 161）
	5689563（证据 169）

a. 信道接入管理专利

354. Motorola 确定 '533 专利对于增强型分布式信道访问（EDCA）功能和分布式协调功能（DCF）而言是必要的，这两个功能是 802.11 标准范围内的信道访问方式（2012 年 11 月 15 日庭审笔录，第 106-107 页（Gibson 证词）；证据 148）。'533 专利已于 2011 年 3 月 28 日到期（2012 年 11 月 19 日庭审笔录，第 78 页（Williams 证词）；证据 1589）。因此，'533 专利与 Xbox 360 有关【...】。

355. 如前文所述，Motorola 没有关于 '533 权利要求的含义与 802.11 标准的部分有关的证词，但现在又通过在提议的事实认定和法律结论中的律师代理意见主张权利要求与标准的关系（Motorola Pr. FC 第 272-77 段）。Motorola 的专家 Williams 博士在总结性陈述中声称 '533 专利包括信道访问范围内的"冲突避免"（2012 年 11 月 19 日庭审笔录，第 86 页（Williams 证词）（"所以，那就是所谓的冲突避免系统。Crisler 专利已含有此类系统，证据 148"））。

356. 基于上述理由，本庭发现记录中极少证据能证明 '533 专利对 802.11 标准的任何部分而言确实是必要的，更不用说 802.11 标准的核心特征——信道访问是必要的。然而，由于 Microsoft 并不质疑 '533 专利的必要性，所以虽然 Motorola 证明 '533 专利对于 802.11 标准的信道访问是必要的证据并不充分，但法庭仍将予以采信。

357. 此外，就 Motorola '533 专利对于信道访问或对 802.11 标准的其他技术贡献的相对重要性，记录中不存在任何证据对此作出解释。[1] 由于缺少这些证据，本庭无法评估 '533 专利是否贡献了信道访问的全部还是只提供了信道访问的小部分。然而，Microsoft 明确表示，无线网络中的信道访问不是 Motorola 发明的，因此至少 '533 专利没有提供信道访问的创造性功能（2012 年 11 月 15 日庭审笔录，第 107 页（Gibson 证词））。

358. 由于能证明 '533 专利对于 802.11 标准重要性的证据有限，进行假想谈判的各方将认为 '533 专利对于信道访问的技术贡献微乎其微。[2]

359. 确定 '533 专利为 802.11 标准提供的技术贡献微乎其微后，虽然如此，假想谈判的各方下一步将考虑 '533 专利对于 Xbox 实施 802.11 标准是否重要。

---

① 至于 Motorola 的 802.11 标准的每项"必要"专利，Motorola 的专家未评估 Microsoft 或 Motorola 以外的其他公司对 802.11 标准的贡献，也未对 Motorola 和 Microsoft 以外的其他公司拥有的与 802.11 标准有关的专利作出评估（2012 年 11 月 19 日庭审笔录，第 116-117 页（Williams 证词））。Motorola 的专家也未确定与任何第三方专利（包括 Via Licensing 802.11 专利池中的专利）相比，Motorola 专利的相对重要性（参见同上，第 117-120 页）。

② 其他公司已披露了信道访问领域内对 802.11 标准必要的专利，这一事实为本庭的结论提供了支持。Apple Computer 已确定下述两项与信道访问有关的美国专利对于 802.11 标准而言是必要的：美国专利 No. 4689786（使用三次握手法，其中根据最近的流量历史对尝试重传之前的时期进行动态调整）和美国专利 No. 4661902（握手法和假定冲突后的重传时机）（2012 年 11 月 15 日庭审笔录，第 150 页（Gibson 证词）；证据 89，88）。Proxim 公司已确定至少一项涉及无线系统中有多个代理时的防冲突机制的美国专利 No. 5231634 对 802.11 标准而言是必要的（2012 年 11 月 15 日庭审笔录，第 150-151 页（Gibson 证词）；证据 129）。Agere Systems 已确定涉及防冲突的至少一项专利和一项已成为专利的专利申请对 802.11 标准而言是必要的：美国专利 No. 5422887（使用 CDMA-CD 机制提供公平访问）和已成为美国专利 No. 6707867 的专利申请（传输带有与传输延迟有关的定时信息的信号）10/092，295（2012 年 11 月 15 日庭审笔录，第 150-151 页（Gibson 证词）；证据 137，325）。Spectrix 已确定至少一项专利与信道访问有关：美国专利 No. 7643509（多路访问/防冲突协议）（2012 年 11 月 15 日庭审笔录，第 150-151 页（Gibson 证词）；证据 485）。Nokia 公司发送了保证书给 802.11 标准工作组，披露美国专利 No. 7006472 对 802.11 标准而言是必要的，该专利涉及服务质量（Qos）和从一系列选定的预定义的流量中为每个数据分组选择适当的无线流量（2012 年 11 月 15 日庭审笔录，第 150-151 页（Gibson 证词）；证据 391）。电子通讯研究院（ETRI）已确认一项与信道访问有关的美国专利：专利号 No. 7616612（使用优先级信息确保网络电话（VoIP）QoS 的方法）（2012 年 11 月 15 日庭审笔录，第 150-151 页（Gibson 证词）；证据 484）。并且，LG 已确定至少三项专利与信道访问或 Qos 有关：No. 6469993（编制动态优先数字和各终端组成的表格）；No. 7616592（移动站和带头信息的基站之间的通信）；No. 7653025（基于数据分组相关的服务标识安排数据分组传输）（2012 年 11 月 15 日庭审笔录，第 150-151 页（Gibson 证词）；证据 476，483，486）。

360. Microsoft 方面称 Xbox 没有使用 '533 专利。Microsoft 辩称在 Motorola 将 '533 专利与 EDCA 联系起来的范围内，EDCA 是可选的，并且与 Xbox 没有使用的 QoS 有关（2015 年 11 月 15 日庭审笔录，第 106-107 页（Gibson 证词）；2012 年 11 月 15 日庭审笔录，第 28 页（Del Castillo 证词））。Motorola 还将 '533 专利与利用远程终端系统（RTS）/通用类型系统（CTS）使用 DCF 联系起来，据 Microsoft 表示，Xbox 也没有使用 RTS/CTS（2012 年 11 月 15 日庭审笔录，第 106-107 页（Gibson 证词）；2012 年 11 月 15 日庭审笔录，第 28 页（Del Castillo 证词））。

361. 作为回应，Motorola 引用其专家 Williams 博士的证词，称 802.11 标准内的一般信道访问机制均采用 '533 专利，以及是否使用 RTS/CTS 和 QoS 不是构成侵权的必要条件（2012 年 11 月 19 日庭审笔录，第 97 页第 14 行-第 98 页第 10 行（Williams 证词））。

362. 尽管 Williams 博士的证词在本质上是推断性的，但却引起了 Xbox 是否通过正常使用 802.11 标准必然侵犯了 '533 专利这一真实争议。

363. 总之，本庭推断，'533 专利的假想谈判的各方会认为 '533 专利对 802.11 标准的贡献非常少，并且将就 Xbox 在使用 802.11 标准时事实上是否需要获得 '533 专利许可这一点产生分歧。

b. 数据调制（a/g/n）专利

364. 对于 802.11a、802.11g 和 802.11n 标准，Motorola 确定了两项涉及数据调制，更具体来说是涉及正交频分多路复用功能（OFDM）的一部分的专利，即 '724 专利和 '730 专利（2012 年 11 月 15 日庭审笔录，第 107-08 页（Gibson 证词）；证据 151，164）。'724 专利已于 2011 年 5 月 3 日到期（2012 年 11 月 19 日庭审笔录，第 78 页（Williams 证词）；证据 151；2012 年 11 月 15 日庭审笔录记录，第 108-109 页（Gibson 证词））。因此，'724 专利与 Xbox 360 有关【...】。'730 专利已于 2013 年 5 月 21 日到期，因此，虽然它肯定与 Xbox 360 有关【...】。

365. 与 '533 专利的情况一样，Motorola 没有就 '724 专利或 '730 专利的权利要求的含义与 802.11 标准的部分内容相关提供证词，但 Motorola 现在通过事实认定和法律结论中的律师代理意见主张权利要求与标准的关联（Motorola Pr. FC 第 296-98 段（'730 专利），第 301-02 段（'724 专利））。在一份推断性陈述中，Motorola 的专家 Williams 博士声称 '730 和 '724 专利包括 802.11a、802.11g 和 802.11n 调制机制中的 OFDM（2012 年 11 月 19 日庭审笔录，第 87 页（Williams 证词）（"那些专利中有两项专利涉及 OFDM 技术，OFDM 是一种高速数据传输机制"））。

366. 作为回应，Microsoft 通过其专家 Gibson 博士声称，无论 '724 专利或 '730 专利，对于 802.11 标准而言都不是必要的。根据 Microsoft 的说法（以及显然也是 Motorola 的专家报告的看法），Motorola 将 '730 专利的权利要求 14 与 802.11 a/g OFDM 联系起来，并声称位于副载波信号的"物理层汇聚协议（PLCP）前导码"满足该项权利要求的第一步（2012 年 11 月 15 日庭审笔录，第 108 页（Gibson 证词）；证据 164）。另外，据 Microsoft 表示，Motorola 以和 '730 专利权利要求 14 同样的分析方法认为 '724 专利权利要求 20 对同步数据信号的时序、使用了 OFDM 和 802.11 标准是必要的（2012 年 11 月 15 日庭审笔录，第 108-09 页（Gibson 证词）；证据 151）。

367. Microsoft 辩称，根据 Motorola 的分析，无论是 '724 专利还是 '730 专利都不是必要的，因为"PLCP 前导码"并不与 802.11 标准中的信息信号混合，因此 Xbox 并没有使用此专利，它对 Microsoft 毫无价值（2012 年 11 月 15 日庭审笔录，第 108-109 页（Gibson 证词））。

368. 至于 '730 专利，Motorola 认为，Gibson 博士未能解释为什么通过用所有副载波发送同步信号不符合该案权利要求的限定（引用 2012 年 11 月 15 日庭审笔录，第 108 页第 10-21 行（Gibson 证词））。根据 Williams 博士的解释，正如 Gibson 博士证实 '730 专利权利要求 14 所需要的，802.11 标准要求信息信号与 PLCP 前导码组合（2012 年 11 月 19 日庭审笔录，第 95 页第 5-11 行（Williams 证词））。因此，Motorola 认为 '730 专利对 802.11 标准而言是必要的。

369. 至于 '724 专利，在 Williams 博士的协助下 Motorola 辩称，802.11 标准要求发送两个同步信号，这与 '724 专利权利要求 20 的要求相同（2012 年 11 月 19 日庭审笔录，第 94 页第 24 行-第 95 页第 3 行（Williams 证词））。因此，Motorola 认为 '724 专利是必要的。

370. 本庭认为，关于 '724 专利和 '730 专利对 802.11 标准而言是否是必要的，相关的记录模棱两可。关于为何这些专利并非必要，Microsoft 作出的解释不能令本庭满意。无论原因是什么，Microsoft 均未解释"PLCP 前导码"为何物、为什么权利要求限定未包括用所有副载波发送同步信号、为什么 802.11 标准不要求信息信号与"PLCP 前导码"组合。双方再次让法庭置身于专家的论战中，却没有提供任何依据以便本庭可以确认谁是胜利的一方。换句话说，本庭没有足够的证据确定 '724 和 '730 专利的必要性。

371. 由于没有关于必要性的明确证据，本庭只能采信 Williams 博士的推断性陈述，即 '724 和 '730 专利包括 802.11a、802.11g 和 802.11n 调制方案中的 OFDM，且对 802.11 标准是必要的（2012 年 11 月 19 日庭审笔录，第 87 页（Williams 证词）（"那些专利中有两项专利涉及一种叫做 OFDM 的技术，OFDM 是一种高速数据传输机制"））。因此，基于上述情况，本庭发现记录中几乎无任何证据能证明 '724 专利或 '730 专利对 802.11 标准的任一部分而言确实是必要的，更不用说 802.11 标准的核心特征——通过 OFDM 进行数据调制。

372. 此外，就 Motorola '724 和 '730 专利对 OFDM 的其他技术贡献的相对重要性，记录中不存在任何证据对此作出解释。由于缺少这些证据，本庭无法评估 '724 和 '730 专利是贡献了 OFDM 的全部还是只提供了 OFDM 的小部分。然而，Microsoft 明确表示 OFDM 不是 Motorola 发明的（2012 年 11 月 15 日庭审笔录，第 108 页（Gibson 证词））。

373. 由于证明 '724 和 '730 专利对 802.11 标准重要性的证据有限，假想谈判中的各方将认为这两项专利对于数据调制或 OFDM 的技术贡献微乎其微。[①]

c. 网络设置专利

374. Motorola 确定 '896 专利和 '972 专利对 802.11 标准中的网络设置功能而言是必要的（2012 年 11 月 15 日庭审笔录，第 109、122 页（Gibson 证词）；证据 171（'896 专利）、177（'972 专利））。

375. 据 Microsoft 表示，Motorola 将 '896 专利的权利要求 17 以及 '972 专利的权利要求 9 与站点到接入点的初始互联——特别是将从站点发送的自发的探测请求传输到接入点——联系起来（2012 年 11 月 15 日庭审笔录，第 109、122 页（Gibson 证词）；'896 专利；'972 专利）。'896 专利于 2016 年 10 月 15 日到期，'972 专利于 2017 年 2 月 3 日到期（'896 专利；'972 专利）。因此，这两项专利均与 Xbox 360 有关【...】。

376. 与前述专利的情况一样，Motorola 没有将有关 '896 专利或 '972 专利的权利要求的含义的证词论述为与 802.11 标准的部分内容相关，但 Motorola 现在通过事实认定和法律结论中的律师代理意见主张权利要求与标准之间的关联（Motorola Pr. FC 第 264-65 段）。在一份推断性陈述中，Motorola 的专家 Williams 博士声称 '896 和 '972 专利包括

---

① 其他公司已披露了数据调制领域内对 802.11 标准而言必要的已声明专利，这一事实为法庭的结论提供了支持。Spectrix 公司已确定美国专利 No. 5247380 对 802.11 标准而言是必要的，该项专利涉及扩频技术（描述红外双向通信系统）（2012 年 11 月 15 日庭审笔录，第 151-52 页（Gibson 证词）；证据 264）。Nokia 公司披露了下述两项专利申请和两项专利，均与 802.11 标准中的扩展技术有关：（1）专利申请 No. 20020160769，该专利申请已成为美国专利 No. 6675012（显示传输频率和干扰电平的动态频率选择），以及专利 No. 6298035（使用两个发送器评估使用 OFDM 时的单独的通道频率）；（2）已成为美国专利 No. 6738599（自组织网络中的动态频率选择）的专利申请 No. 20030050012，以及专利 No. 6834045（用于在于 5GHz 范围内运行的 WLAN 内分配频率的方法）（2012 年 11 月 15 日庭审笔录，第 151-52 页（Gibson 证词）；证据 321，255，327，357）。CISCO Systems 公司也在数据调制领域做出了贡献：美国专利 No. 6654921（接收来自多个传输管理机制、时分多路复用和频分多路复用的信号）（2012 年 11 月 15 日庭审笔录，第 151-52 页（Gibson 证词）；证据 318）。AT&T 也确定了一项与数据调制有关的专利：美国专利 No. 6430231（用于通过以正交方式利用时分多路复用来使用两个或更多天线（以比其他天线多接收一个信号的方法）（2012 年 11 月 15 日庭审笔录，第 151-52 页（Gibson 证词）；证据 260）。Via Licensing 中的某些专利也涉及数据调制，包括美国专利 No. 5307376（以更高质量传输时间和次数交错的数字信号），专利 No. 6925587（创建一种光交叉波分复用器设计，以使同一设计对于一组尺寸内的所有光交叉波分复用器都是接近最优的），以及专利 No. 7526687（创建一种光交叉波分复用器设计，以使同一设计对于一组尺寸内的所有光交叉波分复用器都是接近最优的）（2012 年 11 月 15 日庭审笔录，第 151-52 页（Gibson 证词）；证据 131，478，481）。

802.11标准中的站点和接入点之间的通信的启动（2012 年 11 月 19 日庭审笔录，第 85 页（Williams 证词）（"Harris 和 Borgstahl 专利处理站集和接入点之间来回通信的信息，以方便站集接收到接入点上并启动通信，证据 177 和 171"））。

377. 基于上述理由，本庭认定记录中几无证据能证明 '896 专利和 '972 专利对 802.11 标准任一部分而言确实是必要的，更不用说 802.11 标准的核心功能——网络设置功能。尽管如此，因为 Microsoft 并不质疑 '896 专利和 '972 专利的必要性，所以尽管 Motorola 提供的证明 '896 专利和 '972 专利对 802.11 标准中的网络设置必要的证据并不充分，但法庭仍将予以采信。

378. 此外，就 Motorola'896 专利和 '972 专利对网络设置、站点到接入点的初始互联或对整个 802.11 标准的其他技术贡献的相对重要性，记录中不存在任何证据对此作出解释。由于缺少这些证据，法庭无法评估 '896 和 '972 专利是贡献了这些功能的全部还只是提供了这些功能的小部分。然而，Microsoft 明确表示站点与接入点之间的互联不是 Motorola 发明的（2012 年 11 月 15 日庭审笔录，第 109 页（Gibson 证词））。

379. 由于能证明 '896 和 '972 专利对 802.11 标准重要性的证据有限，本庭推断，进行假想谈判的各方将认为这两项专利对信道访问的技术贡献微乎其微。

380. 确定 '896 和 '972 专利对 802.11 标准的技术贡献微乎其微后，假想谈判的各方下一步将考虑这两项专利对 Xbox 实施 802.11 标准是否重要。

381. Microsoft 称 Xbox 未使用 '896 专利或 '972 专利。Microsoft 辩称 '896 专利和 '972 专利并不涉及基础设施连接，比如，接入点和站点之间的基础设施连接（例如，路由器/调制解调器和 Xbox 之间的基础设施连接），而是涉及对等设备之间的通信，例如，两个站点之间的通信（2012 年 11 月 15 日庭审笔录，第 109 – 10 页（Gibson 证词））。据 Microsoft 表示，Xbox 在正常操作中不使用 '896 和 '972 专利，因为 Xbox 通常连接到基础设施连接中的接入点，而不是与另一台 Xbox 进行对等连接（参见同上，第 110 页）。

382. 作为回应，Motorola 的专家 Williams 博士作证称 '896 专利和 '972 专利的权利要求不包括术语"对等"，因此并不局限于对等通信（2012 年 11 月 19 日庭审笔录，第 95 页第 14 到 21 行，第 96 页第 5 到 8 行（Williams 证词）；'896 专利权利要求 17；'972 专利权利要求 9；2012 年 11 月 15 日庭审笔录，第 193 页第 15 到 16 行（Gibson 证词））。

383. 因为双方对 '896 专利和 '972 专利的范围存在争议，本庭查看了 '896 专利和 '972 专利的说明书，并认定说明书在对等通信背景下讨论了声称的技术（例如，MS-MOTO_1823_00004042238 中的证据 177（"更具体地说，本发明涉及对等网络，在此类网络中节点寻址可进行动态配置"））。虽然这可能证实了 Microsoft 的说法，但说明书未将权利要求限制在对等通信。进一步来说，即使权利要求受到如此限制，本庭亦无法明白，为什么因为这两项专利没有对该术语进行定义，Xbox 和路由器之间的通信就不能构成对等通信。因此，本庭从法律上拒绝限制 '896 专利和 '972 专利的权利要求，以对 Xbox 和接入点的通信进行排除。

384. 总之，本庭推断 '896 专利和 '972 专利的假想谈判的各方会认为这两项专利对 802.11 标准的贡献非常少，并且会就 Xbox 在使用 802.11 标准时事实上是否需要获得 '896 和 '972 专利的许可产生分歧。

d. 数据调制（b/g）专利

385. Motorola 确认 '547、'449 和 '359 这三项专利与 802.11b 和 802.11g 中的数据调制有关（2012 年 11 月 15 日庭审笔录，第 110 页（Gibson 证词）；证据 156（'547 专利）、170（'359 专利）、180（'449 专利））。'547 专利于 2013 年 3 月 11 日到期，因此，虽然 '547 专利与 Xbox 360 有关【...】。'359 专利于 2015 年 10 月 13 日到期，因此与 Xbox 360 【...】均有关。同样，'449 专利与 Xbox 360 【...】均有关。

386. Motorola 将 '449 专利和一种利用称为"直接序列扩频"（DSSS）的数据调制技术无线数据传输数据以抑制干扰的方法联系在一起（Motorola Pr. FC 第 286–87 段（引自 '449 专利第 6 栏，第 55 到 67 行，权利要求 1））。同样地，Motorola 确认 '547 和 '359 专利与 DSSS 有关，特别是与通过在有待传输的数据中插入"参考符号"而连贯地发送数据信号有关（Motorola Pr. FC，第 291–92 段（引自 '547 专利的摘要；'359 专利的摘要）。因为直接序列扩频与 802.11b 和 802.11g 相关，所以 Motorola 认为 '449、'547 和 '359 专利与 802.11 标准的那些版本而不是 802.11n 版本有关（2012 年 11 月 15 日庭审笔录，第 110 页第 15 行–第 111 页第 1 行（Gibson 证词））。

387. 与前述专利的情况一样，Motorola 没有提供 '449、'547 或 '359 专利的权利要求的含义涉及 802.11 标准的部分内容的证词，但 Motorola 现在通过提出的事实认定和法律结论中的律师代理意见主张权利要求与标准存在关联（Motorola Pr. FC，第 286–87、291–92页）。在一份推断性陈述中，Motorola 的专家 Williams 博士声称 '449、'547 和 '359 专利涵盖 802.11 标准中的如何调制载波信号以传输信息的技术（2012 年 11 月 19 日庭审笔录，第 87 页（Williams 证词）（"在倒数三项专利中（证据 180，156 和 170），这些技术处理如何改变载波、如何调制该载波以把信息传递到另一侧的基本过程"））。

388. 基于上述理由，本庭确定记录中几无任何证据能证明 '449、'547 和 '359 专利对 802.11 标准的任一部分而言确实是必要的，更不用说 802.11 标准的核心功能——数据调制。尽管如此，因为 Microsoft 并不质疑 '449、'547 和 '359 专利的必要性，所以虽然 Motorola 用于证明 '449、'547 和 '359 专利对 802.11 标准的 802.11b 和 802.11g 版本中使用直接序列扩频技术的数据调制功能是必要的证据并不充分，但本庭仍将予以采信。

389. 此外，就'449、'547 和'359 专利对数据调制或直接序列扩频或 802.11 标准整体的其他技术贡献的相对重要性，记录中不存在任何证据对此作出解释。由于缺少这些证据，法庭无法评估'449、'547 和'359 专利是贡献了这些功能的全部还只是提供了这些功能的小部分。然而，Microsoft 明确表示数据调制或直接序列扩频不是 Motorola 发明的（2012 年 11 月 15 日庭审笔录，第 109 页（Gibson 证词））。

390. 由于证明'449、'547 和'359 这三项专利对 802.11 标准的重要性的证据有限，在假想谈判中的各方将认为这三项专利对数据调制和直接序列扩频的技术贡献微乎其微。[1]

391. 已确定了'449、'547 和'359 专利对 802.11 标准的技术贡献非常少，假想谈判的各方下一步将考虑这三项专利对 Xbox 实施标准是否重要。

392. Microsoft 通过其专家 Gibson 博士声称'449、'547 和'359 专利与 Xbox 毫不相干，因为这些专利仅涉及 802.11 标准的 802.11b 版本和 802.11g 版本，与 802.11n 版本无关，而 802.11n 版本将成为向前发展的主要版本（2012 年 11 月 15 日庭审笔录，第 110 页第 15 行–第 112 页第 1 行（Gibson 证词））。Motorola 回应称 Xbox 支持 802.11b 和 802.11g。（2012 年 11 月 19 日庭审笔录，第 81 页 11–16 行（Williams 证词）；证据 2329 MOTM_WASH1823_0606790；证据 2329A）。此外，Gibson 博士承认，Xbox 中的 802.11b 和 802.11g 允许 Xbox 在干扰太大时从 802.11n 返回（到 802.11b 或 802.11g），以使 Xbox 可以使用 802.11n 进行通信（2012 年 11 月 15 日庭审笔录，第 192 页第 1–7 行（Gibson 证词）；也参见 2012 年 11 月 19 日庭审笔录，第 96 页第 9–19 行（Williams 证词））。Xbox 中的 802.11b 和 802.11g 还允许用户在家里通过较旧的接入点使用 Xbox（2012 年 11 月 19 日庭审笔录，第 96 页第 19–21 行（Williams 证词））。

393. 基于上述证据，本庭推定虽然 802.11n 版本将是向前发展的主要版本，但 Xbox 继续支持和使用 802.11 标准的 802.11b 版本和 802.11g 版本是重要的。这样做使 Xbox 能在拥有更多用户的网络设置中发挥作用，因此将为 Microsoft 带来价值。

394. 因此，本庭推断'449、'547 和'359 专利许可的假想谈判的各方会认为这些专利为 802.11 标准的核心功能提供的贡献微乎其微。此外，各方将会同意这些专利只涉及 802.11 标准的 802.11b 和 802.11g 版本，而这些版本正变得越来越不流行。但 Motorola 认为支持和使用 802.11b 和 802.11g 版本的能力为 Microsoft 的 Xbox 产品带来了价值，这个观点是正确的。

---

[1] 从与 802.11a、802.11g 以及 802.11n 有关的数据调制的相关情况可以看到，其他公司已披露数据调制领域内对 802.11 标准而言必要的专利，这一事实为法庭的结论提供了支持（参见上文 152 页脚注[1]）。

e. 安全性专利

395. Motorola 将 '571 专利与用于交换安全加密密钥的四次"握手"方法联系起来。"握手"是一种用在 802.11 临时密钥完整性协议（TKIP）和计数器模式密码块链消息完整码协议（CCMP）中交换加密密钥的方法（2012 年 11 月 15 日庭审笔录，第 112 页（Gibson 证词）；证据 157（'571 专利））。'571 专利于 2013 年 7 月 1 日到期，因而与 Xbox 360 有关【…】（证据 157 和 1589）。

396. Motorola 将 '398 专利与 802.11 加密协议通过其计算消息完整代码（MIC）以包括数据分组的过程联系起来。MIC 是用于核实该数据分组来源是否正确的消息（2012 年 11 月 15 日庭审笔录，第 112–113 页（Gibson 证词）；证据 161（'398 专利））。同样，Motorola 确认 '563 专利涉及在计算 MIC 时使用数据分组序列号（2012 年 11 月 15 日庭审笔录，第 112–113 页（Gibson 证词）；证据 169（'563 专利））。'398 专利于 2014 年 7 月 5 日到期，因而与 Xbox 360【…】均有关。同样，'563 专利于 2014 年 11 月 18 日到期，与这两个系统都有关。

397. 与前述专利的情况一样，Motorola 没有就 '571、'398 或 '563 专利的权利要求的含义涉及 802.11 标准的部分内容提供证词，但 Motorola 现在通过提出的事实认定和法律结论中律师代理意见主张权利要求与标准存在关联（Motorola Pr. FC，第 310–12、327–28、332–33 段）。在一份推断性陈述中，Motorola 的专家 Williams 博士声称 '571 专利包括 802.11 标准中用于交换安全加密密匙的四次"握手"（2012 年 11 月 19 日庭审笔录，第 88 页（Williams 证词）（"【'571 专利】讨论了一种在 802.11 标准中称作四次"握手"的过程。【'571 专利】包括该四次'握手'的第一次'握手'，最终以在两端生成加密密匙以加密信息而终止"））。Williams 博士以类似的推断性方式认为 '398 和 '563 专利涉及加密，特别是 MIC 消息的加密（2012 年 11 月 19 日庭审笔录，第 88 页（Williams 证词）（"【'398 和 '563 专利】处理一种叫做'消息完整代码'的东西。这种完整代码专门为接收器识别信息是由发送器生成的"））。

398. 基于上述理由，本庭确定记录中几无证据能证明 '571、'398 和 '563 专利对 802.11 标准的任一部分而言确实是必要的，更不用说 802.11 标准的核心功能——安全和加密。尽管如此，因为 Microsoft 并不质疑 '571、'398 和 '563 专利的必要性，所以尽管 Motorola 用于证明这三项专利对 802.11 标准中的安全和加密功能必要的证据并不充分，法庭仍将予以采信。

399. 此外，就 Motorola 的 '571、'398 和 '563 专利对安全性或加密或整个 802.11 标准所提供的其他技术贡献的相对重要性，相关的记录中不存在任何证据对此作出解释。但 Microsoft 却提供了大约 150 页无可争议的证据，证明安全性是 802.11 标准中一个庞大而复杂的主题（2012 年 11 月 15 日庭审笔录，第 112 页（Gibson 证词）；证据 386A）。此外，记录清楚表明 Motorola 并没有发明无线网络中的安全和加密（2012 年 11 月 15 日庭审笔录，第 110-12 页（Gibson 证词））。

400. 由于能证明 '571、'398 和 '563 专利对 802.11 标准重要性的证据有限，且存在有力证据证明 802.11 标准中的安全和加密采用了其他重要技术，因此本庭推断，在假想谈判中，各方将认为 '571、'398 和 '563 专利为 802.11 标准中涉及安全和加密的整体技术提供的技术贡献非常小。[①]

401. Microsoft 还认为除了符合标准以外，Xbox 并没有从 Motorola 的 '571、'398 和 '563 专利中获得什么益处（2012 年 11 月 15 日庭审笔录，第 114 页（Gibson 证词））。

402. Microsoft 提交了无可争议的证据，解释 802.11 加密只能加密用户家中 Xbox 到路由器的通信，且不会保护传到互联网上的通信（2012 年 11 月 15 日庭审笔录，第 114 页（Gibson 证词））。Microsoft 也提交了无可争议的证据，证明 Xbox 提供了自己的独立于 Motorola 专利中声称技术、在 Xbox 与另一个 Xbox 或 Xbox 和 Xbox Live 服务器之间的自己的端到端安全性（参见同上，第 113-14 页）。据 Microsoft 称，Microsoft 没有依赖 802.11 安全性，因此，802.11 安全性和加密对 Xbox 安全性是多余的（参见同上）。

403. 作为回应，Motorola 解释说，Xbox 允许用户使用 IE 浏览器、Web 浏览器（2012 年 11 月 15 日庭审笔录，第 22 页第 15-16 行（Del Castillo 证词））。当 Xbox 与 IE 浏览器一起使用时，Xbox 安全性不会对所传输的数据加密（参见同上，第 75 页第 9-20 行）。因此，使用 IE 浏览器进行的通信对于浏览无保护的 802.11 网络的任何人来说都是可见的（参见同上，第 75 页第 15-20 行）。

404. Motorola 还提交证据证明，当用户通过互联网在 Netflix 或其他内容提供商传输视频时，他们没有使用 Xbox 安全性。作为回应，Microsoft 提交证据证明内容提供商，如 Netflix，通常使用不暗指 802.11 加密的安全性来保护其内容（2012 年 11 月 15 日庭审笔录，第 26-28 页（Del Castillo 证词）；2012 年 11 月 15 日庭审笔录，第 113 页（Gibson 证词）））。

---

① 法庭作出推断的重要依据是基于这样一种事实：其他公司已披露了在安全领域对 802.11 标准必要的专利。Nokia 向 802.11 工作组披露了涉及通信数据加密的三项美国专利：美国专利 No. 5987137、No. 6118775 以及 No. 7120422（2012 年 11 月 15 日庭审笔录，第 148-49 页（Gibson 证词）；证据 234，245，397）。LG 披露了涉及通信数据加密的两项美国专利：美国专利 No. 6839553（网络和移动站之间的通用验证过程）以及美国专利 No. 6347144（通过在数据流源头的内部设置加密信息以防止数据流的复制）(2012 年 11 月 15 日庭审笔录，第 148-49 页（Gibson 证词）；证据 477 和 475）。最后，ETRI 披露了涉及通信数据加密的一项美国专利：美国专利 No. 7477746（动态管理组临时密钥）(2012 年 11 月 15 日庭审笔录，第 148-49 页（Gibson 证词）；证据 480）。

405. 最后，Motorola 提交证据证明当通过 Xbox 连接至互联网时，CCMP 和 TKIP 是常用的安全设置（2012 年 11 月 19 日庭审笔录，第 119 页第 4–18 行、第 191 页第 25 行–第 192 页第 9 行（Sukumar 证词）；证据 2392；证据 3034-A）。Microsoft 似乎并没有对 CCMP 和 TKIP 是常用设置提出异议（2012 年 11 月 15 日庭审笔录，第 178 页第 5–8 行（Gibson 证词））。因此，本庭同意 CCMP 和 TKIP 是常用的。

406. 根据上述情况，本庭得出结论，Motorola 的 '571、'398 和 '563 专利对 802.11 标准的安全性和加密部分在技术方面没有做出太大贡献。此外，在某些 Xbox 功能中（例如，玩游戏），Microsoft——而非 802.11 标准——提供了安全性和加密。但是，在其他操作中（例如，查看互联网内容），Xbox 将使用 802.11 安全性和加密。总而言之，本庭认定 '571、'398 和 '563 专利对标准的贡献不大，但他们的贡献将在某些情况下被 Xbox 使用。假想谈判的双方将在这个方面考虑 '571、'398 和 '563 专利。

VI. MOTOROLA 标准必要专利的适当的 RAND 专利许可费

本庭分析的下一步是确定 Motorola H.264 和 802.11 标准必要专利组合的 RAND 费率和范围。在审判中，有关确定 Motorola H.264 和 802.11 专利组合的 RAND 专利许可费率，双方提交了声称与 RAND 专利许可费率可比的许可协议和专利池作为证据。本庭检查了双方提出的相互矛盾的可比证据，以确定 Motorola 标准必要专利组合相比于 Microsoft 应收取的 RAND 专利许可费率和范围的适用性。在其分析中，本庭考虑了根据 RAND 原则修改的上述 *Georgia-Pacific* 要素。在分析结论部分，本庭提供了 Motorola H.264 和 802.11 标准必要专利相对于 Microsoft 的产品的 RAND 专利许可费率和范围。

A. Motorola 建议的可比证据

通过其许可专家 Donohoe 先生，Motorola 主张其有权获得 Microsoft 的 Windows 和 Xbox 产品的净销售价格的 2.25% 作为专利许可费率，以换取其 H.264 和 802.11 标准必要专利组合的许可。Motorola 寻求该数目作为其专利组合的价值，并不在意该价值是否以货币付款、回馈许可或其他形式进行赔偿（2012 年 11 月 20 日庭审笔录，第 149–50 行（Donohoe 证词）（"问：……你的意思是 Motorola 想要 2.25%，但不在意是以现金还是回馈许可的形式赔偿，但它就想要 2.25%？" 答："没错"））。

具体来说，有关 Motorola 的 802.11 标准必要专利组合，Donohoe 先生选择终端产品价格的 2.25% 作为 Motorola 专利的适用费率，并使用这个费率根据 2010–2011 年财政年度的年收入计算了 Microsoft 应支付的总款项（2012 年 11 月 20 日庭审笔录，第 140 页第 9

行-第141页第3行（Donohoe 证词））。随后，Donohoe 先生为 Microsoft 的 802.11 标准必要专利组合选择了 0.25% –0.5% 的专利许可费率，Donohoe 先生使用这个费率根据 2010-2011 年财政年度内未确认的 Motorola 产品的年收入计算出了 Motorola 应向 Microsoft 支付的总款项（2012 年 11 月 20 日庭审笔录，第 141 页第 4 – 25 行（Donohoe 证词））。Donohoe 先生随后从 Microsoft 将支付给 Motorola 的款项中扣除 Motorola 将向 Microsoft 支付的款项，并确定 Microsoft 在 2010-2011 年财政年度应向 Motorola 支付 3600 万-5400 万美元的支出净额。将这笔款项应用于在该期限内销售的 Xbox 单元的数量，Donohoe 先生计算出每个单元的专利许可费为 3.00-4.50 美元或 Microsoft Xbox 平均售价的 1.15% –1.73%（2012 年 11 月 20 日庭审笔录，第 144 页第 1-19 行（Donohoe 证词））。

类似地，有关 Motorola 的 H.264 标准必要专利组合，Donohoe 先生对未确认的 Microsoft 和 Motorola 产品应用了 2.25% 终端产品价格专利许可费，并确定了 Microsoft 应支付的年净支付额（对于某些不确定的年份）将为 1.37 亿美元。他随后将付款最高限额限定为 1 亿-1.25 亿美元，并将付款范围转换为每个单元在 0.50-0.63 美元的范围内，对此他表示为 0.68% –0.84% 的费率（2012 年 11 月 20 日庭审笔录，第 145 页第 6 行-第 146 页第 15 行（Donohoe 证词））。

如上所述，在该情况下，Motorola 没有评估涉案的 Microsoft 专利的价值，因此本庭无法确定任何 Microsoft 专利的价值。在任何情况下，无论赔偿形式是什么，Motorola 的立场是它的 802.11 标准必要专利组合的价值是 Microsoft 产品净售价的 2.25%，并且它的 H.264 标准必要专利组合与最高限额为 1 亿-1.25 亿美元的年费用的费率相同。为了支持这一立场，Motorola 的许可专家 Donohoe 先生谈及 *Georgia-Pacific* 要素 1，该要素审查专利权人许可涉案专利所收到的专利许可费，证明或试图证明确定的专利许可费。Donohoe 先生讨论：（1）MMI 和 VTech Telecommunications 公司（VTech）之间签订的 2011 年许可协议；（2）Motorola 和 Researh In Motion Limited（RIM）之间签订的 2010 年专利交叉许可协议；（3）在被 Motorola 收购之前，Symbol 签订的三项协议（2012 年 11 月 20 日庭审笔录，第 138 页第 5 行-第 140 页第 23 行（Donohoe 证词）；证据 13，36-38，2833）。

i. VTech 许可协议

407. VTech 是全球领先的无线电话制造商和销售商（2012 年 11 月 20 日庭审笔录，第 85 页第 24 行-第 86 页第 1 行（Dailey 证词））。

408. 2007 年 11 月 13 日，Motorola 在 Eastern District of Texas 对 VTech 提起诉讼，指控 VTech 侵犯了六项 Motorola 专利。这些专利并非标准必要专利，且它们没有 RAND 许可要求（2012 年 11 月 20 日庭审笔录，第 87 页第 19 行-第 88 页第 5 行（Dailey 证词））。

409. Motorola 和 VTech 在 2010 年 1 月就此诉讼达成和解并签订了为期一年的许可协议。根据该协议，Motorola 需要在许可于 2011 年 1 月到期后提供任何进一步侵权的书面通知。如果 Motorola 和 VTech 不能就新的许可条款达成一致意见，他们将通过仲裁来解决该争议（2012 年 11 月 20 日庭审笔录，第 88 页第 6 行–第 89 页第 16 行（Dailey 证词）；证据 1680）。

410. 2011 年 6 月 17 日，Motorola 通知 VTech，认为 VTech 侵犯了 Motorola 的大量有线和无线电话专利（2012 年 11 月 20 日庭审笔录，第 89 页第 18–22 行（Dailey 证词）；证据 13，参见 MOTM_WASH1823 0394368（第二个"鉴于"条款））。Motorola 根据 VTech 过去的销售情况，将这以涉嫌侵权估值为【…】，并且【…】至 2019 年的未来专利许可费（证据 1681 第 13 页；2012 年 11 月 20 日庭审笔录，第 91 页第 21–23 行（Dailey 证词））。

411. 2011 年 10 月，VTech 建议将 Motorola 的 802.11 和 H.264 标准必要专利的许可作为"我们正在设法确定的协议的一部分"（证据 2832）。

412. Motorola 随后通过和解解决了针对 VTech 的侵权诉讼，并以 1200 万美元的价格向 VTech 授予了其无线和有线电话专利的支付许可（证据 13，第 3.1（a）–（b）和第 4.1 节）。作为同一协议的一部分，VTech 同意以 2.25% 按产量提成的专利许可费以获得 Motorola 的 802.11 和 H.264 专利的许可（证据 13，第 4.2 节）。

413. Motorola 认为 VTech 同意就 Motorola 802.11 和 H.264 专利组合支付 2.25% 的许可费率不同于本案涉嫌侵权的和解讨论（整体参阅 Motorola Pr. FC，第 104–07 段）。但是，本庭没有得出相同的结论。

414. 本庭的结论得到了 VTech 于 2011 年 10 月 7 日发送至 Motorola 的电子邮件的支持，该邮件是为了寻求 Motorola 802.11 和 H.264 组合的许可。该电子邮件在相关部分提到：

> 我们有兴趣获得您的 WiFi、802.11 和 MPEG 视频组合的许可，特别是如果该许可将对我们发展蓝图中的某些未来产品提供一些保护措施的话。我们预测到了未来家庭通信电话/设备的技术整合，它将使用其中一些技术。
>
> 假设我们在确认其资格后列出使用 MMI 知识产权的产品，则我们可以签订长期许可作为我们正在试图处理的协议的一部分。我们希望了解的是这些技术覆盖的领域和在我们产品方向上的实际应用程度。我们的目的是通过这个许可寻求一定程度的保护。

（证据 2832）。

415. 2011 年 10 月 7 日的电子邮件的表述明确向本庭表明，VTech 仅将 Motorola 802.11 和 H.264 组合的许可作为其还用来解决 Motorola 侵权诉求的一揽子交易的一部分。在潜在侵权诉讼的威胁下，本庭不能认为 VTech 获得的 Motorola 802.11 和 H.264 标准必要专利许可协议是 RAND 专利许可费率的可靠参考。如上文所述，RAND 专利许可费率将是理智的标准必要专利权利人和理智的实施者协商合理专利许可费率的结果。追溯双方的诉讼历史，诉讼的威胁不能构成此等合理谈判的基础。

416. Murphy 博士解释了这个逻辑："如果你看看协议的总价值，该协议显然受 1200 万美元的控制。我的理解是，今天，根据 2.25% 费率，VTech 已支付的金额非常小，是数以千计，并非 1200 万美元的范围。从原来写的信中可清楚看出……同意以那些费率许可是与解决……和 Motorola 的争议捆绑在一起的"（2012 年 11 月 13 日庭审笔录，第 192 页第 15 行–第 193 页第 21 行（Murphy 证词））。本庭同意 Murphy 博士的观点，并因此得出结论，如 Microsoft 所主张的，VTech 将不会同意独立于更广泛的许可协议而就 Motorola 802.11 和 H.264 标准必要专利组合支付 2.25% 的专利许可费。

417. 对本庭结论提供支持的事实是，Motorola 和 VTech 在侵权诉讼期间签订了本协议。更具体地说，Motorola 和 VTech 在国际贸易委员会的听证会前夕达成了协议，在听证会中，Motorola 将该协议作为证明其对 Microsoft 的专利许可费要求具有合理性的证据（2012 年 11 月 20 日庭审笔录，第 94 页第 9 行–第 95 页第 14 行（Dailey 证词））。

418. VTech 在 Motorola 802.11 和 H.264 标准必要专利许可协议下支付了很少的费用，这一事实大大降低了根据要素 1 确定专利许可费率的许可协议的相关性。迄今为止，VTech 仅对其销售的支持 WiFi 功能的无线电产品支付了很少的专利许可费，这些是 VTech 已经停产并逐步淘汰的产品（证据 62（根据【…】无线电设备的美国月销售额，指出 2011 年 12 月 VTech "过时" 的 PIMA 互联网无线电设备的专利许可费将为【…】）；证据 3373（指出 2012 年第三个日历季度的互联网无线电设备的专利许可费为【…】））。VTech 从未对符合 H.264 标准的任何产品支付任何专利许可费（2012 年 11 月 20 日庭审笔录，第 100 页第 10–13 行（Dailey 证词））。

419. 最后，Motorola 主张 VTech 最近推出了玩具平板产品——Innotab 2 和 Innotab 2S，他们似乎实施了 802.11 和 H.264 标准，并（据 Motorola 称）预期在不久的将来将产生大量的专利许可费收入（Motorola Pr. FC，第 110–11 段）。但是，VTech 仍未就这些产品支付任何专利许可费，并且 Dailey 先生无法预测 VTech 将出售的玩具数量（2012 年 11 月 20 日庭审笔录，第 100 页第 14–25 行，第 101 页第 11–13 行（Dailey 证词））。此外，本庭得出结论，假想的未来销售对于根据要素 1 解释确定的专利许可费几乎没有作用。

420. 总之，根据上述情况，本庭得出结论，VTech 许可协议并没有确定 RAND 专利许可费率，并且对于在与 Microsoft 的谈判中何为 Motorola 802.11 和 H.264 专利组合的实际上适当的 RAND 专利许可费率，也不能作为参考。

ii. RIM 许可协议

421. 2003 年 1 月 1 日，Motorola 和 RIM 签订了移动电话必要产权交叉许可协议（证据 2800）。结果是 RIM 和 Motorola 协商，双方达成了一项协议，其中包括授予 Motorola 的一项交叉许可，根据 RIM 公司标准必要专利和 RIM 公司就 RIM 公司出售的【…】符合窄带 CDMA、宽带 CDMA 和 TD/CDMA 的任何移动设备所支付金额为按产量提成的专利许可费（证据 2800，参见 MOTM_WASH1823_0025608（第 4.1.2 节））。RIM 公司为符合 TDMA 的移动电话支付一笔一次性总付款（证据 2800，参见 MOTMWASH1823 0025608（第 4.1.1 节））。根据其条款，本协议持续至 2007 年 12 月 31 日（证据 2800，参见 MOTM_WASH1823_0025610）。

422. 在 2003 年，RIM 公司协议到期前后，双方虽进行了谈判，但未能达成新的交叉许可协议。僵持的结果是，各方都进入诉讼，包括某些 Motorola 的 802.11 标准必要专利的诉讼（参见，例如，证据 1672）。

423. 2010 年 6 月 1 日，Motorola 和 RIM 公司就各种无线通信标准，包括 WiFi（802.11）、某些移动电话产权、视频编码标准（包括 H.264）和非基本无线信息传送专利，签订了第二份交叉许可协议（证据 2833；2012 年 11 月 20 日庭审笔录，第 56 页第 20 行-第 57 页第 8 行（Dailey 证词））。作为本许可的交换，RIM 公司向 Motorola 授予 RIM 公司必要专利下的许可，并同意支付金额为【…】的一次性款项和已出售的任何移动设备净售价的【…】按产量提成的专利许可费率，而不考虑产品所使用的标准的数量（2012 年 11 月 20 日庭审笔录，第 56 页第 22 行-第 57 页第 24 行（Dailey 证词）；证据 2833，在 MOTM_WASH1823_0025522）。

424. 2010 年 6 月的协议规定了 RIM 公司【…】每年支付的专利许可费最高金额（2019 年 11 月 20 日庭审笔录，第 57 页第 25 行-第 58 页第 6 行（Dailey 证词））。Motorola 和 RIM 分别将专利"选择"转换为非必要专利（参见同上，第 106 页第 4-8 行）。双方也向对方转让某些专利（参见同上，第 56 页第 20 行-第 57 页第 1 行）。本协议有效期至 2020 年 5 月 30 日（证据 2833，参见 MOTM_WASH1823_0025524）。

425. Motorola 主张，RIM 许可类似于与 Microsoft 就 Motorola H.264 和 802.11 专利组合签订的 RAND 许可协议。为了支持其主张，Motorola 认为根据协议的支付条款，如果 RIM 销售仅使用 802.11 和 H.264 标准而并非移动电话组合的产品，RIM 将支付【…】

（2012 年 11 月 20 日庭审笔录，第 57 页第 16-20 行（Dailey 证词））。因以下原因，法庭不同意 Motorola 的 RIM 许可协议类似于 Microsoft 和 Motorola 之间在本案中的 RAND 专利许可费率。

426. 首先，RIM 协议是一个"相当宽泛的交叉许可"，许可除 802.11 和 H.264 以外，对很多标准来说是必要的专利，包括 Motorola 的移动电话专利，以及其他非标准必要专利[①]（2012 年 11 月 20 日庭审笔录，第 56 页第 20 行-第 57 页第 8 行，第 105 页第 7 行-第 106 页第 11 行（Dailey 证词））。

427. 本庭认为，在同一协议内许可多项技术的情况下（包括标准必要和非必要专利），有必要从其他已许可的产权分摊 Motorola 802.11 或 H.264 标准必要专利中的利益（参见，例如：2012 年 11 月 19 日庭审笔录，第 160 页第 10-18 行（Schmalensee 证词）（如果 H.264 专利与其他标准的必要专利一起被许可，"那么一方需要估计其他专利的价值并将其减去"）；2012 年 11 月 13 日庭审笔录，第 162 页第 7-18 行（Murphy 证词））。

428. 这种分摊将是艰难的（2012 年 11 月 19 日庭审笔录，第 160 页第 10-19 行（Schmalensee 证词）（同意这将是"非常困难的事情"））。在此，分摊所面临的挑战将更加困难，如果被许可方获得其移动电话专利组合的许可，那么 Motorola 为被许可方提供其 802.11 和 H.264 专利组合的许可而不额外收费（2012 年 11 月 20 日庭审笔录，第 74 页第 16-20 行，第 74 页 25-第 75 页第 11 行（Dailey 证词）（"我想这是有挑战的"））。

429. 在庭审笔录中，Motorola 没有在 Motorola 802.11 或 H.264 专利组合与 RIM 许可协议中许可的其他专利之间，分摊 RIM 公司所支付的款项。虽然 Dailey 先生声称 RIM 许可协议在不同的专利组合之间分摊了应付的许可费（2012 年 11 月 20 日庭审笔录，第 57 页第 9-15 行（Dailey 证词）），但是协议条款未这样约定。相反，协议明确约定，按照 RIM 总销售额支付许可费，不考虑其产品实施的标准或其产品侵权的专利：

【……】。

（证据 2833，第 5.1.2. 节）。

430. 结果是，由于 Motorola 无线手机专利组合与 RIM 公司协议中的其他专利不同，法庭无法确定 Motorola 802.11 和 H.264 专利组合的价值。在庭审中，举出无可辩驳的证据向法庭证明 Motorola 的无线手机专利组合极其强大，也是很重要的（2012 年 11 月 20 日庭审笔录，第 87 页第 6-8 行（Dailey 证词））。因此，首先本庭认为，从价值来看，许可 Motorola 手机专利组合和其他 Motorola 专利的协议，主要由手机专利组合决定，而非协

---

① RIM 许可协议还涉及双方的专利转让，为双方提供互惠互利（2012 年 11 月 20 日庭审笔录，第 56 页第 20 行-第 57 页第 8 行，第 105 页第 7 行-第 106 页第 11 行（Dailey 证词））。

议中的其他专利。

431. 第二，RIM 许可协议规定双方之间各种诉讼的全面解决，包括 Motorola 在国际贸易委员会寻求禁止进口令以阻止 RIM 的旗舰 BlackBerry 产品进口的诉讼（2012 年 11 月 20 日庭审笔录，第 101 页第 22-25 行，第 104 页第 7-13 行（Dailey 证词））。因此，像 VTech 协议，RIM 协议解决 Motorola 和被许可方之间长期的争议和诉讼。本庭同意 Microsoft 的观点，即除允许 RIM 避免其 BlackBerry 产品的禁止进口令的较宽泛协议外，现在没有证据证明 RIM 将同意 802. 11 或 H. 264 专利的许可费。

432. 第三，RIM 被许可方协议规定的每年支付的许可费义务最高金额【…】（证据 2833，第 1.7、5.1.3 条）。当进行协议谈判时，RIM 公司仅符合移动电话规范的 BlackBerry 产品的销售额就达到了【…】最高限额（2012 年 11 月 20 日庭审笔录，第 106 页第 21 行-第 107 页第 6 行（Dailey 证词）），这意味着他不需要对其可能已经出售的实施 802. 11 或 H. 264 标准的任何非移动电话产品支付增量许可费。

433. 第四，根据事先许可（证据 2800）的条款，RIM 就不包括 802. 11 或 H. 264 实施的专利，向 Motorola 支付相同的金额【…】（2012 年 11 月 20 日庭审笔录，第 116 页第 3-8 行，第 117 页 7-12 行（Dailey 证词））。法庭得出结论，在从 RIM 协议得出的 Motorola H. 264 和 802. 11 专利的任何价值范围内，证据表明该价值不高。

434. 最后，Motorola 主张 RIM 为其 BlackBerry 设备以及其 Playbook 平板支付【…】按产量提成的许可费，后者实施的是 802. 11 和 H. 264 标准，但没有移动电话功能（2020 年 11 月 20 日庭审笔录，第 58 页第 9-23 行（Dailey 证词））。但是法庭面前的证据是 Playbook 平板并非 RIM 的畅销商品（参见同上，第 107 页）。因此，法庭不能得出结论，Motorola 已确定 RIM 许可协议作为符合要素 1 的可比许可费。

435. 总之，基于上述理由，本庭认为，RIM 许可协议没有确定 RAND 许可费率，也不能在与 Microsoft 的谈判中作为确定 Motorola 802. 11 和 H. 264 专利组合合适的 RAND 许可费率实际上为多少的指示。

iii. Symbol 许可协议

436. 2007 年 1 月 9 日，Motorola 公司完成了对 Symbol Technologies 公司（以下称 "Symbol"）的收购（2012 年 11 月 20 日庭审笔录，第 59 页第 2-6 行（Dailey 证词））。

437. Motorola 收购时，美国专利 5029183、5479441、6236674、6404772 及 6473449 为 Symbol 所有的 802. 11 标准必要专利。每个这些专利被列在 2010 年 10 月 Motorola 向 Microsoft 所提供的报价单的附件中（证据 1；2012 年 11 月 20 日庭审笔录，第 60 页第 3-9 行（Dailey 证词））。

438. Motorola 的许可专家 Donohoe 先生也确定其证实的 Symbol 与各对手方的三个许可协议涉及要素 1。这些协议涉及前款中所列的六个 802. 11 标准必要专利。但是，Donohoe 先生承认，"三个 Symbol 协议与 Microsoft 和 Motorola 之间正在谈判的有很大差异"（2012 年 11 月 20 日庭审笔录，第 140 页第 1-12 行（Donohoe 证词））；还参见 2012 年 11 月 20 日庭审笔录，第 59 页第 12 行–第 61 页第 24 行（Dailey 证词）（商讨 Symbol 许可）；证据 36-38）。

439. Donohoe 引用的第一个协议是 Symbol 与 Proxim 间的协议（2012 年 11 月 20 日庭审笔录，第 140 页第 1-7 行（Donohoe 证词）；证据 36）。2003 年，陪审团判决 Symbol 2010 年 10 月转让给 Microsoft 的两个专利——美国专利 5029183 和 5479441——Proxim 产品销售均价 6% 的许可费（2012 年 11 月 20 日庭审笔录，第 59 页第 20 行–第 60 页第 2 行、第 81 页第 15-19 行（Dailey 证词）；还参见 2012 年 11 月 16 日庭审笔录，第 166 页第 6-13 行（Lynde 证词））。解决该纠纷时【...】（证据 36；2012 年 11 月 20 日庭审笔录，第 59 页第 20 行–第 60 页第 9 行（Dailey 证词））。最终协议确定，总赔偿不低于 Proxim 许可产品的产品净利润的【...】的按产量提成的许可费数额（证据 36，MOTM_WASH1823_0398587）。

440. 基于以下若干原因，本庭判定 Symbol-Proxim 协议不是 Microsoft 与 Motorola 间关于 Motorola 的 802. 11 和 H. 264 标准必要专利的 RAND 许可协议的合适参考。

441. 第一，就关于 Symbol-Proxim 许可提供唯一实质性证词的 Dailey 先生不知道陪审团是否已经得到有关许可费的判决要受 RAND 限制的指示（2012 年 11 月 20 日庭审笔录，第 81 页第 20-24 行（Dailey 证词））。因此，无迹象表明 Symbol 和 Proxim 根据 RAND 义务对涉案专利（'441 和 '183 专利）进行了谈判。

442. 第二，Proxim 协议不能证明 Motorola 802. 11 专利组合价值，因为 Proxim 协议下许可的两份专利（'441 和 '183 专利）在 Motorola 于 2010 年 10 月 21 日向 Microsoft 发送要约函前到期（证据 1589（摘要显示 '441 和 '183 专利于 2009 年 6 月 29 日到期）；2012 年 11 月 16 日庭审笔录，第 177 页 15-22 行（Lynde 证词）；证据 1）。因此，本庭判定 Microsoft 和 Motorola 在进行 Motorola 的 802. 11 和 H. 264 标准必要专利谈判期间，未考虑 Proxim 协议中所涉及的专利。

443. 第三，像以前一样，本庭拒绝因诉讼胁迫而达成协议，来表示 RAND 许可协议。相应地，本庭发现 Symbol-Proxim 协议与在此情况下的适当 RAND 许可费率无关。

444. Donohoe 引用的第二个 Symbol 协议是与 Hand Held Products（HHP）签订的（庭审笔录，2012 年 11 月 20 日庭审笔录，第 140 页 1-7 行（Donohoe 证词）；证据 36）。2004 年，Symbol 就其向 Microsoft 发送的 2010 年 10 月函件中提供的三个 802. 11 专利——

美国专利 5029183、5157687 及 5479441——对 HHP 许可（证据 38）。根据该协议，HHP 同意就涉案专利所涵盖的产品向 Symbol 付费【...】。费率遵守年度上限【...】，可增长【...】，在该点视为完全付清许可费（证据 38，第 5.1、5.2 节；2012 年 11 月 20 日庭审笔录，第 84 页 3-23 行（Dailey 证词））。此外，根据协议，Symbol 也获得回授权（证据 38；2012 年 11 月 20 日庭审笔录，第 60 页 17-25 行（Dailey 证词））。

445. 由于下面的原因，本庭判定 HHP 协议不是该情况下 RAND 的一个良好参照。

446. 第一，如同与 Symbol 同 Proxim 的协议一样，Symbol 同 HHP 的协议是和解协议，其包含与 Proxim 协议中所涉及的相同现已到期专利——'441 和 '183 专利（2012 年 11 月 20 日庭审笔录，第 83 页 7-21 行（Dailey 证词）；证据 38，MOTM_WASH1823_0398559）。HHP 协议还包括另外一个专利——'687 专利——本庭已确定其对 Microsoft 不适用（参见同上）。因此，本庭断定，在 Microsoft 与 Motorola 间的假想谈判中，Microsoft 不会考虑与其产品相关的 HHP 协议中所涉及的任何专利。

447. 第二，HHP 协议中的许可费遵守年度上限【...】，远低于 Motorola 要求 Microsoft 提供的总金额。

448. 第三，与 Proxim 协议一样，作为和解的一部分，Symbol 与 HHP 达成了协议。依然，本庭拒绝采信未决诉讼带来的许可协议作为 RAND 许可费的良好参照。

449. 第四且最终，无迹象表明 HHP 协议是协议双方考虑 Motorola 的 '441、'183 及 '687 专利的 RAND 义务的谈判结果。

450. Donohoe 引用的最后一个 Symbol 协议是与 Terabeam 的协议。2006 年，Symbol 就 Motorola 向 Microsoft 提供的 802.11 专利中的三个——美国专利 5029183、5479441 及 6473449——许可 Terabeam。（证据 37）。根据协议本身，Terabeam 一次性支付的对价估值为到专利中的两个到期时的许可产品净售价的【...】和最后专利到期时的【...】（证据 37，MOTM WASH1823 0398549；2012 年 11 月 20 日庭审笔录，第 61 页 15-24 行（Dailey 证词））。

451. 由于下面的原因，本庭判定 Terabeam 许可是该情况下 RAND 许可费率的一个不良参照。

452. 如上所述，Terabeam 许可中所涉及的三个专利中的两个——'441 和 '183 专利——在 Motorola 向 Microsoft 发送 2010 年 10 月要约函时到期，因此在 RAND 谈判期间，Motorola 和 Microsoft 不会考虑这两个专利。此外，本庭已经发现第三个专利——美国专利 6473449——对 802.11 标准内的数据调制和 DSSS 提供了非常小的技术贡献。

453. 此外，尽管 Terabeam 许可列出了许可专利的名义按产量提成的许可费率（包括到期的 '441 和 '183 专利），其要求 Terabeam 每季度固定支付范围从【...】（证据 37，

MOTM_WASH1823_0398558）。Terabeam 许可在支付许可费【...】后完全付清（2012 年 11 月 20 日庭审笔录，第 85 页 13–19 行（Dailey 证词）；证据 37，MOTM_ WASH1823_ 0398558）。该付款总额远远低于 Motorola 在此情况下要求的金额。

454. 根据上述，本庭判定 Terabeam 许可协议对证明既定许可费与 Motorola 就其 H.264 和 802.11 专利组合许可而要求 Microsoft 提供的许可费相当的作用不大。

iv. Motorola 要求的费率引发的堆叠问题

455. 如前所述，对于其 802.11 标准必要专利组合，Motorola 要求最终产品价格 2.25% 的许可费率（2012 年 11 月 20 日庭审笔录，第 140 页第 9 行–141 页第 3 行（Donohoe 证词））。但是，Motorola 专家 Donohoe 根据导致 Microsoft 与 Motorola 间交叉许可交换的净许可费流计算了许可费率（参见同上，第 141 页 4–25 行）。Donohoe 的计算导致 Microsoft 向 Motorola 的付款为每单元许可费 3.00–4.50 美元，或 Microsoft Xbox 平均销售价的 1.15%–1.73%（参见同上，第 144 页 1–19 行）。在这种情况下，Motorola 未考虑 Microsoft 涉案专利的价值，因此，在确定许可费率时，本庭拒绝确定 Microsoft 专利的价值。因此，由于 Donohoe 的计算被 Microsoft 向 Motorola 的付款抵消，这些数字被人为地调低了。

456. 然而，即便认为 Donohoe 计算的许可费率正确，Motorola 对其 802.11 标准必要专利组合的许可费请求还是引发了严重的堆叠问题。拥有 802.11 标准必要专利的实体至少有 92 家（如前文，第 335 段）。如果这 92 家实体中的每个要求的许可费与 Motorola 的 1.15%–1.73% 最终产品价格的请求类似，则执行 802.11 标准（仅是 Xbox 产品的一个特征）的总许可费将超过总产品价格。本庭判定，涉及该明显堆叠问题的许可费率不可以是 RAND 许可费率，因为该许可费率不满足 RAND 承诺的核心原则——标准的广泛采用。如 Lynde 博士所解释的，"如果每个人都想进行与 Motorola 相同的交易，其将使得最终产品价格在商业上站不住脚"（2012 年 11 月 16 日庭审笔录，第 179 页 1–8 行（Lynde 证词））。

457. 此外，本庭得出结论，在这种情况下，堆叠的问题更突显，因为 Motorola 的 802.11 标准必要专利组合对 802.11 标准的贡献非常小。

458. 同样地，对于其 H.264 标准必要专利组合，Motorola 要求提供最终产品价格 2.25% 的许可费率，但是年总许可费上限为 1 亿–1.25 亿美元（2012 年 11 月 20 日庭审笔录，第 145 页 6 行–146 页 15 行（Donohoe 证词））。与 Motorola 的 802.11 标准必要专利组合一样，Donohoe 基于导致 Microsoft 与 Motorola 间交叉许可交换的净许可费流计算了许可费率（参见同上）。Donohoe 先生的计算导致 Microsoft 向 Motorola 的付款为每单元许可费 0.50~0.63 美元或 Microsoft 的 H.264 合规产品的平均销售价的 0.68% ~0.84%（参见同上）。如前所述，Motorola 未考虑 Microsoft 涉案专利的价值，因此，在确定许可费率时，本庭拒绝确定 Microsoft 专利的价值。因此，由于 Donohoe 的计算被 Microsoft 向 Motorola 的付款抵消，这些数字被人为地调低了。

459. 与 Motorola 的 802.11 标准必要专利组合一样，即便认为 Donohoe 先生计算的许可费率正确，Motorola 对其 H.264 标准必要专利组合的许可费请求还是引发了严重的堆叠问题。拥有 H.264 标准必要专利的实体至少有 52 家（如前文，第 157 段）。如果这 52 家实体的每个要求的许可费与 Motorola 对 0.68% ~0.84% 最终产品价格的请求类似，则执行 H.264 标准（仅是 Xbox 产品的一个特征）的总许可费将达到总产品价格的 35.36% ~43.68%。法庭判定该许可费率，与 Motorola 关于其 802.11 标准必要专利组合请求的总许可费率一样，不会促进标准的广泛采用，因此与 RAND 承诺不相当。此外，由于本庭已经确定 Motorola 的 H.264 标准必要专利组合几乎全部涉及隔行视频——对 Microsoft 的 H.264 合规产品在功能上不重要——堆叠问题在 Motorola 的 H.264 标准必要专利组合情况下更为突显。

460. Motorola 认为，迄今为止，潜在的许可费堆叠问题并没有阻碍 H.264 和 802.11 标准的广泛采用（2012 年 11 月 13 日庭审笔录，第 177 页 79 行（Murphy 证词）；2012 年 11 月 16 日庭审笔录，第 139 页 41 行（Lynde 证词）；2012 年 11 月 19 日庭审笔录，第 148 页（Schmalensee 证词））。这个论点是错误的。在此诉讼中，本庭是关于 Motorola 是否履行其 RAND 义务争论的仲裁人。其他标准必要专利所有人是否遵守他们的 RAND 义务就 Motorola 是否履行自己的 RAND 义务而言没有任何意义。换句话说，对法庭来说，仅仅因为其他标准必要专利所有人履行自己的义务而拒绝执行 Motorola 的 RAND 义务将没有什么意义。因此，本庭必须基于潜在的 RAND 承诺的原则（其中一个涉及许可费堆叠问题）确定 Motorola 标准必要专利的合理许可费率。

461. 总而言之，本庭判定 Motorola 对其 802.11 和 H.264 标准必要专利组合要求的许可费率超出了 RAND 许可费范围。

B. Microsoft 的建议可比案

Microsoft 的比较个案大多基于两个专利池——一个 H.264 标准必要专利池和一个 802.11标准必要专利池。本庭以专利池的概述开始其分析，然后分析 Microsoft 宣称最好的可对比 Motorola H.264 标准必要专利（MPEG LA H.264 专利池）的专利池，随后分析 Microsoft 宣称最好的可对比 Motorola 802.11 标准必要专利（Via 802.11 专利池）的专利池。关于 Motorola 的 802.11 标准必要专利组合，法庭也分析了 Microsoft 宣称可对比

RAND 许可费率的其他许可安排。

i. 专利池概述

462. 一般的，专利池由两位或多位标准必要专利所有人创建，或由聚集标准必要专利所有人以在单个许可包中担任许可方，目的是向第三方被许可人（通常是其他许可方）许可标准必要专利的预期专利池管理员创建（参见，例如，证据2345，MS-MOTO_ l823_00002433307-08）。

463. 是否参与专利池是自愿的（2012 年 11 月 13 日庭审，第 98 页第 7-12 行（Glanz 证词）；2012 年 11 月 13 日庭审，第 169 页第 12-14 行（Murphy 证词））。专利持有人可选择在专利池外许可其标准必要专利许可①（2012 年 11 月 16 日庭审，第 151 页第 10-13 行（Lynde 证词））。

464. 专利池也独立于标准制定组织。正如 Microsoft 的 Gary Sullivan，最终确定 H. 264 视频标准（2012 年 11 月 13 日庭审笔录，第 208 页 24 行-209 页 16 行（Sullivan 证词））的 JVT 主席所解释的那样，"开放标准（例如，ITU-T、ISO、IEC）……不强迫任何人加入任何专利池且与任何专利池无关系"（证据2345，MS-MOTO_1823_002433307）。

465. 一般的专利池以及该情况下争论中的特定池 MPEG LA H. 264 和通过许可专利池，基于每个专利作为专利计数系统的一部分分摊许可费（2012 年 11 月 13 日庭审笔录，第 62 页第 21 行-第 63 页第 8 行、132 页第 16-24 行（Glanz 证词）；2012 年 11 月 13 日庭审笔录，第 157 页第 23 行-第 158 页第 1 行（Murphy）；2012 年 11 月 16 日庭审笔录，第 143 页第 3-5 行（Lynde 证词））。该框架通常为池中的任何给定专利提供了平等补偿，而不理会每个专利技术、其优点、其重要性或对标准的贡献（2012 年 11 月 13 日庭审笔录，第 62 页第 21 行-第 63 页第 8 行、第 124 页 18 行-第 125 页第 21 行、第 132 页第 16-24 行（Glanz 证词）；2012 年 11 月 13 日庭审笔录，第 157 页第 23 行-第 158 页第 1 行（Murphy 证词）；2012 年 11 月 16 日庭审笔录，第 143 页第 7 行-第 144 页第 11 行（Lynde 证词））。"加入池的每个人同意在每个专利基础上作出一个平等估价"（2012 年 11 月 13 日庭审笔录，第 125 页第 19-21 行（Glanz 证词））。

466. 池通常设定了费用以使参与者无须与个别预期被许可方谈判（2012 年 11 月 13 日庭审笔录，第 170 页第 12 行-171 页第 3 行（Murphy 证词））。一旦设定了专利池条款，潜在许可方则不能转到专利池并重新谈判交易（2012 年 11 月 13 日庭审笔录，第

---

① Microsoft 偏爱并选择参加 802. 11 标准的双边谈判而非加入一个池（2012 年 11 月 16 日庭审，第 155 页第 2-15 行（Lynde 证词））。

171 页第 1-3 行（Murphy 证词））。这导致基础或宽保护范围专利被赋予与弱或窄保护范围专利相同的价值（2012 年 11 月 13 日庭审笔录，第 148 页第 14-24 行（Murphy 证词）；2012 年 11 月 16 日庭审笔录，第 143 页第 25 行-第 144 页第 11 行（Lynde 证词））。

ii. MPEG LA H. 264 专利池

467. 以 MPEG LA H. 264 专利池作为一个比较，Microsoft 认为 Microsoft-Motorola 关于 Motorola H. 264 标准必要专利许可的 RAND 许可费范围应介于每单元 0. 065-0. 204 美分之间，或每年 16. 7 万-50. 2 万美元之间（2012 年 11 月 16 日庭审笔录，第 99 页第 3 行-第 104 页第 8 行（Lynde 证词）；2012 年 11 月 20 日庭审笔录，第 161 页第 7-1 行（Lynde 证词）；证据 1161，1163）。根据 Microsoft 的说法，在该范围内，Microsoft 对 Motorola H. 264 标准必要专利许可的 RAND 许可费的最佳估算是每单元 0. 197 美分，或每年 47. 4 万美元（2012 年 11 月 16 日庭审笔录，第 100 页第 3-17 行（Lynde 证词）；2012 年 11 月 20 日庭审笔录，第 159 页 7-12 行（Lynde 证词））。

468. Microsoft 认为 MPEG LA H. 264 专利池是确定 Motorola H. 264 标准必要专利 RAND 许可费最近的现实比较个案（2012 年 11 月 13 日庭审笔录，第 155 页第 25 行-第 158 页第 12 行（Murphy 证词）；2012 年 11 月 16 日庭审笔录，第 80 页第 15 行-第 81 页第 2 行、第 84 页第 15 行-第 86 页第 4 行（Lynde 证词））。

a. 有关构建 MPEG LA H. 264 专利池的背景

469. 构建 MPEG LA H. 264 专利池，也就是众所周知的 MPEG LA AVC 专利池的工作开始于 2003 年 6 月，即最终确定 H. 264 标准后不久（2012 年 11 月 13 日庭审笔录，第 61 页第 10-15 行（Glanz 证词）；2012 年 11 月 16 日庭审笔录，第 94 页第 25 行-第 95 页第 9 行（Lynde 证词））。

470. Microsoft、Motorola 及其他公司均参与了构建 MPEG LA H. 264 专利池的工作（证据 1584，MS-MOTO_1823_0002353109（列出参与者）；证据 1139（相同）；2012 年 11 月 13 日庭审笔录，第 67 页第 10-17 行（Glanz 证词））。

471. 在广泛实施 H. 264 标准前，举行了关于 MPEG LA H. 264 专利池的会议。实际上，许多潜在的被许可方在等待实施标准，直到 Via Licensing 公司召开 MPEG LA 专利池会议和其他专利池发起人会议。他们希望在交付实施 H. 264 标准前知道各自专利池的许可费率和框架（2012 年 11 月 13 日庭审笔录，第 63 页第 15 行-第 67 页第 4 行、第 67 页第 5 行-第 68 页第 1 行、第 89 页第 11 行-第 90 页第 2 行（Glanz 证词））。

472. 在构建 MPEG LA H. 264 专利池时，存在可取代 H. 264 标准的许多替代视频压缩技术，包括 RealNetworks 公司的 MPEG-4 可视实时视频和 Microsoft 自己的 Windows Media 视频（2012 年 11 月 13 日庭审笔录，第 63 页第 21 行–第 64 页第 8 行（Glanz 证词））。出于这种考虑，参与 MPEG LA H.264 专利池构建的各方，包括 Microsoft 和 Motorola，都试图在设定足以刺激大量专利持有人将其专利贡献于专利池的高许可费与足以确保被许可方实施 H.264 标准而非使用替代方案的低许可费之间取得平衡（2012 年 11 月 13 日庭审笔录，第 74 页第 13 行–第 76 页第 5 行（Glanz 证词）；证据 1642（在邮箱中，驻 MPEG LA 的 Motorola 代表 Paul Bawel 注意到，Motorola "支持找到使得市场成功的许可的恰当的条款组合"））。

473. MPEG LA H.264 专利池许可费的总体框架于 2003 年 7 月 31 日和 2003 年 8 月 1 日的两天会议期间开始成形（证据 1581；证据 1139；2012 年 11 月 13 日庭审笔录，第 72 页第 21 行–第 73 页第 10 行（Glanz 证词））。Microsoft 和 Motorola 分别派其代表 Garrett Glanz 和 Paul Bawel 参加该会议（2012 年 11 月 13 日庭审笔录，第 62 页第 7–11 行、第 67 页 10–16 行（Glanz 证词））。这个两天会议的主要焦点是每台编码解码器（编码器和解码器的组合）的许可费金额以及是否适用年费上限或一些其他形式的折扣量（2012 年 11 月 13 日庭审笔录，第 68 页 23 行–第 69 页第 2 行、第 85 页第 20–25 行（Glanz 证词））。

474. 会议期间，Glanz 详细记录了约 18 家参会公司代表的见解，包括 Motorola 表达的见解（2012 年 11 月 13 日庭审笔录，第 72 页第 21 行–第 73 页第 10 行（Glanz 证词）；证据 1139）。

475. 代表 Motorola，Bawel 先生批评了一个提议的多个观点：主张许可费不设上限，根据设备销售量，对实施 H.264 主要配置文件和扩展配置文件的编码解码器收取每个单元 0.20–1.50 美元，"对手机而言太贵"；并且表示：Motorola 大力提倡年费上限（证据 1139，MS-MOTO_1823_00003927604–05；2012 年 11 月 13 日庭审笔录，第 80 页第 8–9 行，第 80 页第 19 行–第 81 页第 1 行（Glanz 证词））。Bawel 说，如果采用不限制许可费上限的建议，将导致 Motorola 等手机制造商选择采用非 H.264 视频压缩技术（2012 年 11 月 13 日庭审笔录，第 80 页第 19 行–第 81 页第 1 行（Glanz 证词））。

476. Bawel 先生后来指出，在两个其他提议之间，相比每个业务单元 200 万美元或每个企业 800 万–1000 万美元的封顶年费，Motorola 倾向根据大于 50 000 销售量（销售量低于该值将免许可费），许可费从 1 美元下调到 0.20 美元的提议（证据 1581，MS-MOTO_1823_00003927558–62（关于 MPEG LA 在 AVC 必要知识产权持有人 7/31–8/1/03 会议上陈述的幻灯片）；证据 1139，MS-MOTO_1823_00003927611–12（Glanz 在 MPEG LA 7/31–8/1/03 会议上的记录）；2012 年 11 月 13 日庭审笔录，第 82 页第 19 行–第 84 页第 25 行，第 86 页 6-10 行（Glanz 证词））。

477. 在 2003 年 8 月 5-6 日，Microsoft 和 Motorola 双方都参加了 Via Licensing 公司（以下称"Via"）召开的单独会议，Via 是 MPEG LA 的竞争者，其也在试图建立一个 H. 264 专利池。在该会议上，Motorola 规划了其所希望采用的特定许可费框架：制造、销售每个编码解码器收取 0. 25 美元并且年费上限为 200 万美元（2012 年 11 月 13 日庭审笔录，第 87 页第 4 行-第 88 页第 11 行（Glanz 证词）；证据 1583（Glanz 关于 8/4-8/5/03 Via Licensing 会议的记录））。该金额为所有的 H. 264 标准必要专利所有者间分配的许可费总额，倘若能说服他们参加专利池（参见同上）。

478. MPEG LA 会议最终于 2003 年秋对许可费达成一致意见，其在 2003 年 11 月 17 日"新闻稿"中宣布。新闻稿旨在宣传所提出的专利池许可费，以使 MPEG LA 专利池成员制定详细协议和条款时，潜在的被许可方可继续实施 H. 264（证据 1584（MPEG LA 2003 年 11 月 17 日，新闻稿）；2012 年 11 月 13 日庭审笔录，第 88 页第 21-24 行、第 89 页 11 行-第 90 页第 2 行（Glanz 证词））。新闻稿宣布了前 10 万台（不收费）后每台编码解码器的许可费为 0. 20 美元，且超出 500 万台后每台的许可费为 0. 10 美元；第一年的年费上限为 350 万美元，且超过许可期限，达到 500 万美元（证据 1584（MPEG LA 2003 年 11 月 17 日，新闻稿），第 2-3 页）。

479. Motorola 批准了 2003 年 11 月的"新闻稿"，包括这些公布的许可费和上限（2012 年 11 月 13 日庭审笔录，第 64 页第 9 行-第 66 页第 23 行（Glanz 证词）（识别和描述证据 1584，并说明 Motorola 已经同意新闻稿中体现的条款）；证据 1179，MS-MOTO_1823_2353356（Motorola 的 P. Bawel 向 MPEG LA 的 L. Home 发送关于批准发布条款的邮件））。

480. 在收到关于 2003 年 11 月公布的条款反馈后，MPEG LA 更改了与视频内容分发有关的许可费框架（2012 年 11 月 13 日庭审笔录，第 91 页第 20 行-第 92 页第 7 行（Glanz 证词））。Motorola 也同意这些更改，表示"支持找到使得市场成功的许可的恰当的条款组合"（证据 1642，MS-MOTO_l823_00002352332；2012 年 11 月 13 日庭审笔录，第 91 页第 20 行-第 92 页第 21 行（Glanz 证词））。

481. 2004 年 5 月 18 日，MPEG LA 发布了最终新闻稿，确认每台编码解码器许可费和上限与 2003 年 11 月 17 日新闻稿中所述相同（证据 1625（讨论最终新闻稿草稿的邮件）；证据 1626（MPEG LA 2004 年 5 月 18 日，新闻稿）；2012 年 11 月 13 日庭审笔录，第 93 页第 3 行-第 94 页第 12 行（Glanz 证词））。Motorola 批准了 MPEG LA 2004 年 5 月 18 日新闻稿的条款（证据 1625；证据 1626；2012 年 11 月 13 日庭审笔录，第 93 页第 3 行-第 94 页第 12 行（Glanz 证词））。

482. 在 MPEG LA H. 264 专利池参与者之间进行的构建探讨，明确与 MPEG LA 的前身 MPEG-2 和 MPEG-4 视频专利池中的利润共享模型相类似。根据许可方的标准必要专利数相对于所讨论国家专利池中的标准必要专利总数，每一许可贡献方得到总专利池的一定份额（例如，在 100 个专利的池中，一个专利的专利贡献者将得到 1%）（2012 年 11 月 13 日庭审笔录，第 62 页第 12 行–第 63 页第 11 行、第 131 页第 19 行–第 132 页第 7 行（Glanz 证词））。

483. 对 MPEG LA H. 264 专利池构建期间采用的该分配方法，Motorola 未提出异议，也未指出与平均专利池专利相比，其专利更有价值或应得更高许可费（2012 年 11 月 13 日庭审笔录，第 95 页第 5–10 行、第 131 页第 25 行–第 132 页第 11 行（Glanz 证词））。

484. 的确，Motorola 熟悉早期专利池，其中 MPEG LA H. 264 基于其建模。Motorola 作为许可方参加早期 MPEG LA MPEG-4 视频专利池，其包括视频压缩技术、许可费率和许可费上限，与 MPEG LA H. 264 专利池中提议的相似（2012 年 11 月 16 日庭审笔录，第 92 页第 10 行–第 93 页第 4 行、第 94 页 6–14 行、第 101 页 5–17 行（Lynde 证词）；2012 年 11 月 13 日庭审笔录，第 85 页 13–17 行（Glanz 证词））。通过 MPEG LA MPEG-4 视频专利池，Motorola 贡献并许可了对 H. 264 标准是必要的一部分专利（2012 年 11 月 16 日庭审笔录，第 93 页 5–10 行（Lynde 证词））。

485. 在说明其作为许可方加入 MPEG LA MPEG-4 视频专利池的决定时，Motorola 表示专利池许可费率是合理的，且认为参与该专利池将为 Motorola 提供"在合理费率下大多数专利问题的简单业务解决方案"（证据 71，MOTM_WASH1823_0505113；2012 年 11 月 16 日庭审笔录，第 93 页第 11 行–第 94 页第 14 行（Lynde 证词））。Motorola 进一步认为参与 MPEG-4 视频专利池将允许 Motorola "收回其有义务支付的大部分许可费"，同时"对于所有公司而言，谈判其自己协议的费用超过其预期收到的许可费"（证据 71，MOTM_WASH1823_0505113）。

486. 2004 年 7 月 7 日，Microsoft 正式作为许可方和被许可方加入了 MPEG LA H. 264 专利池，并执行：（a）许可方关于 AVC 标准的 MPEG LA 协议，其包括 2004 年 5 月 18 日新闻稿概述的许可费框架以及上述的分摊方法；（b）关于 AVC 标准的 MPEG LA 许可管理者协议；（c）AVC 专利组合许可（证据 1141，1636，3087）。

487. 2004 年 7 月 14 日，Microsoft 了解到 Motorola 已经决定不加入 MPEG LA H. 264 专利池。除了收到 MPEG LA 执行总裁 Larry Home 邮件，说明 Motorola 已经卖出其专利池关系所基于的的专利外，Microsoft 未收到关于该决定的任何解释（2012 年 11 月 13 日庭审笔录，第 122 页 7–1 行（Glanz 证词）；证据 24）。

b. 今天的 MPEG LA H. 264 专利池

488. 目前，MPEG LA H. 264 专利池包括约 275 项美国标准必要专利和超过 2400 项全球标准必要专利（证据 1152）。这些标准必要专利由 26 位许可方贡献，包括领先技术公司如 Apple、Cisco、Ericsson、Fujitsu、LG、Microsoft 和 Sony（证据 1152，2012 年 11 月 16 日庭审笔录，第 85 页第 18-21 行、第 90 页第 11 行-第 91 页第 20 行（Lynde 证词））。

489. 超过 1100 位被许可方参加了 MPEG LA H. 264 专利池（2012 年 11 月 16 日庭审笔录，第 85 页第 18-21 行、第 94 页第 22-24 行（Lynde 证词））。

490. 根据 MPEG LA H. 264 专利池协议，被许可方同意，如果他们或其关联公司拥有 H. 264 标准必要专利，他们将依据 RAND 条款向专利池许可方许可该专利。该协定基于以下假设，即被许可方支付的许可方每个专利的许可费份额代表被许可方标准必要专利的 RAND 条款（证据 3087，第 8.3 节；2012 年 11 月 16 日庭审笔录，第 95 页第 25 行-第 97 页第 19 行（Lynde 证词））。

491. MPEG LA H. 264 专利池按照下列计划对合并 H. 264 编码解码器的产品，向被许可方收取许可费：

- 前 10 万个单元免许可费；
- 介于 10 万-500 万的单元销量，许可费为每单元 0.20 美元；
- 超过 500 万的单元销量，许可费为每单元 0.10 美元。

（证据 3087，第 3.1.1 节；2012 年 11 月 13 日庭审笔录，第 65 页第 7-17 行、第 95 页第 14-20 行（Glanz 证词）；证据 1626）。

492. 前述的每单元许可费遵守下列年费上限：

- 2005 年和 2006 年的销售额：350 万美元；
- 2007 和 2008 的销售额：425 万美元；
- 2009 和 2010 的销售额：500 万美元。

（证据 3087，第 3.1.1 节；2012 年 11 月 13 日庭审笔录，第 65 页第 10-14 行、第 95 页第 14-20 行（Glanz 证词）；证据 1626）。

493. 包含 H. 264 编码解码器的产品的年度企业上限设为 650 万美元（证据 103，GGMM 00000327；2012 年 11 月 16 日庭审笔录，第 102 页第 22-23 行（Lynde 证词））。出售给计算机原始设备制造商的计算机操作系统将受额外的 650 万美元的单独年度企业上限约束，公司如 Microsoft 的总企业上限为 1300 万美元（证据 3087，第 3.1.6 节；证据 103，第 3.1.6 节）。

494. 协议还规定，协议更新后，许可费率增长将不超过 10%，尽管自从开始执行协议开始，许可费尚未增加（证据 3087，第 6.1 节；2012 年 11 月 16 日庭审笔录，第 100 页第 18 行–第 101 页第 4 行（Lynde 证词））。

495. MPEG LA 与参与专利池的许可方间签订的协议使得 MPEG LA 有义务做出商业上合理的努力来最大化 MPEG LA H.264 专利池生成的许可费（证据 1636，第 3.9 节）。

c. MPEG LA H.264 池作为 Motorola H.264 标准必要专利的 RAND 条款参考

496. Microsoft 主张 MPEG LA H.264 专利池是 Motorola H.264 标准必要专利 RAND 许可费率的最佳参考。根据 Microsoft，公司成立时间（H.264 标准颁布后不久，其被广泛采用前）、作为许可人和被许可人参与专利池的公司数量和种类以及标准的成功都支持得出如下结论：MPEG LA H.264 专利池是确定 Motorola H.264 标准必要专利 RAND 许可费最接近现实的比较个案（2012 年 11 月 13 日庭审笔录，第 155 页第 25 行–第 158 页第 12 行（Murphy 证词）；2012 年 11 月 16 日庭审笔录，第 80 页第 15 行–第 81 页第 2 行、第 84 页第 15 行–第 86 页第 4 行（Lynde 证词））。

497. Microsoft 也主张，Motorola 对 MPEG LA H.264 专利池许可费结构（包括上限）的支持及其作为许可人对 MPEG LA 的 MPEG 4 视频专利池（其具有相关技术的类似许可费）的参与，进一步证实了 MPEG LA H.264 专利池是一个在该情况下的合适基准（2012 年 11 月 16 日庭审笔录，第 91 页第 21 行–第 94 页第 14 行（Lynde 证词））。

498. 就其本身而言，Motorola 提供了重要证据，证明专利池许可费率比通过双边、秘密谈判取得的许可费率低（证据 3013，第 167 页；2012 年 11 月 16 日庭审笔录，第 72 页第 6–12 行（Simcoe 证词）；2012 年 11 月 19 日庭审笔录，第 137 页第 13 行–第 138 页第 3 行（Schmalensee 证词）；2012 年 11 月 16 日庭审笔录，第 141 页第 25 行–第 142 页第 13 行（Lynde 证词））。根据 Motorola 的说法，导致专利池许可费率低于双边谈判许可中费率的原因有很多。主要因素是：（1）大多数专利池的主要目标不是最大化许可收入，而是最小化被许可人的许可费并最大化被许可人的经营自由（其可降低许可费率）（2012 年 11 月 19 日庭审笔录，第 143 页第 23 行–第 144 页第 6 行（Schmalensee 证词））；（2）根据专利计数分配收入的专利池，忽视了被许可的个别专利的价值（2012 年 11 月 13 日庭审笔录，第 125 页第 11–21 行、第 134 页第 3–6 行（Glanz 证词）；2012 年 11 月 16 日庭审笔录，第 143 页第 3–6 行、第 145 页第 11–13 行、第 146 页第 16–20 行（Lynde 证词））；（3）由于专利池许可的不可谈判的性质，许可费率必须低以吸引被许可人参加（参见，例如，2012 年 11 月 19 日庭审笔录，第 147 页第 25 行–第 148 页第 4 行（Schmalensee 证词））；（4）具有低许可交易费用的专利池允许较低的费率（2012 年 11 月 16 日庭审笔录，第 147

页第 11 行–第 148 页第 8 行（Lynde 证词））；（5）对反垄断审查的担忧导致费率更低（2012 年 11 月 16 日庭审笔录，第 68 页第 2–6 行（Simcoe 证词））。Motorola 得出证据，由于专利池中认定的费率通常较低，如果专利持有人想要推行"激进型"许可策略，"专利池不适合"（2012 年 11 月 13 日庭审笔录，第 134 页第 3–6 行（Glanz 证词））。

499. 根据这些证据，本庭同意在一般情况下，专利池往往能产生比通过双边谈判可实现的费率更低的许可费率。实际上，无可争辩的审理证据证明，比专利池费率更高的费率仍然可能符合 RAND 原则（2012 年 11 月 16 日庭审笔录，第 71 页第 14 行–第 72 页第 10 行（Simcoe 证词）；2012 年 11 月 19 日庭审笔录，第 137 页第 13–17 行（Schmalensee 证词））。

500. 将专利池作为事实上的 RAND 许可费率的另一个问题是，专利池的专利计数许可费分配结构未考虑本庭的假想谈判要求的特定标准必要专利对标准或实施产品的重要性（2012 年 11 月 16 日庭审笔录，第 143 页第 7–10 行、第 143 页第 24 行–第 144 页第 11 行（Lynde 证词））。正如本庭修正 RAND 原则的 *Georgia-Pacific* 分析中解释的那样，如果专利所有人拥有极端重要且对标准非常重要的专利，那么他们追求比次要专利所有者更高的许可费率是完全合理的。但是，在专利计数池系统下，"池中的一项专利可能对标准的核心特征至关重要，该特征可能是大多数标准合规产品使用和严重依赖的特征。另一项专利可能指向关系不大或可选择且很少被使用的特征，但在池中，这两项专利将具有完全相同的许可费率"（2012 年 11 月 16 日庭审笔录，第 143 页第 25 行–第 144 页第 11 行（Lynde 证词））。

501. 将专利池作为事实上的 RAND 许可费率的另一个问题是，专利池不采用增量方法，即在法庭假想谈判中所要求的方法（2012 年 11 月 16 日庭审笔录，第 63 页第 17–19 行（Simcoe 证词））。换句话说，与定义标准前可用的可选方案相比，专利池没有试图确定池中每项专利的增量价值（2012 年 11 月 16 日庭审笔录，第 63 行第 19–21 行（Simcoe 证词））。专利池"没有经过考虑每项专利并试图确定定义标准时可用的替代方法的过程"（2012 年 11 月 16 日庭审笔录，第 64 页第 10–13 行（Simcoe 证词））。事实上，Murphy 博士证明池中每项专利被赋予相同价值的系统不是"一种确切的方法"且"从不会给你完全正确的答案"（2012 年 11 月 13 日庭审笔录，第 200 页第 21–23 行（Murphy 证词））。

502. 将专利池许可费率作为与给定标准相关的所有标准必要专利的事实上的 RAND 许可费率，本庭也有政策担忧。如果把专利池许可费率作为最合适的 RAND 许可费率，持有有价值的标准必要专利的标准必要专利持有人会犹豫是否参加标准制定活动，且相反可能试图制定专有标准①（2012 年 11 月 19 日庭审笔录，第 146 页第 6 – 23 行（Schmalensee 证词）；2012 年 11 月 13 日庭审笔录，第 168 页第 16 – 20 行（Murphy 证词））。如果公司和标准必要专利持有人相信他们不会收到其专利的完全公平价值，则他们可能不会参与标准制定过程或将其专利贡献给标准。因此，标准可能无法体现可用的最佳技术（2012 年 11 月 13 日庭审笔录，第 169 页第 2-5 行（Murphy 证词））。此外，由于依据 RAND 承诺通过国际标准制定机构实现的许可，是盈利能力的一个重要组成部分（至少对于一些实体而言），因而降低该部分将降低创新的动机，减缓经济创新步伐（2012 年 11 月 19 日庭审笔录，第 146 页第 24 行–第 147 页第 3 行（Schmalensee 证词））。

503. 最后，法庭上无可争辩证据的显示，标准必要专利许可人收到了来自专利池的许可费率，同时获得了不受限使用专利池的知识产权给标准必要专利持有人带来的价值。因此，拥有给定标准的标准必要专利且其产品极有可能侵犯该标准的其他标准必要专利的公司，可决定加入一个池，即便他们的标准必要专利不能取得更大价值。在题为"有关专利池公共政策"的论文中，Josh Lemer 和 Jean Tirole 规定，对 MPEG-2 池来说，某些公司的主要动机不是最大化许可收入，而是加快标准的采用（证据 2945，第 175 页）。

504. 实际上，关于 MPEG LA H. 264 专利池，Microsoft 加入专利池的动机明显不是从其标准必要专利中获得收益（2012 年 11 月 13 日庭审笔录，第 99 页第 4 行–第 100 页第 14 行（Glanz 证词）；证据 3088；证据 2840，MOTM_WASH1823_0392239）。2010 年 5 月 3 日，Microsoft 的互联网浏览器副总裁 Dean Hachamovitch（4/3Hachamovitch 部，庭审笔录，第 19 页第 8 – 14 行），在 Microsoft 的 MSDN 博客上发表了题为"在 IE9 中跟进 HTML5 视频"的日志，在日志中他解释说：

> Microsoft 在 MPEG LA 上的投入是其从 H. 264 收到回报的两倍。Microsoft 支付了大量许可费仅使得购买 Windows（在原始设备制造商的新电脑上或作为一个包装产品）的人们能观看 H. 264 视频或 DVD 电影。Microsoft 从 MPEG LA 上收到的回报不及其所贡献的专利权价值的一半，因为有许多其他公司在销售量非常高的产品和内容上提供许可功能。为了使其权利根据明确条款广泛可用，而非因为这可能是一个好的收入来源，Microsoft 将其专利权承诺给了该中立组织。我们预料该专利池不会产生较大的收入流，且在我们的决定中收入不起作用。

①　支持法庭政策问题的审理记录很清楚。其他事情保持不变，所有者的标准必要专利价值越高，其许可项目越强，则其加入专利池的动机越低，加入池的可能性越低（2012 年 11 月 13 日庭审笔录，第 134 页第 3-6 行（Glanz 证词）；2012 年 11 月 16 日庭审笔录，第 145 页第 11-13 行、146 页第 16-20 行、148 页第 9-20 行（Lynde 证词）；证据 1036，第 295 页；2012 年 11 月 19 日庭审笔录，第 146 页第 17 行–第 147 页第 3 行（Schmalensee 证词）；证据 2945，第 174 页（"具有较高价值专利组合的公司加入均衡池的可能性较低"））。

（证据 2840， MOTM_WASH1823_0392239）。

505. 正如 Microsoft 的知识产权许可经理 Garrett Glanz 在有关 MPEG LA AVC 池的内部邮件中所解释，"为了促进快速和广泛采用技术，Microsoft 一贯支持具有合理年度上限的低编码解码器费用，我们已经采用该方法，因为 H.264/AVC 很可能在重要的媒体标准（例如，ATSC、DVD 论坛、3GPP、DVB 等）中采用，而且有能力在需要的时候在 Windows 中支持 H.264/AVC 对确保内容流入 Windows 至关重要"（证据 2961）。Microsoft 将设定低 MPEG LA 许可费率视为公司的一个"商业胜利"（2012 年 11 月 13 日庭审笔录，第 103 页第 7 行-第 105 第 19 行（Glanz 证词））。

506. 相应地，基于专利池的 RAND 许可费率必须同时考虑专利池收到的许可费和公司通过专利池成员资格获得的价值。公司获得的价值将取决于单个公司的情况。

507. 总而言之，根据证据，本庭得出结论，对不是专利池成员的标准必要专利持有人来说，专利池许可费率本身不构成 RAND 许可费率。

508. 尽管将池许可费率作为事实上的 RAND 许可费率存在诸多顾虑，但本庭得出结论，在某些情况下，专利池可作为与 RAND 承诺一致的许可费率范围内的许可费率参考。这里的问题是 MPEG LA H.264 专利池是否是 RAND 许可费率参考。本庭发现其答案为"是"。

509. 如前所解释，RAND 许可费应该设定在一定水平上，该水平与国际标准制定机构促进其标准广泛采用的目标一致（2012 年 11 月 13 日庭审笔录，第 139 页第 17 行-第 140 页第 1 行、第 203 页第 14-18 行（Murphy 证词））。本庭面对的证据非常清楚：MPEG LA H.264 专利池已经实现了 H.264 标准的广泛采用。专利池包括约 275 项美国标准必要专利和来自全球范围内 26 位许可人的 2400 多项标准必要专利，这些许可人包括领先的技术公司，如 Apple、Cisco、Ericsson、Fujitsu、LG、Microsoft 和 Sony（证据 1152，2012 年 11 月 16 日庭审笔录，第 85 页第 18-21 行、第 90 页第 11 行-第 91 页第 20 行（Lynde 证词））。此外，还有 1100 多位 MPEG LA H.264 专利池的被许可人（2012 年 11 月 16 日庭审笔录，第 85 页第 18-21 行、第 94 页第 22-24 行（Lynde 证词））。本庭断定，设定的 MPEG LA H.264 池许可费率与 RAND 承诺的目标一致。

510. 证据也表明，在构建 MPEG LA H.264 专利池的工作中，Microsoft、Motorola 以及其他行业公司试图在设定足够高的许可费率以刺激大量专利持有人将其专利贡献于池与足够低的许可费率以确保被许可方执行 H.264 标准而非使用替代方案的两者之间取得平衡（2012 年 11 月 13 日庭审笔录，第 74 页第 13 行-第 76 页第 5 行（Glanz 证词）；证据 1642（在邮箱中，驻 MPEG LA 的 Motorola 代表 Paul Bawel 注意到，Motorola "支持寻找正确的条款组合以在市场成功地进行许可"））。该做法恰好符合 RAND 义务的两个基石：

（1）国际标准制定机构寻求包括先进技术，以创建有价值的标准；（2）确保广泛采用。

511. 此外，庭审笔录表明，MPEG LA H. 264 专利池包含与 H. 264 标准有关的重要技术。Microsoft 的技术专家 Orchard 博士提供了相关的证词，描述 MPEG LA H. 264 专利池中的专利“广泛丰富，涵盖了【该标准的】所有基本方面”(2012 年 11 月 14 日庭审笔录，第 112 页第 21 行–第 113 页第 9 行（Orchard 证词））。MPEG LA H. 264 专利池包含上述重要技术，该事实消除了法庭的下述担心，即专利池许可费率会导致拥有值钱的标准必要专利的持有人不愿加入专利池。由于 MPEG LA H. 264 专利池属于自愿性质，如果许可费率设得过低，拥有值钱的标准必要专利的持有人将直接拒绝加入专利池。

512. 在本庭看来，MPEG LA H. 264 专利池拥有 1100 多个被许可人这一事实表明，专利池中包含大量重要技术缓解了被许可人担忧的堆叠问题。

513. 最后，MPEG LA H. 264 专利池的建立显然也带有下述目的，即标准制定机构将获得可用于制定有价值标准的技术，这是 RAND 承诺的另一个基石（2012 年 11 月 19 日庭审笔录，第 136 页第 24 行–第 137 页第 8 行（Schmalensee 证词）；2012 年 11 月 13 日庭审笔录，第 75 页第 5–11 行（Glanz 证词）；2012 年 11 月 16 日庭审笔录，第 90 页第 2–10 行（Lynde 证词）(宣称专利池不能系统性地压低对许可人的报酬，因为其需要确保有大量多样的许可人加入，从而使得专利池成功））。

514. 由于 MPEG LA H. 264 专利池的特点均密切对应于 RAND 承诺的所有目的，法庭认定，对于 Motorola H. 264 专利组合的 RAND 许可费率而言，专利池许可费率是一个有效的参考。

515. 但是，MPEG LA H. 264 专利池所设定的许可费率处于 RAND 许可费区间的较低端。正如上文所述，Microsoft 认为较低的 MPEG LA H. 264 专利池许可费率是公司的“商业胜利”，希望确保 H. 264 视频或 DVD 电影将能够在其产品上流畅地播放（2012 年 11 月 13 日庭审笔录，第 103 页第 7 行–第 105 页第 19 行（Glanz 证词））。此外，在 MPEG LA H. 264 专利池建立过程中所讨论的各种许可费率中，最终选定的许可费率处于所讨论费率中的较低端。

d. Google 作为 MPEG LA H. 264 专利池被许可人的身份

516. 截至 2012 年 5 月 22 日，Google 收购了 Motorola Mobility and General Instrument 50% 多的股份（2012 年 10 月 24 日庭审前决议笔录（第 493 号诉讼事件表）第 3 页）。Google（Motorola 的母公司）也加入 MPEG LA H. 264 专利池，该事实进一步支持了下述结论，即本案中，此专利池为争议中 RAND 许可费率提供了符合逻辑的参考（证据 103）。

517. Google 为 MPEG LA H. 264 专利池的被许可人，而 Microsoft 在该专利池中为许可人。因此，Microsoft 为 Google-MPEG LA H. 264 专利池协议的第三方受益人（证据 103，

第 8.17 节）。

518. Google 是一家高科技公司。Google（作为 Motorola Mobility and General Instrument 的母公司）同意接受 MPEG LA-Google H. 264 专利池协议中的许可回授条款，该事实进一步证实，在本案中，将 MPEG LA H. 264 专利池安排作为确定 RAND 许可费率的基准是恰当的（2012 年 11 月 16 日审理记录第 95 页第 15-24 行，第 97 页第 4-11 行（Lynde 证词））。

e. 基于 MPEG LA H. 264 专利池的 Motorola H. 264 标准必要专利 RAND 许可费

在认定 MPEG LA H. 264 专利池是 Motorola H. 264 标准必要专利 RAND 许可费率的参考后，本庭审查了 Motorola 基于专利池而收到的许可费率。

519. 根据 MPEG LA H. 264 专利池所采用的许可费率和反映出来的金额上限，Microsoft 的经济与估值专家 Matthew Lynde 博士估算了在下述三种情境下的有效每单元费率和按照当前的销售量，Microsoft 每年需要支付的许可费金额：（a）Motorola 收到的许可费等于类似专利组合规模的公司作为 MPEG LA H. 264 专利池的许可人成员而收到的许可费；（b）Motorola 收到的许可费等于在其和其他所有 H. 264 标准必要专利持有人均按照现行专利池许可费率结构而加入专利池的情况下，其将收到的许可费；（c）Motorola 收到的许可费等于在其和其他所有 H. 264 标准必要专利持有人均依据 MPEG LA 许可协议安排最高上浮 10% 的专利池许可费率而加入专利池的情况下，其将收到的许可费（2012 年 11 月 16 日庭审笔录，第 99 页第 3 行-第 101 页第 4 行（Lynde 证词）；2012 年 11 月 20 日庭审笔录第 158 页第 10 行-第 161 页第 18 行（Lynde 证词）；证据 1161 第 62 页）。

520. 根据 Lynde 博士阐述的这三种情境，本庭认定情境（b）——Motorola 收到的许可费等于在其和其他所有 H. 264 标准必要专利持有人均按照现行专利池许可费率结构而加入专利池的情况下，其将收到的许可费——最接近理想的 RAND 许可情况。法庭之所以作出上述认定，是因为一般而言，专利池中包含的专利越相关，专利池就越能够解决 RAND 承诺的堆叠问题。因此，对于 RAND 承诺而言，情境（b）比情境（a）更好。对于情境（c），本庭发现，如果并未在真实世界中被实行，基本没理由增加许可费率。

521. 在情境（b）中，除了 Motorola 的 63 项全球范围 H. 264 专利之外，Lynde 博士还考虑了增加 89 项其他具体的 H. 264 标准必要专利的堆叠效果，在现行 MPEG LA 许可费率结构下提交了协议书但不加入 MPEG LA 专利池的公司披露了这些专利（2012 年 11 月 16 日庭审笔录，第 100 页第 3-17 行（Lynde 证词））。

522. 在这种情境下，Microsoft 向 Motorola 支付每单元 0. 185 美分的许可费（2012 年 11 月 16 日庭审笔录，第 100 页第 3-17 行（Lynde 证词）；2012 年 11 月 20 日庭审笔录，第 160 页第 7-15 行（Lynde 证词）；证据 1161）。虽然 Motorola 质疑 MPEG LA H. 264 专

利池作为适当的参考，但 Motorola 并未质疑情境（b）中 Lynde 博士的实际计算（基本参见 12 年 11 月 13–20 日庭审笔录）本庭也核查了 Lynde 博士的实际计算过程，发现其完全准确①（证据 1161）。

523. 正如上文所述，Motorola 依据 MPEG LA H. 264 专利池就其自身的标准必要专利所收取的许可费率，仅代表了 Motorola 作为 MPEG LA H. 264 专利池成员所获得价值的一部分。上述价值的其余部分则是，因充分接触和利用 MPEG LA H. 264 专利池中包含的大量技术对 Motorola 产生的价值。不幸的是，庭审笔录中不存在直接证据用于确定对 Motorola 产生的价值——或更恰当地说，对 Motorola 的母公司 Google——因成为 MPEG LA H. 264 专利池成员而获得价值。上述证据需要考虑与所有已知的 H. 264 标准必要专利有关的 Google 产品和侵权风险。

524. 关于 MPEG LA H. 264 专利池成员资格的价值，本庭获得的唯一相关证据就是，Microsoft 为 MPEG LA H. 264 专利池支付的金额大约是其因自身的 H. 264 标准必要专利而收到金额的两倍（证据 2840，MOTM_WASH1823_0392239）。根据此证据，本庭认定，Microsoft 把 MPEG LA H. 264 专利池成员资格视为能够为其带来相当于其所收取许可费率至少两倍价值的途径。

525. 在没有任何其他相关证据的情况下，本庭因此认定，和 Microsoft 一样，Google 也把 MPEG LA H. 264 专利池成员资格视为能够为其带来在获得许可费的基础上又获得等于上述许可费金额两倍的价值的途径。上述认定主要依据下述事实，即 Microsoft 和 Google 均为类似的、具有大量复杂技术产品的高科技公司。

526. 相应地，本庭认定，在 RAND 许可费区间内，Motorola H. 264 标准必要专利组合的许可费为 Motorola 在 Lynde 博士的情境（b）下收取的许可费加上前述许可费的两倍，后者代表了因获取 MPEG LA H. 264 专利池中的知识产权而支付的费用。该数值为 0. 555 美分/单元（0. 185+2×0. 185）。②

———————————

① 但是，本庭注意到，Lynde 博士基于 MPEG LA H. 264 专利池许可费分成协议中规定的 1300 万美元许可费上限而计算许可费率（证据 1161）。根据 Microsoft 当前的销售量，Microsoft 支付给 MPEG LA H. 264 专利池的许可费达到了 1300 万美元上限。使用 1300 万美元作为 Microsoft 所支付的许可费总额，Lynde 博士按照 Motorola 的 63 个 H. 264 标准必要专利所占的比例计算 Motorola 的许可费份额（证据 1161）。在认定 MPEG LA H. 264 专利池（包括 1300 万美元许可费上限）是 RAND 许可费率的参考之后，本庭发现以许可费上限为依据而确定 RAND 许可费并没有太多问题。而 Motorola 的许可专家 Donohoe 先生建议为一次性支付的许可费金额设定上限（2012 年 11 月 20 日庭审笔录，第 145 页第 6 行—第 146 页第 15 行（Donohoe 证词））。

② 此算式是对本庭实际计算过程的大大简化。为了对当事人严格和透明，本庭在此详细说明其 RAND 许可费率计算过程。大体上，法庭将加入专利池带来的总价值与不加入专利池带来的总价值进行对比，然后进行简单的代数运算来计算 RAND 许可费率。

某个公司加入专利池而获得的价值（其被法庭称为"VP"）可通过将总专利池带来的所有利益相加再减去所有成本而估算。这意味着在计算加入专利池而获得的价值时，本庭将（1）该公司由于其自身的专利而从其他公司收取的许可费金额（P₊），加上（2）该公司因利用专利池中的知识产权而获得的价值（IP）（参见上文 523）；再加上（3）

该公司由于将其专利加入专利池中而衍生的外部价值（例如促进加入专利池并因此鼓励广泛采用标准（E）（参见上文485，503-04）；再减去（4）该公司因使用专利而向专利池支付的金额（P_）；以及（5）以其他方式利用专利（例如，不加入专利池并在专利池之外进行专利许可）的机会成本（OC）。以代数术语，这可表示为 $VP = P_+ + IP + E - P_- - OC$。通过类似的方法，本庭可通过下述方式计算公司不加入专利池的价值（其被本庭称为"VA"）：将（1）该公司基于 RAND 承诺在专利池之外就其专利而收取的金额（请注意，根据定义，就是 RAND 许可费率）（A_+）；加上（2）该公司因获得专利池专利的知识产权而产生的价值（IP）（本庭假设希望执行标准的公司将以同样的方式获得上述知识产权）；再减去（3）该公司在未加入专利池的情况下因获得专利池中专利许可而将支付的金额（A_-）；以及（4）未加入专利池的机会成本。以代数术语，这可表示为 $VA = A_+ + IP - A_- - OC$。

该计算的下一步就是比较加入专利池而获得的价值（VP）与不加入专利池而获得的价值（VA）。VP 和 VA 均包含 IP 和 OC。在专利池内和在专利池外，价值 IP 均相等，因为无论其是否在专利池中，执行标准的公司均将获得相同的专利许可权，也是为了获得实施标准所必要的所有专利权利。因此，可变的 IP 将具有相同的价值，无论是否具有专利池成员资格，都不受相对于专利池的专利强度影响。这使得对比略为简化。从代数角度，对比式两边的 IP 数值将被删除，导致对比式的变量消失。对于 OC 而言，正如下文所解释的，情况不那么简单，因此 OC 并不总是以相同的方式而删除，而是必须在对比式中被保留。

根据公司专利价值的不同（根据专利对标准的重要性和对公司实际产品的重要性而确定），VP 和 VA 之间对比的性质也不同。例如，拥有相对于专利池而言非常有价值的专利或对于标准而言非常关键的专利的某家公司，可能能够通过不加入专利池而寻求更高的许可费（并因此通过不加入而获利）（参见上文 21）。另外，拥有相对于专利池而言较无价值的专利或对于标准而言较不关键的专利的某家公司，可能存在相反的问题（并因此可通过加入专利池而获利）（参见同上）。对于某家公司，如果本庭能够明确认定其加入专利池比不加入专利池更有价值或更无价值，则该法庭应该为其分配一个对比系数，以反映上述情况。例如 $C \times (P_+ - P_- - OC) + E = A_+ - A_- - OC$。请注意，系数 C 并不乘以 E，因为 E 所代表的外部价值并不由于公司专利的价值或对标准而言的重要性改变而改变（正如本庭所假设的，专利池中的所有专利的许可费率均相同（参见附注 465-66，500）。请注意，等式仅适用于等式一边的 OC 的对比系数，这也就解释了加入或不加入专利池的机会成本将随着专利相对价值及其对于标准和公司产品而言的重要性变化而变化。作为计算对比系数 C 的简单范例，如果本庭根据所获得的证据认定，某家公司不加入专利池的经济利益是加入专利池的两倍，则等式将为 $2 \times (P_+ - P_- - OC) + E = A_+ - A_- - OC$。

在上述情况中，本庭并无证据证明 Motorola 的专利比 MPEG LA H. 264 专利池中的一般专利更有价值（参见上文 528-36），并因此假设对比系数 C=1，即 VP = VA。这意味着对于 Motorola 而言，加入 MPEG LA H. 264 专利池和不加入该专利池是从金钱角度考虑基本相等的交易（参见同上）。因此本庭获得了下列等式：$P_+ - P_- - OC + E = A_+ - A_- - OC$。当 C = 1 时，由于加入专利池的经济利益与不加入相等，因此等式两边 OC 的数值相等，从而可被代数上删除，使得法庭获得下列等式：$P_+ - P_- + E = A_+ - A_-$。

上述一些变量为已知的数量。专利池的许可费率 P_+ 和 P_- 均已知（参见上文 522，525-26），或在多数情况下可知（否则就在首要位置无法比较）。另外，A_+ 未知。这正常，因为根据定义，A_+ 是 RAND 许可费率，即一家公司在其不加入专利池，但仍然遵守 RAND 承诺的情况下因对其专利授予许可而将收取的金额。对于 E，本庭已经听取了下述证词，即 Microsoft 通过加入专利池而获得外部价值，因为标准被广泛采用对其有利（附注 503-05）。正如上文所述，法庭听取了下述证词，即 Microsoft 支付入 MPEG LA H. 264 专利池的许可费是其收取的许可费的两倍（参见同上）。本庭通过此证据推断出 $E = P_+$。换句话说，加入专利池产生的外部价值等于 Microsoft 由于专利池成员资格而产生的许可费赤字。对于 A_-，本庭并未就类似于如果 Motorola 这样的公司不加入专利池需要为专利池中的 H. 264 标准必要专利支付多少许可费而听取任何证词。由于缺乏证据，本庭推断 Motorola 必须支付的许可费率可能比专利池许可费率高，但不会高两倍，因为有些（如果并非全部）拥有标准必要专利的公司会遵守 RAND 承诺。相应地，本庭权衡了其所收到的证据，并发现专利池之外的许可费率大约是专利池许可费率的 1.5 倍。从代数角度，这可以表示为 $A_- = 1.5 \times P$。

那么只需将这些值代入运算公式，使用代数方法算出 RAND 许可费率，A_+。代入已知和推理出的值到运算公式中生成：$P_+ - P_- + P_+ = A_+ - 1.5 \times P$。简化和解决 A_+ 生成：$A_+ = 2 \times P_+ + 0.5 \times P_-$。法庭上的证据演示了 $2 \times P_+ = P_-$。这是因为 Microsoft 支付了两倍 MPEG LA H. 264 专利池的许可费率与他获得的许可费率相比（参见上文 504），并且本庭已经假定这个公式对于 Motorola 是正确的，因为 Microsoft 在技术行业对于 Motorola 的母公司 Google 也是不相上下的（参见上文 525）。

公式还可以进一步简化：$A_+ = 2 \times P_+ + 0.5 \times 2 \times P_- = 3 \times P_+$。这就是本庭用于计算 Motorola H. 264 标准必要专利 RAND 许可费率的准确公式。把公式用文字表达出来就是，本案中 RAND 许可费率是专利池许可费率的三倍，或者许可池许可费率加上两个专利许可费率。

假设此等式对 Motorola 也成立，因为对于 Motorola 的母公司 Google 而言，Microsoft 是技术行业中与之具有可比性的公司。（参见上文 525）

这使得等式可被进一步简化：$A_+ = 2 \times P_+ + 0.5 \times 2 \times P_+ = 3 \times P_+$。因此，本庭获得了可用于计算 Motorola H. 264 标准必要专利 RAND 许可费率的精确方程式。将上述等式转换为文字，即本案中的 RAND 许可费率为专利池许可费率的三倍，或专利池许可费率再加上其金额的两倍。

527. 正如上文所解释，本庭还认定，对 Motorola H. 264 标准必要专利组合而言，0.555 美分/单元的许可费率代表了 RAND 许可费率区间的偏低端水平。但是，根据 Motorola H. 264 标准必要专利组合所代表的技术，本庭认定 Microsoft 和 Motorola 之间的假想谈判不会导致该 RAND 的偏低端许可费率增加。

528. Motorola 的技术专家 Timothy Drabik 并未说明 Motorola 的专利是否比 MPEG LA H. 264 专利池中的其他专利更有价值或更没有价值（2012 年 11 月 19 日庭审笔录，第 60 页第 16-23 行（Drabik 证词））。

529. 同样，作为导致此争议产生的 2010 年 10 月通知函的执笔者，Kirk Dailey（Google 现任专利交易负责人和 Motorola 前任公司知识产权副总裁）并不知道 Motorola 的 H. 264 专利是否比 H. 264 专利池中的一般专利更有价值（2012 年 11 月 20 日庭审笔录，第 34 页第 25 行-第 35 页第 20 行，第 110 页第 11-15 行（Dailey 证词）；证据 1 和 2）。

530. Dailey 先生并不知道 Motorola 的 H. 264 标准必要专利组合"在为该标准贡献了专利技术的所有公司中，排列在靠前半部分还是后半部分"（2012 年 11 月 20 日庭审笔录，第 68 页第 6-10 行（Dailey 证词））。事实上，Motorola 从未声称其专利特别有价值或在建立 MPEG LA H. 264 专利池过程中其有权利获得更高的报酬（2012 年 11 月 13 日庭审笔录，第 95 页第 5-10 行，第 131 页第 25 行-第 132 页第 11 行（Glanz 证词））。

531. 此外，本庭全面和详细地核查了 Motorola 的 H. 264 标准必要专利组合中每项专利对 H. 264 标准或对 Microsoft 产品的重要性。此项核查表明，虽然一些专利对 H. 264 标准做出很大贡献，其他专利由于存在替代性技术而贡献很小。此项核查进一步表明，在对 H. 264 标准做出贡献的所有专利中，Motorola 并未提供创新技术，而只是对现有技术加以改进。

532. 而且，除两项之外的所有其他 Motorola 的 H. 264 标准必要专利均直接针对隔行视频（被本庭认定为对于 Windows 或 Xbox 而言并非非常重要的一项技术，上述产品采用了 H. 264 标准）。另外，正如上文中本庭所解释，在这两项未针对隔行视频的专利中，只有一项将被 Microsoft 产品采用。

533. 最后，本庭得出结论，Motorola 的 H. 264 标准必要专利组合对 H. 264 标准所包含的整体技术只构成很小部分。事实上，H. 264 标准的最大贡献者是 Telenor Group，它贡献了 H. 264 的许多核心创新技术，提交了 1999 年 8 月提案，该提案成为该设计第一版的基础（2012 年 11 月 13 日庭审笔录，第 215 页（Sullivan 证词）；2012 年 11 月 14 日庭审笔录，第 115 页（Orchard 证词））。Telenor 决定就其贡献不申请专利，并且已告知 JVT 其决策（2012 年 11 月 14 日庭审笔录，第 52 页（Sullivan 证词）2012 年 11 月 14 日庭审笔录，第 115 页（Orchard 证词））。

534. 除了 Telenor 对该标准的贡献外，全世界最少有 2500 项专利对 H. 264 标准起到了关键作用（2012 年 11 月 14 日庭审笔录，第 110 页第 13 行（Orchard 证词））。在这 2500 项专利中，超过 360 项属于美国专利（证据 1544）。

535. 大约 33 家美国公司已经列举出他们宣称具有必要作用的 H. 264 专利。所有的这些专利都遵从 RAND 承诺。另外 19 家公司向国际电信联盟提供了"总括性"保证书，使他们的专利遵从 RAND 承诺（参见证据 1544）。

536. 总之，Motorola 没有表明其 H. 264 标准必要专利组合对 H. 264 标准做出了重要的贡献，或者对 Microsoft 的产品会提供重要的技术价值。从而，本庭得出结论，无须增加 Microsoft 的任何产品许可费支付，该许可费依据一定费率向 MPEG LA H. 264 专利池的其他专利收取。

537. 相应地，本庭认为，对于所有使用 H. 264 标准的 Microsoft 产品所支付的 Motorola H. 264 标准必要专利组合的 RAND 许可费率为每单元 0. 555 美分。[①]

538. 本庭还确定了 Motorola H. 264 标准必要专利组合的 RAND 许可费率上限。正如国际标准制定机构策略所讨论的那样，RAND 原则具有两方面问题：防止堆叠和消除劫持。对于这两个目的，本庭发现防止堆叠原则是 RAND 许可费率上限的主要限制条件。

539. 防止堆叠原则限制 RAND，因为处于 RAND 谈判中的双方，通过考虑实施人在标准的实施变得成本高昂之前能够支付总的许可费用的部分，确定合理的许可费（2012 年 11 月 13 日庭审笔录，第 145 页第 46 行（Murphy 证词））。该限制不仅基于标准中一项专利的许可成本进行解释，而且基于使用该标准作为整体的成本进行解释，该标准作为整体包括许可所有必要专利的费用（参见同上）。换句话说，RAND 谈判不会在真空中进行，而是相反，当事人会考虑其他标准必要专利持有人和每个该类专利持有人可能向实施人收取的许可费率，该许可费率基于该部分专利对标准的重要性同时考虑许可人的产品确定。

540. 为了这个目的，在与一位标准必要专利所有人的假想谈判过程中，实施人必须作为理性商业人问自己，"我可以为某个特定的标准必要专利或某个标准必要专利组合的许可最多支付多少许可费——知道自己需要获得整个标准中的全部标准必要专利许可——同时仍维持可以存续的商业经营？"实施人的这个疑问无疑是考虑了法庭的 RAND 修正

---

① Motorola 辩称 Microsoft 产品而不只是 Windows 和 Xbox 使用了 H. 264 标准。Motorola 列举了至少有 Windows Phone 7 和 7. 5、Windows Embedded、Silverlight、the Zune、Lync 和 Skype 等 Microsoft 产品使用了 H. 264 标准（Motorola Pr. FC 535）。但是，Motorola 没有向法庭提供足够的证据确定这些产品的功能性，证明 Motorola 的 H. 264 标准必要专利对这些产品的重要性。的确，较少的关于这些额外产品的试验证据表明 Motorola 的标准必要专利将会对这些产品拥有较少的价值（参见 2010 年 11 月 14 日庭审笔录，第 150 页（Orchard 证词））。没有这些证据，法庭得出结论 RAND 许可费率的下限是所有 Microsoft 产品（Windows、Xbox 和其他产品）的适当许可费率。

Georgia-Pacific 方法的要素 12：许可 RAND 承诺专利的商业许可的惯例。

541. 因此，假设 RAND 谈判确定的费用必然基于本庭考虑了所有与给定标准相关的已知的标准必要专利。最终的费用必须是合计的所有重要专利的许可费用，该许可费用不应该以这种方式堆叠从而使标准的许可费用非常的高昂。

542. 了解到 RAND 许可费率的上限之后，本庭在庭审笔录中查找了许可 RAND 承诺专利的商业惯例的上限点证据。本庭的查找结果发现了构造 MPEG LA H. 264 专利池过程中的最高许可费——不封顶的每单元价格 1. 50 美元（证据 1139，MS-MOT0_1823_00003927604–05；2012 年 11 月 13 日庭审笔录，第 80 页第 8–9 行，第 80 页第 19 行–第 81 页第 1 行（Glanz 证词））。

543. 如上所述，在构造 MPEG LA H. 264 专利池时许可人考量的因素与 RAND 承诺的目的一致。因此，不封顶的每单元价格 1. 50 美元反映了记录中该行业考虑的最高许可费率，法庭可将此费率作为 RAND 的指导。

544. 采用由 Lynde 博士提出的情境（b）的 Motorola H. 264 标准必要专利组合的比例费率——3. 642%（证据 1160）——本庭最终决定 Motorola 将收到的许可费为每单元 0. 05463 美元（1. 50×3. 642 %）。

545. 如同以前，本庭认为 Motorola 在情境（b）下的价值，不仅仅是收取的许可费，而且还包括获得知识产权，它等同于所收取的许可费的两倍。因此，Motorola H. 264 标准必要专利组合的 RAND 许可费率上限为每单元 0. 16389 美元（0. 05463+2×0. 05463）。

546. 法庭最终决定该上限适用于 Microsoft Windows 和 Xbox 产品。

iii. Via Licensing 802. 11 专利池

在确定了 Motorola H. 264 标准必要专利组合的 RAND 许可费率之后，法庭转而决定 Motorola 802. 11 标准必要专利组合的许可费率。

547. Microsoft 使用 Via Licensing 802. 11 专利池，以及其他两个专利许可安排为依据，抗辩针对 Motorola 802. 11 标准必要专利组合许可的 RAND 许可费范围为每单元 3–6. 5 美分之间（2012 年 11 月 16 日庭审笔录，第 113 页第 3 行–第 116 页第 17 行，第 123 页第 25 行–第 124 页第 13 行（Lynde 证词））。在这个范围内，Microsoft 认为对于 Motorola 802. 11 标准必要专利组合的最佳 RAND 许可费为每单元 5 美分（2012 年 11 月 16 日庭审笔录，第 114 页第 18 行–第 115 页第 3 行（Lynde 证词））。

a. Via Licensing 802. 11 专利池的背景

548. Via Licensing 在 2003 年和 2005 年之间形成 802. 11 必要专利池：在 IEEE 工作组于 1997 年发布其第一个 802. 11 标准之后的 6–8 年之间（2012 年 11 月 16 日庭审笔录，第

107 页第 11-13 行（Lynde 证词）；2012 年 11 月 15 日庭审笔录，第 92 页第 20 行-第 93 页第 11 行（Gibson 证词））。

549. 该专利池的参与者比其他专利池（例如 MPEG LA H. 264 专利池）少。五名许可方加入了 Via Licensing 802. 11 专利池：Electronics and Telecommunications Research Institute（ETRI）、Japan Radio 公司、Koninklijke Philips Electronics 公司、LG Electronics 公司以及 Nippon Telegraph and Telephone Corporation 公司（2012 年 11 月 13 日庭审笔录，第 174 页第 16 行-第 175 页第 3 行（Murphy 证词）；证据 1125）。Via Liciensing 802. 11 专利池包括 35 个全球 802. 11 标准必要专利（2012 年 11 月 16 日庭审笔录，第 112 页第 9-11 行（Lynde 证词））。11 家公司是 Via Licensing 802. 11 专利池的被许可方：Archos，S. A.、Eastman Kodak、Enfora，L. P.、Fujitsu 公司、Guillemot 公司、Imagination Technologies 公司、Japan Radio 公司、Koninklijke Philips Electronics N. V.、Koss 公司、LG Electronics 以及 Sony 公司（2012 年 11 月 16 日，第 106 页第 25 行-第 107 页第 4 行（Lynde 证词）；证据 1164）。当前对专利池没有贡献专利的被许可方包括 Eastman Kodak、Fujitsu、LG、Sony 和 Koss（证据 1164）。

550. 2004 年 4 月 15 日或该日左右，当 Via Licensing 802. 11 专利池成立时，Motorola 向 Via Licensing 提交了一项专利用于评估，以便加入该专利池（2012 年 4 月 18 日，R. Sonnentag 部，第 34 页第 13-16 行，第 35 页第 16-25 行；证据 45）。

551. Via Licensing 的独立评估员——Fenwick & West 的 Robert Sachs——确定了 Motorola 提交的专利对于 802. 11 标准不是必要的（2012 年 4 月 18 日，R. Sonnentag Dep.，第 45 页第 8-10 行-第 45 页第 17-21 行，第 46 页第 4-8 行；证据 12）。因此 Motorola 不能参加导致 Via Licensing 802. 11 专利池许可费率设定的讨论（证据 43 和 44）。

552. Via Licensing 802. 11 专利池的许可费率范围为每单元从 0. 05-0. 55 美元变化，取决于产品的数量，按照以下表格收取：

单元/年	每单元的许可费（美元）
1-500 000	0. 55
500 001-1 000 000	0. 50
1 000 001-5 000 000	0. 45
5 000 001-10 000 000	0. 30
1 000 0001-20 000 000	0. 20
20 000 001-40 000 000	0. 10
40 000 001 以上	0. 05

（证据 52）

553. 和案件中的 MPEG LA H. 264 专利池的情况一样，Via Licensing 802. 11 专利池根据全球利润共享算法在许可人之间共享。该算法基于每个许可人贡献的专利的相对数目来在许可人间分割利润，并根据国家权重因子进行调整（2012 年 11 月 16 日庭审笔录，第 112 页第 12 行–第 113 页第 2 行（Lynde 证词））。因此 Via Licensing 802. 11 专利池的许可费率基于专利的分配或者分摊许可费结构来分配（2012 年 11 月 13 日庭审笔录，第 171 页第 14–18 行（Murphy 证词））。

554. Microsoft 不是 Via Licensing 802. 11 专利池的许可人或被许可人（2012 年 11 月 13 日庭审笔录，第 173 页第 6–9 行（Murphy 证词））。Microsoft 通知 Via Licensing 公司，Microsoft 对获得许可的反对 "是因为缺乏该项目的被许可人和临界数量"，并且 Microsoft "倾向于同许可人单独进行双边讨论"（证据 3194）。Microsoft 的专利评估专家 Lynde 博士同意这种策略对于 Microsoft 是 "讲得通的"（2012 年 11 月 16 日庭审笔录，第 154 页第 3 行–第 155 页第 10 行（Lynde 证词）；证据 3194）。

555. 和 Microsoft 一样，Motorola 也没有加入该专利池（2012 年 11 月 13 日庭审笔录，第 173 页第 16–21 行（Murphy 证词））。

b. Via Licensing 802. 11 专利池作为 Motorola 的 802. 11 标准必要专利 RAND 条款的参考

556. 起初，本庭注意到，在本庭的 RAND 修正 *Georgia-Pacific* 方法中，Via Licensing 802. 11 专利池作为 Motorola 802. 11 标准必要专利组合的事实 RAND 许可费率，其具有与所有的专利计算专利池相同的担忧。也就是说，Via Licensing 802. 11 专利池没有根据技术价值区分专利池中的专利，而给专利池中所有的专利完全相同的许可费率。而且，专利池也不考虑专利对于实施者的产品的重要性。同样，作为事实 RAND 许可费率，Via Licensing 802. 11 专利费率的设定将会涉及本庭之前的关于获得质量技术的标准制定组织能力的策略担忧，和阻碍创新的可能性（参见上文第 502 段）。

557. Via Licensing 802. 11 专利池在吸收被许可方和许可方时不太成功。据估计，至少存在 93 个 802. 11 标准必要专利的持有者（参见，例如，2012 年 11 月 13 日庭审笔录，第 175 页第 4–7 行（Murphy 证词））。持有标准必要专利的绝大多数公司，包括 MML 和 Microsoft，都没有加入 Via Licensing 802. 11 专利池成为许可方（参见同上，第 175 页第 7–10 行）。同样，据估计，802. 11 标准的实施者有几百个；只有很小的一部分加入了 Via Licensing 802. 11 专利池成为被许可方（参见同上，第 174 页第 14 行–第 175 页第 16 行）。

558. 因此，不像 MPEG LA H. 264 专利池，Via Licensing 802. 11 专利池在鼓励广泛采用 802. 11 标准上（通过邀入被许可人和许可人）没有取得成功。正如上文所述，RAND 承诺的目的是获得标准的广泛采纳。那么理所当然，专利池获得标准的广泛采用度越小，那么相应该专利池成为 RAND 许可费率的参考价值的相关性就越小。

559. 然而，Via Licensing 802.11 专利池具有特定的特征可以作为 RAND 许可费率的指导。

560. 例如，Via 802.11 专利池唯一专注于标准。它也同当前争议中的争议焦点的最终目的一样覆盖同类的产品（2012 年 11 月 13 日庭审笔录，第 158 页第 22 行-第 159 页第 2 行（Murphy 证词））。

561. 此外，法庭上无可争辩的证据证明，Via 专利池的参与者设计该专利池是为了促进 802.11 标准的广泛采用，与 RAND 承诺背后的目的一致（2012 年 11 月 13 日庭审笔录，第 159 页第 20-25 行（Murphy 证词））。虽然该专利池没有到达这个目的，但是该专利池所设定的许可费率为该行业中什么样的特定业务被认为是 RAND 许可费率提供了基准。而且，Microsoft 的专家 Murphy 博士认为 Via 802.11 专利池没有获得大量的参与者可能暗示着为吸引被许可者而设置的许可费率太高（2012 年 11 月 13 日庭审笔录，第 159 页第 3-6 行（Murphy 证词）；2012 年 11 月 16 日庭审笔录，第 117 页第 21-23 行（Lynde 证词））。这样，Via Licensing 802.11 专利池可能是 RAND 许可费率的保守参考，其中，该专利池的费率可能比它们后来的费率高，如果该专利池形成的较早和/或拥有较多的被许可参与者的话（2012 年 11 月 16 日庭审笔录，第 117 页第 15-25 行（Lynde 证词））。

562. 基于该证据，本庭最终认为 Via Licensing 802.11 专利池对于 Motorola 的 802.11 标准必要专利组合的 RAND 许可费率是参考，虽然没有 MPEG LA H.264 专利池的参考作用那么强（2012 年 11 月 13 日庭审笔录，第 159 页第 9-11 行（Murphy 证词）（"我认为【Via Licensing 802.1 专利池】可能是我们最好的【RAND 指导】"））。

563. 本庭还最终决定该专利池的会员资格将会为 Motorola 提供其从该专利池收到的许可费率的两倍的价值。本庭基于其采用的与 MPEG LA H.264 专利池相同的证据和原理得出该结论（参见上文，第 524-25 段）。

c. 基于 Via 802.11 专利池的 RAND 许可费

564. Lynde 博士基于 Via Licensing 802.11 专利池的许可费率结构估算出 Motorola 802.11 标准必要专利的 RAND 许可费率（2012 年 11 月 16 日庭审笔录，第 113 页第 3 行-第 116 页第 17 行（Lynde 证词）；证据 1155，1165，1167）。他确定，由于该专利池具有相对较少的参与者，则 Motorola 的标准必要专利使用 Via Licensing 802.11 专利池的 RAND 许可费率的合理分析需要评估 Motorola 可能期望从 Microsoft 获得的许可费率，如果更多的 802.11 标准相关的标准必要专利在 Via Licensing 802.11 专利池中，并且 Microsoft 获得了该池的许可的话（2012 年 11 月 16 日庭审笔录，第 113 页第 9-24 行（Lynde 证词））。为了评估这种场景，Lynde 博士调整了 Via 专利池以包括：（a）Motorola 2010 年 10 月 21 日在信函中声称的对于 802.11 标准是必要的 263 个全球专利（其中 53 个属于美国专利）；

（b）Motorola 最初声称的对于 802.11 标准是必要的 21 个全球专利；（c）已经在公司向 IEEE 的提交中具体公开的 186 个其他 802.11 标准必要专利（2012 年 11 月 16 日庭审笔录，第 108 页第 11-15 行，第 113 页第 9-24 行（Lynde 证词）；证据 1155，1156，1158）。在该规程下（但是基于现有的 Via Licensing 802.11 专利池费率），Microsoft 将要向 Motorola 支付每件商品大约 5 美分（0.05 美元）的许可费，或者以当前的商品数量每年需要支付近似 73.6 万美元（2012 年 11 月 16 日庭审笔录，第 114 页第 7 行-第 115 页第 3 行（Lynde 证词）；证据 1167）。

565. 本庭发现 Lynde 博士的分析是错误的，原因很简单，因为到庭审笔录时，Motorola 也没有声称 263 个专利对于 802.11 标准是必要的。在法庭上，Motorola 只声称 24 个（不是 53 个）美国专利对于 802.11 标准是必要的，而关于是否任何全球对应专利都是必要的没有提供证据（2012 年 11 月 15 日庭审笔录，第 102 页第 05 行（Gibson 证词））。关于这部分，在庭审上，Microsoft 声称只有 7 个（不是 21 个）专利对于 802.11 标准是必要的（Microsoft Pr. FC 317）。

566. 相应的，关于法庭判决 Motorola 作为 Via Licensing 802.11 专利池的成员将要接受的许可费，其必须通过加入 Microsoft 和 Motorola 都认为正确的 802.11 标准必要专利数目调整 Lynde 博士的计算。为了准确地调整 Lynde 博士的计算，本庭按照 1155、1156、1158、1165 和 1167 号证据中作为 Lynde 博士为计算 Via Licensing 802.11 专利池费率基础的工作文件。这些工作文件展示了全球利润共享算法（包括国家权重因子）。

567. 在调整 Lynde 博士的计算时，本庭将 Lynde 博士无争议的使用国家权重因子来分配 186 个已经在公司向 IEEE 的递交中公开的 802.11 标准必要专利的总权重——其已经包括在 Via Licensing 802.11 专利池中，除了 Microsoft 和 Motorola 的——视为正确的（证据 1158）。这 186 个标准必要专利的总权重是 18 110.66。本庭还将 Lynde 博士计算已经在 Via Licensing 802.11 专利池中存在的 35 个专利的权重视为正确的。这些专利的总权重是 2338（证据 1165）。

568. 正如上文所述，在庭审中 Motorola 声称他的 24 个美国专利对于 802.11 标准是必要的（2012 年 11 月 15 日庭审笔录，第 102 页第 05 行（Gibson 证词））。每个美国专利被分配 100 的国家权重因子，意味着指定给 Motorola 的 24 个 802.11 标准必要专利总权重是 2400（证据 1158）同样，Microsoft 声称他的 7 个美国专利对于 802.11 标准是必要的（Microsoft Pr. FC317）。相应地，Microsoft 的 802.11 标准必要专利总权重为 700。

569. Via 许可 802.11 专利池的分摊算法基于专利持有者的专利的比例权重来确定许可费率。因此，Motorola 的比例是由其 802.11 标准必要专利组合的权重除以专利池的总权重。本案中，该数值是 0.1019（= 2400/(2400+700+18110.66+2338)），或者 10.19%。换句话说，Motorola 的专利按照国家权重调整后将是总的 Via Licensing 802.11 专利池的 10.19%。

570. 按照 Motorola 802.11 标准必要专利组合的这种比例分摊，Motorola 在 Via 许可 802.11 专利池中从 Microsoft 收取的许可费率被容易地计算为 Microsoft 在给定年份里给专利池支付的总费用的 10.19%。无可争议的事实是，Microsoft 的 2011 年 802.11 合标产品的产量为 14 263 000 件（证据 1167）。按照 Via Licensing 802.11 专利池的费率表，每件商品的许可费率将为 0.20 美元（证据 1167）。因此，Microsoft 在 2011 年向专利池支付的总费用为 2 852 600 美元，Motorola 收取其中的 10.19% 也就是 290 680 美元。使用这个总费除以 Microsoft 的 802.11 合标产品数量，2011 年 Motorola 对 Microsoft 的每件商品将收取每单元 0.020 38 美元（= 290 680.00 美元 /14 263 000）。

571. 正如上文所述，上述每件商品的价值必须加上 Motorola 通过在 Via 许可 802.11 专利池的成员资格将获得的价值。该价值是许可费率的两倍。因此，Motorola 从 Microsoft 收取的 Motorola 802.11 标准必要专利组合许可费为每单元 0.06114 美元，或每单元 6.114 美分。

572. 将该计算值用于评估 RAND 许可费率是保守的，并且由于以下两个原因，可能代表了接近最高许可费率的值。

573. 第一，按照修正的 Via Licensing 802.11 专利池计算的许可费没有考虑已经提交了总括性保证书给 IEEE 的 59 个 802.11 标准必要专利持有者的标准必要专利。在这些提交了总括性保证书的 59 个 802.11 标准必要专利持有者中，很多都是无线通信行业的领先公司，例如 Sony、IBM、Atheros、Texas Instruments、Qualcomm 和 Marvell（证据 1159）。尽管不可能确定对 802.11 标准所必要的专利的总数目，但是估计可能有成千上万个 802.11 标准必要专利（2012 年 11 月 16 日庭审笔录，第 108 页第 21 行–第 109 页第 18 行，第 110 页第 12–15 行（Lynde 证词））。的确，仅 Marvell 公司就声称其拥有"几百个"与"最新的 802.11 标准"有关的已公告的美国专利（2012 年 11 月 14 日庭审笔录，第 64 页第 7–16 行（Ochs 证词））。

574. 第二，Motorola 的事实证据或者他的专家证人都没有提供出任何证据可以证明 Motorola 的 802.11 标准必要专利组合里的专利比 Via Licensing 802.11 专利池的专利更有价值（2012 年 11 月 19 日庭审笔录，第 119 页第 16 行（Williams 证词）；2012 年 11 月 19 日庭审笔录，第 110 页第 16–20 行（Dailey 证词））。尽管这些专家认为 Motorola 的专利比 Via Licensing 802.11 专利池中的专利更重要，但是本庭可能不采信而认为他们是不正确的。本案中，本庭对 Motorola 的 802.11 标准必要专利组合中的每个相关专利都进行了全面和详细的调查。调查显示，通过 Motorola 自己的专家的证词，Xbox 仅使用了 Motorola 声称对 802. 11 标准必要的 24 个专利中的 11 个。因此,Microsoft 没有理由在(假想)谈判中对 Xbox 没有使用的 Motorola 的 13 个标准必要专利要求许可。也就是说,Microsoft 没有使用 Motorola 802. 11 标准必要专利组合中的 24 个专利中的 13 个专利。

575. 进一步说,在其假想谈判中,本庭必须考虑 Microsoft 使用的 11 个 Motorola 标准必要专利的重要性。庭审笔录上的证据显示 11 个专利中的每一个都对确定的 802. 11 标准部分起到了非常小的技术贡献。另外,记录清楚地显示,Motorola 在 802. 11 标准的任何领域都没有提供创新技术,而是对现有的技术进行改进。

576. 最后,本庭必须考虑 Motorola 对该标准的整体贡献。802. 11 标准所涉及的技术数量是巨大的。的确,Hawaii 大学在开发 ALOHAnet 时的贡献构成了 802. 11 标准的基础。(2012 年 11 月 15 日庭审笔录,第 90~91 页(Gibson 证词))。此外,802. 11 工作组花费了 7 年的时间来开发 802. 11 标准的第一个草案(参见同上,第 92~93 页)。超过 1000 家公司参与了 802. 11 标准的开发(参见同上,第 94~95 页;证据 514)。今天的 802. 11 标准是大型和复杂的;当前版本拥有 2793 页长(证据 386A)。将近 92 家公司已确认了必要专利或向 IEEE 提交了总括性保证书。基于上述这么大比例的贡献,本庭认定 Motorola 的 11 个相关的标准必要专利仅仅构成了包含在 802. 11 标准中的整体技术的一小部分。

577. 总之,本庭认为 Via Licensing 802. 11 专利池是 Motorola 的标准必要专利的 RAND 许可费率的参考,尽管没有 MPEG LA H. 264 专利池的指导意义那么大。然而,按照本庭的 RAND 修正 *Georgia-Pacific* 要素分析,假想谈判中的双方都需要考虑 Via Licensing 802. 11 专利池是许可 802. 11 标准必要专利 RAND 许可费率的惯例。而且,本案中,因为 Motorola 的 11 个相应的 802. 11 标准必要专利对于 802. 11 标准的价值很小,Microsoft 和 Motorola 在(假想)谈判中所采用的每单元 6. 114 美分的许可费可能比 Motorola 的 802. 11 标准必要专利组合的合理 RAND 费率要高。

iv. Marvell WiFi 芯片

578. 作为另外一个与 Microsoft-Motorola 802. 11 RAND 许可费率的比较,Microsoft 使用第三方公司 Marvell Semiconductor 公司的许可费率,支付其 WiFi 芯片的知识产权费用。法庭同意,基于假想谈判的要素 12,Marvell 许可费率可以为 802. 11 RAND 许可费率提供参考,因为 Marvell 作为第三方公司的经验趋向于在半导体许可行业建立行业惯例。

a. Marvell WiFi 芯片的背景

579. Marvell 设计和销售具有 802. 11 功能的半导体芯片,用于各种产品,包括 Microsoft Xbox(2012 年 11 月 19 日庭审笔录,第 114 页第 21~25 行,第 115 页第 1~3 行(Williams 证词))。WiFi 芯片,比如用于 Xbox 的 Marvell WiFi 芯片,是很多不同厂家都会出售的商品

（参见同上，第 115 页第 4-7 行）。Marvell 生产并向 Microsoft、Motorola、Sony 和其他公司销售芯片，这些公司将芯片整合到不同产品里，例如 Sony Play Sfation 和 Audi A8 汽车（2012 年 11 月 14 日庭审笔录，第 63 页第 2-10 行（Ochs 证词））。尽管这些产品不同，但是每家厂商将 Marvell 芯片打包到其产品里都是为了相同的原因：提供 802.11 功能。

580. Marvell WiFi 芯片的主要目的是实施 802.11 标准：芯片除了给宿主产品提供 802.11 功能外没有其他作用（2012 年 11 月 14 日庭审笔录，第 61 页第 16-18 行（Ochs 证词））。当嵌入到例如 Xbox 这样的设备里时，WiFi 芯片可以使设备使用 802.11 标准来传输和接收无线电频率载波的信息。换句话说，WiFi 芯片通过使用 802.11 标准可以使主机设备进行无线连接（2012 年 11 月 15 日庭审笔录，第 114 页第 10-20 行（Williams 证词））。Marvell WiFi 芯片为类似 Xbox 的产品提供了绝大多数的 802.11 功能（2012 年 11 月 14 日庭审笔录庭审笔录，第 61 页第 11-12 行（Ochs 证词））。

581. Microsoft 现在为 Xbox 游戏主机提供 802.11 功能的每个 Marvell 芯片支付不到 3 美元的费用（2012 年 11 月 15 日庭审笔录，第 25 页第 6-9 行（Del Castillo 证词））。在过去，Marvell 对出售给 Microsoft 的每个 WiFi 芯片收取 3-4 美元的费用（2012 年 11 月 14 日庭审笔录，第 61 页第 19-21 行（Ochs 证词））。

582. Marvell 向 ARM Holdings（ARM）（一家软件公司）支付的许可费为其生产的每个芯片 3-4 美元。ARM Holdings 是一家英国公司，专注于研发软件和其他工具，可以使客户设计和生产类似 Marvell WiFi 芯片的"嵌入式微处理器"（2012 年 11 月 16 日庭审笔录，第 12 页第 8-13 行（Lynde 证词））。ARM 为 Marvell 提供专利许可和 Marvell 生产 802.11 芯片所需要的"设计和技术"。作为交换，Marvell 向 ARM 支付芯片购买价格的 1% 作为许可费（每个芯片 3-4 美分）（2012 年 11 月 14 日庭审笔录，第 71 页第 15-21 行（Ochs 证词））。ARM 的打包许可服务不仅包含生产这些芯片的专利，而且还包括对厂商提供开发产品的指导（2012 年 11 月 16 日庭审笔录，第 120 页第 8-13 行（Lynde 证词））。

b. ARM 基准许可费率

583. 据 Jennifer Ochs（Marvell 的知识产权诉讼主管）所称，Marvell 认为支付给 ARM 的 1% 许可费率是一家半导体公司应该支付的知识产权许可费率的一个合理的"高上限"（2012 年 11 月 14 日庭审笔录，第 70 页第 24-25 行，第 71 页第 1 行（Ochs 证词））。

584. 这个"高上限"的结论部分基于这样一个事实：ARM 的许可不仅包括专利，而且还包括如何设计芯片所需元素的指导（2012 年 11 月 14 日庭审笔录，第 71 页第 5-8 行（Ochs 证词）；2012 年 11 月 16 日庭审笔录，第 120 页第 8-13 行（Lynde 证词））。Ochs 女士的证词暗示，如果一个公司许可协议只包括专利，则其支付的许可费率应低于 1%（参见 2012 年 11 月 14 日庭审笔录，第 71 页第 5-8 行（Ochs 证词））。

585. Marvell 也认为 ARM 的许可费率是一个合理的基准费率，因为该费率是基于芯片的出售价格，而不是基于嵌入芯片的终端产品的出售价格。Ochs 女士认为，计算许可费率的标准必须是芯片的价格，而不能是用户终端产品的价格，因为即便是对昂贵的终端产品收取较低的许可费率也会很快超过 Marvell 出售芯片的利润（2012 年 11 月 14 日庭审笔录，第 68 页，69 页第 1-3 行（Ochs 证词））。例如，对装有芯片的价值 8 万美元的 Audi A8 收取 1% 的许可费率将会是 800 美元，相当于该芯片零售价的 267 倍。Ochs 女士进一步证实，不仅基于消费者终端产品的许可费是高昂的，而且这样计算也是不切实际的，因为当 Marvell 出售自己的芯片时，他通常不知道客户将来是如何使用这些芯片的（2012 年 11 月 14 日庭审笔录，第 68 页第 5-25 行，第 69 页第 15-16 行（Ochs 证词））。最后，不管终端产品的价格如何，这些芯片在每台设备上提供的功能是相同的，所以对于所有设备收取相同的许可费是合理的（参见同上，第 62 页第 17-20 行）。基于上述理由，Ochs 女士证实她从来没有听过芯片制造商基于客户终端产品的价格支付许可费（参见同上，第 70 页第 7-10 行）。

586. Ochs 女士最后证实，因为"许可费堆叠"的风险会增大许可费对公司底线的影响，即便是 1% 的许可费率也是"高上限"基准。这是因为半导体芯片的利润空间是非常小的，几次许可费的支付很快就会将公司的期望利润包括在内（参见 2012 年 11 月 14 日庭审笔录，第 70 页第 1-6 行（Ochs 证词））。的确，"你不能在快没有利润的情况下支付太多的许可费"（参见同上，第 70 页第 2-3 行）。

587. 因此，法庭认定 Marvell 和 ARM 的许可费率说明了 1% 许可费率代表半导体知识产权许可费率的合理"高上限"。

c. ARM 基准许可费率作为行业参考

588. 如上文所述，本庭认为 ARM 许可费率可以作为当前的 RAND 假想谈判中的一个参考点。更确切地说，本庭基于 ARM 许可费率考虑修正的 *Georgia-Pacific* 要素中的要素 12。

589. 基于要素 12，本庭应该以假想谈判的方式考虑，"利润的比例或销售价格应该符合特定行业或可比行业允许使用的专利或类似专利"。参见 *Georgia-Pacific* 案，318 F. Supp. 1120。

590. Marvell 给 ARM 支付的许可费率为本庭提供了许可费率的"特定行业的惯例"。参见同上，因此法庭考虑以使用 802.11 芯片的 1% 的许可费率，每个芯片 3-4 美分（取决于芯片的最终销售价格）。作为 Motorola 的 802.11 标准必要专利组合的 RAND 许可费率的指导。①

v. InteCap 分析

作为 Motorola 的 802.11 标准必要专利组合 RAND 许可费率的第三个指导，法庭调查了一家称为 InteCap 的咨询公司所做的分析，该公司在 2003 年为 Motorola 的 802.11 标准必要专利开发了一套专利评估模型。

a. InteCap 分析的背景

591. 2003 年，InteCap 专注于评估专利组合。尤其是，InteCap 的业务是以最大化专利许可收入为目的的评估专利组合，帮助客户获得专利的货币价值（2012 年 11 月 16 日庭审笔录，第 126 页第 12-20 行（Lynde 证词））。

592. InteCap 于 2003 年评估了 Motorola 的 802.11 标准必要专利组合，提出了一个专利许可模型，将许可市场分组，将目标公司分为三类或三个"环节"：

- 环节-1 包括那些制造 802.11 芯片的公司；
- 环节-2 包括那些制造使用 802.11 标准的设备（如路由器和无线集线器）的公司；
- 环节-3 包括那些制造使用 802.11 标准的消费者产品（如笔记本电脑、台式机和游戏机）的公司。

（证据 65，CRA_001290（识别潜在 802.11 许可的目标市场））。

593. 根据 InteCap 的报告，当考虑 802.11 语义下的许可时，"必须意识到/解决行业许可堆叠的问题"（证据 65，CRA_001289；2012 年 11 月 16 日庭审笔录，第 127 页第 7-22 行（Lynde 证词））。因此 InteCap 的评估模型说明了在设置许可费率时，必须考虑下列因素：

- "802.11 特征因子"，InteCap 定义为"相对于整个产品功能相关的 802.11 功能的价值"；

---

① 本庭意识到 Marvell 支付的 1% 许可费率包括 Marvell 为其使用 802.11 标准 WiFi 芯片的整个许可的费率。另外，Motorola 只拥有 802.11 标准知识产权的一小部分。本案中，本庭认为 Marvell 支付给 ARM 的许可费率超过 1% 对于其他第三方 802.11 标准必要专利持有者是不知情的。法庭上最少的证据显示存在其他考虑证明法庭采用 1% 的费率是可比较的。Marvell 拥有关于 802.11 标准的重要专利，并且 Marvell 和 Motorola 进行了交叉许可的讨论（2012 年 11 月 14 日庭审笔录，第 64-68 页（Ochs 证词）；案例 16、1608）。在没有完全了解 Marvell 和其他第三方 802.11 标准必要专利拥有者考虑的情况下，本庭认为 1% 的许可费率，也就是每个芯片支付 3-4 美分，只是作为半导体知识产权许可行业的指导。

- "1 许可费堆叠调整因子"，InteCap 定义为 "解决 Motorola 知识产权占总 802.11 功能的比例因子"。

（证据 65，CRA_001290、CRA 001314（描述了 InteCap 的 802.11 评估模型框架）；2012 年 7 月 12 日 D. Curtis 部，第 46 页第 2–12 行）。

594. 对于环节-3 的公司（使用 802.11 标准的产品，例如台式电脑、笔记本电脑和游戏机），InteCap 考虑的 "特征因子" 是产品最终价格的 10%。应用该因子对降低基础有影响，在其他调整做出之前 90% 的费率被采用（证据 65，CRA_001315（"802.11 特征因子–价格比例【＝】0.10"）；2012 年 7 月 12 日，D. Curtis 部，第 42 页第 2–20 行）。

595. InteCap 的评估模型假定 25% 的堆叠因子基于 Motorola 持有 25% 的 802.11 标准必要专利。记录清楚地显示该假定过分强调了本诉讼案件中 Motorola 802.11 标准必要专利的相应规模和重要性（2012 年 11 月 16 日庭审笔录，第 129 页 3–15 行（Lynde 证词）；另参见同上第 108 页第 21 行–第 109 页第 9 行（Lynde 证词）（声称对 802.11 标准必需的专利有上千种）；2012 年 11 月 14 日庭审笔录，第 64 页第 7–9 行（Ochs 证词）（Marvell 发布了几百个美国 802.11 专利）；证据 65，CRA 001288（InteCap 的分析假定 Motorola 拥有 14 项技术或商业核心专利））。

596. 当计算特征和堆叠调整因子时，InteCap 的模型对环节-3 公司的产品收取的许可费率为 0.1%。该许可费率应用于嵌入式 802.11 功能的产品，包括台式电脑、笔记本电脑和游戏机（例如 Xbox）（2012 年 7 月 12 日，D. Curtis 部，第 56 页第 8–14 行（问：……"该模型对笔记本出售价格收取的最终许可费率为 0.1%，正确吗？答：正确……"）；证据 6，MOTO-MS-000237738（"假定：销售价格的纯许可费率为 0.1%……"）；证据 65，CRA 001291（应用估值模型）；证据 66，CRA 001708（参见同上））。

597. InteCap 的模型对 802.11 WiFi 芯片（"环节-1"）价格收取的许可费率为 0.5%，例如 Marvell 和 Atheros 出售的商品。尤其是，InteCap 提议了一种 100% 802.11 芯片的 "802.11 特征因子"；对于所有业内 802.11 标准必要专利的累计合理许可费率为 2%，"许可费率堆叠调整因子" 隔离 Motorola 比例部分的累计许可费率为 25%（例如，Motorola 802.11 标准必要专利的 2% 的 25% 为 0.5%）（证据 65，CRA_001291（应用 InteCap 模型）；证据 66，CRA_001708（参见同上））。

b. InteCap 评估作为 RAND 许可费率的参考

598. 本庭最后决定 InteCap 许可费将作为假想谈判中 RAND 许可费率的参考。

599. Motorola 对使用 InteCap 许可费率作出了几点抗辩；本庭将对这些抗辩作出回应。

600. 首先，Motorola 认为 InteCap 的评估只考虑了 Motorola 的五个 802.11 标准必要专

利,而本案中 Motorola 的 802.11 标准必要专利组合包含更多的专利(Motorola Pr. FC H 200(引自 2012 年 7 月 12 日,D. Curtis 部,第 164 页第 8-10 行))。然而法庭上的证据却说明相反的事实。InteCap 执行的特定 Motorola 802.11 标准必要专利评估为 Motorola 提供了所有 Motorola 的 802.11 标准必要专利的许可建议(证据 65,CRA_001288 条(InteCap 分析假定 Motorola 拥有 14 个 802.11 技术性或商业性重要专利))。InteCap 的许可费率是中肯的,因为 InteCap 评估了五项 Motorola 的专利作为 2003 年 Motorola 整个 802.11 标准必要专利组合的代表样本。InteCap 基于这些专利算出的许可费率是代表整个组合的合理许可费率。因为 InteCap 评估的 Motorola 整个 802.11 标准必要专利组合专利的许可费率的价值,那么该许可费率也适用于当前案件的参考。

601. 第二,Motorola 认为 InteCap 评估的专利和当前案件中 802.11 标准必要专利组合的专利是不同的,尤其关于他们的相关强度。也就是说,Motorola 认为与本诉讼案件中 Motorola 的 802.11 标准必要专利组合相比,没有办法去评估 InteCap 所考虑专利的相对优势(Motorola Pr. FC200)。Motorola 纠正称,所有的本案中涉及的 Motorola 专利组合的 802.11 标准必要专利中,只有一个专利(美国专利编号 5560021)是由 InteCap[①] 所评估的(证据 1;证据 6,MOTO-MS-000237726)。基于这个事实,Motorola 想要废除 InteCap 评估的重要性,从而去寻求更高的许可费率。

602. Motorola 抗辩的错误原因有两个。第一,本庭之前的调查已经表明 Motorola 的 802.11 标准必要专利组合对 802.11 标准的贡献很小。InteCap 评估出 Motorola 的专利只提供了 802.11 标准的 25% 的功能。本庭最后决定 Motorola 的 802.11 标准必要专利组合在现在对 802.11 标准的整体功能的作用已远不足 25%。因此,2003 年 Motorola 所拥有的 802.11 标准必要专利的价值要比现在他所拥有的 802.11 标准必要专利价值要大。第二,对于 InteCap 分析的问题不是关于他是否为 Motorola 的 802.11 标准必要专利组合提供了准确的 RAND 许可费率,而是关于他是否能够作为 RAND 许可费率的参考。

603. 基于以下原因,本庭最终决定 InteCap 评估可以作为 Motorola 的 802.11 标准必要专利组合 RAND 许可费率的参考。

604. InteCap 评估的方法展示了与 RAND 承诺一致的特性。例如,评估考虑了 802.11 标准和整个产品功能的价值的关系。该考虑和法庭基于 RAND 修正 *Georgia-Pacific* 分析的要素 15 的考虑非常相似,检查了标准必要专利对许可人产品的重要性。

605. InteCap 评估还考虑了堆叠问题(RAND 中的一个重要原则),通过考虑 Motorola

---

① 尽管法庭同意不同的标准必要专利组合会导致不同的 RAND 许可费率(即便是对于相同的许可人),这种具体情况不适用于这里。

知识产权占整个 802.11 标准的比例。而且，这种精确的考虑也出现在法庭的假想谈判中，检查了标准必要专利对标准的重要性。

606. 此外，2003 年 InteCap 当时的业务是提供专利许可为目的的专利组合评估服务，现在，本案中，评估 Motorola 的 802.11 标准必要专利组合。证据支持该结论，InteCap 尝试为 Motorola 提供一个许可建议，可以适合 Motorola 的 RAND 义务。因此，按照本庭的 RAND 修正 *Georgia-Pacific* 分析，本庭最终决定假想谈判中的双方需要将 InteCap 评估考虑为一种商业许可（RAND）专利的因素去改变 RAND 许可费率。由于 Motorola 专利的最小贡献，假想谈判的合理双方需要意识到 Motorola 的 802.11 标准必要专利组合的价值没有 2003 年 InteCap 评估时组合的价值高了。

607. 总之，InteCap 评估的方法展示了 RAND 专利许可的特定特征，使评估成为 RAND 的合理参考。然而 InteCap 评估的优点是减小了 Motorola 的 802.11 标准必要专利组合与 802.11 标准之间相对重要性的过度夸大。本庭尝试去调整这种过度评估，但是缺少具体的证据去准确的做出调整，而 InteCap 的参考作用的准确性就解决了这一问题。相应地，本庭最终决定协商中的双方可以把 InteCap 评估作为 RAND 许可费率的参考，但是需要考虑到它的参考作用没有 Via 许可池或者 Marvell WiFi 芯片的参考作用大。

c. 基于 InteCap 分析的 RAND 许可费

608. InteCap 评估建议环节-3 产品（例如台式电脑、笔记本电脑和游戏机）的许可费率为 0.1%。环节-3 产品自然包括 Xbox 游戏机，它的售价一般在 200-400 美元之间（2012 年 11 月 15 日庭审笔录，第 13 页（Del Castillo 证词））。

609. 因此，基于 InteCap 指导下的 RAND 许可费率为每单元 20-40 美分。

610. 然而，本庭认为 InteCap 通过为组合分配了 25% 的整个 802.11 标准的价值，从而过高评估了 Motorola 的 802.11 标准必要专利组合对 802.11 标准的重要性。仔细审查了 Motorola 的 802.11 标准必要专利组合对于 Microsoft 的重要性后，本庭最终认为应用于 Motorola 的当前 InteCap802.11 标准必要专利组合高估了其重要性，至少要素 25 是这样的。Gibson 博士的证词证实了这一结论。Gibson 博士认为 Motorola 的 802.11 标准必要专利组合要比 802.11 标准整体技术的许可费率的 1% 要低（2012 年 11 月 15 日庭审笔录，第 154 页（Gibson 证词））。

611. 本庭最终认为在假想谈判中的 Microsoft 和 Motorola 可能看到 Motorola 的 802.11 标准必要专利组合的重要性要远低于 InteCap 的评估，基于要素 25 可能要相应地向下调整由 InteCap 评估的许可费率。调整的 InteCap 评估许可费率为每单元 0.8-1.6 美分。

612. 总之，本庭最终认为在假想谈判的过程中，Microsoft 和 Motorola 应该合理考虑把 InteCap 评估作为 Motorola 802.11 标准必要专利组合的 RAND 许可费率的指导。本庭进一步认定双方应该尽量向下调整 InteCap 许可费率标准以抵消 InteCap 对 Motorola 的 802.11 标准必要专利组合相对于 802.11 标准的高估。因此，双方调整后的许可费率为每单元 0.8－1.6 美分。

C.　Motorola 802.11 标准必要专利组合的合理许可费率

613.　基于本庭的 RAND 修正 *Georgia-Pacific* 分析的要素 12，Microsoft 和 Motorola 应该考虑 Via Licensing 802.11 专利池、Marvell WiFi 芯片和 InteCap 评估作为 Motorola 802.11 标准必要专利组合的 RAND 许可费率的指导。Microsoft 和 Motorola 在合理的谈判过程中，正如上文提到的，应该基于 Motorola 的 802.11 标准必要专利组合对 802.11 标准的重要性作为指导参考。更准确地说，在 Via Licensing 802.11 专利池和 InteCap 评估的案件中，许可费率的指导参考应该向下调整，正如这里已经详细说明了 Motorola 的 802.11 标准必要专利组合对于 802.11 标准缺乏重要性。

614.　三个指导参考对 RAND 许可费率的估算产生了以下方法：（1）Via Licensing 802.11 专利池说明许可费率为每单元 6.114 美分；（2）Marvell WiFi 芯片为 ARM 支付的许可费率为每单元 3－4 美分；（3）InteCap 评估推理出的许可费率为每单元 0.8－1.6 美分。

615.　相对于 Motorola 在本诉讼中寻求的许可费率（每件 Xbox 收取 6.00－8.00 美元），这三个指导参考的许可费率彼此都非常的相近。事实上这三个独立的 RAND 许可费率参考产生如此相近的结果有力地说明了 Motorola 的 802.11 标准必要专利的 RAND 许可费率也应在上述范围之内。

616.　对于处于假想谈判中的 Microsoft 和 Motorola，法庭最终决定了一种可以准确计算许可费率的方式，就是以上三种指导参考取平均值。法庭认为在商业谈判中取平均值的做法是很常见的，所以法庭将在这里采用该方法。

617.　计算时，本庭使用 InteCap 评估的下限（每单元 0.8 美分）进行计算，因为 InteCap 评估是基于产品的最终价格收取的许可费。正如法庭的 RAND 修正 *Georgia-Pacific* 方法所解释，专利的许可费率应该基于专利对标准和对被许可人产品的重要性进行定价。按照基于商品的最终销售价格这个分析方法，该许可费率的波动将会很小。相应地，如果对于 200 美元的 Xbox，每件收取 0.8 美分是一个合理的许可费率，那么他对于以相同方式使用相同专利技术的售价 400 美元的 Xbox 也是一个合理的许可费率。

618.　对于 Marvell WiFi 芯片的许可费率范围，本庭最终认为双方应该分割这个范围，也就是每件产品收取 3.5 美分将用于平均值的计算。

619.　因此，三个指导参考许可费率的平均值是每件产品收取 3.471 美分（＝(0.8+3.5+6.114)/3）。

620. 假想谈判中的理性双方将会验证每件商品收取 3.471 美分的合理性。本案中，Motorola 和 Microsoft 将会看到许可费率正好落到了由 Marvell WiFi 芯片案例提供的参考许可费率范围内。此外，3.471 的费率稍稍低于 Via Licensing 802.11 专利池的许可费率。Microsoft 和 Motorola 将会发现这是一个准确的费率评估，因为 Via Licensing 802.11 专利池的许可费率由于上文解释的原因比本案涉及的费率要高。最后，双方应该将每件商品收取的 3.471 美分的费率看做在 InteCap 参考范围之内。正如上文所述，InteCap 评估并不是一个很强的参考，因为法庭修改了 InteCap 对 Motorola 802.11 标准必要专利组合不准确的高估。因此，基于上文，本庭最终决定双方应该同意每件商品收取 3.471 美分的许可费率，因为它不仅在三个参考费率的范围之内，而且逻辑上也讲得通，并且同法庭出示的全部证据也相一致。

621. 因此，针对处于假想谈判中 Microsoft 和 Motorola 对于 Motorola 的 802.11 标准必要专利组合的许可费率，基于 RAND 承诺，本庭采用每单元 3.471 美分的许可费率。[①]

622. 接下来，本庭确定了 Motorola 的 802.11 标准必要专利组合的 RAND 许可费率的上限和下限。正如上文解释的，在 MPEG LA H.264 专利池中，存在被许可人对 RAND 许可费率上限堆叠的担忧。考虑到堆叠之后，法庭搜索了法庭记录，寻找上限应该是多少合适的问题。本庭的搜索结果由 Microsoft 提供了许可费率的最高点：每件商品支付 6.5 美分（Microsoft Pr. FC 第 429 段）。该许可费用由 Microsoft 的专家 Lynde 博士基于 Via 许可 802.11 专利池的许可费率所确定（Microsoft Pr. FC 第 429 段）。正如上文所述，本庭最终认为 Lynde 博士基于 Via Licensing 802.11 专利池计算的 Motorola 的和 Microsoft 的 802.11 标准必要专利使用不正确的数据。Lynde 博士使用了 2010 年 10 月 21 日 Motorola 给 Microsoft 的要约函中声称的对标准重要的专利数目。同样，Lynde 博士使用在诉讼的早些阶段 Microsoft 声称的对标准重要的专利数目。在法庭上，Motorola 和 Microsoft 都极大地减少了各自声称对 802.11 标准重要的专利数目。相应法庭也基于准确的专利数目重新计算了来自 Via Licensing 802.11 专利池的许可费率（上文 565-71）。

623. 可能令人费解的是，为什么本庭知道 Lynde 博士使用了错误的专利数目，还要使用 Lynde 博士计算的许可费率作为 RAND 的上限的参考。在审判时，Microsoft 知道 Lynde 博士的计算是根据 Via Licensing 802.11 专利池，所引用的 Motorola 和 Microsoft 各自的重要专利数目是错误的，但是 Microsoft 来到法庭并提出每单元 6.5 美分的许可费率。在某种程

---

① 尽管 Motorola 可能认为 Microsoft 的产品除了 Xbox 外还有使用 802.11 标准的产品，Motorola 在法庭上没有作出这样的声明。因此法庭也不能声称 Microsoft 的任何其他产品是 Motorola 认为可能使用 802.11 标准功能的，法院法庭不可能确定 Motorola 的 802.11 标准必要专利对这些产品的重要性。相应地，法院法庭最终决定 Motorola 的 802.11 标准必要专利组合的 RAND 许可费率许可费率只应用于 Microsoft 的 Xbox 产品。

度上，本庭把这场审判看做是模拟一场假想谈判。在很多方面，Microsoft 所提出的每单元 6.5 美分的许可费率和假想谈判的费率是不同的。本案中，Microsoft 提出的每件商品支付 6.5 美分的许可费率是基于与 Via Licensing 802.11 专利池相关的自己的计算结果，而该专利池的许可费率已被本庭决定作为 RAND 许可费率的指导参考。Microsoft 在法庭上所使用的在本庭看来不准确的专利数目这一事实，对于 Microsoft 是否提出了不合理的许可费率关系不大。的确，Microsoft 如果使用正确的专利数目的话，那么需要给 Motorola 的 802.11 标准必要专利组合支付的许可费率要高。

624. Microsoft 基于 Via Licensing 802.11 专利池提供每单元 6.5 美分，是假定 Motorola 已经加入了专利池能为许可人。正如法庭所解释的，该专利池为许可人提供的价值超出专利应收的许可费。法庭已决定其他价值是许可费率的两倍。在提供每单元 6.5 美分时，Microsoft 没有考虑到该额外价值。综合考虑这些因素，法庭将许可费率增加到每单元 19.5 美分（= 6.5+2×6.5）并且认为该费率是 Microsoft 为 Motorola 支付的 Motorola 的 802.11 标准必要专利组合 RAND 许可费率的上限。

625. 最后，本庭决定 RAND 许可费率的下限。许可费的下限假定标准必要专利持有者是理性的并且标准必要专利持有者要获得专利的许可费。毋庸置疑，如果没有假定标准必要专利持有者渴望获得专利的许可费，那么 RAND 的许可费率将降为零。本案中，本庭将（有把握地）假定在假想协商中的 Microsoft 和 Motorola，Motorola 想要获得他 802.11 标准必要专利组合的许可费。

626. RAND 许可费率的下限将合理受限于标准必要专利持有者专利组合的价值。在 RAND 语义下，标准必要专利持有者被认为是"通过一些定义不太清楚的方式获得专利权的价值，而不是增加专利权的价值，因为专利是标准的一部分"（2012 年 11 月 19 日庭审笔录，第 168 页第 21 行–第 169 页第 8 行（Schmalensee 证词））。因此，问题变成了：在审查了与 802.11 标准相关的专利价值和实施专利的产品后，标准必要专利持有者同意的专利的最低价值将是多少。

627. 不幸的是，法庭记录上几乎没有什么证据可以帮助本庭去确定下限。然而，本庭必须基于之前的证据提供一个下限。因此，本庭选择每单元 0.8 美分作为 RAND 的下限。该值代表了基于修正的 InteCap 评估作为 RAND 指导参考的低许可费率。它还代表了基于本庭认定的 RAND 指导参考方法的最低许可费率。①

---

① 如上文所述，Motorola 没有在法庭上指定 Microsoft 除 Xbox 外其他产品使用了 Motorola 的 802.11 标准必要专利组合。法庭因此不能将确定的 RAND 许可费率应用在其他的 Microsoft 产品上。因此，本庭将 RAND 许可费率范围的下限应用在所有除了 Xbox 使用 802.11 标准的 Microsoft 产品上。

Ⅶ. 结　论

本庭判决如下：

- Motorola 的 H.264 标准必要专利 RAND 许可费率为每单元 0.555 美分；Motorola 的 H.264 标准必要专利 RAND 许可费率的上限为每单元 16.389 美分；Motorola 的 H.264 标准必要专利 RAND 许可费率的下限为每单元 0.555 美分。该许可费率和范围应用于 Microsoft 的 Windows 产品和 Xbox 产品。对于其他使用 H.264 标准的 Microsoft 产品，许可费率将采用下限为每单元 0.555 美分。

- Motorola 的 802.11 标准必要专利组合 RAND 许可费率为每单元 3.471 美分；Motorola 的 802.11 标准必要专利组合 RAND 许可费率的上限为每单元 19.5 美分；Motorola 的 802.11 标准必要专利组合 RAND 许可费率的下限为每单元 0.8 美分。该许可费率和范围应用于 Microsoft 的 Xbox 产品。对于其他使用 802.11 标准的 Microsoft 产品，许可费率将采用下限为每单元 0.8 美分。

美国联邦第九巡回上诉法院判决意见书二

案件号：10-cv-01823-JLR、11-cv-00343-JLR

当事人：原告–被上诉人　微软公司

　　　　被告–上诉人　摩托罗拉公司、摩托罗拉移动公司、通用仪器公司

日　　期：2015 年 7 月 30 日

首席法官 Sidney R. Thomas 以及

巡回法官 J. Clifford Wallace 和 Marsha S. Berzon 审理

Berzon 法官执笔判决意见书

概　　要①

专利许可

合议庭维持地区法院法官作出的支持微软公司（Microsoft Corporation，以下称"Microsoft"）的诉讼请求的判决，Microsoft 作为摩托罗拉公司（Motorola, Inc., 以下称"Motorola"）的合理、无歧视（RAND）承诺的第三方受益者，起诉 Motorola 违反了诚信提供其特定专利的 RAND 许可的义务。

本上诉案涉及两个专利组合，之前属于 Motorola 所有，都遵从 RAND 协议。本院先前在中间上诉中支持禁诉令，禁止 Motorola 行使在德国诉讼中针对 Microsoft 使用特定争议专利而可能获得的任何禁令。参见 *Microsoft Corp. v. Motorola*，*Inc.*，696 F. 3d 872（9th Cir. 2012）。在该先前决定后，陪审团认定 Motorola 在与 Microsoft 的交易中违反了 RAND 诚信和公平交易义务。

地区法院进行法官审判以决定 Motorola 专利的 RAND 费率和范围。然后该案就合同违约之诉又进行了陪审团审判，陪审团裁定 Microsoft 应获赔 1452 万美元。地区法院拒绝了 Motorola 请求依法律判决的动议。

合议庭认为本院有司法管辖权。合议庭认为，本院在先前的中间上诉中对本案的审判以及联邦巡回上诉法院由于本院有司法管辖权而将即时上诉移交给本院的决定均合法。合

---

① 此概要并非法庭意见的一部分。系由法院员工整理以便于读者阅读。

议庭进一步认为，之前的司法决定无明显错误。

合议庭驳回了 Motorola 对 RAND 法官审判是否合理的两点质疑，具体地，Motorola 质疑地区法院没有以法官审判决定 RAND 费率问题的合法权力，以及 RAND 费率分析与联邦巡回上诉法院的先例相违背。首先，合议庭并不认为在缺乏同意的情况下陪审团应当作出 RAND 决定，因为 Motorola 知晓 RAND 决定是为了在陪审团审判合同违约诉讼中作准备的，对此，Motorola 也未撤回其对法官审判的肯定。其次，合议庭认为，地区法院的 RAND 分析没有违反联邦巡回上诉法院的专利损害赔偿法，因为这不是基于专利法的诉讼。然而，合议庭认为，地区法院的分析将联邦巡回上诉法院的专利法方法学恰当地改写为本合同案中有关专利估价问题的指导。合议庭认为，地区法院的 RAND 决定并不是基于法律错误或相对于证据对事实的明显错误认定。

关于陪审团审判和裁定，合议庭认为，案卷记录提供了陪审团可以作出支持 Microsoft 的裁决的充分基础。

关于请求依法律判决的动议，合议庭驳回 Motorola 的两项质疑，一项关于律师费用的赔偿，另一项关于对抗禁令的诉讼费用。首先，Motorola 提出了 *Noerr-Pennington* 原则，其豁免了个人参与诉讼的责任。合议庭指出，这一原则不会使一方可以免受相当于合同违约的诉讼。合议庭认为，行使合同承诺以避免诉讼不违反"第一修正案"。合议庭进一步指出，陪审团的结论是，寻求禁令救济违反了 Motorola 的合同 RAND 义务。合议庭的结论是，*Noerr-Pennington* 原则并不使 Motorola 豁免违反承诺的责任。其次，Motorola 称，根据华盛顿州法律，Microsoft 没有权利获得律师费作为损害赔偿。合议庭认为，当一方行使受 RAND 约束的专利禁令之诉违反诚信和公平交易的义务时，华盛顿州的法院将允许损害赔偿包括律师费用，以及为了对抗禁令之诉而产生的费用。

最后，合议庭驳回了 Motorola 关于地区法院滥用裁量权作出两项证据裁决的主张。首先，关于提交给陪审团的 RAND 费率和范围，合议庭认为 Motorola 同意将 RAND 费率和范围的基础事实提交陪审团。合议庭同意地区法院的意见，即 Motorola 对 RAND 法官审判的同意蕴含了将法庭的事实认定结果提交给审理合同违约之诉的陪审团。其次，Motorola 反对采信联邦贸易委员会关于 Motorola 的执行政策（包括其寻求禁令）的调查的证据。合议庭认为，地区法院没有滥用采信证据的裁量权，因为采信有限的联邦贸易委员会调查证词所带来的偏见危险并未明显超过证词的证明价值。

判 决 意 见

BERZON，巡回法官：

　　在我们所生活的时代，现代科技产品多元化的互联非常重要。为实现这种互联，专利持有人经常会达成这样的合同，即要求以 RAND 条款许可特定的专利。这样的合同受诚信和公平交易普通法义务的约束。

　　本上诉案中的争议焦点是两个专利组合，原先属于上诉人摩托罗拉公司（Motorola, Inc.）、摩托罗拉移动公司（Motorola Mobility, Inc.）和通用仪器公司（General Instrument Corp.）（以下统称"Motorola"），两个组合均受 RAND 协议①约束。被上诉人 Microsoft 是受益于 Motorola 的 RAND 承诺的第三方，起诉 Motorola 违反诚信提供其专利的 RAND 许可的义务。与此同时，Motorola 在各地提起侵权诉讼以禁止 Microsoft 在没有许可的情况下使用其专利。

　　我们之前在中间上诉中维持了禁诉令，阻止 Motorola 在德国诉讼中执行它可能获得的禁止 Microsoft 使用特定有争议专利的任何禁令。参见 *Microsoft Corp. v. Motorola*，*Inc.*，696 F. 3d 872（9th Cir. 2012）（*Microsoft I* 案）。我们的上述行为是在认定 Motorola 的 RAND 协议的"全面承诺"中"至少无可争议地保证其不会采取例如寻求禁令的措施来阻止有意愿的用户使用专利材料而是提供与所作的承诺相符的许可"之后所作出的。参见同上，第 884 页。

　　在我们的决定之后，陪审团裁定 Motorola 在与 Microsoft 的交易中确实已经违反其 RAND 诚信、公平交易义务。本上诉中，我们解决以下问题：（1）地区法院是否通过以下行为僭越了其职责范围：在关于合同违约的陪审团审判之前，以法官审判确定 Motorola 专利的合理无歧视费率以及费率范围；（2）法院是否错误地驳回 Motorola 请求依法律判决合同违约问题的动议；（3）法院判予 Microsoft 律师费作为与 Motorola 寻求针对侵权行为的禁令相关的损害赔偿是否有错；（4）地区法院在两个有争议的证据裁定中是否滥用了自由裁量权。

I. 背　景

A. 标准制定组织和标准必要专利

　　当我们在咖啡店中连接 WiFi，将吹风机插入电源插座，或者打电话时，应当感谢标准制定组织。参见 Mark A. Lemley，*Intellectual Property Rights and Standard-Setting Organizations*，90

---

　　① 由 Motorola Mobility 和 General Instrument 拥有的专利现在属于 Google Technologies Holdings，LLC，Google Inc. 的全资子公司。

Calif. L. Rev. 1889（2002）。标准制定组织制定确保来自不同制造商的多种产品协调运行的技术规范。举个例子，如果没有标准就无法保证一副特定的耳机可以与个人音乐播放器一起工作。参见同上，第 1896 页。

标准化给消费者和制造商都提供巨大价值。它通过降低进入市场的壁垒鼓励竞争，通过鼓励其他制造商生产与其兼容的产品来使制造商的产品增值。参见同上，第 1896 - 97 页；*Amicus Br. of American Intellectual Property Law Ass'n（IPLA）*，6；Amicus Br. of Apple Inc.，2。但是因为标准制定组织标准经常包括专利技术，所有实施标准的制造商必须获得许可以使用那些标准必要专利。

标准制定由此给公司创造了从事反竞争行为的机会。最明显地，一旦一项标准被广泛采纳，标准必要专利持有人对新产品研发者（别无选择地将标准必要专利技术包含到其产品中）将获得实质影响力。运用这种标准制定的影响力，相比于其他未被标准组织采纳的专利技术，标准必要专利持有人处于能够就许可获得比应有价值更多的地位。拒绝给予标准必要专利许可直至制造商同意支付过高许可费率的策略被称为"劫持"。参见 *Ericsson, Inc. v. D-Link Sys.，Inc.*，773 F. 3d 1201，1209（Fed. Cir. 2014）。"许可费堆叠"是指许多标准必要专利持有人将从事这种行为，造成许可费过度支付的风险，使得：（1）为了支付已纳入标准的专利而累积的许可费超过了实施标准的特征的价值；（2）产品各种特征的累积许可费超出产品本身的价值。参见同上；另见 Mark A. Lemley 和 Carl Shapiro，*Patent Holdup and Royalty Stacking*，85 Tex. L. Rev. 1991，2010-13（2007）；*Amicus Br. of Public Knowledge*，11-20。

为了降低标准必要专利持有人将会攫取超出其专利技术应有价值的许可费的风险，许多标准制定组织要求标准必要专利持有人同意以"合理无歧视"或"RAND"条款[①]许可其专利。根据这些协议，对于愿意支付 RAND 费率的制造商，标准必要专利持有人不能拒绝许可。

例如，本案争议中的标准制定组织之一国际电信同盟（ITU），已经建立公共专利政策。该政策规定"一项标准中包含的全部或部分专利必须在没有过度限制条件下对所有人开放"。参见 ITU，ITU-T/ITU-R/ISO/IEC 公共专利政策，http://www. itu. int/en/ITU-T/ipr/Pages/policy. aspx（最后访问：2015.6.15）【ITU，公共专利政策】。被考虑纳入 ITU 标准的专利的持有人会被要求提交其承诺宣言："在非歧视基础上按照合理条件与条款同其他各方协商许可"。参见同上；另见 *Microsoft I 案*，696 F. 3d，876。"如果'专利持有人不愿

---

① 一些标准必要专利许可协议的类似条款要求 FRAND 费率。FRAND 和 RAND 在标准必要专利许可界和本判决意见中具有相同的含义。

意遵从'与所有寻求许可者协商许可的要求,则该标准'不应包括依赖于该专利的规定'"。参见 *Microsoft I* 案,696 F. 3d,876(引自 ITU,公共专利政策)。

本案中的两项标准是由 ITU 制定的 H. 264 视频编码标准和由 IEEE 制定的 802. 11 无线局域网标准。H. 264 标准涉及图像压缩的高效方法。802. 11 标准针对使用射频无线传送信息,通常被称为"WiFi"。H. 264 标准被纳入 Microsoft 的 Windows 操作系统和 Xbox 视频游戏主机。802. 11 WiFi 网络标准被纳入 Xbox。

B. 当前争议点回顾

2010 年 10 月,Microsoft 同时向国际贸易委员会①和华盛顿西区联邦法院起诉 Motorola 侵犯特定的智能手机专利。随后双方进行了一系列讨论,涉及向 Motorola 授予 Microsoft 智能手机专利的许可以换取 Microsoft 产品中可能侵犯的 Motorola 专利的许可的交叉许可协议的可能性等。

10 月 21 日和 29 日,Motorola 向 Microsoft 发出两封要约函以向 Microsoft 许可其 802. 11 和 H. 264 标准必要专利组合,费率为包含专利的最终产品(无论制造商为何)价格的 2. 25%。换句话说,Microsoft 需要向 Motorola 支付 Xbox 游戏主机或任何运行 Microsoft Windows 系统的计算机的销售价格的 2. 25%。这两封要约函的所有实质性条款相同,表明要约是遵循 Motorola 的 RAND 承诺的。②

收到 Motorola 的要约函不久后,Microsoft 于 2010 年 11 月在华盛顿西区联邦法院提起跨州诉讼,声称 Motorola 违反了对 IEEE 和 ITU 的 RAND 承诺。③ Microsoft 声称 Motorola 的要约函表明 Motorola 拒绝按照 RAND 条款许可其标准必要专利。次日,Motorola 在威斯康星西区联邦法院对 Microsoft 提起诉讼,寻求禁止 Microsoft 使用其 H. 264 专利。两案

---

① 国际贸易委员会是"一个准司法联邦机构,通过 1930 年《关税法》第 337 节,修订版,19 U. S. C. § 1337,在国际贸易中裁定和执行知识产权"。参见 Patricia Larios, *The U. S. International Trade Commission's Growing Role in the Global Economy*, 8 J. Marshall Rev. Intell. Prop. L. 290, 294(2009);美国国际贸易委员会(ITC)介绍页面,http://www. usitc. gov/press_room/about_usitc. htm(最后访问时间:2015. 4. 21)。

② 提及 H. 264 标准必要专利的要约函与提及 802. 11 标准必要专利的要约函基本相同,如下:

该信函是为了确认 Motorola 提出要约授予 Microsoft 全球非排他许可,涉及涵盖 ITU-T 推荐 H. 264 的主题的 Motorola 专利组合和未决专利申请……

Motorola 提出要约基于 FRAND 许可专利,包括对每件符合 H. 264 标准的产品收取合理的 2. 25% 许可费,外加 Microsoft H. 264 专利的回授许可……根据 Motorola 的标准条款,基于最终产品(例如,每台 Xbox 360 产品、每台 PC/笔记本电脑、每部手机等)价格而非组件软件(例如,Xbox 360 系统软件、Windows 7 软件、Windows Phone 7 软件等)来计算许可费。

……

Motorola 的该要约的有效期是 20 天。

③ Microsoft 的诉状还主张禁止反言、弃权和宣告式判决。弃权和宣告式判决之诉于 2011 年 6 月被驳回。禁止反言主张,以及 Motorola 关于其未违反 RAND 义务的对宣告式判决的反诉仍然未决。

由华盛顿西区联邦法院的 James Robart 法官合并审理。

Motorola 还向国际贸易委员会提起了专利权行使诉讼，寻求禁止 Microsoft 的 Xbox 产品进入美国的排除令，并在德国法院提起诉讼，寻求禁止销售 Microsoft 的符合 H. 264 标准的产品的禁令。德国的诉讼对 Microsoft 尤其有威胁，因为 Microsoft 的所有 Windows 和 Xbox 产品的欧洲分销中心在德国。为了防范一旦 Motorola 的两项德国 H. 264 专利的禁令被批准所造成的经济损失，Microsoft 迅速将其分销中心转移到荷兰。同时，Microsoft 于 2012 年 4 月在地区法院寻求并获得"禁诉令"，以阻止 Motorola 执行其可能在德国法院获得的禁止 Microsoft 使用 Motorola 的 H. 264 标准必要专利的禁令，直到地区法院可以"确定禁令是否是 Motorola 寻求的合适补偿方式"。参见 *Microsoft I 案*，696 F. 3d，880。我们于 2012 年 9 月维持了禁诉令。参见同上，第 889 页。其间，德国法院已经裁决 Motorola 有资格获得禁令。参见同上，第 879 页。[①]

地区法院的诉讼程序继续快速推进。Microsoft 修改了其诉状，主张 Motorola 的禁令之诉构成了合同违约，因为向所有寻求许可者提供 RAND 许可的义务禁止 Motorola 寻求针对侵犯受该义务约束的专利的禁令。[②] 法院准许了中止合并案件中的所有专利侵权主张的联合动议，等待 RAND 问题的结果。

在一系列的法院令中，Robart 法官认为：（1）"RAND 承诺在 Motorola 与各个标准制定组织之间创立了可执行的合同"；（2）"Microsoft 作为标准使用者可以作为第三方受益者执行这些合同"；（3）"Motorola 对 IEEE 和 ITU 的承诺……要求 Motorola 对许可其标准必要专利进行诚信的初始要约"，但是"初始要约并不需要按照 RAND 条款，只要 RAND 许可最终达成"；（4）Motorola 无权获得关于其 H. 264 或 802. 11 专利的禁令救济。[③]

2012 年 11 月，Robart 法官主持了法官审判以决定 Motorola 的 H. 264 和 802. 11 专利的 RAND 费率和范围。法院的理由是，该决定是必要的，因为"如果对 RAND 的含义没有清楚的认识，则将难以或者不可能确定 Motorola 是否违反了按照 RAND 条款许可其专利的义务。"在听取 18 位证人的证词之后，法院发布了 207 页的法院令，阐述了其对 RAND 费率相关问题的事实认定和法律结论。法院判定 Motorola 的 H. 264 组合的 RAND 许可费为每台最终产品 0. 555 美分，上限为每台 16. 389 美分，而 Motorola 的 802. 11 组合的费率

---

① 德国的禁令不是自动执行的。若要执行，Motorola 必须首先提供保证金，避免裁决在上诉中被推翻时 Microsoft 受到损害。然后 Microsoft 可以提交中止禁令的动议。参见 *Microsoft I 案*，696 F. 3d 第 879 页。

② Microsoft 在修改诉状中指出，在威斯康星联邦地区法院和国际贸易委员会的侵权诉讼是违约的来源。Microsoft 没有进一步正式修改诉状以包括几个月之后发起的德国侵权诉讼。Microsoft 关于德国禁令之诉违反了 Motorola 的合同承诺的理论在陪审团面前阐述，然而未遭异议，并成为陪审团指引的焦点。

③ 尽管如此裁定，地区法院解除了禁诉令，裁定 Motorola 是否有权对其 H. 264 专利执行禁令是"德国诉讼的正当性的关键"。

为每台 3.71 美分，范围为 0.8-19.5 美分。[1]

此后，该案就合同违约之诉进行陪审团审判。尽管 Motorola 提出异议，Microsoft 被允许通过证人证词引入在法官审判中确定的 RAND 费率。虽然 Motorola 再次提出异议，Microsoft 还引入了联邦贸易委员会之前调查 Motorola 和其当时的母公司 Google Inc. 的证词，关于其没有按照 RAND 条款许可涉及智能手机、平板电脑和视频游戏系统的专利。作为合同违约的损害赔偿，Microsoft 主张为了对抗 Motorola 提起的禁令之诉所产生的律师费和支出。Microsoft 还主张将其分销中心从德国转移到荷兰的开支作为损害赔偿。

2013 年 9 月，陪审团作出裁定，给予 Microsoft 数额为 1452 万美元的赔偿金：1149 万美元用于迁移其分销中心，303 万美元用于律师费和诉讼支出。裁定事项表涉及 Motorola 是否"违反了对 IEEE 和 ITU 的合同承诺"的一般问题，以及具体地，针对损害赔偿，暂不考虑其通常的做法，Motorola"寻求禁令救济是否违反其在合同承诺中的诚信、公平交易的义务"。陪审团对所有问题的一致回答为"是"。

Motorola 在证据开示截止和 Microsoft 主诉结束时，均提出请求依法律判决的动议。参见 Fed R. Civ. P. 50（a）。在陪审团作出裁定后，法院在联合法院令中否决了 Motorola 的动议，认为：（1）证据足以使陪审团合理地作出 Motorola 通过提出远高于 RAND 费率的要约并寻求针对 Microsoft 的禁令而违反其诚信和公平交易义务的结论；（2）损害赔偿裁决是正确的。法院准许 Microsoft 请求就合同违约之诉的陪审团裁定纳入法院最终判决的动议。参见 Fed. R. Civ. P. 54（b）。

之后，Motorola 针对合同违约之诉的判决上诉到联邦巡回上诉法院。基于 Microsoft 的动议，联邦巡回上诉法院将上述案件移交到本院。参见 *Microsoft Corp. v. Motorola*，*Inc.*，564 F. App'x 586（Fed. Cir. 2014）。

II. 讨 论

A. 管辖权

2012 年，Motorola 上诉到本院，要求对地区法院授予临时禁诉令进行审查。参见 *Microsoft I* 案，696 F. 3d 872。在该上诉中，Motorola 坚持认为本院而不是联邦巡回上诉法院，拥有管辖权。"因为 Microsoft 的诉状是针对合同而不是专利权"。参见 *Opening Br. of Defs. -Appellants*，*Microsoft I* 案，696 F. 3d 872，No. 12-35352，2012 WL 2132503，＊2。

---

[1] 基于这些费率，Microsoft 提出 680 万美元以对其过去使用 Motorola 专利进行补偿。Motorola 没有接受该支付款项。

然而，当合同违约之诉进入地区法院的审判后，Motorola 又改变了说法，并向联邦巡回上诉法院提起上诉，认为联邦巡回上诉法院具有"源自"联邦专利法的管辖权，即"这些案件中已释明的诉状确立了联邦专利法产生诉由……或者专利法是已释明的诉求之一的必要元素。"参见 *Christianson v. Colt Indus. Operating Corp.*，486 U. S. 800，808–09（1988）（援引 28 U. S. C. § 1338（a））。然后联邦巡回上诉法院将该案件移交到本院。参见 *Microsoft* 案，564 F. App'x 586。

我们对该案件中间上诉行使管辖权，以及联邦巡回上诉法院因我们具有管辖权而决定将即时上诉移交到本院，均系判例法。参见 *Christianson* 案，486 U. S. 第 817 页。因此，只有在以下情况时，我们会拒绝管辖："（1）【之前的】决定明显错误；（2）法律在此期间发生了改变；（3）发回重审的证据实质性不同；（4）存在其他环境改变；或者（5）将会产生明显的不公正"。参见 *United States v. Renteria*，557 F. 3d 1003，1006（9th Cir. 2009）。尽管 Motorola 没有这样指出，但是 Motorola 关于地区法院通过支持关于 RAND 费率的法官审判而"积极地修改"了诉状的争辩默示地触发了"环境改变"例外。但是，因为我们对中间上诉的管辖权确定是基于知道 RAND 法官审判将要发生，而且联邦巡回上诉法院决定移交案件是在法官审判之后，我们认为目前环境没有改变。由于之前的管辖决定没有明显的错误，我们具有管辖权。

1. 中间上诉

正如我们在本案中间上诉意见中所解释的，"并非所有涉及专利法诉由的案件都归联邦巡回上诉法院管辖"。参见 *Microsoft I* 案，696 F. 3d 第 881 页（摘自 *Holmes Grp., Inc. v. Vornado Air Circulation Sys., Inc.*，535 U. S. 826，834（2002））。我们注意到，"只有在 28 U. S. C. § 1295（援引 28 U. S. C. § 1292（c）（1））下联邦巡回上诉法院具有终审上诉的管辖权时"，其对 Motorola 关于禁诉令的上诉才有管辖权。考察 Microsoft 的诉状，我们认为该诉讼不属于"源自与专利相关的国会立法"的案件，28 U. S. C. § 1338（a），而是属于"合同性质且涉及地区法院的多元管辖权"。参见 *Microsoft I* 案，696 F. 3d 第 881 页。因此，我们认为我们对中间上诉有管辖权，从而不可避免地进一步认定，我们对合同违约之诉的最终上诉也有管辖权。参见同上。

2. 联邦巡回上诉法院的案件移交

然而，Motorola 将本案的终局判决上诉到联邦巡回上诉法院。为支持联邦巡回上诉法院的管辖权，Motorola 坚持认为地区法院将 Microsoft 的合同违约之诉与 Motorola 的专利侵权诉讼（后者上诉的管辖权属于联邦巡回上诉法院）合并赋予联邦巡回上诉法院对两个案件的上诉管辖权。参见 *Microsoft* 案，564 F. App'x 第 589 页。

适用对我们之前的观点的判例法遵从，联邦巡回上诉法院否决了 Motorola 的争辩。[①]联邦巡回上诉法院指出，地区法院依照联邦民事诉讼规则第 42（a）条以"司法节约"为由将两个案件合并，但是驳回了关于驳回 Motorola 的专利侵权主张并在合同案件中重新提交为强制反诉主张的动议。参见同上，第 588 页。在如此裁定时，地区法院认为两个案件的事实"并不错综复杂而是有逻辑联系，考虑到司法节约和公平原则，在一个诉讼案件中解决这些问题。"参见同上。基于该裁定，联邦巡回上诉法院认为，"这样决定很合理，正如第九巡回上诉法院所做的一样，'合并未将诉讼融合为单一案由，也没有改变双方的权利。'"参见同上，第 589 页（摘自 *Johnson v. Manhattan Ry.*，289 U. S. 479，496 – 97（1933）（略去内部改动）。因为联邦巡回上诉法院认定我们的决定没有"明显错误"，所以该案得以移交。参见同上，第 589 页。

3. 适用判例法

我们也在之前的管辖权决定中适用了判例法遵从，与联邦巡回上诉法院的一样。在此过程中，我们遵循联邦最高法院在 *Christianson* 案中的决定的指引，该案件具有非常相似的境况，强调遵从在先管辖权决定的重要性。

在联邦巡回上诉法院和第七巡回上诉法院均拒绝对涉及专利有效性问题的反垄断诉讼行使管辖权之后，*Christianson* 案被提交到联邦最高法院。参见 *Christianson* 案，486 U. S. 第 803–07 页。审查最初在联邦巡回上诉法院进行。参见同上，第 806 页。联邦巡回上诉法院认为其没有管辖权，将该案移交到第七巡回上诉法院。参见同上。第七巡回上诉法院于是主动地分析了其管辖权，认为联邦巡回上诉法院"明显错误地"移交了该案件，将其移交回联邦巡回上诉法院。参见同上，第 806 页（摘自 798 F. 2d 1051，第 1056 – 57 页（7th Cir. 1986））。接着，联邦巡回上诉法院指出第七巡回上诉法院才是"明显错误"的，并且"显示出'对【联邦巡回上诉法院的】专利管辖权的重大误解'"。参见同上，第 807 页（摘自 822 F. 2d 1544，1547，1551 n. 7（Fed. Cir. 1987））。尽管如此，考虑到"司法利害"，联邦巡回上诉法院具有处理该案件的优势。参见同上（摘自 822 F. 2d 第 1559 – 60 页）。

面对巡回上诉法院之间的管辖权僵局，最高法院认为，首先，第七巡回上诉法院的错

[①] Motorola 争辩判例法原则不应适用，因为"在本诉讼的开始阶段'双方和第九巡回上诉法院都没有意识到 Motorola 的专利侵权诉讼与 Microsoft 的合同违约诉讼会合并审理'"。参见 *Microsoft*，564 F. App'x 第 589 页。然而，正如联邦巡回上诉法院认可的，我们之前的意见清楚表明，当我们审理中间上诉时我们便意识到两个案件的合并，并且决定我们有管辖权。参见同上（援引 *Microsoft I* 案，696 F. 3d 第 878 页）。

误在于，未能遵循联邦巡回上诉法院的管辖权决定；其次，联邦巡回上诉法院的错误在于，在已经确定其没有管辖权后主张处理该案件的优势。虽然法院总是有权重新审视其本身或同等法院的在先管辖权决定，*Christianson* 案中解释，"作为一项规则，在没有特殊情况（例如初始决定明显错误且将导致明显不公正）时，法院应当不愿意这样做"。参见同上，第817页（略去内部引号）。否则，"每个边界案件【可能】最终成为无休止的管辖权乒乓球游戏……这种事件将损害我们司法的公信力，浪费私有和公共资源，从而使得缺乏全国重要性的具体事实类的管辖权争议解决过度地占据本院的日程"。参见同上，第818-19页。*Christianson* 案得出结论，因为联邦巡回上诉法院的初始管辖权决定是"看似合理的"，第七巡回上诉法院以及第二次审查时的联邦巡回上诉法院本应遵循该决定。参见同上，第819页。

Motorola 坚持认为 *Christianson* 案的明确告诫不涵盖当前情况。Motorola 争辩称，我们没有义务遵从我们先前的观点，因为管辖权问题如今已不同于本案之前上呈合议庭时的状况。Motorola 声称，关于 RAND 费率的法官审判"积极地修改了"诉状，以至于原本简单的合同违约之诉已经变成必然需要决定一个"联邦专利法上的实质性问题"的案件。参见同上，第809页。

我们对此不同意。地区法院关于就 RAND 费率进行审判的决定，不管这么做是否构成对诉状的积极修改，在任何程度上都不会影响将判例法遵从适用于本上诉。我们知晓地区法院在 *Microsoft I* 案中确定 RAND 费率的计划；的确，该程序是 Motorola 诉讼摘要中的主要议题。参见 *Microsoft I* 案，696 F. 3d 第879页；*Opening Br. of Defs. -Appellants*，*Microsoft I* 案，696 F. 3d 872，No. 12-35352，2012 WL 2132503，*29-32。然而，我们确定我们对禁诉令上诉的终审上诉有管辖权。另外，如我们已经指出的，我们有义务遵循判例法，以及联邦巡回上诉法院移交案件的决定，该决定是在地区法院进行 RAND 法官审判之后作出的。

4. "明显错误"或"明显不公正"

最后，在简要察看 Motorola 当前管辖权争辩的实质依据后，在得出 RAND 法官审判未将本案变为必然需要解决联邦专利法上的实质问题的案件的结论时，不存在"明显错误"或"明显不公正"。参见 *Christianson* 案，486 U. S. 第809、817页；*Arizona v. California*，460 U. S. 605，618 *n.* 8（1983）。

声称合同违约并寻求损害赔偿的诉状是基于合同；其实质"并不因为合同是专利许可而改变"。参见 *Bonzel v. Pfizer*，*Inc.*，439 F. 3d 1358，1363（Fed. Cir. 2006）；*Barnhart v. W. Md. Ry. Co.*，128 F. 2d 709，714（4th Cir. 1942）（收集最高法院案例）。即使法院在

解释合同和评估损害赔偿时，"认为适用专利侵权法适当，这本身并未将诉讼变为专利法下的诉讼。"参见 *Bonzel* 案，439 F. 3d，第 1363 页；*Complex Litigation Committee of the A-merican College of Trial Lawyers*，*Anatomy of a Patent Case* Ch. 16. I. A. 1. （2d ed. 2012）（"Anatomy of a Patent Case"）（说明适用专利法确定损害赔偿"并不代表其本身是专利法上的实质性问题"）。

Motorola 指出联邦巡回上诉法院曾经在一些合同违约之诉中行使管辖权。参见 *Parental Guide of Tex.*，*Inc. v. Thomson*，*Inc.*，446 F. 3d 1265 （Fed. Cir. 2006）；*U. S. Valves*，*Inc. v. Dray*，212 F. 3d 1368 （Fed. Cir. 2000）；*Portney v. CIBA Vision Corp.*，401 F. App'x 526 （Fed. Cir. 2010）。但是这些案件涉及专利侵权、专利有效性或权利要求解释的问题，或者包含对专利法的深入的、结果决定性的解释。参见 *Anatomy of a Patent Case* Ch. 16. I. A. 1. （2d ed. 2012）。相比之下，本案是直接的合同违约诉讼。

在合同专利许可案件中计算合适的许可费数额涉及与在专利侵权案件中计算损害赔偿相似的认定。因此专利许可违约案件和联邦巡回上诉法院专利侵权案件有一些重叠。但是，Motorola 没有引用任何联邦巡回上诉法院对合同违约并要求损害赔偿的诉讼行使管辖权的案例，其中，重要的是计算合同损害赔偿的方式而非任何纯粹的专利问题。

总之，关于我们具有管辖权，本法院和联邦巡回上诉法院之前的决定都没有"明显错误"或"明显不公正"。参见 *Christianson* 案，486 U. S.，817。也没有任何适用判例法原则的其他例外。因此我们驳回 Motorola 对管辖权的异议。

B. RAND 法官审判

我们现在转向针对地区法院的判决的两项相互纠缠的实体质疑中的第一项——宣称（1）地区法院无合法权力在法官审判中决定 RAND 费率问题，切断其与陪审团审判的最终合同违约问题的联系；（2）法院在确定 RAND 费率时的法律分析与联邦巡回上诉法院先例①相违背。在考虑那些裁决时，我们审查地区法院的事实认定中的明显错误以及其中更新的法律结论。参见 *Teva Pharm. USA*，*Inc. v. Sandoz*，*Inc.*，135 S. Ct. 831，841 （2015）。

1. *Motorola* 对法官审判的同意

Robart 法官首先相当合理地认定，Motorola 的标准必要专利的真实 RAND 许可费率对

---

① Motorola 并没有在地区法院针对 RAND 费率法官审判本身提出基于宪法第七修正案的主张，也未在上诉中作出该抗辩。

于陪审团考虑确定 Motorola 是否违反 RAND 协议下的诚信义务来说是重要事实。关于应该如何确定 RAND 费率，在向当事人征求意见后，他命令就此问题进行法官审判。

Microsoft 辩称，Motorola 明确同意采用法官审判为每个标准必要专利组合确定 RAND 费率，因而放弃了任何关于法院无权决定 RAND 费率本身的争辩。我们赞同。

在 2012 年 6 月 14 日的进展会议上，Motorola 表示其同意就 RAND 费率采用法官审判。在该程序期间，Motorola 的法律顾问通知法院：当事人已经同意"法院【将】决定所有的 RAND 许可的实质条款。"在 Microsoft 的法律顾问确认协议后，Motorola 的法律顾问重复说"协议是法院将会决定所有的 RAND 许可的实质条款。"双方在听证会上对以下问题未置可否，即 Motorola 违反诚信和公平交易的契约义务问题是由陪审团还是法官审判。在那之后不久，Motorola 请求就这个问题进行陪审团审理。

Motorola 现在抗议称其法律顾问在 2012 年 6 月 14 日的同意 RAND 费率由法官审判的声明是"断章取义"和"模棱两可"的，并且不意味着同意。特别地，Motorola 认为即使其同意，该同意也限于针对法官打算在双方当事人之间制定的协议条款的法官审判。在本上诉的口头辩论中，法律顾问解释了 Motorola 的态度：

> 我们同意法院能够制定【RAND】许可条款。法院之后放弃了关于制定许可条款的询问……他改变了他确定 RAND 费率的基础。他说，"我不打算制定许可；为了帮助我们决定违约问题，我现在认为有必要使事实调查者知道真实的 FRAND 费率"。那是诉讼因素的变化。我们不再制定许可条款，这是我们都信服且能够同意的一点。

该争辩是没有说服力的，有以下两个理由。

首先，关于 RAND 确定与合同违约之诉审判之间的关联，Motorola 并没有被误导，并且其同意也没有限制于许可条款制定场景。在 2012 年 6 月 14 日进展会议的很久以前，Robart 法官曾在数次场合提醒当事人，RAND 费率的确定在判决合同违约之诉时将会被"作为指导"使用。

例如，在针对当事人于 2011 年 6 月 1 日提交的驳回起诉的交叉动议而发布的命令中，Robart 法官表明决定 RAND 费率对于审理合同违约之诉来说是一个必要的判定。几个月后，在 2012 年 2 月的电话会议上，他重申他正在被要求"决定 RAND 条款和条件……是什么样的，以至于【事实调查者】可以在此之后尝试决定 Motorola 提供给 Microsoft 的要约是否在该范围之内"。并且在 Motorola 明确同意就 RAND 费率进行法官审判的听证会前几天，Robart 法官在驳回 Microsoft 就合同违约争议焦点进行简易判决的动议时，表明简易判决是不合适的，因为在能确定 Motorola "是否通过其 10 月 21 日和 29 日的要约违反了提供诚信要约的义务之前，法院必须首先判定 Motorola 和 Microsoft 就 Motorola 的相关标准必要专利组合的协议中的 RAND 条款"。

正是在那个时候，关于审判的形式，法院征求了当事人的意见——要求当事人答复他们是否同意 RAND 费率审理将是法官审判。因此，在 2012 年 6 月 14 日的听证会之前，Motorola 充分地认识到，Robart 法官认为 RAND 费率判决对合同违约之诉的审判来说是一个必需的前提。

其次，Motorola 在上诉中的关于他仅同意 RAND 费率的审判是出于法院设定许可的目的观点与其之前在地区法院一些场合表达的观点是截然相反的。在距 Motorola 同意法官审判的 2012 年 6 月 14 日之后的一个月，Motorola 提起了一项请求部分简易判决的动议，其本质是请求法院不要判决 RAND 费率。在该动议中，Motorola 告知法院，一旦它"完全认识到法院打算就确定 RAND 合同的实际条款进行单独审理，而不是在 Motorola 违约诉讼中评价合理性时决定什么是 RAND"，就变为反对这样的审判。在其支持该动议的答辩中，Motorola 进一步坚持认为，

> 直到最近，Motorola 才完全地认识到并且关注于法院在单独审判中确定 RAND 合同实际条款的意图——更不用说研究相关的权力，而不是（正如法院在 2012 年 2 月 13 日和在 2012 年 6 月 6 日法院令中的建议）**在确定合同违约环境下考虑 RAND 条款**。

Motorola 在该时期（其同意法官审判，系基于 RAND 许可费用是用于合同违约审判的理解，但反对创设合同）的立场完全处于其当前立场的对立面。[①]

简而言之，当在 6 月与 Microsoft 同意进行 RAND 判决的法官审判时，Motorola 已充分意识到，RAND 判决将被用于合同违约的审判阶段。为了该目的，Motorola 从未撤回其关于法官审判的肯定性约定。因此，我们并不考虑在缺乏同意的情况下，陪审团是否可以作出 RAND 判决[②]。

---

① 和其上诉中的争论一样，Motorola 的 2012 年 7 月 18 日在地区法院的争论也与该记录相悖。法院使双方明白 RAND 确定将会同时用于使得"陪审团能够决定 Motorola 10 月 21 日和 29 日的要约函是否违反其善意要约义务"和基于创设许可目的的衡量救济是否合理。

② 似乎是为通过管辖权的争辩以避免弃权问题，Motorola 通过坚持认为结果是"建议性意见"而实质上改变了对合理无歧视原则许可费率的法官审判相同的抗辩，因此超出《宪法》第三章赋予地区法院的宪法权力。参见 *Flast v. Cohen*，392 U. S. 83，94~97（1968）；*Gordon v. United States*，117 U. S. 697，702（1864）。然而，法官审判的结果毫无疑问并不是建议性的：许可费率从本案一开始就受到双方的激烈争论，正如本文中引用的地区法院的观察报告一样，它表明，法院和双方都将之理解为合同违约判决的一个必要的事实方面。此外，正如我们将要看到的，不但坚持 RAND 费率确定与最终的陪审团裁决的非相关性，Motorola 还抗辩说，裁决被 Robart 法官的 RAND 费率确定不适当地影响，到目前为止，坚持其引言"有效引导了对 Microsoft 的裁决"。

2. 地区法院的 RAND 确定

Motorola 认为，按实质说，地区法院的 RAND 分析违反了联邦巡回上诉法院的专利损害赔偿法律规定。特别地，Motorola 引用了《专利法》25 U. S. C. § 284 的损害赔偿条款，这些法条规定法院应该判予损害赔偿"足以弥补侵权行为，但是不能少于侵权人使用发明的合理许可费"，并且还引用了该条款下联邦巡回上诉法院计算损害赔偿的案例。

我们反复强调这不是一个专利诉讼案件。但是，联邦巡回上诉法院的专利法方法论可在合同案中的专利评估上作为指导。参见 *Bonzel* 案，439 F. 3d 第 1363 页。在当前的情况下，地区法院的分析合理地采纳了上述指引。

a. 假设性协议

IEEE 和 ITU 都没有提供确定 RAND 许可条款的特定公式。在审判中，双方就计算 RAND 费率的合适方法提供了专家证词。在审判后，Robart 法官要求双方提交审判后的要点摘录、建议的事实调查结果和法律结论。然后他考虑了各方的提交文件并且接受了对环境和 RAND 协议目标非常敏感的框架。

确定的框架"大体上与 Motorola 的方式一致"。适用该方式，地区法院试图探寻接近双方通过举行假设性谈判而一致同意的许可费率。在这个过程中，地区法院认真地考虑了"标准必要专利所有人和实施者将会在旨在许可专利使之符合 RAND 承诺的实际谈判中考虑的因素"。之后，法院讨论了 Motorola 的 15 个 H. 264 专利和 11 个 802. 11 专利，基于技术质量、可替代的选择以及那些技术对 Microsoft 业务的重要性，考虑每项专利对每项标准贡献的客观价值。最终，法院对 18 位证人（包括管理人员、经济学家和技术专家）的证词进行谨慎分析，以区分出哪些证据可以作为判决 RAND 费率的依据。总的来说，法院采信了 Motorola 的专家；当没有采信 Motorola 专家时，法院也提供了没有那样做的合理解释。

Motorola 对于地区法院详细分析的反对集中于其关于 *Georgia-Pacific Corp. v. U. S. Plywood Corp.*，318 F. Supp. 1116（S. D. N. Y. 1970）案件的阐释，该专利侵权案件中决定侵权损害赔偿的假设性协议框架被很多地区法院采纳，并被联邦巡回上诉法院"支持"。参见 *LaserDynamics，Inc v. Quanta Computer，Inc.*，694 F. 3d 51，60 n. 2（Fed. Cir. 2012）。*GeorgiaPacific* 案列出了 15 条要素用于法院处理双方在假设性协议谈判上的许可费率问题。参见 *Lucent Techs.，Inc. v. Gateway，Inc.*，580 F. 3d 1301，1324 – 25（Fed. Cir. 2009）（援引 *Georgia-Pacific* 案，318 F. Supp. 第 1120 页）。要素 15 指导法院设置假设性谈判在"侵权开始时"。参见 *Georgia-Pacific* 案，318 F. Supp. 第 1120 页；*Panduit Corp. v. Stahlin Bros. Fibre Works，Inc.*，575 F. 2d 1152，1158（6th Cir. 1978）。

正如联邦巡回上诉法院解释和适用的那样，Motorola 主要的就 RAND 费率的优势抗辩是 Robart 法官的分析未能符合 *Georgia-Pacific* 要素 15 准则，并且因此构成错误。法院的事实调查结果和法律结论的数个部分确实表明法院在某种程度上考虑了 Motorola 专利对 Microsoft 的当前价值。例如，法院注意到，有关 Motorola 的 802.11 标准必要专利的第三方评估仅仅是有些试验性的，因为在评估时，"Motorola 的 802.11 标准必要专利组合"比"其现在存在"的组合大得多。

然而，这一片面的当今焦点未使地区法院的 RAND 费率判决无效。

第一，联邦巡回上诉法院"从未将 *Georgia-Pacific* 要素描述为许可费计算的法宝"。参见 *Ericsson* 案，773 F.3d 第 1230 页。相反，在非 RAND 背景下，联邦巡回上诉法院已经认识到尽管"法院经常对陪审团机械地重复 15 个要素"，其中的一些要素"明显同每个案件不相关"。参见同上。并且在 RAND 协议背景下，联邦巡回上诉法院在 *Ericsson* 案中引用 Robart 法官的意见，其支持许多 *Georgia-Pacific* 要素"同 RAND 相悖"的主张。参见同上，第 1229 页；另参见同上，第 1230 页。例如，*Ericsson* 案认识到，正如 Robart 法官所认为的，要素 4："许可人确定政策和市场规划以维持其专利垄断，系通过拒绝许可他人使用发明或按照专门用来维持垄断的特定条款授权专利"，这与 RAND 禁止垄断的目的不符。参见同上，第 1230 页（摘自 *Georgia-Pacific* 案，318 F.Supp. 第 1120 页）（原文有更改）。

Georgia-Pacific 要素 15 是另一个在一些 RAND 合同背景下值得调整的要素。Microsoft 的诉求的一个元素是 Motorola 在其整个过程中坚持要求 2.25% 的许可费率，即使在 Motorola 意识到该诉讼可能与其 RAND 义务有冲突之后，仍提起禁令之诉。考虑 Microsoft 的争辩，即 Motorola 的违约行为正在进行，地区法院能够合理地得出这样的结论：将 Motorola 标准必要专利的现值作为计算 RAND 费率和范围（用于合同违约之诉程序）的要素包含进去是合适的。

第二，Motorola 从未明确地区法院应该使用的过去日期。在指出"侵权行为开始的时间"时，*Georgia-Pacific* 案和其他后来的适用其框架的案子，指的是制造商首次未经许可使用专利技术的日期。参见 318 F.Supp. 第 1120 页；*Lucent Techs.* 案，580 F.3d 第 1324 页。但是，正如 Motorola 承认的那样，本案争议中的"侵权行为"是 Motorola 合同违约行为而非 Microsoft 使用 Motorola 专利的行为。Motorola 提到可以将"Motorola 发出要约函的日期"或者"Microsoft 的首次【专利】侵权行为刚开始的时间"作为法院能够使用的可能的假设性谈判日期，但没有明确哪一个是正确的。Motorola 没有在其庭后要点中提到推进其假设性谈判分析版本的任何日期。假设正确的日期是违约行为开始日是没有任何帮助的，因为宣称的合同违约行为没有同任何确定的日期联系在一起。陪审团本能够基于

Motorola 的要约函、其寻求一系列禁令的行为，或其全部行为来认定其违约。

第三，让法院仅仅考虑那些能够精确计算出在精准时间点上 Motorola 专利对于 Microsoft 的价值的证据是不可行的。双方都提出大量的数据，例如关于当事人的市场份额和相似专利的价值评估，所有的数据都计划用来近似估计 Motorola 专利的价值。尤其是，Motorola 自行要求地区法院依赖从 2011-2012 年的几份研究和报告，这些证据双方在早期的假设性谈判中都是不容易获得的，并且 Motorola 要求法院考虑"过去许可"中的一份追溯到 2011 年 12 月的许可，并且现在争辩认为法院的错误在于未能考虑该许可。因为显示的日期不能精确地指向过去的日期，地区法院从该数据的近似计算也不能同特定历史时刻联系在一起。

第四，Motorola 并没有表明（他甚至从未争论过）其受地区法院分析偏见的影响。参见 *Brown & Williamson Tobacco Corp. v. Philip Morris Inc.*，229F. 3d 1120，1131（Fed. Cir. 2000）。正如 Motorola 承认的那样，假设性协议方式的目的是考虑当事人的状况和每个涉案专利的价值。Motorola 已经表明自从争辩开始以来的当事人地位的一个实质性变化，该变化可能同法院的以下分析有关：2012 年，Google 收购了 Motorola[①]。当 Robart 法官估算并入专利池可能带来的收益，以作为其 RAND 费率分析时，他考虑了 Google 全面的商业利益，而不仅仅是 Motorola 的。但是，Motorola 没有解释其是如何因考虑 Google 利益而受到偏见的影响。事实上，Microsoft 有说服力地争辩，Motorola 从 Google 和 Motorola 的合并中受益，因为对于 Google 这家"富有经验、有实力且有各种复杂技术性产品的公司"来讲，比起作为独立实体的 Motorola，它会从专利池中获得更多的价值。

总结来说，基于确定受 RAND 约束的专利许可费需要有灵活性的必要，参见 *Ericsson* 案，771 F. 3d 第 1230-31 页，且基于 Motorola 没有表明法院在法官审判时对公司情况的考虑使他受到偏见的影响，参见 *Brown & Williamson Tobacco Corp.*，229 F. 3d 第 1131 页，则地区法院的 RAND 命令是正确地适用了假设性协议的方式。

b. 专利池和作为参考的过去许可

除了对地区法院的法律分析提出异议外，Motorola 也反对法院的以下事实结论：（a）两个专利池收取的许可费率是 Motorola 专利的 RAND 费率的相关参考；而（b）Motorola 过去的许可不是。Motorola 的争辩是地区法院对之前的证据过分看重而对后面的证据不够重视，导致了一个"致命地"不受记录中证据支持的判决。

专利池是两个或更多标准必要专利持有人（将它们的标准必要专利共同打包和许可）

① 2014 年 Google 将 Motorola 出售。

的专利组合。许可费在专利池的贡献者之间以每个专利为基础进行分配，通常是将专利池中的每个专利进行价值平摊。典型的是，将其专利贡献给专利池的专利池成员，也变成专利池打包专利的被许可人。

对 Motorola 的 802. 11 专利组合，法院将 Via 802. 11 许可专利池作为 RAND 费率和范围的一定证明力的证据。802. 11 专利池没有达到涉案标准的广泛性使用。但其是为了预期目标设计出来的，并且是合理地可信赖的 RAND 费率的参考。关于 Motorola 的 H. 264 专利组合，法院发现由 MPEG LA H. 264 专利池收取的许可费率是 RAND 费率可信赖的参考。那个专利池的目标反映了 RAND 协议的目标，换句话说"包括创造有价值标准的先进技术，然而在同时……确保广泛性的接受"。

在两个例子中，法院采信了来自 Motorola 专家的以下证词：专利池中许可的费率，通常比在双方协议中可能达成的费率更低，因为一家公司从专利池会员资格中所获得的价值，将超越许可费的支付，更重要的是，回授许可和标准的提升。为了解释这些利益，法院将专利池费率增加了 3 倍。

Motorola 认为即使专利池费率被增加了 3 倍，由专利池确定的费率与可能在双方谈判中达成的作为合适的 RAND 费率参考也是很不相同的。然而，对 802. 11 专利组合来说，地区法院仅将专利池费率作为它全面分析的一个相关的数据点。法院最终确定的 RAND 费率是对一系列考量的综合，专利池费率证据是对 Motorola 最有帮助的。

就 H. 264 专利而言，地区法院对于 H. 264 专利池是一个可信赖参考的结论提供了合理的解释：专利池中的专利和 Motorola 的专利对相同的技术标准是必需的，并且 Motorola 没有提供其专利比池中的其他专利更加有价值的证据。如果有的话，记录表明 Motorola 的专利平均比其他 H. 264 专利的价值要低。Motorola 的许多专利只适用于隔行视频编码的而不是更加先进的逐行视频编码。Motorola 提供了一些证据表明隔行视频编码对 Microsoft 仍然有价值，但是其没有表明支持隔行视频编码对 Microsoft 来说比其他视频编码性能更高。因此，对于法院假设 Motorola 专利的价值与专利池中专利价值大体相当来说，Motorola 并未因此而受到偏见，因为它们的价值很有可能更小。

Motorola 辩称，不应考虑专利池，法院应该考虑将包括 Motorola 的 H. 264 和 802. 11 专利组合的某些许可协议作为确定 RAND 费率的证据。Motorola 提出的协议规定了接近或等于其向 Microsoft 要约的 2. 25% 许可费率。

Georgia-Pacific 要素表明，专利权人在其他专利许可中就涉案专利获得的许可费率，与假设性许可协议的确定是相关的。参见 318 F. Supp. 第 1120 页。然而，在现在的环境下，因为与过去许可的情况完全不相同，以至于过去许可不能用于 RAND 费率的计算，这样的做法并没有明显的错误。

地区法院认定 Motorola 授予伟易达通讯设备有限公司（VTech Communications，Inc.，以下称"VTech"）关于其 802.11 和 H.264 专利的许可不能证明 RAND 费率，因为那些组合是作为更广泛协议中的一部分来许可的，该协议解决了 *Motorola v. VTech* 手机专利侵权纠纷。VTech 在一封电子邮件中向 Motorola 表明其获得许可的目的是避免潜在的侵权诉讼，并且在 802.11 和 H.264 许可下，其只需向 Motorola 支付较少的许可费，总计相当于广泛协议价值下的非常小部分的数目。地区法院合理地认为 802.11 和 H.264 VTech 的许可并不是 RAND 费率的可信赖参考。

在 Motorola 的 RIM 协议中，802.11 和 H.264 标准必要专利是同其他几个专利一起打包许可的。Motorola 和 RIM 达成广泛的交叉许可协议，借此，为了交换 RIM 在其移动设备中使用 Motorola 标准必要专利，RIM 向 Motorola 提供了其标准必要专利许可，RIM 向 Motorola 支付了较大数额的一次性付款，并且同意按其销售的每台移动设备的净销售价格的百分比为基础支付许可费率，但以一个年度许可费为上限。许可费率代表着包含在 RIM 产品中的 Motorola 全部专利的混合费率，包括非标准必要专利。地区法院认为，依照这个理由，独立或分摊 802.11 和 H.264 标准必要专利的价值是无法实行的，特别是考虑到 Motorola 的智能手机专利组合有很高的价值并且有可能控制协议条款的证据。事实上，Motorola 和 RIM 的一个较早的协议约定了相同的许可费率，但是其中不包括 Motorola 的 802.11 和 H.264 专利，表明 802.11 和 H.264 专利的价值是零或是可以忽略的。最终，RIM 协议接受了如同 VTech 协议的许可，以一个许可费为上限，且是为了解决双方间的持续侵权纠纷而达成的，进一步降低了其作为独立的 RAND 费率参考的可信性。

最后，地区法院也合理地认定 Motorola 同 Symbol Technologies 间的三份许可协议是不相关的。其中的两份是在诉讼威胁下达成的，包括了金钱上限，并且规定就 Motorola 在其和 Microsoft 间的假设性协议将要发生前期满的专利的许可。第三份协议也包括在 2010 年 10 月期满的专利，其需要的支付总额也远远少于当前 Motorola 向 Microsoft 主张 2.25% 费率而所要得到的金额。

关于很少或不考虑 Motorola 双边许可问题，地区法院已经作出了合理的解释。对此，Motorola 没有给出任何分析。

Motorola 引用联邦巡回上诉法院关于 *Apple Inc. v. Motorola*，*Inc.* 的最近意见也没有任何帮助。参见 757 F.3d 1286（Fed. Cir. 2014），基于其他理由被 *Williamson v. Citrix Online*，*LLC*，No. 2013-1130，2015 WL 3687459（Fed. Cir. 2015，06.16）推翻。此案件仅说明当具有可比性时许可协议应被考虑；它无论如何都不是否认地区法院在为什么提供的协议不具有可比性方面的论理。参见同上，第 1323 页。

总而言之，在确定每个标准必要专利组合的 RAND 费率及范围时，地区法院进行了深入且细致的分析，对双方的摘要、提交证据和证词都进行了仔细的考量。尽管 Motorola 批判了地区法院的计算方式，但除了严格遵循 *Georgia-Pacific* 要素而不考虑 RAND 协议的特殊性——在 *Ericsson* 案中联邦上诉法院未批准的严格方式，Motorola 没有提出其他的选择。参见 771 F. 3d，第 1230-31 页。我们认为法院的 RAND 确定不存在法律适用错误或是对于证据有明显错误的事实认定。参见 *Teva Pharm.* 案，135 S. Ct. 第 841 页。

C. 陪审团关于违约的裁决

Microsoft 的主诉案件结束以及证据结束阶段，Motorola 提起依法律判决（以下称"JMOL"）的动议，其中的一项是，根据 Microsoft 的任何理论，证据不足以支持 Motorola 违反了诚信和公平交易的义务。Robart 法官详细分析了这些请求，认为从 Motorola 的公开要约或对禁令的寻求，合理的陪审团能够认定其违反了诚信义务，并且认为"其次在逻辑上，合理的陪审团也能认定这些行为结合后将导致违约。"[1] Motorola 对这些裁决进行上诉。

我们重新就法律问题审查了对该动议的否决，并且必须确认"实质性证据支持有利于不变方的裁决"。参见 *Gillette v. Delmore*，979 F. 2d 1342，1346（9th Cir. 1992）；*MCH Fin. Ltd. P'ship v. City of San Rafael*，714F. 3d 1118，1131-32（9th Cir. 2013）。

这里，仅有的争辩和裁定的损害赔偿被联系到用于对抗禁令诉讼的费用和将 Microsoft 的欧洲分销机构移出德国的费用。因此，陪审团得到指示，裁定给予赔偿金的前提是，其必须认定 Motorola 的禁令诉讼"除去常规行为外，违反了诚信和公平交易的义务。"因为我们认为有实质的证据支持基于这个理论的陪审团裁决，我们没有单独说明展示给陪审团的两个其他的责任理论。但是因为陪审团被要求在评估损害赔偿时考虑"围绕每个诉讼的情况"，并且被进一步指示寻求禁令救济本身并不违反 RAND 承诺，我们分析了 Motorola 的整体行为，包括其于 2010 年 10 月份发出的要约函，因为其与禁令诉讼相关并且也会对其产生影响。

为了判断 Motorola 的禁令诉讼是否违反了其 RAND 承诺，陪审团被要求"单独或结合起来"考虑以下因素：

---

[1]　陪审团被指示以下内容：其能确认"Motorola 以以下一种或多种或其组合方式违反其同国际电信同盟间的合同的承诺：通过包含在 2010 年 10 月 29 日提议许可 Motorola 的 H. 264 标准必要专利的信件；基于标准必要专利，在美国国际贸易委员会、美国联邦地区法院和/或同时在德国法院提起诉讼并主张禁令救济"。关于 Motorola 违反对 IEEE 的承诺，陪审团被以相同的理论指引，额外的指示是：他们可以"通过 Motorola 未执行与 Microsoft 的供应商 Marvell 间的涉及它的 802. 11 标准必要专利许可协议"确认违约。在地区法院就作为法律问题审判的判决中没有得出 Marvell 芯片违约的理论，其他理论也不足以支持该判决，双方在此不进行讨论。

（1）Motorola 的诉讼是否与其他方对该合约的合理且公正的期望相反；（2）Motorola 的行为是否会使合约的目的受挫；（3）Motorola 的行为是否具有商业合理性；（4）是否以及在何种程度上，Motorola 的行为遵循了行业惯例；（5）在合约赋予 Motorola 决定如何行动的自由裁量权的前提下，Motorola 是否合理地运用了自由裁量权；（6）主观因素，诸如 Motorola 的企图以及 Motorola 是否有不良动机[①]。

Microsoft 提供了重要的证据，基于该证据，陪审员可以适用该标准并且可以推断禁令诉讼违反了 Motorola 诚信和公平交易的义务。地区法院确认了五个不同专家的证词，陪审团可以从其中得出结论，Motorola 的诉讼意图是引诱劫持 Microsoft 接受较高的 RAND 费率（超出其客观的价值），并且因此违反合约。参见 *Microsoft I* 案，696 F. 3d 第 877 页。

陪审团被告知，例如，禁令禁止 Microsoft 使用 Motorola 802. 11 和 H. 264 标准必要专利"将会带来严重影响，因为……人们将不会购买没有 WiFi……【或】不能播放高清晰度视频的电脑"。Motorola 主张的许可费率远高于法院确认的 RAND 费率的证据表明 Motorola 想要通过引诱劫持获得比其专利更多的价值，并且他提起侵权诉讼以通过禁止 Microsoft 使用其专利达到这个目的，并且因此禁止执行 802. 11 和 H. 264 标准，直到其以远高于 RAND 费率获得许可。

禁令诉讼的时机也显示恶意。在公开辩论中，Microsoft 的法律顾问表明因为禁令是在要约函中规定的 20 天的接受期到期后立即主张的，要约无非是"允许 Motorola 能够说'我们已经提出要约，他们不接受，现在我们可以起诉'的前提"。

Motorola 的禁令诉讼也是在 Microsoft 向地区法院提出违约诉讼后提起。在那个时间点，Motorola 意识到现在的诉讼能够确定 RAND 费率。"受 RAND 义务的专利权人可能难以证明无法弥补的损害"。参见 *Apple, Inc.* 案，757 F. 3d 第 1332 页；*Microsoft I* 案，696 F. 3d 第 877 页。

这里，假若 Motorola 接受了 RAND 费率，对于 Microsoft 的侵权使用行为，其可在之后全面地得到补偿。基于该情况，陪审团能够预测到禁令诉讼并不受无法弥补的损害的担心驱使，因为支付 RAND 费率将会消除任何的伤害。对于缺乏担心受到无法弥补损害的动机而寻求禁令情况，陪审团能够推测到真正的动机是引诱 Microsoft 接受高于 RAND 费率许可。

最后，如第 II 部分 E. 2 较长篇幅讨论的那样，存在 Motorola 认识到主张禁令诉讼会

---

① Motorola 对其下述争辩没有提出任何有说服力的证据，即指导陪审团单独或联合起来考虑这六个因素是不合适的。若有，其引用的案例倾向于消除 Motorola 的下述争辩，即违约必须是建立在众多因素基础上的假设前提，正如他们关注被告恶意的意图或动机。参见，例如 *In re Estate of Hollingsworth*，560 P. 2d 348，351–52（Wash. 1977）（全席审理）；*Cavell v. Hughes*，629 P. 2d 927，929（Wash. Ct. App. 1981）。

违反它诚信和公平交易的义务的证据。2012 年 5 月，Microsoft 对联邦贸易委员会表达了关于其对 Motorola 负有 RAND 义务行为的担忧。不久后，联邦贸易委员会对 Motorola 和 Google 发起了一项调查，调查其是否已经 "因向有意愿的标准必要专利被许可人寻求禁令，而违背了其对于数个标准制定组织的承诺，其承诺按照 RAND 许可与智能手机、平板电脑和视频游戏系统相关的标准必要专利。" 这项调查最终产生了一个同意令。大约在同一时间，联邦贸易委员会联系国际贸易委员会（在国际贸易委员会，Motorola 的排除令之诉仍然悬而未决），表达了允许标准必要专利持有人获得针对意图获得许可人的排除令 "与 RAND 承诺不符" 的看法。因此 Motorola 意识到联邦贸易委员会发现了其有问题的行为，但仍然未采取行动。这个过程提供了一些 Motorola 恶意诉讼的证据。

被总结、分类、视为一整体的证据，也同样容易受到相关解释的影响。但这是为了使陪审员评估证人可信度、衡量证据和作出合理的推理。参见 *United States v. Sanchez-Lima*，161 F. 3d 545，548（9th Cir. 1998）。该记录提供实质性的基础，陪审团可以用于支持 Microsoft 作出判决。参见 *MCH Fin. Ltd. P'ship*，714 F. 3d 第 1131–32 页。

D. 损害赔偿

在其 JMOL 动议中，Motorola 认为关于其主张的一部分损害赔偿——在对抗禁令诉讼中产生的律师费和诉讼费用——*Noerr-Pennington* 原则排除任何判赔。此外，Motorola 坚持主张，针对对抗单独的法律诉讼，华盛顿法律排除了将律师费赔偿额独立地视为损害赔偿的一个因素。

1. *Noerr-Pennington* 原则

Noerr-Pennington 原则保护个人免于承担参与诉讼的责任。该原则起源于两个最高法院的反垄断案（认为《第一修正案》的请愿条款禁止对于《谢尔曼法》下的 "试图说服立法或行政机关采取特定行为" 施加法律责任）。参见 *E. R. R. Presidents Conference v. Noerr Motor Freight, Inc.*，365 U. S. 127，136（1961）；*United Mine Workers of Am. v. Pennington*，381 U. S. 657，670（1965）。*Noerr-Pennington* 原则从此被扩大以确保 "请求政府任何部门的人" 包括法院 "免于因请愿行为[①]产生的责任"。参见 *Theme*

---

① *Noerr-Pennington* 原则针对 "虚假" 诉讼创设了一个例外，定义为 "不是真正地意图获取有利政府行为的私诉"，其与 "影响政府行为的有效努力" 相反。参见 *Prof'l Real Estate Investors, Inc. v. Columbia Pictures Indus., Inc.*，508 U. S. 49，58（1993）（摘自 *Allied Tube & Conduit Corp. v. Indian Head, Inc. Corp.*，486 U. S. 492，500 n. 4（1988））。我们在本案中没有判决 Motorola 的侵权诉讼是否落入虚假诉讼这一例外中，因为，正如我们解释的那样，*Noerr-Pennington* 原则在最开始并没有适用于本案。

Promotions，*Inc. v. News Am. Mktg. FSI*，546 F. 3d 991，1006 – 07 （9th Cir. 2008）；*Cal. Motor Transp. Co. v. Trucking Unlimited Transp. Co.*，404 U. S. 508，510 （1972）。

然而，该原则不能使一方豁免于合同违约诉讼。参见 *Powertech Tech.*，*Inc. v. Tessera*，*Inc.*，872 F. Supp. 2d 924，931 （N. D. Cal. 2012）；*Spear Pharm.*，*Inc. v. William Blair & Co.*，610 F. Supp. 2d 278，288 （D. Del. 2009）。许多法院都持这样的观点，并且至少有一个法院强调，*Noerr-Pennington* 原则不保护专利持有人在违反了其不行使权利的承诺下因主张权利而产生的责任。参见，例如 *Powertech Tech.* 案，872 F. Supp. 2d 第 931 – 32 页；*ClearPlay*，*Inc. v. Nissim Corp.*，No. 07-81170-civ，2011 WL 6724156，＊10 & n. 10 （S. D. Fla. Dec. 21，2011），*aff'd*，496 F. App'x 963 （11th Cir. 2012）。更具体地，除了 Robart 法官外，至少两个地区法院的判决已经认为 *Noerr-Pennington* 原则不保护专利持有人在违反其承诺与许可寻求者协商 RAND 费率的情况下提起侵权诉讼而产生的责任。参见 *Powertech Tech.* 案，872 F. Supp. 第 931 页；*Apple*，*Inc. v. Motorola Mobility*，*Inc.*，886 F. Supp. 2d 1061，1078 （W. D. Wisc. 2012）。在处理一个同本案十分类似的纠纷时，威斯康星联邦地区法院作了以下推理：

> 尽管《第一修正案》保护 Motorola 请求法院行使其专利的权利，Apple 的合同违约诉求是建立在下述理论上，即 Motorola 以协议形式同意，在向 Apple 发出根据公平、合理、无歧视条款许可的要约前，其并不会要求行使其专利权。换句话说，Apple 认为 Motorola 通过协议放弃了其一部分起诉权。使用 *Noerr-Pennington* 原则来禁止 Apple 公司执行合同，是不正确的。

参见 *Apple Inc.*，886 F. Supp. 2d 第 1078 页 （援引 *Powertech Tech.*，872 F. Supp. 2d 第 930 – 32 页）。

此外，联邦贸易委员会最近在就公众对 Google 和 Motorola 提出的同意协议的评论的回复中，详细分析了 *Noerr-Pennington* 争辩。参见 *Letter to Commenters*，*Motorola Mobility LLC & Google Inc.*，FTC File No. 121 – 0120 第 3 页 （July 23，2013），链接 https://www. ftc. gov/sites/default/files/documents/cases/2013/07/130724googlemotorolaletter. pdf。一些评论者担心，如果因 Google 和 Motorola （联邦贸易委员会法第五节，15 U. S. C. § 45） 寻求禁令和排除令而对其施加责任，可能会违反《第一修正案》。参见同上。联邦贸易委员会对此不同意。在总结争议中的 RAND 承诺是 "阻止向有意愿的标准必要专利被许可人寻求禁令或排除令" 后，委员会解释道，针对 Google 和 Motorola 采取的诉讼为 "仅要求那些作出承诺者信守诺言"。参见同上 （摘自 *Analysis of Proposed Consent Order to Aid Public Comment*，*Motorola Mobility & Google Inc.*，FTC File No. 121 – 0120 （Jan. 3，

2013），链接 https：//www. ftc. gov/sites/default/files/documents/cases/2013/01/130103goo glemotorolaanalysis. pdf）（原文有更改）。①

我们同意，"因为 *Noerr-Pennington* 原则源于请愿条款，其仅延伸到有必要控制的范围……明显地违反《第一修正案》"。参见 *Freeman v. Lasky，Haas & Cohler*，410 F. 3d 1180，1184（9th Cir. 2005）。行使合同性的承诺以阻止诉讼没有违反《第一修正案》；如果算违反的话，诉讼的和解都将由于违反了 *Noerr-Pennington* 原则而难以执行②。正如我们在 *Microsoft I* 案中解释的那样，签订"如此全面承诺"作为 RAND 协议的专利持有人，"至少可以说……确保专利持有人将不会采取措施以禁止潜在的用户使用专利材料，例如寻求禁令，而是会提供与作出的承诺相一致的许可"。参见 696 F. 3d 第 884 页。

陪审团认为在这些特定情形下，寻求禁令救济违反了 Motorola 的合同的 RAND 义务。*Noerr-Pennington* 原则不会使 Motorola 免于承担因违反承诺的责任。参见 *ClearPlay，Inc.* 案，2011 WL 6724156，＊10。

2. 华盛顿法律

Motorola 认为 Microsoft 没有权利获得律师费的损害赔偿，因为"华盛顿法院传统地遵循在没有合同、法律或受认可的衡平的例外下不判予律师费作为开支的美国规则"。RAND 协议没有明确规定律师费，Microsoft 没有指明主张费用的法律根据，并且华盛顿法院只承认有限的衡平法例外，Motorola 认为本案不适用任何例外③。

然而，在决定律师费的赔偿金是否妥当时，Motorola 的争辨忽略了一个重要因素。本

---

① 我们联邦贸易委员会对其提议同意令的分析既不支持也不反对。

② 我们对联邦巡回上诉法院的下述观点予以认同，即合理无歧视原则承诺并不总是禁止禁令诉讼以实施标准必要专利。例如，如果侵权人拒绝接受就合理无歧视原则条款的要约，寻求禁令救济与合理无歧视原则协议相一致，即使是承诺限制诉诸诉讼的情形。参见 *Apple Inc.*，757 F. 3d 第 1331–32 页。相关的问题是 Motorola 合理无歧视原则的善意和公平交易义务在这些情形下是否禁止其寻求禁令。参见 *Realtek Semiconductor Corp. v. LSI Corp.*，946 F. Supp. 2d 998，1006（N. D. Cal. 2013）（认为在就合理无歧视原则条款提供要约之前，标准必要专利所有人寻求禁令救济的诉讼是"本质上不一致的并且违反了被告将其专利以 RAND 条款进行许可的承诺"）（略去引文）。这个问题由陪审团来决定。

③ 华盛顿最高法院已经确认"美国规则中的四个衡平法的例外情况：（1）共同基金理论；（2）第三人使一方陷入诉讼的行为；（3）一方的恶意或不公正行为；（4）解除错误发布的临时禁令或限制命令"。参见 *City of Seattle v. McCready*，931 P. 2d 156，160（Wash. 1997）（全席审理）（略去内部引用）。

三种恶意情形：（1）诉前不正当行为，（2）程序不正当行为，（3）实质恶意。参见 *Rogerson Hiller Corp. v. Port of Port Angeles*，982 P. 2d 131，135（Wash. Ct. App. 1999）。在地区法院面前回应 Motorola 的争辨时，Microsoft 仅提出了程序不当行为的例外，它被定义为"在诉讼期间的恶意行为……与本案的是非曲直无关"。参见 *Forbes v. Am. Bldg. Maint. Co. W.*，198 P. 3d 1042，1057（Wash. Ct. App. 2009），*aff'd in part，rev'd in part*，240 P. 3d 790（Wash. 2010）（全席审理）。我们同意地区法院的以下观点：程序不当行为例外在本案中不适用，因为 Motorola 没有涉及这种行为，例如，"在开示期间的迂回策略，不符合提交的最后期限，滥用开示程序，以及错误引用或忽略文件证据的实质部分——会威胁法院的完整性和"对案件有序及有效率的安排"。参见 *Rogerson Hiller Corp.* 案，982 P. 2d 第 136 页（略去内部引用）。

案争议的费用并不产生于当前的合同违约之诉，而是产生于为了对抗被认为违反了FRAND 协议的禁令之诉。主张的费用因此不同于被美国规则所一般禁止的同一诉讼的费用。关于独立于当前诉讼、系由合同违约行为所引发的损失，其被形象地称为可恢复的间接合同赔偿——该类损害赔偿通常在合同违约诉讼中是可恢复的。参见 *Eastlake Constr. Co. v. Hess*，686 P. 2d 465，470（Wash. 1984）（全席审理）。

尤其是，如果 Microsoft 没有对抗禁令诉讼，而是在缺席判决中予以默认，则 Motorola 在本次诉讼中的损害赔偿可能会更多。例如，关于在威斯康星联邦地区法院对于 Microsoft 发起的禁令，将会阻止 Microsoft Xbox 和 Windows 产品在美国的所有销售。正如陪审团被指引的那样，Microsoft 有义务减小其损失。在对抗禁令诉讼中产生的律师费和开支，诸如减少赔偿，在本质上是合理减轻行为的可恢复开支。参见 *Flint v. Hart*，917 P. 2d 590，594，598（Wash. Ct. App. 1996）（允许原告获得在解决原告由于被告错误的不正当行为参与其中的第三方诉讼产生的律师费，其中，这个解决是原告用以减少损害赔偿的尝试）；另见，例如，*Jacob's Meadow Owners Ass'n v. Plateau 44 II, LLC*，162 P. 3d 1153，1162（Wash. Ct. App. 2007）。

此外，在众多类似的情况中，当被告遭受到无法容许的伤害可以律师费进行合理估算时，法院会常规地判予律师费作为损害赔偿。例如，在一起针对工会来说违反公平代表义务的案件中，如果一个雇员可以证明其工会未能代表其进行申诉是不被允许的，那么他就可以获得补偿性损害赔偿。参见 *Vaca v. Sipes*，386 U. S. 171，195-96（1967），例如起诉其雇主违约行为所花费的律师费；*Dutrisac v. Caterpillar Tractor Co.*，749 F. 2d 1270，1275-76（9th Cir. 1983）。在 *Dutrisac* 案中，我们拒绝了下述争辩：对于违反工会的公平代表义务的行为，因为没有法律或合同条款的相关授权，判决作为损害赔偿的律师费违反了美国规则。参见 749 F. 2d 1270，1275-76（9th Cir. 1983）。认识到"美国规则的一个例外，其正当性不能仅仅是基于败诉被告的错误行为迫使原告诉诸法庭"后，尽管如此，我们支持律师费的判赔，因为在这样公平代表的案件中，所产生的诉讼费用"不仅是工会造成损害的结果……；其就是危害本身"①。参见同上，第 1275 页；*Ames v. Westinghouse Elec. Corp.*，864 F. 2d 289，293-94（3d Cir. 1988）（"当存在提供代表的法律义务时，不论这个义务产生于契约式的承诺，或者如本案一样，由法律规定，如果代表被错误地拒绝而未提供，替代代表的费用作为损害赔偿是可弥补的"）。几年后，我们重新确认了原则，强调"传统的美国规则即

---

① 在 *Dutrisac* 案中，我们仔细研究后，注意到我们并没有判决赔偿因雇员起诉工会而产生的费用。参见 749 F. 2d，1275 & n. 3。我们认为，判予那些费用将会引起对美国规则的担忧，即一方不应当"因选择对抗诉讼而受到惩罚。"参见同上，第 1276 页。

律师费不是通常可获得的"并不"影响即将发生的律师费未被判赔给胜诉方的诉讼，而是法律诉讼标的本身"。参见 *Zuniga v. United Can Co.*，812 F. 2d 443，455（9th Cir. 1987）（援引第一、第四和第六巡回上诉法院解释相同规则的案件）。

类似地，一些司法管辖区，包括华盛顿州，在保单的范围内，当承保人违反其义务而对抗被保险人时，法院支持了对抗费用的赔偿金。参见 *Woo v. Fireman's FundIns. Co.*，164 P. 3d 454，459-60（Wash. 2007）（全席审理）；另见，例如，*Pac. Hide & Fur Depot v. Great Am. Ins. Co.*，No. CV-12-36-BU-DLC，2014 WL 2159330，*3（D. Mont.，May 23，2014）。违反代表被保险人义务的行为破坏了保险合同的主要目的之一，以及当事人的合理期望；"当一名被保险人购买保险合同时，寻求产生于诉讼费用的保护，而不是'耗时、昂贵的诉讼'"。参见 *Olympic S. S. Co. v. Centennial Ins. Co.*，811 P. 2d 673，681（Wash. 1991）（全席审理）（摘自 *Hayseeds，Inc. v. State Farm Fire & Cas.*，352 S. E. 2d 73，79（W. Va. 1986））。

最后，关于费用的华盛顿州法律条款表明将律师费作为赔偿金的一些情况是与美国规则相符的。华盛顿法律编撰了普通法规则，即恶意诉讼的受害人可以获得在为自己辩护的诉讼中产生的合理费用。参见 *Wash. Rev. Code Ann.* § 4. 24. 350；*Restatement（Second）of Torts* § 671（b）（1977）。

RAND 背景同这些众多的情况（前期诉讼支出的律师费系可收集的，可用于已证明的法律损害的赔偿金）类似。正如地区法院论述的那样，RAND 承诺被违反时，"考虑到 RAND 承诺（其是鼓励对该标准的广泛采纳）的目的会有很特殊的作用"，可把在独立诉讼中的律师费作为损害赔偿。如果纳入标准"会使【潜在的实施者】处于恶意禁令救济诉求之中，并且他们被迫承担为自己辩护的费用"，那么该目的实质上是无法实现的。

为了支持下述争辩，即律师费的判定是合理的，Motorola 引用了 *Gruver v. Midas International Corp.*，925 F. 2d 280（9th Cir. 1991）。*Gruver* 案详细分析了俄勒冈联邦地区法院因一方违反协议发起针对另一方的虚假诉讼是否错误地判予作为损害赔偿的律师费，其中合同没有就这些费用作出明确规定。判定的律师费是关于那些为辩护虚假诉讼产生的费用，而不是花费在违反协议的诉讼中的。在上诉中，我们认识到来自多个司法管辖区的案件"支持地区法院的做法"。参见同上，第 284 页。然而，根据科罗拉多州最高法院的一个判例，我们被下述观点说服：许多的管辖地将不允许作为损害赔偿的律师费。参见同上（援引 *Bunnett v. Smallwood*，793 P. 2d 157，161（Colo. 1990））。俄勒冈上诉法院并没有详细分析这个问题，但是，考虑到那些法院"重复强调的说法……与美国原则保持严格一致，律师费在违约诉讼中是可以获得的……只有当合同对此进行了规定时"，我们推翻了损害赔偿的判定。参见同上。

我们在 *Gruver* 案中俄勒冈法律的评估，并没有说服我们否认 Microsoft 在禁令之诉中作为损害赔偿的辩护律师费用。跟许多因违反不起诉承诺的案例拒绝将律师费作为损害赔偿一样，*Gruver* 案涉及和解协议。参见 925 F. 2d 281–82。在这种情况下，排除律师费作为损害赔偿的理由反映了这种情况。缅因州最高法院采用与 *Gruver* 案相同的规则，认为"在逻辑上，对于违反和解协议的情况，律师费是可弥补的损害赔偿……自然而然地产生……由于违反合同本身。"参见 *Dodge v. United Servs. Auto. Ass'n*，417 A. 2d 969，975（Me. 1980）（略去内部引号）。尽管如此，*Dodge* 案因政策原因否认费用判定：判定费用将阻止"非正式和解的讨论"，因为如果此类讨论后来被视为已经达成具有约束力的协议，律师可能会提醒他的客户承担诉讼费用。参见同上，第 976 页。

这里，同样的合理性将在对立面削减。因提起侵权禁令诉讼判予律师费的前景将会鼓励许可人转而直接与潜在被许可人协商，进一步考虑到促进标准的公共利益。参见 *Apple Inc.* 案，757 F. 3d 1332。RAND 协议的目的恰是通过降低劫持风险而促进标准的采纳。参见 Mark A. Lemley，*Ten Things to Do About Patent Holdup of Standards*（*And One Not To*），48 B. C. L. Rev. 149（2001）。如果每个标准必要专利持有人都迫使标准实施者进入法院对抗无结果的禁令之诉，则将会使那些实施者面临众多诉讼，并且阻碍这样的实施者在未来遵守标准。参见同上，第 153–57 页。

通过类似侵权救济（包括律师费）履行商业中诚信和公平交易的默示合同是合适的，正如在本案中，合同具有"公共利益因素"的特征。参见 Matthew J. Barrett，*Note*，"*Contort*"：*Tortious Breach of the Implied Covenant of Good Faith and Fair Dealing in Noninsurance*，*Commercial Contracts—Its Existence and Desirability*，60 Notre Dame L. Rev. 510，518，528 n. 104（1985）。[1] 例如，对于保险公司未能部分地对抗，华盛顿法院判定了赔偿律师费，因为这个判定"会鼓励索赔的立即付款"。参见 *Olympic S. S. Co.* 案，811 P. 2d 681。华盛顿法院也认为违反义务的抗辩（因为违反义务而判决律师费作为损害赔偿）本质上是违反诚信和公平交易的契约义务。参见 *Edmonson v. Popchoi*，256 P. 3d 1223，1229（Wash. 2011）（全席审理）。通过判予 Microsoft 发生在对抗 Motorola 侵权诉讼中的律师费反映了华盛顿法院将判定律师费作为损害赔偿的目的。

总的来说，我们同意地区法院的下述观点：关于受 RAND 约束的专利，在一方违反诚信、公平交易义务提起禁令诉讼时，华盛顿法院将会判决用于防御禁令之诉而产生的赔偿金，包括律师费和其他费用。

---

① RAND 承诺"必须依据公共利益解释，因为其是为了公共利益而制定的"。参见 *Amicus Br. of Public Knowledge* 4–9；Richard A. Lord，*Williston on Contracts* § 32：19（4th ed. 2012）（"当在纯粹私人之间达成的协议……一般被充分地认为牵涉到特定公共利益时，应当以有利于公共利益角度解释合同……"）。

E. 证据裁决

Motorola 最后的争辩是地区法院在作出两项证据裁决时滥用了自由裁量权。证据裁决将从滥用裁量权的角度审视。参见 *Estate of Barabin v. AstenJohnson*, *Inc.*, 740 F. 3d 457, 462（9th Cir. 2014），驳回上诉，135 S. Ct. 55（2014）。如果我们认为证据不恰当地被接受或被排除，我们必须将案件发回重审，除非该错误的受益人能证明"陪审团更有可能作出同样的裁决"。参见同上，第 465 页。

1. RAND 认定

在陪审团最后审判合同违约时，Robart 法官就他已经确认的 Motorola 的 802.11 和 H. 264 标准必要专利组合的 RAND 费率和范围对陪审团进行指导。通过证人证词，法官也同意将他的其他发现认定为毫无争议的事实，其他的发现来自于他对于事实和法律结论的认定。例如，Microsoft 的一名专家作证称，无可争辩的是 Motorola 的 H. 264 标准必要专利"在 Microsoft 的 Windows 产品……和 Xbox 产品的整体功能中只起到不太重要的作用"并且"对 H. 264 标准的整体技术只起到较小的作用"——这是直接从法院的 RAND 命令中得出的结论。对于 Motorola 的 802.11 专利，也引入了类似的事实。

Motorola 认为对来自法院的 RAND 命令事实的认定是对自由裁量权的滥用，因为该证据是不相关的，参见 Fed. R. Evid. 401，并且比证明性来说更加具有偏见性，Fed. R. Evid. 403。关于除了 RAND 费率和范围之外的认定，Motorola 不仅认为证据是不相关的，法院的同意具有偏见，并且还认为法院的同意违反了《第七修正案》下的陪审团审判权利。

我们在之上的第二部分 C. 1 节中认定，Motorola 放弃了关于 RAND 定价的陪审团审判权利。正如我们所解释的，他这么做是因为知道法官审判将"在 Motorola 违约索赔的背景下评估合理性时，确定用于使用的 RAND 费率"。Motorola 同意进行法官审判，并放弃陪审团审判中认可的 RAND 费率和范围。

采纳地区法院关于事实的认定构成了 RAND 命令的基础，这提出了一个更加迫切的问题。毫无疑问的是，那些事实是同最终的违约判决相关的。参见 Fed. R. Evid. 801。关于 Motorola 专利对于 H. 264 标准并不重要的事实例如可从以下证据中获得：陪审团推断，要求 2.25% 的许可费率并不是为了实现技术价值而付出的诚信努力，而是试图资本化标准本身的价值，即为了获取劫持价值。正如地区法院解释的那样，事实的确认是 RAND 费率和范围的"基石"；如果陪审团能够重新评估那些"基石"，"Motorola 在实际上就 RAND

费率和范围将会拥有第二次挑战机会"。

另外，鉴于法院的事实认定和法律结论与合同违约审判的争议焦点存在重叠，如果 Motorola 没有放弃将事实认定交付于陪审团审判的权利，那就可能会产生第七修正案问题。参见 *Toyota Motor Sales*，*U. S. A.*，*Inc. v. Tabari*，610 F. 3d 1171，1184（9th Cir. 2010）（援引 *Dollar Sys.*，*Inc. v. Avcar Leasing Sys.*，*Inc.*，890 F. 2d 165，170（9th Cir. 1989））。一旦法院作出这些认定，其就变成了案件的法律准则。参见同上。但是法院通常必须在一定程度上避免启动这样的程序，该程序将产生"在法官审判中确定的事实将会变成案件的法律准则，并且会防止陪审团决定相同的争议焦点风险"。参见同上。

在同意进行法官审判时，鉴于 Motorola 已经放弃了对引入基础事实的任何异议，地区法院驳回了 Motorola 的第七修正案请求。正如地区法院注意到的那样，Motorola 没有"限定"其参与法官审判，并且"就这些争议焦点提交了 100 页的提议事实认定和法律结论，促使地区法院决定其现在主张排除的事实"。但是，一旦地区法院决定同意法官审判，Motorola 将没有选择的余地，而只能出示证据并且尝试说服法院事实是对其有利的。参见 *Solis v. Cnty. of L. A.*，514 F. 3d 946，955–56（9th Cir. 2008）。进一步来说，在陪审团审判前，Motorola 反对法院对于基础事实的引入，并且在对其展示的"毫无争议的事实"审判中，再次反对。

另外，"知道要参加法官审判而未反对，这可能就足以构成陪审团审判的放弃。"参见 *Palmer v. Valdez*，560 F. 3d 965，969（9th Cir. 2009）（略去引用）。直到法官审判作出裁决之后，Motorola 才提出对构成 RAND 费率和范围事实的司法判决的反对。Motorola 必定意识到法院打算作出这样的事实认定，因为法院被要求在记录中作出支持其判决的事实认定。参见 Fed. R. Civ. P. 52（a）（1）。没有那些事实，法院将没有可以依赖的决定 RAND 费率和范围的基础。如果陪审团被允许依据构成 RAND 费率的事实争议点得出它自己的结论，法院就 RAND 费率和范围的认定大部分会被认为无效（一组脱离背景和意义的光秃秃的数字）。

还有，Motorola 主张其希望陪审团作出关于基本事实的认定，也无法令人信服。双方同意法官审判以使陪审团免于卷入复杂的技术细节。在法官宣布这些裁决后，Motorola 才提出反对将基本事实引入陪审团审判，Motorola 事实上在追求"赢得两次法律流程的机会"。参见 *Fuller v. City of Oakland*，47 F. 3d 1522，1531（9th Cir. 1995）。一方当事人不能默默地接受法官对其主张进行法律审理，但仅仅"在法院的判决结果对其不利"时，要求进行陪审团审理。参见同上（援引 citing *White v. McGinnis*，903 F. 2d 699，700，703（9th Cir. 1990）（全席审理））。

由于考虑到这些因素，我们认为 Motorola 同意将已认可的构成 RAND 费率和范围的基本事实递交给陪审团。当地区法院同意就 RAND 费率进行法官审判时，Motorola 就知道法院将进行基础事实的认定。参见 Fed R. Civ. P. 52（a）（1）。Motorola 也意识到当它同意法官审判时，RAND 费率和范围就将会在合同违约审理中被引入。如果相关支持性证据未被认可的话，那么 RAND 费率和范围就将是毫无意义的，其甚至将被陪审团相矛盾的事实认定所破坏。我们因此同意地区法院的下述看法：Motorola 关于 RAND 法官审判的同意，就包括同意将法院的事实认定在合同违约审判中递交给陪审团。

2. 联邦贸易委员会调查

2013 年 7 月，联邦贸易委员会和 Motorola 启动了针对 Motorola 的标准必要专利行使实践的调查，包括其禁令的主张。调查结果认为，其并不构成违反任何法律的行为。尽管 Motorola 反对，但是法院允许 Microsoft 通过 Microsoft 副总法律顾问 David Heiner 的证词提交调查方面的证据。Motorola 认为准许这种证据的提交是错误的。

Heiner 作证称，2012 年 5 月，Microsoft 向联邦贸易委员会提起诉讼，声称 Motorola "没有兑现使其专利可用的承诺……根据合理和非歧视的条款；……进一步背信承诺在于，在其他地方实际走向法院寻求禁令，阻止 Microsoft 出售采用其专利标准的产品"。Heiner 进一步作证称，随着 Microsoft 的沟通，联邦贸易委员会启动了对 Motorola 的调查，按联邦贸易委员会的话，"违背了向数个标准制定组织所作出的许可其标准必要专利的承诺……基于 FRAND，对有意愿的标准必要专利被许可人寻求禁令"。Heiner 未被允许对这项调查的细节进行作证。

根据《联邦证据规则》第 403 条和 408 条，Motorola 对采信 Heiner 关于联邦贸易委员会调查的证词提出了反对，在采信证词前，地区法院考虑了这两条规则①。第 408 条禁止引入证明接受了承认诉求的对价的证据来证明诉求的有效性。参见 Fed. R. Evid. 408。这个规则被解释为禁止采纳民事同意令来证明政府的主张。参见 *United States v. Austin*，54 F. 3d 394，400（7th Cir. 1995）。但是，为了其他目的可以引入同意令，例如出示通知或知晓的事实。参见同上；*United States v. Gilbert*，668 F. 2d 94，97（2d Cir. 1981）。

---

① Microsoft 在证词作为有效力的证据而可采信方面的争论，是没有法律依据的。"根据证据可采信规则，或'开门'原则，一方对不可接受证据的引入，将允许反对者在法院自由裁量权内，就相同的争议焦点引入证据以反驳任何由于先前证据而造成的错误印象"。参见 *Jerden v. Amstutz*，430 F. 3d 1231，1239 n. 9（9th Cir. 2005）（略去内部引号和引用）。Microsoft 争辩认为，通过展示 Heiner 在 2011 年写给联邦贸易委员会的信的相关证词，Motorola 证实了 Heiner 的证词；在这封信中，Heiner 表明截止到这个时间点，Microsoft 从未"起诉任何人专利劫持"，Motorola 的法律顾问认为这是关于劫持并不是真正顾虑的证据。不论 Heiner 的信件是否是不可接受的或引人误解的，联邦贸易委员会对 Motorola 调查的证词不代表陪审团可能已经从 Microsoft 的劫持观点中得到的错误印象。参见 *United States v. Whitworth*，856 F. 2d 1268，1285（（9th Cir. 1988）。

本案中，法院允许了证明 Motorola 意识到它的行为与"行业中的惯例和实践"不相符的有关证词——其"行为已经被认为是令人不快的"，即 Heiner 的证词被接纳，但不是表明联邦贸易委员会已经就 Motorola 的行为是否违反了 RAND 义务作出判断，而是表明 Motorola 意识到联邦贸易委员会（和 Microsoft）发现他的行为是有问题的而足够值得调查。关于 Motorola 已经知晓其行为是有问题的结论，可以支持 Motorola 持续行为是恶意的判定。在审判中，Microsoft 强调说，在联邦贸易委员会发起调查和地区法院施加了针对执行德国禁令的临时法院禁止令后，Motorola 持续在国际贸易委员会和威斯康星联邦地区法院进行其禁令诉讼。

Heiner 的证词确实——不被允许地——超出了 Robart 法官的可容许规则的范围。当被问及联邦贸易委员会的调查如何得出结论时，Heiner 作证称联邦贸易委员会已经"得出结论"Motorola"违反"了其承诺，而非陈述双方达成同意令（后者是法律顾问向法官报称 Heiner 将会说的）。Robart 法官两次指示陪审员不理会 Heiner 的陈述并且告诉他们，从同意令中可以看出调查结果"没有构成 Motorola Mobility 或 Google 的如诉状中所称的关于违反法律的承认"。在 Heiner 作证前，法院已经两次告知陪审团"政府调查中的主张，不是所宣称问题的事实证据"。这些及时清晰的指示足够矫正 Heiner 评论的偏见影响。参见 *B. K. B. v. Maui Police Dep't*，276 F. 3d 1091，1105（9th Cir. 2002）。

对于其第 403 条的抗辩，Motorola 引用了两种情况，在这两种情况下法院支持地区法院的决定，在平衡了证明价值与偏见的危险后，地区法院决定排除无责任的同意令证据。参见 *Gribben v. United Parcel Serv.，Inc.*，528 F. 3d 1166，1172（9th Cir. 2008）；*Kramas v. Sec. Gas & Oil Inc.*，672 F. 2d 766，772（9th Cir. 1982）。在这两个案件中，我们遵循地区法院排除证据的决定，该决定是"遵从审理法庭的自由裁量权的"。参见 *Kramas* 案，672 F. 2d 772；另见 *Gribben* 案，528 F. 3d 1172。另外，在这两个案件中，相关的同意令最多仅有最小证据力，因为其涉及与后期诉讼中争议的显著不同的行为。参见 *Gribben* 案，528 F. 3d 1172；*Kramas* 案，672 F. 2d 772。例如，*Gribben* 案涉及报复性的雇佣案件索赔；在原告–雇员是否因提交其自己与 EEOC 的诉状而被报复终止的问题上，雇主之前与 EEOC 的无过失同意令同该案件是"不相干的"。参见同上，第 1172 页。

相比之下，本案中，法官认可的证据毫无疑问是有证明力的。联邦贸易委员会调查 Motorola 的行为，与 Microsoft 在合同违约之诉的诉状中引用的行为相同，并且基于相同的理由：行为被认定为是违反 Motorola 诚信的 RAND 义务。毫无疑问，在认可有关联邦贸易委员会调查的证词时，存在导致陪审团形成偏见的风险。尽管陪审团被指示：联邦贸易委员会未作出任何责任认定，但陪审团可能已经假设，如果联邦贸易委员会不相信 Microsoft 的诉求是真实的，那么就不会发起调查。类似地，尽管陪审团被告知 Motorola 对同意令的赞成并不等同于认同责任，他们可能已经从命令中推测到 Motorola 相信其行为是非法的。

然而，决议的任何不利影响可能对 Heiner 关于"公共利益声明"的证词产生累计影响，该声明在调查的同时联邦贸易委员会发送给国际贸易委员会，表达了其"考虑到专利权人能够……寻求负有 RAND 义务的标准必要专利的侵权的排除令，作为获得许可费的一种方式，该费用可能与 RAND 承诺的费用不一致"。Motorola 没有在上诉时对 Heiner 关于联邦贸易委员会声明给国际贸易委员会的证词提出反对。因此，关于联邦贸易委员会决议的证词，主要是具有累积性质，而非偏见性的。

简言之，Heiner 就联邦贸易委员会调查和随后的同意令的证词明显既有证明力且又有潜在的偏见。但是根据第 403 条法规，只有在"如果证据的证明力实质上被不公正的偏见的危险超过时，才能排除"。参见 Fed. R. Evid. 403（着重强调）。并且在判断地区法院在适用该法规时是否滥用了自由裁量权时，我们使用了一个"非常恭顺"的标准，参见 *Boyd v. City & Cnty. of S. F.*，576 F. 3d 938，949（9th Cir. 2009），只有在自由裁量权的运用是"明显地错误和带有歧视"时，才可以被推翻。参见 *Wagner v. Cnty. of Maricopa*，747 F. 3d 1048，1055（9th Cir. 2013）（摘自 *Orr v. Bank of America*，*NT & SA*，285 F. 3d 764，773（9th Cir. 2002））。本案中，认可有关联邦贸易委员会调查的证词所带来的偏见风险，并没有明显超过证词的证明价值，认可该证据并非滥用自由裁量权。

Ⅲ. 结　论

在双方同意的情况下，地区法院就 RAND 费率和范围进行了漫长而全面的法官审判。法院以与联邦巡回上诉法院最近在 RAND 环境下确定损害赔偿相同的方式，分析了详尽的事实发现和法律结论中的证据。陪审团审判中合理地采纳了法院的事实认定。陪审团的裁决得到证据的充分支持，并且其损害赔偿的判决是合适的。

维持地区法院的判决。

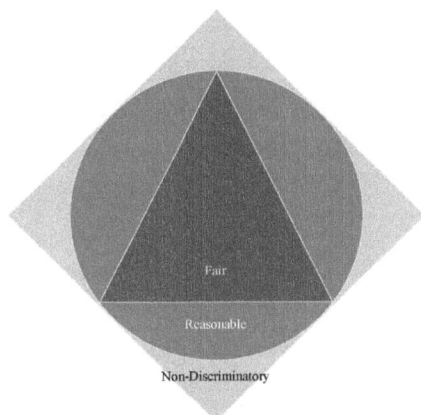

In re Innovatio

主题词

许可费基础，最小可销售专利实施单元，整体市场价值规则，费率的确定，可比协议，许可费堆叠，分摊原则、增量价值，专利价值，标准化价值，事前评估，假设性谈判，禁令救济，专利劫持，反向劫持

案件概要

Innovatio IP ventures, LLC（以下称"Innovatio"）于 2011 年向美国伊利诺伊北区联邦地区法院提起诉讼，指控无线网络使用者侵犯了其 23 项专利。思科系统公司（Cisco Systems, Inc. 以下称"Cisco"）等无线网络设备制造商随后提起针对 Innovatio 的宣告判决之诉。Innovatio 转而诉称制造商同样侵犯了其上述 23 项专利。

法院于 2013 年 9 月 27 日发出备忘录意见书，其中基本沿用 *Microsoft v. Motorola* 案中假设性双边谈判的方式，确定了涉案专利的 FRAND 费率。该备忘录意见书的要点如下：

1）由于该案中多部件产品中的仅仅一小部分被控侵权，因此，应基于实施专利的最小可销售专利实施单元来计算许可费。

2）确定费率时，应考虑专利对于标准的重要性。

3）基于本案当事人双方所提供的证据，在可比协议、自底而上、自顶而下等方法中选择了自顶而下的方法来计算费率。该方法可以有效地避免许可费堆叠，不依靠其他协议就能实现专利价值分摊，能够实现定量分析，且并非简单基于数量比例来实现价值分摊。

本案在 *Microsoft v. Motorola* 案的基础之上，对于费率的确定进行了较为充分和深入的讨论，具有深远意义。

文书信息

美国伊利诺伊北区联邦地区法院东分院备忘录意见和法院令，2013年9月27日。

美国伊利诺伊北区联邦地区法院东分院备忘录意见和法院令

案件编号：11-cv-09308

当事人：Innovatio IP ventures，LLC

日　　期：2013 年 9 月 27 日

詹姆斯 F. 霍德曼（James F. Holderman），联邦地区法官：

Innovatio IP ventures，LLC（以下称"Innovatio"）作为原告和专利权人，针对全美的多家咖啡馆、旅馆、餐厅、超市、大型零售商、运输公司和其他无线互联网技术的商业用户（统称："无线网络用户"）提起诉讼。Innovatio 主张无线网络用户为其消费者提供无线互联网接入，或者使用该无线互联网接入来管理内部流程，这样做侵犯了 Innovatio 拥有的 23 项专利的多个权利要求（第 198 号文档；第 451 号文档）。①

思科系统公司（Cisco Systems，Inc.，以下称"Cisco"）、摩托罗拉公司（Motorola Solutions，Inc.）、SonicWALL 公司（SonicWALL，Inc.）、网件公司（Netgear，Inc.），和惠普公司（Hewlett-Packard Co.）（以下统称为"制造商"）均制造无线网络用户使用的电子设备（第 819 号文档，证据 A 第 10 段）。上述制造商针对 Innovatio 提起宣告式判决之诉，要求宣告制造商的产品及这些产品所属的网络或系统没有侵犯 Innovatio 的专利，以及 Innovatio 的专利是无效的（参见第 431 号，442 号文档；另见 12CV 426，第 1 号文档；12 CV 2773，第 1 号文档）。Innovatio 继而主张所有制造商侵犯了 Innovatio 针对无线网络用户所主张的 23 个专利的同样的权利要求（第 311–314 号文档）。跨地区诉讼案第 2303 号（即本案）审判庭将全部待审案件及其当事人转至本院进行庭前协调（第 1 号文档）。为方便引用（并忽略上述部分制造商也是宣告式判决之诉的原告），本院将无线网络用户和制造商统称为"被告"。

在证据开示程序之后和权利要求解释程序之前，各方和本院都同意，针对各方争议的最好解决办法是，暂停并评估在被告被认定确实侵犯了 Innovatio 专利的权利要求的情况下 Innovatio 可获得的潜在的损害赔偿（参见第 614 号文档（"2013 年 2 月 21 日庭审笔录"）第 24 页第 6 行–第 26 页第 18 行）。本院和各方都同意在确认有效性和是否侵权问题

---

① Innovatio 在本案中主张的 23 件专利有：美国专利 5295154、美国专利 5428636、美国专利 5504746、美国专利 5546397、美国专利 5740366、美国专利 5844893、美国专利 5940771、美国专利 6374311、美国专利 6665536、美国专利 6697415、美国专利 6714559、美国专利 6826165、美国专利 7013138、美国专利 7107052、美国专利 7386002、美国专利 7457646、美国专利 7535921、美国专利 7536167、美国专利 7548553、美国专利 7710907、美国专利 7710935、美国专利 7873343 和美国专利 7916747。

之前的诉讼现阶段就解决损害赔偿问题。法院希望通过这样做，各方可以更好地评估在诉讼中消耗额外资源的潜在风险和收益，从而提高和解的可能性。

在本案中，Innovatio 可获得的损害赔偿取决于对与 IEEE 确立的 802.11 无线标准有关的一系列问题的认定。Innovatio 的所有专利的原专利权人以合同方式与 IEEE 约定，按照 RAND 条款许可对实施 802.11 无线标准必要的任何专利。因此，依据被告的主张，Innovatio 在本案中的追索仅限于对涉诉专利的 RAND 许可费。各方有权要求陪审团判定损害赔偿，包括 Innovatio 的 RAND 义务的效力，但是各方都放弃了要求陪审团审判的权利，同意由本院裁定所争议的损害赔偿问题（参见第 600 号文档，第 1 页）。

各方同意，按照 IEEE 规章制度中规定的必要性的定义，Innovatio 所主张的很多专利权利要求对于实施 802.11 标准是必要的。在 2013 年 7 月 18 日和 19 日两日的法官审判之后，本院在 2013 年 7 月 26 日的备忘录意见书中认定，Innovatio 所主张的、也是各方对其必要性有争议的其他 168 个专利权利要求均对于 802.11 标准的实施是必要的。参见 *In re Innovatio IP ventures*, *LLC Patent Litig.*, MDL 2303, 2013 WL 3874042 (N. D. Ill. July 26, 2013)（July 26 Order）。相应地，就本案而言，Innovatio 主张的所有专利权利要求对于 802.11 标准是必要的，因此全部受 RAND 义务的约束。

2013 年 9 月 9 日至 12 日以及 9 月 17 日至 20 日，本庭进行了另一场法官审判，庭审中各方提交证据，以证明在认定专利侵权时 Innovatio 有权主张的有限的 RAND 费率。在庭审开始时，各方同意法院仅针对制造商而不是无线网络用户对于 Innovatio 专利的侵权判定 RAND 费率（庭审笔录，第 8–10 页）。因此，法院将关于针对无线网络用户侵权的 RAND 费率的任何遗留问题留待之后处理（参见同上，第 10 页第 8–10 行）。因此，在该审判中本庭判定的 RAND 费率仅仅适用于制造商。本备忘录意见书和判决构成本庭的事实认定和法律结论。

庭审中，Innovatio 提供了五位专家的证词：David Teece 博士，加利福尼亚大学伯克利分校哈斯商学院教授，针对 RAND 政策作证；Raymond Nettleton 博士，科罗拉多大学电子工程师、副教授，针对 802.11 技术作证；Chris Bergey 先生，Broadcom 公司（"Broadcom"）前运营副总裁，针对 802.11 技术对消费者的价值作证；Rick Bero 先生，会计师；以及 Larry Evans 先生，美国许可贸易工作者协会和国际许可贸易工作者协会前主席，针对适当的可比协议作证。

制造商提供了以下证词：David Djavaherian 先生，Broadcom 副总顾问，针对 WiFi 芯片价格和 Innovatio 收购涉案专利的交易作证；Matthew Shoemake 博士，电子工程师，曾担任制定 802.11 标准的多个工作组的负责人，针对 802.11 标准制定过程作证；Stephen

Wicker 博士，康奈尔大学电子工程和计算机科学学院教授，针对 802.11 技术作证；Gregory Leonard 博士，应用经济学家，针对 RAND 费率的计算和可比协议作证；Matthew Lynde 博士，应用经济学家，也针对 RAND 费率的计算和可比协议作证。

在充分考虑 2013 年 9 月的庭审中提交的所有证据后，本庭基于本判决书所述的原因判定，根据专利期限、适用的诉讼时效和侵权认定，对于美国的制造商使用或销售的每一个 WiFi 芯片，为获得 Innovatio 的 19 个 802.11 标准必要专利组合①的许可，需要向 Innovatio 支付的 RAND 费率为 9.56 美分。

1. 背　　景

在 7 月 26 日法院令中，法院解释了 IEEE 以及 802.11 标准的相关背景：

IEEE 是技术标准的专业协会以及开发者（第 819 号文档，证据 A，第 50 段）。从 1990 年开始，IEEE 组建了一个工作组，以建立用于无线局域网（WLAN，也称为"无线以太网""无线保真"或"WiFi"）操作的 802.11 标准（参见同上，第 51 段）。IEEE 继续定期公布该标准的修订（参见同上，第 52 段）。符合标准的诸如无线路由器、笔记本电脑和蜂窝电话之类的设备将能够在任何 WLAN 中彼此有效地进行通信。通过建立 802.11 标准，IEEE 确保了各种制造商的无线设备是可互操作的，因此消费者能够从各种制造商处购买无线设备，而不用担心设备是否彼此兼容。因此，既使消费者选择从不同的制造商购买无线设备，消费者无需花费转换成本，导致更大的价格竞争。参见 *Microsoft Corp. v. Motorola, Inc.*, No. C10-1823, 2013WL 2111217, * 5 (W. D. Wash, Apr. 25, 2013)（Robart, J.）（描述标准制定组织的作用）。

虽然标准制定过程对消费者有很多潜在的好处，但同样存在坏处。建立标准后，例如，每个符合标准的产品的制造商都必须使用标准中所述的技术。然而，如果一家特定公司拥有包含该技术的专利，那么如果要实施标准，该标准将有效地迫使所有其他公司购买该公司的技术。这一要求使得该公司能够收取过高的价格，该价格不仅反映其技术的内在价值，还反映了由于其技术被指定为行业标准而抬高的价值。

参见 *Innovatio IP Ventures* 案，2013 WL 3874042, * 3。

法院还解释了对 Innovatio 的专利具有约束力的 RAND 承诺的来源和性质：

---

①　因为各方在审判中都同意，在当前确定 RAND 费率的程序中，不需要考虑 Innovatio 的网格专利族中的四项专利，所以本院判定的 RAND 费率仅适用于 Innovatio 的其他 19 项非网格专利族的专利。

为了避免这种现象（通常称为"专利劫持"，参见 *Microsoft* 案，2013 WL 2111217，* 10），像 IEEE 这样的标准制定组织在建立标准之前，通常要求标准必要专利的所有者承诺以 RAND 条款许可其专利。在被 Innovatio 收购之前，Innovatio 的专利由 Intermec Technologies Corporation（UNOVA 的子公司）和 Intermec IP Corporation（以下统称为"Intermec"）、Norand Corporation（以下称"Norand"）或 Broadcom Corp.（以下称"Broadcom"）所有（第 819 号文档，证据 A，第 53 段）。每个 Innovatio 专利的原所有人都同意以 RAND 条款许可其专利所涵盖的任何标准必要技术（参见同上，第 54 段）。例如，1995 年 10 月 26 日，Intermec 在给 IEEE 的信函中陈述：

在未来授予 Intermec 专利或 Intermec 收购专利的情况下，如果 Intermec 认为该专利将在所建议的 IEEE 802.11 标准下运行的设备上实施，则 Intermec 将（根据任何第三方的书面请求）依据 Intermec 认为合理的条款和条件，无歧视地授予任何如此授权的专利的非独占性、不可转让的唯一个人许可。

（第 709 号文档，证据 6）。类似地，2006 年 10 月 17 日，Broadcom[①] 在给 IEEE 的信函中陈述："关于其可能持有或控制的任何专利和/或专利申请，如果其使用对于【所建议的】IEEE 标准的强制或可选部分的符合标准的实施是必要的"，其承诺："以合理的条款和条件，无歧视地向全球不限数量的申请者授予合理费率的许可"（第 709 号文档，证据 7）。Broadcom 和 Norand 于 2002 年 9 月 6 日和 1997 年 6 月 20 日给 IEEE 写了类似信件（第 709 号文档，证据 8-10）。

对于 Innovatio 专利的前利益相关人写给 IEEE 的信件构成对于 IEEE 及其成员的有约束力的合同承诺这一点，各方没有争议。参见 *Microsoft Corp. v. Motorola, Inc.*，854 F. Supp. 2d 993，9999（W. D. Wash. 2012）（"法院同意 Microsoft 的看法，即通过 Motorola 给 IEEE 和 ITU 的信件，Motorola 已经订立了有约束力的合同承诺，承诺以 RAND 条款许可其必要专利"）；另见 *Apple, Inc. v. Motorola Mobility, Inc.*，886 F. Supp. 2d 1061，1083（WD Wis. 2012）（"在这种情况下，结合标准制定组织的政策和章程，Motorola 在这些组织中的成员资格以及 Motorola 保证将以公平、合理、无歧视性的条款许可其必要专利，Motorola 应被认为已经订立了合同协议"）。此外，本庭已经认定，这些承诺现在对 Innovatio 具有约束力，被告作为 802.11 标准的潜在用户，因而成为 Innovatio 专利的前利益相关人与 IEEE 之间的协议的第三方受益人，即可以执行这些承诺。参见 *In re Innovatio IP ventures, LLC Patent Litig.*，MDL 2303，2013 WL 427167，* 17（N. D. Ill.，Feb. 4，

---

① Broadcom 在 2002 年 12 月收购了 Intermec 的专利，并且还拥有之后出售给 Innovatio 的其他专利（参见第 746 号文档，证据 3）。

2013）（"长期以来在伊利诺伊州和其他地方的规则是，"第三方受益合同的受诺人可以因合同违约而提起诉讼，并为此追索损害赔偿"（引用 *Carmack v. Great Am. Indem. Co.* , 78 N. E. 2d 507，511（Ill. 1948）））；*Innovatio IP Ventures* 案，2013 WL 3874042，＊4。

如上所述，Innovatio 在本次诉讼中主张的 23 项专利曾多次被其他方拥有。2002 年，上述 23 项专利权均为 Intermec 所有（庭审笔录，第 130 页第 1-5 行（Djavaherian））。2002 年，Intermec 出售专利【...】（参见同上，第 130 页第 16 行-第 132 页第 9 行）【...】（参见同上，第 136 页第 18-24 行）。作为交易的一部分，Innovatio 还向 Broadcom 回授许可其全部专利（参见同上，第 140 页第 9-11 行）。

在协定出售专利之前，【...】（参见同上，第 138 页第 8-17 行）。

2. 分　　析

据法院和各方所知，在此之前，只有另外一个法院作出了标准必要专利的 RAND 许可费率的司法裁决。参见 *Microsoft Corp. v. Motorola* , Inc. , No. C10-1823, 2013 WL 2111217（W. D. Wash. Apr. 25，2013）（Robart，J. ）。各方同意，在本案中，法院可适用 Robart 法官的方法来设定 RAND 费率。本院将首先描述 Robart 法官的方法，然后再讨论根据本案的情况对其进行一些修改。

I. 确定 RAND 费率的方法

A. Robart 法官在 *Microsoft v. Motorola* 中的方法

在 *Microsoft v. Motorola* 中，Microsoft 主张 Motorola[①] 通过向 Microsoft 发出两封要约函而违反了其提供 RAND 许可要约的合同义务。参见同上，＊1。该案件呈交陪审团以判定 Motorola 的违约责任。但是，Robart 法官解释："对于 RAND 的含义没有清晰的定义，因此很难或不可能去断定 Motorola 是否违背了以 RAND 条款许可其专利的义务。"参见同上。此外，事实认定者需要比较 Motorola 的要约与 RAND 费率以及"合理的 RAND 许可费范围，因为不止一个费率可能会被认为是 RAND。"参见同上 ＊3。因此，Robart 法官首先进行了法官审判，设定 Motorola 的标准必要专利组合的 RAND 费率和范围，该 RAND 费率和范围可以提供给陪审团，作为其审议对于 Microsoft 的违约主张的一部分。

[①] 参与 *Microsoft v. Motorola* 的当事人包括 Motorola, Inc. 和 Motorola Mobility, LLC。Motorola Mobility, Inc. 在 2011 年初分拆之后，Motorola, Inc. 更名为 Motorola Solutions, Inc. , 即本案的制造商被告。根据 Robart 法官的意见，法庭将把 *Microsoft* 案中的被告统称为 "Motorola"。参见 *Microsoft* 案，2013 WL 2111217，＊1。

参见同上。

Robart 法官认定，进行 RAND 评估的最佳方法是在 Motorola 履行 RAND 义务的背景下模拟 Motorola 与 Microsoft 的假想双边谈判。为此，Robart 法官调整了法庭在确定假想谈判结果时要考虑的 15 个传统的 *Georgia-Pacific* 要素。参见 *Georgia-Pacific Corp. v. U. S. Plywood Corp.*，318 F. Supp. 1116（S. D. N. Y. 1970）。

进行这种假想谈判的目的是"确定如果双方当事人在侵权开始之前成功谈判并达成协议时本可约定的许可费"。参见 *Lucent Techs.*，*Inc. v. Gateway*，*Inc.*，580 F. 3d 1301，1324（Fed. Cir. 2009）。因此，法院必须尝试"尽可能地重建事前许可谈判场景并描述所产生的协议。"参见同上，第 1324 页。为了实现假想谈判的目的，法院假定所主张的专利权利要求是有效的并且被侵权。参见同上。

然而，由于 RAND 义务的独特情况，Robart 法官通过去除 15 个要素中的 3 个要素并修改或组合其他要素，调整了用来评估假想谈判的 15 个要素。修改后的要素可以概括如下：

G-P 要素 1：专利权人在其他与 RAND 许可情形可比的环境中许可涉诉专利所收取的许可费。

G-P 要素 2：被许可人为使用与涉诉专利可比的其他专利而支付的费率。

G-P 要素 3：许可的性质和范围。

G-P 要素 6：专利发明在促进被许可人和许可人的其他产品的销售方面的效果，仅考虑专利技术的价值，而不考虑由于专利技术被纳入标准而带来的价值。

G-P 要素 8：根据专利制造的产品的所确定的盈利、商业成功以及当前的知名度，仅考虑专利技术的价值，而不考虑由于专利技术被纳入标准而带来的价值。

G-P 要素 9：相对于在标准被采纳之前的阶段原本可以替代专利技术而写入标准的替代方案，专利的实用性和优点。

G-P 要素 10-11：专利对标准的技术能力的贡献，以及这些相关技术能力对被许可人和被许可人产品的贡献，仅考虑专利技术的价值，而不考虑由于专利技术被纳入标准而带来的价值。

G-P 要素 12：特定的商业活动或可比的商业活动中，使用由受 RAND 承诺的专利所覆盖的发明或类似发明通常可以获得的那部分利润或销售价格。

G-P 要素 13：应当归功于发明的那部分可获得的利润，其有别于非专利要素、制造过程、商业风险、侵权者添加的重大特征或改进或由于专利被纳入标准而带来的价值。

G-P 要素 14：合格专家的意见证词。

G-P 要素 15：在许可人和被许可人考虑 RAND 承诺及其目的、并且理性且自愿地尝试达成协议的情况下，许可人和被许可人（在侵权开始时）将会达成的金额。[①]

参见 *Microsoft* 案，2013WL 2111217，＊18–20。Robart 法官的分析依靠了这些要素中的每一个。但是，实践上，Robart 法官的分析分三步骤进行，为任何试图判定给定专利组合的 RAND 许可费率的法院提供了一个框架。

第一，法庭应考虑专利组合对标准的重要性，既要考虑专利组合中对标准所必要的所有专利的比例，也要考虑整个专利组合对该标准的技术贡献。参见同上，＊20（"因此，对于标准非常重要并且核心的专利与不那么重要的专利相比，将合理地要求更高的许可费率"）。第二，法庭应考虑专利组合整体对被诉侵权人的被诉产品的重要性。参见同上（"特定的【标准必要专利】可能对给定标准的可选部分做出重大贡献，但如果实施人不使用该部分，则该特定的【标准必要专利】对实施人可能几乎没有价值"）。第三，法庭应审查其他可比专利的许可协议，以判定许可专利组合的 RAND 费率，在该判定过程中，使用其关于专利组合对标准以及被诉侵权人的产品的重要性的结论来认定给定的一个或一组许可协议是否可比。

B. 对 Robart 法官的方法的修改

本庭总体上会按照类似的过程重建关于许可 Innovatio 的 802.11 标准必要专利的 RAND 费率的假想谈判。然而，本庭注意到，本专利侵权案件的一些特殊情况决定了需要对法官 Robart 的方法进行一些修改。

第一，*Microsoft* 案中 RAND 评估的目的是定义 RAND 费率，以便陪审团可以判定 Motorola 对 Microsoft 的许可要约是否符合其 RAND 义务。因为根据 RAND 义务，"初始要约不一定必须符合 RAND 条款，只要最终签订 RAND 许可"，并且"因为不止一个费率可以被认为是 RAND"，法院会判定合理的 RAND 范围以供陪审团作比较。参见同上，＊2–3。相比之下，这里的 RAND 判定的目的是为了针对标准必要专利的侵权设定损害赔偿。因此，为了计算损害赔偿而不是范围的目的，法庭必须判定单一的 RAND 费率。

第二，*Microsoft* 案中的各方并不关注所声称的标准必要专利实际上是否对标准是必要的。相反，只要专利的必要性是令人怀疑的，法院就得出结论："假想谈判中的实施人会持怀疑的态度来看待【所谓的标准必要的】专利。"参见同上，＊53。本庭因而得出结

---

① Robart 法官指出，*Georgia-Pacific* 测试的要素 7 检验专利的有效期和许可的期限，其通常与受 RAND 义务约束的专利无关，"因为许可的期限等于专利的有效期"。参见同上，＊19。因此，本庭忽略了要素 7。

论，"假想谈判的各方将坐在谈判桌上谈判，并审查专利对于标准的重要性"，并会得出结论"专利的价值会由于缺乏证明真正相关性的更好证据而减少。"① 参见同上。相比之下，本院已经采取了单独的程序来判定 Innovatio 的专利的必要性，并且已经判定它们都是标准必要的。因此，出现这样一个问题，对于其有效性在法院裁决之前存疑的专利，法院是否应调整其许可费率。

进行这种调整似乎是合理的，因为"假想谈判尽可能地尝试重建事前许可谈判场景并描述产生的协议"。参见 *Lucent Techs.* 案，580 F. 3d，1325。在认定侵权之前，事前各方不知道法庭是否会将给定专利认定为标准必要专利，所以可能会有人主张许可谈判需要考虑不确定性这一因素。

该主张的问题是，假想谈判是一个反事实的假设，通常法院只有在判定责任之后才依赖这个假设。在假想谈判的时候，各方实际不知道给定专利是否是有效的或被侵权的，并且被诉侵权人可以选择在法庭上对这些问题进行辩论。然而，当处于侵权诉讼的损害赔偿阶段时，法庭已经判定了侵权和有效性，从而抑制了假想谈判者从未来法庭裁决的任何不确定性中获益。参见 *LaserDynamics, Inc. v. Quanta Computer, Inc.*，694 F. 3d 51，76（Fed. Cir. 2012）（"在考虑 *Georgia-Pacific* 要素时，可以假定各方充分了解事实以及侵权时的情形"）。换言之，假想谈判者不能再离开谈判桌而在法庭中对责任提出异议，也不能再基于对法庭判决的不确定性而要求任何益处。因此，"假想谈判也假设所声称的专利权利要求是有效的并且被侵权"，参见 *Lucent Techs.* 案，580 F. 3d，1325，这是因为，如果不是这样，就不会有假想谈判的进行。由于诉讼已经清除了关于其责任的不确定性，因此专利侵权者不会由于其责任的不确定性而得到其许可费用的折扣。

类似地，基于关于给定专利的必要性的诉前不确定性而调整 RAND 费率也是不当的。既然法庭已经对必要性进行了裁决，专利所有者就不能以其会在法庭上质疑有效性为由放弃假想谈判。RAND 义务要求其授予许可。因此，与 Robart 法官不同，本庭不会根据关于给定专利的必要性的诉前不确定性而调整 RAND 费率。

最后，根据下文第二部分的结论，即适当的许可费基础是 WiFi 芯片，其是为其所插入的电子设备提供 WiFi 功能的小型模块，本庭注意到，法官 Robart 的方法的步骤一和步骤二可以有效地合并。因为根据定义，WiFi 芯片的目的是提供 802. 11 功能，所以，确定了 Innovatio 的专利对 802. 11 标准的重要性也就确定了这些专利对 WiFi 芯片的重要性。因

---

① Robart 法官的折扣假定实施人将选择不许可非必要专利，因为没有该专利也可以实施标准。在侵权环境下，被诉侵权人已涉嫌选择实施非必要专利。在这种情况下，由于这种专利的侵权损害赔偿不限于 RAND 费率，专利所有人因此可以针对该专利寻求典型的专利损害赔偿，因此，对于必要性存疑的专利，应提高许可费率。

此，本院的分析不包括单独对 Innovatio 专利对被诉产品的重要性的评估，而是将该分析合并到关于 Innovatio 的专利对于 802. 11 标准的重要性的审查中。

C. 假想谈判的日期

联邦巡回法院已经规定"一个案件只有一个假想谈判日期，并不因分开的多个侵权行为而产生分开的多个假想谈判日期"。参见 *LaserDynamics* 案，694 F. 3d，76。本案中，当事人均同意假想谈判的适当日期为 1997 年，大致是 802. 11 标准最初被采纳的时间，因此大约是制造商开始销售涉嫌侵犯专利的符合 802. 11 标准的产品的时间（庭审笔录，第 1867 页第 2–19 行，第 1924 页第 2 行–第 1925 页第 2 行）。当事人均同意谈判各方应对覆盖所有之后获得的 802. 11 标准必要专利的单个授权进行协商，因此将 1997 年作为针对包括该日期之前申请、该日期之后授权的所有专利的谈判日期是适当的。

D. 与 RAND 认定相关的概念

1. 避免专利劫持

如上所述，RAND 承诺的主要目的之一是为了避免专利劫持，当标准实施人已经被锁定为使用标准后，标准必要专利的专利权人向其主张过高的许可费时，发生上述专利劫持（参见庭审笔录，第 189 页第 21 行–第 190 页第 21 行（Teece））。在标准被采纳之后，标准的实施人将投入大量资源确保其设备符合标准。在上述投入后，转换到替代方案的技术将产生过高成本，且无论如何均会导致实施人不符合标准。在这种情况下，专利权人就可以主张过高的许可费，远远超过其对于标准的技术贡献的合理价值，而这仅仅是因为实施人别无选择只能付钱。标准制定组织在专利权人的技术被纳入标准之前从其得到 RAND 承诺，以防止专利权人要求掠取远远超过其专利技术的本身价值的过高许可费。参见 *Microsoft* 案，2013 WL2111217，＊10（"【标准必要专利】的专利权人要求超过其专利技术的价值并且尝试掠取标准本身的价值的能力被认为是专利'劫持'"）。如果发生了专利劫持的情况，对于消费者而言，实施标准的成本过高，将有损于标准制定过程并危害到标准被进一步采纳。参见同上，＊10–11。

各方同意专利劫持是潜在的问题，但在其严重程度上发生了分歧。Teece 博士在其证词中认为，专利劫持是"极为罕见的"（庭审笔录，第 189 页第 24–25 行（Teece））。另外，他还认为基础技术的价值与标准化的价值经常是难以区分的，因为技术在允许互操作性方面的效果经常产生出部分标准价值。参见同上，第 217 页第 18–20 行（"然而，有一种递归要素被忽略，即技术对标准本身提供的价值"）。相反，Leonard 博士作证认为，专利劫持是很严重的问题，因为它危害到标准的采纳，伤害消费者，甚至伤害其他标准必要专利的专利权人，这些专利权人在其他当事人从市场中获得了劫持利益后无法追索其专利的价值（参见同上，第 1897 页第 1 行－第 1898 页第 12 行（Leonard））。根据 Leonard 博士所说，"这就是为什么 RAND 许可费需要正确地平衡各方利益的原因。它应该使贡献者获得适当的报酬，但仅限于此，否则就是不当得利"（参见同上，第 1899 页第 15–19 行）。

除此之外，Broadcom 在 2011 年 8 月 5 日写给联邦贸易委员会的一封信中表达了其顾虑，其认为专利劫持是对于行业来说很严重的问题（DTX-668）。信中解释说，"Broadcom 认为，很多发明了纳入标准的技术的公司持续感受到专利劫持所带来的直接影响"（参见同上，第 1 页）。另外，"专利劫持对于标准产品的数百万消费者来说，意味着更高的价格，更少的选择"（参见同上，第 2 页；也参见同上，"从 Broadcom 的观点来看，专利伏击绝不是一种'罕见疾病'，而是广泛的，并且我们认为，当下潜于表面之下的专利伏击的情况将随着标准诉讼案件不断增多而逐渐显现"）。Broadcom 的副总顾问 David Djavaherian 作证称，这种顾虑对于 Broadcom 来说不仅仅是理论上的，因为 Broadcom 已经观察到很多实体试图主张 802.11 标准专利，驱使行业成本不断提高（庭审笔录，第 145 页第 14 行－第 146 页第 10 行（Djavaherian））【...】。

根据以上证言，尤其是 Broadcom 对于专利劫持的现实顾虑的证言，本庭认定专利劫持是很重要的问题，而 RAND 就是被设计用来防止该问题的。因此，本庭所涉及的 RAND 费率必须尽可能仅反映基础技术的价值，而不是标准化所产生的劫持价值。参见 *Microsoft* 案，2013 WL 2111217，＊12（"因而，在涉及给定许可费是否 RAND 的争议中，一个适当的认定 RAND 许可费的方法是能够识别并且缓和 RAND 承诺所试图避免的专利劫持风险"）。

同时，法庭认为 Teece 博士关于难以区分技术的固有价值与标准化价值的证言具有说服力。技术固有价值的一部分可能就在于其易于被纳入标准。例如，一种技术通过更有效地使用现有架构或者对其他技术稍作修改，可能更容易与其他现有技术相连接。除此之外，在标准采纳之前（并且在专利权人知道其技术能否被纳入标准之前）进行的假想谈判中，发明人可通过辩称潜在被许可人应对于更容易与被许可人的其他技术结合的技术支付更多，从而利用该价值。因此本庭对于 Innovatio 的专利对于 802.11 标准的技术价值的分析，考虑了这些专利整体并入标准的容易度。

2. 许可费堆叠

RAND 的另一个考虑是防止"许可费堆叠"。这个担忧的出现是由于大部分标准即使没有包含数千个也包含了数百个专利，支付给所有标准必要专利的专利权人的累积许可费可能迅速变得过高并且有损标准的采纳。参见 *Microsoft* 案，2013 WL 2111217，＊11。因此，认定 RAND 许可费必须"通过考虑其他【标准必要专利】专利权人向实施人要求许可费时将适用的累积费率，从而解决许可费堆叠的风险"。参见同上 * 12；另参见同上 * 11（RAND 承诺应被解释为"按照客观上合理的商业条款进行许可，该条款必须考虑整体许可情形，并涵盖从最终产品技术的所有其他相关专利权人处获得所有必要许可的成本"）。Djavaherian 先生解释说 Broadcom 也担心许可费堆叠的问题：

> 顾虑在于，在设定特定标准内的任何专利的费率时，如果没有考虑潜在可能适用于该标准的专利的整体策略，可能最终会导致这样的情况：累积许可费堆叠远远高于看上去合理的费用，并且远远高于标准想要获得成功并使得公司能够投资开发该标准所需的费用。

（庭审笔录，第 145 页第 5–13 行（Djavaherian））。

另外，Innovatio 的专家 Teece 博士认为仅仅在堆叠不能准确地反映出专利技术价值的情况下堆叠才会成为问题（庭审笔录，第 175 页第 22 行–第 176 页第 14 行（Teece）（"不好的堆叠就是没有增加价值，却增加了成本"））。如果技术被准确地估价，将每个发明的许可费堆叠，这仅仅反映了将多个发明合并入一个产品所产生的价值（参见同上）。根据 Teece 博士的说法，这种合并是好的，并且在设定 RAND 许可费时不会成为一个问题。

基于 Djavaherian 先生与 Teece 博士的证言，法庭认定，当设定 RAND 费率以确保所主张的专利权相比于其对标准所做出的技术贡献没有被过高估值时，应关注许可费堆叠。实际上，这意味着法庭应将许可费堆叠视为检验所提议的 RAND 许可费与专利发明的技术价值是否一致的手段。例如，法院认定给定专利组合为标准提供了 25% 的功能性，并且基于该认定来考虑所提议的 RAND 费率。逻辑上讲，除该专利组合外的标准必要专利应该包括了标准价值的 75% 或三倍于该专利组合的价值。然而，如果对那些其他标准必要专利的技术价值的独立评估会得到高于所主张的专利组合的许可费的三倍，则这表明法院高估了所主张的专利组合的价值。

在认定过程中，本庭注意到，仅仅基于数量来认定未被主张的标准必要专利的价值是不适当的。如果专利权人拥有对于给定标准必要的 100 个专利权中的 10 个，这并非自然而然地意味着其对标准的价值的贡献为 10%。参见 *Microsoft* 案，2013 WL 2111217，* 11（关于"比例原则的普遍理解就是，【RAND】的补偿必须反映出专利权人在所有的必要专利中所占的比例"，并且提到"这不仅是数值上的等式，而且补偿还必须要在合理的范围内，反映出贡献度"（引用 Motorola 向 ETSI 提交的陈述））。因此，实际上，该分析一定是不精确的，因为有时标准包括成百上千的专利，法院不可能对它们都进行全面的技术评估。尽管如此，出于对许可费堆叠的顾虑，法院应该尽可能地依据实施人实施标准所需支付的总许可费，来对所建议的 RAND 费率进行评估。

除此之外，本庭理解 Djavaherian 先生对于许可费堆叠可能会推动价格"高于该标准成功所需的价格"所表示的担忧（庭审笔录，第 145 页第 11 行（Djavaherian））。因此，在对潜在的 RAND 许可费进行评估时，本庭将考虑所有标准必要专利的整体许可费是否会妨碍标准被广泛采纳。

3. 激励发明者参与标准制定过程

另外，RAND 费率必须高到足以确保未来的创新者有适当的动机投资到未来的开发中，并将其发明贡献到标准制定过程中。如 Robart 法官所言，"为了引导创造有价值的标准，RAND 承诺必须确保有价值的知识产权的所有人能够因其知识产权而收到合理的许可费"。参见 *Microsoft* 案，2013 WL 2111217，＊12。

Innovatio 的专家 Teece 博士认为，"反向劫持"是对于该目标的一种威胁，在这种情况下，标准的实施人会在未获许可的情况下侵犯标准必要专利，从而迫使创新者在实现其发明的价值之前就卷入到昂贵的诉讼中来（庭审笔录，第 190 页第 10–21 行（Teece））。国际贸易委员会最近在一项调查的最终结论中表达了这种担忧：

> 在反向专利劫持中，实施人借口专利权人的要约既不公平也不合理，利用被声明为必要的技术，而不对专利权人进行补偿。因此，迫使专利权人通过昂贵的诉讼来维护其权利。同时，专利权人丧失了在一方当事人拒绝为使用专利发明支付费用时，其所通常享有的排除妨害的救济。

特定电子设备包括无线通信设备、便携式音乐与数据处理设备、平板电脑。参见 No. 337-TA-794，63（2013 年 7 月 5 日）（终审）。本庭不认为反向专利劫持的问题与本案有关，因为没有证据证明 Innovatio 或其之前的专利权人曾经对制造商提供许可要约，或证明这样的要约以不公平或不合理为由而被拒绝。除此之外，法院也并不认为在通常情况下反向劫持是很严重的问题，因为其并非标准必要专利所独有的。实施任何专利的企图就包含了被诉侵权人将选择在法庭上就一些问题进行辩论、迫使专利权人参与昂贵的诉讼的风险。许可要约是否遵守了 RAND 义务的问题仅仅使得当事人多了一个潜在辩论的问题。当事人就 RAND 费率无法达成一致时，他们会就该问题提起诉讼，就像他们会针对有关侵权责任的任何问题提起诉讼一样。

国际贸易委员会的决定认为，RAND 的情况的确是独有的，因为负有 RAND 义务的专利的专利权人是不可获得禁令的。因此与典型的专利案件不同，负有 RAND 义务的专利的专利权人在法庭上要求金钱救济的同时，不能主张停止侵权。然而，如本庭先前所述，RAND 义务是否排除禁令是"混乱的"并且是"实质性的、常常有相反观点的，学术界应讨论的话题"。参见 *In re Innovatio IP ventures，LLC Patent Litig.*，921F. Supp. 2d

903，916（N. D. Ill. 2013）。但是，即使假设负有 RAND 义务的专利的专利权人不能寻求禁令，很明显，禁令威胁也不能排除所有的专利诉讼。本庭认为，即使消除了 RAND 环境下的禁令威胁，也不会如此显著改变专利诉讼中的力量平衡，以至于将过度的诉讼负担置于附有 RAND 义务的一方，毕竟该方是自愿承受 RAND 义务的负担。

尽管本庭意识到被诉侵权者可能迫使负有 RAND 义务的专利权人到法院来维护其专利权，但是这种实际情况并没有产生 RAND 情形中特有的问题。因此，本庭不会对被诉侵权人赋予能力，迫使诉讼在 RAND 分析中考虑典型专利案件中不会考虑的任何特殊事项。但是，本庭会考虑所提议的 RAND 费率能否给予创新者足够的回报，从而激励其继续投资新技术并且使他们的技术可用于标准制定组织。

II．认定适当的许可费基础

当事人首先就法庭应当用于计算 RAND 许可费的许可费基础产生了争议。当事人在本案中关于适当的许可费基础的立场，代表了两种本质上相反的计算适当许可费的方法。因此，本庭在进行 RAND 分析的其余部分之前，必须首先认定适当的许可费基础。

Innovatio 主张法院应按照具有无线功能性的最终产品的售价的百分比来计算许可费，这些最终产品包括笔记本电脑、平板电脑、打印机、接入点等。根据 Innovatio 所提议的方法，法院应通过所谓的"WiFi 特征因子"按照最终产品的最终售价进行折算，这种方法将"考虑最终产品（例如，接入点或终端设备）中 802.11 功能性的贡献价值"（第 895 号文档，第 2 页）。例如，Innovatio 主张具有无线功能的笔记本电脑的特征因子为 10%，这意味着，鉴于其所具有的很多其他功能，笔记本电脑只有 10% 的价值是由于 WiFi 贡献的（参见同上，第 3 页）。相反，接入点的特征因子为 95%，也就意味着接入点的几乎全部的价值都是由于其所提供的 WiFi 功能性贡献的（参见同上）。在将特征因子乘以制造商对最终产品收取的价格后，Innovatio 建议，法院应将其乘以 6% 的基准许可费率，该基准许可费率是通过与 Innovatio 主张作为其他 802.11 标准必要专利组合的可比协议的比较而得到的。按照 Innovatio 提议的方式，例如，所计算的平均许可费每个接入点约为 3.39 美元、每台笔记本电脑约为 4.72 美元、每台平板电脑约为 16.17 美元、每台库存跟踪设备（例如条形码扫描器）约为 36.90 美元。

相反，制造商则主张法院应按照制造商为每个无线芯片所支付的价格的百分比计算许可费，该无线芯片是指制造过程中插入诸如笔记本电脑或无线接入点的电子设备约硬币大小的小型硅器件，其给设备提供 802.11 无线功能。本案中每一涉诉最终产品都包含了至少一个 WiFi 芯片。根据制造商的观点，法院应就 WiFi 芯片随时间的加权平均售价进行认定。然后，法庭应该就该价格对芯片制造商的平均营业利润的贡献比例进行认定，制造商认为该比例体现出最高可用的知识产权许可费。下一步法庭将得出的代表所有 802.11 标准必要专利的最高许可费的数额分摊到本案的专利技术中（庭审笔录，第 1912 页第 3—10 行，第 1920 页第 25 行—第 1921 页第 12 行（Leonard）（描述了许可费的"自顶而下"的计算方法））。根据制造商的计算方法，每个芯片的许可费应在 0.72—3.09 美分之间，相比于 Innovatio 所提议的计算方法低了很多①。

关于计算专利损害赔偿的适当许可费基础的争论并不是 RAND 情形所独有的，在不涉及 RAND 的专利案件也是很常见的。专利损害赔偿的总体目的在于"对请求人因侵权行为所遭受的损害进行足够的补偿，但在任何情况下都不能低于侵权人使用发明所应支付的合理许可费"。35 U. S. C. §284。联邦巡回法院认为，"当由多部件组成的产品中的小的元件被诉侵权时，如果基于整个产品计算许可费，会导致对专利权人不当地补偿该产品的未侵权部件的风险"。参见 *LaserDynamics* 案，694 F. 3d，67。因此，法院在计算许可费时"不应基于整个产品，而应基于'最小可销售专利实施单元'"。参见同上（引用 *Cornell Univ. v. Hewlett-Packard Co.*，609 F. Supp. 2d 279，283，287—88（N. D. N. Y. 2009）。

当事人就本案中的最小可销售专利实施单元的争议提供了大量的证言以及论证。Innovatio 主张其很多专利权利要求涉及包括除 WiFi 芯片之外的装置的系统和方法，这些装置包括天线、接入点、处理器和无线电。例如，'397 专利的权利要求 1 记载：

一种用于无线局域网的高可靠度接入点，包括：

至少两个无线适配器，其中，每个适配器包含 RF 无线电；

用于处理所述无线适配器的低层协议的控制处理器部件，以及可操作为连接至所述适配器以用于收发无线电信号的天线部件；

中央处理单元部件，可操作为连接至所述无线适配器中的每一个，用于控制用于所述高可靠度接入点的高层通信协议。

（参见 '397 专利权利要求 1）。根据 Innovatio 的观点，仅仅通过 WiFi 芯片不可能单独提供 WiFi 功能或实施该权利要求，必须至少具有包括控制处理器、中央处理器、天线和 RF 无线电的接入点。类似地，'771 专利的权利要求 1 记载：

一种射频数据通信系统，其支持本地部署内的数据收集，所述射频数据通信系统包括：

多个漫游终端，可在本地部署内操作；

一个或多个基站，每个基站具有射频收发器，位于所述本地部署内；所述一个或

---

① 制造商也提出了其他两种基于芯片价格计算许可费的方法，本院将在下文中对其进行探讨。

多个基站中的每一个以每个所选择的时间间隔发送未决消息列表。

所述多个漫游终端中的每一个包括数据收集系统，其具有电池电源和射频收发器；

所述多个漫游终端与所述一个或多个基站选择性地通信；

所述多个漫游终端中的每一个通过多个所选择的时间间隔选择性地禁用所述射频收发器，并且在所述多个所选择的时间间隔之后同步所述射频收发器的激活以接收所述未决消息列表。

参见 '771 专利权利要求 1。Innovatio 主张若要实施来自休眠专利族的该权利要求，至少需要接入点以及数个基站。Innovatio 因此主张 "最小可销售专利实施单元" 是指包含了所有最终产品设备的系统，而不是 WiFi 芯片[①]。

相反，制造商提出证据以证明 802.11 标准的全部特征是在 WiFi 芯片上 "实施" 的，这些 WiFi 芯片包含了运行所插入设备中的 802.11 特征的硬件和软件（庭审笔录，第1670页第 2-15 行（Wicker））。Innovatio 的专家 Nettleton 博士同意 WiFi 功能在一个或多个WiFi 芯片中实施（庭审笔录，第 453 页第 11-14 行（Nettleton））。本庭认为，该证词意味着所有对于 Innovatio 专利权利要求中提到的各种设备的关于操作 WiFi 的指令都包含在芯片上。根据制造商的观点，最小可销售专利实施单元就是 WiFi 芯片。此外，基于最终产品的价格计算许可费会引入误差，因为这些最终产品包括大量与 WiFi 无关的特征。

为了支持其主张，制造商引用了联邦巡回法院在 *LaserDynamics* 案中认可的来自 *Cornell* 案判决书的一段话，表明适当的许可费基础是 **"与要求保护的发明紧密相关的最小可销售侵权单元。"** 参见 *LaserDynamics* 案，694 F. 3d，67（着重强调）（引用 *Cornell* 案，609 F. Supp. 2d，287-88）。因为 Innovatio 的专利所发明的不是接入点、无线电或天线，而仅仅是一种使用这些设备的方法，其指令都包含在 WiFi 芯片之上，因此，制造商认为最小可销售专利实施单元是 WiFi 芯片。制造商还认为联邦巡回法院在 *Lucent Technologies* 案中的判决支持了他们的主张。在该案中，涉诉专利的权利要求如下：

一种在具有显示器的计算机中使用的方法，所述方法包括以下步骤：

在所述显示器上显示多个信息字段；

对于每个字段识别要插入其中的信息的种类；

指示所述信息字段中的要对其插入信息的特定一个信息字段，并且所述特定一个

[①] 在本案中，Innovatio 并未主张整体市场价值规则，这是一种替代的途径，通过该规则，可以证明基于最终产品价格计算许可费的正确性。参见 *LaserDynamics* 案，694 F. 3d，67（"整体市场价值规则是【应基于最小可销售专利实施单元计算许可费的】一般原则的少见的例外情况"）。

信息字段用于同时显示与所述字段中的所述一个字段相关联的预定工具，所述预定工具可操作为提供对所述一个字段识别的所述种类的信息，所述工具是从一组预定工具选择的，所述预定工具包括适于从替代方案的菜单提供单独条目的工具，以及至少一个适于允许所述用户构成所述信息的工具；

在所述一个字段中插入作为所述用户操作所显示的工具的结果而得到的信息。

参见 *Lucent Techs.* 案，580 F. 3d，1310–11。虽然在 *Lucent* 案中的权利要求涉及一种用于操作计算机和显示器以实现 Microsoft Outlook 软件中的"日期选择器"的方法，法庭认定向陪审团提供有关 Microsoft Outlook 软件整体的收益的证据是错误的。参见同上，第 1335–39 页。制造商强调在 *Lucent* 案中甚至没有考虑使用计算机或显示器作为许可费基础，即便这些设备在权利要求中被明确地提及并且是实施该权利要求所必需的。相反，联邦巡回法院关注于以下问题：Microsoft Outlook 是否是适当的基础，或者许可费调查是否必须进行进一步向下分摊以隔离出日期选择器的价值，该日期选择器仅是 Outlook 的一个小特征。参见同上，第 1338 页。同样地，制造商认为 Innovatio 主张的最终产品也是无关的，Innovatio 的专利权利要求明显并不保护最终产品不被侵权。使用这些最终产品作为许可费基础会包括远远超出 Innovatio 专利所保护的 802.11 标准专利特征的价值。

当事人关于将"最小可销售专利实施单元"测试适用于 Innovatio 所主张的权利要求的问题产生了争议，超出法庭对此争议的解决方案之外，Innovatio 所适用的方法并没有令人信服地将最终产品的价值分摊到专利特征上。由于证据不足，法庭基于案卷记录别无选择，只能基于 WiFi 芯片计算许可费。

关于专利权人应将其每个案件中的损害赔偿分摊到专利特征价值的要求已经有一个多世纪之久了。如 1884 年最高法院所解释的，"专利权人在每个案件中必须给出证据，在专利特征和非专利特征之间分开或分摊被告的获利以及专利权人遭受的损害，并且该证据必须是可靠且实际的，而非推定或猜测"。参见 *Garretson v. Clark*，111 U. S. 120，121（1884）（省略引用标记）；*LaserDynamics* 案，694 F. 3d，67。Innovatio 主张其分摊分两步进行，首先通过使用"WiFi 特征因子"将最终产品的价值向下分摊到 802.11，其次基于可比的 802.11 标准必要专利组合的许可与其他可比标准的必要专利组合的许可，适用基准许可费率 6%（第 953 号文档，第 5–8 页）。在对所有的证据进行评估之后，法庭认定 Innovatio 未能令人信服地完成上述两步分摊中的任何一步。

A. Innovatio 的第一次分摊："WiFi 特征因子"

Innovatio 分摊方法的第一步是由 Innovatio 的专家 Christopher Bergey 进行的，Christopher Bergey 是 Broadcom 的前任副总裁，并且为 802.11 芯片和其他产品开发了一套

商业市场战略（庭审笔录，第 581 页第 25 行–第 582 页第 12 行，第 583 页第 7–24 行（Bergey）；PTX-985）。Bergey 先生在本案之前对"WiFi 特征因子"的概念没有经验，该概念是由 Bergey 先生与 Innovatio 的律师提出的（庭审笔录，第 591 页第 16 行–第 592 页第 3 行（Bergey））。另外，Bergey 先生承认他并不知道其他的案例或者学术论文中使用过特征因子的概念（参见同上，第 593 页第 4–22 行）。并且，他还承认自己并不知道在专利案件中这是否是一种适当的分摊方法。具体地，Bergey 先生的部分证言如下：

问：我的意思是你并不知道该方法在其他个案中被使用过，是吗？

答：是的，我并不精通于专利案件。

问：你这句话是什么意思？

答：我无法回答这种方法是否被广泛地使用。

问：你完全不知道这种方法曾经被使用过？

答：我不知道。

问：或者它是否是适当的方法？

答：它对于我来说符合逻辑，并且我知道这是个法律的新兴领域，充满了挑战，但是我同意这对于专家来说……

问：关于这个问题，你不是专家，是吗？对吗？

答：哪个问题？

问：关于这是否是一个应采用的正确方法的问题。

答：再次声明，我认为这是符合逻辑的，但是我认为这也取决于本案中的其他人决定他们想用什么方法。

问：因为你没有专门知识也没有经过相应的培训，所以你自己不能认定该方法是否是适当的，是吗？例如，你不是个律师？

答：我认为就我所接受过的教育而言我相信该方法是准确的，但就适当性而言，我不认为自己有资格认定。

（参见同上，第 592 页第 15 行–第 593 页第 15 行）。

Bergey 先生关于他用来得到 WiFi 特征因子的方法的证言，确认了他的方法并非根据明确的分析法得出，而是主观的猜测。例如，Bergey 先生仅仅通过评估接入点的"主要目的"是提供了 802.11 的功能，就认定接入点、无线电模块和适配器①的特征因子为 95%（参见同上，第 619 页第 13–17 行（"所以这个方法的剩余部分——我的意思是确实先要

---

① 适配器是一种能够独立购买、通过 USB 端口或其他端口插入计算设备以提供无线功能的设备（参见同上，第 666 页第 17 行–第 667 页第 5 行）。

看看产品并且确定，这个产品的唯一目的是 802.11 标准吗？如果是，那么很明显特征因子应该趋近 100%。接入点就是其中的一个例子"））。由此，Bergey 先生作证称，"假设保守地减掉 5%，这 5% 潜在地用于以太网例如电源的东西"（参见同上，第 627 页第 10–12 行）。减掉这 5% 并非是基于任何清晰的量化方法而得出，相反，仅仅反映出了 Bergey 先生考虑设备中区别于 802.11 的其他特征时的推测。

这种方法的问题在质证中也显现出来，Bergey 先生被问及接入点中的多个其他特征，这些特征要么不仅仅关于 802.11 连接性而增加了 802.11 接入点价值，要么对 802.11 功能没有直接贡献。例如，Bergey 先生作证称，接入点的 95% 的特征因子包括了"安装便捷、多功能简易支架"的价值，其是包含在 Cisco 的一种接入点中的（参见同上，第 803 页第 20–25 行）。特征因子还包含了连接到接入点的以太网连接的价值，其被另一技术标准一起涵盖，并且在 802.11 的范围之外（参见同上，第 803 页第 12–21 行）。这些特征与 802.11 连接性都没有关联，尽管这一事实不存在争议，但对于没有安装支架或以太网连接的接入点与有安装支架和以太网连接的同一接入点适用的特征因子相同，都是 95%。因此，Bergey 先生的方法不能精确地考虑接入点、无线模块以及适配器的非 802.11 特征所提供的价值。

作为另一示例，向 Bergey 先生呈现了另一个 Cisco 接入点，该接入点包含了提供"更快速的干扰解决与积极行动的故障排除技术"的软件特征（参见同上，第 807 页第 1–7 行）。Bergey 先生作证称，他并不认为该故障排除技术是 802.11 标准的一部分，尽管如此他仍然没有将其从特征因子中排除（参见同上，第 807 页第 10–18 行）。法院依据上述证言认定 Bergey 先生没有使用可靠的方法来计算接入点中可归于 802.11 标准、而不是制造商可能选择包含于接入点中的其他专有特征的价值。仅仅从接入点的价值中"保守地"折扣掉 5% 而未对其进行进一步论证，这是不恰当的。法院因此认定 Bergey 先生对接入点、无线模块和适配器的特征因子的分析是不可信的。

Bergey 先生对其他种类的被诉产品的特征因子的认定同样缺少可信的方法。例如，关于无线防火墙，Bergey 先生通过对于有 WiFi 的防火墙与其他没有 WiFi 的同样的防火墙进行对比，认定其特征因子为 20%–50%（参见同上，第 640 页第 1–22 行）。根据 Bergey 先生的观点，两种产品价格上的差别显示，在其他不变的情况下消费者愿意为 WiFi 特征支付的价格（参见同上）。然后，他将消费者愿意为 WiFi 支付的价格除以总价来确定其特征因子。这种方法可以为 Bergey 先生的观点假想地提供量化严谨性。然而问题在于他仅仅是通过在互联网上搜索（本案中数百个涉诉产品中的）来自单个销售商的九种所选择的产品的清单价格来获得价格数据（参见同上，第 641 页第 24 行–第 642 页第 14 行；PTX-1027.14–15）。即使其中一家制造商 SonicWALL 提供了有 WiFi 与无 WiFi 的产品的实际价格数据，Bergey 先生也无视该数据，而是使用其在互联网上通过搜索得到的价格（庭审笔录，第 643 页第 2–8 行，第 840 页第 17 行–第 841 页第 13 行（Bergey））。该清单价格系针对互联网上单个销售商处的少量产品，可能无法反映制造商对所有被诉产品所收取的实际价格，因此，这些数据根本不可靠。例如，一个问题是过去的定价数据可能与 Bergey 先生在互联网上找到的当前价格不同（参见同上，第 843 页第 14–25 行）。Bergey 先生结果得到的特征因子范围从 20%–50%，差别很大，该结果的不精确性也确认了数据的不可靠性。

Bergey 先生用了类似的方法来计算打印机的特征因子，结果为 10%–20% 或 50 美元。然而，关于打印机，Bergey 先生的意见是基于他在网上能够找到的仅仅四个有 WiFi 和无 WiFi 的产品价格（参见 PTX-1027.21；庭审笔录，第 673-677 页（Bergey））。法庭认定 Bergey 先生的意见所依据的数据点太少，因此缺少可信度。

Bergey 先生关于笔记本电脑的特征因子为 10% 的结论也不可靠，因为该结论仅仅是基于猜测得出的。对此，Bergey 先生作出如下证言：

问：鉴于缺少价格差额信息，你用来认定笔记本电脑的 WiFi 特征因子的信息是什么？

答：由于缺少价格差额，我用了多个输入。其中一个是，一些适配器或者在本案中定义为适配器周围提供的 ASP，该 ASP 的平均售价是 42 美元，非常类似于打印机的 50 美元梯度的 10%–20% 内。但是如我前面所说，打印机的连接性是趋于单频带、单空间流的，并且是可选的特征。但是笔记本电脑典型地是多空间流、多频带的产品，当前每秒即使不能处理千兆，也能处理近百兆流量。所以它更加先进，因此，我认为将 50 美元乘以 2 是适当的，因为其复杂性至少是单频带单空间流产品的两倍。

这就是我为什么提出 100 美元的原因，如果在本案中将之与 HP 笔记本电脑的平均售价 786 美元进行对比，稍高于 10%，但 10% 是保守的。

（庭审笔录，第 682 页第 5 行–第 683 页第 7 行（Bergey））。除了 Bergey 先生的关于对于消费者而言笔记本电脑的无线功能的价值两倍于打印机的无线功能的推测之外，法庭在其结论中未发现可靠的依据。之后，Bergey 先生在计算平板电脑的 20%–30% 的特征因子时又使用了该推测，依据是他"相信相比于笔记本电脑，WiFi 对于平板电脑甚至更重要，因为其更加便携"（参见同上，第 688 页第 23–25 行；另见同上，第 693 页第 6–14 行）。该推测不可信，并且无论如何都没有一个量化或者客观的方法来对 Bergey 先生观点进行评估。

同样地，基于其对 WiFi 重要性的主观印象，Bergey 先生认定像条形码扫描器这样的库存跟踪设备的特征因子为 30%–50%：

问：鉴于缺少价格差额信息，你如何认定这些设备中适当的 WiFi 特征因子？

答：因为像我所说的那样，通常，这些不仅仅是 802.11 设备，所以它们不能通过上述测试。但总体来说它们是具有双重用途的设备。一个同样是处理数据，另一个是传递数据。所以在这种情况下，需要进行对半分割。然而，有些设备不仅仅使用 802.11 作为连接功能，还具有蜂窝连接功能。所以在这种情况下，我认为认定其具有 30% 以上的特征因子更适当，因为无论数据最终去向是哪里，802.11 都不是唯一的传送回互联网的方式。

（参见同上，第 695 页第 11-14 行）。仅仅因为 WiFi 是产品中两种特征之一就认定特征因子为 50%，法院认为这种方法并不合理。未对两个特征的相对价值进行实质性的分析，结果就不可能可靠。例如按照 Bergey 先生的推理，汽车既有运输乘客又有收听广播的用途，那么车载无线电的特征因子也为 50%，很显然这是很荒谬的结论。总而言之，法院认定 Bergey 先生关于被诉设备的 WiFi 特征因子的证言没有可信度。[①] Innovatio 因此并未提出可信的方法来将被诉产品的价格向下分摊到 802.11 标准的价值。因为 Bergey 先生对于 802.11 标准整体价值的分摊是 Innovatio 分摊到专利特征的价值的关键部分，所以 Bergey 先生的失败使得 Innovatio 整个分摊分析注定失败。

B. Innovatio 的第二次分摊：许可基准费率

由 Innovatio 的许可专家 Larry Evans 进行的 Innovatio 第二阶段的分摊也存在问题。根据 Evans 先生的观点，受 WiFi 特征因子影响的被诉最终产品的价格应乘以 6% 的许可费率（庭审笔录，第 929 页第 2-7 行，第 1231 页第 19 行-第 1232 页第 4 行（Evans））。Evans 先生通过评估 Nettleton 先生认为等于或低于 Innovatio 专利价值的其他标准必要专利组合的可比协议，确定了 6% 的基准费率（参见同上，第 945-992 页）。

法院对于 Evans 先生通过基准许可费率来向下分摊到专利特征的做法存在两点担忧。首先，联邦巡回法院表达过对通过改变许可费率来进行分摊的做法的怀疑。例如，法庭在 *LaserDynamics* 案中解释道，专利权人不能仅仅"通过使用非常小的许可费率"来回避整体市场价值规则。参见 *LaserDynamics* 案，694 F. 3d，67；*accord Uniloc USA, Inc. v. Microsoft Corp.*，632 F. 3d 1292，1320（Fed. Cir. 2011）（"根据最高法院和本院的判例，不能通过主张一个足够低的许可费率来考虑仅存在微小专利改进的被诉产品的整体市场价

---

① Bergey 先生也多次表达，其特征因子是基于产品材料清单中专用于 WiFi 的部件的百分比来确定的（例如参见同上，第 622 页第 2-5 行）。然而，并没有证据证明专用于特定特征的部件的百分比与该特征对于消费者的价值相一致。

值"）。尽管本案中 Innovatio 并没有试图适用整体市场价值规则（参见庭审笔录，第 1484 页第 1-3 行），但是联邦巡回法院关于为考虑较大许可费基础而调整许可费率的担心在本案中依然适用。参见 *Cornell* 案，609 F. Supp. 2d，286（"不能仅仅因为调整了许可费率，就允许许可费基础过度包含了非侵权部件的销售获利"）。本质上讲，这种计算许可费的方法将许可费分析法中的两个阶段合并考虑，因此增加了错误的风险。

除此之外，法院认为 Evans 先生所提议的许可协议实际上对于 RAND 情况下的可比分析都是不恰当的，后文将会对此进行分析。参见本文第 IV. B 部分。因此，它们并不是可靠的基准，Innovatio 不能依据其从总的无线连接性价值中分摊出其专利组合的权利要求中的专利特征的价值。

总而言之，Innovatio 并没有向法庭提供合理合法的方法将被诉最终产品的价格分摊到 Innovatio 专利特征的价值。因此，本庭别无选择，只能采用制造商提出的基于 WiFi 芯片的价格来计算 RAND 许可费的方法。因此，在本意见书中，本庭会考虑将 WiFi 芯片的价格作为适当的 RAND 许可费基础。

III. Innovatio 的专利对于 802. 11 标准的重要性

A. 802. 11 标准的技术背景

法庭之前解释了 802. 11 标准的基础技术背景：

802. 11 标准确立了用于在本地区域的设备之间建立无线通信的协议。过去几年中 IEEE 对该标准发布了多次修订，这些修订通过字母命名为 802. 11a 或者 802. 11g……这些修订会被定期"积攒起来"然后做成标准的新综合版本而发布……①

在 802. 11 WLAN 上通信的一组设备或"站"被称为"服务集"。IEEE 标准 802. 11-2012 §4. 3. 1。在独立的基本服务集中，两个或更多个站直接相互通信。参见同上 §4. 3. 2。然而，更常见的是，站通过接入点进行通信，服务集中的许多站的通信可通过该接入点进行通信，以形成"基本服务集"。参见同上 §4. 3. 4. 1。服务集中可能有多个接入点。此外，接入点可以连接到"分发系统"（例如，到互联网的以太网连接），允许其与其他服务集中的其他接入点和站通信。参见同上 §4. 3. 6。802. 11 标准没有定义分发系统本身的任何功能。参见同上 § 5. 5（"对于【分发系统的】实

---

① 各种版本的标准均可在 http：//standards. ieee. org/about/get/（最近一次访问，2013 年 9 月 27 日）在线获得。为方便起见，同时也遵循行业惯例，法庭以其发布的年份引用标准的修订和卷装。例如，2012 版的标准的 §1. 1 将会被引用为 IEEE 标准 802. 11-2012 §1. 1。

施并未进行描述，超出了本标准的范围"）。服务集网络被称为扩展服务集。参见同上§4.3.4.2。

802.11 标准是一组业务规则，接入点用于在服务集中的站之间引导无线业务。因为无线设备通过无线电波进行通信，所以需要用于业务指引的协议。如果两个站试图在相同的射频上同时发送消息，则这些波将相互干扰（通常称为"冲突"），导致得到的消息不可理解。为了避免冲突，802.11 标准规定了一种媒体访问控制（MAC）协议，以确保一次只有一个站能发言，而其他站适当地进行监听。参见同上§§5-6。因为许多站是便携式和电池供电的，所以最小化电力使用是比较重要的。因此，802.11 MAC 协议包括以下规定：允许站点在不与接入点通信时"休眠"，并且以各种间隔"唤醒"以取回可能正在等待它们的任何消息。参见同上§10.2。

除了需要避免冲突之外，无线网络还面临着竞争的挑战，即在无线电波中包括尽可能多的信息以实现更快的信息传输。802.11 标准规定了几种不同的物理层（PHY）协议，规定了应该如何通过改变其频率、幅度或相位来在每个无线电波中编码信息。不同的 PHY 协议具有不同的优点。参见同上§7。例如，跳频扩频频谱 PHY 指示站基于预定的模式周期性地改变或"跳"频率，从而使得较少发生冲突。参见同上，§14 直接序列扩频频谱（DSSS）PHY 将每个数据位相乘，以确保如果某些位丢失，则接收站仍然可以解释该消息。参见同上§16。因此，替代发送"10"，设备可能发送"1111100000"。即使接收设备听到损坏的消息 1101100100，它仍然可以将消息解释为"10"。DSSS PHY 可靠，但以比其他 PHY 协议更低的速率发送信息。在另一示例中，正交频分复用（OFDM）PHY 定义了各种"符号"（包括一定频率和幅度的无线电波）以表示多个数据位。参见同上§18。因此，使用 OFDM 的站可以传输更大量的信息。2009 年对 802.11 标准的修订引入了高吞吐量（HT）PHY 规范，它同时使用多个天线在不同频率上传输，从而进一步提高数据传输的效率。参见同上§20.。

参见 *Innovatio IP Ventures* 案，2013 WL 3874042，＊5-6。

B. 本可以被标准采纳的替代技术

修改后的 *Georgia-Pacific* 要素 9 要求法庭考虑：相对于在标准被采纳之前的时期本可以替代专利技术而写入标准的替代方案，专利技术的实用性和效果。参见 *Microsoft* 案，2013 WL 2111217，＊19。可能的替代方案与假想谈判的相关性是显而易见的，因为本可以采纳到标准中的与专利技术同等有效的替代方案的存在，会使专利权人可以合理主张的许可费降低。原因是，如果专利权人要求的许可费过高，则标准制定组织就会采纳较低价格的另一种替代方案。因此，本庭在评估 Innovatio 的专利对 802.11 标准的贡献时，将考虑本可以采纳到标准中的替代方案的存在。然而，当事人对本庭应当如何评估潜在的替代方案提出两个重大争议。

首先，当事人对于本庭应如何看待已获得专利权因此不会免费供公众使用的替代方案持不同意见。制造商认为，专利技术可以被认为是一种替代方案，它可以像公共领域的技术一样有效地降低价格。为了支持这一观点，Leonard 博士作证：经济模型表明，如果两个被授予专利并同样有效的替代方案的成本相同（即收取相同的许可费），那么两个专利权人将会将价格谈判至几乎为零（忽略实施替代方案的成本），因为他们都希望将其技术纳入标准，并且知道如果不将其技术纳入标准，他们的技术将几乎没有价值（庭审笔录，第 2004 页第 2 行–第 2005 页第 6 行，第 2078 页第 15 行–第 2079 页第 22 行（Leonard））。因此，制造商认为，在事先假想谈判中，即使是被授予专利权的替代方案也可以有效降低价格。

相比之下，Innovatio 认为，没有专利权人会接受实际为零的许可费，因为创新者必须因其工作而得到补偿，否则他们不会参与标准。正如 Teece 博士所说，两位专利技术的专利权人将谈判达到几乎为零的经济模型，是基于价格是唯一的谈判因素这一不合情理的假设（庭审笔录，第 199 页第 10 行–第 200 页第 16 行（Teece））。本庭同意，在现实世界中，专利权人接受几乎免费许可其技术是不合情理的。此外，即使假设专利权人同意基本上放弃技术使其被纳入标准，专利权人的这种低回报也将使未来的创新者不再有动力投资新技术，并将其技术贡献给未来的标准（参见同上，第 200 页第 17 行–第 201 页第 1 行）。因此，法院会考虑获得专利权的替代方案，但将认识到，在假想谈判中，它们不会像公共领域的技术一样程度地降低许可费。换句话说，与在公共领域存在替代方案相比，专利替代方案的存在并没有提供那么多的理由来降低 Innovatio 的专利价值。

其次，当事人争议，在标准采纳时为公众所知的所建议的替代方案（例如通过其在行业期刊中的出版）是否足以构成对于 IEEE "可用" 的替代方案。① 制造商的立场是，任何公共可用的替代方案都可以被纳入标准。相比之下，Innovatio 认为，仅当有证据表明

---

① Shoemake 博士作证说，802.11 标准是由 "分委员会" 的一组工程师设立的，该分委员会征求解决特定领域的提案（庭审笔录，第 1310 页第 1–14 行）。由于征求提案的结果，行业参与者向分委员会提交提案（参见同上，第 1310 页第 15–19 行）。分委员会成员有时候多次投票，直到全体对于一提案达成了 75% 的共识（参见同上，第 1310 页第 20 行–第 1311 页第 10 行）。如果达成了 75% 的共识，提案才会被采纳（参见同上）。整个过程通常需要数月或数年才能采纳标准的特定部分（参见同上）。由于 75% 的共识要求，分委员会往往必须合并或更改不同的提案，使其能够让更多的人接受（参见同上，第 1311 页第 1 行–第 1312 页第 1 行）。为简单起见，法庭以 "IEEE" 指代考虑 802.11 提案并采纳标准的机构，尽管其是较大的 IEEE 组织内实际执行工作的分委员会。

IEEE 积极考虑在设定标准时将其作为评议的一部分时，其他替代方案才可用。

制造商的立场似乎是基于这样的认知：关于什么是可替代方案的认定类似于关于在无效分析时什么构成现有技术的认定。参见 *Voter Verified*，*Inc. v. Premier Election Solutions*，*Inc.*，698 F. 3d 1374，1379（Fed. Cir. 2012）。然而，在确定什么构成现有技术时，法院的调查是基于确定专利权人是否有权获得其主张的发明的权益的法定要求所驱动的。参见 35 U. S. C. §102（如果"在所要求保护的发明的有效申请日之前，所要求保护的发明已被授予专利、在印刷出版物中描述、已公开使用、销售或以其他方式为公众所知"，则其没有权利获得专利）。相比之下，在确定"RAND"许可费时，法庭的目标是重建就在该标准被采纳之前当事人之间的貌似合理的假想许可谈判。作为这种假想 RAND 谈判的一部分，当事人无疑会讨论专利发明被纳入标准的可能性。作为讨论的一部分，他们将考虑 IEEE 可采用的其他替代方案。然而，如果提出的替代方案从没有提交给 IEEE，那么主张这样的技术作为貌似合理的替代方案成为一个有效的协商点是不可能的，因为 IEEE 极不可能采用这种替代方案。[①] 此外，IEEE 根本没有考虑过的替代方案也不可能像标准中采用的专利技术一样有效。法院不会事后臆测参与制定 802. 11 标准的许多工程师和技术人员的技术专长，而是认为在 IEEE 关于该标准的审议中甚至不值得提及的技术不可能成为纳入标准的重要竞争者。因此，本院将仅考虑标准制定组织在确定是否存在本可以被纳入标准的专利技术的替代方案时所考虑的技术。

关于替代方案的最后一点，Nettleton 博士作证称，Innovatio 的信道共享和休眠专利族可以"追溯"到 1997 年采用的 802. 11 标准版本（庭审笔录，第 309 页第 13-23 行（Nettleton））。法院认为该证词意味着，1997 年标准制定组织被锁定使用信道共享和休眠专利族专利。因此就这些专利族的分析，法院评估了 1997 年可用的替代方案。Nettleton 博士作证说，多收发器专利族可"追溯"到 1999 年采纳的 802. 11 标准版本，因此，法院将对 1999 年该专利族的替代方案进行评估（参见同上）。为了评估 Innovatio 的多收发器专利族，法院还将假定，1997 年假想谈判的当事人将意识到 1999 年可用的替代方案。

C. Innovatio 的专利

为了 RAND 审判的目的，各方将 Innovatio 的专利分为四个"专利族"，每一个反映与 802. 11 操作的一个领域相关的一组功能。通过审判的方式，双方达成一致，即制造商的所

---

① Shoemake 博士至少描述了两个实例，他知道 IEEE 采纳了没有正式提交至 IEEE 的替代方案，该替代方式出自群组的集体智慧（庭审笔录，第 1325-1327 页）。然而，在这一点上，这些替代方案被 IEEE 标准机构明确考虑，因此不再仅仅是那种在某个地方"公众可知"的知识。

有被诉产品均不实施 Innovatio 的网格专利族所适用的 802.11s 标准。① 因此，双方同意，在确定 RAND 费率时，法庭不需要考虑 Innovatio 的网格专利族（庭审笔录，第 2330 页第 1-20 行）。因此，本院在本案中裁定的 RAND 费率并不反映 Innovatio 的网格专利族的价值。法庭现在将评估每个专利族对 802.11 标准的重要性。

1. 信道共享专利族②

Innovatio 的专家 Nettleton 博士作证称，信道共享的专利族包括促进多个设备在单个无线电频率上通信并同时避免冲突的专利。当两个设备同时在同一频率上同时发送时，会发生冲突，导致信号干扰，使得对于其他设备难以理解该信号（庭审笔录，第 1548 页第 14 行-第 1549 页第 13 行（Wicker））。尤其是，这些专利涉及标准的四个特征，Nettleton 博士标记为 RTS/CTS、CTS to Self，Block Ack 和 PS-Poll③（庭审笔录，第 364 页第 3-8 行（Nettleton）；也参见同上第 314-319 页）。

RTS/CTS 是指一种解决"隐藏节点问题"的方法（参见同上，第 312 页第 9-15 行）。隐藏节点问题是指两个终端都在接入点的范围内但超出彼此范围的情况（参见同上，第 312 页第 17-23 行）。因为不是每个终端都能监视来自另一个终端的传输，所以它们可能每次都尝试同时进行传输，导致冲突（参见同上）。

RTS/CTS 系统通过要求终端在发送之前向接入点预约通信介质或射频信道来解决该问题。正如 Nettleton 博士所解释的，"RTS"代表"请求进行发送"，"CTS"代表"允许发送"。实质上，在 RTS/CTS 系统中，希望向接入点发送消息的"终端 A"必须首先发送 RTS。只有在接入点接收到 RTS 并发回 CTS 作为响应后，终端 A 才能发送其消息。因为所有终端都在接入点的范围内，所以所有终端都将听到 CTS，通知它们终端 A 将会发言持续多长时间，基本上清空用于传输的介质，从而避免隐藏节点问题。在从终端 A 到接入点的数据传输之后，接入点将发送确认以指示其接收到消息（参见同上，

---

① 网格专利族包括以下权利要求：
'154 专利，权利要求 1-7；
'636 专利，权利要求 1-13；
'746 专利，权利要求 13-17；以及
'165 专利，权利要求 16-20。
② 信道共享专利族包括以下权利要求：
'559 专利，权利要求 6-8；
'002 专利，权利要求 1、2、4、6、7、14、16、18 和 19；
'921 专利，权利要求 1-5、7 和 8；
'553 专利，权利要求 10-12、17、19 和 20；
'747 专利，权利要求 1-3、5-8、11、13、16、17 和 20-25。
③ 尽管 Nettleton 博士将 PS-Poll 列为信道共享专利族功能的一部分，但它主要涉及休眠专利族，法庭将作为休眠专利族评估的一部分而评估 PS-Poll。

第 315—316 页）。

类似地，CTS to Self 功能允许接入点通过向其他设备指示其意图传输数据分组多长时间而为其传输预留介质（参见同上，第 318 页第 20—25 行）。Block Ack 的特征通过等待直到接收者收到多个数据分组的"块"、然后发送接收到它们全部的单个确认，允许系统更有效地工作（参见同上，第 319 页第 1—8 行）。[①]

Nettleton 博士作证称，隐藏节点问题是无线网络中的一个重要问题（庭审笔录，第 315 页第 13—15 行（Nettleton））。他还指出，2012 年在 *Smart Computing Review* 中的文章中得出结论，"隐蔽节点是一个根本问题，会潜在影响任何无线网络，使其节点之间相互听不到"。参见 L. Boroumand, *A Review of Techniques to Resolve the Hidden Node Problem in Wireless Networks*, SMART COMPUTING REV., 2012. 4, 95, 96。[②] 另外，文章引用研究表明，由于隐藏节点问题，40% 的数据分组丢失，损害了网络的效率。参见同上。

相比之下，Wicker 博士作证称，RTS/CTS 机制很少用于典型的商业或消费者的情况（如星巴克咖啡店内），因为空间足够小，足够开放，很少有隐藏的终端（庭审笔录，第 1562 页第 12 行—第 1564 页第 1 行（Wicker））。此外，在这种情况下，通常，更有效地是简单地传输数据分组，而不是以不必要地消耗带宽并使得网络低效的 RTS/CTS 通信来作为前导（参见同上）。因此，大多数无线设备可以关闭 RTS/CTS 功能，或将其设置为仅在传输更可能引起冲突的大型数据分组时才起作用（参见同上，第 1567 页第 3—11 行）。

802.11 标准本身证实了 Wicker 博士的证词。标准的第 9.2 节规定了：

> RTS/CTS 机制不能用于具有广播和多播即时地址的【数据单元】，因为 RTS 有多个目的地，因此潜在地有 CTS 的多个并发发送者作出响应。RTS/CTS 机制不需要用于每个数据帧传输。因为额外的 RTS 和 CTS 帧增添了开销的低效率，所以该机制并不总是合适的，特别是对于短数据帧更是如此。

IEEE 标准 802.11-1997 § 9.2。因此，每当一个终端正在发送到多个接入点时，就不能使用 RTS/CTS 机制，并且当通信涉及短数据帧时，该机制可能是低效的。该标准还确认，RTS/CTS 只是标准的附加功能，不需要始终打开，因为"IEEE 802.11 MAC 的基本接入

---

① Wicker 博士提供了一般的证词，表明 Innovatio 的专利没有发明 RTS/CTS、CTS To Self、Block Ack 和 PS-Poll（庭审笔录，第 1558 页第 22 行—第 1560 页第 11 行（Wicker））。然而，当被问及专利发明了什么的时候，Wicker 博士说："专利发明了一种信息交换，尝试提醒他人并预留信道。换句话说，是为了防止其他站点跳入两站点之间的沟通中"（参见同上，第 1560 页第 5—1 行）。对于发明的这种描述似乎仅仅在一般级别上描述了 RTS/CTS 和 CTS to Self 功能。Wicker 博士说，Innovatio 没有发明专利功能，在没有关于 Wicker 博士的上述发言的含义的进一步证言的情况下，法庭将在这一点上不全信他的证词。

② 此文章为 PTX-652。

方法是称为具有冲突避免的载波侦听的多址（CSMA/CA）的【分布式协调功能】"，其是不同的 MAC 协议。参见同上，§9.1.1。

不过，Wicker 博士承认，RTS/CTS 可能是一个有用的机制，特别是在较大的环境或者有障碍的环境中，如可能存在隐藏节点的工厂车间（庭审笔录，第 1563 页第 20 行-第 1564 页第 1 行（Wicker））。该证词与当事人提交的"嗅探"数据一致，其提供了在商业环境中通过某些 802.11 网络传输的分组类型的分析。参见 *In re Innovatio IP Ventures, LLC Patent Litig.*，886 F. Supp. 2d 888，890（N. D. Ill，2012）（描述嗅探以及授权允许本案中当事人在公共网络进行嗅探的协议）。制造商提交了来自六个随机选择的嗅探器的数据，表明在网络上发送的所有分组中最多只有 0.12% 是 Block Ack 消息，而 0.23% 是 RTS 消息（庭审笔录，第 1582-1583 页（Wicker）；DTX-514；DTX-518；DTX-519；DTX-521；DTX-525；DTX-538）。相比之下，Innovatio 提交了其他选择的例子。在一个示例中，RTS 分组包括大约 20% 的所发送的数据分组和大约 4% 的所有分组[①]（庭审笔录，第 1764 页第 1 行-第 1767 页第 3 行（Wicker）；DTX-925K）。在另一个示例中，RTS 分组包括 45% 的数据分组和大约 6% 的所有分组（庭审笔录，第 1768 页第 15 行-第 1729 页第 21 行（Wicker）；DTX-925L）。在另一个例子中，CTS 分组包含 25% 的数据分组和 10% 的所有分组（庭审笔录，第 1770 页第 12 行-第 1771 页第 9 行（Wicker）；DTX-925M）。在最后的例子中，使用 Block Ack 特征确认了大约 9% 的所有分组（庭审笔录，第 1771 页第 21 行-第 1773 页第 9 行（Wicker）；DTX-925N）。

证词提到，信道共享专利族的专利特征不频繁使用，但在某些情况下它们可以非常有用，以便对使用 802.11 标准的通信增加额外的效率和可靠性，嗅探数据与上述证词一致。换句话说，这些专利描述了解决隐藏节点问题的一种高效可靠的方法，该隐藏节点问题是至少一些网络中的主要障碍。然而，该解决方案并不是在所有情况下都可行的，并且由于需要传输额外的帧，因此偶尔会低效。因此，网络不需要一直实施。尽管如此，Innovatio 信道共享专利族可以减少数据分组冲突并消除拥塞，从而提高给定无线网络中无线通信的可靠性和效率。鉴于所有证据，法院认定，Innovatio 的信道共享专利族对于标准的重要性为中等至高等。

Wicker 博士提出了几种替代方案来替代 Inovatio 信道共享专利中的特征，解决隐藏节点问题。第一个替代方案是"点协调功能"或"PCF"，其中接入点如果有某些要发送的

---

①　Wicker 博士认为，将 RTS 分组或 CTS 分组的数量与数据分组的数量进行比较，而不是与发送的所有数据分组进行比较，这不是一个适当的比较（庭审笔录，第 1855 页第 2-19 行（Wicker））。由于 RTS/CTS 机制潜在地只能在每次无线站点要发送数据分组时才使用，因此，法庭认为 RTS 分组与数据分组的比率是相关的比较。该比率应大致表示在可能使用的次数中使用 RTS/CTS 的次数的比例。

信息，则依次询问网络中的每个终端，而不是等待终端预留接入介质（庭审笔录，第 1594 页第 9-13 行（Wicker））。PCF 是被选为 802.11 标准中的可选的替代方案，如果 Innovatio 专利的特征不在标准中，则可以使用它。参见 IEEE 标准 802.11-2012 § 9.2.3。Wicker 博士作证，PCF 在高流量的情况下效率更高，但在其他情况下效率较低（庭审笔录，第 1594 页第 22 行-第 1595 页第 5 行（Wicker））。同样地，Wicker 博士提出了 MSDU 聚合，这是 Block Ack 的替代方案，它也减少了必须发送的确认数量（参见同上，第 1615 页第 16-20 行）。MSDU 聚合也在标准中。IEEE 标准 802.11-2012 § 9.8。在 MSDU 聚合中，数据捆绑在一起成为少量的大分组，并且每个大分组只需一次确认（庭审笔录，第 1802 页第 24 行-第 1804 页第 16 行（Wicker））。然而，更大的分组具有更大的可能性出错，因为其他终端可能在正发送大分组的更长的时间段期间尝试访问介质（参见同上，第 1804 页第 17- 23 行）。去除 Innovatio 的信道共享专利，而依靠 PCF 或 MSDU 聚合，将从标准中删除一些功能。因此，PCF 和 MSDU 聚合不是可以用于替代 Innovatio 的信道共享专利的专利特征的等效替代方案。

作为另一种替代方案，Wicker 博士提出了替代系统"忙音多址接入"或"BTMA"，其中可用带宽的一个子信道专用于每当终端正使用通信介质时发送"忙信号"（参见同上，第 1596 页第 9 行-第 1597 页第 19 行）。BTMA 不在标准中，而是在 1975 年 12 月 Fouad A. Tobagi 和 Leonard Kleinrock 的论文中提出（DTX-383）。该论文在 1994 年提交给 IEEE 802.11 标准制定组织的脚注中被引用，其提出了一种系统，其中"预计的用户倾听安静的信道（或不倾听）并将消息发送到已知的对等站"（DTX-1093）[①]。然而，在这种情况下，专用于忙信号的带宽的子信道不可用于传输信息，从而消除了系统发送信息的一部分能力（庭审笔录，第 1599 页第 9 行-第 1600 页第 4 行；第 1600 页第 17-21 行（Wicker））。再次说明，Innovatio 的专利是一个优秀的替代方案。

Wicker 博士接下来提出了 Block Ack 的替代方案，称为混合 ARQ（自动重发请求），其被描述为"一种形式的检错和纠错"（庭审笔录，第 1617 页第 5-6 行（Wicker））。在混合 ARQ 下，终端将检测到作为冲突的一部分的数据分组自身有错，并将请求重传该数据分组（参见同上，第 1617 页第 5-12 行）。混合 ARQ 在 IEEE 标准制定组织的 1992 年会议上进行了讨论，如会议纪要所示（DTX-1097, 17）。然而，那些纪要表明，对于某些情况下

---

　　① 　Wicker 博士在审判中提出了有关是否向 IEEE 提出各种替代方案的证据（庭审笔录，第 1610 页第 3 行-第 1611 页第 21 行（Wicker）（描述 1994 年提交的意见书））。Innovatio 在审判中反对该证词，理由是超出了 Wicker 博士的报告中的意见范围（参见同上，第 1603 页第 5-9 行）。制造商回答说，Wicker 博士的报告确实解释了他对现有替代方案证明的见解，只有在审判过程中法庭明确了其不会考虑没有提交给 IEEE 的替代方案的立场之后，关于 IEEE 提交的证词才变得必要（参见同上，第 1606 页第 9-23 行）。在回顾了 Wicker 博士的报告后，法庭驳回了 Innovatio 对于关于将建议的替代方案提交给 IEEE 的证词的反对意见。

的传输，"ARQ 会降低效率"。因此，法庭认定它不如 Innovatio 的 Block Ack 那么有效。

最后，Wicker 博士提出了跳频技术，该技术在原始版本的 802.11 标准中采用，目前在 2012 版本的标准的第 14 章中（庭审笔录，第 1620 页第 12 行–第 1622 页第 9 行（Wicker））。在跳频下，传输在多个频率上发送。因此，如果两个传输发生冲突，则它们在不同的跳频模式下发生冲突，并且接收终端通常可以解密想要的消息（参见同上，第 1621 页第 11–17 行）。然而，Dr. Wicker 也作证了，跳频使用额外的带宽（参见同上，第 1620 页第 12–14 行），并且采用跳频需要对标准进行额外的更改（参见同上，第 1808 页第 16–18 行）。此外，2012 年版本的标准的第 14 章规定，"本条款中描述的机制已经过时"，随着时间的推移，提出了跳频在标准中的存活性的问题。IEEE 标准 802.11–2012 § 14.1。因此，法庭认定，跳频不能与 Innovatio 的信道共享专利族中的特征提供全部相同的优势，Innovatio 的信道共享专利族是一个更好的替代方案。

综上，本庭认定，虽然一些所提出的替代方案可以提供专利特征的一些功能，但是没有一个能够提供 802.11 标准结合 Innovatio 的信道共享专利族后的特征所具有的全部灵活性和功能性。因此，这些提供的替代方案并不会改变法庭的结论，即信道共享专利族对 802.11 标准具有中等至高等的重要性。

2. 多收发器专利族①

多收发器专利族涉及要求保护用于操作具有多个收发器或无线电的接入点的方法的专利。由于本专利族在法庭早期的必要性审判中就是一个争议点，因此法庭已经描述了本专利族的总的益处：

> 根据 '536 专利，该设置"将大大提高特定接入点的可靠性，并提高整个网络的可靠性。"参见 '536 专利 col. 5 ll. 23–25。益处来自各种不同的机制。接入点的每个收发器可以在每个信道上接收不同质量的信号，例如允许控制电路选择监听更强的信号。参见同上，col. 5 ll. 64–67 & col. 6 ll. 1–7。替代地，接入点可以通过一个收发器进行传输，并监听另一收发器上的消息，以确定是否发送了正确的消息。参见同上，

---

① 多收发器专利族包括以下权利要求：

'397 专利，权利要求 1–5；

'893 专利，权利要求 7–11；

'536 专利，权利要求 1、5、8、10、11、13–17、19–21、23、24、27、30、32、36、37、39–42、49 和 50；'415 专利，权利要求 11、12 和 15；

'138 专利，权利要求 1、5、8、10、11、13–15、17、18、21、24、26、28 和 36–39；

'907 专利，权利要求 1、7、10、12–13、15–17、20–21、23–24、30、33、35–36、38–40、43–44 和 46–50；

'052 专利，权利要求 1、5、6、8–12、15 和 16；以及

'935 专利，权利要求 1、5、6、8–12、15、16、25、28、32–35、37–42 和 44–47。

col. 6 ll. 47–49。在另一个实施例中，每个收发器可以在单独的频率上发送不同的信息，以最小化同时都在尝试与接入点通信的两个设备的传输之间干扰的可能性。参见同上，col. 8 ll. 36–43。

Innovatio IP Ventures 案，2013 WL 3874042，＊13。总之，在一个接入点使用多个收发器的能力允许网络以两个频率（通常一个在 2.4GHz 频带中，一个在 5.0GHz 频带中）进行传输，大大提高了网络的可靠性和效率，并允许它在更短的时间段内传输更多的数据（庭审笔录，第 332 页第 4–20 行；第 376 页第 1–7 行（Nettleton）；庭审笔录，第 1651 页第 18–25 行（Wicker））。此外，在 2013 年 7 月的必要性审判中，法庭认定事实如下：

> 对于 802.11 标准的 2009 年修订定义了 802.11n 标准，其清楚地表明，至少在标准的可选项中，需要使用双收发器。2009 年修订引入了一种称为"高吞吐量物理层（PHY）"的新功能。IEEE 标准 802.11–2009，1（"Amendment 5：Enhancements for Higher Throughput（修订 5：对于更高吞吐量的增强）"）。高吞吐量定义了允许以比以前版本的标准更高速率传输数据的特征。参见同上，§5.2.9（"IEEE 802.11【高吞吐量站】提供物理层（PHY）和介质访问控制（MAC）特征，可以支持 100 Mb/s 和更高的吞吐量，如在 MAC 数据服务接入点（SAP）所测量的"）。高吞吐量 PHY 通过使用"多输入多输出（MIMO）操作"和"空间复用"等创新实现了这一点。参见同上，2009 年修订将 MIMO 定义为"物理层（PHY）配置，其中发射机和接收机都使用多个天线"，参见同上，3.237，并且空间复用作为"传输技术，在通过在发射机和接收机处使用多个天线提供的多个空间信道上发送数据流。"参见同上，§3.248。

Innovatio IP Ventures 案，2013 WL 3874042，＊14。Nettleton 博士解释说，802.11n 标准中使用多个收发器还允许设备向后兼容 802.11 标准的早期版本，只要其中一个天线可以使用早期协议与设备进行通信（庭审笔录，第 332 页第 15–20 行（Nettleton））。因此，多收发器专利对于该标准的 2009 年修订的关键部分是必要的，使得能够实现多种益处。

Wicker 博士作证说，802.11n 标准中有其他各种机制标准设计为向后兼容（庭审笔录，第 1652 页第 9–23 行（Wicker））。然而，他没有解释是否必须使用所有这些机制以使 802.11n 设备向后兼容，还是在保持向后兼容性时其中一些可以省略。因此，法庭认为，Wicker 博士并没有对于多收发器专利族提供一个合理的替代方案，提供相同的向后兼容性。

此外，Wicker 博士作证说，有其他各种方法不必使用多个收发器就能增加无线网络的吞吐量，使得它可以传输更多的数据（参见同上，第 1652 页第 15 行–第 1653 页第 13 行；

第 1658 页第 20 行–第 1659 页第 21 行）。例如，他列出使用更高阶调制方案，使用替代信道编码，增大信道的带宽，增大信号功率，并降低噪音和其他干扰（参见同上）。显然，许多替代方案有其自己的缺点，例如需要额外的带宽或提高了传输干扰其他信号的可能性。无论如何，所有这些技术都是网络运营商可以用于提高吞吐量的，而无论接入点具有一个还是多个收发器（庭审笔录，第 335 页第 3–9 行（Nettleton）；庭审笔录，第 1820 页第 20 行–第 1821 页第 1 行（Wicker））。还没有证据表明这些替代方案保证了多个收发器的所有灵活性，例如允许接入点监听两个信号并选择监听更强的信号。因此，Wicker 博士的用于提供额外吞吐量的替代方案并不是多收发器专利的完全替代方案。[①]

然而，制造商却辩称，其他提高吞吐量的方法的可用性会降低 Innovatio 在假想谈判中为其专利可能收取的价格。制造商辩称，如果 Innovatio 收费过高，则标准制定组织可以选择使用其他方法来提高吞吐量。另外，鉴于使用多收发器的其他益处以及不将如此有效提高吞吐量的手段排除于标准之外的期望，标准制定组织在某种程度上不会愿意选择这种替代方案。因此，提高吞吐量替代手段的存在可能会使 Innovatio 为其多收发器专利收取的价格略有下降，但不会完全破坏其在事前谈判中的价值。

Wicker 博士还引用了 1989 年 8 月 28 日提交的美国专利第 5，101，406 号的"消息收发器专利"，公开了一种用于在无线网络中使用多个收发器的系统（在任何 Innovatio 的专利的申请日之前）（庭审笔录，第 1653 页第 18 行–第 1654 页第 7 行，第 1665 页第 7 行–第 1668 页第 14 行（Wicker））。根据 Wicker 博士的观点，消息收发器专利表明 Innovatio 的专利不是第一个使用多个收发器的专利，并且该消息收发器专利提供了一个可以替代 Innovatio 的专利使用的可行替代方案。然而，Nettleton 博士作证，消息收发器专利考虑分割现有频带，而不是同时使用 2.4 GHz 和 5 GHz 频带，从而使用较少的带宽并且总体上传输较少的数据（庭审笔录，第 429 页第 11–17 行（Nettleton））。[②] 另外，消息收发器专利教导每个站在发送到接入点之前随机选择频率。'406 专利摘要；也参见（庭审笔录，第 429 页第 3–10 行（Nettleton））。根据 Nettleton 博士的说法，这种"终端驱动的"系统不是设置多址系统的有效方式，因为接入点不能启动与终端的通信（庭审笔录，第 429 页第 3–10 行，第 500 页第 20–25 行（Nettleton））。Wicker 博士没有令人信服地反驳这些主张。因此，法庭认定，消息收发器专利没有提供与 Innovatio 专利所教导的系统一样有效的

---

① Wicker 博士还提出了仅使用 5 GHz 频带而不是 2.4 GHz 频带的替代方案（庭审笔录，第 1659 页第 17–21 行（Wicker））。显然，该替代方案比使用 2.4 GHz 和 5 GHz 频带两者提供的吞吐量更低，因此效果不好。

② Nettleton 博士还证实，如果要在两个独立的带宽上运行消息收发器专利系统，则需要在每个站点安装多个收发器，而 Innovatio 专利仅在每个接入点需要多个收发器。（参见同上，第 430 页第 4–12 行）。在每个站点中安装多个收发器可能会给无线系统增加额外的费用，因此构成了消息收发器专利系统的缺点。

系统。

尽管如此，消息收发器专利至少表明，除了 Innovatio 专利之外，在无线网络中使用多个收发器的概念是众所周知的。因此，Innovatio 专利提供的价值不是使用多个收发器的概念，而是有效实施该概念以高效扩展和增强通信能力的手段。这一贡献是重要的。

考虑到上述所有证据，本庭认定，Innovatio 在多收发器专利族中的专利对于 802.11 的重要性为中等至高等。这些专利对于在无线网络中使用多个收发器是必要的，该创新有许多优点，包括提高系统的吞吐量。Innovatio 的专利并不是产生使用多个收发器的想法，而是教导了一种实施这一想法的有效方法。最后，其他提高吞吐量的方法提供了多收发器专利的一些优势，因此略有降低其重要性。所有这些因素相结合，表明多收发器专利族对 802.11 标准的重要性为中等[①]。

3. 休眠专利族[②]

休眠专利族要求保护一种方法，用于通过在断电状态下操作、但周期性唤醒以确定在接入点是否有消息等待它们，允许站点省电。法庭已经在必要性审判中总体描述了 802.11 休眠功能的操作：

802.11 MAC 层包括用于省电（PS）功能的协议，允许电池供电的站通过保持"休眠"并周期性"唤醒"以从接入点接收消息来节省电力。802.11 标准规定站点唤醒仅是为了从接入点接收选定的信标。如果信标指示接入点具有用于站点接收的数据消息，则该站保持唤醒，否则返回休眠，并且唤醒仅为了接收下一个调度的信标。802.11 标准的 2007 年修订的表 11-1 描述了以 PS 模式运行的站点：

站点（基于 ListenInterval 参数……）监听选定的信标帧，并且如果……最近的信标帧指示【等待发送到站点的数据】，则发送 PS-Poll 帧到【接入点】。【接入点】应仅响应于来自该【站点】的 PS-Poll，发送【数据】到 PS【站点】……在 PS 模式下，

---

① 制造商提出了单一的"嗅探"文件的证据，其中很少数据在 5 GHz 频带发送（DTX-1071；庭审笔录，第 1654 页第 8 行-第 1655 页第 23 行（Wicker））。然而，记录中没有证据表明该文件是如何被选择的，或者是否具有代表性。因此，法庭在评估多收发器专利族的重要性时，不全信这种嗅探的证据。

② 休眠专利族包括以下权利要求：

'366 专利，权利要求 5-16、19-29 和 32；

'771 专利，权利要求 1-7；

'311 专利，权利要求 20-24、26-30、32-37、39-41、43-51、53-56、60、64；

'646 专利，权利要求 14-22、26-35、39、40、43-45、47、49-51、53-56、59-64、66-69、71-73、79、82-94、98-104、107、108、111、112、114-123、125-128、130、135-137、143、144；

'167 专利，权利要求 73-77、79-83、85、89-97、100、102-107、109-113、115、119-127、130、132-134 和 203；

'343 专利，权利要求 1-6、8-12、15-20、22、23、25、28-36、38-42、45-50、52、53、55 和 58-60。

【站点】应处于打盹状态，**并应进入唤醒状态以接收所选择的信标帧**，以在特定接收到的信标帧之后接收广播和多播传输，以传输和等待对所发送的 PS-Poll 帧的响应……

参见 IEEE 标准 802.11-2007 § 11.2.1.1（添加了重点）。

Innovatio IP Ventures 案，2013 WL 3874042，* 20-21。节省电力的好处对于电池供电的设备来说是显而易见的，其可以更长时间地工作，而不需要对电池充电。因此，虽然 802.11 标准中使用休眠功能是可选的，但绝大多数 802.11 电池供电的设备均予以采用（庭审笔录，第 336 页第 8-20 行（Nettleton））。Nettleton 博士作证说，休眠模式的省电功能对于电池运行的 802.11 设备的成功是必要的（参见同上）。

然而，Wicker 博士作证，Innovatio 的休眠模式专利只占实现 802.11 标准的休眠模式功能所必需的技术的一部分（庭审笔录，第 1625 页第 13-18 行（Wicker））。Nettleton 博士同意（庭审笔录，第 374 页第 12-18 行（Nettleton））。例如，Innovatio 的专利涵盖了以下交换等：接入点发送带有"业务量指示图"或"TIM"的信标，以指示站点是否具有任何缓冲消息，并且站点用 PS-Poll 响应，以指示其准备好接收那些缓冲消息的数据传输（参见同上，第 374 页第 24 行-第 375 页第 2 行；庭审笔录，第 1628 页第 14 行-第 1629 页第 4 行（Wicker））。因此，它们涵盖允许休眠站点在唤醒期间从接入点获取消息的休眠模式之一部分。

Wicker 博士介绍了 Innovatio 的休眠专利的几种替代方案。第一个是美国专利第 5029183 号的"Tymes 专利"。该专利于 1989 年提交并于 1991 年授权，早于 802.11 标准被采纳。Tymes 专利教导了一种系统，其中站点在每次唤醒时发送"NOP"或"无操作"信号以便接入点可以在此后向站点发送数据，而不是在站点具有待处理的消息时使得接入点向唤醒的站点发送带有 TIM 的信标（庭审笔录，第 1627 页第 15 行-第 1628 页第 8 行（Wicker）；另见同上，第 1640 页第 15-17 行（"所以基本上有一个空的数据分组表示我在这里并且我醒了，如果有任何等待消息，将在收到该数据分组后发送消息"））。根据 Wicker 博士的说法，Tymes 专利系统比 Innovatio 的专利系统"灵活一些"，因为"相对于要求该单元在特定的固定时间唤醒，【NOP】几乎可以在任何时间发送"（参见同上，第 1642 页第 1-4 行）。

然而，Tymes 专利的一个缺点是它仅允许站点而不是接入点来发起通信（参见同上，第 1818 页第 22 行-第 1820 页第 9 行）。替代地，Wicker 博士作证，Tymes 专利系统可以"转身"，以便通信可以开始于接入点而不是站点（参见同上，第 1819 页第 7-12 行）。然而，与接入点可以发送 TIM 或站点可以发送 PS-Poll 的 Innovatio 系统不同，Tymes 专利不允许双向初始通信（参见同上，第 1819 页第 13 行-第 1820 页第 1 行）。法庭假定，限制对 Tymes 专利造成了一些不利影响，尽管当事人没有提供证据说明这些不利影响有多严重。

暂且不论 Tymes 专利的相对优势，没有证据表明 Tymes 替代方案已提交给 IEEE 标准制定组织。制造商指出 1993 年 7 月提交给 IEEE 802.11 委员会的一段文章，内容如下：

> 在省电轮询模式（PSP）中工作的站点将向 AP 发送短轮询帧，该接入点将回应相应的帧。这样的站点可以选择监听每个 TIM，或者可以选择仅偶尔监听 TIM，这取决于它们期望的功耗水平和性能。

（DTX-1096，12）。这一段紧跟着讨论使用"由【接入点】周期性生成的"TIM（参见同上）。在这种情况下，引用的段落似乎描述了 Innovatio 的涉及 TIM/PS-Poll 交换的专利系统，而不是站点发起与 NOP 的通信的 Tymes 专利系统。因此，没有证据表明 Tymes 专利已提交给 IEEE 标准制定组织，因此不是一个可行的替代方案。

Wicker 博士还提出了一种称为"TDMA"或"时分多址"的替代方案，其为每个站点分配可以接收消息的时间，从而允许其在所分配的时间之间休眠（庭审笔录，第 1635 页第 21 行–第 1636 页第 12 行（Wicker））。TDMA 在 1991 年 5 月被提议至 IEEE 标准制定组织（DTX-1099，1；庭审笔录，第 1637 页第 10 行–第 1638 页第 9 行（Wicker））。然而，采用 TDMA 将需要对 802.11 标准的基本竞争解决机制 CSMA-CA 进行重大改变（参见庭审笔录，第 1814–1817 页（Wicker））。[①] 因此，需要对标准的许多其他部分也进行重大改变。而且，常识表明时隙可能是低效的，特别是当网络中有很多站点、但在特定时间只是几个站点期望发送时更是如此。这些站点必须等待经过所有其他不发送站点的时隙，这只是浪费时间。因此，TDMA 不是一个可行的替代方案。

作为最后的替代方案，Wicker 博士提出了 RAM Mobile Data, Inc. 的专利系统，被称为"Mobitex"（参见同上，第 1642 页第 8–15 行；DTX-453）。在 Mobitex 系统下，在唤醒的终端收到它在接入点有等待消息的消息后，只是保持唤醒状态接收消息，而不是向接入点发送 PS-Poll（庭审笔录，第 1645 页第 8 行–第 1646 页第 3 行（Wicker））。Wicker 博士认为，Mobitex 将与 Innovatio 专利一样高效，在某些情况下更有效率，因为不需要发送 PS-Poll（参见同上，第 1647 页第 3–7 段）。

虽然 Mobitex 规范被标记为"机密"，并声明"它是仅发布给 RAM Mobile Data 授权

---

① Wicker 博士作证，现有标准在标准中的某些地方使用时隙，各种时隙可以与 CSMA-CA 协议共存（参见同上，第 1816 页第 3–9 行）。如同法庭所了解的，使用 TDMA 作为休眠功能的替代品的提案将涉及向标准的根本转变。替代允许站点和接入点根据需要进行通信，然后解决与 CSMA-CA 机制的冲突，TDMA 协议将降级站点仅在指定的时隙期间进行通信。

的个人"（DTX-453，1），但是 Wicker 博士作证，RAM Mobile Data 广泛分发了该文件，他在 90 年代初在他的课堂上教授过该内容，并且它是行业内众所周知的（庭审笔录，第1642 页第 18-25 行，第 1811 页第 6-21 行（Wicker）；另参见第 934 号文档，证据 47，第26 页第 14 行-第 27 页第 22 行；第 934 号文档，证据 49，第 70 页第 24 行-第 71 页第 4行）。另外，Mobitex 系统是在 1993 年 7 月提交给 IEEE 标准制定组织的（DTX-1096，12）（"描述省电非轮询模式"））。

　　然而，有证据表明，Mobitex 系统不如 Innovatio 休眠专利中的系统运行的好。Nettleton 博士作证说，例如，没有 PS-Poll 意味着接入点不能确保站点实际上是唤醒的。因此，它可能将其消息发送到特定设备，浪费时间和带宽（庭审笔录，第 503 页第 20 行-第 504 页第 1 行（Nettleton））。另一个问题是 Mobitex 中的接入点必须一次发送所有站点的所有待处理消息，导致其在某段时间内垄断信道，妨碍其他通信（参见同上，第 504 页第 5-8 行）。因此，法庭认定，Mobitex 不是 Innovatio 休眠专利族的可行替代方案。

　　最后，法庭注意到，双方提交了与在无线网络中发送的与休眠模式相关分组的百分比相关的嗅探数据。在 Wicker 博士随机选择的六个嗅探情况中，全部数据分组中最多0.15% 是 PS-Poll 数据分组（庭审笔录，第 1632 页第 24 行-第 1633 页第 3 行（Wicker）；DTX-514；DTX-518；DTX-519；DTX-521；DTX-525；DTX-538）。Innovatio 认为仅关注PS-Poll 数据分组是不恰当的，Innovatio 提交了其他数据，表明一般来说涉及进入节电模式的站点的数据分组的百分比更高（参见 PTX-925F；PTX-925H；PTX-925I）。嗅探数据并没有显著改变法庭关于 Innovatio 的"休眠"专利的重要性的结论，因为法庭不能理解该数据与使用 Innovatio 专利特征的设备的数量之间有何关联，这超出了仅仅 PS-Poll 数据分组。参见 *Innovatio IP Ventures* 案，2013 WL 3874042，＊20-24（描述 Innovatio 专利族的专利特征，包括选择性休眠不同的时间量，在断电状态下操作各种电路，并使用"老化功能"删除旧的缓冲消息）。

　　考虑到所有的证据，法庭得出结论，Inovatio 休眠专利族对标准的重要性为中等。虽然休眠模式操作是可选的，但对于必须节省电力的电池供电设备是重要的。在标准化的时候，没有可用的替代方案可以提供 Innovatio 专利的所有功能。尽管如此，Innovatio 的专利本身不足以涵盖 802.11 休眠模式的所有特征，802.11 休眠模式包括许多其他技术。因此，法庭认定，Innovatio 的专利对标准的重要性为中等。

IV. 可比协议

　　下一阶段的分析要求法庭对当事人提出作为可比协议的那些许可协议进行评估，这些许可协议对于在修改后的 *Georgia-Pacific* 要素 1 和 2 下确定 RAND 费率是合适的。

A. Innovatio 对 Broadcom 的许可协议

在分析各方提出的可比协议之前，法庭注意到，Innovatio 已经将涉诉专利回授给 Broadcom，作为 2011 年 Innovatio 从 Broadcom 为了【...】而购买【...】的协议的一部分，包括本案中的 23 个涉案专利（庭审笔录，第 138 页第 24 行–第 139 页第 3 行，第 140 页第 9–11 行（Djavaherian））。假设来说，该交易所提供的可比协议应当是用于确定 23 个涉案专利的价值的最合适的可比协议，因为该可比协议正是对这些专利进行的许可。但实际上，双方都没有提供有效的手段来将 23 项专利的许可价值从该交易的其他部分分离开。可假设的是，在双方的协商的过程中，该许可协议的价值从这些专利的价值中扣除，不包括达成 Innovatio 支付给 Broadcom 的最终购买价的许可协议。

然而，最终并没有信息能够使法庭确定不具有该许可协议的专利的价格或者该许可协议本身的价值。而且，没有证据表明 Innovatio 和 Broadcom 是通过确定初始价格然后扣除许可协议的价格的方式来对专利的出售进行协商【...】（参见同上，第 134 页第 7–10 行）（这就说明，Broadcom【...】）。

另一个问题是【...】，购买价格本身无疑反映出明显的折扣，因为存在专利不能成功货币化的风险，包括本案诉讼中存在的风险。因此，法庭认定，使用 Broadcom 和 Innovatio 之间的交易作为可比协议来确定 RAND 费率是不能充分地确定 Broadcom-Innovatio 许可协议的价值的。因此，Innovatio 购买涉案专利的价格在本庭的认定中不起作用①。

B. Innovatio 提出的可比协议

如上所述，Innovatio 建议法庭使用被诉终端产品的价格作为许可费基础来确定 RAND 费率。与该立场一致的是，Innovatio 提出的所有可比协议均以终端产品的价格为基础对许可费进行计算。然而，如下所述，本庭认为，Innovatio 提出的可比协议都不适用于在 RAND 许可环境下对许可费进行确定。因此，根据终端产品价格计算 RAND 许可费尚不存在可靠的基础。

1. Motorola Mobility, Inc. /VTech 许可协议

Innovatio 的首次建议的可比协议是 2011 年 12 月 1 日的 Motorola Mobility, Inc.

---

① 类似的问题影响到 Broadcom 购买 Intermec 的涉诉专利时的【...】价格。相应地，本庭也不依据该交易来决定 RAND 率。

（MMI）① 与 VTech Holdings Ltd. 之间达成的协议，VTech Holdings Ltd. 被称为"世界上最大的无绳电话制造商，也是美国和西欧最大的从婴儿到学前班的电子学习产品的供应商"（PTX-964）。②【…】。

Robart 法官对此进行考虑，并拒绝了 MMI-VTech 的许可协议作为他确定许可 Motorola 的 802.11 和 H.264 标准必要专利的 RAND 费率的合适的可比协议。参见 *Microsoft* 案，2013 WL 2111217，＊66-68。尽管在 *Microsoft* 案诉讼中涉及的专利与 VTech 许可协议中所包括的那些专利相同，但是在 Robart 法官结论性地认定在该协议中的许可费率仅确定为包含 VTech 与 MMI 之间更大规模的无绳电话专利诉讼的交易包之一部分之后，Robart 法官拒绝使用该 MMI-VTech 的许可协议。参见同上，＊66。依据 VTech 向 MMI 发送的电子邮件，他指出"假设我们在确定使用 MMI 的 IP 的产品合格后将使用 MMI 的 IP 的产品列出，我们可以【为 802.11 和 H.264 专利】签订长期许可协议，作为我们要尝试解决的协议的一部分。"参见同上，＊66，据此 Robart 法官得出了上述结论。

此外，Robart 法官得出结论，在审判时，VTech 只付出了微不足道许可费来销售实施 MMI 的 802.11 和 H.264 标准必要专利的产品。参见同上，＊67。因此，他得出结论认为，802.11 和 H.264 专利是整体交易微不足道的一部分，因此是适当 802.11 和 H.264 许可费率的不可靠指标。参见同上。Robart 法官还指出，只是在 Motorola 和 Microsoft 的诉讼已经开始之后，MMI 和 VTech 才签署了协议。参见同上。Robart 法官因此得出结论，MMI 可能已经设计了 MMI-VTech 协议，只是为了加强其在 Motorola 和 Microsoft 的诉讼中的地位，进一步怀疑其作为可比协议的有效性。参见同上。

Innovatio 没有提供足以削弱 Robart 法官的结论的任何证据。Innovatio 确实通过 Evans 先生提供了证据，表明 VTech 使用 802.11 技术的产品取得了一定的商业成功。尤其地，VTech 的 2013 年度"年度报告"指出，VTech 的北美营业收入增长了 17.3%，达到 3.169 亿美元，"这一强劲的表现是通过产品线的全年销售贡献和推出三种第二代游戏机，InnoTab 2、InnoTab 2S 和 InnoTabBaby 来实现的"（PTX-964，9）。InnoTab 2S 是支持 802.11 的产品（PTX-965）。然而，没有具体证据表明 VTech 的成功多大程度是来自于支持 802.11 的产品。因此，法庭根本无法确定 VTech 是否已根据 MMI 802.11 专利组合使用许可协议向 MMI 支付了大量专利许可费。

作为一个额外的问题，没有证据使得法庭能够确定如何对比 MMI 专利组合中的 H.264 专利来评估 MMI 的 802.11 专利。例如，许可费的大部分可能已经涵盖了 H.264 专

---

① Motorola Mobility, Inc. 并非本次诉讼的参与者，并且与本案的参与者 Motorola Solutions, Inc. 不同。
② H.264 标准由国际电信联盟发布，与先进的视频编码技术有关。参见 *Microsoft* 案，2013 WL2111217，＊1。

利，只有少量地涉及 802.11 专利。因此，Innovatio 尚未示出 MMI-VTech 许可协议中的许可费是对 MMI 的 802.11 专利组合的价值的准确反映。

在评估所有证据之后，本庭认同 Robart 法官的意见，认定 MMI-VTech 许可协议只是各方为解决重大诉讼订立的较大规模许可协议的一小部分。因此，许可费率可能是双方之间和解协商的产物，而不是 MMI 专利的自由市场价值。而且，MMI-VTech 的许可费率有可能是由 MMI 设计的，以证明其在 *Microsoft* 诉讼案中的姿态是正当的，并没有实际地反映出双方之间的重大价值交换。考虑到所有这些问题，法庭认定，以 MMTI-VTech 许可协议为基础来确定本案的 RAND 费率是不恰当的。

2. Symbol 与 Proxim 和 Terabeam 的许可协议

Innovatio 接下来提出，Symbol Technologies, Inc.（以下称"Symbol"）签订的有关将其 802.11 专利授权给制造无线条形码扫描仪的公司的两个许可协议可以作为合适的可比协议。这些协议是由特拉华州的 Symbol 和 Proxim, Inc.（以下称"Proxim"）之间的侵权诉讼产生的。参见 *Symbol Techs., Inc. v. Proxim Inc.*，No. 01-801（D. Del.）。Symbol 在陪审团裁决中压倒 Proxim 获胜，认定 Proxim 侵犯了 Symbol 的美国专利 US5029183 和 US5479441，这两项专利对 802.11 标准的省电功能是必要的。参见 *Symbol Techs., Inc. v. Proxim, Inc.*，No. 01-801, 2004 U.S. Dist. LEXIS 14949, *2（D. Del, July 28, 2004）。陪审团将 Proxim 的 802.11 无线条形码扫描仪销售额的 6% 的许可费判予 Symbol，总计 2290 万美元，并加上利息。参见同上，*30。2004 年 7 月 28 日，法庭否决了 Proxim 的审后动议，并确认了陪审团的判决，确定的赔偿额，但拒绝了 Symbol 的未来侵权销售额的 6% 的许可费的支付主张。参见同上。

几天后，Symbol 进一步提出永久禁令动议。第 354 号文档，参见 *Symbol Techs., Inc. v. Proxim, Inc.*，No. 01-801（D. Del., Aug. 6, 2004）。不久之后，Symbol 和 Proxim 在一份协议对诉讼进行和解，达成总额为【…】的从 Proxim 向 Symbol 支付的金额（PTX-919）。作为和解协议的一部分，【…】（参见同上，§ 4.1.）。该和解协议也【…】。Innovatio 辩称，6% 的许可费率是用于确定 Innovatio 专利 RAND 费率的合适的可比协议。

此后，另一家名为 Terabeam, Inc. 的公司收购了 Proxim 的资产，但并未承担 Proxim 和 Symbol 之间的交叉许可协议（庭审笔录，第 960 页第 14-19 行（Evans））。因此，Terabeam 从 Proxim 收购的产品线未经许可，Symbol 于 2005 年 10 月 8 日向 Terabeam 提起专利侵权诉讼（参见同上，第 961 页第 7 行，PTX-309，1）。Symbol 和 Terabeam 在 2006 年 2 月 24 日的和解协议中对该诉讼进行和解（PTX-309）。除了该和解协议外，双方还签署了"专利许可协议"，【…】（PTX-308，3）。该专利许可协议规定【…】，以及从 Terabeam 向 Symbol 转让特定知识产权（参见同上，第 10，19 页）。该专利许可协议包括以下声明：

【...】。

（参见同上，第 10 页）。另外，2006 年 2 月 24 日的和解协议规定【...】（PTX-309，第 8 页）。Innovatio 认为，Symbol-Terabeam 协议在这里也支持 6% 的 RAND 费率。

使用 Symbol-Proxim 和 Symbol-Terabeam 协议作为可比协议的问题在于，这些协议都是在诉讼的胁迫下所采纳的，特别是陪审团裁决，Proxim 为侵权行为赔偿 Symbol 2290 万美元。所提出的来源于诉讼的可比协议当然不会自动地排除考虑。参见 *ResQNet. com, Inc. v. Lansa, Inc.*，594 F. 3d 860，872（Fed. Cir. 2010）（指出 "该记录中最可靠的许可协议来自于诉讼"）。然而，在这种情况下，陪审团裁决与两个许可协议的金额之间存在明显的相关性。在面临陪审团裁决 2290 万美元并有可能发出禁令的情况下，Proxim 与 Symbol 签署了许可协议，这表明该金额可能反映了一些专利劫持价值。类似地，Terabeam 也不可能凭借 Symbol-Proxim 诉讼对 Terabeam 可能的既决判决效力而辩称其对 Symbol 承担的责任，Terabeam 当时正处于与 Proxim 相同的立场。因此，Symbol-Proxim 和 Symbol-Terabeam 协议都受到陪审团作出的判给 Symbol 的 2290 万美元的裁决的强制效应的影响，而不仅仅是涉案的 802. 11 专利的许可价值。

陪审团裁决对许可协议产生影响本身并没有问题，因为陪审团裁决可以提供可用于假想谈判的可比协议费用的若干数据点。然而，根据修改后的 *Georgia-Pacific* 要素，本庭应当仅考虑与 RAND 许可情况可比的情况下产生的许可协议。在这里，没有证据表明，Symbol-Proxim 诉讼中的陪审团在确定其裁决时是知道 Proxim 的 RAND 义务的，或者陪审团被告知过 RAND 义务对许可费金额会产生影响。因此，没有证据表明 Symbol-Proxim 陪审团裁决是基于 RAND 考虑作出的。Robart 法官在评价 Symbol-Proxim 和 Symbol-Terabeam 协议时得出了同样的结论。参见 *Microsoft* 案，2013 WL 2111217，＊71（"Dailey 先生提供了关于 Symbol-Proxim 许可的唯一实质性证词，他并不知道陪审团是否被告知对于可能授予的许可费存在 RAND 限制（2012 年 11 月 20 日庭审笔录，第 81 页第 20–24 行（Dailey 证词））。因此，没有迹象表明 Symbol 和 Proxim 是根据 RAND 义务而对涉案专利（'441 和 '183 专利）进行谈判的"）。

Symbol-Proxim 和 Symbol-Terabeam 协议的另一个问题是 Innovatio 想从中获得的许可费率与实际交流过的总对价的关系是不明确的。在这两个案件中，双方的协议只是表示，Symbol 以特定的许可费率评估了对价，但实际上并没基于那一许可费计算支付额。对于确定 RAND 许可费来说，Symbol 考虑特定协议的价值比实际交流过的对价少很多。因此，本庭认为，假想谈判中的各方不会将 Symbol-Proxim 或 Symbol-Terabeam 的许可协议视为适于确定 RAND 费率的可比协议。

3. Symbol/LXE 许可协议

接下来，Innovatio 提出了两个在 Symbol 和 LXE, Inc. 之间依据【…】签订的许可协议，许可 LXE 制造和销售其可穿戴和不可穿戴条形码读取器（庭审笔录，第 987–991 页（Evans））。【…】（PTX-322）。【…】（PTX-323）。

这两个许可协议的问题是，Innovatio 没有提供任何证据表明当时 Symbol 所拥有的专利数量，或者与其专利组合中的其他可能适用于被许可的条形码扫描器专利相比，Symbol 的 802.11 标准必要专利的价值如何。此外，Evans 先生不知道 Symbol 的专利有多少是实施 802.11 标准的，有多少是非标准必要的或与其他技术相关的，他在确定 Symbol-LXE 许可协议是可比协议时没有考虑上述因素（庭审笔录，第 1157 页第 3 行–第 1158 页第 6 行（Evans））。在不知道这些协议的许可费的哪些部分归因于 Symbol 的 802.11 专利的情况下，假想谈判的各方不会考虑该 Symbol-LXE 许可协议，并且在没有那一信息的情况下，各方本身也不会考虑该 Symbol-LXE 许可协议。因此，本庭不会将 Symbol-LXE 许可协议视为确定 RAND 费率的可比协议。

4. Qualcomm/Netgear 许可

Innovatio 还提出了一份 Netgear 与 Qualcomm 之间 2013 年 4 月 2 日的许可协议，作为可比协议（参见 PTX-333）。所许可的协议【…】（庭审笔录，第 973 页第 23 行–第 974 页第 13 行（Evans）；PTX-333 § 5.2.2.））。根据 Evans 先生，【…】（庭审笔录，第 974 页第 14–23 行（Evans）；PTX-333，第 21 页）。许可 Qualcomm 专利组合的许可费是【…】（PTX-333 § 5.2.2.）。Qualcomm 与 Netgear 对该许可协议进行公平的协商，意味着该许可协议并非是在诉讼环境下协商各方之间达成的（庭审笔录，第 955 页第 13–16 行（Evans））。

由于两个原因，法庭拒绝接受 Qualcomm/Netgear 许可作为确定 RAND 许可费率的合适的可比协议。

首先，根据 Evans 先生所述，该许可协议中列出的 Qualcomm 专利组合包括"类似【…】"这样的专利（庭审笔录，第 1177 页第 13–16 行（Evans））。Nettleton 博士作证说，Qualcomm 实际拥有"33000"个专利（庭审笔录，第 354 页第 3–8 行（Nettleton））。在 Qualcomm 与 Netgear 的许可协议中包含的大量 Qualcomm 专利表明，该协议的许可费率不适用于仅包含 23 项专利的协议。

据 Nettleton 博士说，该交易中涉及的专利数量不应该使得该许可协议不能作为可比许可协议，因为许可协议只是狭隘地关注【…】，Netgear 很可能不需要所有的 Qualcomm 的专利来生产和运营这些产品（参见同上，第 354 页第 1 行–第 355 页第 10 行）。此外，

Nettleton 博士作证说，在他看来，Innovatio 的专利组合对于 802.11 标准的重要程度与 Qualcomm 的专利对于 802.16 和 802.20 标准的重要程度相同（参见同上，第 470 页第 12–20 行）。本庭认为，Nettleton 博士的声明并不可靠，因为他没有查阅过任何 Qualcomm 专利，他也不知道他们中有多少是标准必要的（参见同上，第 471 页第 2–19 行）。法庭还认为，Nettleton 博士的陈述缺乏可靠性，根据他的证词中的意见，他认为"字面上没有站得住脚的基础"（参见同上，第 472 页第 1–9 行）。他还认为，"Qualcomm 的专利组合是压倒性的，也是巨大而全面的"，他的意见是"比应有的主观更加主观"（参见同上，第 472 页第 16–22 行）。鉴于这个证词，法庭认定 Nettleton 博士证明的 Innovatio 专利对于 802.11 与 Qualcomm 对于 802.16/20 一样重要是不可信的。因此，Qualcomm 的专利数量众多，使得 Qualcomm-Netgear 许可协议不适合用作可比协议①。

其次，Qualcomm-Netgear 许可协议涉及的是 802.16 和 802.20 标准，而不是 802.11 标准。Nettleton 博士的证言认为，802.16 和 802.20 标准是蜂窝连接的"4G 标准"的一部分，它们像 802.11 这样的标准是"无线空中接口标准"（庭审笔录，第 354 页第 24 行–第 355 页第 10 行（Nettleton））。然而，没有证据表明 802.11 网络与 802.16/20 网络的商业价值对比。因此，法庭没有理由认定 802.16/20 设备的许可协议将作为 802.11 许可协议的合适的可比协议。参见 *ResQNet. com* 案，594 F. 3d，871（拒绝了所提出的可比协议，其中"很少或没有证据表明在……的许可协议和要求保护的发明之间存在联系"）。

因此，本庭认定，在假想的 RAND 谈判中，各方当事人不会依赖 Qualcomm-Netgear 的许可协议来辅助确定合适的 RAND 许可费。

C. 制造商提出的可比协议

1. Via Licensing 专利池

HP 和 SonicWALL 提出的专家证人 Lynde 博士建议法庭通过审查 Via Licensing 专利池来确定 RAND 费率。据 Lynde 博士介绍，Via Licensing 专利池于 2003 年 10 月形成，目的是以符合 RAND 费率的标准授予 802.11 专利许可（庭审笔录，第 2148 页第 1–6 行（Lynde））。该专利池评估了声称为 802.11 标准必要专利的专利权持有人的意见书，以确定其实际上是否是必要的，然后以固定费率许可其全部 802.11 专利（参见同上，第 2148 页第 7–20 行）。该专利池对整个专利池的专利收取相同的许可费，无论包括多少专利（参见同上，第 2227 页第 16–21 行）。因此，Lynde 博士作证说，该专利池的协议避免了

---

① 法庭也注意到 Leonard 的证言，即 Qualcomm 的专利使其具有"非常强的地位"（庭审笔录第 2030 页第 4–10 行（Leonard））。

许可费堆叠的问题，因为它至少在理论上反映了所有 802. 11 标准必要专利的单一费率（参见同上，2145 页第 3 行－第 2146 页第 14 行）。在收取许可费后，该专利池将运用基于专利持有人在专利池中持有的专利所占的比例将收益分配给专利持有人，而不考虑各专利之间的相对价值（参见同上，第 2157 页第 3-10 行（解释说，该 Via 专利池以"每个专利为基础"分配许可费））。

　　Via Licensing 专利池根据所购买的单元的数量，收取每单元 0.05-0.55 美元之间的许可费用（参见 DTX-1607）。根据这些数字，并对 802. 11 专利的总数量使用了几个不同的假设，Lynde 博士计算出，Innovatio 的 802. 11 必要专利的合理许可费将在 0.03-4.16 美分之间（庭审笔录，第 2157 页第 3-24 行，第 2161 页第 15 行－第 2162 页第 17 行（Lynde）；DTX-2009；DTX-2010）。

　　在这种情况下，使用 Via Licensing 专利池作为 RAND 费率的指标存在若干问题。第一个是该 Via 专利池只吸引了 5 个许可人，35 个专利和 11 个被许可人（庭审笔录，第 2148 页第 16-20 行（Lynde））。因此，该 Via 专利池在吸引许可人方面是相对不太成功的（参见同上，第 2226 页第 1-8 行）。Lynde 博士作证说原因可能是价格太高，无法吸引愿意支付费用的被许可人（参见同上，第 2226 页第 1-15 行）。然而，法庭认为貌似更为可信的是价格太低不能给予专利持有人在技术上的合理回报。在任何情况下，该 Via Licensing 专利池都不是成功的，因此对于确定 RAND 费率来说实际意义有限。参见 *Microsoft* 案，2013 WL 2111217，＊88（"该 Via Licensing 802. 11 专利池未能通过将许可人和被许可人引入该专利池而成功地鼓励广泛采用 802. 11 标准。如上所述，RAND 承诺的目的是实现对该标准的广泛采用。原因在于，专利池中标准被采用的越少，则该专利池作为 RAND 许可费率指标的关联性越低"）。

　　Robart 法官很好地阐述了 Via 专利池的另一个问题。Robart 法官解释说：

　　　　本庭注意到，Via Licensing 授权 802. 11 专利池作为 Motorola 的 802. 11【标准必要专利】组合事实上的 RAND 许可费率，会受到所有对专利的数量进行计数的专利池对于法庭依据 RAND 修改的 *Georgia- Pacific* 方法的影响。即 Via Licensing 802. 11 专利池不以技术优点为基础区分该专利池中的专利技术，而是给予该专利池中所有专利完全相同的许可费。此外，该专利池不考虑专利对于实施者的产品的重要性。

参见 *Microsoft* 案，2013 WL 2111217，＊88。此外，正如 Teece 博士作证的，由于 Via 专利池没有根据相对的专利价值对许可费进行分配，持有有价值专利的专利持有人将不会将其技术贡献给该专利池（庭审笔录，第 203 页第 14-22 行（Teece））。那些专利持有人将试图双边许可他们的专利，这样他们往往可以获得更高的费率。因此，Lynde

博士并不反对该专利池费率可能会明显地被压低的事实（庭审笔录，第 2165 页第 22 -24 行（Lynde）（"在存在极高价值专利的情况下，专利池许可费可能会比其应得的要低"））。

最终，Robart 法官在该案件中确实依靠该 Via Licensing 专利池来确定合理的许可费。参见 *Microsoft* 案，2013 WL 2111217，＊89。然而，通过这样做，Robart 法官确定在这种情况下所涉及的 802.11 专利对于 802.11 标准来说并不重要。参见同上，＊64（"总之，法庭认为 '571，'398 和 '563 专利对标准的贡献很小"）；参见同上，＊56-64（对 Motorola 的其他 802.11 标准必要专利也提出了类似的认定）。通过使用有证据显示其不包括高价值专利的 Via 专利池，计算低价值专利的 RAND 费率可能是合适的。相比之下，该案法庭已经确定 Innovatio 的专利组合对于 802.11 标准中等到中高等重要的。在该背景下，Via 专利池不是合适的可比协议。因此，本庭在本案中确定 RAND 费率时，不会考虑 Via 专利池。

2. 非 RAND 的可比协议

Lynde 博士还向法庭提交了关于并非在 RAND 义务背景下出现的关于 802.11 技术的 4 个许可协议的简述证词（T2 第 143 页第 1-7 行（Lynde））。这四个许可协议是 CSIRO/Radiata 许可协议，CSIRO/Netgear 和解协议，ARM 芯片许可协议和 CSIRO/HP 和解协议（参见同上，第 2143 页第 8-17 行）。虽然非 RAND 指标与 RAND 背景下的许可协议不能直接相比（而且在修改后的 *Georgia-Pacific* 要素 1 下无法作为合适的可比协议），但 Lynde 博士作证说，他们提供了 RAND 许可费不应超过的上限（参见同上）。

关于非 RAND 许可是否在确定 RAND 费率时有用的问题，法庭没有表明立场。然而，在这种情况下，Lynde 博士仅提供了由 3 项 CSIRO 许可协议和 ARM 芯片许可协议所涵盖的专利和技术的简要证言（参见同上，第 2175 页第 23 行-第 2178 页第 22 行）。该证言与其他证据相结合，不足以使本庭确定每个许可协议中的专利技术与 Innovatio 的专利技术对比的相对价值。因此，法庭驳回了 Lynde 博士的非 RAND 许可协议，并认定在本案中这些许可协议不是适合 RAND 费率的可靠指标。

Ⅴ．2013 年 9 月庭审中示出的计算 RAND 费率的其他方法

鉴于不存在任何可比协议，本庭会考虑由各方提出的其他方法来确定各方在假想谈判中原本可能同意的 RAND 费率。

A. Leonard 博士的"自底而上"方法

制造商选定的专家 Leonard 博士介绍了"自底而上"的方法计算 RAND 许可费。从本质上讲，"自底而上"的方法建议，确定实施可被纳入标准的 Innovatio 专利的合理替代方案的成本，并将该成本除以侵权单元的总数量，以确定在 1997 年的假想谈判中 Innovatio 专利所值的每单元最高许可费（庭审笔录，第 2005 页第 14 行 – 第 2007 页第 5 行 (Leonard)）。"自底而上"的方法是基于这样的理论，1997 年谈判中的假想被许可人不会为 Innovatio 的专利支付比采纳替代方案所需费用更多的费用。

然而，正如本庭在上文 Ⅲ.C 部分所认定的，不存在能够提供 Innovatio 专利对于 802.11 标准所有功能的 Innovatio 专利替代方案。此外，Robart 法官拒绝了一种"增值"方法，理由是精确的分析太复杂，导致法庭无法进行：

> 在实践中，将专利的价值与该专利对标准的增量贡献相联系的方案很难实施。计算多专利标准的增量价值"变得非常复杂，因为当你从标准中选出一个专利，替代地放入另外一个，你可能需要进行其他变更，标准的表现是多维的，不同的人会侧重不同的方面"。

参见 *Miccrosoft* 案，2013 WL 2111217，* 13。作为"自底而上"方法的最后一个问题，Leonard 博士没有考虑 Innovatio 专利的替代方案可能收取的许可费。然而，如上文 Ⅲ.B 部分所述，已经获得专利授权的替代方案也可以要求许可费，因为市场不太可能将所有专利技术的价格推到零。由于所有这些原因，法庭驳回了 Leonard 博士的"自底而上"方法，不认为其可以在本案中作为计算 RAND 许可费的合适方法。

B. Leonard 博士的"自顶而下"的方法

Leonard 博士还提出了一种计算 RAND 许可费的方法，他将其描述为"自顶而下"的方法。尽管"自顶而下"的方法并不完美，但是鉴于在计算合理许可费时本身存在固有的不确定性，也就不存在计算 RAND 费率的完美方法。比较参见 *Unisplay*, *S. A. v. Am. ELEC. Sign Co. , Inc.* , 69 F. 3d 512，517（Fed. Cir. 1995）（计算合理许可费"必然涉及近似和不确定性的因素"）。这里的不确定性是增加的，因此，本庭必须根据各种假设重新构建假想谈判，并推断假想谈判时双方在假想情况下以假设的双方进行协商时 RAND 义务的影响。然而，考虑到所有这些因素之后，由于下列原因，本庭确定，"自顶而下"的方法最接近于 1997 年在将 Innovatio 专利纳入标准之前、各方进行假想事前协商而最可能达成的协议。因此，本庭将采用"自顶而下"的方法，并进行适当的修正，以计算 RAND 费率。

总体来说，"自顶而下"的方法开始于 WiFi 芯片的平均价格（庭审笔录，第 1920 页第 23 行–第 1921 页第 2 行 (Leonard)）。根据该平均价格，Leonard 博士然后计算出芯片制造商在每个芯片销售中获得的平均利润，由此将收入的部分从芯片制造商的芯片销售隔离，以支付知识产权的许可费（参见同上，第 1921 页第 3-7 行）。接下来，Leonard 博士将芯片上的可用利润乘以 Innovatio 的 802.11 标准必要专利的数量，再除以 802.11 标准必要专利的总数（参见同上，第 1921 页第 8-12 行）。Leonard 博士还为此步骤提供了若干替代计算方式，通过改变分数的分母，以说明 Innovatio 专利价值对于 802.11 标准的不同结论（参见同上，第 1982 页第 23 行-第 1984 页第 4 行）。

Leonard 博士的方式存在几个明显的优点。首先，通过将芯片制造商的芯片销售利润作为最大的潜在许可费，它考虑了 RAND 许可中的无歧视原则和许可费堆叠的问题。考虑芯片制造商在芯片上的利润，而不是制造商在被诉产品上的利润率，这是合适的，因为 RAND 许可人，如 Innovatio，不能根据被许可人在市场中的地位区别对待被许可人。因此，本庭在这里确定的 RAND 费率应该与 Innovatio 可以针对其专利组合对芯片制造商收取的 RAND 费率相同。因此，如果许可费高于芯片制造商的芯片利润，则许可费过高。在假想谈判中，芯片制造商面临的要求是许可费远远超过其预期利润额，他们将不会同意获得专利许可，而会退出芯片制造业。

此外，在评估所有 802.11 标准必要专利的总许可费是否太高时，许可费堆积的担忧可以证实，法庭应防范潜在许可费超过芯片的当前利润率。Robart 法官接受了专家的证词，其中包含这一观点：

> 因为"许可费堆叠"的风险使得任何许可费都会影响到公司的底线，甚至 1% 的许可费率都已经是"高天花板"的基准。这是因为半导体芯片的利润率是很小的，几个许可费付款可以很快地吞噬公司的预期利润（2012 年 11 月 14 日庭审笔录，第 70 页第 1-6 行（Ochs Testimony））。事实上，"你不能在你用完利润之前支付太多的许可费。"（参见同上，第 70 页第 2-3 行）。

参见 *Microsoft* 案，2013 WL 2111217，＊94。Leonard 博士将所有 802.11 标准必要专利总的潜在许可费都放到芯片制造商的利润上这一方法确保了总许可费堆积不会超过会迫使芯片制造商退出该行业的金额。因此，该方法适当地模拟了芯片制造商在假想 RAND 谈判中将会作出的决定，此时 Innovatio 专利尚未成为标准的一部分。在这种情况下，芯片制造商将游说在标准中采纳替代技术方案，或者将全部离开芯片制造业务，而不是支付可能损害他们利润的许可费。

Innovatio 的专家 Teece 博士针对这个观点提出警告（庭审笔录，第 201 页第 3 行-第 202 页第 1 行（Teece））。他作证认为，在某些情况下，广泛的侵权行为可能使制造商的产品定价很低，基本上忽略了其产品中包含的知识产权的价值（参见同上，第 201 页第 18-19 行）。一旦这个价值被重新定价（通过在法庭上和通过许可协议进行的正确的 RAND 估值），制造商的现有利润率肯定会受影响，但制造商的回应将非常简单，即提高价格。

本庭同意，被诉产品的利润率并不总是用于确定 RAND 费率决定性因素。参见 *Douglas Dynamics*, *LLC v. Buyers Products Co.*，717 F. 3d 1336，1346（Fed. Cir. 2013）（"本庭已经认定，侵权者的净利润率不是合理许可费的上限"（引用 *Golight*, *Inc.* *v.* *Wal-Mart Stores*, *Inc.*，355 F. 3d 1327，1338（Fed. Cir. 2004）））。然而，法庭可能考虑的是作为修改后的 *Georgia-Pacific* 要素 12 和 13 的一部分。此外，在该案的记录中，没有证据证明 802. 11 标准必要专利被广泛地侵犯。相反，Leonard 博士作证称，Broadcom、Intel 和 Atheros 三大 WiFi 芯片制造商全部获得 Innovatio 专利许可（庭审笔录，第 2036 页第 3~16 行（Leonard））。代表芯片市场重要部分的三大制造商已经实质上支付了使用 Innovatio 技术的许可费，并可以施加价格下行压力给试图提高其价格以弥补 Innovatio 专利费的未受许可芯片制造商。因此，鉴于所有证据，现有的芯片利润额是 Innovatio 的 RAND 许可费的可能的上限，因此是计算该许可费的一个合适起点。

Leonard 博士的"自顶而下"方法的第二个优点是它分摊 Innovatio 的专利功能价值，而不依赖于关于其他许可协议的信息，这些其他许可协议对于实现这个分担来说可以是可比的，或者可以不是可比的。如上所述，联邦巡回法庭对使用可比协议进行分摊表示怀疑。参见 *LaserDynamics*，694 F. 3d，67；另见 *Uniloc USA*, *Inc.*，632 F. 3d，1320。Leonard 博士的分配方法避免了这个问题。此外，在本案中各方努力识别合适的可比协议而法庭已驳回他们的建议，由此证实此时市场中 RAND 许可协议相对较少。法庭和由标准主导行业的参与者直至最近一直没有关注 RAND 问题。确实，Robart 法官在 *Microsoft* 案中的观点是在 2013 年 4 月发布的，仅仅几个月之前，代表了法院方面对于确定 RAND 费率的第一次尝试。因此，在 RAND 环境下进行协商的可用可比协议很少。在获得更多的 RAND 许可协议之前，法庭和诉讼方必须考虑其他方法来计算 RAND 的许可费，例如 Leonard 博士的"自上而下"方法。

另外，Leonard 博士的方法为 RAND 分析提供了一定程度的定量和分析严谨性。该方法需要可验证的数据点，例如 802. 11 标准必要专利的数量，芯片的平均价格以及芯片制造商的平均利润作为输入。因此，Leonard 博士的方法使法庭能够根据客观考虑和正确的假设来确定 RAND 费率，而不仅仅是推断。比较 *ResQNet. com* 案，594 F. 3d，869（"合理的许可费分析要求法庭假设，而不是推测"）。

而且，Leonard 博士的建议并没有仅基于 Innovatio 的专利在所有 802. 11 标准专利中所占的数值比例而分摊 Innovatio 专利特征的价值。相反，"自顶而下"的方法提供了一种手段，本庭可以据此得出结论，即 Innovatio 的专利对于标准有中等或中等偏上的重要性，因此比平均的 802. 11 标准必要专利更重要，而不牺牲定量的严谨性和客观上的可验证性。

因此，本庭将接受 Leonard 博士的"自顶而下"方法来确定 1997 年假想谈判各方可能会采用的合适的 RAND 许可费。在应用"自顶而下"的方法计算合适的 RAND 费率之前，本庭将首先确定 Leonard 博士的方法的定量输入的价值。

VI. RAND 认定

A. WiFi 芯片的价格

首先，本庭必须确定在计算中使用的 WiFi 芯片价格。Leonard 博士建议本庭根据业内认可的市场研究公司 ABI Research 的题为"*WiFi IC Market Data*"（DTX-1559（"ABI Research Report"）的 2010 年报告；参见庭审笔录，第 921 页第 13 行–第 1922 页第 1 行（Leonard））。ABI 研究报告计算或预测了从 2000–2015 年每年 WiFi 芯片的平均销售价格，还提供每年销售的数量（参见 DTX-1559，表 1-1）。价格不定，2000 年销售了 540 万个 WiFi 芯片，最高售价 37 美元，2015 年销售了 20.15 亿个芯片，预期最低价格 2.54 美元（参见同上）下表总结了 DTX-1559 表 1-1 中的 ABI 研究报告数据：

年份	芯片平均价格（美元）	销售数量（百万）
2000	37.00	5.4
2001	29.07	7.5
2002	17.17	23.1
2003	12.10	43.2
2004	7.57	81.5
2005	5.76	158.8
2006	5.59	203.6
2007	5.47	307.2
2008	4.73	459.6
2009	3.75	591.3
2010	3.53	761.4
2011	3.41	1001.1
2012	3.28	1270.4
2013	3.05	1548.8
2014	2.81	1801.5
2015	2.54	2015.5

根据这些数据，Leonard 博士采用从 2000—2013 年的所有芯片的加权平均数，由此得出芯片的价格为 3.99 美元。

ABI 研究报告代表了有记录的关于 WiFi 芯片价格的唯一完整市场数据。在庭审中提出的其他证据包括 Djavaherian 先生的证词【…】（庭审笔录，第 126 页第 6—20 行（Djavaherian）），（【…】）。Bergey 先生（【…】）作证说，ABI 研究报告中的数字太低，因为存在以相对较低的价格出售的不相称地更多的基本 WiFi 芯片。（庭审笔录，第 707 页第 1—7 行（Bergey））。Bergey 先生还作证说，涉诉产品中的芯片在 2002—2011 年他在 Broadcom 工作期间已经花费（【…】）（参见同上，第 708 页第 22 行—第 709 页第 24 行）。然而，Bergey 先生证实，自 2005 年以来，芯片价格已经大幅下滑，部分是因为制造芯片所需硅的量已减少（参见同上，第 712 页第 6—14 行，第 766 页第 4—10 行（描述导致芯片"硅成本"降低的市场压力））。

鉴于所有这些证据，本庭认为在本案中依据 ABI 研究报告确定 WiFi 芯片的平均价格是合理的。然而，不宜采用 ABI 年度研究报告数据的加权平均数，加权平均数明显使得芯片价格打折，因为当时的芯片价格很低，近年来出售的芯片数量不成比例。本庭推断，WiFi 芯片销售的大幅增长是由于标准化引起的产品互操作性对 WiFi 产品的需求的增加造成的。

但是，在评估时，本庭在评估 1997 年的事前谈判时一定不考虑标准化的影响。Leonard 博士作证说，例如，假想谈判一定在事前环境下发生，在将专利纳入标准之前，并且不考虑标准是否获得成功（庭审笔录，第 2020 页第 3 行—第 2021 页第 2 行（Leonard）；另参见 DDX-5，48（Leonard 通过演示幻灯片解释事前分析必须分析在"采用和锁定之前"的许可费））。事实上，这些参数对于避免在通过假想谈判产生的许可费中获取标准本身价值是必要的，而不仅仅是所主张的专利中潜在技术的价值。正如 Robart 法官在修改 *Georgia-Pacific* 要素时解释的：

> 合理的许可费不会考虑因标准本身的存在而创造给被许可人的价值，而是考虑专利对标准的技术能力的贡献，以及这些相关技术能力对实施人和实施人的产品的贡献。这是因为除了专利技术对标准的贡献之外在商定的标准中仍然存在很大的价值，RAND 承诺的存在使得标准必要专利持有人不能要求比他们的贡献更多的价值。

参见 *Microsoft* 案，2013 WL 2111217，＊18。

此外，本案当事人没有提出任何证据表明 1997 年的假想谈判的参与者会考虑到 802.11 的成功，以及随后几年芯片大卖的问题。参见 *Lucent Techs.*，580 F. 3d，1327（假想谈判的各方可能"考虑一个给定发明的（或设备、生产的）预期或估计使用，**假设存在**

证据来支持该预期（强调标注））。所以，本庭认定，1997 年假想谈判的当事方不会考虑导致芯片价格低迷的加权平均数。然而，各方都会意识到 1997 年 WiFi 芯片的价格，并且也能够假设该芯片的价格可能会随着时间下降。故而，他们可能会得出结论，在 Innovatio 的专利有效期间芯片的平均价格将是纳入其专利许可费考虑的一个适当指标①。因此，根据近年来的标准所获的成功而对价格进行折扣的加权平均数不适当。

因此，本庭将不会使用 Leonard 博士的数据，而是通过平均 1997–2013 年期间芯片价格来计算芯片的价格②。由于 ABI 调查报告仅有可以追溯到 2000 年的数据，本庭将在 1997 年、1998 年和 1999 年的前 3 年每年芯片的单价定为 37 美元。下表反映了从 ABI 研究报告（DTX-1559，表 1-1）2000–2013 年的年均芯片价格，以及本庭对 1997–1999 年的芯片价格的推断：

年份	芯片单价（美元）
1997	37.00
1998	37.00
1999	37.00
2000	37.00
2001	29.03
2002	17.17
2003	12.10
2004	7.57
2005	5.76
2006	5.59
2007	5.47
2008	4.73
2009	3.75
2010	3.53
2011	3.41

---

① 当然，假想谈判的参加人不可能实际使用"自顶而下"计算许可费的方法，所以他们不会在计算中使用芯片平均价格，如同本庭在这里这样计算 RAND 许可费那样。除了其他问题，在 1997 年采纳标准之前，他们也不会知道 802.11 标准必要专利的总数，所以实际上并不能使用"自上而下"的方法。不过，如上所述，芯片上的平均利润将代表所有 802.11 标准必要专利许可费的合理上限。因此，未来 WiFi 芯片可能的平均利润（由可能的平均价格计算）将是 1997 年假想谈判参加人心目中的一个重要因素，并且是代表他们谈判确定的许可费的真正限制。"自顶而下"的方法仅仅提供了一种量化 WiFi 芯片的可能平均价格和利润对 1997 年假想谈判的影响的手段。

② Innovatio 的三项专利已经到期或将在 2013 年底之前到期，这意味着 1997 年的谈判人员将会考虑到今年有关 Innovatio 专利许可的前景将要结束（参见 DTX-15，4（总结了 Innovatio 专利的有效期））。

续表

年份	芯片单价（美元）
2012	3.28
2013	3.05

这些年的平均价格是 14.85 美元[①]。法庭将以 14.85 美元作为芯片价格，因为 1997 年的假想谈判中的各方可能会大概以确定设置 RAND 费率时要考虑的合适芯片价格时的那个数字进行和解。

B. 芯片制造商在 WiFi 芯片上的利润率

为了确定出售 WiFi 芯片的利润率，Leonard 博士审查了 Broadcom 从 2000—2012 年销售的 WiFi 芯片的营业利润（DTX-78；DDX-5，32；庭审笔录，第 1941 页第 15 行—第 1942 页第 25 行（Leonard））。这些年的平均利润率为 12.1%（【…】）（庭审笔录，第 126 页第 25 行—第 127 页第 7 行（Djavaherian））。最后，Lynde 博士也评估了 Broadcom 和另一家芯片制造商 Marvell 的证据，由此他得出结论，WiFi 芯片的利润率在 9.4%—14.4% 之间（庭审笔录，第 2171 页第 20 行—第 2172 页第 22 行（Lynde）；DTX-2011）。Lynde 博士的证词也证实了 Leonard 博士 12.1% 的利润率数值。因此，本庭将使用 12.1% 作为 WiFi 芯片的利润率。

C. 802.11 标准必要专利的总数

Leonard 博士建议，确定 RAND 费率时，本庭以 3000 作为所使用的 802.11 标准必要专利数量的合理估计。为了达到他的这一 3000 个标准必要专利的数字，Leonard 博士主要依赖一个具有技术部门的管理咨询公司 PA Consulting Group 于 2013 年 7 月作出的报告（DTX-255（"PA 报告"）；庭审笔录，第 1954 页第 7 行—第 1956 页第 5 行（Leonard））。根据 PA 咨询集团员工 Diego Giancola 的宣誓证词，PA 报告是针对来自行业众多客户的需求而作出的（参见第 954 号文档，证据 52，第 11 页第 22 页—第 12 页第 20 行，第 18 页第 21 行—第 19 页第 14 行（Diego Giancola 的宣誓证词））。Cisco，制造商之一，（在该报告完成之前）在本诉讼中通过其律师询问该报告，但这并不意味着 Cisco 自己委托了该报告（参见同上，第 15 页第 19 行—第 16 页第 5 行）。鉴于 Leonard 博士和 Giancola 先生的证词，本庭决定，PA 的报告可以作为符合 FRE 803（17）的市场报告。根据对与 802.11 标准相关的关键字的所有专利所进行的检索以及对检索结果的一部分进行的技术分析，PA 报告

---

① 【…】。

得出结论认为存在可能对 802.11 标准是必要的 3106 项专利（PA 报告，9）。但是，PA 报告强调，它没有对专利进行完整的法律分析，其结论只是这些专利可能是潜在的必要的（参见同上，2）。

此外，Innovatio 的专家 Nettleton 博士作证称，至少有"数百个" 802.11 标准必要专利，他并不反对存在"几千项专利"涵盖"802.11 标准"的说法（庭审笔录，第 362 页第 20-24 行，第 363 页第 5-10 行（Nettleton））。另外，Robart 法官发现，92 个实体已经向 IEEE 提交了保证书，表示他们将以 RAND 费率许可他们拥有的 350 多项专利，至少另有 59 家公司已经提交了综合保证函，涵盖未公开数量的专利。参见 *Microsoft*，2013 WL 2111217，* 52。如果本庭假定 Innovatio 拥有平均规模的专利组合，并且 59 家公司提交的综合保证函中每家都如 Innovatio 一样具有 23 项专利，那么将存在约 1700 项标准必要专利。这与 Robart 法官接受 Leodarn 博士的证词是一致的，在那种情况下，可能存在"数千"的专利对 802.11 标准是必要的。参见同上。最后，在本案中，Lynde 博士依靠 Sunlight Research 的另一份报告得出结论认为，除了 Innovatio 的对于 802.11 标准为潜在必要专利以外，还有 3266 项专利（庭审笔录，第 2162 页第 2-8 行（Lynde）；参见 DTX-539）。

考虑到所有的证据和 Robart 法官关于这个问题的认定，本庭裁定，PA 报告约为 3000 个的数量是潜在标准必要专利的数量的可靠数字。尽管如此，不能保证所有这些约 3000 个潜在的必要专利事实上是必要的。实际上，本庭注意到，在 *Microsoft* 案中，Robart 法官解释道，Motorola 所称的标准必要专利其中的至少有一个被认定为对于 VIA 专利许可池不是标准必要的。参见 *Microsoft* 案，2013 WL 2111217，* 88。在进行司法分析之后，很可能会发现许多其他宣称的标准必要专利并非是必要的，例如，本庭在 2013 年 7 月进行的判定必要性的听证会上确定，Innovatio 的 23 项专利中的所有权利要求都是标准必要的。通过这一确认过程可知，Innovatio 的已确认的标准必要专利对 802.11 标准来说比许多潜在的必要专利更有价值，因为那些潜在的必要专利中至少有一些将被认为是不必要的。

因此，本庭将采纳 Leonard 博士所建议的 3000 个 802.11 标准必要专利。但是，考虑到这 3000 项专利中的许多专利由于其必要性尚未得到司法证实，因此对标准的价值可能不及 Innovatio 的专利，本庭仍将进行余下的分析。

D. 计算

本庭现在可以使用 Leonard 博士的"自顶而下"分析方法来进行计算。Leonard 博士提供了三种计算方式供法庭考虑，取决于本庭确定 Innovatio 的专利是否占据了 3000 项 802.11 标准专利的前 50%、前 20% 或者前 10%。具体来说，Leonard 博士根据 1998 年的一篇文章，调整了上述每种情况中的 Innovatio 专利贡献的价值该文章认为，所有电子领域前 10% 的专利占所有电子领域专利的价值的 84%（DTX-192，Mark Schankerman，*How Valuable is Patent Protection? Estimates By Technology Field*，29 RAND J. ECON. 77，94 tbl. 5 & n. 12（1998））。例如，对于前 10% 的假设情况，Leonard 博士将单个 WiFi 芯片的利润率乘以 84%，以确定所有 802. 11 标准必要专利的前 10% 的专利的价值的百分比（DDX-5，43）。他然后将该值乘以 23/300（Innovatio 的专利占所有 802. 11 标准专利的 10%），以确定 Innovatio 专利在 802. 11 标准必要专利的前 10% 中所占的份额。

如上所述，本庭已经发现，Innovatio 专利对于标准都是中等到中高等重要的，这意味着它们对标准带来了重大价值。由于电子领域专利的价值之 84% 是包含在电子领域专利的前 10% 中，所以本庭可以得出结论，任何带来重大价值的专利都可能在所有 802. 11 标准必要专利的前 10% 内。此外，3000 项标准必要专利中的很大一部分对于标准的价值比 Innovatio 专利更低，因为它们的必要性尚未确定，进一步表明 Innovatio 专利在前 10% 内。本庭随后认定 Innovatio 专利处于全部 802. 11 标准必要专利的前 10% 内[①]。

剩下的就只是执行计算。12. 1% 的利润率乘以 WiFi 芯片的平均价格 14. 85 美元，得到每个芯片的平均利润为 1. 80 美元。该 1. 80 美元是芯片制造商可获得的总利润，从这里支付知识产权的许可费。接下来，本庭将 1. 80 美元乘以 84%，即 802. 11 标准必要专利的前 10% 的价值，得到 1. 51 美元，即所有 802. 11 标准必要专利的前 10% 的价值。最后，本庭将 1. 51 美元乘以 19/300[②]，以确定在所有 802. 11 标准必要专利的前 10% 中 Innovatio 的 19 个专利组合的价值的分摊比例。结果是 9. 56 美分。因此，Leonard 博士的"自顶而下"方法得到了每个 WiFi 芯片的 RAND 费率为 9. 56 美分，本庭采用该数字作为 RAND 费率来许可 Innovatio 的 802. 11 专利组合。

E. 与诉讼中确定的其他 RAND 费率的比较

作为本案分析的最后阶段，本庭将测试每个 WiFi 芯片的 RAND 费率 9. 56 美分，以确定它是否与诉讼中确定的其他 RAND 费率相比更为有利。

1. *Microsoft v. Motorola*

在 *Microsoft v. Motorola* 一案中，Robart 法官判定在 Microsoft 的 X-Box 中使用 Motorola

---

①　显然，在像 Innovatio 这样的专利组合中，一些专利可能比其他更有价值。本庭的裁定可以被理解为如下认定，即平均来说，Innovatio 的专利占所有对 802. 11 标准必要专利的前 10%，并且在此基础上确定 RAND 许可费是合适的。

②　尽管 Innovatio 的专利组合中包括 23 个专利，各方同意本庭在本次庭审中确定本案的 RAND 率中不用考虑 4 个 Mesh Family 专利（庭审笔录，第 2330 页第 1–20 行）。因此，如 Leonard 博士计算的那样，本庭将会使用 19 而不是 23 作为分子项。

所拥有的、许可给 Microsoft 的宣称标准必要专利的 RAND 费率。参见 *Microsoft* 案，2013 WL 2111217，＊53-55。虽然 Motorola 宣称其 24 项专利对于 802.11 标准是必要的，但法庭裁定 Xbox 仅使用了 Motorola 的 24 项专利中的 11 项。参见同上。法庭的结论是，Xbox 的这 11 项专利的 RAND 许可费为每台 3.471 美分，而 RAND 费率的合理范围在每台 0.8 美分和每台 19.5 美分之间。参见同上，＊101。①

本庭认定的每个 WiFi 芯片的 RAND 费率为 9.56 美分，正好位于 Robart 法官为 Motorola 的 11 项标准必要专利确定的 RAND 费率的合理范围内。此外，每单元 9.56 美分大概为 Robart 法官的每台 3.471 美分的 RAND 费率的 3 倍。然而，如上所述，Robart 法官得出结论，Motorola 专利对标准的价值极小，参见同上，＊56-64，而法庭在本案中发现 Innovatio 的专利对标准具有中等到中高等的重要性。大约 3 倍的倍数是两个许可费之间的合理差值，由此说明 Innovatio 专利对于 802.11 标准的较大重要性。

因此，本庭得出结论，*Microsoft* 案中的 RAND 计算方式可以确认本庭确定的 Innovatio 的 802.11 标准必要专利的 RAND 费率的合理性。

2. *Ericsson v. D-Link*

2013 年 6 月，陪审团认定 Ericsson 的三项基于 802.11n 的标准必要专利遭受侵权，赔偿金额为 1010 万美元。参见 *Ericsson Inc v. D-Link Sys.*，*Inc.*，No. 10-cv-473，2013 WL 4046225，＊1（E. D. Tex.，Aug. 6，2013）。根据这一裁决，法庭对侵权行为计算为每单元 15 美分的 RAND 费率，并将其授予 Ericsson 作为持续的未来许可费。参见同上，＊21，23。陪审团受到了关于 RAND 义务的明确指示，并考虑 RAND 作出判决。参见同上，＊22。

陪审团显然没有说明如何确定 RAND 费率，所以法庭无法得知陪审团认为 Ericsson 专利对于 802.11n 标准是何等的重要。Nettleton 博士作证说，根据他的分析，*Ericsson* 案中的专利比 Motorola 在 *Microsoft* 案件中的专利更有价值，但仍然远远不及于 Innovatio 的标准必要专利（庭审笔录，第 356 页第 5-13 行（Nettleton））。然而，关于交叉质证，他同意其结论的依据是草率的，"很可能"是推断性的（参见同上，第 476 页第 6-18 行）。因此，本庭认定 Nettleton 博士在这方面的意见缺乏可信度。没有任何进一步的证据说明 *Ericsson* 案中 802.11 专利对于本案的 Innovatio 专利的可比性，在那个案件中确定的 RAND 费率对于确认本庭的 RAND 费率的价值是有限的。尽管如此，本庭指出，*Ericsson* 案中的每单元 15 美分接近本庭的 9.56 美分的 RAND 费率。因此，*Ericsson* 案中作出的裁决也对本庭的 RAND 费率提供了一些支持性的确认依据。

---

① 根据当事人没有提供任何其他产品使用 802.11 标准的证据的结论，法庭还裁定其他 Microsoft 产品的许可费率是每单元 0.8 美分。参见 *Microsoft* 案，2013 WL 2111217，＊4。

3. 结 论

出于上述原因，基于专利时效、适用的诉讼时效和侵权的认定，本庭根据本案的记录裁定，对于美国制造商使用或销售的每个 WiFi 芯片，Innovatio 许可其 19 项 802.11 标准必要专利组合所收取的 RAND 费率为 9.56 美分。被告 Lowe's Home Center 关于撤销其删除动议的动议（第 904 号文档）被批准。897 号文档应从记录中删除。多个无线网络用户提出的排除适用于无线网络用户的 RAND 费率的证词的动议（第 896、898、902 号文档）被拒绝，由于根据 2013 年 9 月的庭审，本庭决定将这些问题分离出来。制造商提出的排除 Christopher Bergey（第 913 号文档）和 Larry Evans（第 914 号文档）的证词的动议被拒绝。各方关于采纳证据的联合动议（第 915 号文档）被批准。制造商提出的根据细则 52（c）进行判决的动议（第 940 号文档）被拒绝。Innovatio 提出的提交附加证据反对制造商的细则 52（c）动议的动议（第 951 号文档）被批准。最后，被告对于 Schenkier 地方法官 2012 年 8 月 21 日的判令重新提出异议（第 786 号文档），本庭对此未予裁决。允许当事人可以再次提出与该未裁决动议有关的任何问题。现状听证会定于 2013 年 10 月 10 日上午 10 时召开。各方应于 2013 年 10 月 8 日之前提交该现状听证会的议程，包括设定解决此诉讼的下一步日程安排。

詹姆斯 F. 霍德曼（James F. Holderman）

美国联邦地区法院地区法官

日期：2013 年 9 月 27 日

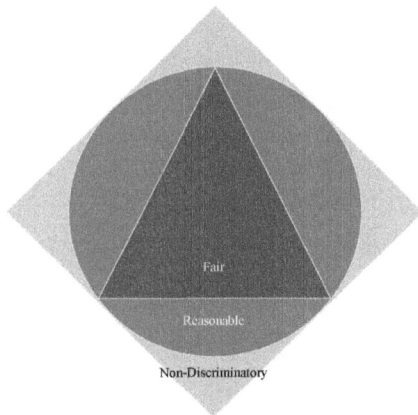

4

Ericsson v. D-Link

主题词

许可费基础，最小可销售专利实施单元，整体市场价值规则，费率的确定，可比协议，许可费堆叠，分摊原则，增量价值，专利价值，假设性谈判，禁令救济，专利劫持

案件概要

爱立信公司（Ericsson Inc.）和爱立信电话公司（Telefonaktiebolaget LM Ericsson）（以下统称"Ericsson"）于 2010 年 9 月 14 日向美国得克萨斯东区联邦地区法院提起诉讼，指控友讯系统公司（D-Link Systems，Inc.，以下称"D-Link"）等侵犯其 9 件涉及 802.11(n)的标准必要专利。

地区法院于 2013 年 8 月 6 日发出备忘录意见和法院令，指出被告没有证据证明存在许可费堆叠，并支持了 Ericsson 使用终端产品的价值确定许可费的许可费计算方法。D-Link 随即上诉至美国联邦巡回上诉法院，提出地区法院的上述认定违反了整体市场价值规则（EMVR）。联邦巡回上诉法院判决要点如下：

1）强调了现实中可比协议的重要性，并指出最小可销售专利实施单元（SSPPU）只是一种为了避免陪审团误解的方法。

2）确认了联邦地区法院使用终端产品的价值确定许可费的许可费计算方法没有违反整体市场价值规则。

3）根据分摊原则，在确定费率时需要注意：专利中的特征与标准中其他特征的比例，以及去除由标准化带来的价值。

4）澄清了 *Georgia-Pacific* 假设性谈判 15 要素不是联邦巡回上诉法院所要求必须遵循的准则，但是如果选择使用该方法确定许可费，则需要根据每个案件的具体情况调整要素，在本案中由于地区法院未对要素进行调整，联邦巡回上诉法院部分撤销了地区法院作出的决定。

本案提出的现实中可比协议的重要性、使用终端产品的价值确定许可费的许可费计算方法没有违反整体市场价值规则以及许可费堆叠是理论构想需要证据证明等原则被后续案例沿用，具有重要意义。

文书信息

1）美国得克萨斯东区联邦地区法院备忘录意见和法院令，2013 年 8 月 6 日。

2）美国联邦巡回上诉法院判决书，2014 年 12 月 4 日。

美国得克萨斯东区联邦地区法院备忘录意见和法院令

案件号：10-cv-473

当事人：原告　爱立信公司等

　　　　被告　友讯系统公司等

日　期：2013 年 8 月 6 日

法院收到下列动议：

- Ericsson 申请强制的未来许可费及判决前和判决后利息的动议（诉讼记录第 527 号）；

- 被告支持被告的基于第 50 条（b）项重新提出的作为法律问题的判决的动议（非侵权和无效）以及新审判的动议（诉讼记录第 528 号）；

- 被告就 Ericsson 的损害赔偿重新提出的作为法律问题的判决的动议，或作为替代方案，对于撤销、减免损害赔偿或新的损害赔偿审判的动议（诉讼记录第 529 号）；

- 被告关于审判后事实认定和法律结论的动议（诉讼记录第 539 号）；

- 被告关于审判后事实认定和法律结论的判决的动议（诉讼记录第 588 号）；

- Ericsson 补充记录的动议（诉讼记录第 589 号）。

由于下文所述原因，Ericsson 申请强制的未来许可费及判决前和判决后利息的动议（诉讼记录第 527 号）被**批准**。被告支持被告的基于第 50 条（b）项重新提出的作为法律问题的判决的动议（非侵权和无效）以及新审判的动议（诉讼记录第 528 号）被**驳回**。被告就 Ericsson 的损害赔偿重新提出的作为法律问题的判决的动议，或在替代方案中，对于撤销、减免损害赔偿或新的损害赔偿审判的动议（诉讼记录第 529 号）被**驳回**。被告关于审判后事实认定和法律结论的判决的动议（诉讼记录第 588 号）被**批准**，如下所述。Ericsson 补充记录的动议（诉讼记录第 589 号）被**批准**。本案中所有其他未决动议都被**驳回**。

I. 背　景

原告爱立信公司（Ericsson Inc.）和爱立信电话公司（Telefonaktiebolaget LM Ericsson）（以下统称"Ericsson"）对以下被告提起此侵权诉讼：友讯系统公司（D-Link Systems, Inc., 以下称"D-Link"）；网件公司（Netgear, Inc., 以下称"Netgear"）；贝尔

金国际公司（Belkin International, Inc., 以下称"Belkin"）；宏碁公司（Acer, Inc.）和宏碁美国公司（Acer America Corp.）（以下统称"Acer"）；捷威公司（Gateway, Inc., 以下称"Gateway"）；戴尔公司（Dell, Inc., 以下称"Dell"）；英特尔公司①（Intel Corp., 以下称"Intel"）；以及东芝公司（Toshiba, Inc., 以下称"Toshiba"）提起侵权诉讼。Ericsson 主张侵犯以下专利：6772215（"'215 专利"）；6330435（"'435 专利"）；6466568（"'568 专利"）；6424625（"'625 专利"）；和 6519223（"'223 专利"）。Ericsson 还主张被告的侵权行为是故意的。被告主张他们未侵权，并且 '435 和 '625 专利基于预期是无效的。

法院于 2013 年 6 月进行了为期 8 天的陪审团审判，作出以下侵权裁决②。

	D-Link	Netgear	Belkin	Acer/Gateway	Dell	Toshiba	Intel
'568 专利							
权利要求 1	是	是	是	是	是	是	是
权利要求 5	是	是	是	不适用	不适用	不适用	不适用
'625 专利							
权利要求 1	是	是	是	是	是	是	是
'435 专利							
权利要求 1	否	否	否	否	否	否	否
权利要求 2	否	否	否	否	否	否	否
'215 专利							
权利要求 1	是	是	是	是	是	是	是
权利要求 2	是	是	是	是	是	是	是
'223 专利							
权利要求 11	不适用	不适用	不适用	否	否	否	否

诉讼记录第 508 号的 2-3，陪审团还认定 '625 和 '435 专利有效，并认定 D-Link 的损害赔偿为 43.5 万美元，Netgear 的损害赔偿为 355.5 万美元，Acer/Gateway 的损害赔偿为 117 万美元，Dell 的损害赔偿为 192 万美元，Toshiba 的损害赔偿为 244.5 万美元，Belkin 的损害赔偿为 60 万美元。参见同上，4-5。法庭在陪审团作出侵权/有效裁决之后，将故意性划分到审判的单独部分。陪审团认定，Ericsson 未能证明故意侵权，参见诉讼记录第

---

① Intel 参加了本案（诉讼记录第 205 号），Ericsson 修改了其起诉状以将 Intel 纳为被告。参见诉讼记录第 249 号。
② "是"是指陪审团判定该权利要求被侵权；"否"意味着陪审团判定权利要求未被侵权。Ericsson 对 Acer/Gateway、Dell、Toshiba 和 Intel 仅主张 '223 专利的权利要求 11。Ericsson 对 D-Link、Netgear 和 Belkin 仅主张 '568 专利的权利要求 5。

510 号。

II. 被告支持被告的基于第 50 条(b)项重新提出的作为法律问题的判决的动议（非侵权和无效）以及新审判的动议（诉讼记录第 528 号）

在该动议中，被告几乎对案件的侵权和无效部分的所有方面都提出质疑。首先，被告辩称，Ericsson 没有提供足够证据支持 '215、'568 和 '625 专利的直接侵权。其次，被告辩称，Ericsson 没有提供足够证据证明任何被告侵犯了所主张的方法权利要求。再者，被告辩称没有间接侵权的证据。最后，被告主张陪审团对 '625 和 '435 专利有效的认定是错误的。

【编者注：此处内容与本书主题无关，故略去】。

III. 被告就 Ericsson 的损害赔偿重新提出的作为法律问题的判决的动议，或作为替代方案，对于撤销、减免损害赔偿或新的损害赔偿审判的动议（诉讼记录第 529 号）

在这项动议中，被告质疑陪审团的损害赔偿裁决。首先，被告辩称损害赔偿违反了整体市场价值规则。其次，被告辩称，Ericsson 的专家（Bone 先生）所依据的是不可比许可协议，且未在专利和非专利特征之间进行分摊。再者，被告辩称损害赔偿裁决与 Ericsson 的 RAND 义务不一致，且未考虑许可费堆叠问题。最后，被告请求就损害赔偿重新审判。被告辩称法庭的陪审团指示和裁决书包含有偏见性错误。

A. 适用法律

专利权人根据 35 U. S. C. § 284 有权获得侵权的损害赔偿。证明损害赔偿的负担落在专利权人身上，参见 *Dow Chem. Co. v. Mee Indus. , Inc.*，341 F. 3d 1370，1381（Fed. Cir. 2003）。有两种可选择的侵权赔偿类别——专利权人的利润损失，以及专利权人通过公平交易应当获得的合理许可费，参见 *Lucent Tech. , Inc. v. Gateway , Inc.*，580 F. 3d 1301，1324（Fed. Cir. 2009）。

为了确定合理的许可费，专利权人通常会考虑假设性谈判，其中主张的专利权利要求被假定为有效、可执行且被侵权，并试图确定如果双方当事人在侵权开始之前成功谈判协议时将同意的许可费，参见上述文件 1324−25；另见 *Rite- Hite Corp. v. Kelley Co.*，56 F. 3d 1538，1554 n. 13（Fed. Cir. 1995）（全院庭审）。计算合理许可费需要确定两个单独且不同的金额：（1）许可费基数或侵权涉及的收入池；以及（2）许可费率，或该池的"足以补偿"原告的侵害损失的百分比。*Cornell Univ. v. Hewlett-Packard Co.*，609 F. Supp. 2d 279，286（N. D. N. Y. 2009）。

整体市场价值规则"认可专利的经济价值可能大于专利部分单独销售的价值"。参见 *King Instruments Corp. v. Perego*，65 F. 3d 941，951 n. 5（Fed. Cir. 1995）。"整体市场价值规则允许专利权人根据被控产品的整体市场价值来评估损害赔偿〔如果〕该专利特征创造了'客户需求的基础'或'实质创造了构成部件的价值'"。参见 *Uniloc USA，Inc. v. Microsoft Corp.*，632 F. 3d 1292，1318（Fed. Cir. 2011）（引用 *Lucent*，580 F. 3d，1336）。"专利权人……必须在每种情况下给出证据，将被告的利润和专利权人的损害在专利特征与非专利特征之间分开或分摊，并且这些证据必须是可靠且有形的，而不是推测或揣测的"，或者表明"作为可销售商品的整机的整体价值归功于专利特征是正当且合法的"。参见同上（引用 *Garreston v. Clark*，111 U. S. 120，121，4 S. Ct. 291，28 L. Ed. 371（1884））；*Lucent*，580 F. 3d，1336-67。对于微小的专利改进，专利权人不能仅通过声明较低的许可费率来证明使用被控产品的整体市场价值是合理的。参见 *Uniloc*，632 F. 3d，1319-20（拒绝 Lucent 的相反解释，580 F. 3d，1338-39）。虽然合理的许可费分析"必然涉及近似和不确定性要素"，参见 *Unisplay，S. A. v. Am. Elec. Sign Co.*，69 F. 3d 512，517（Fed. Cir. 1995），但法院必须确保陪审团裁决得到充分证据的支持。

"地区法院减免过多的损害赔偿的义务是程序性问题，而不是专利法所特有的"，参见 *Imonex Servs.，Inc. v. W. H. Munzprufer Dietmar Trenner GMBH*，408 F. 3d 1374，1380（Fed. Cir. 2005）。在第五巡回法院，关于减免损害赔偿和新审判的决定在审判法庭的合理自由裁量权内，参见 *Volger v. Blackmore*，352 F. 3d 150，154（5th Cir. 2003）。这个标准尤为严格，"只有在清楚显示存在超额的情况下"才会取消损害赔偿，参见 *i4i Ltd. v. Microsoft Corp.*，598 F. 3d 831，857（Fed. Cir. 2010）（引用 *Duff v. Werner Enters.，Inc.*，489 F. 3d 727，730（5th. Cir. 2007））。超额赔额超出"从证据中可计算的最大数额"，参见 *Carlton v. H. C. Price Co.*，640 F. 2d 573，579（5th Cir. 1981）。

B. 整体市场价值规则和分摊

被告首先认为，由于陪审团的损害赔额违反了整体市场价值规则，所以他们有权获得作为法律问题的判决，参见诉讼记录第 529 号，2。被告主张，Bone 先生从终端产品（即路由器和计算机）的价值中得出每单元许可费为 0.50 美元，而不是将许可费基数限制到最小可销售的专利实施单元，参见同上，3。被告认为 WiFi 芯片是最小可销售单元，并且没有证据表明芯片驱动了对终端产品的需求，参见同上，4。因此，被告主张，Bone 先生不正当地依赖于终端产品收入来得到其许可费，参见同上。

Ericsson 辩称，Bone 先生的分析没有违反整体市场价值规则，因为其并不涉及整体市场价值规则，参见诉讼记录第 584 号，8。Ericsson 主张，Bone 先生的许可费基数不是终端产品的市场价值，而是涉案专利对终端产品的贡献的市场价值，参见同上，9。此外，Ericsson 还声称双方都同意该适当的许可费基数——销售的规定数量的被控产品——被告自己的专家以路由器和电脑的销售为基础，参见同上，9。

被告进而主张，由于 Bone 先生没有在专利和非专利特征之间进行分摊，因此他们有权获得作为法律问题的判决，参见诉讼记录第 529 号，6。被告声称，Bone 先生没有正确地分摊 Ericsson 的专利组合费率以考虑专利特征相对非专利特征的价值，参见同上。例如，被告引用 Perryman 博士的证词，只有 17.5% 的 WiFi 芯片与 802.11n 相关，该 17.5% 覆盖明显多于被指控的服务质量和块确认特征，参见同上。Ericsson 辩称，Bone 先生的分析包含两个不同层次的分摊，以获得适当的许可费，参见诉讼记录第 584 号，10。另外，Ericsson 辩称，法院驳回了被告审判前 Daubert 动议中的相同主张，所以没有理由在审判后得出不同的结果，参见同上。

被告的整体市场价值规则和分摊主张与审判前提出（并被驳回的主张）几乎相同，参见诉讼记录第 443 号。这些相同的主张在审判后再次被驳回。被告的分摊主张忽略了 Bone 先生分析中两个不同层次的分摊。在第一层次，Bone 仅考虑了来自 Ericsson 的 802.11 组合的许可的收入。在第二层次，Bone 先生分摊了 802.11 许可收入，以剔除归因于非涉案专利的价值。综合来看，这两个层次将收入池限制在涉案专利对 802.11 标准的贡献的市场价值。

第一个层次的分摊将收入池降低至 Ericsson 的 802.11 贡献的价值。在多种场合下，Ericsson 将其 802.11 专利组合许可给第三方，参见 2013 年 6 月 5 日下午，庭审笔录第 148 页第 6-第 20 行（Bone）。每个许可只覆盖 802.11 标准的某些部分，即第三方被许可人认为被 Ericsson 组合覆盖的 802.11 标准的部分。[1] 虽然被告试图贬低这些许可的重要性，但它们反映了 Ericsson 802.11 专利在真实世界的估值，参见 2013 年 6 月 5 日下午庭审笔录第 146 页第 15-第 17 行，第 150 页第 24 行-第 152 页第 18 行（Bone）；*Monsanto Co. v. McFarling*，488 F.3d 973，978-79（Fed. Cir. 2007）（"已确立的许可费通常是发明的给定使用的"合理"许可费的最佳衡量标准，因为它去除了猜测双方可能同意哪些条款的

---

[1] 参见 2013 年 6 月 6 日上午，密封的庭审笔录第 3 页第 10 行-第 7 页第 3 行（HP）；第 7 页第 5 行-第 9 页第 17 行（Buffalo）；第 9 页第 18 行-第 11 页第 23 行（RIM）；第 11 页第 24 行-第 13 页第 18 行（Option）；第 13 页第 19 行-第 14 页第 22 行（Ascom）；第 14 页第 23 行-第 16 页第 5 行（Sonim）。

需要"）。被许可人不会为许可付费，除非他们认为 Ericsson 的专利覆盖了标准的至少一部分。类似地，被许可人也不会为 Ericsson 专利未覆盖的标准部分付费。因此，根据这些许可支付的费用代表了市场对 Ericsson 专利对 802.11 贡献的估值，参见 *LaserDynamics*, *Inc. v. Quanta Computer*, *Inc.*, 694 F.3d 51, 67（Fed. Cir. 2012）（引用 *ResQNet.com*, *Inc. v. Lansa*, *Inc.*, 594 F.3d 860, 869（Fed. Cir. 2010））（"审判法庭必须仔细地将损害赔偿证据与涉案发明的市场足迹相关联"）。

在该案中主张的五项专利并不是 Ericsson 802.11 专利组合的全部，只是其中的一个子集。然而，Bone 先生的第二个层次的分摊要素考虑到了这一点。Bone 先生降低了他的费率，"以考虑到我们在本案中仅涉及五项专利的事实。"参见 2013 年 6 月 6 日上午，密封的庭审笔录第 18 页第 24 行–第 19 页第 1 行。他进一步作证说，这五项专利包含 Ericsson 802.11 组合的价值的至少百分之五十，参见同上第 20 页第 3–14 行。这是将收入仅分摊到涉案专利的实际且彻底的尝试，参见 *Compare VirnetX Inc. v. Cisco Sys.*, *Inc.*, 2013 WL 789288，*2（E.D. Tex. Mar. 1, 2013）（Davis, J.）。Bone 先生分析的最终结果是包括第三方被许可人关于涉及的专利对 802.11 标准的贡献价值所付的费用的许可费池，参见 2013 年 6 月 6 日上午，密封的庭审笔录第 58 页第 20 行–第 59 页第 1 行（"问题：好的，在本案中，对你来说 Ericsson 的组合价值为 50 美分是否有一些指示？答：是的。问：是什么？答：公司愿意为 Ericsson 的技术付费的实际协议，我们已经谈论的六个协议"）；*LaserDynamics*, 694 F.3d 68（要求法院只检查与专利组件相关的收入）。

被告还辩称，Bone 先生的分析由于使用终端产品的价值且没有证明专利特征是被控产品的客户需求的基础，而违反了整体市场价值原则。该主张由于许多与被告的分摊主张相同的原因而失败。Bone 先生的收入基础不是终端产品的市场价值；相反，是涉案专利对终端产品的贡献的市场价值。这种区别对分析至关重要。Ericsson 组合的许可收入仅归因于 Ericsson 专利为被许可人终端产品增加的价值；其不是归因于整个终端产品。不言而喻，被许可人不会对 802.11 标准中与 Ericsson 的专利无关的部分付费。因此，Bone 先生的报告并不涉及整体市场价值原则，参见 *Versata Software*, *Inc. v. SAP Am.*, *Inc.*, F.3d, 2013 WL 1810957，*12（Fed. Cir. May 1, 2013）（查明原告的损害赔偿模型并不牵涉整体市场价值原则，因为其"只是考虑所有侵权销售"）；*Fractus*, *S.A. v. Samsung Elecs. Co.*, 876 F. Supp. 2d 802, 833（E.D. Tex. 2012）（Davis, J.）。

此外，Bone 先生的分析针对所有销售的被控产品要求基于每单元的许可费。作为基于每单元的许可费，其不会随终端产品的价格波动。无论终端产品的最终销售价格如何，许可费率保持不变，参见 2013 年 6 月 5 日下午，庭审笔录第 147 页第 16–17 行（"所以价值是以单元为基础的，无论其是路由器还是笔记本电脑"）（Bone）。这进一步说明了 Bone

先生在其分析中并没有依赖于终端产品的价值。① 参见 *SynQor*，*Inc. v. Artesyn Techs.*，*Inc.*，
709 F. 3d 1365，1383（Fed. Cir. 2013）（确定原告没有援引整体市场价值原则，其"从未
试图根据客户终端产品的价格证明其损害赔偿数字合理"）。

被告针对整体市场价值规则和缺少分摊要求作为法律问题的判决的动议被驳回。

C. Ericsson 的 RAND 义务

接着，被告主张，由于陪审团的损害赔偿裁决与 Ericsson 的 RAND 义务不一致，他们
有权获得作为法律问题的判决，参见诉讼记录第 529 号，8。被告声称，Ericsson 根据
RAND 义务应向"无限制"数量的被许可人提供许可，但 Ericsson 拒绝向 Intel 提供许可，
参见同上。根据 Ericsson 的要求，裁定书没有包含针对 Intel 的损害赔偿的空间，参见同
上。被告认为这相当于拒绝向 Intel 提供许可，其违反了 Ericsson 的 RAND 义务。参见
同上。

Ericsson 声称，被告自动放弃了这一主张，因为被告从未以裁定书没有包含评估针对
Intel 的损害赔偿的空间为理由反对该裁定，参见诉讼记录第 584 号，11。此外，Ericsson
还声称，该问题是没有实际意义的，因为其现在已经向 Intel 提供了许可，参见同上。

被告基本上认为 Ericsson 由于没有起诉 Intel，然后在 Intel 加入诉讼后未寻求对 Intel
的损害赔偿而违反了其 RAND 义务。这个论点基于以下两个原因是错误的：首先，
Ericsson 是原告。作为原告，其是自己的案件的掌控者。当初，Ericsson 选择不起诉 Intel，
被告没有引用要求专利权人起诉所有潜在的被许可人的任何法律②。在 Intel 加入到诉讼中
之后，Ericsson 选择不追究 Intel 的损害赔偿，参见第 2013 年 6 月 5 日下午庭审笔录第 145
页第 12 行–第 146 页第 7 行（Bone）。而且，被告没有引用任何典据说明原告在案件中必
须向所有被告寻求损害赔偿。其次，这个问题是没有实际意义的，因为 Ericsson 在审判前
向 Intel 提供了许可，参见 2013 年 6 月 4 日下午庭审笔录第 51 页第 2–15 行（Petersson）。
许可报价与 Ericsson 向其他被告提供的条款相同，并且与 Ericsson 在审判时对其他被告寻
求的费率相同，参见同上。Intel 可能认为许可报价是粗略的，但是，在 Ericsson 的初始报
价后，Intel 本身从未有意地进行与 Ericsson 的许可谈判，参见同上第 57 页 4–15 行。Intel
不能基于其未谈判来证明 Ericsson 未给出合法的许可报价。

被告就 Ericsson 未向 Intel 寻求损害赔偿而违反其 RAND 义务从而提出作为法律问题的

---

① Bone 先生承认，将损害赔偿计算为例如路由器和计算机的终端产品的销售额的百分比是不合适的。参见 2013
年 6 月 5 日下午庭审笔录第 147 页第 8–17 行。

② 被告辩称，Ericsson 必须以公平、合理的条款许可不受限制数量的用户。参见诉讼记录第 549 号，7。

判决的动议被驳回①。

D. 不可比协议

接下来，被告认为由于 Ericsson 提交了不可比协议的证据，所以他们有权获得作为法律问题的判决，参见诉讼记录第 529 号，8。首先，被告辩称，在任何先前的许可中没有发现 Bone 先生提出的 0.50 美元的许可费率，参见同上。相反，这是由 Bone 先生为了本诉讼的目的人为制造的价值，参见同上。其中，被告还辩称这些许可是不可比的，因为它们覆盖不同的范围，参见同上。没有一个许可仅限于涉案专利，且几项许可是全球范围的，参见同上，10。被告进一步主张，这些许可是不可比的，因为它们包括了从 Ericsson 的"蜂窝空间中的整体专利筹码"得出的价值，参见同上，12。最后，被告主张没有一个许可是可比的，因为它们均不是考虑 Ericsson 的 RAND 义务而谈判得到的，参见同上，9。

Ericsson 辩称，其在审判时只提供了可比协议，而陪审团最适合决定许可的可比性程度，参见诉讼记录第 584 号，11。另外，其辩称被告对先前的许可的价值的主张是错误的，参见同上，12-13。Ericsson 主张像 Buffalo、HP 和 RIM 这样的第三方被许可人最适合确定 Ericsson 802.11n 专利组合的价值，因此他们的许可高度相关，参见同上，13。

被告关于 Bone 先生的许可的可比性的主张更适合用于交叉质证而不是用于作为法律问题的判决，参见 *ActiveVideo Networks*，*Inc. v. Verizon Commc'ns*，*Inc.*，694 F. 3d 1312，1333（Fed. Cir. 2012）（"……许可协议的可比性程度以及［原告］专家未能控制某些变量的问题是事实问题，其最佳方法是通过交叉质证来解决而不是通过排除予以解决"）。Bone 先生引用的所有许可都包含涉诉专利，并且他给出了其对这些许可的分摊的详细证词。② 参见 2013 年 6 月 5 日下午庭审笔录第 149 页第 5-14 行（Bone）；2013 年 6 月 6 日上午密封庭审笔录第 3 页第 10 行-第 27 页第 7 行（Bone）；2013 年 6 月 4 日上午密封的庭审笔录第 3 页第 11 行-第 12 页第 16 行，第 14 页第 4 行-第 28 页第 7 行（Petersson）；*LaserDynamics*，694 F. 3d 79-80（"对专利技术的实际许可高度检验什么构成这些专利权的合理许可费，因为这些实际许可最清楚地反映了专利技术在市场上的经济价值"）；比较参见 *ResQNet*，594 F. 3d 870（由于原告依赖与所要求保护的发明无关的许可而撤销损害赔偿裁决）。被告有机会对 Bone 先生的分摊进行交叉质证，并且他们提出自己的损害赔偿专家以反驳 Bone 先生的分析，参见 2013 年 6 月 6 日上午密封的庭审笔录第 27 页第 24 行-第 50 页第 25 行（Bone 交叉质证）；2013 年 6 月 11 日上午密封的庭审笔录第 3 页第 18 行-25 行（Perryman）。决定哪

---

① 在下文法院的事实认定和法律结论中进一步分析了 Ericsson 对 Intel 的许可政策，见下文。

② 被告认为 Bone 先生的分析有缺陷，因为他没有依赖 Infineon 许可。参见诉讼记录第 529 号，9-10。然而，Infineon 许可甚至没有包含涉案专利。

个专家的分摊更可信是陪审团的问题,没有理由重开陪审团的事实决定。

被告还辩称这些许可是不可比的,因为"没有证据表明这些许可是考虑 Ericsson 的 RAND 义务而谈判得到的。"参见诉讼记录第 929 号,9。但是,他们没有引用任何具有约束力的典据,说明之前的许可如果不是在 RAND 框架内谈判的就是不可比的,参见同上,8-13;诉讼记录第 593 号,4。即使对此问题存在有约束力的典据,但 Bone 先生已作证,以前的许可都是在 Ericsson 的 RAND 义务框架内进行谈判的,参见 2013 年 6 月 6 日上午庭审笔录第 13 页第 4-8 行。Ericsson 还提供证据表明,在确定每单元 0.50 美元的许可费时,考虑了其 RAND 义务。2013 年 6 月 4 日上午密封的庭审笔录第 15 页第 22 行-第 10 页第 17 行(Petersson);2013 年 6 月 4 日下午庭审笔录第 14 页第 11-25 行,第 53 页第 14 行-第 54 页第 6 行(Petersson)。

此外,Ericsson 的 RAND 义务是公众知晓的。Ericsson 对 IEEE 的保证信是公开可获得的,所以任何潜在的被许可人都能够确定 Ericsson 是否有 RAND 的义务。以前的被许可人是富有经验的当事人,在谈判期间他们可能会意识到 Ericsson 的 RAND 义务。总而言之,有充实证据表明,先前的许可是在 Ericsson 的 RAND 义务框架内进行谈判的。

被告就先前许可的可比性作为法律问题的判决提出的动议被驳回。

E. 许可费堆叠

被告继而主张,因为裁定未能考虑许可费堆叠,他们有权获得作为法律问题的判决,诉讼记录第 529 号,13。被告认为"合法适当的损害赔偿模型必须考虑许可费堆叠将阻碍或妨碍 802.11 标准的风险",参见同上,14。被告辩称,Ericsson 的 RAND 义务之一是考虑许可费堆叠的影响,但 Bone 先生的分析报告中缺少该考虑,参见同上。被告主张,"无可争辩的证据"确定了适当的 RAND 费率应限制到每单元"几美分或更少",参见同上。

Ericsson 反驳,被告的许可费堆叠主张纯粹是假设性的,诉讼记录第 584 号,14。Ericsson 辩称,Bone 先生考虑了许可费堆叠的可能性,但是他没有发现任何证据显示每单元 0.50 美元的费率会造成许可费堆叠问题,参见同上。此外,Ericsson 声称,被告没有提供任何关于符合 802.11n 标准的产品的实际许可费堆叠的证据,参见同上,15。

被告的许可费堆叠主张最多只是理论上的。审判时,被告充分交叉质证了 Bone 先生关于许可费堆叠对标准必要专利的影响,[①] 参见 2013 年 6 月 6 日上午庭审笔录第 22 页第 15 行-第 29 页第 21 行。曾经,被告的律师甚至提出一个 2.50 美元的标准必要芯片理论上的堆叠可能是 23.30 美元,参见同上,第 29 页第 12-21 行。然而,在被给予机会提供

---

① Bone 先生作证说,第三方被许可人在与 Ericsson 谈判期间考虑了许可费堆叠。参见 2013 年 6 月 6 日上午密封庭审笔录第 17 页第 3-20 行。

802.11n 必要产品的实际堆叠的证据时，被告未进行任何说明。Perryman 博士没有证明实际的许可费堆叠是 23.30 美元，他也没有证明实际许可费堆叠如被告的律师所假设的是 16 美元，参见同上，第 29 页第 3-10 行。相反，Perryman 博士从来没有确定实际的许可费堆叠；他甚至从未试图确定被告目前为 802.11 专利支付的许可费的实际数额，参见 2013 年 6 月 11 日上午庭审笔录第 64 页第 19 行–第 65 页第 3 行（"问：你试图查明这些被告为标准必要 802.11 专利支付的每单元的成本了吗？A：没有，先生，我没有"），进一步使得被告的许可费堆叠主张混乱，他们的侵权专家承认"标准的很小一部分是受专利保护的"。参见 2013 年 6 月 10 日下午庭审笔录第 5 页第 16-23 行（Gibson）。

被告就有关许可费堆叠作为法律问题的判决的动议被**驳回**。

F. 方法权利要求

继而，被告主张，因为陪审团未能正确地考虑认定侵权的方法权利要求，他们有权获得作为法律问题的判决，诉讼记录第 529 号，14。被告声称损害赔偿应限于被证实的以侵权方式使用的被控产品的数量，参见同上。被告辩称，Ericsson 没有提供任何证据证明被告或他们的客户多长时间实际执行一次要求保护的方法，参见同上，15。因此，Ericsson 关于方法权利要求的损害赔偿理论作为事实问题不充分，参见同上。

Ericsson 辩称，其提供了充实的证据来支持陪审团关于方法权利要求的损害赔偿的裁决。诉讼记录第 584 号，15。Ericsson 声称 Nettles 博士证明了 Ericsson 的方法权利要求在设备的正常操作过程中遭到侵权，参见同上。因此，其提供了证据以证明被告通过制造和销售被控产品而侵权，参见同上（引用 SiRF Tech.，601 F.3d 1331）。

如上述侵权部分中所讨论的，Ericsson 提供了充实的证据以支持陪审团对方法权利要求的侵权裁定。存在充实证据支持被告的直接和诱导侵权。因此，被告就方法权利要求损害赔偿的法律判决提出的动议被**驳回**。

G. 被告对于撤销、减免损害赔偿或新的损害赔偿审判的动议

作为替代方案，被告要求法院撤销或者减免陪审团的损害赔偿裁决，或者批准新的损害赔偿审判，参见诉讼记录第 529 号，16-21。减免损害赔偿在审判法庭的自由裁量权范围内，只有在损害赔偿裁定"明显过多"时才适用，参见 *Alameda Films S. A. v. Authors Rights Restoration Corp.*，331 F.3d 472，482（5th Cir. 2003）。本部分中被告大多数的主张与他们前述的 JMOL 主张相同。[1] 由于上述理由，有充分证据支持陪审团的判决。

---

[1] 例如，被告主张新审判是适当的，因为：（1）裁决的证据依据严重不足；（2）允许 Bone 先生作证犯了偏见性错误；（3）由于法院采纳了几个不可比协议，犯了偏见性错误。

被告还提出了另外两个主张，即他们有权获得新的损害赔偿审判。第一，裁定书没有包括一次性付款许可的条目，参见诉讼记录第 529 号，22。裁定书指示陪审团确定"公平、合理地补偿 Ericsson 被下列被告直至审判时的专利侵权的损失"。参见同上，23。被告主张，这是一个偏见性错误，需要进行新的审判，甚至称他们的"宪法赋予的让陪审团决定适当形式的合理许可费的权利"被侵犯，参见诉讼记录第 593 号，8。被告声称，他们在审判中提供证据，证明一次性付款许可是损害赔偿的适当形式，参见同上。第二，被告辩称，法院通过指示陪审团"侵权人的净利润率不是合理的许可费的上限"犯了偏见性错误，诉讼记录第 529 号，23。被告主张，没有有关他们的利润率的证据，所以这个指示是不正确的，参见同上，24。

关于一次性付款许可问题，Ericsson 辩称不需要新的审判，诉讼记录第 584 号，16。Ericsson 声称被告的主张是不合逻辑的，因为双方规定了侵权销售的数量，参见同上。因为双方在审判中同意适当的损害赔偿基础，所以不应允许被告在事实之后对这一规定提出质疑，参见同上。Ericsson 还主张被告没有引用任何典据，表明他们有权让陪审团确定未来的许可费，参见同上，17。对于关于被告的利润率的陪审团指示，Ericsson 作出了两个主张。第一，其主张该指示是一个准确的法律陈述，参见同上。第二，Ericsson 声称该指示是必要的，参见同上，18。Ericsson 声称被告向陪审团发表的关于 802.11n 芯片成本的声明使该指示成为必要，参见同上。

根据裁定书，不需要进行新的审判。裁定书表明：

> 如果现在以现金方式支付，从优势证据中判定多少总额会公平、合理地补偿 Ericsson 被下列被告直至审判时的专利侵权造成的损失？

诉讼记录第 508 号，5。被告声称，该指示构成偏见性错误，因为其阻止了陪审团裁决一次性付款许可费，诉讼记录第 529 号，23。然而，向陪审团具体地指示一次性付款许可费是适当的，诉讼记录第 504 号，28。进一步，被告也没有引用任何典据，以主张具有让陪审团裁决未来损害赔偿的宪法权利。参见 *Brooktree Corp. v. Advanced Micro Devices, Inc.*，977 F. 2d 1555，1581（Fed. Cir. 1992）（维持地区法院拒绝向陪审团提出未来损害赔偿的问题）；参见 *Telecordia Techs.，Inc. v. Cisco Sys.，Inc.*，612 F. 3d 1365，1377-78（Fed. Cir. 2010）；*Paice LLC v. Toyota Motor Corp*，504 F. 3d 1293，1316（Fed. Cir. 2007）。

基于法院关于利润率的指示，也不需要新的审判。法院向陪审团给出以下指示：

> 侵权人的净利润率不是合理的许可费的上限。如有必要，侵权人的售价可以提高，以适应更高的许可费率。要求侵权人这样做，可能是充分补偿专利权人因其技术被使用的唯一途径。

参见 2013 年 6 月 12 日上午庭审笔录第 43 页第 18-24 行。这是一个准确的法律陈述，几乎完全复述了近期一个联邦巡回法院的意见。参见 *Douglas Douglas Dynamics，LLC v. Buyers Prods. Co.*，F.3d，2013 WL 2158423，＊7（Fed. Cir. May 21，2013）；参见 Rite-Hite，56 F.3d 1555。被告未对该陈述的合法正确性提出异议。相反，他们主张，由于 Ericsson 没有提供任何被告的利润率的证据，所以该指示是没有任何依据的，参见诉讼记录第 529 号，24；2013 年 6 月 11 日下午庭审笔录第 81 页第 10-23 行。然而，被告多次提及 2.50 美元芯片的 0.50 美元许可费的不当之处，参见 2013 年 6 月 11 日上午庭审笔录第 27 页第 4 行-第 28 页第 11 行，第 46 页第 5-15 行（Perryman）；2013 年 6 月 6 日上午庭审笔录第 20 页第 11-18 行（Bone 交叉质证）。这些主张是 Intel 利润率的简单参考。依照该项陈述，给予该指示并不是不正当或有偏见的。

被告就撤销、减免损害赔偿或新的损害赔偿审判提出的动议被驳回。

IV. Ericsson 申请强制的未来许可费及判决前和判决后利息的动议（诉讼记录第 527 号）

在这项动议中，Ericsson 要求持续的未来许可费为每单元 0.15 美元。Ericsson 还要求按照得克萨斯州法定利率的每季度复利的判决前和判决后利息。

A. 适用法律

法院应当在发现侵权之后，对专利案件的利息进行裁决，参见 35 U.S.C. § 284。裁决判决前利息的目的是将专利权人置于有利位置，以使侵权人支付合理许可费而不是侵权，参见 *Beatrice Foods v. New England Printing*，923 F.2d 1576，1580（Fed. Cir. 1991）。应当裁决出判决前利息，除非有重大理由阻碍这种裁决，例如拖延对侵权者的诉讼。参见 *Gen. Motors Corp. v. Devex Corp.*，461 U.S.648，657(1983)；参见 *Bio-Rad Labs. v. Nicolet Instrument Corp.*，807 F.2d 964，967（Fed. Cir. 1986）。用于计算判决前利息的利率以及复利的方法和频率留给地区法院自由裁量。参见 *Uniroyal，Inc. v. Rudkin-Wiley Corp.*，939 F.2d 1540，1545（Fed. Cir. 1991）；*Studiengesellschaft Kohle，m. b. H. v. Dart Indus.，Inc.*，862 F.2d 1564，1579-80（Fed. Cir. 1988）（引用 Bio-Rad Labs，807 F.2d，969）。应裁决从侵权之日起至判决之日的利息，参见 *Nickson Indus.，Inc. v. Rol Mfg. Co.*，847 F.2d 795，800（Fed. Cir. 1988）。

B. 未来许可费

Ericsson 声称其有权获得持续的每单元 0.15 美元的未来许可费。在审讯后的听证会上，被告声明，如果法院驳回他们的 JMOL 动议，他们并不反对支付每单元 0.15 美元的未来许可费。因此，法院**批准** Ericsson 的一项持续的每单元 0.15 美元许可费的动议。

C. 判决前和判决后利息

在审讯后的听证会上，被告表示不会反对判决给 Ericsson 利息。然而，各方辩论应该使用哪个利率。

Ericsson 主张，应以得克萨斯州法定利率按季度复利来裁定判决前和判决后利息，诉讼记录第 527 号，5。Ericsson 承认，本院一般以最优惠利率按季度复利判定利息，参见同上。然而，Ericsson 声称，由于美联储最近为抗击经济衰退而作出的努力，最优惠利率是人为较低的，参见同上。因此，Ericsson 认为得克萨斯州法定利率更准确地反映了目前的市场情况，参见同上，6。被告认为合适的利率是最优惠利率按季度复利，诉讼记录第 579 号，5。

本院的标准做法是以最优惠利率按季度复利来裁决利率，请参见 *VirnetX Inc. v. Apple Inc.*，F. Supp. 2d，2013 WL 692652，＊19（E. D. Tex. Feb. 26，2013）（Davis，J.）（收集案例）。为延续其标准做法，本院**批准** Ericsson 以最优惠利率按季度复利的判决前[1]和判决后[2]利息的动议。

V. Ericsson 对补充记录的动议（诉讼记录第 589 号）

正如听证会上所述，Ericsson 补充记录的动议被**批准**。被告可以通过利用 Bone 先生报告的摘要部分补充该记录来作出回应。

VI. 被告关于对审判后事实认定和法律结论的判决的动议（诉讼记录第 588 号）

2013 年 6 月 12 日，法院就 Ericsson 的 RAND 义务问题进行了法官审判，参见 2013 年

---

[1]　各被告承担下列判决前利息：Acer/Gateway 为 98 275 美元；Dell 为 127 626 美元；D-Link 为 22 508 美元；Netgear 为 224 141 美元；Toshiba 为 152 798 美元。

[2]　各被告承担自判决之日起每天支付以下判决后利息：Acer/Gateway 为 113 美元；Dell 为 182 美元；D-Link 为 41 美元；Netgear 为 336 美元；Toshiba 为 231 美元。

6 月 12 日下午庭审笔录第 6 页第 15 行－第 194 页第 4 行。被告现要求法院作出三项裁决，参见诉讼记录第 588 号，2。第一，被告要求法院确定 Ericsson 的 802.11n 必要专利的 RAND 费率。第二，被告要求确定 Ericsson 拒绝以 RAND 条款许可芯片供应商（Intel），并要求超过 RAND 金额的许可费率，违反了 RAND 义务。第三，被告要求确定 Ericsson 无权享有禁令救济。法院将单独处理每个争议点问题。

A. 确定 RAND 许可费

法庭无须为被侵权专利确定合适的 RAND 许可费，因为陪审团已经确定了相同专利的合理许可费，陪审团在作出判决时考虑了 Ericsson 的 RAND 义务。被告在审判后简报中，要求法院确定诉讼专利的适当的 RAND 费率，参见第 588 号，2。然而，被告就是否同意实际支付法院确定的 RAND 费率发生动摇。实质上，被告要求法院确定 Ericsson 的初始 RAND 报价，但他们拒绝作出会接受该报价的任何保证。这只不过是对 Ericsson 的初始 RAND 许可报价的咨询意见，参见 *Artic Corner*，*Inc. v. United States*，845 F. 2d 999，1000（Feb. Cir. 1988）（"案件或争议的要求核心是禁止咨询意见"）；*Teva Pharm. USA*，*Inc. v. Novartis Pharm. Corp.*，482 F. 3d 1330，1337-38（Feb. Cir. 2007）。

被告不能要求法院确定 RAND 费率却拒不受其约束。在审判后的听证会上，本院命令被告宣布其是否接受本院提出的 RAND 费率。被告答复其会"接受法院确定的限于标的产品和标的专利的 RAND 费率"，参见诉讼记录第 612 号，1。限于标的产品和标的专利的 RAND 费率是陈述被告接受陪审团判决的另一种方式。陪审团的判决仅限于涉案专利，且仅限于被控的产品。因此，被告将仅同意为审判已覆盖的领域支付 RAND 费率。由于有足够的证据支持陪审团的判决，本法院无须自己对适当的许可费率进行事实确定。

被告试图将陪审团判决与 RAND 案以如下三个理由加以区分：（1）被告向法院提交了未提交给陪审团的额外证据；（2）Ericsson 没有向陪审团提出对 Intel 的损害赔偿要求；（3）陪审团审判的范围限于诉讼中的五项美国专利。因此，其并没有考虑到 Ericsson 全球范围内所称的 802.11 专利组合的适当的 RAND 费率。参见诉讼记录第 599 号，11。法院将依次处理每项主张。

第一，被告声称陪审团判决并未规定 RAND 费率，因为被告在法官审判阶段提出了额外证据。该主张不成立，因为被告给陪审团提供了充实的 RAND 证据，参见 2013 年 6 月 1 日上午庭审笔录第 9 页第 15 行－第 10 页第 17 行（Forslund）；2013 年 6 月 11 日上午庭审笔录第 75 页第 9 行－第 77 页第 11 行（Perryman）；2013 年 6 月 6 日上午庭审笔录第 21 页第 16-20 行（Bone 交叉质证）。被告在法官审判阶段提供额外证据，试图保护其审判后的 RAND 地位。本质上，被告企图将 RAND 作为其陪审团抗辩，同时将衡平 RAND 抗辩作为后备。因此，被告想要使用 RAND 作为他们的初步辩护和他们的退路。这样做没有正当理由——在法官审判阶段呈现的所有 RAND 证据同样适用于陪审团审判阶段。

被告在陪审团审判期间提出了重要的 RAND 证据。事实上，很大一部分被告的损害赔偿主张都是基于 Ericsson 的 RAND 义务。被告要求多次 RAND 指示，其中两次已给予了陪审团。具体地，法院给出了以下指示：

> 此外，由于 Ericsson 已经同意其有义务按照合理和无歧视（RAND）条款对涉案专利进行许可，你们必须确保任何损害赔偿裁决与根据 Ericsson 的 RAND 义务所允许的金额相符并且不超过该金额。

参见诉讼记录第 504 号，23。法院还修改了其指示中的传统 *Georgia-Pacific* 要素，以包括 Ericsson 按照 RAND 条款许可其专利的义务，参见同上，28。被告现在不能主张在其根据 RAND 作出陪审团辩护时陪审团的判决未能考虑到 Ericsson 的 RAND 义务。

第二，被告声称陪审团的裁决未能反映 RAND 费率，因为 Ericsson 没有对 Intel 提出损害赔偿计算。被告在这个具体问题上对 Bone 先生进行了交叉质证。被告问 Bone 先生，他的许可费率是否适用于芯片，他答复是。参见 2013 年 6 月 6 日上午庭审笔录第 20 页第 11-18 行。因此，被告关于 Intel 损害赔偿的主张是不正确的。

第三，被告认为陪审团没有考虑 Ericsson 全球范围内 802.11 专利组合的适当的 RAND 费率。鉴于被告拒绝同意支付法院确定的全球 RAND 费率，这一主张没有意义。被告声称陪审团判决不是一个适当的 RAND 费率，因为其不是全球许可，但被告拒绝同意支付全球范围的 RAND 许可，参见诉讼记录第 612 号和第 614 号。被告不能两者都要。由于被告拒绝同意支付法院确定的全球 RAND 许可，所以他们不能使用缺乏世界范围的 RAND 证据来区分陪审团判决。

由于上述原因，法院不需要确定适当的 RAND 费率，因为陪审团已经作出了这一确定。对于三项侵权专利，适用的美国 RAND 费率为每件产品 0.15 美元。

B. Ericsson 许可 Intel 的 RAND 义务

i. 事实认定

Ericsson 是 IEEE 的成员，参见 2013 年 6 月 3 日下午庭审笔录第 137 页第 8-9 行（Brismark）。作为 IEEE 成员，Ericsson 有义务以合理和无歧视的条款许可其标准必要专利，参见同上，第 128 页第 4-8 行。RAND 许可报价必须是"根据技术对正在使用该标准的终端用户的贡献而言合理的价格"，参见同上，第 128 页第 16-19 行。RAND 报价也必须是无歧视的，这意味着许可人不得歧视任何特定的被许可人，参见同上，第 129 页第13-20行。

IEEE 参与者通过保证书声明其专利为标准必要专利，参见同上，第 141 页第 1-10 行。保证书是专利持有人对潜在被许可人以 RAND 条款提供许可的承诺，参见同上。参与标准制定是自愿的，并不要求公司参与标准制定过程才能持有标准必要专利。参见 2013 年 6 月 12 日下午庭审笔录第 29 页第 14 行-第 31 页第 24 行（Shoemake）。此外，由于参与是自愿的，IEEE 成员可能会限制参与过程，参见同上，第 32 页第 20-24 行。

Ericsson 承诺向"完全合标"的产品提供 RAND 许可，并以其保证书将该立场通知给 IEEE，参见 2013 年 6 月 4 日下午庭审笔录第 40 页第 21 行-第 41 页第 4 行，第 52 页第 3-21 行（Petersson）。Ericsson 仅许可完全合标的产品的目是为了分隔出一个特定级别的供应链，并许可给该级别的公司，参见 2013 年 6 月 12 日下午庭审笔录，第 148 页第 8 行-第 149 页第 11 行（Brismark）。通过对最终产品制造商进行许可，Ericsson 相信其间接许可了芯片制造商，如 Intel，参见同上。Ericsson 认为，其符合 RAND 义务，因为其没有歧视竞争对手，参见 2013 年 6 月 3 日下午庭审笔录第 129 页第 21 行-第 130 页第 4 行（Brismark）；参见 2013 年 6 月 12 日下午庭审笔录第 34 页第 7-14 行（Shoemake）。IEEE 规则不禁止受限制的 RAND 承诺，其他公司也采用与 Ericsson 相同的"完全合标"许可政策，参见 2013 年 6 月 12 日下午庭审笔录第 137 页第 5-8 行（Perryman）。

Ericsson 于 2013 年 3 月以每单元 0.50 美元的费率的报价向 Intel 提供涉案专利的许可，参见 2013 年 6 月 12 日下午庭审笔录第 149 页第 20 行-第 150 页第 5 行，第 166 页第 1-8 行（Brismark）。Ericsson 给出这一报价，试图解决未决的诉讼，参见同上，第 149 页第 20 行-第 150 页第 5 行；以及 2014 年 6 月 4 日下午庭审笔录第 51 页第 13-15 行。Ericsson 首次向 Intel 提出报价后，Intel 要求提出一项拟议的许可协议草案，参见 2013 年 6 月 12 日下午庭审笔录第 166 页第 16-22 行（Brismark）。Ericsson 于 2013 年 4 月 25 日向 Intel 提交了一项拟议协议，但 Intel 从未对该拟议协议作出回应，参见同上，第 166 页第 21 行-第 167 页第 12 行。当 Ericsson 向 Intel 提交协议草案时，Ericsson 准备协商许可的最终条款，参见同上，第 167 页第 3-6 行。

ii. 法律结论

Ericsson 并没有通过拒绝许可 Intel 而违反其 RAND 义务，因为其于 2013 年 3 月向 Intel 提供了许可报价。Ericsson 以与其余被告相同的费率和条款向 Intel 提供许可报价。Intel 声称，Ericsson 的报价是不实际的，但没有提供证据支持这一声称，参见同上，第 167 页第 3-12 行（证明 Ericsson 曾准备协商潜在许可的条款）。审判之后，Ericsson 将其给 Intel 的许可报价进行修改，以反映出陪审团判决，参见 PX-628。这两项报价都是 Intel

从未反对的合法 RAND 报价。因此，Ericsson 满足向 Intel 提供许可的任何 RAND 义务。

被告对于 Ericsson 仅对"完全合标"产品进行许可的政策并无针对 Ericsson 的违反合同救济。[①] 参与 IEEE 等标准制定机构是自愿的，各方可以自由限制或限定其参与程度。Ericsson 实施对"完全合标"产品许可的做法并没有本质的错误或不公平，并且在其初始保证书中表明了这一立场。此外，其他大公司也采取了类似政策，即只允许"完全合标"产品的许可。被告没有引用要求全面参与以获得标准必要的专利的 IEEE 规则或准则。因此，被告无权得到关于 Ericsson 仅许可"完全合标"产品的做法的衡平救济。

Ericsson 并没有通过拒绝许可 Intel 而违反 RAND 义务。

C. Ericsson 的 0.50 美元 RAND 费率

i. 事实认定

Ericsson 是一个复杂的许可实体，拥有超过 100 项重要的专利许可，参见 2013 年 6 月 3 日下午庭审笔录第 109 页第 22 行–第 110 页第 14 行（Brismark）；2013 年 6 月 4 日上午庭审笔录第 132 页第 23 行–第 25 行（Petersson）。其有动机建立合理的许可费率，以维持许可领域的信誉，参见 2013 年 6 月 12 日下午庭审笔录第 180 页第 23 行–第 182 页第 9 行（Bone）。对于其 802.11 专利组合，Ericsson 认为，合适的许可费率为每单元 0.50 美元，参见 2013 年 6 月 3 日下午庭审笔录第 133 页第 4–11 行（Brismark）。Ericsson 根据技术和许可专家之间的协作计算了这一费率，并且向第三方被许可人寻求关于其费率合理性的反馈，参见 2013 年 6 月 4 日上午庭审笔录第 127 页第 24 行–第 129 页第 22 行（Petersson）。Ericsson 以 Bone 先生的专家证词支持该费率。Bone 先生依赖以前的六项涉及涉案专利的许可，确定了合适的许可费率，参见 2013 年 6 月 5 日下午庭审笔录第 149 页第 5–14 行（Bone）；2013 年 6 月 6 日上午密封的庭审笔录第 3 页第 10 行–第 27 页第 7 行（Bone）；2013 年 6 月 4 日上午密封的庭审笔录第 3 页第 11 行–第 12 页第 16 行；第 14 页第 4 行–第 28 页第 7 行（Petersson）。

Ericsson 在确定其费率时考虑了 RAND 义务。参见 2013 年 6 月 4 日下午庭审笔录第 14 页第 11–25 行（Petersson）。Ericsson 拥有一支负责监测 Ericsson 遵守 RAND 义务的员工队伍，参见 2013 年 6 月 12 日下午庭审笔录第 142 页第 8–24 行（Brismark）。这些人力图确

---

① 首先，该问题是无意义的，因为 Ericsson 向 Intel 提供了许可，且没有其他被告声称 Ericsson 因他们的产品不完全符合而拒绝向他们提供许可。参见 2013 年 6 月 12 日下午庭审笔录第 149 页第 15–16 行（Brismark）（"Ericsson 从未试图阻止任何芯片厂商"）。

定标准必要专利的数量，并力图确定 Ericsson 在 802.11n 专利中的份额。参见同上，第 142 页第 25 行–第 143 页第 15 行；参见 2013 年 6 月 4 日下午庭审笔录第 21 页第 4–12 行（Petersson）（"在我们设定费率时，我们当然是考虑到标准中还有其他专利持有人"）。这是一个由潜在被许可人的反馈调整的持续进程，参见 2013 年 6 月 12 日下午庭审笔录第 143 页第 6–24 行（Brismark）；2013 年 6 月 4 日下午庭审笔录第 53 页第 13 行–第 54 页第 6 行（Petersson）。

无法确定标准必要专利的确切数量，参见 2013 年 6 月 12 日下午庭审笔录第 29 页第 7–9 行（Shoemake）；参见同上第 134 页第 9–15 行（Perryman）。IEEE 不对在保证书中指明的专利对标准是否是必要的做出任何确定，因此公司可能会错误地将"非必要"专利声明为必要的，参见 2013 年 6 月 6 日上午庭审笔录第 23 页第 11 行–第 25 页第 4 行（Bone）（讨论保证书）。双方都无法确定标准必要专利的确切数量。Shoemake 博士作证了与 802.11n 标准相关的专利数量，但他并没有试图确定有多少专利是标准必要专利，参见 2013 年 6 月 12 日下午庭审笔录第 29 页第 4–9 行。Bone 先生基于以前许可进行分析，他没有试图确定必要专利的数量。此外，Gibson 博士作证说，802.11n 标准的很少部分实际上是获得专利的，参见 2013 年 6 月 10 日下午庭审笔录第 5 页第 16–23 行。

被告没有提供关于涉案专利的实际许可费堆叠的任何证据。Perryman 博士没有试图计算被告目前在 802.11n 产品上支付的实际许可费，参见 2013 年 6 月 11 日上午庭审笔录第 64 页第 19 行–第 65 页第 3 行。Perryman 博士甚至拒绝提供公司预期在 802.11 产品上支付的最大假设许可费，参见 2013 年 6 月 12 日下午庭审笔录第 139 页第 2–11 行。Shoemake 博士试图计算与 802.11n 标准相关的专利数量，但他并没有针对这些专利的潜在许可费堆叠提出意见，参见 2013 年 6 月 12 日下午庭审笔录第 27 页第 6–12 行。

Perryman 博士指明了 802.11n 标准的一个许可（CSIRO 许可），参见 2013 年 6 月 12 日下午密封的庭审笔录第 8 页第 8–21 行。Perryman 博士发现，Intel 的来自 CSIRO 许可的许可费义务是 0.13 美元，参见同上，第 9 页第 15–22 行。然而，Perryman 博士无法确定 802.11n 产品的任何其他许可费义务，参见同上，第 12 页第 22 行–第 13 页第 6 行；2013 年 6 月 12 日下午庭审笔录第 34 页 21–23 行（Shoemake）。

被告没有提交任何被许可人向 Ericsson 投诉劫持的证据，并且 Brismark 先生作证说，他从未听说过被许可人投诉其许可使用费是劫持或锁定的结果，参见 2013 年 6 月 12 日下午庭审笔录第 148 页第 4–7 行（Brismark）；参见同上，第 180 页第 12–14 行（Bone）（"问：作为你的分析的一部分，你是否发现 Ericsson 的任何实际协议包含劫持？答：否"）；参见同上，第 183 页第 2–8 行（Bone）；参见同上，第 94 页第 21 行–第 95 页第 6 行和第 96 页第 13–22 行（Leonard）。

ii. 法律结论

RAND 许可的矛盾之处在于其要求专利持有人以合理的条款提供许可，但未提供关于何谓合理的准则，参见 *Microsoft Corp. v. Motorola，Inc.*，2013 WL 2111217，10（W. D. Wash. Apr. 25，2013）。因此，RAND 创造了必须遵循的义务，但不提供如何遵循该义务的准则。这就形成了司法解决的空隙。如果谈判 RAND 许可的双方不能就协议的财务条款达成共识，则完全适合在法庭上解决争议，参见 *Microsoft Corp. v. Motorola，Inc.*，854 F. Supp. 2d 993，1001–02（W. D. Wash. 2012）（"由于政策会让双方确定什么构成 RAND 许可，如果出现这种真正的分歧，法院认为，双方的唯一的资源是在适当的法院提起诉讼"）。专利持有人寻求比其潜在被许可人认为是合理的许可费高的许可费，未违反其 RAND 义务。同样，潜在的被许可人拒绝专利持有人认为是合理的许可费，也未违反其 RAND 义务。相反，双方的初始报价应被视为谈判起点。即使法院或陪审团必须最终确定适当的费率，仅是寻求比潜在被许可人认为是合理的许可费更高的许可费并不违背 RAND 原则。

RAND 许可还包括善意谈判的义务。这个义务是双向的。作为 RAND 谈判中的潜在被许可人，被告有义务善意谈判，认真寻求友好的许可费率。他们没有这样做。被告的整个主张归结于他们认为 Ericsson 的最初 RAND 报价太高。然而，Ericsson 的 0.50 美元报价只是谈判的起点。被告在初次报价后，从未有意与 Ericsson 进行 RAND 许可谈判。此外，最终在法庭就 RAND 费率提起诉讼的事实并不意味着 Ericsson 的首次报价是不合理的，比较 2013 年 6 月 12 日下午庭审笔录第 130 页第 6–10 行（Perryman）（"问题：好的，现在，从经济角度来看 Ericsson 的 50 美分的费率相对芯片价格是太高了吗，是相当于拒绝交易吗？回答：考虑芯片上的所有技术，绝对是的，先生"）。Ericsson 通过提供其许可政策及其努力遵守 RAND 义务的充实证据，证明了其报价的合理性。

此外，被告没有提出任何实际的劫持或许可费堆叠的证据。Perryman 博士或 Shoemake 博士都没有计算被诉产品或 802.11n 标准的实际许可费堆叠。此外，Perryman 博士只能确定实际许可费堆叠的一个 "块（block）"，参见 2013 年 6 月 12 日下午密封的庭审笔录第 12 页第 19 行-第 13 页第 6 行。被告对许可费堆叠的所有关注仅仅是关注而已。面对没有实际的堆叠的证据，被告不得不进行假设性主张。然而，如果被告提出了任何真实的堆叠的证据，他们的假设主张将会更有份量。此外，Ericsson 提供的证据表明，其在确定其许可费率时考虑了许可费堆叠问题。因此，Ericsson 的 RAND 费率并没有形成劫持或许可费堆叠。

Ericsson 寻求每单元 0.50 美元的许可费没有违反 RAND 义务。

D. 涉案专利禁令

Ericsson 没有为被侵权专利寻求禁令，参见诉讼记录第 527 号。因此，法院无须确定是否对被侵权专利发出禁令，参见诉讼记录第 588 号，15。

VII. 结　　论

基于上述原因，**批准** Ericsson 申请强制的未来许可费及判决前和判决后利息的动议（诉讼记录第 527 号）。**驳回**被告支持被告的基于第 50 条（b）项重新提出的作为法律问题的判决的动议（非侵权和无效）以及新审判的动议（诉讼记录第 528 号）。**驳回**被告就 Ericsson 的损害赔偿重新提出的作为法律问题的判决的动议，或在替代方案中，对于撤销、减免损害赔偿或新的损害赔偿审判的动议（诉讼记录第 529 号）。如上所述，**批准**被告关于审判后事实认定和法律结论的判决的动议（诉讼记录第 588 号）。**批准** Ericsson 补充记录的动议（诉讼记录第 589 号）。**驳回**本案中所有其他未决动议。**裁决**法院书记员终止所有其他未决动议。

判决如上**并于** 2013 年 8 月 6 日签署。

莱纳德·戴维斯（Leonard Pavis）
美国联邦地区法院法官

美国联邦巡回上诉法院判决书

案件号：10-cv-0473

当事人：原告－被上诉人　爱立信公司等

被告－上诉人　友讯系统公司等

日　期：2014 年 12 月 4 日

巡回法官 O'Malley，Taranto 和 Hughes 审理

巡回法官 O'Malley 向法庭提交的观点

巡回法官 Taranto 提交的部分反对的观点

O'Malley，巡回法官：

爱立信公司（Ericsson Inc.）和爱立信电话公司（Telefonaktiebolaget LM Ericsson）（以下统称"Ericsson"）；友讯系统公司（D-Link Systems，Inc. 以下称"D-Link"）；网件公司（Netgear，Inc. 以下称"Netgear"）；宏碁公司（Acer，Inc.）和宏碁美国公司（Acer America Corp.）（以下统称"Acer"）；捷威公司（Gateway，Inc. 以下称"Gateway"）；戴尔公司（Dell，Inc. 以下称"Dell"）；东芝美国信息系统股份有限公司（America Information Systems，Inc.）和东芝株式会社（Toshiba Corp.）以及诉讼参加人英特尔集团（Intel Corp.）（以下统称"D-Link"）涉嫌侵犯诸如美国专利第 6424625 号专利（以下称"'625 专利"）、第 6466568 号专利（以下称"'568 专利"）以及第 6772215 号专利（以下称"'215 专利"）的某些权利要求，向得克萨斯东区联邦地区法院提起诉讼。所有涉诉专利总体涉及电子设备用于无线访问因特网的 WiFi 技术。Ericsson 声称，所有涉诉专利对于 WiFi 标准是必要的，这意味着所有支持 WiFi 的设备都侵犯 Ericsson 的专利。

案件已进行过陪审团审理，陪审团裁决 D-Link 侵犯所诉称的三项专利的权利要求，并且认定损害赔偿大约 1000 万美元，每个侵权设备大约 15 美分。在审后动议之后，地区法院支持陪审团的侵权认定和有效性裁决，并拒绝就以下问题进行新的审理：声称违反"整体市场价值规则"（EMVR），声称就标准设定环境和 Ericsson 从标准设定环境中衍生的"合理和无歧视性"许可义务而言没有给陪审团充分的指示。由于下文解释的原因，我们部分维持原判、部分推翻原判、部分撤销原判，并发回重审。

I. 背 景

A. 技术和标准背景

互操作性是许多电子设备的基本要求。例如，如果用户将笔记本电脑带到当地的咖啡店，他期望他的笔记本电脑接入电源时会进行充电，并且当他连接到咖啡店的无线网络时，他能够上网。为了使用户能够为笔记本电脑充电，插头必须是正确的形状，并且笔记本电脑充电器必须能够接受插座的电压输出。为了使用户能够连接到因特网，他的笔记本电脑必须知道以什么频率搜索无线信号，向网络发送什么信息以建立连接，以及如何解析从网络中接收到的信息，等等。虽然大多数用户当然地认为他们的电子设备将能够在任何地方充电和连接到无线因特网，但互操作性并不会自动发生。由于存在众多的设备、设备设计商和制造商，必须建立标准的操作模式，以确保所有这些不同设备之间的兼容性。

标准制定组织发布标准，即，技术要求的清单。符合这些技术要求确保了兼容设备之间的互操作性。当然，必须至少有一定数量的设备开发采用标准以确保大规模的互操作性。① 与该案相关的是，电气和电子工程师协会（IEEE）发布了 802.11 标准，常被称为"WiFi"，参见 IEEE 的法庭之友陈述（以下称"IEEE Br."），1-2。802.11 标准是流行的无线因特网标准，已得到广泛应用。如果一个设备符合 802.11 标准中规定的 IEEE 技术要求，则该设备被认为符合 802.11 标准。要求所有符合 802.11 标准的设备通过某种方式运行以确保每个兼容设备都能够与所有其他符合 802.11 标准的设备进行通信。②

例如，符合 802.11 标准的笔记本电脑将能够与符合 802.11 标准的路由器建立连接。一旦建立了连接，802.11 标准还规定了笔记本电脑和路由器之间如何传递后续数据。这包括数据格式化、优先级排序、错误处理和流量控制等。

重要的是，在这种情况下，在路由器和笔记本电脑之间，数据文件不会在单个传输中进行传送。例如，如果一台笔记本电脑的用户想要下载一个视频，则路由器不会在单个巨大的传输中发送整个文件，而是将每个数据文件分成"分组"，其中每个分组在不同的传输中发送。小文件可能只需要单个分组，而大文件（例如视频和声音）可能需要数千个分

---

① 即使最初有多个竞争标准，最终也通常仅形成单个标准。例如，Bluray 标准在高清光盘战争中赢了 HD DVD 标准。Martin Fackler, *Toshiba Acknowledges Defeat as Blu-ray Wins Format Battle*，纽约时报，2008 年 2 月 20 日，C1 版区。

② 802.11 标准不是一组静态需求。事实上，它已经被多次更新。当 802.11 标准被更新时，会赋予一个字母来标识标准的版本，例如 802.11（g）。设备通常需要符合 802.11 标准的以字母表示的特定版本。本案具体涉及 802.11（n）标准。

组。然后，接收设备将文件从分组中重新组合起来。分组中来自文件的数据称为"有效载荷"，由于分组可能丢失或无序到达，因此 802.11 标准提供了处理这些错误的方法。例如，每个分组具有与该分组一起发送到接收设备的"数据头"。"数据头"包括序列号，以便接收设备知道重新组合分组的有效载荷的顺序，等等。

创建某些标准，如 IEEE 的 802.11 标准，是一个复杂的过程，涉及协作并且可能涉及与许多感兴趣的合作方合作（IEEE Br. 4–12）。由于该项工作的协作性质，所选择的标准可能包括由多个不同合作方开发的技术。有时，该技术受专利保护。由于标准要求设备使用特定技术，因此符合要求的设备必然会侵犯覆盖纳入到该标准中心技术的专利中的某些权利要求。这些专利被称为"标准必要专利"，参见 IEEE Br. 13–14。

标准必要专利存在两个可能会阻碍标准广泛应用的潜在的问题，即专利劫持和许可费堆叠。当企业被锁定使用一项标准之后，标准必要专利的持有人要求过多的专利费时就存在专利劫持。当一项标准涉及许多专利（可能成百上千）时，就可能会出现许可费堆叠。如果公司被迫向所有标准必要专利持有人支付许可费，则许可费将彼此"堆叠"，并且可能总和过多。为了帮助减轻这些潜在的顾虑，标准制定组织在发布标准之前通常会寻求专利所有人的保证。例如，IEEE 要求标准必要专利所有人保证，他们将以 RAND 条款向无限制数量的申请人发放许可，参见 IEEE Br. 16–18。

B. Ericsson 的标准必要专利

Ericsson 声称，所有涉诉专利都是 IEEE 802.11（n）标准的标准必要专利。Ericsson 曾通过提交给 IEEE 的保证书承诺，以 RAND 费率对其所有 802.11（n）标准必要专利提供许可。Ericsson 在其保证书中承诺"在确实没有不公平的歧视的合理条款和条件下向全世界不限数量的申请人以合理费率颁发许可"，参见联合附录（以下称"J. A."）17253。各方同意该承诺对 Ericsson 具有约束力，还可以参见 IEEE Br. 19–20。

1. '568 专利

'568 专利，其名称为"多速率无线电通信系统和终端"，描述了基于分组中有效载荷的类型来对分组进行优先级排序。对分组进行优先级排序很重要，因为网络均具有带宽的限制。带宽是指一次可以通过网络传送的数据量。当一个网络同时接收到多个请求时，它必须能够及时响应所有的请求。然而，由于网络带宽的限制，消息不能一次全部发送。虽然网络可以以不同的方式处理带宽限制问题，但每种方法都涉及在未完成的请求之间划分可用带宽的问题。

'568 专利解释了网络传输各种不同类型的有效载荷，包括"语音、视频和数据"。根

据 '568 专利，现有技术中的网络还不能使得某些类型的数据优先于其他类型的数据。因为某些类型的传输更倾向于不能发生延迟，例如语音电话，因此，'568 专利公开了将传输类型作为数据头的一部分进行传送。这将使得网络能够把更多的带宽专用于较高优先级的传输类型，从而更快地传送这些分组。

在本上诉中涉及权利要求 1 和 5。以权利要求 1 为代表：

一种通信基站，包括：

处理器，用于安排用于传输的信息，包括提供至少一个放置有效载荷信息的第一字段，并且提供独立于所述第一字段的至少一个第二字段，所述第二字段包括**服务类型标识符，所述服务类型标识符识别在所述**至少一个第一字段中提供的**有效载荷信息的类型；**

发送器，用于发送从所述处理器接收的信息，所述信息包括所述至少一个第一字段和所述至少一个第二字段。

'568 专利，第 13 栏，第 11–21 页。

2. ' 215 专利

如上所述，文件被分成多个分组，这些分组与序列号一起被传送至接收设备，使得接收设备可以以正确的顺序重新组合有效载荷。然而，分组在传输过程中经常被丢失或损坏。为了确保接收器从那些被丢失或损坏的分组中接收到有效载荷，发送器必须重新发送这些分组。为了使发送器知道哪些分组需要重新发送，接收设备必须告知发送设备哪些分组没有被接收或已被破坏。这可以使用"自动重传请求"（以下称"ARQ"）协议完成。在 ARQ 协议中，接收设备将向发送设备发送"反馈响应"。尽管反馈响应消息可以是不同的格式，但反馈响应通常会指示哪些分组（如果有的话）丢失或被损坏。然后，发送设备将重新发送那些丢失的分组。

尽管现有技术中存在 ARQ 协议，但题为"最小化 ARQ 协议中的反馈响应的方法"的 '215 专利声称，这些现有技术的 ARQ 协议浪费了带宽，因为它们是"静态的"因而是不适用的。通过使反馈响应类型动态化，'215 专利公开了可以以最有效的响应类型格式化响应。例如，如果 100 个分组中丢失 1 个，则只要发送丢失分组的号码。相反，如果 100 个分组中的 50 个丢失，则响应可以是位图，一个分组设置 1 位，以指示丢失的分组，而不是所有丢失的 50 个分组号码的列表。为了解决所声称的现有技术中的缺陷，'215 专利公开了向反馈响应中添加"类型标识符字段"（以下称"TIF"）用于识别该反馈响应的格式。这将使得接收器可以在不同类型的反馈响应（例如，分组号码的列表或位图）之间动态的选择，从而响应会更高效。

权利要求 1 是涉诉的独立权利要求：

一种最小化 ARQ 协议中的反馈响应的方法，包括以下步骤：

通过通信链路发送多个第一数据单元；

接收所述多个第一数据单元；

响应于所述接收步骤，为第二数据单元构造消息字段，所述消息字段包括类型标识符字段以及序列号字段、长度字段和内容字段中的至少一个。

'215 专利，第 10 栏第 19–28 页。

3. '625 专利

由于技术限制，现有技术的接收设备使用一个有限的"接收窗口"来跟踪其接收的分组。由于这种接收窗口是有限的，如果接收设备在窗口外接收到一个分组，接收窗口不会接受这个分组。接收窗口直到收到当前窗口中的所有分组才会向前移动。这个过程确保接收器能够接收所有丢失的分组。然而，对于某些"延迟敏感应用"，不需要 0% 的分组丢失率，而且显著延迟的分组毫无益处，如"电话，视频会议和延迟敏感的控制系统"。参见 '625 专利，第 3 栏第二 51–53 页。

根据 '625 专利，现有技术的发送设备无法告诉接收设备忽略不必要的丢失分组并向前移动接收窗口。'625 专利公开了为发送装置添加强制接收装置接收来自其接收窗口之外的分组的方法。这也将使得接收窗口向前移动，并且接收设备将忽略不再提供任何益处的延迟或丢失的分组。

在本上诉中涉及权利要求 1：

一种用于在利用包括自动重复请求方案的分组传送协议的数据网中丢弃分组的方法，包括以下步骤：

数据网络中的**发送机命令数据网中的接收机**(a)**接收**至少一个具有与先前接收的分组的序列号不连贯的序列号的分组，以及(b)**解除对**具有先于所述至少一个分组的序列号的未完成的**分组的任何预期接收；**

丢弃其应答未被接收的以及具有先于所述至少一个分组的序列号的所有分组。

'625 专利，第 10 栏第 13–26 行。

C. 被诉产品

此案件中，被诉侵权者生产了多种电子设备，包括并入了由 Intel 制造的 802.11(n) 无线芯片的笔记本电脑和路由器（"终端产品"）。因为所有这些终端产品都并入了符合 802.11(n) 标准的芯片，所以它们必然具备 802.11 (n)标准规定的功能。

【编者注：此处内容与本书主题无关，故略去】。

D. Dell-Ericsson AB 协议

Dell 在上诉案件中辩称，根据其与 Ericsson AB 之间签订的先前协议，其具有使用专利权的许可。Ericsson AB 是 LM Ericsson 在瑞典成立的制造和开发的子公司。LM Ericsson 是 Ericsson AB 的瑞典母公司，其拥有涉案专利。LM Ericsson 及其北美子公司 Ericsson 公司是诉讼中的两名原告–被上诉方。

2008 年 2 月 13 日，Ericsson AB 和 Dell 公司签署了主购买协议（以下称"MPA"协议），根据该协议，Ericsson AB 将从主购买协议签署之日起三年内向 Dell 提供移动宽带产品。Ericsson AB 是该主购买协议中唯一被列为"供应商"的公司，也是 Dell 唯一的协议签约方。主购买协议还分别定义了 Ericsson AB 的"关联公司"。该上诉案件相关的是，主购买协议的题为"争议解决"的 12.1 部分表明，"供应商将不会提起任何影响 Dell 的诉讼或寻求任何影响 Dell 的司法裁定，或将 Dell 作为一方当事人加入到与 Dell 购买产品无直接关系或可能阻止 Dell 运送任何 Dell 或第三方产品的任何未决法律或行政诉讼中。"J. A. 6348（增加了强调）。

E. 程序历史

Ericsson 于 2010 年 9 月 14 日向得克萨斯东区联邦地区法院提起诉讼，指控 D-Link 侵犯其九项专利，Ericsson 称，这些专利对于 802.11(n) 无线标准是必要的。Intel——被控产品的无线互联芯片供应商也作为参加人参加诉讼。2013 年 3 月 8 日，助理法官发布了地区法院法官采纳的权利要求解释的裁定。参见 *Ericsson Inc. v. D-Link Crop.* 6:10-cv-473，2013 WL 949378（E. D. Tex. Mar. 8，2013）。在审判前不久，审判法官驳回了 D-Link 关于 Ericsson 的损害赔偿专家的证词违反整体市场价值规则（以下称"EMVR"）的动议。审判前，法院也针对 Dell 作出了即决判决，驳回了其根据 MPA 具有专利许可的主张。

虽然双方被迫缩小案件审理范围，但 Ericsson 仍然在诉讼中指控 D-Link 侵犯了其五项专利。2013 年 6 月 13 日，陪审团在进行了为期 7 天的审理后发现，D-Link 侵犯了 Ericsson 三项专利即 '568 专利、'215 专利和 '625 专利中主张的权利要求。陪审团还发现，'625 专利相对于现有技术出版物（"Petras 对比文件"）是有效的。作为对过去侵权行为的损害赔偿，陪审团判定给予 Ericsson 约 1000 万美元，大约每个侵权设备 15 美分的赔偿。

陪审团审判后，审理法庭对若干 RAND 问题进行了单独的法官审理。[①]

在法官审理中，D-Link 提交了作为法律问题的判决（JMOL）和新审判的动议，其认为陪审团关于侵权和有效的裁决以及损害赔偿的裁决没有充实的证据支持。D-Link 进一步认为，Ericsson 的专家依靠基于终端产品价值的许可违背了整体市场价值规则。D-Link 进一步声称，陪审团对于 Ericsson 的 RAND 义务未受到充分的指引。

法庭驳回了 D-Link 的庭后动议，认定有充实的证据支持：（1）陪审团的侵权裁决；（2）'625 专利的有效性；（3）陪审团作出的 1000 万美元的赔偿。法官还得出结论，Ericsson 的损害赔偿证言与整体市场价值规则是一致的，关于 Ericsson 的 RAND 义务的陪审团指引也是充分的。法官进一步认定，基于陪审团的赔偿额，对于三项被侵权专利，每件产品 15 美分是适当的适用 RAND 费率。参见 *Ericsson Inc. v. D-Link Crop.* 6：10-cv-473，2013 WL 4046225（E. D. Tex. Aug. 6. 2013）。此外，根据审理法庭，Ericsson 以每单元 50 美分的费率向 Intel 提供许可并未违反其 RAND 义务。事实上，法院的结论是，Intel 违反了诚实信用谈判许可费率的义务。参见同上，16。

D-Link 及时地向本院提起上诉。本庭依据 28 U. S. C. § 1295(a)(1)（2012）具有管辖权。

II. 论　　述

在上诉中，D-Link 提出了一些问题：（1）陪审团是否有充实证据认定 D-Link 侵犯了 '568 专利的第 1 项和第 5 项权利要求；（2）地区法院是否适当解释了 '215 专利中的特征"响应所述接收步骤，为第二数据单元构造一个消息字段，所述消息字段包括类型标识符字段"，以及如果地区法院正确地解释了这一特征，陪审团是否有充实证据认定 D-Link 侵犯了 '215 专利的第 1 项和第 2 项权利要求；（3）陪审团是否有充实证据裁决 D-Link 侵犯了 '625 专利的第 1 项权利要求，是否有充实证据裁决"Petras 对比文件"未能公开 '625 专利；（4）Ericsson 的损害赔偿理论是否违反整体市场价值规则；（5）关于 Ericsson 的 RAND 义务，陪审团是否得到了适当指引；（6）Dell 根据其与 Ericsson AB 达成的协议，是否得到实施涉案专利的许可。我们依次处理每个问题。

---

① 在法官审理中，D-Link 要求地区法院：（1）确定适当的 RAND 费率；（2）裁决 Ericsson 由于拒绝许可 Intel 而违反了 RAND 协议；（3）裁决 Ericsson 无权要求禁令。D-Link 承认，其向审理法庭提供了未向陪审团提供的关于 Ericsson 的 RAND 义务的证据，尽管其向陪审团争辩所选择的任何许可费率必须反映出 RAND 义务。不清楚 D-Link 为何作出这样的选择，尤其是在 D-Link 拒绝受任何法院确定的许可费率的约束的情况下。一旦陪审团确定了 RAND 费率，则法官就驳回了 D-Link 要求在法官审理中独立确定赔偿的请求。D-Link 未对这一裁决提出上诉，只是认为对于 Ericsson 的 RAND 义务陪审团未得到充分指引，而不是认为法庭应该作出这样的决定。

A. 侵权

我们首先解决 D-Link 针对侵权认定提出的异议。我们根据区域巡回法院（本案中即第五巡回法院）的法律，审查了审理法院关于 JMOL 的动议的决定，参见 *Verizon Servs. v. Cox Fibernet Va.*，602 F. 3d 1325，1331（Fed. Cir. 2010）。第五巡回法院重新审查了对 JMOL 的动议的否决，但是"陪审团的裁定只有在没有法律上充分的证据使理性陪审团作出如此裁决的情况下才能被推翻"，参见 *Miller v. Raytheon*，716 F. 3d 138，144（5th Cir. 2013）。我们适用该法院的判例法审查专利法问题。权利要求解释是重新审查的法律问题，参见 *Lighting Ballast Control LLC v. Philips Elecs. N. Am.*，744 F. 3d 1272，1276–77（Fed. Cir. 2014）（全体法官共同审理）。侵权和公开是基于充实证据审查的事实问题，参见 01*Communique Lab Inc. v. LogMeIn*，*Inc.*，687 F. 3d 1292，1296（Fed. Cir. 2012）；*In re Montgomery*，677 F. 3d 1375，1379（Fed. Cir. 2012）。

【编者注：此处内容与本书主题无关，故略】。

B. 损害赔偿

两项专利已经确认侵权，我们还要解决 D-Link 提出的损害赔偿问题。如下所述，我们撤销陪审团的损害赔偿判定，并发回原法院依照本意见继续审理。

我们根据区域巡回法庭的法律审查关于新审判的动议和专家证言的采纳的裁定，参见 *Verizon* 案，602 F. 3d，1331。第五巡回法院针对滥用自由裁量权审查新审判动议的驳回，只有当"绝对没有证据支持陪审团的裁决"时，才予以推翻，参见 *Duff v. Werner Enters.*，*Inc.*，489 F. 3d 727，729（5th Cir. 2007）。第五巡回法院针对滥用自由裁量权审查审理法院对专家证词的采纳或排除，参见 *Snap- Drape*，*Inc. v. Comm'r*，98 F. 3d 194，197（5th Cir. 1996）。

我们重新审查了关于专利法问题的陪审团指引的法律充分性，参见 *Sulzer Textil A. G. v. Picanol N. V.*，358 F. 3d 1356，1363（5th Cir. 2004）。陪审团的裁决只有在陪审团指引"有法律上的错误"并且"错误存在具有偏见的影响"的情况下才会被撤销。

1. 许可证据的可采纳性

审理前，D-Link 提出排除 Ericsson 损害赔偿专家的某些证言，认为其违背了整体市场价值规则。具体来说，D-Link 声称，损害赔偿的计算部分取决于本身与被许可产品的整体价值关联的许可，即使被许可的技术只涉及这些产品的部件，因此该专家证言作为法律问题是不可采纳的。地区法院否决这一动议后解释说，Ericsson 专家参考之前的许可并非不正确，因为专家适当地分摊了基于这些许可的任何损害赔偿计算，以考虑涉诉专利的价值。D-Link 通过对 Ericsson 专家的证言进行连续的反对而在审理中对这一系列证词提出反对，只要其是根据这些许可宣称的或参考这些许可作出的，参见 J. A. 1437-38 4：37-5：13。在审理中，Ericsson 和 D-Link 都一般地引用了笔记本电脑的价值，参见 J. A. 1325，11：24-12：21；J. A. 1332，37：22-38：11。在陪审团裁决侵权以及每一侵权设备向 Ericsson 赔偿 15 美分后，D-Link 提出了 JMOL 和新审理的动议，认为接受这一专家证言违背了整体市场价值规则。地区法院驳回了这两项动议。

上诉中，D-Link 辩称，地区法院在以下方面存在有偏见的错误：（1）未排除 Ericsson 损害赔偿专家关于被质疑的许可的证言；（2）允许 Ericsson 的律师在审理中将终端产品的费用与所要求的许可费进行比较。根据 D-Link 的陈述，由于 Ericsson 没有反对所主张的权利要求全部由 WiFi 芯片实施，而不是由被指控的终端产品的其他组成部分实施，所以不应允许 Ericsson 将其损害赔偿或其审理中的主张基于终端产品的价格。

Ericsson 回应说，陪审团作出的给予每个侵权产品 15 美分的赔偿的裁决与 Ericsson 的可比协议是一致的，并坚持认为我们的法院已经发现可比协议是合理许可费率的最佳证据。Ericsson 还主张，该陪审团损害赔偿符合"行业惯例"，并符合其损害赔偿专家的证言。根据 Ericsson 的陈述，其专家进行了严格的分析，将涉案专利的价值从其引用的许可所涵盖的任何其他专利中分离开。由于这种分摊，Ericsson 声称，根据 EMVR 或其他方式，其损害赔偿计算及其专家对实际行业许可的引用均是正确的。关于律师在审理中对笔记本电脑的费用的引用，Ericsson 认为，D-Link 从未反对这些引用，并且其自身也提出了类似的引用。

我们得出的结论是，地区法院正确地采纳了 D-Link 所反对的许可的证据，以及对律师引用包含被诉侵权芯片的产品的费用的任何反对意见已被放弃。虽然我们的一些案例提到了整体市场价值"规则"的概念，但法律标准实际上具有性质不同的两部分：一个是实质的法律规则；一个则是独立的证据原则。当（在涉及每个单元的许可费的情况下）陪审团被要求选择一个许可费基数作为计算合理的许可费的起点时，后者有助于可靠地执行该规则。

正如我们最近在 *VirnetX, Inc. v. Cisco system* 案，767 F. 3d 1308（Fed. Cir. 2014）中所述，当涉及多部件产品时，主导规则是，许可费基数和许可费率的最终组合必须反映产品的侵权特征所产生的价值，而不是更多，参见 767 F. 3d，1326（引用 *Garretson v. Clark*，111 U. S. 120，121(1884)）。作为实质性问题，根据 35 U. S. C. §284，衡量"合理的使用费"的是"被拿走的价值"，参见 *Dowagiac Mfg. Co. v. Minn. Moline Plow Co.*，235 U. S. 641，648（1915）。从发明专利的所有者拿走的只是专利技术（为了根据第

284 条评估损害赔偿的目的），因此被衡量的价值只是被控产品的侵权特征的价值。

当被控侵权产品具有专利和非专利特征时，衡量该价值需要确定这些特征所增加的价值。事实上，即使是对非许可费形式的损害赔偿，分摊也是必要的：陪审团必须使用"切实可靠的"的证据，最终"在专利特征与非专利特征之间分摊被告的利润和专利权人的损失"，参见 *Garretson* 案，111 U. S. 121。逻辑上，经济学家可以通过各种方式来做到这一点：当这种区分可能时，通过仔细选择专利许可费基数来反映专利特征的附加值；通过调整专利许可费率，以排除产品的非专利特征的价值；或通过两种的结合。本质要求是，最终合理的许可费裁决必须基于专利发明添加到最终产品的增量价值。

我们的案件对该主导法律规则增加了重要的证据原则。证据原则的要点是，帮助我们的陪审团系统可靠地执行对发明价值的许可费赔偿分摊的实质性法定要求。专门适用于选择许可费基数的原则是，如果涉及多部件产品，并且专利特征不是导致其他特征与价值相结合的特征，则必须注意避免过分强调整个产品的价值而误导陪审团。这并不意味着，从多部件产品的整体市场价值出发永远不会得出适当分摊的许可费赔偿（例如，通过大幅度降低这些情况下应用的专利许可费率），而是依赖于整体市场价值可能误导陪审团，因为陪审团可能不太了解在这种情况下专利许可费率需要做的工作的程度。参见 *Laser Dynamic Inc. v. Quanta Computer, Inc.*，694 F. 3d 51，67，68（Fed. Cir. 2012）（禁止使用太高的许可费基数——即使数学上通过"足够低"的许可费率补偿——因为这样的基数"具有相当大的风险"将误导陪审团作出过度赔偿，这样的基数"没有帮助反而破坏陪审团的损害赔偿标准"，并且"通过比较使得专利权人提出的损害赔偿金额看起来是适度的"（引用 *Uniloc USA, Inc. v. Microsoft*，632 F. 3d 1292，1320（Fed. Cir. 2011）））。因此，如果作为可销售商品的机器的全部价值"适当和合法地归因于专利特征"，则可以通过参考该价值来计算对专利权人的损害，如上所述。然而，如果不是，法院必须坚持一个更实际的起点（通常是最小可销售单元，有时甚至更少）以供陪审团计算许可费，参见 *VirnetX* 案，767 F. 3d，1327-28。

我们将这些概念应用于对通过参考终端产品的价值确定许可费的许可相关专家证言的质疑。我们的结论是，D-Link 控诉的专家证言既没有违反 *Garretson* 案关于分摊的规则，也没有违反证据原则，该证据原则要求在公认相关的损害赔偿证据的证明价值与这些证据可能误导陪审团作出过高许可费裁决的不利影响之间具有合适平衡。因此，我们认定，地区法院没有因为未根据"联邦证据法"403 条行使其自由裁量权以排除争议的许可证言而存在错误，参见 *Uniloc*，632 F. 3d，1320；*Laser Dynamics*，694 F. 3d，77-78（判定地区法院滥用自由裁量权，因其未能根据"联邦证据法"403 条排除许可）。

该法院已经认识到可以向陪审团提交许可，以帮助陪审团作出适当的许可费裁决。参见，例如，*Monsanto Co. v. McFarling*，488 F. 3d 973，978（Fed. Cir. 2007）（"已确立的许可费通常是对一项发明的给定使用的'合理'许可费的最佳衡量标准"）；*Georgia-Pacific Corp. v. U. S. Plywood*，318 F. Supp. 1116，1120（S. D. N. Y. 1970）（判定"专利权人因授予涉案专利的许可而获得的许可费"是陪审团考虑的相关要素）。然而，事前的许可几乎从不会完全类似于侵权行为，参见 *VirnetX* 案，767 F. 3d，1330。例如，主张的可比协议可能涵盖比诉讼中所涉及的专利更多，包括交叉许可条款，涵盖外国知识产权，或者如这里所述，被计算为多部件产品的价值的一定比例。当援引许可来评估专利发明时，依赖于许可的证言必须考虑这些区别事实。然而，在认识到这些限制的情况下，许可不完全相似的事实通常体现了证据的重要性，而不是其是否可采纳，参见 *Apple Inc. v. Motorola, Inc.*，757 F. 3d 1286，1326（Fed. Cir. 2014）（"这里，这些许可是否具有足够的可比性以使 Motorola 所计算的许可费为合理许可费体现了证据的重要性而不是其可采纳性"）；*ActiveVideo Networks v. Verizon Commc'ns*，694 F. 3d 1312，1333（Fed. Cir. 2012）（"虽然我们可能没有以审理中所用的相同方式决定这些证据问题，但地区法院没有滥用自由裁量权"）。在各种情况下，地区法院都必须评估所提供的证言、证据和陈述在何种程度上会不公平地倾斜陪审团分摊损害赔偿额的能力，这种分摊应仅考虑归因于侵权特征所产生的价值。

如审理中的证言所确定的，许可通常在不考虑 EMVR 的情况下进行谈判，对于与被诉技术有关的 Ericsson 许可，尤其如此。现实中，基于 D-Link 所极力主张的理由而认为相关许可不可接受将导致专利权人不可能采用基于许可的证据。然而，在与这些许可相关的损害赔偿证言考虑了 *Garretson* 中设想的分摊原则的各种类型的情况下，这些证据是相关且可信的。简而言之，在专家证言向陪审团解释了需要减少对给定许可的依赖以仅考虑许可技术所贡献的价值的情况下（正如这里的情况），根据多部件产品的价值断定的许可在该分析中被引用 以及地区法院行使其自由裁量权不排除此类证据，仅是这样的事实不是可回转的错误。①

但是，我们的结论是，如果采纳了基于多部件产品的价值的许可，甚至在专家证言中引用了该许可，法院应关于提供这样的证言的有限目的作出警示性的指引（如果被诉侵权人请求给出这样的指引）。法院还应确保该指引充分说明了需要将最终许可费分摊到整体产品中的专利特征的增量价值。首先，尽管 D-Link 确实请求了对 EMVR 的一般指引，但是并没有请求给出专门关于其反对的许可或与该许可相关的证言的指引。其次，虽然法庭

---

① 因为 D-Link 未质疑 Ericsson 的损害赔偿专家所使用的方法，所以我们不用考虑他的分摊分析的合适性。参见 *Daubert v. Merrell Dow Pharm.*，Inc.，509 U. S. 579，597（1993）。

向陪审团告知了 *Georgia-Pacific* 要素，其确实在某种程度上考虑了分摊的概念，但没有单独提醒陪审团关于分摊的重要性①。如在下文 B. 2 节中所述，由于我们基于其他原因撤销了赔偿裁决，所以我们不需要确定 D-Link 是否保留对这些指引的反对意见，或者如果 D-Link 保留对这些指引的反对意见，我们也不需要确定是否因为对这些问题实际给出的指引而造成了偏见。

如上所述，D-Link 还主张，地区法院在讨论所请求的许可费率时允许 Ericsson 的律师引用笔记本电脑的总成本属于有偏见的错误。我们发现 D-Link 放弃了该主张。D-Link 的持续反对意见只针对 Ericsson 专家对先前许可的引用，参见 J. A. 1437–38，4：37–5：13。记录中的任何地方都未表明 D-Link 反对律师在审理中引用笔记本电脑的市场价值。事实上，在交叉质证中，D-Link 实际上提到了自己的终端产品的价值。但 D-Link 在审判后的动议中没有提出这个问题，参见 J. A. 1332，37：22–38：11。我们看不到任何偏见或不公正，能要求我们在上诉中首次处理该问题，因此，我们拒绝这样做。参见 *Novo Nordisk A/S v. Becton Dickinson & Co.*，304 F. 3d 1216，1220（Fed. Cir. 2012）（"虽然不禁止上诉法庭在审理中明显出现偏见或不公平且司法利益需要时采取补救行为，但"辩护律师原则上不能保持沉默，不提出反对意见，而在已经作出裁决后首次提出对陪审团的意见是有偏见的"（引用 *United States v. Socony-Vacuum Oil Co.*，310 U. S. 150，238–39（1940）））。

2. 地区法院的 RAND 陪审团指引

由于 Ericsson 有义务以 RAND 条款许可涉案专利，所以 D-Link 要求地区法院向陪审团对该 RAND 的义务给出指引。D-Link 还要求地区法院向陪审团对有关 RAND 相关背景下的专利劫持和专利许可费叠加的危险性给出指引，等等。地区法院未采用 D-Link 提出的语言，而仅是部分准许了 D-Link 的请求。法院向对陪审团指引的 15 个 *Georgia-Pacific* 要素增加了第 16 个要素，告诉陪审团其"可以考虑……Ericsson 有义务以 RAND 条款许可其技术"。参见 J. A. 226。陪审团返回侵权裁定并认定损害赔偿后，地区法院拒绝 D-Link 基于未能就 RAND 问题提供更详细的指引而提出的 JMOL 和新审判的动议。

在上诉中，D-Link 主张，履行 RAND 承诺对于维护标准的利益至关重要，必须在任何损害赔偿裁决中考虑。根据 D-Link 的陈述，由于在 RAND 条款的背景下，*Georgia-Pacific* 要素中的许多要素不适用或可能引起误导，因此地区法院向陪审团提供常规的 *Georgia-Pacific* 要素属于可回转的错误。D-Link 进一步认为，地区法院拒绝指引陪审团考

---

① 虽然 *Georgia-Pacific* 要素中的要素 9 和 13 涉及分摊概念，但我们认为在未来的案子中，来自 *Garretson* 案的单独指引将更为可取。

虑专利劫持和许可费的叠加是错误的。

Ericsson 的回应为：地区法院并未因拒绝关于专利劫持和许可费叠加向陪审团提供指引而存在错误，因为 *Georgia-Pacific* 要素已经涵盖了这些方面，而且在 *Georgia-Pacific* 要素未涵盖到的程度上，通过包含涉及 Ericsson 的 RAND 义务的第 "16" 个要素也足够了。根据 Ericsson 的陈述，有关专利劫持或专利许可费的陪审团指引并不合适，因为 D-Link 没有向陪审团展示任何关于专利劫持或专利许可费叠加的证据。我们对 D-Link 和 Ericsson 的主张都有一定程度的认同。

这是我们首次遇到的问题。据我们所知，只有其他三个法院已经考虑了适当的 RAND 许可费率的问题，全是地区法院。参见 *Realtek Semiconductor，Corp. v. S LSI Corp.*，No. C-12-3451，2014 WL 2738216，＊5-6（N. D. Cal.，June 16，2014）；*Innovatio IP Ventures，LLC Patent Litig.*，No. 11 C 9308，2013 WL 5593609（N. D. Ill.，Oct. 3，2013）；*MicrosoftMicrosoft Corp. v. Motorola，Inc.*，Motorola No. C10–1823JLR，2013 WL 2111217（W. D. Wash.，Apr. 25，2013）。[①]

a. 地区法院对 *Georgia-Pacific* 要素的使用

虽然我们从来没有将 *Georgia-Pacific* 要素描述为专利许可费率计算的法宝，但是在制定陪审团指引时，地区法院经常会参考该 15 要素清单。确实，法院经常向陪审团机械地照搬所有这 15 个要素，即使其中一些要素与目前的案件无关。而且，损害赔偿专家经常会在许可费计算中用这些要素来证明要求增加或减少许可费是正当的，而对于为什么这样做几乎没有解释，且很少引用记录的事实。参见 *WhitServe，LLC v. Computer Packages，Inc.*，694 F. 3d 10，31–32（Feb. Cir. 2012）（"我们不要求证人在证明专利损害赔偿时使

---

① *Microsoft* 案中的这个问题是 Motorola 是否违反了向 Microsoft 提供 RAND 许可的合同义务。由于陪审团需要确定 Motorola 的报价实际上是否是 RAND 报价，所以 *Microsoft* 案法庭分析了事实，以找出适当的价值范围。在这样做时，法庭创建了一套修改后的 *Georgia-Pacific* 要素，以考虑专利何时受到 RAND 合同的约束，并注意到多个未经修改的要素不能充分解决 RAND 情况。参见 *Microsoft* 案，2013 WL 2111217，＊18–20。

在 *Innovatio* 案中，各方要求地区法院为一组 802. 11 标准必要专利计算适当的 RAND 使用费率。*Innovatio* 案法庭主要采用 *Microsoft* 案使用的方法，但做了一些修改。参见 *Innovatio* 案，2013 WL 5593609，＊6–7。*Innovatio* 案法庭介绍了与 RAND 费率相关的概念，包括专利劫持、许可费堆叠和激励发明人参与标准制定过程。接着，法庭解释说，根据这些考虑，许可费率：（1）必须区分技术的固有价值和该技术标准化的价值；（2）考虑专利实际涵盖了标准的哪些部分；（3）必须足够高，以确保创新者有适当的动力来投资未来的开发，并将其发明贡献给标准制定过程。参见同上，＊8–12。

在 *Realtek* 案中，地区法院在 RAND 专利案中维持了陪审团的专利侵权赔偿裁决，并说明陪审团的裁决得到充实证据的支持。参见 *Realtek*，2014 WL 2738216，＊5–6。*Realtek* 案法院的陪审团指引告知陪审团 "不应该考虑 LSI 由于标准采用所产生的优势（如果有的话）。然而，可以考虑技术优势所带来的任何优点"。参见 *Realtek Semiconductor，Inc. v. LSI Corp.*（"Realtek 陪审团指引"），C-12-3451，ECF No. 267，21（N. D. Cal. Fed. 10，2014）。*Realtek* 案法院进一步指引陪审团采用两步法来确定 RAND 的使用费率：（1）"将两个 LSI 专利的技术贡献与对标准必要的其他专利的技术贡献进行比较"；（2）"考虑该标准作为一个整体对利用该标准的 Realtek 产品的市场价值的贡献"。参见同上，23。

用任何或全部 *Georgia-Pacific* 要素。但是，如果他们选择使用这些要素，则在继续进行之前阐述各个要素及其对损害赔偿计算的影响作出结论性评论也仅是为了告诉陪审团，损害赔偿分析可以考虑哪些要素")。在本案中，地区法院不顾反对将所有 15 个 *Georgia-Pacific* 要素纳入其损害赔偿指引，而未考虑它们与审理中创建的记录的相关性。

在涉及受 RAND 承诺约束的专利的案件中，许多 *Georgia-Pacific* 要素根本无关；许多甚至与 RAND 原则相违背。参见 American Antitrust Institute（AAI）的法庭之友陈述（以下称 "AAI Br."）11–20（认为 *Georgia-Pacific* 要素不适合于确定 RAND 许可费）。例如，要素 4 是 "许可人的既定策略和市场计划通过不许可他人使用发明或通过在设计用于保持垄断的特殊条件下授予许可来维持其专利垄断"。参见 *Georgia-Pacific*，318 F. Supp. 1120。然而，由于 Ericsson 的 RAND 承诺，他不允许有这种维持专利垄断的策略。参见 *Microsoft* 案，2013 WL 2111217，＊18。类似地，要素 5 "许可人与被许可人之间的商业关系" 是无关的，因为 Ericsson 必须以无歧视费率提供许可。参见 *Georgia-Pacific*，318 F. Supp. 1120；*Microsoft*，2013 WL 2111217，＊18。

对于受 RAND 承诺约束的专利，实际上一般性地对于标准必要专利，至少需要对其他几个 *Georgia-Pacific* 要素进行调整。例如，要素 8 考虑了发明的 "当前流行度"，由于标准需要使用该技术，因此其很可能会被过度放大，参见 *Georgia-Pacific*，318 F. Supp. 1120。要素 9——"专利发明相对于旧模式或装置的效用和优点"，J. A. 225——对于标准必要专利来说也是不公允的，因为该技术被使用是因为它是必要的，而不一定是因为它是对现有技术的改进。此外，要素 10 考虑了许可人的商业实施方案，这也是不相关的，因为标准要求使用该技术。根据所涉技术，其他要素也可能需要根据具体情况进行调整。因此，在制定适当的陪审团指引时，审理法庭必须认真考虑本案中所提供的证据。在本案中，地区法院基于面前的记录向陪审团指引无关的或具有误导性的多个 *Georgia-Pacific* 要素是错误的，这些要素至少包括 *Georgia-Pacific* 要素的要素 4、5、8、9 和 10。①

审理法庭在制定陪审团指引时还应考虑专利权人的实际 RAND 承诺。Ericsson 同意，其向 IEEE 承诺的 RAND 条款是许可涉案专利的有约束力的义务。地区法院应该根据涉案的实际 RAND 承诺来确定如何指引陪审团。在本案中，Ericsson 承诺："以合理的价格，在合理的条款和条件下（这些条款和条件明确没有不公平的歧视），向不限数量的申请人在全球范围内授予许可。" 参见 J. A. 17253。审理法庭应该指引陪审团了解 Ericsson 的实际 RAND 承诺，而不是指引陪审团考虑 "Ericsson 有义务根据 RAND 条款许可其技术"，参

---

① 在大多数情况下，引用不相关的 *Georgia-Pacific* 要素不会产生足够损害以批准撤销。然而，这里我们发现陪审团指引中的错误的组合使得我们能够裁定发回重审。

见 J. A. 226。"RAND 条款"因情况而异。RAND 承诺将市场价值限制在（专利所有者可以合理地因为使用而收费的）专利技术上。因此，法庭必须告知陪审团已经作出了哪些承诺，以及其有义务（而不仅是选择权）在确定许可费裁决时考虑这些承诺。

要明确的是，我们认为不存在应被用于所有受 RAND 约束的专利的 *Georgia-Pacific* 要素的修改版本。实际上，就 D-Link 主张审理法庭必须给出反映 *Innovatio* 案或 *Microsoft* 案中的分析的指引的程度而言，我们特别反对这一主张。参见 *Ericsson，Inc. v. D-Link Sys.，Inc.*，2013–1625，16：16 的口头辩论，可在 http：//oralarguments. cafc. uscourts. gov/default. aspx? fl = 2013–1625. mp3 获得（"关于 RAND，我们提出以下主张，它不依赖于两小时陪审团部分所用的任何证据，它依赖于对指示的请求，基本上基于 Holderman 法官的 *Innovatio* 案决定和 Robart 法官的 *Microsoft* 案决定……"）。① 我们认为，对于所有涉及受 RAND 约束的专利的案件，创建一套新的类 *Georgia-Pacific* 要素是不明智的。虽然我们认识到存在对明确规则的期望，以及需要地区法院从某个地方开始的需求，但法院必须在指引陪审团时考虑记录的事实，并应当避免机械地引用任何特定的赔偿公式。

b. 针对标准必要专利的分摊分析

与所有专利一样，标准必要专利的许可费率必须分摊到专利发明的价值，参见 *Garretson*，111 U. S.，121；*Westinghouse Elec. & Mfg. Co. v. Wagner Elec. & Mfg. Co.*，225 U. S. 604，617（1912）（"［原告］仅有权恢复混合利润中归因于使用其发明的部分"）。在处理标准必要专利时，存在两个特殊的分摊问题。首先，专利特征必须从标准中反映的所有非专利特征中分摊。其次，专利权人的许可费必须以专利特征的价值为前提，而不是标准采纳该专利技术所附加的值。这些步骤是必要的，以确保许可费是基于专利发明添加到产品的增量价值，而不是通过该技术的标准化增加的任何价值。②

就像现代电子设备一样，技术标准包括多种技术。我们知道，专利经常只请求保护多部件产品的一小部分，而且我们有覆盖这些情况下的损害赔偿分摊的判例。例如，参见 *Garretson* 案，111 U. S.，121；*Uniloc* 案，632 F. 3d，1318；*Lucent* 案，580 F. 3d，1336。类似地，标准必要专利可以并且经常仅仅要求整个标准的有限的方面。

例如，802. 11 标准涵盖许多技术，使设备能够通过无线网络连接相互通信。这包括链

---

① 我们对这些地区法院案件中所使用的方法——其可能也在本法庭出现——或对其在涉案事实中的应用，不发表任何意见。这些案件中的事实以及涉及的决策者与本案不同。我们只处理我们面前的记录，以及当涉及受 RAND 承诺约束的专利且陪审团被要求确定 RAND 专利费率时，必须对陪审团作出何种指引。

② 正如我们在 *VirnetX* 案中所认识到的那样，这些任务并不总是很容易，并且难以精确地做到。我们接受这样一个事实：陪审团应被告知其有义务逼近由专利发明增加的价值，并且确定该值中有一定程度的不确定性是允许的。*VirnetX* 案，767 F. 3d，1328（引用 *Unisplay，S. A. v. Am. Elec. Sign Co.*，69 F. 3d 512，517（Fed. Cir. 1995））。

路建立、安全协议、错误控制和流量控制等技术。又如，'568 专利至多仅仅覆盖通过向系统通知每个传输中是哪种类型的数据来区分时间敏感有效载荷的优先级的系统能力。这只是 802.11（n）标准的一个方面。实际上，根据本案的记录，毋庸置疑的是，一些程序甚至不利用该 802.11（n）标准的能力。再如，'215 专利最多覆盖发送不同反馈响应类型的能力。此外，基于毋庸置疑的记录，一些 802.11（n）标准产品不使用多于一种类型的反馈消息。

正如我们对涵盖设备的一小部分的专利分摊损害赔偿一样，我们也必须对仅覆盖标准的一小部分的标准必要专利进行分摊损害赔偿。换句话说，标准必要专利的许可费必须分摊到专利发明的价值（或至少是其近似值），而不是整个标准的价值。必须相应地指引陪审团。我们的决定并不意味着所有标准必要专利只构成标准中的技术的一小部分。事实上，如果专利权人可以证明他的发明构成了标准的整体价值，则分摊指引将不合适，参见 *Garretson* 案，111 U.S.，121。

关于专利标准化的价值，我们的结论是：最高法院的判例还要求从专利技术标准化的价值中分摊专利技术的价值。在 *Garretson* 案中，最高法院明确表示："当**专利**是为了**改进**而不是为了全新的机器或发明物时，专利权人必须示出他的改进在机器或发明物的**有用性上增加了什么**。他必须将其结果与其他部分区分开，从而由其得出的好处可被清楚地看到和认识到。"参见 *Garretson* 案，111 U.S.，121（添加了强调）。换句话说，专利持有人应仅被补偿从他的发明得到的大致增量收益。

对于标准必要专利来说尤其如此。当技术被并入到标准中时，它通常被从不同的选择中选出。一旦被纳入并被广泛采用，该技术并不总是因为它是最好的或唯一的选择而被使用；使用它是因为它的使用对符合标准是必需的。换言之，广泛采用标准必要技术并不完全表明创新相对于现有技术的附加功效，参见同上。这并不意味着标准必要专利从不要求保护有价值的技术贡献。我们只是认为，标准必要专利的许可费应该反映该技术贡献的近似值，而不是由于标准化而被广泛采用的价值。

因为标准必要专利持有人应该仅被补偿其发明所增加的收益，所以陪审团必须被告知将增加的收益与创新成果由于变为标准必要而导致的价值区别开来。虽然陪审团作为事实调查者，应该为所附加的收益确定适当的价值并且可能有一定程度的不精确性，但我们的结论是，必须告诉他们考虑技术发明增加的价值与该发明标准化增加的价值之间的差异。事实上，Ericsson 在口头辩论时承认，标准化的价值不应该被纳入许可费。参见口头辩论，55：25（"问：你是否认同允许【陪审团】纳入由于标准化而产生的价值是错误的？答：在费率方面有错，在基数方面无错……费率必须归因于发明的价值"）。例如，*Realtek* 案法庭指引陪审团："不应该考虑 LSI 由于标准采用所产生的优势（如果有的话）。但是，可以考虑由于技术优势所产生的任何优点"。参见 *Realtek* 案陪审团指引，ECF 第 267

号，21。

　　c. 有关专利劫持和许可费堆叠的指引

　　D-Link 认为应该就专利劫持和许可费堆叠的概念指引陪审团，因为它认为陪审团应该知道如果 RAND 许可费率太高可能会发生危害。许多法庭之友的陈述与 D-Link 的顾虑一致。参见，AAI Br. 4–9；Cisco Sys.，Inc. 等的法庭之友陈述（以下称"Cisco Br."）14–19；Broadcom Corp. 等的法庭之友陈述（以下称"Broadcom Br."）10–14。

　　在决定是否指引陪审团专利劫持和许可费时，我们再次强调，地区法院必须考虑其面前的记录上的证据。地区法院不必就劫持或堆叠指引陪审团，除非被控侵权人提出实际的证据表明劫持或堆叠。当然，必须要有比仅是陈述这些现象是有可能的一般性主张更多的东西。的确，"法院不应该对没有充足证据的法律主张给出指引"。参见 *Nestier Corp. v. Menasha Corp. - Lewisystems Div.*，739 F. 2d 1576，1579–80（Fed. Cir. 1984）；Nokia Corp. 等的法庭之友陈述（以下称"Nokia Br."）9–12。取决于记录，提及这种潜在危险可能既不必要也不适当。

　　在本案中，我们同意地区法院，D-Link 没有提供足以批准陪审团指引的专利劫持和专利许可费堆叠的证据。JMOL 裁定，2013 WL 4046225，＊25–26（"被告没有提供任何**实际劫持**或许可费堆叠的证据"（原文中的强调））。如果 D-Link 已经提供证据表明 Ericsson 在采用 802. 11(n) 标准后开始要求更高的许可费率，则法庭可以通过指引陪审团专利劫持或者可能通过设定标准采纳之前的假设性谈判日期来解决该问题。[①] 但是，D-Link 没有提供任何这样的证据。没有证据表明，Ericsson 使用其标准必要专利要求从符合标准的公司获取更高的许可费，我们认为，地区法院拒绝指引陪审团专利劫持以及拒绝明确调整指引以考虑专利劫持没有错误。事实上，如上所述，法庭裁定 Ericsson 遵守了其 RAND 的义务，并没有就使用其技术要求不合理的许可费。

　　此外，除非有实际的许可费堆叠证据，否则不需要就许可费堆叠指引陪审团。成千上万的专利被声明为标准必要的事实并不意味着一个符合标准的公司必然需要为每个标准必要专利持有人支付许可费。在本案中，D-Link 的专家"甚至从未试图确定被告现在为802. 11 专利支付的许可费的实际数额"。参见 JMOL 裁定，2013 WL 4046225，＊18。换言之，D-Link 没有提出关于 WiFi 必要专利其所采用的其他许可或对其具有 WiFi 功能的产品的许可费要求的任何证据。由于 D-Link 没有提供实际许可费堆叠的任何证据，所以地

---

　　① 一个法庭之友建议，陪审团应该总是被告知将假设性谈判的日期置于标准采纳的日期（如果该日期早于侵权），以便减少标准化所增加的任何价值。例如，参见 AAI Br. 13–16；*Microsoft* 案，2013 WL 2111217，＊19（"根据 RAND 承诺的假设性谈判的缔约方会考虑可能被写入标准的替代方案，而不是专利技术"）。但是，D-Link 没有要求任何这样的引用。因此，我们不解决改变假设性谈判的时间是否是适当的或必要的。

区法院拒绝就许可费堆叠问题指引陪审团并无不妥。

因此，我们认为，地区法院拒绝就专利劫持和许可费堆叠的一般概念指引陪审团没有错误。

* * *

总而言之，我们认为，在所有情况下，地区法院必须仅就与涉及的具体案件有关的要素指引陪审团。不存在像 *Georgia-Pacific* 一样的要素列表可供地区法院机械地照搬用于涉及受 RAND 约束的专利的每个案件。法院应当就涉及的实际 RAND 承诺指引陪审团，并且必须谨慎，不要就与审理中形成的记录无关的要素指引陪审团。我们进一步认为，地区法院必须向陪审团明确，任何许可费必须基于发明的增量价值，而不是标准整体的价值或专利特征由于纳入标准中而获得的任何增加的价值。我们还得出结论，如果被控侵权者要求有关专利劫持和许可费堆叠的指引，它必须提供与涉及的 RAND 承诺以及其中提到的具体技术有关的专利劫持和许可费堆叠的记录的证据。

如上所述，在本案中，我们认定地区法院在其陪审团指引中存在以下法律错误：（1）没有充分指引陪审团 Ericsson 实际的 RAND 承诺；（2）未就专利技术的任何许可费必须从标准整体的价值分摊指引陪审团；（3）未向陪审团指引 RAND 许可费率必须基于发明的价值，而不是由于该发明的标准化所增加的任何价值，而是指引陪审团考虑不相关的 *Georgia-Pacific* 要素。我们认为这些错误共同构成了有偏见的错误。参见 *Eviron Prods., Inc. v. Furon Co.*，215 F. 3d 1261，1265（Fed. Cir. 2000）（"有偏见的错误，以联邦民事诉讼法的语言来说，是'对法院而言似乎与实质性正义不符'的错误"（引用 Fed. R. Civ. P. 61））。因此，我们撤销陪审团的损害赔偿裁决，并发回原审法院依照本意见继续审理。在重审时，法院还应小心确保就 *Garretson* 一案中确定的分摊原则以及与多部件产品的整体价值相关联的许可的适当证据价值对陪审团给出合适的指引。因为我们撤销陪审团的损害赔偿裁决，所以我们也撤销了法庭的后续许可费判定。

C. Dell 代理问题

最后，Dell 认为，Dell 主张其根据 MPA 已被许可实施对其提出指控的权利要求，地区法院对该主张作出即决判决是错误的。因为 MPA 指明它受纽约法律管辖，Ericsson 和 Dell 都同意纽约代理法管辖。双方进一步同意，为了让 Dell 根据 MPA 具有实施涉案专利的许可，母公司 LM Ericsson 在提起诉讼时必须作为其子公司 Ericsson AB 的代理人。地区法院作出了即决判决，因为它发现这一代理关系在法律上并不存在。

第五巡回法院重新审查即决判决。参见 *United States v. Caremark, Inc.*，634 F. 3d 808，814（5th Cir. 2011）。如果以最有利于非动议方的角度查看证据，法院发现"对任何重要事实没有真正的争议，而且动议人有权作为法律问题获得判决"，则即决判决是适当的。参见 Fed. R. Civ. P. 56（a）。

代理关系的存在——一方有合法权力为另一方行事——是一个法律和事实混合的问题。参见 *Cabrera v. Jakabovitz*，24 F. 3d 372，385–86（2d Cir. 1994）（适用纽约法律）。为了建立代理关系，事实必须表明：（1）委托人表明向代理人授权的意图；（2）代理人同意或应允代理关系。参见 *Commercial Union Ins. Co. v. Alitalia Airlines*，*S. p. A.*，347 F. 3d 448，462（2d Cir. 2003）（省略引证）（适用纽约法律）。此外，委托人必须对代理人行为的关键方面保留控制和指示。参见 *In re Shulman Transport Enters.*，*Inc.*，744 F. 2d 293，295（2d Cir. 1984）（适用纽约法律）；*Meese v. Miller*，436 N. Y. S. 2d 496，499（N. Y. App. Div. 1981）。此外，如果委托人本身不具有授予的权力，委托人也不能向代理人授予权力。参见 *Mouawad Nat'l Co. v. Lazare Kaplan Int'l Inc.*，476 F. Supp. 2d 414，423（S. D. N. Y. 2007）（适用纽约法）。

在上诉中，Dell 主张他提供了充分的证据表明 Ericsson AB 指示 LM Ericsson 起诉 Dell，并指出尽管专利被转让给 LM Ericsson，这些专利的发明人主要是 Ericsson AB 员工。Dell 进一步主张，他提供了证据表明 Ericsson AB 对该诉讼的关键方面保持控制。最后，Dell 声称，地区法院关于 Dell 的主张的强度不正确地作出了有利于 Ericsson 的事实推断，Dell 的主张指向由 Ericsson AB 员工作出的起诉 Dell 的决定。

Ericsson 回应，关于 LM Ericsson（母公司和专利所有者）不是 Ericsson AB（子公司以及 MPA 的签署人）的代理人的事实并无重大争议。Ericsson 声称，Ericsson AB 自己从来就无权起诉 Dell 侵犯这些专利。Ericsson 坚持认为这意味着声称的委托人从来就不具有声称授予的权力。根据 Ericsson，即使 Ericsson AB 员工帮助作出了提起诉讼的决定，也没有证据表明他有权提起这些诉讼。

我们同意 Ericsson，Dell 未就 LM Ericsson 是否是 Ericsson AB 的代理人的基本事实提出真正的问题。毫无争议，LM Ericsson 是涉案专利的所有者。作为所有者，LM Ericsson 有权起诉侵权行为；没有其他实体需要授予他起诉的权力。参见 35 U. S. C. § 281（"专利权人对于侵犯其专利的行为应当具有通过民事诉讼方式的补救"）。即使假设 Ericsson AB 员工建议起诉 Dell 侵权，LM Ericsson 也无可争议地拥有优于任何建议的权力。参见 *Mouawad*，476 F. Supp. 2d，423（"委托人本身必须拥有他试图授予代理人的权力"（引用 3 Am. Jur. 2d Agency § 9（2014）））。由于 LM Ericsson 不是 MPA 的签署人，所以 Dell 在此之下可能具有的任何许可都不能对涉及涉案专利的任何侵权行为免责。

由于上述原因，我们维持地区法院的结论，作为法律问题，Dell 不具有根据 MPA 实施涉案专利的许可。

III. 结　论

基于上述理由，我们维持涉及 '568 和 '215 专利的侵权裁决，但驳回关于 '625 专利的侵权裁决。我们同时维持陪审团关于 '625 专利相对于 Petras 对比文件有效的裁决。我们撤销陪审团的损害赔偿判定和继续许可费判定，并发回原审法院依照本决定继续审理。关于 Dell 的上诉，我们维持地区法院就 Ericsson 对 Dell 的许可辩护作出的即决判决。

因此，我们部分维持原判、部分推翻原判、部分撤销原判，并发回原审法院继续审理。

TARANTO，巡回法官，部分异议。

除了 II. A. 2 部分之外，我认可法院的所有意见，II. A. 2 部分维持侵犯 '215 专利的判决。我的结论是，地区法院不正确地解释了 '215 专利权利要求中涉及发明的消息字段的语言。在我认为正确的解释下没有侵权。在这个问题上，我恭敬地表示不同意见。

【编者注：此处涉及权利要求解释，故略去】。

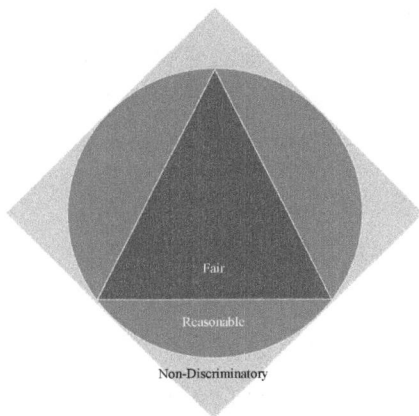

Samsung v. Apple 337-TA 调查

主题词

费率的确定，许可费堆叠，禁令救济，专利劫持，反向劫持，公共利益

案件概要

三星电子株式会社（Samsung Electronics Co.，Ltd.）和三星电信美国公司（Samsung Telecommunications America，LLC）（以下统称"Samsung"）于 2011 年 6 月 28 日基于 Samsung 的通用移动电信系统（UMTS）通信标准必要专利向美国国际贸易委员会投诉苹果公司（Apple Inc.，以下称"Apple"）违反《1930 年关税法》第 337 条。美国国际贸易委员会调查及初裁后，双方均提出复审请求。美国国际贸易委员会于 2013 年 6 月 4 日作出终裁，认定部分请求成立，并发布有限排除令、停止令。美国贸易代表处（USTR）于 2013 年 8 月 3 日基于公共利益考量否决了美国国际贸易委员会的终裁。

本案是自 1987 年以来美国贸易代表处第一次出于公共利益否决美国国际贸易委员会作出的关于禁止进口的决议。

美国国际贸易委员会在终裁中有以下观点：（1）FRAND 承诺本身不能排除侵权裁定；（2）基于合同法分析 FRAND 条款，Apple 未指明合同的基本要素，即当事人、要约、承诺、对价和明确的条款；（3）从 FRAND 条款出发，Apple 无法明确判断 Samsung 应承担的具体的 FRAND 义务，因而无法判断 Samsung 是否违反该义务；（4）双方未对涉案专利的"必要性"提出异议，法庭也没有做出相关的调查，因此，无法仅凭 Samsung 对 ETSI 作出的标准必要专利声明来判定该声明对 Samsung 施加了 FRAND 义务及该义务的范围。

在否决美国国际贸易委员会终裁时，美国贸易代表处引用了美国专利商标局（USPTO）的政策说明，即对于标准必要专利情形下，专利权人可能滥用其市场权力进行专利劫持，以达到限制竞争、排除竞争或者就其专利获得更高对价的目的，美国专利商标局认为，只有在下述三种情况下，可以考虑禁令：（1）被许可人不能够或者拒绝接受 FRAND 许可；（2）被许可人超出了专利权人的 FRAND 许可承诺范围；（3）被许可人超出联邦地区法院管辖范围。

美国贸易代表处还建议美国国际贸易委员会在审理涉及标准必要专利的案件时应做到：（1）全面、认真地考虑公共利益；（2）主动要求双方提交完整全面的事实记录（必要性、是否存在专利劫持、反劫持）。

文书信息

1）美国国际贸易委员会终裁通知书，2013 年 6 月 4 日。
2）美国国际贸易委员会终裁意见书，2013 年 7 月 5 日。
3）美国贸易代表处函，2013 年 8 月 3 日。

美国国际贸易委员会终裁通知书

调查号：337-TA-794

当事人：申请人　三星电子株式会社和三星电信美国公司

　　　　被申请人　苹果公司

日　　期：2013 年 6 月 4 日

1. 概　　述

特此通知，国际贸易委员会在本次调查中认定，被申请人加利福尼亚州库比蒂诺的苹果公司（Apple Inc.）（以下称 "Apple"）违反了第 337 条的规定，并发布有限排除令，禁止 Apple 进口侵犯第 7706348 号美国专利（" '348 专利"）的权利要求 75–76 及权利要求 82–84 的无线通信设备、便携式音乐和数据处理设备及平板电脑。委员会还向 Apple 发布停止令，禁止 Apple 在美国境内售卖和分销侵犯了 '348 专利的权利要求 75–76 和权利要求 82–84 的商品。委员会认定 Apple 未侵犯第 7486644 号美国专利（" '644 专利"）、第 7450114 号美国专利（" '114 专利"）和第 6771980 号美国专利（" '980 专利"）。委员会的决定系最终裁决，本次调查结束。

2. 更 多 信 息

克拉克·S. 切尼（Clark S. Cheney），国际贸易委员会总法律顾问办公室（500 E Street，S. W.，Washington，D. C. 20436，Tel：(202) 205-2661）。随本次调查归档的非保密文件的副本可以或即将可以于办公时间（8:45–17:15）从国际贸易委员会秘书办公室（500 E Street，S. W.，Washington，D. C. 20436，Tel：(202) 205-2000）查询。关于委员会的一般信息也可通过访问其因特网服务器（http://www. usitc. gov）获得。本次调查的公开记录可以在委员会的电子文档（EDIS）网站（http://edis. usitc. gov）查阅。建议听力障碍人士拨打电话 (202) 205-1810 联系委员会 TDD 终端以获得与本次调查有关的信息。

3. 补 充 信 息

2011 年 8 月 1 日，委员会根据韩国水原市的三星电子株式会社（Samsung Electronics

Co.，Ltd.）和得克萨斯州理查森市的三星电信美国公司（Samsung Telecommunications America，LLC）（以下统称"Samsung"）提起的申诉启动本次调查。参见 76 *Fed. Reg.* 45860（2011 年 8 月 1 日）。该申诉指控，Apple 进口到美国的、为进口而销售的以及进口后在美国境内销售的特定电子设备（包括无线通信设备、便携式音乐和数据处理设备及平板电脑）侵犯了多项美国专利，因而违反了《1930 年关税法》（经修订）（19 U. S. C. § 1337）第337 条的规定。本调查通知中，Apple 是唯一的被申请人。本次调查涉及的专利为 '348 专利、'644 专利、'114 专利和 '980 专利。该申诉还指控 Apple 侵犯了第 6879843 号美国专利，但针对该专利的调查之前已鉴于指控撤销而终止。

2012 年 9 月 14 日，主审行政法法官发布了最终初步裁定，认为不存在基于四项涉案专利的违反第 337 条规定的情况。行政法法官裁定，'348 专利、'644 专利和 '980 专利有效但未受侵犯，'114 专利无效且未受侵犯。行政法法官进一步裁定，涉案专利符合国内行业要求的经济要件，但均不符合技术要件。

2012 年 10 月 1 日，申请人 Samsung 和委员会调查律师提交了要求对初步裁定进行复审的申请，而 Apple 则提交了或有复审申请。

2012 年 11 月 19 日，委员会决定对初步裁定进行全面复审。参见 77 *Fed. Reg.* 70464（2012 年 11 月 26）。委员会发布公告，要求当事方和公众对多个问题提交书面意见，其中许多问题涉及委员会就进口侵犯专利权人已表示将按照公平、合理、无歧视条款授予许可的专利的商品判令救济的权力。其他问题涉及本次调查的具体专利问题。委员会收到来自 Samsung、Apple 和调查律师的书面意见书，里面解答了委员会的所有问题。对于向公众提出的 FRAND 相关问题，委员会收到了以下各方的回复：竞争技术协会、商业软件联盟、爱立信公司、GTW 公司、惠普公司、创新联盟、英特尔公司、摩托罗拉移动技术公司、高通公司、移动研究公司和斯普林特光谱公司。

2013 年 3 月 13 日，委员会发布第二份公告，要求当事方和公众就包括一些 FRAND 相关问题在内的多种附加问题提交书面意见。参见 78 *Fed. Reg.* 16865（2013 年 3 月 19 日）。委员会收到来自 Samsung、Apple 和调查律师的书面意见书，里面解答了委员会的所有问题。对于向公众提出的 FRAND 相关问题，委员会收到以下各方的回复：竞争技术协会、商业软件联盟、思科系统公司、惠普公司、创新联盟、美光科技公司和零售业领导者协会。

在审阅包括行政法法官的最终初步裁定以及当事人和公众提交的意见书的本次调查记录之后，委员会认为，Samsung 基于侵犯其 '348 专利的权利要求 75–76 及权利要求 82–84 的商品已经证明存在违反第 337 条规定的情况。委员会决定修改行政法法官对 '348 专利的涉案权利要求中的特定术语（包括"控制器""10 位 TFCI 信息"和"穿孔"）的解释。

根据修改后的解释，委员会认定 Samsung 已经证明被指控的 iPhone 4（AT&T 型号）、iPhone 3GS（AT&T 型号）、iPhone 3（AT&T 型号）、iPad 3G（AT&T 型号）和 iPad 23G（AT&T 型号）侵犯了 '348 专利的涉案权利要求。委员会进一步认定，Apple 未能证明经适当解释的权利要求无效，且 Samsung 已经证明美国存在与 '348 专利相关的国内产业。委员会认定 Apple 未能证明基于 Samsung 的 FRAND 声明的积极抗辩。

委员会认为，Samsung 未能证明存在基于 '644 专利、'980 专利和 '114 专利侵权的违规情况。在对行政法法官的分析进行一些修改后，委员会认定 '644 专利和 '980 专利的涉案权利要求有效但未被侵犯，'114 专利的涉案权利要求无效且未被侵犯。委员会进一步认定，Samsung 未能证明美国存在与受 '644 专利、'980 专利和 '114 专利保护的商品相关的国内产业。

委员会认为，适当的救济是有限排除令和禁止令，禁止 Apple 向美国境内进口或在美国境内售卖和分销侵犯 '348 专利的权利要求 75-76 和权利要求 82-84 的无线通信设备、便携式音乐和数据处理设备及平板电脑。委员会认为，第 337(d)(1) 条和第 337(f)(1) 条列举的公共利益要素不妨碍发布有限排除令和停止令。委员会认定，Samsung 的 FRAND 声明不妨碍上述救济。

最后，委员会裁定，在总统复审（19 U. S. C. § 1337 (j)）期间允许临时进口受命令约束的无线通信设备、便携式音乐和数据处理设备及平板电脑，需要缴纳相当于进口货物价值 0% 的保证金。委员会的命令和意见在发布之日提交总统以及美国贸易代表处。

委员会委员 Pinkert 出于公共利益考虑，对发布有限排除令和停止令的裁定持有异议。

委员会作出裁定的权限参见《1930 年关税法》(经修订)（19 U. S. C. § 1337）和《美国国际贸易委员会实践和程序规则》第 210 部分（19 C. F. R. Part 210）。

委员会令

丽莎 R. 巴顿（Lisa R. Barton）

委员会代理秘书

发布日期：2013 年 6 月 4 日

美国国际贸易委员会终裁意见书

调查号：337-TA-794

当事人：申请人　三星电子株式会社和三星电信美国公司

　　　　被申请人　苹果公司

日　期：2013 年 7 月 5 日

I. 引　言

在本次调查中，申请人韩国水原的三星电子株式会社（Samsung Electronics Co.，Ltd.）和美国得克萨斯州理查森的三星电信美国公司（Samsung Telecommunications America，LLC）（以下统称"Samsung"）宣称被申请人加利福尼亚州库比蒂诺的苹果公司（Apple Inc.）（以下称"Apple"）进口和出售的 iPhone、iPad 和 iPod Touch 设备侵犯了 Samsung 多件专利，并且违反了《1930 年关税法》第 337 条（经修订）（19 U. S. C. § 1337 或"第 337 条"）。涉及四件专利：美国专利第 7706348 号（"'348 专利"）、美国专利第 7486644 号（"'644 专利"）、美国专利第 7450114 号（"'114 专利"）和美国专利第 6771980 号（"'980 专利"）。2012 年 9 月 14 日，主审行政法法官发出最终初步裁定，认定 '348、'644 和 '980 专利有效但未受侵犯，'114 专利无效且未受侵犯。行政法法官进一步认定，Samsung 虽然已经证明满足国内行业要求的经济要件，但并未证明四件涉案专利中的任何一件满足技术要件。Samsung、Apple 和委员会调查律师提交了对最终初步裁定的复审请求。

2012 年 11 月 19 日，委员会决定对初步裁定进行全面复审。委员会发出了第一份通知，向当事方和公众征求关于多个问题的书面意见。委员会的部分问题涉及 Samsung 声称对 ETSI 制定的 UMTS 标准必要的两件专利，即 '348 专利和 '644 专利。Samsung 宣称这些专利涵盖的发明对 UMTS 标准是必要的，且其将按 FRAND 条款许可这些专利。[①] Samsung、Apple 和调查律师向委员会提交了对第一份通知所述全部问题的回复。关于向公众提出的 FRAND 问题，委员会收到了以下机构的回复（按字母顺序）：竞争技术协会、

---

① 为便于参考，在本意见书中，我们将专利持有人已声明对某项技术标准是必要的专利称为标准必要专利或宣告必要专利。我们使用这一术语并非暗指我们已确定本次调查中涉及的 '348 和 '644 专利对 UMTS 标准是或者一直是必要的。如后文所讨论，双方均未要求行政法法官做出此类结论。此外，我们使用这一术语并不表示决定 Samsung 提出的 '348 和 '644 专利对 UMTS 标准是必要的这一声明将引起或不引起何种义务。

商业软件联盟、爱立信公司、GTW 公司、惠普公司、创新联盟、英特尔公司、摩托罗拉移动技术公司、高通公司、移动研究公司和斯普林特光谱公司。

2013 年 3 月 13 日，委员会发出第二份通知，向双方和公众征求关于附加问题的意见，包括一些附加 FRAND 相关问题和关于要求救济的范围问题。对于第二份通知中提出的问题，委员会收到了来自 Samsung、Apple、调查律师及以下各机构（按字母顺序）的回复：竞争技术协会、商业软件联盟、思科系统公司、惠普公司、创新联盟、美光科技公司和零售业领导者协会。值得注意的是，本次调查中被指控产品的主要无线运营商 AT&T Wireless 并未向委员会提交任何意见。委员会也未收到标准制定组织 ETSI 的回复，而 ETSI 的政策在本次调查中有所涉及。[①]

如后文详细解释的，委员会裁定 Samsung 已经证明 Apple 在 '348 专利上违反了第 337 条，但未证明在 '644、'980 和 '114 专利上存在违规。委员会撤销了行政法法官与这一裁定相违背的调查结果和结论，而采纳了行政法法官支持这一裁定的调查结果和结论。委员会决定发布：（1）有限排除令，禁止 Apple 进口侵犯 '348 专利的商品；（2）停止令，禁止 Apple 在美国进一步售卖或分销侵犯 '348 专利的商品。[②] 如果 Apple 在总统对裁定进行复审的 60 天内继续进口和销售侵权商品，则委员会规定这一期间的保证金为 0%。

II. 背　景

A. 指控的产品

【编者注：此处内容与本书主题无关，故略】。

---

① 除委员会通知中明确邀请的回复外，2012 年 12 月 21 日，Apple 也向委员会提交了"有关委员会复审事项的新事实和救济、保证金和公共利益的通知"。该文件意在指出，Samsung 称已撤销在欧洲法庭待定的、基于标准必要专利的、针对 Apple 的禁令请求。2013 年 5 月 14 日，Apple 向委员会提交了"适用复审事项的新授权通知"。该通知援引了一份关于 *Microsoft Corp. v. Motorola，Inc.*，Case No. C10-1823，2013 U. S. Dist. LEXIS 60233（D. Wash. April 25，2013）一案的 207 页的命令。Apple 辩称，地区法院的判决表明，应该由法院而不是委员会来决定 FRAND 许可费。Apple 在 2013 年 5 月 14 日提交的材料还援引了一则新闻报道："欧洲委员会通知 Motorola Mobility LLC 初审结果，即认定该公司在德国寻求并对 Apple 执行基于移动电话标准必要专利的禁令属于滥用支配地位的行为，而这种行为是欧盟反垄断条例所禁止的"。2013 年 5 月 22 日，Apple 向委员会提交了"适用复审事项的新授权和新事实通知"，其中援引了 *Realtek Semiconductor Corp. v. LSI Corp.*，Case No. C-12-03451-RMW（N. D. Cal. May 20，2013）一案中的地区法院命令，其中签发了临时禁令，在地区法院裁定专利持有人是否违反其 FRAND 许可义务之前，禁止专利持有人强制执行委员会的任何排除令。Apple 在 2013 年 5 月 22 日提交的材料还汇总了 Samsung 在 *Ericsson Inc. v. Samsung Electronics Co.，LTD.*（E. D Tex.）一案（Apple 未提供案件编号）中提出的论据。委员会在本次调查期间发出的两份征集通知均明确提出，除非委员会另有指令，否则不允许提交委员会明确要求的之外的任何意见。Apple 未对其 2012 年 12 月 21 日、2013 年 5 月 14 日和 2013 年 5 月 22 日提交的材料提出归档请求。即便 Apple 获得允许，所交材料的内容也不会改变委员会在本文件中发布的裁定。

② Pinkert 委员对关于救济和公共利益的裁定持有异议。

B. 指称的国内行业产品

【编者注：此处内容与本书主题无关，故略】。

Ⅲ. 分　析

A. ′348 专利

【编者注：此处内容与本书主题无关，故略】。

i. 权利要求解释

【编者注：此处内容与本书主题无关，故略】。

ii. 侵权

【编者注：此处内容与本书主题无关，故略】。

iii. 有效性

【编者注：此处内容与本书主题无关，故略】。

iv. Apple 基于 Samsung 参与标准制定组织而提出的积极抗辩

Samsung 已经声明 ′348 和 ′644 专利可以被认定为执行 ETSI 颁布的技术标准的必要专利。参见 RX-86；RX-723；RX-133；庭审笔录第 1395 页第 5 行–第 1396 页第 5 行（Walker）。Apple 辩称，Samsung 的声明导致两项积极抗辩。Apple 提出，首先，"Samsung 在作出 ′644 和 ′348 专利的 FRAND 承诺时已丧失其本可能拥有的获取排除令或停止令的任何权利"。参见例如 Apple 审前陈述书第 163 页（2012 年 5 月 4 日）（标题为 "基于……Samsung 对 ETSI 所作承诺的抗辩"）。其次，Apple 主张，′348 和 ′644 专利是不能强制执行的，因为 Samsung 未能及时向标准制定组织披露这些专利。参见同上，第 157–163 页。

关于标准制定组织的一些背景资料可能有助于理解 Apple 的抗辩。[①] 为促进不同制造

[①] 有关标准制定组织的更多信息，请参见例如第三方美国联邦贸易委员会公共利益声明第 337-TA-75 号调查（2012 年 6 月 6 日），可在以下网址获得 http://www.ftc.gov/os/2012/06/1206ftcgamingconsole.pdf；美国司法部、美国专利商标局，"符合自愿 FRAND 承诺要求的标准必要专利的救济的政策声明"（2013 年 1 月 8 日），可从以下网址获得 http://www.justice.gov/atr/public/guidelines/290994.pdf；*Apple Inc v. Samsung Electronics Co., Ltd.*, No. 11-cv-01846, 2012 WL 1672493（N.D.Cal.May 14, 2012）。

商产品在移动电话网络上工作所需的互操作性，各利益相关方组建标准制定组织以制定关于网络的必要组件如何运作的技术规范。标准可能具有利于竞争和不利于竞争的效果。举例来说，一方面，标准鼓励更大规模的标准化技术市场，这可能导致加剧制造合标产品的众多供应商之间的价格竞争。另一方面，标准化也会造成"锁定"效应，使得替代技术方法实际上不能用作替代品，因而不难想象，被纳入标准的专利的所有者可以对使用专利技术要求更高的许可费用。

在电信行业，标准还促进了一种有益的"网络效应"。没有连接到网络的单部电话几乎没有用处；但是，可以连接到数百万其他电话以及内容提供商的设备却是非常有用的。因此，任何单个设备的价值随着其可能连接的其他设备的数量而成比例地增加。标准使跨越不同制造商和无线网络的网络效应成为可能。

Apple 和 Samsung 都是 ETSI 的成员，后者是一家总部位于法国的标准制定组织。参见庭审笔录 423：20–424：6（Min）。ETSI 是联合构成第三代移动通信合作伙伴计划（3GPP）的六大标准制定组织之一。3GPP 为移动无线运营商技术制定标准，其中包括 UMTS，即本案中所涉及的标准。在 UMTS 的制定过程中，Samsung 参与了 ETSI 工作组，提出并主张标准化某些技术来执行该标准中包含的功能。Apple 没有参与相关 UMTS 的制定。

ETSI 有知识产权政策，参见 RX-0710 的记录。ETSI 知识产权政策指出，"在标准编制、采纳和应用方面的投资可能因标准的必要知识产权不可用而致浪费"。参见 RX-0710，第 3.1 款；庭审笔录第 1347 页第 3 行–第 1348 页第 5 行（Walker）。为规避必要知识产权可能"不可用"的风险，知识产权政策要求参与者"及时向 ETSI 通报其知晓的必要知识产权"。参见 RX-0710，第 4.1 款。该政策第 6.1 款规定：

一旦 ETSI 得知与某项标准有关的必要知识产权，ETSI 总干事应立即要求所有者在 3 个月内以书面形式承诺其准备按照公平、合理、无歧视条款授予不可撤销的许可 [原文如此]。

参见 RX-0710，第 6.1 款。

1998 年 12 月，Samsung 向 ETSI 提交了一份通用的知识产权许可声明，声称如若其提出的一些技术提案被纳入 UMTS，则 Samsung 将会按照 FRAND 条款使知识产权可用。参见庭审笔录第 1406 页第 25 行–第 1407 页第 12 行（Walker）。2003 年 12 月 31 日，Samsung 向 ETSI 披露了与 '348 专利有关的美国专利申请。参见 RX-723。该声明指出：

签署者已告知 ETSI 其为附件 2 中所列知识产权的所有者，并已通知 ETSI 其认为这些知识产权可能会被认定为上文所列标准的必要知识产权。

签署者和/或其隶属机构特此声明，他们准备按照 ETSI 知识产权政策第 6.1 款规定的条款及条件，授予与标准有关的不可撤销知识产权许可，但仅在知识产权仍属必要的范围内。

本声明的解释、有效性和执行应受法国法律管辖。

参见 RX-723。

2006 年 5 月 16 日，Samsung 向 ETSI 披露了与 '644 专利同属一族的专利。参见 RX-133；庭审笔录第 1395 页第 5 行–第 1396 页第 5 行（Walker）。2006 年提交文件包含与以上重现的 2003 年提交文件完全相同的声明。

行政法法官驳回了 Apple 基于所谓的 FRAND 许可义务而提出的积极抗辩。参见同上，第 460–470 页。行政法法官指出，根据第 337 条的调查和救济与地区法院的私人专利诉讼有所不同，这使得地区法院判决不适用于评估禁令背景下的 FRAND 论据。参见同上，第 461 页。行政法法官还表示担心，如果 Apple 的立场是正确的，那么标准必要专利的侵权者就可以通过仅仅声称专利拥有者的许可要约不符合 FRAND 而规避第 337 条的调查。参见同上，第 462 页。行政法法官继续评估关于 Samsung 是否秉承善意原则就 Samsung 声明的必要专利的许可与 Apple 进行谈判的论据。行政法法官认为，证据并不支持 Samsung 未按照 FRAND 条款向 Apple 提供许可要约的结论。参见同上，第 469–470 页。行政法法官的结论是："Apple 所援引的内容不足以确定 Samsung 违反了"任何 FRAND 义务。此外，行政法法官指出，"Apple 需要确立用于在此次调查中排除第 337 条的执行的法律依据，但 Apple 未能做到"。参见同上，第 470 页。

针对 Apple 提出的审查行政法法官结论的申诉，委员会在两次公告中征求了各方当事人和公众对标准必要专利主张的意见。对委员会公告的各种回复涉及积极抗辩、公共利益分析或两者兼而有之。对于此处宣称的积极抗辩，这些意见通常涉及 ETSI 知识产权政策、由于向标准制定组织所作声明而产生的义务、如何评估这些义务、专利劫持或反向劫持的可能性，以及标准必要专利许可谈判的行业实践。在意见书附录中，委员会汇总了回复公告时提交的与各种问题有关的精选意见。委员会认真审议了其收到的回复这两次公告的所有意见，得出本意见书中反映的裁定。

a. Apple 未能证明基于 Samsung FRAND 声明的积极抗辩①

Apple 有责任通过优势证据证明其提出的 FRAND 抗辩使得委员会不能认定违反第 337 条。参见 *Certain Lens-fitted Film Packages*，337-TA-406 调查，1999 WL 436531，Comm'n Op.，＊3（1999 年 6 月 28 日）（专利无效的积极抗辩必须通过明确和有说服力的证据来加以证明，但是许可抗辩只需要通过优势证据即可证明）。我们得出的结论是，Apple 出于多种原因而未能履行其责任。

第一，Apple 没有援引约束性法律典据支持其主张，即委员会不得以侵犯受 FRAND 承诺约束的专利为由调查是否存在对第 337 条的违反。参见，例如，*Apple Cont. Pet. for Review*，44（2012 年 10 月 1 日）（"行政法法官本应该认定 Samsung 被禁止主张这些权利要求……"）。委员会"系法规产物，必须在授权其权力的法规中为其行为寻找法律典据"。参见 *Kyocera v. Int'l Trade Comm'n*，545 F. 3d 1340，1355（Fed. Cir. 2008）。第 337（b）节要求委员会调查基于指称投诉的任何被控违规行为。参见 19 U. S. C. § 1337（b）（1）。如果发现违规行为，第 337 条授权委员会排除侵犯有效且可实施的美国专利的物品。参见 19 U. S. C. § § 1337（a）（1）（B），(d)（1）。该法规没有区分是否已被声明为标准必要的专利。Apple 并未提供论证委员会本身不能以侵犯已声明的必要专利为由对违反第 337 条的行为进行调查的任何法律解释。事实上，这样的论点似乎违背了既定的法律典据。参见 19 U. S. C. § 1337（c）（"对于委员会根据本节进行的每项调查，委员会应确定是否存在违反本节的行为"，除非是在狭隘的情况下）；*Farrel Corp. v. Int'l Trade Comm'n*，949 F. 2d 1147，1156（Fed. Cir. 1992）（依照法规以其他理由取而代之）（"第 337（c）节的措辞明确限制了委员会可以在未确定是否存在违规行为的情况下终止调查"）；19 C. F. R. § 210. 21。

委员会及其行政法法官从未采纳 Apple 提出的理论，即 FRAND 承诺本身就排除了对违规的裁定。例如，在 *Certain Mobile Telephone Handsets*，*Wireless Communication Devices*，*and Components Thereoy*（337-TA-578 调查）中，初步裁定在抗辩要件未得到证明的情况下不接受基于涉嫌违反 FRAND 义务的专利滥用积极抗辩，我们决定不对该初步裁定进行审查。参见第 34 号命令，初步裁定，2007 年国际贸易委员会 LEXIS 228（2007 年 2 月 20 日）（未审查，2007 年 3 月 22 日）。该裁定隐含地否定了涉嫌违反 FRAND 义务的行为本

---

① Pinkert 委员赞成委员会的决定，即 Apple 未能确立基于 FRAND 原则的积极抗辩。然而，他的这一决定是基于 Apple 未能在行政法法官面前履行关于积极抗辩要件的举证责任。此外，他还指出，Samsung 并没有对其已就 '348 专利作出 FRAND 许可承诺这一事实提出异议，而且，正如他提出的异议意见中所解释的，他已经审议了在当前调查阶段提交至委员会的证据，并认为证据的权衡表明 Samsung 并未使得 Apple 可以得到涵盖 '348 专利的 FRAND 许可条款。最后，在委员会多数人的分析与他在反对意见中作出的分析不一致的情况下，他仍然坚持己见。

身就能使得违反第 337 条的行为得到豁免的主张。

此外，行政法法官已屡次否决基于有关 FRAND 义务争议事项的简易裁定动议。参见 *Certain Wireless Communications Equip.，Articles Therein，and Products Containing Same*，337-TA-577 调查，第 21 号命令（2007 年 4 月 13 日）（行政法法官 Luckern）（否决与 FRAND 义务有关的积极抗辩简易裁定）；*Certain Wireless Communications Equip.，Articles Therein，and Products Containing Same*，337-TA-577 调查，第 33 号命令（2007 年 3 月 19 日）（行政法法官 Luckern）；特定 3G 手机，337-TA-613 调查，第 29 号命令（2008 年 4 月 25 日）（行政法法官 Luckern）。如果正如 Apple 所断言的，仅凭提交给 ETSI 的 FRAND 承诺即足以作为阻止委员会调查违规行为的法律事实，那么简易裁定在前述调查中按理可能是合适的。但是，正如前面所引用的决定中所显示的，委员会和行政法法官都没有采取这种做法。因此，虽然在众多调查中均提出了 FRAND 问题（例如，第 577、578、601、613、669、745 和 752 号调查），但没有一项调查得出裁定，委员会将仅仅因为专利被指称受 FRAND 义务约束而无权开展调查或裁定是否存在违反第 337 条之行为。

再者，Apple 自己的证人作证称，已经数次尝试提出 ETSI 知识产权政策禁止专利所有人寻求标准必要专利禁令救济的说法，但所有这些尝试都没有成功。庭审笔录第 1450 页第 1 行－第 1451 页第 6 行（Walker）。Apple 自己的陈述书中承认，ETSI 知识产权政策并没有明确禁止禁令救济。参见 Apple Cont. Pet. for Review，48（2012 年 10 月 1 日）。来自 Qualcomm 的公众评论也解释称，ETSI 成员一贯地否决试图限制 FRAND 声明人寻求禁令救济之能力的尝试。鉴于这一记录，我们不能接受 Apple 关于对已声明必要专利的侵权不能成为违反第 337 条之行为的论点。

第二，Apple 没有恰当地提出任何公认的将会阻止委员认定基于已声明必要专利的违规行为的积极抗辩。第 337 条规定"可以在所有情况下提出所有合法和公正的抗辩"。参见 19 U. S. C. § 1337（c）。*Lannom Mfg. Co. v. Int'l Trade Comm'n*，799 F. 2d 1572，1578（Fed. Cir. 1986）（委员会承认并适用与地区法院相同的抗辩和举证责任）。至少有一个地区法院分析了合同（contract）理论之下的 FRAND 义务。但就 Apple 依靠合同抗辩的情况而言，Apple 并没有确定用以证明合同而所需要的基本要件：当事人、要约、承诺、对价和明确条款。"在缺乏订约意图或足够明确的条款的情况下，不会产生合同义务"。参见 *Modern Systems Technology Corp. v. U. S.*，979 F. 2d 200，202（Fed. Cir. 1992）。而且，Apple 并没有提出其他公认的抗辩要件，例如承诺禁止反言、懈怠或欺诈原则。

第三，Apple 尚未确定 Samsung FRAND 声明中可能包含的具体义务。在一方当事人可以证明存在违反所谓的 FRAND 义务的行为之前，它必须证明义务是什么。在本次调查中，此等证明需要给出对 Samsung 书面 FRAND 声明的解释。参见 *Allis- Chalmers*

Corp. *v. Lueck*，471 U. S. 202，218（1985 年）（"因为所主张的权利不仅来源于合同，而且是由诚意合同义务所界定的，所以在此评估责任的任何企图将不可避免地涉及合同解释"）。但是，Apple 未能维持对本次调查中所涉 FRAND 声明的适当法律解释的论点。正如一个地区法院所指出的那样，"缺乏适用法律要求的情况介绍"让法庭"除其他事项外，还需要猜测管辖【FRAND】政策的法律选择、政策是否含糊不清，【以及】解释政策时的外在证据审查是否适当"。参见 *Microsoft Corp. v. Motorola，Inc.*，854 F. Supp. 2d 993，1000-01（W. D. Wash. 2012）。同理，当 Apple 没有向委员会提供关于这些问题的论据和证据时，Apple 不能在其 FRAND 抗辩中占得上风。

即使委员会倾向于企图自发性地解释 Samsung 的 FRAND 声明（事实并非如此），根据本次调查的记录，我们无法就 Samsung 的义务作出任何明确的结论。Samsung 向 ETSI 提交的声明中指出，"本声明的解释、有效性和执行应受法国法律管辖"。参见 RX-133，RX-723。该法律选择规定应该得到尊重。参见 *Apple Inc. v. Samsung Electronics Co.，Ltd.*，11-cv-018462012，WL 1672493，＊10（N. D. Cal. May 14，2012）（在确定 Samsung 的 ETSI 义务时适用法国法律）；另请参见 *Apple，Inc. v. Motorola Mobility，Inc.*，11-cv-178-BBC，2012 WL 3289835（W. D. Wis. Aug. 10，2012）（在确定 Motorola 的 ETSI 义务时适用法国法律）；*Novamedix，Ltd. v. NDM Acquisition Corp.*，166 F. 3d 1177，1180（Fed. Cir. 1999）（和解协议中适用的法律选择规定）；*Scherbatskoy v. Halliburton Co*，178 F. 3d 1312，1999 WL 13377，＊4（Fed. Cir. 1999）（未公开）（许可协议中适用的法律选择规定）。不过，各方当事人同意，在本次调查的听证会上，Apple 没有提出任何证据证明"法国法律"将如何看待 Samsung 在本案中所声明的必要专利方面的义务。在没有此类证据的情况下，委员会不能确定 Samsung 的法律义务是什么，以及是否已违反这些义务。[①]

第四，Samsung 向 ETSI 提交的声明中指出，Samsung 认为 '348 和 '644 专利可能会被认定为标准必要专利，并且 Samsung "准备按照【FRAND】条款及条件授予不可撤销的知识产权许可……但仅在知识产权仍属必要的范围内"。参见 RX-133，RX-723。如上所述，在 Apple 提供的记录中，我们无法确定在本次调查中应该如何解释这些声明语句。我们注意到（而不是决定），这些声明语句似乎为 Samsung 应尽的任何义务确立了一个先决条件，即 Samsung 所声称的专利中的发明对于实施相关标准而言是必要的。

---

① 在第 47 号命令中，行政法官认定，根据法国法律，价格是构成合同的必要条款，而 Samsung 的 FRAND 声明并未向 Apple 授予 '348 和 '644 专利的建设性许可。参见同上，第 37 页。由于在其最终初裁再审申请书中没有请求审查命令，Apple 放弃了对行政法官结论的任何质疑。

Samsung 已向 ETSI 宣称，'348 和 '644 专利可能会被视为 UMTS 的必要专利，但 Apple 向行政法法官辩称，'348 和 '644 专利并不是必要的。参见 Samsung 再审申请书的 Apple 答复，第 4 页（2012 年 10 月 9 日）（"当然，只有 Samsung 声明 '348 专利是'必要的'，行政法法官和其他许多法院一样，已正确地认定 Samsung 的做法是错误的"）；参见同上，第 32-33 页（"Samsung 认为 '644 专利是标准必要专利——这是一个没有经过标准制定组织检验的权利要求……正如行政法法官所认定的，实现 UE 接收器的方法有很多……"）。各方当事人在这一点上显然存在争议，但是没有任何一方要求行政法法官解决这个争议。因此，初步裁定不包含对所主张的 '348 或 '644 专利的权利要求与所涉及的 ETSI 标准技术公开的比较，以确定所要求保护的发明对于实施该标准是否在事实上是必要的。如果没有进行上述比较，就不可能知道 Samsung 的 FRAND 声明是否会产生义务，或者知道管辖法律下可能规定的任何义务的范围。参见 *Certain Optoelectronic Devices*，*Components Thereof and Products Containing Same*，337-TA-669 调查，初步裁定，第 86-88 页（2010 年 3 月 12 日）（未再审，2010 年 5 月 19 日）（由于缺乏证明诉讼所涉专利必然会因所涉标准的实施而受到侵犯的证据，否决 FRAND 抗辩）。我们现在拒绝分析这个问题，因为各方当事人在初审时并没有向行政法法官提出要求。参见 *Ajinomoto Co. v. Int'l Trade Comm'n*，597 F. 3d 1267，1277（Fed. Cir. 2010）（原告放弃了其预审陈述书中未提及的要求优先权日期的权利）；*Kinik Co. v. Int'l Trade Comm'n*，362 F. 3d 1359，1367（Fed. Cir. 2004）（未能在预审陈述书中提出有效性论据，导致弃权）。Apple 的抗辩也因此而失败。

第五，Apple 没有提出任何判决先例支持其主张，即委员会不能处理标准必要专利侵权，除非是在例外情况下，例如潜在被许可人在美国法院裁定专利许可费属于 FRAND 之后拒绝支付专利许可费，或者美国法院对潜在被许可人不具有司法管辖权从而无法设定 FRAND 费率。当所有其他救济均告失败，Apple 提出的做法将会使委员会成为最后救济的手段。但是这种做法直接违反了委员会的授权法规：第 337 条规定了救济方法，其中包括来自任何其他法院提供的任何金钱损害赔偿或禁令救济"之外"的排除令。参见 19 U. S. C. § 1337（a）（1）。[①] 有鉴于此，"国会隐含地承认其法定方案可能导致不止一个法律程序"。*Farrel*，949 F. 2d，1155（引证于 *In re Convertible Rower Exerciser Patent Litigation*，616 F. Supp. 1134，1143，228 USPQ 726，732（D. Del. 1985））。

[①] 因为第 337 条救济是"除"所有其他救济"之外"的可得救济（参见 19 U. S. C. § 1337（a）（1）），Samsung 在其他法庭诉求或放弃救济的决定并不会妨止我们作出此等结论。因此，我们认为 Apple 在 2013 年 5 月 14 日提交的补充意见中指出的 Samsung 不会在欧洲法院寻求某些专利的禁令救济的情况与 Samsung 的声明并无多大关系。在任何情况下，委员会都没有获得有关据称 Samsung 在其中作出该等声明的法律程序的足够记录，以致无法就该等声明的重要性作出知情裁定。

鉴于上述情况，我们认定，Apple 未能基于 Samsung 已向 ETSI 提交 '348 和 '644 专利的 FRAND 声明的事实，证明有关侵权或违反第 337 条之行为的任何积极抗辩。

即使我们为彻底性起见而假设：（1）Apple 已经根据法国法律对 Samsung 的 FRAND 声明作出了解释；（2）Samsung '348 和 '644 专利主张的权利要求中的发明是实施相关 ETSI 标准所必需的；（3）Samsung 的 FRAND 声明对 Samsung 施加了法律上可强制执行的义务；（4）Samsung 必须"按照【FRAND】条款将不可撤销的知识产权许可授予"任何后来者，如 Apple，但我们仍然认为 Apple 的论点没有任何价值。在所有这些假设之后，我们将会考虑 Samsung 是否有义务按照将会在未来制定的条款授予许可。联邦巡回法院曾表示，"要求合同双方今后就特定时间点或合同期限达成协定的条款，通常称为'将来同意协定'，规定双方有义务进行诚意谈判"。参见 *North Star Steel Co. v. U. S.*，477 F. 3d 1324，1332（Fed. Cir. 2007）（引用 *Aviation Contractor Employees*，*Inc. v. United States*，945 F. 2d 1568，1572（Fed. Cir. 1991）；*Gardiner*，*Kamya & Assocs. v. Jackson*，369 F. 3d 1318，1322（Fed. Cir. 2004）；*City of Tacoma v. United States*，31 F. 3d 1130，1132（Fed. Cir. 1994）；*Microsoft Corp. v. Motorola*，*Inc.*，864 F. Supp. 2d 1023，1038（W. D. Wash. 2012）（"虽然 Motorola 协议的措辞没有要求它按照 RAND 条款提供要约，但是 Motorola 的任何要约（不论是初始要约还是在反复谈判中提出的要约）都必须符合每份合同固有的诚意和公平交易默示义务"）。假设（而非决定）该判例适用于此处，我们在下面审查 Samsung 是否与 Apple 就 '348 和 '644 专利的 FRAND 许可进行了诚意谈判。

1. Samsung 与 Apple 之间谈判的历史事实[1][2]

Samsung 和 Apple 之间关于 '348 和 '644 专利的谈判历史在很大程度上是无可争议的。Apple 于 2008 年 7 月 11 日发布了第一款 UMTS 手机 iPhone 3G。当时 Samsung 和 Apple 已经建立了业务关系，Samsung 为 Apple 产品（其中包括 iPhone 3G）供应许多组件。Samsung 在 2009 年推出了首款基于安卓系统的智能手机。2010 年 8 月 4 日，Apple 指控 Samsung 侵犯了 Apple 的专利。

---

[1] 本节中引述的许多事实已经呈交给行政法法官，并且他依赖于这些事实得出结论，认为 Apple 没有证明 Samsung 违反了 FRAND 的义务。本节中的其他事实是双方根据委员会于 2013 年 3 月 13 日发布的通知提供的。由于 Apple 未能证明 Samsung 的 FRAND 义务可能是或可能不是什么，我们在此作出的裁定将是相同的，即使我们的审查仅限于呈交给行政法法官的谈判历史。无论如何，这里引述的事实似乎是无可争议的，也是目前记录在册的。

[2] 委员 Aranoff 对委员会于 2013 年 3 月 13 日作出的寻求更多书面意见的决定表示了异议，包括关于 Samsung 与 Apple 之间的许可谈判过程的补充简报和证据。参见异议备忘录，EDIS 文件编号 505695（2013 年 3 月 13 日）。鉴于 Apple 未能向行政法法官证明基于 FRAND 的积极抗辩，她并不认为 Apple 应该有第二次机会就其与 Samsung 之间有关许可授权的处理过程提交证据或论据。因此，虽然她不一定反对以下的讨论，但她并不认为这些讨论是她在本次调查中所作分析的必需要件。

2010 年 10 月 5 日，Samsung 和 Apple 在华盛顿特区举行会议。在会议上，Apple 提出，双方在其各自的专利组合下签订交叉许可协议，令 Samsung 对其智能手机和平板电脑定期支付运营许可费，而许可费率取决于所售设备的类型。Apple 提出的建议许可费率为每部智能手机 30 美元，每部平板电脑 40 美元，其中包括以下折扣：（1）因 Apple 对 Samsung 专利组合的交叉许可而享有 20% 的折扣；（2）如果设备使用由 Apple 授权的操作系统（即 Windows Mobile），则可享受 40% 的折扣；（3）使用 Apple 授权的处理器可享受 20% 的折扣；（4）Apple 定义为"独特的工业设计、软件平台或功能集"的"未使用专利的功能"享有 20% 的折扣。Apple 的许可要约是在会议上展示的一份简报中提出的，虽然 Apple 在会后提供给 Samsung 的硬拷贝中省略了财务条款。参见 CX-0394C.0015。在会议结束时，Apple 通知 Samsung 在双方下一次会议上【……】，该会议定于 2010 年 11 月 4 日在韩国首尔举行。

2010 年 11 月 4 日，双方在首尔举行会议。在会议上，Samsung 提供了【……】。Samsung 提出【……】。基于 Samsung 的观点【……】，Samsung 提议【……】Samsung 的要约将会导致【……】。Apple 没有接受这项要约。

2011 年 4 月 15 日，Apple 在加利福尼亚北区联邦地区法院起诉 Samsung，（除其他方面外）要求 Samsung 赔偿涉嫌专利侵权的损失，以及寻求禁止 Samsung 在美国销售基于安卓系统的设备和其他产品的禁令。Samsung 在 2011 年 4 月 27 日向加利福尼亚北区联邦地区法院提起针对 Apple 的起诉。在该起诉中，Samsung 主张了其拥有的多项专利，其中包括 Samsung 已声明可能被认定为 UMTS 标准必要专利的若干专利。

2011 年 4 月 29 日，Apple 向 Samsung 发送了一封信函，就 Samsung 所声明的 UMTS 必要专利索取单方面 FRAND 许可的具体条款（即不附带 Apple 专利交叉许可的 Samsung 专利许可）。这是自双方讨论开始以来，Apple 首次表示有兴趣获得仅限于 Samsung 声明的 UMTS 必要专利的许可条款。在此之前，讨论只专注于【……】。在 Apple 提出要求之时，Samsung 从未被要求对其声明的 UMTS 必要专利作出单方面许可。

2011 年 7 月 25 日，Samsung 发出一封信函，向 Apple 提供"对于遵守过去/现行 UMTS/WCDMA 标准而言是必要的"所有 Samsung 专利的许可要约，"每个相关最终产品的许可费率为 2.4%"。这项要约包括了本次调查中主张的 '348 和 '644 专利的许可。要约函还表示 Samsung 倾向于谈判交叉许可协议。

与此同时，委员会于 2011 年 7 月 27 日根据 Samsung 提出的指控（除其他外）'348 和 '644 专利受到侵权的申诉，开始了本次调查。Apple 反过来向委员会提出申诉，声称七项 Apple 专利受到了侵权。为回应 Apple 的申诉，委员会于 2011 年 8 月 2 日开始第 337-TA-796 号调查。该项调查仍然悬而未决。

Apple 于 2011 年 8 月 18 日、2011 年 10 月 31 日和 2011 年 12 月 24 日向 Samsung 发出谈判信函。Apple 的信函【…】。Samsung 通过 2012 年 1 月 31 日、2012 年 4 月 9 日、2012 年 4 月 25 日 和 2012 年 5 月 11 日发出的信函继续与 Apple 进行接洽。

2012 年 9 月 7 日，在本次调查的案情通报结束和加利福尼亚北区联邦地区法院诉讼庭审结束之后，Apple 提出【…】。Apple 提议【…】。

在 2012 年 10 月 16 日和 11 月 14 日的信函中，Apple 还提议【…】。2012 年 11 月 22 日，Samsung 提议双方在 12 月举行面对面会议，以便【…】。如若这些努力均告失败，Samsung 表明其愿意【…】。Samsung 提议【…】。

2012 年 12 月 3 日，Samsung 回应 Apple 在其 2012 年 9 月 7 日发出的信函中提议的【…】。具体来说，Samsung 反过来提议【…】。信函中提及【…】。

双方随后于 2012 年 12 月 12 日在首尔举行面对面会议，并在该次会议上同意在当月举行的另一次会议上讨论【…】。2012 年 12 月 17 日，Apple 提议【…】。Apple 还提议【…】。次日，即 2012 年 12 月 18 日，Samsung 提出一个新的建议，其中【…】。

Samsung 的要约【…】，① 双方还讨论了【…】。然而，双方未能达成一致意见，并选择在 2013 年 1 月再次会晤。

2013 年 1 月 14 日，Samsung 和 Apple 再次举行面对面谈判。在这次会议上，Apple 提议【…】。Samsung 拒绝了 Apple 提出的反要约，原因是【…】。虽然双方未能达成一致意见，但双方约好在下个月会面。

Samsung 和 Apple 在 2013 年 2 月 7 日再次会面。在这次会议上，双方专注于【…】。双方起草了一份谅解备忘录，表示同意将此项安排转呈管理层审议，【…】。

在【…】之后，Apple 在 2013 年 2 月 20 日的会议上向 Samsung 提出了一项反提案。② Samsung 拒绝了该项反提案。Apple 代表声称 Apple 管理层【…】。Apple 代表告知 Samsung，【…】。Samsung 理解 Apple 代表【…】。

2013 年 3 月 22 日，Samsung 向 Apple 发出信函并要求其重开谈判。据我们所知，Apple 还没有回复这封信函。Samsung 表示，其在 2012 年 12 月 18 日提出的要约，如 2013 年 3 月 22 日信函中所体现的，仍然对 Apple 有效。③

Apple 在其答辩书中向委员会提交了来自其专家 Donaldson 先生的报告。Donaldson 先

---

① Samsung 表示，Apple 在 2012 年的智能手机和平板电脑销量大约为每年【…】件。【…】，Samsung 的要约将要求 Apple【…】。

② 委员会并不知道 Apple 反提案的条款。

③ Samsung 于 2013 年 3 月重申，其于 2012 年 12 月提出的【…】要约【…】仍然有效。且该要约【…】。参见 Samsung 回复 2013 年 3 月 13 日通知的答辩书，第 18 页（2013 年 4 月 10 日）（引用 Exs. C44，C64，G）。

生就 '348 专利计算出的每台设备的 FRAND 许可费至多为【...】美元。Donaldson 先生声称，他的计算使用基带处理器芯片而不是终端设备作为许可费计算基础，因为体现 '348 专利中所要求保护的功能的是基带处理器。Donaldson 先生还指出，他的许可费率反映了在所有必要专利持有人采用相同做法的情况下的合计许可费负担（以避免所谓的许可费堆叠问题）。如果 Samsung 从委员会获得违反第 337 条之行为的裁定，并在该裁定被提交联邦巡回法院进行上诉时获胜，则 Apple 似乎愿意支付上述许可费用（每个设备【...】美元）[①]。

2. 双方谈判的分析

根据上述谈判历史，Apple 不能证明 Samsung 没有进行诚意谈判。[②] Apple 在 2012 年 9 月 7 日没有对此提出争议，Apple 提出【...】。Apple 表示【...】。在按件计算的基础上，此等估值将会导致【...】。Apple 在 2012 年 12 月 17 日提出的要约中同样【...】。到 2012 年 12 月 18 日，Samsung 提出的要约仍然是【...】。虽然我们认识到这些要约在双方各自的销售量方面有些模棱两可，但我们不能说 Samsung 的许可费要约是不合理的或缺乏诚意的。此外，双方代表能够在 2013 年 2 月 7 日达成谅解备忘录的事实，即【...】表明 Samsung 一直秉承诚意进行谈判，通俗地说，Samsung 和 Apple 是在同一个球场打球。鉴于这些事实，我们不能说 Apple 已经证明 Samsung 违反了任何假定的 FRAND 义务。

Apple 认为，Samsung 有义务向 Apple 提出公平、合理的特定许可费率初始要约。记录在案的证据并不支持 Apple 的立场。Apple 证人就 ETSI 政策和实践提出的观点是，"ETSI 知识产权政策文件"对"FRAND"没有明确的定义，预计双方应通过谈判达成 FRAND 许可。参见庭审笔录，第 1442 页第 1 行-第 1443 页第 1 行（Walker）。此外，Apple 的论点并无法律权威的支持。事实上，对这个问题的有限判决先例似乎表明，初始要约不必是最终的 FRAND 许可条款，因为标准制定组织倾向于通过谈判达成最终的许可条款。参见 *Microsoft Corp. v. Motorola*，*Inc.*，864 F. Supp. 2d 1023，1038（W. D. Wash. 2012）（因为标准制定组织设想通过谈判确定 RAND 条款，"从逻辑上讲，初始要约并非必须是 RAND 条款"）。

Apple 还指责 Samsung 试图就双方的移动电话专利组合进行交叉许可的谈判。就这一点而言，我们不能说 Samsung 的要约是不合理的。记录包含 30 多个涵盖 '348 和 '644 专利的 Samsung 许可证据。参见 RX-173C、RX-178C、RX-188、RX-189C、RX-191C、RX-193C

---

① 通过比较 Samsung 在 2012 年 12 月 18 日作出的【...】要约，我们计算出如果 Apple 售出【...】，Donaldson 先生计算的许可费为每件设备【...】美元，Apple【...】。

② 我们强调，我们对这些谈判的分析是基于对 Samsung 从其 FRAND 声明中产生的义务的假设。

至 RX-209C、RX-421C、RX-423C。所有这些许可包括对被许可人专利组合的交叉许可。这些证据支持了一个结论，即专利组合交叉许可要约在业内是典型的，并且也是合理的。

Apple 没有提供任何证据表明这种专利组合交叉许可在业内是非典型的。[①]事实上，Apple 自己在 ETSI 政策方面的证人证实，ETSI 预计交叉许可要约可以是双方之间 FRAND 许可谈判过程的一部分。参见庭审笔录，第 1443 页（Walker）。另外，上面引述的谈判历史表明，Apple 已经向 Samsung 提出了交叉许可要约。

我们还注意到，评论者们曾指出，交叉许可双方专利的要约可能与 FRAND 义务相一致，例如：

提出 FRAND 要约的义务并不妨碍标准必要专利所有人与标准的实施者签订其他许可安排，如专利组合交叉许可。私人当事人达成一个反映他们具体情况的协议通常是讲得通的。

* * *

向拥有标准必要专利的一方提出 FRAND 要约的条件可以是想要成为被许可人的一方自行提出互惠的 FRAND 要约。

参见 Lemley，Mark A. and Shapiro，Carl，*A Simple Approach to Setting Reasonable Royalties for Standard-Essential Patents*，Stanford Public Law Working Paper No. 2243026，5 – 6，17（2013 年 3 月 30 日），可在以下网址获得 http://ssrn.com/abstract = 2243026。这种方法与 ETSI 的预期相符，正如本次调查的记录所解释的那样。参见庭审笔录，第 1443 页（Walker）。而且，Samsung 签署的 ETSI 声明明确预期 FRAND 许可将涉及 "条款及条件"，而不仅仅是许可费率。参见 RX-723。

Apple 还申诉称 Samsung 的要约是不合理的，因为【...】。Apple 的观点缺乏法律依据的原因有几个。首先，正如 Qualcomm、Ericsson 和 Samsung 向委员会提交的意见中所明确表达的，FRAND 许可可能包含一系列合理条款。与一个竞争对手的合理交叉许可，可能会涉及对 Samsung 进行差额支付，而与另一个竞争对手的合理交叉许可，可能会涉及 Samsung 进行差额支付。这两种协议都可能是合理的，具体取决于所涉及的两个专利组合和每一方各自的销售量。例如，如果其中一个竞争对手的专利组合与 Samsung 专利组合相比在全面性上要差一些，但有着较高的销售量，那么可以合理预期这个竞争对手将会向

---

① 委员会注意到，在本次调查中提交的许可都不是对单个所声明的必要专利的许可，而是在一些涉及【...】的实例中的专利组合交叉许可。参见 RX-173C、RX-178C、RX-188、RX-189C、RX-191C、RX-193C 至 RX-209C、RX-421C、RX-423C。此外，【...】，记录支持的结论是，使用终端用户设备作为许可费计算基础是通用的行业惯例。参见同上。

Samsung 作出专利组合交叉许可中的差额支付。本次调查中记录的数十项专利许可反映了这一行业惯例。比较 RX-191C（【…】）与 RX-203C（【…】）。

鉴于这些记录，我们不能说 Samsung 在其与 Apple 的谈判中的行为表现是不合理的。

我们已经谈到了 Apple 提出的另一个论据，即 Apple 不应该向 Samsung 作出支付，因为【…】。Apple 专注于强调 Samsung 向 Apple 提出的特定要约【…】。但是，正如一个法院所承认的那样，产生自 FRAND 声明的义务是否得到履行并不是通过一个特定要约来衡量的，"不论是初始要约还是在反复谈判中提出的要约。"参见 *Microsoft Corp. v. Motorola, Inc.*，864 F. Supp. 2d 1023，1038（W. D. Wash. 2012）。因此，即使要求 Apple 向 Samsung 作出最终支付的 FRAND 协议确实是不合理的（对此我们没有给予任何意见），但 Apple 所指责的要约并不一定表明 Samsung 因未进行诚意谈判而违反了 FRAND 义务。

Apple 还指责 Samsung 将其部分许可要约与诉讼和解捆绑在一起。我们认为 Apple 的论点有一些虚伪。Apple 在 2013 年 4 月 10 日提交给委员会的答辩书中的以下词句表明，Apple 无意在诉讼结束之前向 Samsung 支付任何许可费：

> 如果委员会裁定 '348 专利是有效的、被侵权的和可强制执行的（不得出于行政法法官发现和 Apple 先前通报的所有原因），并且如果该判决在上诉中得到肯定，则 Apple 将准备好支付 FRAND 许可费。

参见 Apple Inc. 答辩书，第 20 页（2013 年 4 月 10 日）（公开版本，2013 年 4 月 12 日）。

Apple 的立场表明了潜在的所谓反向专利劫持的问题，这是委员会收到的许多公众意见中所关注的一个问题。[①] 在反向专利劫持中，实施者以专利所有人提出的许可要约不公平或不合理为幌子，利用已声明的必要技术而不向专利所有人支付报酬。专利所有人因此被迫通过昂贵的诉讼方式来维护自身的权利。与此同时，专利所有人被剥夺了当一方拒绝支付专利发明使用费时通常应该享有的排他性救济。

最后，我们注意到，委员会在 2013 年 3 月 13 日发出的通知中，要求双方当事人和公众就 *Georgia-Pacific Corp. v. United Slates Plywood Corp.*，318 F. Supp. 1116（S. D. N. Y. 1970）一案中与确定 Samsung 是否已经按照公平、合理和无歧视条款向 Apple 提出 '348 专利许可要约最为相关的要素给出意见。正如本意见书附录中所总结的，在分析 FRAND 义务时，双方或任何评论者均未促请委员会全然采纳 *Georgia-Pacific* 一案的要素。我们观察到，我们的上述分析与 *Georgia-Pacific* 一案的部分要素有一些重叠，尤其是我们对 Samsung 的其他许可的审查、我们对 Apple 向 Samsung 提出的专利组合许可要约的讨论，以及我们关于专利

---

① 委员 Aranoff 没有加入本段的讨论。

组合交叉许可在手机行业中普遍性的认定。然而，除了这些观察结果之外，我们发现本次调查中的问题可以在不需要就 *Georgia-Pacific* 要素在确定是否符合 FRAND 义务方面的适用性作出决定性宣告的情况下就可以得到解决。

总之，我们裁定 Apple 没有满足其举证责任以证明 Samsung 的 FRAND 承诺阻碍委员会以 '348 和 '644 专利侵权为由认定该行为违反第 337 条。我们采纳了行政法法官作出的与此项裁定相一致的所有裁决。

b. Apple 未能证明由于未向标准制定组织披露 '348 和 '644 专利而导致不可强制执行

如上所述，ETSI 知识产权政策规定，成员 "应尽其合理努力，及时向 ETSI 通报其知悉的必要知识产权"。参见 RX-710。Apple 认为，由于 Samsung 有意不 "及时" 向 ETSI 披露 '348 和 '644 专利，导致这些专利对符合 UMTS 之产品的不可行使。Apple 认为，Samsung 在 ETSI 采纳与 '348 专利相关的标准条款过去 4 年之后才延迟披露 '348 专利，并在 '644 专利相关的标准采纳后一年才延迟披露 '644 专利。

行政法法官否决了 Apple 就 '644 专利提出的法律和事实主张。参见同上，485。但是，行政法法官显然没有解决 Apple 就 '348 专利提出的不可行使性抗辩。

在 *Qualcomm, Inc v. Broadcom Corp.*，548 F. 3d 1004（Fed. Cir. 2008）一案中，联邦巡回法院解释称：

> 通过在标准采纳之前不向标准制定组织披露相关的知识产权，"专利持有人能够 '阻止' 行业参与者实施该标准……为避免 '专利劫持'，许多标准制定组织要求参与者披露和/或放弃涵盖标准的知识产权"。

参见 548 F. 3d，1010（引文省略）。然而，如果一个参与者违反了该义务，则法院可能会在发现参与者的行为 "与实施其权利的意图不一致，以至于引发该等权利已被放弃的合理信赖" 时，运用默示放弃的衡平原则。参见同上，1020；*Hynix Semiconductor Inc. v. Rambus Inc.*，645 F. 3d 1336，1348（Fed. Cir. 2011）。法院 "可以在适当的情况下判定专利由于未履行向标准制定组织的披露义务而无法行使"，只要救济适当地限制在与违约相关的范围。参见 *Qualcomm*，546 F. 3d，1026。

因此，为确立由于默示放弃而导致的不可行使，Apple 需要证明四点：（1）根据 ETSI IPR 政策，Samsung 作为 ETSI 参与者有义务向 ETSI 披露 Samsung 的标准必要技术专利；（2）'348 和 '644 专利属于该义务范围之内；（3）Samsung 由于未及时披露 '348 和 '644 专利从而违反其披露义务；（4）在适当的情况下，有理由判定 '348 和 '644 专利不可针对实施 ETSI TFCI 标准的产品予以行使。参见 *Qualcomm*，548 F. 3d，1012。

我们的结论是，Apple 未能证明在 *Qualcomm* 标准下确定 '348 和 '644 专利不可行使所需的要素。即使假设 Samsung 有义务披露必要专利，Apple 本身也曾质疑 Samsung 提出的 '348 和 '644 专利实际上必要的主张。参见 Samsung 再审申请书的 Apple 答复，第 4 页（2012 年 10 月 9 日）（"当然，只有 Samsung 声明 '348 专利是 '必要的'，行政法法官和其他许多法院一样，已正确地认定 Samsung 的做法是错误的"）；参见同上，32–33（"Samsung 认为 '644 专利是标准必要专利——这是一个没有经过标准制定组织验定的权利要求……正如行政法法官所发现的，实现 UE 接收器的方法有很多……"）。Apple 的含糊其辞，削弱了其关于因 Samsung '348 和 '644 专利系属 "必要" 的权利要求而触发了披露义务的主张。

此外，对于 Samsung 是否违反 "及时" 披露必要知识产权之义务的问题，记录载有支持行政法法官结论的实质性证据，即认为 ETSI 本身即无法就 "及时" 披露方式达成一致。参见同上，486（引用 RX-713，APLNDC-WH-000012464（不能就 "及时性" 或 "及时" 的定义达成一致……）。我们也注意到，Walker 先生（Apple 在 ETSI 知识产权政策方面的专家）承认，ETSI 成员大会或 ETSI 的任何其他机构均未曾因某公司涉嫌未能及时披露必要知识产权而针对该公司采取行动。参见庭审笔录，第 1440 页第 7 行–第 1442 页第 16 行（Walker）。

最后，在标准采纳流程中，及时披露义务是基于对隐瞒知识产权的公司后来进行 "专利劫持" 的担心，但有记录的证据表明 "劫持" 担心并不存在。Samsung 在 1998 年前瞻性地宣布会就包含 ETSI 所采纳之标准的任何 Samsung 专利提供 FRAND 许可要约。参见庭审笔录，第 1406 页第 25 行–第 1407 页第 12 行（Walker）。在 Samsung 已向超过 30 家公司授予其所声明之必要专利（包括 '348 和 '644 专利）许可的情况下，其几乎不应该被指控为专利劫持。参见 RX-173C、RX-178C、RX-188、RX-189C、RX-191C、RX-193C 至 RX-209C、RX-421C、RX-423C。

鉴于上述情况，我们不能说行政法法官在驳回 Apple 对 '644 专利的不可行使性抗辩方面存在错误，并且我们采纳了行政法法官作出的与此项结论相一致的所有裁决。我们在此裁定，出于上文给出的相同理由以及行政法法官就 '644 专利给出的一致理由，Apple 并未证明 '348 专利是不可行使的。

v. Apple 的专利权用尽抗辩

【编者注：此处内容与本书主题无关，故略】。

B. '644 专利

【编者注：此处内容与本书主题无关，故略】。

C. '980 专利

【编者注：此处内容与本书主题无关，故略】。

D. '114 专利

【编者注：此处内容与本书主题无关，故略】。

E. 国内行业要求的经济要件

针对行政法法官关于 Samsung 满足国内行业要求的经济要件的裁定，Apple 在三个方面提出质疑：（1）外国维修和更换部件成本是否应被视为在国内行业的投资；（2）重新包装费用是否合理包括在国内行业分析中；（3）Samsung 在国内行业的投资对公司和行业来说是否属于大量投资。

首先，我们注意到，对关于 Samsung 在所称用于行使涉案专利的商品上的研发和工程设计国内投资的大部分书面证据，Apple 未提出质疑。我们在后文总结这些证据。我们认为这些证据足以表明，基于 Samsung 在研发和工程设计方面的大量投资，Samsung 至少满足了第 337（a）（3）（C）条所述的国内行业要求。以下 Samsung 投资活动均在美国开展。

Samsung 的移动网络运营实验室拥有约【...】名工程师，他们负责三项主要工作：在研发过程中与运营商共同定制用户界面；将运营商软件植入移动设备；及在移动设备发布后开发软件更新。参见 Sheppard Tr. 898：3-899：2；906：11-17。2010-2011 年，Samsung 向移动网络运营实验室投资约【...】美元用于 Samsung 实施 '348 专利的产品；投资【...】美元用于实施 '644 专利的产品；以及投资【...】美元用于实施 '980 和 '114 专利的产品。CDX-0027C.8-CDX-0027C.10；Mulhern Tr. 1781：23-1784：3。

移动工程实验室拥有【...】名工程师，他们负责两项基本工作。首先，移动工程实验室与运营商合作，确保 Samsung 设备能够通过规定的特定测试，以便保证设备在运营商网络上按计划高效运行，特别是考虑到各运营商都拥有各自的频谱和网络。其次，移动工程实验室承担质量保证工作。移动工程实验室主要负责了解和复制报告给 Samsung 的漏洞，并向具体工程师团队分派漏洞处理任务。参见 Sheppard 庭审笔录第 899 页第 3 行-第 900 页第 2 行；第 906 页第 11 行-17 行。2010-2011 年，Samsung 向移动工程实验室投资约【...】美元用于实施 '348 专利的产品；投资【...】美元用于实施 '644 专利的产品，以及投资【...】美元用于实施 '980 和 '114 专利的产品。参见 CDX- 0027C. 8-CDX-0027C. 10；Mulhern 庭审笔录第 1781 页第 23 行–第 1784 页第 3 页。

Samsung 的无线终端实验室是其位于得克萨斯州理查德森的达拉斯技术实验室的一部分。无线终端实验室拥有【...】名软件工程师，他们负责将要部署在移动电话上的特定技术的近期开发。参见 Sheppard 庭审笔录第 901 页第 9 行–第 902 页第 9 行。2010–2011 年，Samsung 向无线终端实验室投资约【...】美元用于 Samsung 实施 '348 专利的产品；投资【...】美元用于实施 '644 专利的产品，以及【...】美元用于实施 '980 和 '114 专利的产品。参见 CDX-0027C. 8-CDX-0027. C. 10；Mulhern 庭审笔录第 1781 页 23 行–第 1784 页第 3 行。

Samsung 的移动通信实验室位于加利福尼亚州圣何塞，雇有【...】名美国工程师。这些 STA 工程师与 Google 合作，后者提供 Samsung 多款移动设备上使用的安卓操作系统，包括大部分国内行业产品。参见 Sheppard Tr. 902：10–903：2。2010–2011 年，Samsung 向移动通信实验室投资约【...】美元用于 Samsung 实施 '348 专利的产品；投资【...】美元用于实施 '644 专利的产品，以及投资【...】美元用于实施 '980 和 '114 专利的产品。参见 CDX-27C. 8-CDX-27. C. 10；Mulhern 庭审笔录第 1781 页第 23 行–第 1784 页第 3 行。

我们的结论是，上述证据支持"Samsung 在受涉案专利保护的商品涉及的行业作出了巨额国内投资"这一裁定。同样，Apple 未对这些投资证据提出异议。我们考虑了 Samsung 在相关行业的投资以及 Samsung 的相对规模和资源。参见 *Certain Printing and Imaging Devices and Components Thereof Inv*. No. 337-TA-694，Comm'n Op.（public corrected version），15–16（Aug. 8，2011）。Apple 提出的 2010 年和 2011 年 Samsung 的销售收入远高于其国内工程设计和研发费用这一事实，并不能否定 Samsung 在国内向专利保护商品投资了数百万美元的事实。

最后，对于 Apple 提出的 Samsung 在维修部件和重新包装上的投资是否根据 337（a）（3）（A）及（B）或（C）条款予以了充分分析这一问题，无须再讨论。即便委员会排除了所有 Apple 质疑的 Samsung 的维修和重新包装费用，Samsung 在这些活动以外开展的国内投资也有数百万美元，仍构成巨额投资。因此我们得出结论，Samsung 成功证明其满足国内行业要求经济要件。我们采纳了行政法法官与这一裁定相一致的所有调查结果。

F. 救济、公共利益和保证金

i. 救济

我们在上文已作出结论，确定 Samsung 证明了存在基于 '348 专利违反第 337 条的情况。根据法律规定，如果委员会裁定存在违规，则 "应发出指令，禁止将涉案商品进口到美国，除非在考虑了所述指令对公共健康和福利、美国经济竞争条件、美国同类产品或直接竞争产品的生产以及美国消费者的影响后，委员会认为不应禁止涉案商品的进口。" 参见 19 U. S. C. § 1337（d）（1）。

在考虑这些公共利益要素后，委员会还可以发出停止令，禁止在美国进一步售卖或分销侵权商品。参见 19 U. S. C. § 1337（f）（1）。委员会一般在 "进口到美国、在美国出售的侵权产品的商业价值巨大，超过排除令能够提供的救济" 时发出停止令。参见 *Certain Laser Bar Code Scanners and Scan Engines*, *Components Thereof and Products Containing Same*, Inv. No. 337-TA-551, Comm'n Op.（Pub. Version）22（2007 年 6 月 14 日）。

行政法法官建议，如果委员会认定存在违反第 337 条的情况，则委员会应针对 Apple 发出有限排除令，禁止侵权产品的入境，同时发出停止令，禁止在美国进一步售卖和分销侵权产品。Samsung 和调查律师同意行政法法官关于有限排除令的建议。Samsung 和调查律师称 Apple 在美国保有大量被指控产品的库存，因此均同意应当针对 Apple 发出停止令。

如前文所述，委员会向案件双方、政府机构以及有利害关系的公众征求关于两份通知中所述救济和公共利益的意见。委员会收到来自 Samsung、Apple 和调查律师的回复。委员会发现调查律师的回复对分析委员会要裁定的事项尤其有帮助。委员会还收到了以下实体（按字母顺序）的回复：竞争技术协会、商业软件联盟、思科系统公司、爱立信公司、GTW 公司、惠普公司、创新联盟、英特尔公司、美光科技公司、摩托罗拉移动技术公司、高通公司、移动研究公司、零售业领导者协会和斯普林特光谱公司。委员会选取了部分意见汇总在本意见书附件中。委员会作出本意见书中所述的裁定时认真考虑了收到的对两项通知的所有回复。

如后文详细讨论的，我们裁定，应针对 Apple 发出有限排除令，禁止 Apple 进口侵犯 '348 专利的商品。记录支持行政法法官关于 Apple 在美国持有【...】的侵权商品的调查结果。参见第 89 号命令。Apple 未就这一事实进行争辩。参见第 4 页的建议裁定。因此我们裁定，发布停止令，禁止进一步售卖和分销侵权商品。如后文所述，我们未发现有法定公共利益要素阻碍实施这些救济。

ii. 公共利益

第 337 条针对委员会处理申诉规定了一个两阶段程序。委员会首先"依照根据本条开展的调查事项确定"是否"存在违反本条规定的情况"。参见 19 U. S. C. §§ 1337（d）（1）,（f）（1）。如果委员会确定存在违规，则"应发出指令，禁止将涉案商品……进口到美国，除非在考虑了所述排除令对四个公共利益要素的影响后"，委员会决定不应采取救济。参见同上。这些要素包括：（1）公共健康和福利；（2）美国经济的竞争条件；（3）美国竞争性产品的生产状况；（4）美国消费者。参见同上。委员会在发布停止令时同样要考虑这些公共利益要素。参见同上。当特定调查情况需要时，委员会曾经拒绝排除性救济或根据法定公共利益要素调整救济。参见 *Spansion，Inc. v. In't'l Trade Comm'n*，629 F. 3d 1331，1360（Fed. Cir. 2010）（讨论公共利益要素历来的适用情况）；*Certain Personal Data and Mobile Communications Devices and Related Software*，Inv. No. 337-TA-710，USITC Pub. No. 4331，Comm'n Op.，83（2012 年 6 月）（根据美国经济的竞争条件推迟排除令的生效日期）；*Certain Baseband Processor Chips and Chipsets，Transmitter and Receiver（Radio）Chips，Power Control Chips，and Products Containing Same，Including Cellular Telephone Handsets*，Inv. No. 337-TA-543，USITC Pub. No. 4258，Comm'n Op.，148–54（2011 年 10 月）（特定已有移动电话不受排除令约束）；*Certain Automated Mechanical Transmission Systems for Medium-Duty and Heavy-Duty Trucks，and Components Thereof*，Inv. No. 337-TA-503，Comm'n Op.，5（2005 年 5 月 9 日）（已有卡车传动装置的更换部件不受排除令约束）；*Certain Sortation Systems，Parts Thereof，and Products Containing Same*，Inv. No. 337-TA-460，Comm'n Op.，18–20（2003 年 2 月 19 日）（UPS 枢纽设施的更换部件不受排除令约束）。[①]

---

① Aranoff 委员指出，如果委员会在考虑法定公共利益要素后发布救济，那么美国总统可能"出于政策原因"否决委员会的裁定。参见 19 U. S. C. § 1337（j）（2）。如果总统否决了委员会的裁定，则委员会发布的任何救济都应"无效"。参见同上。第 337（d）（1）条所述的公共利益要素并不是委员会希望通过命令来推广实施的公共政策。相反，这些要素是法定标准，在第 337 条调查的救济阶段可表示"商品不应被禁止进口"。参见 19 U. S. C. § 1337（d）（1）。因此，在确定一项调查的最终处理办法时，应当提出的适当问题不是（例如）特定处理办法是否会提升"美国的竞争条件"，而是"法律要求对被侵权专利持有人提供救济，除非在少数情况下法定公共利益问题十分突出，以致于可高过"知识产权的执行。参见 *Certain Baseband Processor Chips*，Inv. No. 337-TA-543；USITC Pub. No. 4258，Comm'n Op.，153–152。因此美国联邦巡回上诉法院认为委员会无须考虑否决针对违反 337 条款的救济的论据，这些论据的前提条件不是法定公共利益要素。参见 *Spansion，Inc. v. Int'l Trade Comm'n*，629 F. 3d，1360（调查发现，委员会拒绝将专利商标局的复审程序视作权衡救济的考量要素，因为"所述程序并未在第 337 条下明确列为公共利益要素"，委员会这么做并无过错）。相比之下，第 337（j）（2）条未对总统在确定是否否决委员会发布的救济时可能考虑的"政策原因"施加任何限制条件。如后文脚注 23 所述，Aranoff 委员认为双方和公共评论人在本次调查中提出的关于公共利益要素的大部分论据事实上都是政策论据，更适合被提交给总统。

在了解了这一背景后，我们再来看本次调查中的具体事实。被判侵犯 '348 专利权的设备只有 Apple 的 iPhone 3G、iPhone 3GS、iPhone 4、iPad 3G 以及 iPad 2 3G，这些设备全部在 AT&T 无线网络上操作。毫无疑问，在这些设备中，Apple 大量进口到美国并出售的只有 iPhone 4（GSM 型号）和 iPad 2 3G（GSM 型号）。因此，我们将重点分析这些设备。

双方以及公共评论人均未提出排除 iPhone 4 和 iPad 2 3G 会对"公共健康和福利"造成负面影响的论据。参见 19 U. S. C. §§ 1337 (d)(1)，(f)(1)。此外，也无人提出本次调查的救济令将影响"美国同类产品或直接竞争性产品的生产"。参见同上。目前美国没有竞争性产品在生产，且本次调查中的排除性救济不太可能改变这个事实。因此，我们认为这两个要素不阻碍发布排除令。

我们接着考虑"美国经济的竞争条件"和对"美国消费者"的影响。参见同上。双方在关于将受 '348 专利侵权救济令影响的产品数量方面具有十分一致的观点。Samsung 估计救济令将影响的在美国出售的智能手机和平板电脑数量将不超过【...】和【...】。参见 Samsung 回应 2013 年 3 月 13 日通知的初步意见书第 6–7 页（2013 年 4 月 3 日）。Apple 称，2012 年 iPhone 4（AT&T）在美国智能手机总销量中占【...】，iPad 2 3G（AT&T）在移动平板电脑总销量中占【...】。参见 Apple 对 2013 年 3 月 13 日通知的初步回应第 13 页（2013 年 4 月 3 日）。

另外，各方均同意，一切采用 Qualcomm 基带处理器实现无线网络连接的 Apple 产品都不应被禁止进口。后续的 Apple 产品（包括 iPhone 5 和 iPad 3）都采用 Qualcomm 基带处理器。因此，排除性救济可能不会影响后续的 Apple 产品。

至于竞争性产品的可获得性，看起来无可争议的是，即便 iPhone 4 和 iPad 2 3G 被禁止进口，美国消费者将仍然能够买到各种类型的智能手机和平板电脑，包括 Apple 生产的产品。双方均未对 Apple 及其竞争者向消费者供应替代 iPhone 4 和 iPad 2 3G 的产品之能力产生质疑。

Apple 提出两个论据，主张对于被认为侵犯 '348 专利的产品的潜在消费者而言，替代产品将是不可接受的。作为第一个论据，Apple 称本次调查中的涉案 iPhone 4 机型对于 GSM 网络用户来说，价格比较低廉和可接受。这些用户可能买不起在 GSM 网络上运行的更贵的 Apple 手机。我们的结论是，本论据并未表明本次调查的救济令将对公共利益产生严重的负面影响。双方提交的意见回复表明，Apple 手机以外的其他制造商也能够供应低价智能手机，而且 Apple 的低价手机能够在 AT&T 和 T-Mobile 的 GSM 网络之外的网络上运行。参见如 Samsung《回应 2013 年 3 月 13 日通知的初步意见》第 9–10 页（2013 年 4 月 3 日）；调查律师《对 2013 年 3 月 13 日通知的初步回应》第 5–8 页（2013 年 4 月 3

日）。此外，Apple 可以自由调整其非侵权产品的价格，以满足消费者需求。

Apple 针对替代产品的第二个论据是，可以在 iPhone 4 和 iPad 2 3G 上使用的特定应用程序和权利受控内容（如 iTunes 音乐软件）无法在非 Apple 设备上使用或传输到非 Apple 设备。我们的结论是，本论据并未表明本次调查的救济令将对公共利益产生严重的负面影响。如调查律师指出的，Apple 设备最受欢迎的应用程序也能在竞争性设备上使用，如运行安卓操作系统的设备。参见调查律师《对 2013 年 3 月 13 日通知的初步回应》第 5-8 页（2013 年 4 月 3 日）。同样，安卓手机的购买界面（如 Google Play）提供的内容与 Apple iTunes 商店相同。参见同上。此外，救济令不会迫使当前使用 Apple 设备的用户去购买非 Apple 设备。如果该用户将来想要再买一台设备，Apple 设备仍然可用，可以实现内容的无缝传输。

对于运营商，似乎无可争议的是，禁止进口 iPhone 4 和 iPad 2 3G 将影响两家全国运营商（AT&T 和 T-Mobile）及两家地区运营商（阿拉斯加的 GCI 和得克萨斯的 CT Cube）提供的手机产品。但是，记录显示这些运营商全都提供其他 Apple 产品。参见例如调查律师《对 2013 年 3 月 13 日通知的回应》第 3-4 页（2013 年 4 月 10 日）。这些运营商还提供价格和功能与被禁止进口的 iPhone 4 和 iPad 2 3G 类似的非 Apple 产品。参见同上。值得注意的是，这些受影响的网络运营商均未对委员会各项公开通知提出任何回应。这种沉默表明，这些网络所受的负面影响至多是最小程度的。受影响网络未予回应还表明，本次调查中的排除令将不会对无线运营商之间的竞争产生任何显著的负面影响。

鉴于上述观点，委员会获得的记录未显示本次调查中发布救济令将有损美国经济竞争条件或美国消费者以致于应当否定救济。

Apple 和一些公共评论人表示，发布排除性救济令来补救因侵犯受 FRAND 声明约束的专利而造成的违反第 337 条本身就是被禁止的，也是与 337 条款下公共利益考量要素相对立的。这些论据未得到适用法律和本次调查记录事实的支持，如前文第 III. A. iv 款所述。与委员会调查对第 337 条违规的权力一样，委员会对公共利益的考量是依据第 337 条的法律条文，其中并没有 Apple 所说的"本身禁止"。参见 *Spansion*，629 F. 3d 1359（委员会公共利益考量的依据是"法律基础"）。

Apple 进一步提出，本次调查允许 Samsung 获得补救这一做法将违背公共利益，因为 Samsung 违反了按 FRAND 条款向 Apple 授予 '348 专利许可的义务。我们驳回了关于 Samsung 违反任何义务的论据，参见第 III. A. iv 款。正如我们已经指出的，Apple 未提供关于应如何解读 Samsung 的 FRAND 声明的证据，未要求行政法法官确定 '348 专利是否对实践任何标准是必要的，未具体阐述 Samsung 在 FRAND 声明下的义务，也未证明 Samsung 违反了任何宣称的义务。即便假设 Samsung 的 FRAND 声明让 Samsung 产生了义务，我们在上文中已经裁定，根据记录不能认定 Samsung 违反了对 Apple 的任何所述义务。①

Apple 和一些公众评论人还认为，向违反了 FRAND 义务的专利持有人提供救济，将造成"专利劫持"，有损标准制定组织，进而对美国经济的竞争条件和美国消费者造成损害。不管这些观点中有哪些正确之处，它们都不适用于本次调查的事实。正如我们在上文已经裁定，Apple 并没有证明 Samsung 违反了 FRAND 义务，而 Samsung 已经广泛许可他人使用 '348 专利。我们不必在此决定未来显示"专利劫持"或对标准制定组织造成损害的证据的调查是否需要进行不同的分析。②

如上所述，美国国际贸易委员会在本次调查中的公共利益职责在于，考虑将禁止进口、售卖和分销侵犯 '348 专利的产品的排除令和停止令将产生的"影响"。参见 19 U. S. C. § § 1337（d）（1），（f）（1）。我们已经分析了禁止涉案 Apple 产品会对以下方面造成的影响：（1）公共健康和福利；（2）美国经济的竞争条件；（3）美国竞争性产品

---

① Aranoff 委员指出，有些人建议委员会应在提供救济之前，独立地审查 Samsung 是否履行了其在第 337 条所列的法定公共利益要素下的宣称 FRAND 义务。他们认为，即使 Apple 未能证明基于 Samsung FRAND 义务的积极抗辩，委员会也有审查的义务。Aranoff 委员不同意这个观点。她认为，委员会可能只考虑关于申请人在对专利侵权主张作出积极抗辩的情况下是否根据 FRAND 承诺履行其义务的主张。目前，地区法院正在考虑专利侵权与 FRAND 承诺之间的关系。参见，例如，*Barnes & Noble*, *Inc. v. LSI Corp.* 849 F. Supp. 2nd 925（N. D. Cal. 2012）；*Microsoft Corp. v. Motorola*, *Inc.* Case No. C10-1823JLR（W. D. Wash.）。在考虑对专利侵权的积极抗辩时，委员会适用了与地区法院相同的法律。参见 *Lcmnom Mfg. Co. v. Int'l Trade Comm'n* 799 F. 2d 1572, 1577–78（Fed. Cir. 1986）。如果委员会发现基于 FRAND 的积极辩护已被证实，那么就可以认定不存在违反第 337 条的情况，也就不需要探讨救济和公共利益问题了。在这次调查中，行政法法官认为，Apple 未能特别坚持其主张，即 Samsung 未履行对 ETSI 作出的关于 '348 专利的 FRAND 承诺。Aranoff 委员认为，当被申请人未能作出基于 FRAND 的积极抗辩或未能证明该抗辩，而且委员会认定存在违反第 337 条的情况时，委员会不应该在公共利益调查第二次考虑同样的行为。

如果委员会可以在公共利益分析中重新审视基于 FRAND 积极抗辩的事实，那么这就产生了关于委员会在救济阶段还可以处理哪些其他积极抗辩的严肃问题。例如，有人可能认为，即使没有在行政法法官面前就不公平行为作积极抗辩，提供基于专利（通过不公平行为获得的）侵权的救济仍是违背公共利益。Aranoff 委员认为，委员会在公共利益调查中考虑这个问题属于越权行为。这种考虑等同于，委员会要求拒绝给予其认为是"好做坏事之人"的申请人救济的衡平权力。然而，委员会是一个法规产物，在第 337 条下没有关于救济的衡平权力。参见 *Spansion, Inc. v. Int'l Trade Comm'n* 629 F. 3d, 1359。（与地区法院在根据（国会针对向委员会提起的诉讼而制定的）法定救济计划提供禁令救济时所执行的衡平原则形成鲜明对比）

② Aranoff 委员指出，正如本文总结的，许多评论者声称，根据对受 FRAND 原则约束的专利的侵权而发布排除令（或任何形式的禁令救济）可能会助长专利权人进行专利劫持，这反过来又会导致专利所有人不愿加入标准制定组织，最终降低互操作性和创新性并减少消费者的选择。其他评论者的看法则相反：不让受 FRAND 原则约束的专利的持有人获得禁令救济会造成专利实施者参与所谓的反向劫持，从而对标准制定组织的互操作性、创新性和消费者选择产生同样的不利影响。除了非常有限的例外情况，当事方或评论者皆未提交在市场上实际出现了何种结果的证据。参见，例如，创新联盟《对 2012 年 11 月 19 日通知的回应》第 2–4 页（2012 年 12 月 3 日）；庭审笔录第 1440 页第 7 行–第 1442 页第 16 行（Walker）。虽然缺乏对消费者或创新造成实际损害的实证，但仍存在政策论点认为，发生专利劫持的风险大到在此次调查中不允许对 Samsung 发布排除令。美国国际贸易委员会不是决策机构，也没有权力作出该决定。在 60 天的审查期间，当事人可以自由地向总统提出这些论点。如果总统作出这样的选择，则其可能会权衡专利劫持和反向劫持的相对风险，以决定是否否决委员会现今发布的救济。

的生产；（4）美国消费者，因此已经履行了该项职责。正如我们在上文所指出的，我们现今发布的救济不会对第 337 条所列的四项公众利益考虑要素产生过度的不利影响。

iii. 调整救济

鉴于上述情况和整个调查记录，我们决定针对 Apple 发出有限排除令，禁止其进口侵犯 '348 专利中涉案权利要求的产品，并针对 Apple 发布停止令，禁止其在国内进一步经销侵权商品。

Apple 认为，委员会发布的所有救济令都应有服务和维修方面的免责条款，以防止对无辜的第三方和消费者造成伤害，并且应包括允许在证明了有关商品不侵权的情况下进口的规定。Samsung 和调查律师同意，所有救济令都将包括保修服务和维修方面的免责条款。我们已决定在救济令中加入一项规定，允许 Apple 在两年内提供翻新手机，用于替代在排除令实施之前购买的相同侵权手机。这项规定是完全合理的，可以保护已经购买侵权商品的美国消费者。参见 *Certain Personal Data and Mobile Communications Devices and Related Software*，Inv. No. 337-TA-710，USITC Pub. No. 4331，Comm'n Op.，73（2012 年 6 月）。

接着，Apple 要求所有命令明确指出，包含 Qualcomm 基带处理器的 Apple 产品不在命令的范围之内。对于使用 Qualcomm 基带处理器连接至蜂窝网络的 Apple 产品将不受排除令约束的要求，Samsung 没有反对。调查律师建议，实现 Apple 所寻求的结果的最合适方法是通过一项规定，允许 Apple 证明所提供的进口产品是被许可的。我们确定，添加一条认证规定是解决含 Qualcomm 芯片产品的问题的最合适方法，特别是因为海关官员对进口设备的目视检查不会显示设备所包含的基带处理器的类型。

最后，Apple 请求委员会将所有救济令的生效日期延迟 5 个月，以便让运营商网络有时间寻找被禁止进口的 Apple 产品的替代品。调查律师不反对 Apple 的要求，但 Samsung 反对。Apple 和调查律师援引了 *Certain Personal Data and Mobile Communications Devices and Related Software Inv. No.* 337-TA-710，USITC Pub. No. 4331，Comm'n Op.，83（2012 年 6 月）中的委员会救济，作为推迟排除令生效的先例。

我们的结论是，本次调查的事实与在 710 调查中促使我们采取救济的事实截然不同。在 710 调查中，委员会发布了一项通知，就针对特定 HTC 智能手机的潜在有限排除令征求公众意见。作为对委员会通知的回应，第三方运营商 T-Mobile 提交了意见，讨论排除令将对其业务产生的不利影响。具体而言，T-Mobile 指出，T-Mobile 最近投资建立了 4G 网络，并且依靠 HTC 设备使消费者能够访问该网络。T-Mobile 表示其销售的产品大部分都是 HTC 智能手机，只有一款是非 HTC 智能手机。T-Mobile 还表示，其特别依赖 HTC 设备与其他运营商网络进行竞争，因为，在当时，T-Mobile 是四大无线运营商中唯一没有提供流行的 Apple iPhone 版本产品的公司。T-Mobile 请求委员会将所有排除令的生效日期延迟 4-6 个月，以便 T-Mobile 可以测试和采购非 HTC 替代品，并获得监管部门的批准以销售这些设备。委员会认可了 T-Mobile 的观点，并且也意识到美国总统和司法部最近的发言都提到了 4G 网络的重要性，以及 T-Mobile 对于充满活力的移动市场的重要性。委员会认为，在这种情况下，排除令可能会对美国经济的竞争条件产生不利影响。根据这些想法（部分想法是针对当时 T-Mobile 在市场中的竞争地位），委员会决定将涉及 T-Mobile 的救济的生效日期延迟 4 个月。然而，委员会认为，这种延期不公平地有利于 T-Mobile，因此对所有侵权智能手机适用了 4 个月延期，而不仅仅是 T-Mobile 出售的智能手机。参见同上，委员会意见书第 78-83 页。

与 710 调查的事实相反的是，本次调查中可能受影响的运营商（AT&T、T-Mobile、GCI 和 CT Cube）都没有向委员会提出意见以回应本次调查中发布的通知。此外，记录显示，所有提供涉案 Apple 设备的网络都可以向消费者提供其他有竞争力的设备，包括其他 Apple 产品。而且，没有记录显示如果排除令生效会引起众多无线运营商竞争的问题。鉴于这些事实，我们拒绝延迟救济令的生效日期。

iv. 保证金

如果委员会在考虑了法定公共利益要素之后提供救济，美国总统可以在 60 天之内"出于政策原因"否决委员会的裁定；如果总统否决，则委员会发布的所有救济"将无效"。19 U. S. C. § 1337 (j)(2)。在 60 天总统审查期内，受救济令约束的进口物品均有权在缴纳保证金的情况下有条件地进口。19 U. S. C. § 1337 (j)(3)。保证金的数额由委员会指定，并且必须足以保护申请人免受任何损害。参见同上；19 C. F. R. §210.50（a）(3)。在确定保证金时，委员会试图消除国内专利产品与侵权产品之间的销售差价或以合理的许可使用费为依据。*Certain Microsphere Adhesives*，*Process For Making Same*，*and Products Containing Same*，*Including Self-Stick Repositionable Notes*，Inv. No. 337-TA-366，Comm'n Op.，24，USITC Pub. No. 2949（1996 年 1 月）。在某些情况下，如果委员会没有足够的证据来确定适当的保证金金额，就会设定 100% 的保证金比率。参见，例如，*Certain Sortation Systems*，*Parts Thereof*，*and Products Containing Same*，Inv. No. 337-TA-460，Comm'n Op.，21(2003 年 3 月)。然而，申请人首先有责任证明存在保证金数额的需求。参见 *Certain Rubber Antidegradants*，*Components Thereof*，*and Products Containing Same*，Inv. No. 337-TA-533，Comm'n Op.，39-40（2006 年 7 月 21 日）。

在上述裁定中，我们得出结论，Samsung 已经证明了 Apple iPhone 4（AT&T 型号）、iPhone 3GS（AT&T 型号）、iPhone 3（AT&T 型号）、iPad 3G（AT&T 型号）和 iPad 2 3G

（AT&T 型号）存在违规行为。行政法法官建议对侵权 iPhone 产品设定 0% 的保证金比率，对侵权 iPad 设备设定 100% 的保证金比率。① 行政法法官解释称，Samsung 无权主张 iPhone 产品保证金，因为在证据开示期间，Samsung 未能获得相关定价数据。关于 iPad 设备，行政法法官认定，无法确定国内专利产品与侵权产品之间的差价。

Samsung 请求委员会针对侵权 iPhone 产品设定 4.25% 的保证金比率。Samsung 提出这一比率的依据是电信和电子行业的中位数许可费率证据。Samsung 还主张对 iPad 设备采用行政法法官建议的 100% 保证金比率。

Apple 请求委员会将所有被控告产品的保证金比率设定为 0%。对于 iPad 产品，Apple 认为没有证据表明需要用 100% 的保证金比率来保护 Samsung 免受损害，特别是 Samsung 没有提供任何竞争性产品的证据。Apple 进一步认为，鉴于 Apple 的产品售价高于 Samsung 竞争产品，所以所有保证金比率都应该设定为 0%。

调查律师请求委员会将 iPhone 产品的保证金比率设定为 0%，这不是因为 Samsung 在证据开示期间未获得定价证据，而是因为 iPhone 的定价远高于 Samsung 设备。调查律师并未就建议的 iPad 设备保证金比率发表意见。

我们裁定，侵犯 '348 专利的所有商品的保证金比率都应设定为 0%。我们认为，Samsung 没有证明需要通过保证金来获得保护。关于 iPad 产品，Samsung 没有提供需要在总统审查期间获得保护以免受损害的竞争产品的证据。关于 iPhone 产品，iPhone 产品定价远高于 Samsung 竞争产品的事实表明，没有必要提供保证金。而且，我们也受到了行政法法官的裁定的影响——Samsung 未追求证据开示以证明不同的保证金条款会更合适。

v. 结论

由于上述原因，我们裁定，Samsung 已经证明存在基于 '348 专利侵权而违反第 337 条的情况，但没有证明存在涉及其他宣称专利的违规情况。我们特此发布有限排除令，禁止进口侵犯 '348 专利中涉案权利要求的 Apple 产品；并发出停止令，禁止 Apple 进一步售卖或分销侵权产品，具体见本文规定。我们将所有侵权产品的保证金比率都设定为 0%。

此令

丽莎·R. 巴顿（Lisa R. Barton）

委员会代理秘书

发布日期：2013 年 7 月 5 日

---

① 行政法法官还建议对 iTouch 设备制定 100% 的保证金比率。因为我们没有发现任何与被控告 iTouch 设备有关的违规行为，所以没有必要对这些设备制定保证金比率。

美国贸易代表处函

调查号：337-TA-794

当事人：申请人　三星电子株式会社和三星电信美国公司

　　　　被申请人　苹果公司

日　期：2013 年 8 月 3 日

2013 年 6 月 4 日，美国国际贸易委员会（以下称"委员会"）裁定，苹果公司（Apple Inc.，以下称"Apple"）进口特定智能手机和平板电脑等特定设备侵犯了三星电子株式会社（Samsung Electronics Co., Ltd.）和三星电信美国公司（Samsung Telecommunications America Inc.）（以下统称"Samsung"）拥有的一项美国专利，违反了 1930 年《关税法》（经修订）第 337 条。作出该裁定后，委员会签发了一项排除令，禁止未经许可进口为 Apple 或代 Apple 生产的侵权设备。委员会还签发了一项停止令，阻止 Apple 从事特定活动，如在美国销售该等产品。

根据第 337 条，总统必须对委员会作出的签发排除令和停止令的裁定进行政策评估。总统可以出于政策考虑否决命令，批准命令，或不采取任何行动，让命令在 60 天审查期结束时生效。该权力已被授予美国贸易代表处。关于对委员会作出的签发排除令的裁定的影响进行的政策审查，第 337 条的立法历史列出了以下考虑要素："（1）公共健康和福利；（2）美国经济中的竞争条件；（3）美国境内竞争产品的生产；（4）美国消费者；（5）美国外交关系、经济和政治方面。"[1]

此外，2013 年 1 月 8 日，司法部和美国专利商标局发布了题为《关于自愿 FRAND 承诺下的标准必要专利的救济的政策声明》的重要政策声明，（以下称"《政策声明》"）。[2]《政策声明》明确，标准——特别是标准制定组织设定的自愿性共识标准——已纳入重要技术进步，该等技术进步对消费者依赖的众多产品的互操作性具有重要作用，包括作为委员会裁定对象的各类设备。《政策声明》对以下情形可能带来的潜在损害深表担忧，本人对此亦强烈认同，即自愿承诺根据公平、合理、无歧视条款许可标准必要专利的专利权人获得不当筹码并实施"专利劫持"，即主张专利以排除标准实施人进入市场，以获得高于设定标准之前原本可能获得的使用专利的对价，而设定标准之前，实施人本可选择替代性

---

① S. Rep. No. 93-1298, 93d Cong. 2d Sess. 199 (1974).

② 美国司法部和美国专利商标局。《关于自愿 FRAND 承诺下的标准必要专利的救济的政策声明》（2013），载于网站 http://www.iustice.gov/atr/public/guidelines/290994.pdf.

技术。同时，技术实施人也可能通过例如实施专利反向劫持，例如通过建设性拒绝与标准必要专利持有人协商 FRAND 许可或拒绝支付已确定的 FRAND 许可费，而造成潜在的损害。

《政策声明》明确指出，是否出于公众利益考虑否决某项排除令，视乎相关具体情况而定。声明还解释称，为了减少专利劫持，委员会只能根据《政策声明》中所述的相关要素给予基于受 FRAND 约束的标准必要专利的排除救济。① 法院也针对标准必要专利侵权给予适当救济，我们期待有关此问题的上诉法律体系得到进一步发展。政府一直在努力考虑对标准必要专利持有人的适当救济的范围并鼓励制定强有力和创新的标准，标准必要专利的《政策声明》就是其中一项工作。

政府致力于促进创新和经济发展，包括通过提供充分和有效的保护以及知识产权执法。第337条规定的知识产权持有人享有的救济是实现该目标的重要方面。同时，标准——特别是标准制定组织设定的自愿基于共识的标准——对美国经济发挥日益重要的作用。当专利持有人已经作出根据 FRAND 条款许可标准必要专利的自愿承诺时，在纳入技术标准的专利（如无该等专利，则该等标准无法按预定实施）的执法过程中政策考虑变得重要。根据 FRAND 条款许可标准必要专利是政府促进创新和经济发展政策的重要元素，而且反映专利权与标准制定之间的积极联系。

本人根据本案中提供的信息，包括与委员会裁定有关的信息，审查了上述各项政策考虑要素。尽管当事人对事实进行了有力的辩论，但基于委员会的记录重审委员会的法律分析或调查结果不在本次政策审查的范围之内。

经与贸易政策参事委员会和贸易政策审议组以及其他利害关系机构和人员开展广泛协商后，本人决定否决美国国际贸易委员会在本次调查中作出的签发排除令和停止令的裁定。本决定基于本人对上述各项政策考虑要素进行的审查，这些政策考虑要素涉及对美国经济中的竞争条件的影响和对美国消费者的影响。

本人想强调的是，在今后涉及受自愿 FRAND 承诺约束的标准必要专利的任何案件中，委员会必须：（1）主动彻底、仔细地审查在调查程序开始之时以及在决定某项救济是否符合公众利益之时提出的公共利益问题；（2）积极促使当事人在行政法法官的行政程序

---

① "在一些情形下，诸如推定被许可人不能接受或拒绝接受 FRAND 许可且其行为超出专利持有人根据 FRAND 条款授予许可的承诺范围时，排除令仍为适当的救济措施。例如，如果推定被许可人拒绝支付确定的 FRAND 许可费，或拒绝参与确定 F/RAND 条款的谈判，则排除令属适当救济。此类拒绝可能采取建设性拒绝谈判的形式，例如坚持明确在合理认为属 F/RAND 条款范围外的条款，以试图规避推定被许可人公平补偿专利持有人的义务。如果推定被许可人不受可裁决损害赔偿的法院的管辖，排除令也属适当救济。该列表并非穷尽。相反，当确定是否出于公众利益考虑阻止因侵犯具 F/RAND 条款的标准必要专利而颁布排除令，或当制定该项救济措施时，该列表确定相关要素。"《政策声明》第7-8页（内部脚注略）。

中和在委员会调查的正式救济阶段期间，保持该等事宜的全面事实性记录，包括关于在遭专利持有人提出异议的情况下涉案专利的标准必要性，以及是否存在专利劫持或专利反向劫持的信息。此外，委员会应最大限度地对该等事宜给出明确调查结果。本人将在今后提交政策审查的任何涉及受 FRAND 约束的标准必要专利的裁决中审查该等要素。委员会在其公共利益裁定中考虑该等事宜具备良好条件。

本政策决定并非赞成或批评委员会的裁定或分析。本人决定否决该裁定，并不意味着本案中的专利持有人无权获得救济。相反，专利持有人可以继续通过法院维护其权利。

此致

迈克尔 B. G. 弗洛曼（Michael B. G. Froman）代表

附录 A　主题词索引